中國歷代書目題跋叢書

葉德輝 撰

楊洪升 點校

杜澤遜 審定

郋園讀書志

圖書在版編目(CIP)數據

郎園讀書志 / 葉德輝撰;楊洪升點校. —上海:上海古籍出版社,2019.5
(中國歷代書目題跋叢書)
ISBN 978-7-5325-9216-6

Ⅰ.①郎… Ⅱ.①葉… ②楊… Ⅲ.①古籍—圖書目録—中國 Ⅳ.①Z838

中國版本圖書館 CIP 數據核字(2019)第 074521 號

中國歷代書目題跋叢書
郎園讀書志
葉德輝 撰
楊洪升 點校
杜澤遜 審定
上海古籍出版社出版發行
(上海瑞金二路 272 號 郵政編碼 200020)
(1) 網址:www.guji.com.cn
(2) E-mail:guji1@guji.com.cn
(3) 易文網網址:www.ewen.co
蘇州越洋印刷有限公司印刷
開本 850×1168 1/32 印張 27 插頁 5 字數 538,000
2019 年 5 月第 1 版 2019 年 5 月第 1 次印刷
ISBN 978-7-5325-9216-6
G·708 定價:118.00 元
如有質量問題,請與承印公司聯繫

《中國歷代書目題跋叢書》出版説明

漢代劉向、劉歆父子編撰《别録》《七略》，目録之學自此濫觴，在傳統學術中發揮了重要作用。歷代典籍浩繁龐雜，官私藏書目録依類編次，繩貫珠聯，所謂「類例既分，學術自明」（《通志·校讎略》），學者自可「即類求書，因書究學」（《校讎通義·互著》），實爲讀書治學之門户。而我國典籍屢經流散之厄，許多圖書真容難睹，甚至天壤不存，書目題跋所録書名、撰者、卷數、版本、内容即爲訪書求古的重要綫索。至於藏書家於題跋中校訂版本異同、考述版本淵源、判定版本優劣、追述藏弆流傳，更是不乏真知灼見，足以津逮後學。

我社素重書目題跋著作的出版，早在二十世紀五十年代，我社就排印出版了歷代書目題跋著作二十二種，後彙編爲《中國歷代書目題跋叢書》第一輯。此後，我社又與學界通力合作，精選歷代有代表性和影響較大的書目題跋著作，約請專家學者點校整理。至二〇一五年，先後推出《中國歷代書目題跋叢書》第二至四輯，共收書目題跋著作四十六種，加上第一輯的二十二種，計六十八種，極大地普及了版本目録之學。面對廣大讀者的需求，我社將該叢書陸續重版，並訂正所發現的錯誤，以饗讀者。

上海古籍出版社
二〇一八年八月

點校説明

晚清民初是我國目録版本學最爲發達的時期之一。這一時期名家輩出，名作迭現。《郎園讀書志》就是生活在這一時期的目録版本學家葉德輝所撰的一部名著。

葉德輝（一八六四——一九二七），字奂彬、奂份，號直山，又號郎園，湖南湘潭人。祖籍江蘇吴縣洞庭東山，其祖避太平天国戰亂，自吴遷湘，遂居長沙坡子街。德輝先世略有藏書，自幼朝夕諷誦，長入岳麓書院，學有根基。光緒十八年（一八九二）成進士後，觀政天官而不樂仕進，坐擁資財，養親居家，精研經義、文字、輿地、詞章之學，旁及星命、醫術、堪輿。葉德輝與當時學界往來甚密，出入于湘中名家長沙王先謙之門，以再傳弟子自居。復往返于吴湘間，交目録版本學泰斗繆荃孫等，多受濡染。又與傅增湘、張元濟有同年之誼，商榷問難，札箋往復。于是學益長而望日隆。葉德輝的思想守舊，曾公開反對戊戌變法。居鄉爲富不仁，武斷鄉曲，長期背負劣紳之名，終以此被戕，學者多惜之。葉德輝著述甚富，除《郎園讀書志》外，尚有《書林清話》、《觀古堂藏書目》、《游藝卮言》、《經學通詁》、《六書古微》、《説文籀文考證》等數十種著作。

葉德輝治學，守吳先正遺法，所研治諸門，以目録、版本、校讎之學最足名家。其所著《書林清話》一書，仿葉昌熾《語石》，類俞正燮《癸巳類稿》，述歷代書籍鏤刻源流、優劣及書林掌故綦詳，于我國的古籍版本學頗有開創之功，尤爲學人稱道。蓋葉氏極富收藏，凡經籍、書畫、金石等，無不羅致，日積月累，寢饋既深，故能有此述造。此《郋園讀書志》十六卷，乃其讀書之叙録及藏書之題跋。

葉德輝嘗言：「凡讀一書，必知作者意旨之所在。既知其意旨所在矣，如日久未之温習，則必依稀惝怳，日知而月忘。故余于所讀之書，必于餘幅筆記數語，或論本書之得失，或辨兩刻之異同，故能刻骨銘心。」此即《郋園讀書志》所由來。《郋園讀書志》由兩部分組成，前十一卷及第十六卷爲葉氏所撰藏書題跋，這些書是其自藏及子侄輩所藏。其他四卷是其爲自藏清人詩文集所撰寫的提要。這些詩文集均見于陳文述、舒位《乾嘉詩壇點將録》，提要是爲輯刊《乾嘉詩壇點將録詩徵》而撰寫的。這些題跋和提要多能發前人蘊奥，兼具鑒賞家之藏書志和考據家讀書志之長，可爲藏書者標識藏書門徑，爲讀書者指示治學法門。

《郋園讀書志》收書以明、清精刻本爲主。這是學術發展、時代遞演的必然，反映了葉氏發展的藏書觀、善本觀。葉德輝的從子葉啓崟説：「大伯父恒言各家藏書題跋、日記于宋元佳處已詳盡靡遺，雖有收藏，無庸置論，惟明刊近刻他人所不措意者，宜亟爲之表彰，此亦他日續修《四庫全書》之藍本也。」這使得《郋園讀書志》成了一種專門講究明清版本的書目。

葉德輝對版本的探討，往往洞悉版本優劣異同及其源流。如其論《十三經注疏》，稱《十三經注疏》自南宋刻附《釋音》十行本後，其板片迄明猶存南京國子監，但經元明遞修，訛謬不少。嘉靖中福建御史李元陽據以重刊。南監本缺《儀禮》，嘉靖五年陳鳳梧刻之山東，以版送監，李元陽并據以重刊。萬曆間北監重刻《十三經》，即據閩本重刻，行字與閩本同，惟字體已狹而長。崇禎間毛晉汲古閣又刻之，魯魚多誤。清乾隆十二年武英殿廣求善本翻雕，折中群言，考證尤密。嘉慶二十二年，阮元在江西巡撫任内重又刊之，并廣校善本及石經，附有校勘記，世稱「南昌本」，人以善本目之。然阮氏自稱所據之宋十行本，多元明間遞修，校勘記又未盡從原刻單行本。《孝經》用明正德翻宋十行本；《儀禮》用宋嚴州刻單注本，北宋咸平、景德間刻單疏本；《爾雅》用明嘉靖中吴元恭刻單注本、北宋單疏本。單注單疏本各不同，文字差池不免鑿枘。所論可謂至詳。再如其論汪中《述學》，對《述學》的各種版本的刊刻源流和短長進行了徹底的探討。此類論述在《郋園讀書志》中隨處可見。葉德輝能做到此點和他的學養密切相關。他藏書喜收儲異本，如《唐文粹》藏有一部元刻、四部明刻，《述學》藏有五種版本，《書目答問》也先後藏有五部之多。在《讀書敏求記》條中他曾説：「書儲副本，獲益不少矣。」此乃心得之言。葉德輝長于校勘，江標稱其「校勘之學，今之思適也」，以顧廣圻相稱許。很多書的版本源流及優劣，他都是通過校勘得出結論。葉氏博覽群書，擅長考訂，每孜孜矻矻，反復論辨，這使他所論各書得出的結論均足令人信據。

在深入探討的基礎上，《郋園讀書志》論諸家版刻多有卓識。如錫山華氏活字本明時即已風行海内，至晚清民初尤爲人珍若宋元，葉氏則認爲其所據底本有極善者亦有極劣者，世人耳食，不加分辨。這是符合實際的。又如其稱明嘉、萬以後刻書大都不明來歷，汲古閣刻本多删改等等，均切中要害。

《郎園讀書志》論前人學術源流極爲得力。如其《檀園集》條論明代詩歌遞變，認爲劉基丁元末造，遭時不偶，發爲歌詩，挹鬱憂傷，奇氣抑塞，其後遭遇聖明，發揚爲大塊噫氣，渢渢乎爲開國元音，開有明三百年之風氣。其後高啓、楊基、張羽、徐賁接起吳中，和平温麗，皆承平《雅》、《頌》之聲。論有明一代之詩，其時可追初唐，此四人者亦可擬于四傑。其時又有袁凱、貝瓊，高唱和聲。永、宣以後，作者朋興，然日趨柔靡，實導源于三楊臺閣之體。成、弘間李東陽崛起茶陵，宏獎群英，力追正始，風流文采，爲一代正宗。其時國運休明，故茶陵一派應時而生。至嘉靖間，李、何七子，倡言復古，其才適足籠罩一世，聲氣可奔走萬夫。其接軌者，爲王、李五子、七子。其後公安、竟陵趁正聲衰歇之際僭據詩壇，哀思、焦殺之音彌天盈地。崇禎時嘉定四先生與錢謙益爲詩友，欲接茶陵之統。其時明統奄奄一息，斯文欲絶，所幸流風餘韵猶存。殆明社既屋，吳梅村乃以勝國耆英爲興國領袖。凡此種種，所論均甚愜當。餘如其《經義雜記》條所論清代經學凡有三變等，也頗具卓識。

葉氏論各書得失，多有特見。如其論《書目答問》「分古子、古史兩類尤爲提綱挈要，截斷衆流」，「集部于汪洋大海中存歷朝名大家有傳本者，其北宋之西崑，南宋之江湖，但有精華，無不采擇。至于明初之臺閣，晚季之公安、竟陵，則概在摒弃之列，又前後七子之聲調去短取長，皆有别白，閲者據此購書求學，不至于誤入歧途也」云云，頗得要領。至于其叙録清詩，考作者小傳，論派别源流，品評得失，亦非今人所爲清詩提要、叙録者所可比擬。這些均非一般僅津津於鑒賞者所能爲之，亦足見葉氏學殖之深厚。

《郋園讀書志》還記載了不少書林掌故。如其記善化張姓官山東時得劉文清、馬國翰二家藏書最多，這使後人得以瞭解劉、馬二家藏書的流向。其稱《天禄琳琅書目》經部中宋版書多有以《通志堂經解》本贋充者，可見當時市肆間常有此等惑人之事。事實上，今天這種情況仍然存在，掌典藏者均宜知之。

葉德輝撰寫題跋，時發《四庫全書總目》、《天禄琳琅書目》及諸藏書家書目之誤，高言篤論，多切中要害。當然，不可否認《郋園讀書志》也有一些武斷之論，如葉氏定所藏《韋蘇州集》爲北宋泥活字本，恐難令人信服。他定己所得馬國翰藏本《鹽鐵論》爲江陰涂楨弘治間刻本，稱張古餘（敦仁）、顧澗蘋（廣圻）、繆藝風（荃孫）諸人皆誤識别本爲涂本，乃至張元濟亦從其説，《四部叢刊》即據觀古堂藏本影印。其實，葉氏所藏爲正德、嘉靖間刻本，傅增湘爲此當日幾與葉氏抵掌相争，後傅氏收得繆荃孫所藏真涂楨本，即撰跋發其覆，見《藏園群書題記》。蓋目録版本之學，審定至難，古今書目皆不能免誤，讀者在利用此書時當辨别之。其他如以鮑士恭爲知不足齋爲謬，似不知鮑廷博與鮑士恭爲父子，亦是一失。

《郋園讀書志》在葉氏生前已編定成帙，但直至其卒後方由其子侄輩于一九二八年以活字排印于上海澹園。《書林清話》自問世後屢經翻印，而此書已久乏傳本。今整理該書即以此排印本爲底本。葉德輝在《志》中説，活字印書易致誤，以此書證之，甚確。書中誤字，凡校出者皆附校勘記于每條之後。古人引文爲簡省往往删節原文，爲文氣通暢而時有改字，故其與原書文字每略有出入，葉氏亦不免此習。本書在使用引號時酌情從寬處理。原書細目在各卷卷首，爲便于讀者檢閱，這次整理歸併爲總目弁于書前，并編撰了四角號碼索引附于書後。本書由楊洪升點校，杜澤遜審定，錯誤或失當之處，敬請讀者批評指正。

楊洪升

二〇〇八年元月

郘園讀書志目録

卷一

經部

卷二

經部

卷三

史部

卷四

史部

卷五

子部

卷六

子部

卷七

集部 楚辭 別集

卷八

集部 别集

卷九

集部 别集

卷十

集部　別集

卷十一

集部　别集

卷十二

集部 別集

卷十三

集部　別集

卷十四

集部 別集

卷十五

集部 總集

卷十六

集部　總集

郘園讀書志序

有清一代，私家藏書之盛前無比倫。昔陽湖洪先生亮吉《北江詩話》云：「藏書家有數等。得一書必推求本原，是正缺失，是謂考訂家，如錢少詹大昕、戴吉士震是也。次則辨其板本，注其錯譌，是謂校讎家，如盧學士文弨、翁閣學方綱是也。次則搜采異本，上則補石室金匱之遺亡，下則備通人博士之瀏覽，是謂收藏家，如鄞縣范氏天一閣、錢唐吴氏瓶花齋、崑山徐氏傳是樓是也。次則第求精本，獨嗜宋刻，是謂賞鑒家，如吴門黄主事丕烈、鄔鎮鮑處士廷博是也。又次則于舊家中落者，賤售其所藏；富室嗜書者，要求其善價。眼别真贋，心知古今。閩本蜀本，一不得欺；宋槧元槧，見而即識，是謂掠販家，如吴門錢景開、陶五柳，湖州施漢英是也。」然如先生所舉各家，必得見其所藏之書及其他著述，而後可定其家數。諸家之中惟錢大昕有《日記》，盧文弨有《羣書拾補》，黄丕烈有《藏書題跋記》，餘則僅憑書目流傳，未足以盡窺所學也。雖然，前乎諸家有題記者，錢曾述古堂之《讀書敏求記》，《四庫全書存目提要》目爲「賞鑒家」。後乎諸家有題記者，錢泰吉《甘泉鄉人稿》中之《曝書雜記》，張文襄《書目答問》列之「儒家考訂之屬」。《敏求記》專載宋元舊刻秘笈精鈔，《雜記》多載時刻有用之書，二書宗旨不同，皆爲近日藏書家所推重。

吾師葉郋園吏部，承先世之楹書，更竭四十年心力，凡四部要籍無不搜羅宏富，充棟連廚，而別本、重本之多，往往爲前此藏書家所未有。肇隅髫年即從吾師遊，每登觀古堂，倒篋傾筐，任意繙閲，于是者逾廿年。偶檢一書，則見前後多有題跋。吾師嘗進肇隅教之曰：「凡讀一書，必知作者意旨之所在。既知其意旨所在矣，如日久未之温習，則必依稀惝怳，日知而月忘。故余于所讀之書，必於餘幅筆記數語，或論本書之得失，或辨兩刻之異同，故能刻骨銘心，對客瀾翻不竭。宋晁公武《郡齋讀書志》、陳振孫《直齋書録解題》，異日吾子爲余彙輯成書，即可援其例也。」肇隅唯唯聽之，時吾師年未及艾也。

辛亥國變，避亂邑之朱亭鄉中，以舊編《觀古堂藏書目》重加理董。乙卯，以活字排印二百部，一時海内外風行。然皆知吾師于羣書皆有題跋未録出也。丙辰長夏，尚農、習齋兩世兄始屬傭書寫録，略依《書目》分部，得文若干篇。大抵體近述古《敏求記》，較多考證之資；例本甘泉《雜記》，兼寓抉擇之意。遠追晁、陳二家志録之流別，近補紀、阮二公提要之闕書。是固合考訂、校讎、收藏、賞鑒爲一家言，而不同於何元錫終日爲達官搜采舊書，顧廣圻畢生爲人校刊善本，迹同掠販，徒耗精神也。

吾師曾著《書林清話》一書，肇隅爲之校勘，今此題記寫定，仍命肇隅序其緣起。竊惟吾師著作等身，于羣經小學乙部百家之書無不淹貫宏通，發前人未發之藴，而于目録版本之學寢饋數十寒暑。儲藏既富，聞見尤多，故于各書一目瞭然，偶然隨筆所書，動中窾竅。是編之輯，于吾師淵海之學問不過表見其萬一耳，然殘膏賸馥，沾溉無窮，其津逮來學之功巨矣，豈僅于藏書家分據一席已哉！

歲在屠維協洽陬月，受業劉肇隅序於上海寓舍。

郋園讀書志卷一

經部

漢熹平石經殘字一册　乾隆五十三年江西南昌府學重刻本

乾隆五十三年，大興翁覃谿學士方綱以詹事府詹事督學江西，合前後所得錢唐黄小松司馬易、金匱錢梅溪太史泳及如皋姜氏重模各本《漢熹平石經殘字》，重刻石南昌學宫。據學士所撰《石經殘字考》此單行刻本，《兩漢金石記》三卷全同。云：「方綱所得見者一十二段，《尚書·盤庚篇》五行半二十六字又半字五，《洪範篇》十行七十七字又半字十一，《君奭篇》二行十一字又半字三；《魯詩·魏風》八行七十一字又半字九，《唐風》四行三十二字又半字二；《儀禮·大射儀》七行三十五字又半字五，《聘禮》六行三十一字；《春秋公羊·隱四年傳》三行十八字又半字二；《論語·爲政篇》八行五十三字又半字十一，《微子篇》八行一百七十二字又半字四，《論語》篇末識語三行十八字又半字四。」又云：「乾隆丁酉秋八月，錢唐黄秋盦司馬易購得漢石經殘字《尚書·盤庚篇》五行、《論語·爲政篇》八行、《堯曰篇》四行，方綱手摹，屬海鹽張芑堂燕昌勒之石。昔宋乾道中，鄱陽洪文惠以所得《尚書》、《魯詩》、《儀禮》、《公羊》、《論語》千九百餘字，鐫之會稽蓬萊閣，凡八石。余今獲見此殘字三段，敬模重勒，亦名其齋曰『小蓬萊閣』。而秋盦以其先世貞父先生讀書南屏山，有『小蓬萊』之題，自號『小蓬萊閣』不謀而合，洵一奇也。余因以『蓬萊宿約』四字題其藏册之首，并爲跋與詩，繫於後。按黄長睿《東觀餘論》記漢石經云：『張燾龍學家有十版，最多，張氏壻家有五六版，王晉玉家有小塊，洛中所有者止此。予皆得其拓本。』而黄氏所著諸句字間有一二較洪氏或多或少者。至顧亭林《金石文字記》云：『熹平石經一見於鄴平張氏，一見於京師孫氏。《尚書・盤庚》、《論語・爲政》、《堯曰篇》字以視洪氏《隸釋》所存不過什之一而已。』吾鄉孫退谷硯山齋所藏本載於《庚子銷夏記》者，退谷謂是宋嘉祐時所搨，而何義門云退翁所藏乃越州石氏摹本，今在華亭王司農家。然即以亭林所見於張氏、孫氏兩家者，皆同是此二經三段，則焉有東漢元本至千數百年後恰在兩家同一文者乎？是其爲後人摹本可知矣。今秋盦所得之三段又與此同，其紙墨亦舊，册内有元人蒙古篆字印一，而無北海孫氏之印，既與張、孫諸家所藏文同，自必非漢石原本矣。至如《尚書・盤庚篇》『庚』字、《論語・堯曰篇》『冠』字尚皆微露一二筆，《爲政篇》『女』字具全，而洪皆云闕，則又知其非洪氏蓬萊閣重刻之本也。余既摹黄氏藏本於齋中，其後三年，門人吳榷堂孝顯於華亭王氏摹寫孫退谷硯山齋本來相參校，《盤庚篇》多出半行『凶德綏績』四字，册後有戊戌八月退谷手記秀水朱竹垞二跋、侯官林佶一跋。按徐壇長《圭美堂集》載此本云：『越州石氏刻，帖首末不載年月姓名。曾見華亭司農以三十金質之孫北海。此帖内有石經一段，朱錫鬯不察，認爲蔡中郎原本。石氏名熙明，見施武子《會稽志》。其碑目則見於《寶刻叢編》。』余按，洪氏《隸續》云：『稽山石邦哲熙明聚碑頗富，今亡矣。假之其子祖禮，故能成書於越。』據此則石氏所刻石經與洪氏蓬萊閣本，其時當不相遠也。但吳生摹寫王氏所藏退谷本，而未見其搨迹。又後四年見如臯姜氏重摹退谷硯山齋本，《盤庚》第六行僅存一『德』字，蓋摹勒偶有詳略之不同也。又後三年始得見金匱錢氏所藏石經殘字，凡十段。以合於前摹之三段，而《論語·堯曰篇》一段正與前段上下接筍，珠聯璧合，於是摹爲一十二段。時方綱校士江西，乃勒石於南昌學宫。凡爲方石四塊，共得六百七十五字，雖未及洪氏所藏之半，亦足以追步張龍圖、王晉玉之後塵耳。」按，黄本出自舊搨，錢本則出自雙鉤。嘉興錢泰吉《曝書雜記》上：「《金石萃編》謂金匱錢君泳貽祖重摹雙鉤本，據云檢篋中得之，而不知其所自來。蓋《萃編》所録梅溪居士跋，謂乾隆五十年七月偶得雙鉤之本於舊簏中，不謂何人所摹也。戊戌五月余遇梅溪居士於杭州，得見其《寫經樓金石目》，記重摹《漢熹平石經殘字》云：『乾隆五十年乙巳，余館於吳門陸端夫上舍家。七月初二日，天氣新涼，偶步至玄妙觀前，見書肆中有明刻《管子》十五卷，批點甚精。卷首有徐樹丕名印，乃購以歸。次日披閲，書中有零星片紙，皆漢隸雙鉤，再三尋繹，知是《熹平石經殘字》，喜不自勝。取洪景伯《隸釋》考之，皆與符合。凡得《尚書·洪範篇》七十八字，《君奭篇》十一字；《魯詩·魏風》七十三字，《唐風》三十一字；《儀禮·大射儀》三十七字，《聘禮》二十八字；《公羊·隱公四年傳》十八字；《論語·微子篇》百七十字，《堯曰篇》三十九字。又盍毛、包、周有無不同之説及博士左立姓名十八字，合五百餘字。課徒之暇，親自刻石，三月始成。遂搨三百餘本，寄張芑堂、陸貫夫諸君，從此流傳海内。後北平翁閣學方綱摹石於南昌學宫，長白李太守亨特模石於紹興學宫，而如皋姜氏、吴門劉氏亦有摹本，皆從余家所刻本再模者也。徐樹丕，字武子，長洲人，少補諸生。姚公希孟器重之，妻以女。善楷書，兼工八分。國變後避匿不出，自號牆東老人。康熙初尚存，此本或其所藏也。』此記所得石經摹本極詳，録之以釋《金石萃編》所疑。乾隆五十八年，居士又於《管子》中得石經殘字三十八字，以意連屬之，蓋《論語・學而篇》也。『抑與之與』作『意予之與』，與洪氏所載同，乃更刻石。惜南昌學宫未及補鐫。」按，錢泳〔一〕撰《履園叢話・碑帖・漢熹平石經》下所記與此略同。中郎妙蹟摧毀于歷朝兵燹者已千餘年，幸至南宋時猶存《尚書》、《儀禮》、《魯詩》、《公羊傳》、《論語》諸經殘字一千九百餘，賴洪文惠重摹於會稽蓬萊閣。不久，又散失，至我朝僅存六百餘字，惟憑舊搨及雙鉤本流傳。雖曰虎賁中郎，苟非學士與梅溪先後模刻，存復古之心，士人又安能一覩東京經本以擴聞見乎？乾嘉諸儒實事求是，有功典籍如此，信非空談講學之人所能與之語此者也。

附刻漢魏晉金石小品十種

一廣都公乘伯喬殘題名　文曰：「廣都公乘伯喬，曹守長郫審村雍。」

一永初官墼　文曰：「永初十年作官墼。」

一貞女羅鳳墓闕　文曰：「漢貞女羅鳳墓。」

一元康鐎斗　文曰：「元康元年，考工醫丞繕作，府嗇夫建、護萬年、股長當時主，令長平、丞義省，重一斤十四兩。」

一建昭雁足鐙　文曰：「建昭三年，考工輔爲内者造銅雁足鐙，重三斤八兩。護建、佐博、嗇夫福、掾光主，右丞宫、令相省。盤外周。中宫内者第五。　故家。盤内周。今陽平家畫。」

一至三陽朔元年賜。鐙脣。後大廚。鐙趾。

一建武泉范　文曰：「建武二年二月丙申，卜通亝　史僕臨、掾蒼、考工鳳、工周　造。」

一漢安井券　文曰：「漢安二年六月，潁陽里陸建日井，迺作神券，永無極。　泉深三丈有五。二季長陳正二百。　蕩陰龔敬臣百。　平原鮑亮三百。　雒陽吕仲仁百。　下丕東高臣百。　彭城長邯單熊宣季五百。　豫州宋孟百。」

一景初帳構銅　文曰：「景初元年五月十日中尚方造。長一丈，廣六尺。澤洓平坐帳上構銅。重二斤十兩。」

一磚殘字　文曰：「癸　樂未央，　宜酒食，　長久富。」

按，以上十種，附刻石經後。前三種宋洪文惠《隸續》載之，《公乘伯喬殘題名》見卷三，《永初官塹》見卷十五，《貞女羅鳳墓闕》見卷二十。《元康鐎斗》、《建昭雁足鐙》、《建武泉范》、《景初帳構銅》見儀徵阮文達《積古齋鐘鼎彝器款識》，亦見學士《兩漢金石記》。《漢安井券》見《金石記》。

《太康釜》見阮《款識》。《磚殘字》見張燕昌《金石契》。據陽曲申兆定跋稱，乾隆五十三年戊申冬十有二月，在江西節署與錢唐何夢華定金石交，各出漢魏碑帖相與討論。夢華以西江無漢刻，因集漢魏及晉金石小品數種屬夢華雙鉤上石，俾拓石經之士連類而及之，亦足以稍擴聞見云云。余以原刻本附石經後，故仍之。

〔一〕「泳」前原奪「錢」字。

漢熹平石經殘字石刻拓本八幀　乾隆五十七年知紹興府李亨特重刻本

《漢熹平石經殘字》本十二段，重刻者皆分爲六石。此乾隆五十七年知紹興府知府長白李曉園太守亨特重模于紹興府學者，後于翁刻四年，所據爲黄小松司馬易、錢梅溪太史泳兩家藏本，隸體較翁刻渾樸，均分六幀，加題記兩幀共八幀，便於書齋懸挂。此石尚存紹興府學宫壁，字字完好，經咸豐辛酉粤匪之亂毫無破損，洵天幸也。此余得自蘇城帖估者。審視紙墨，似是一二年新搨。因向帖估詢其來歷，據云得自同行越估。于是展轉託友人往紹興者考詢，始知此石嵌學宫牆壁，久無人過問，近始有一二帖估搨出，遂爲余得其一。余亟屬帖估多搨，再購十本，分貽同好及子姪輩。至是浙人亦知此石尚在，争購搨本寶藏矣。

漢熹平石經序表殘石拓本兩張

此《漢熹平石經序表》殘石，雒陽新出土者，徐森玉孝廉鴻寶持以贈余。一存字六十四又半字三，一存字亦六十四又半字八。兩石裂爲四塊，皆成三角形。拓本合成兩塊，亦三角。其一似序文，首行六字，存左旁之小半，不可辨識。第二行首兩字僅存一兩畫，第三「郎」字存左旁之「皀」，以下「中孫進尚書小夏侯」八字完好，末一字存左旁之「皀」，審是「郎」字。第三行首一字「雜」字缺上右角，以下「考合異同，各隨家法，是正五」，十一字完好，末一字存上右角兩畫，當是「經」字。第四行「患苦賴蒙」四字完好，以下無字，似是「蒙」字下逢擡頭提行處。第五行「藝孜孜匪懈令問不已匽化」十一字完好，末一字存上半「艹」頭，右存「ヨ」兩畫，似是「莫」字。第六行首一字存下右角，審是「因」字，以下「緣生姦無以防絶每徵」九字完好。第七行「學官選守職畏事百」八字完好，末一字存上右角，似是「户」字。第八行「稽古以大學久廢」七字完好。第九行「年六月三府」五字完好。第十行「士率皆」三字完好，末一字存上小半「出」，不可辨識。第十一行直石之尖角處，存半字不可辨識。其一似表文，字較大。首行直石之尖角處存兩字，首一字存下半「貝」字，第二「乾」字完好。第二行「實則虚」三字完好，下一字存半「亻」，似是「俗」字。第三行「與五經博士」五字完好。第四行「字摩滅解落雲脱」七字完好。第五行首一字「載」存半「車」，以下「言考覆紛紛家殊」七字完好，末一字存一畫「丿」，似是「人」字。第六行「學猾吏以人事相陰陽或競」十一字完好。第七行首一字存半「臼」，似是「舊」字，以下「聞留心稽古汲汲泌觀校序文」十二字完好。第八行首一字殘缺，存「𠮛」，不可辨識，以下「雜與光禄勳劉寬五官中郎將」十二字完好，末二字存左旁，審「堂谿」二字之半，蓋棠或作「堂」，作「棠」本通用。谿典也。第九行「實無相」三字存右半，以下「奪論顗下大」五字完好，末一字存大半「司」，審是「司」字。第十行末二字各存一畫，石盡處不可辨識。中郎墨妙堙埋于雒陽兵燹、鄴都河水之厄將二千年，雖零落遺經，賴宋人及我朝諸儒重模，而展轉失真，總不無坐上虎賁之憾。今忽覩此殘石一百餘字，字字端委正色，中郎神貌如在目前，是真可以誇眼福矣。

魏三體石經尚書三段左傳三段拓本六紙

《魏三體石經殘字》，宋洪文惠《隸續》始著録。《隸續》四云：「《魏三體石經左傳遺字》，古文三百七，篆又二百十七，隸書二百九十五，有一字而三體不具者。皇祐癸巳年雒陽蘇望氏所刻。蘇君言：『近於故相王文康家得《左氏傳》搨本數紙，其石斷剥，字多亡缺，取其存者摹刻之，凡八百一十九，題曰《石經遺字》。』即小歐陽《集古目》中所有者。慶曆中夏文莊公《集古四聲韻》所載石經數十字，蓋有此碑所無者，而碑中古文亦有《韻》所不收者，則淪落之餘，兩家所得自不同耳。」按，《三體石經遺字》存於趙宋間者僅此。嘉慶十一年陽湖孫星衍輯刻《三體石經遺字考》即就《隸續》、宋郭忠恕《汗簡》、夏竦《古文四聲韻》鉤稽。詳審知《左傳遺字》中有《尚書・大誥》、《呂刑》、《文侯之命》經字攙雜在內。經孫氏分析，《大誥》百十五字，《呂刑》七十七字，《文侯之命》百零四字，《春秋左氏・桓公》經百二十六字，傳三十四字，《莊公》經五字，《宣公》經百八十五字，《襄公》經百七十三字，共八百一十九字。今《平津館叢書》所刻者是也。後二十五年，嘉興馮登府撰《魏石經考異》，因孫《考》分别《尚書》、《春秋》文有未盡合者，重爲校證。分《尚書》六段，云據武進臧氏琳分段列次，以經文屬之，連重文二百九十四。《左傳》八段，連重文共四百九十八。又撰《魏石經拾遺》，録《汗簡》所收《魏石經》遺字，注以考證，云古文一百五，與《隸續》合者文廿九，可訂正譌缺者文廿六，餘文六十三足以補洪氏所未及。馮氏著有《石經補考》，此其中第五、第六兩卷也。孫、馮表章《三體石經》之功，使後學得窺當塗經術之崖略，厥功偉矣。然展轉移録，不得真形，乃忽於千五六百年後得睹原石遺文，斯真吾人夢想不到者矣。此六段爲洛陽新出土者，原係三石，背面均刻字，凡《尚書》三段，《左傳》三段。《尚書》其一《多士篇》存字百三十一又半字二，其一《君奭篇》存字四百七十七又半字十五殘缺字五，其一《無逸篇》存字三百五十九又半字一。《左傳》其一僖公二十八年至三十年存字三百八十三又半字十四，其一僖公三十一年至文公二年存字三百五十又半字十，其一文公九年至十一年存字九十三又半字二，皆有經無傳。《尚書》中多異文，證以陸德明《經典釋文》蓋用馬本。王肅難鄭，多從賈、馬，想見此時王學之盛，然馬、王同源異流，均可寶也。《三體石經》當時似祇刻《尚書》、《左傳》兩種，故《隋書·經籍志》三字石經僅有《石經尚書》九卷、《春秋》三卷，新、舊《唐志》載《三體石經尚書古篆》三卷、《左傳古篆》十二卷，據此則當時祇刻此兩經無疑也。《太平御覽》碑類引戴延之《西征記》云：「國子堂前有刻碑，南北行三十版〔一〕，表裏刻《春秋》、《尚書》二部，大篆、隸、科斗字三種。」此云表裏刻，與今新出土三石兩面刻者正相符合。《西征記》又云：「太學前石碑四十版，《尚書》、《周易》、《公羊傳》、《禮記》四部，石質粗，多崩敗。」則恐是別碑，非《三體碑》，果爲《三體碑》，《尚書》不應重見也。經文傳爲魏初邯鄲淳書。按，《晉書·衛恆傳》：「漢武時，魯恭王壞孔子宅，得《尚書》、《春秋》、《論語》、

《孝經》。時人以不復知有古文，謂之科斗書。漢世秘藏，希得見之。魏初傳古文者，邯鄲淳。恆祖敬侯寫淳《尚書》，後以示淳，而淳不別。至正始中，立三字石經，轉失淳法，因科斗之名，遂效其形。」據此，則當時刻石者並非淳所書明矣。又《趙至傳》：「年十四，詣洛陽，遊太學，遇嵇康于學寫石經，徘徊視之不能去。」《世說新語・言語類》注引嵇紹《趙至敍》：「至入太學，覩先君在學寫石經文。」是今存遺字爲嵇康手筆，雖不如淳書，亦買王得羊也。至兩經與今本異同及古文、篆、隸三體因革，余已別爲考證，茲不贅述。

〔一〕「子」底本訛作「字」，據《四部叢刊》本《太平御覽》改。又，「三十版」，《太平御覽》作「三十五枚」。

唐開成石刻十二經拓本二百十八張附五經文字、九經字樣十張 西安學宮本

按，一石爲一張，無《孟子》，尚是國初時舊拓，後附《五經文字》、《九經字樣》。全刻經始末具詳新、舊《唐書・文宗本紀》、《鄭覃傳》。《舊・傳》言：「覃長於經學，稽古守正，帝尤重之。覃從容奏曰：『經籍譌謬，博士相沿，難爲改正。請召宿儒奥學，校定六籍，准後漢故事，勒石於太學，永代作則，以正其闕。』從之。」「覃奏起居郎周墀、水部員外郎崔球、監察御史張次宗、禮部員外郎孔温業等校定《九經》文字，旋令上石。」而《舊・紀》又云：「上令翰林勒字官唐玄度復校字體，又乖師法，故石經立後數十年，名儒皆不窺之，以爲蕪累甚矣。」同一《舊書》，紀、傳乃相矛盾。而顧炎武《金石文字記》乃據其言痛相詆斥，謂劉昫之言爲不誣，殊不知《紀》所謂「蕪累」，因「唐玄度復校字體又乖師法」，非謂原刻如此也。況自開成立石以後，歷世時有修補。錢大昕《潛研堂金石跋尾》曰：「右國子學石經，《舊唐書》譏其『字體乖師

法』，近儒崑山顧氏尤詆之。予於癸巳歲取石本校勘再三，乃知此經自開成初刻以後，幾經後人之手。乾符修改一也，後梁補闕二也，北宋人旁注三也。若明人補刻闕字，則別爲一石，不與本文相淆。而世俗裝潢者，欲經文完具，乃取明刻剪割聯綴之，遂不復別識〔一〕。顧氏所舉石經之失，大半出於明刻，而援爲口實，不知其裝潢本所誤也。」武億《授堂金石跋》曰：「鄭覃創立石壁《九經》，《舊史》詆其『蕪累』，近顧亭林校此本亦云繆戾非一。余嘗案《金石文字記》，輒即顧氏所摘誤，少爲推證，使世知石經所書其與今異者，必多得之古通義，或亦有晉宋舊本，非盡可訾也。」又曰：「顧氏惟從監本校勘石經，又漫無所旁推，宜其以偏證獨斷，從而失之也。至云凡經中『二十』字、『三十』字《石經》皆改經文而爲『廿』、『卅』字非，案《漢石經·論語》『卌而立』、『年卌而見惡焉』，古本經文已如是。又《考工記·輪人》『二十分寸之一謂之枝』，鄭注云：『故書十與上二合而爲廿字。』此尤見《石經》非無據也。顧氏是正文字不爲不審，然猶不免有失，而況學顧氏之學者與？書之以誌警也。」王鳴盛《蛾術編·説經》曰：「太學石壁《九經》，《舊唐書》謂爲『有乖師法』，誠然。但此必須大有學識之人方能審定，修《舊書》者學識想必不高，而敢爲此言，不知於意云何？至於顧氏《金石文字記》所駁，今逐條考之，每有無誤而妄駁使石經受其寃誣者。又補字誠爲紕繆，然既別刻小石，不與原文相亂，則聽之可也。顧氏所据乃裝褫成册者，因褫匠取村塾中《九經》本，案照前後，用後人所補嵌入裝合輻輳，竟如一手搨出者。顧氏久客西安，目擊此石，乃不加詳核，觕疏甚矣。」案，以上錢、武、王三君駁顧氏之説誤者，皆依經文逐句逐字引證辨正，幾於顧氏全案皆爲推翻，茲以文繁不及具録。然則鄭校石經本自精審，淺人妄事修改，遂蒙「蕪累」之譏。今幸經字浩繁，改之不盡，俾六朝以前舊本得託此石以傳，斯固治經者之大幸矣。至專考此石經文字者，有王朝榘《唐石經考正》、嚴可均《唐石經校文》、馮登府《石經補考》、魏錫曾《唐石經圖考》，彼此是非，皆可藉以參證。是在讀者好學深思，無蹈顧氏鹵莽之習可也。

〔一〕「別識」，錢氏原跋作「識別」。

南宋高宗御書石經拓本八十六張

《南宋高宗御書石經》八十六張，得之蘇州帖估，其石今尚在杭州府學宫壁。凡《周易》、《尚書》、《毛詩》、《左傳》四經全，紹興十三年刻，十六年又刻《論語》、《孟子》。至淳熙四年建光堯石經閣，置碑其中，重勒高宗御筆行書《中庸》、《大學》、《學記》、《儒行》、《經解》五篇，以補《禮記》之闕。語詳王應麟《玉海》。今杭學所存《周易》二石、《尚書》七石、《毛詩》十石、《左傳》四十八石、《論語》七石、《孟子》十一石，《禮記》存《中庸》一石，餘皆亡佚。今拓本八十六紙，正與石數相合。朱竹垞太史彝尊《經義考》以爲八十七石者誤也。馮雲伯編修撰《南宋石經考異》序言：「紹興至今六百餘年，碑之漫漶已如此。當時所頒州學者散佚已盡，即宋搨流傳，好古家絶不可得。今就所可識者考其異文，間采遺字之見於他書者補之，有足訂今本之訛，見宋槧之善，亦世之言《石經》者之一助也。」案，此八十六紙，漫漶處甚少，不知馮氏何所見而云然。意者馮氏所見，多年未拓、塵沙塞滿之舊搨耶？余赴杭曾謁學宫，見此《石經》嵌入牆壁，石質完好，間有殘損而字畫隱約可辨。阮文達元重模天一閣《北宋石鼓文》亦嵌壁如故，因並屬帖估搨出。竊怪長沙葵園閣學先謙、宗室伯兮祭酒同官祭酒時，重模阮本《石鼓》於國監，跋以爲阮本不存，何其見聞之陋也！雲伯編修當日若親至學宫手拓此經，亦不至有此遺憾。天下事不能憑一方傳聞之辭有如此。

十三經注疏四百一十六卷 明嘉靖中福建巡按御史李元陽校刻本

凡《周易兼義》十卷、《尚書正義》二十卷、《毛詩正義》七十卷、《周禮注疏》四十二卷、《儀禮注疏》五十卷、《禮記正義》六十三卷、《春秋左傳正義》六十卷、《公羊傳注疏》二十八卷、《穀梁傳注疏》二十卷、《孝經注疏》九卷、《論語注疏》二十卷、《孟子注疏》十四卷、《爾雅注疏》十卷，共四百一十六卷。先是，南京國子監存有宋元舊版《注疏》，明正德中遞有修補。嘉靖中葉，福建巡按御史李元陽據以重刊，每半葉九行，行廿一字，即此所謂閩刻本是也。南監本闕《儀禮》，嘉靖五年陳鳳梧刻之山東，以板送監，至是李元陽并據以重刊。其後萬曆六年至二十一年，北京國子監又據此本再雕，行字如閩本，惟字體狹而長，不及閩本字體横寛之悦目。崇禎庚辰，常熟毛晉汲古閣又刻之。展轉傳刊，魯魚多誤，而毛刻《十三經》乃風行海内。由于南北兩監刻本版片日就散佚，乾隆武英殿刻版尚未告成，士人舍此無他本可求，故遂爲天下重也。南北兩監本今日流傳頗稀，余所藏北監本獨完全，閩本僅有數種。此從子康侯兄弟所藏者，《周易》序下有「永瑆之印」四字白文篆書方印、「皇十一子」四字朱文篆書方印、「詒晉齋」三字朱文篆書長方印，蓋成邸故物。中缺數種，恰以余所藏本補之。明徐興公𤊹好收殘本書，往往無心得之，配合成爲完帙，語詳所撰《紅雨樓題跋記》。近李南澗文藻亦然，載所撰文集中《琉璃廠書肆記》。凡物遇真知篤好之士，則夐求夢卜，在在必有神物護持，況群經爲先聖先賢之遺？聚而不散，乃天地正氣。此當藏之家祠，俾子孫世世爲楹書之守，豈僅以配合之奇，當一時快意事哉！

又一部　明萬曆二十一年北京國子監刊本

錢大昕《竹汀日記鈔》云：「北監《十三經》有崇禎六年祭酒吳士元題疏。稱版一萬二千有奇，始刻於萬曆十三年〔一〕，成於二十一年，至崇禎五年冬，奉旨重修。每葉十八行，每行二十一字。汲古閣本行數字數略同，惟版略小。」《天禄琳琅書目》明版經部内著録本同，亦有重修祭酒司業官銜姓名，皆非初印本也。孫星衍《祠堂書目》皆南北兩監雜配，且缺《書經》，故《平津館鑒藏書籍記》所載亦不全。可見此本之難得，而初印未經重修者得之尤難。此《十三經》全部整齊，書亦寬大，中無重修人官銜，審是崇禎以前印本。竹汀見以爲奇，孫氏藏而未備，余獨有其書，不待庚子將日日陳而拜之矣。

〔一〕「萬曆十三年」，江蘇古籍出版社一九九七年版《嘉定錢大昕全集》本《竹汀日記鈔》作「萬曆十四年」。

又一部　明崇禎戊寅毛晉汲古閣刻本，宋本校過

《周易正義》十卷、《尚書正義》二十卷、《毛詩正義》七十卷、《周禮注疏》四十二卷、《儀禮注疏》五十卷、《禮記正義》六十三卷、《春秋左傳正義》六十卷、《公羊傳注疏》二十八卷、《穀梁傳注疏》二十卷、《孝經

注疏》九卷、《論語注疏》二十卷、《孟子注疏》十四卷、《爾雅注疏》十卷，共四百一十六卷。其中《周易》、《毛詩》、《儀禮》、《禮記》、《左傳》、《穀梁》、《孟子》七種，皆經鄭樂山德仁、鄭粹齋文炤二人以宋本及諸家校本朱校，起乾隆五十三年戊申，至嘉慶二十二年，閱三十寒暑。蠅頭細字，夾注行間及欄匡上下，無一筆草率。全書皆朱點句讀，每經識語，述明引用舊本及校者姓名。中有稱汪豈泉師者，均不詳其籍里事蹟，暇時當檢書考之。未校之六經，余擬爲之補闕，牽于人事，獲此六七年尚未下筆，益嘆前人讀書之勤，吾輩萬不能及，書此自訟，益增愧恨云。癸卯清和上弦月夜書。德輝。

又一部三百四十六卷 乾隆十二年武英殿刻本

乾隆十一年武英殿校刻《十三經注疏》，共三百四十六卷。當時，高宗命和碩和親王弘晝爲監理，大學士三等伯鄂爾泰、大學士三等伯張廷玉爲總閱，刑部尚書張照、禮部右侍郎李清植、兵部右侍郎王會汾、刑部右侍郎勵宗萬、國子監祭酒陸宗楷、翰林院侍講方苞六人爲總裁，翰林院侍讀學士陳浩、侍讀朱良裘、侍講林蒲封、編修孫人龍四人爲提調，詹事府少詹周學健時已任河道總督。等二十四人爲編校，每卷後皆附諸臣考證，洵古今至精至善之本也。《十三經注疏》自南宋刻附《釋音》十行本後，其版片迄明時尚存南京國子監，但經元明兩朝修補，譌誤正自不少。閩刻仍其舊，不求宋十行本初印更正。以後北監、毛晉汲古閣本因之，士人承訛襲繆，不覩善本蓋將百年矣。高宗御製序刻此書云：「明南北監版行，學士家有其書。顧訓詁繁則踳駁互見，卷帙重則豕亥易訛。或意晦於一言之舛，或理乖於一字之繆。校讎疏略，疑誤滋多，承學之士無所取正。爰敕詞臣重加校正，其於經文誤字以及傳注箋疏之未協者，參互以求其是，各爲考證附於卷後，不紊舊觀，刊成善本。嘉與海内學者篤志研經，敦崇實學。庶幾經義明而儒術正，儒術正而人才昌，恢先王之道以贊治化，而宏遠猷，有厚望焉。」是當時校刻此書，不惜廣求善本，折衷羣言。此和碩和親王進表所以云「審有舛訛，始爲訂正。若無確見，仍付闕如」者也。伏惟我朝經學之盛，超軼漢唐。上以稽古右文，提倡天下之樸學，下以窮經服古，研求先聖之遺言。康、雍、乾、嘉以來，六藝昌明，儒臣輩出，文章黼黻，歌詠太平。道、咸之間，粤逆倡亂，湘軍特起，成戡定之功。其間柄兵大臣如胡文忠、曾文正、左文襄以及羅忠節、王壯武諸公，皆以理學名儒出膺艱巨。文正兼採漢、宋之學，遂爲近代儒宗。文襄博覽羣書，務爲有用之學，其功業皆本原學術。如高宗所諭「儒術正而人才昌」者，屢經列聖之裁培而卒收其效。用是固聖聖相傳，表章《六經》尊崇孔孟之所感應也。制科以來，功令以《四書》、《五經》文取士，而坊刻、私刻之本展轉雕版，譌奪無窮。余見鄉曲之士每因場屋誤寫經題、經文被擯者，比比皆是。竊謂一王之制，薄海所當共遵，中秘之書，盡人何能遍讀？因思乾隆初元内府刻有仿宋淳祐大字本《四書》，四十八年武英殿又繙刻宋岳珂《相臺五經》，并此《十三經注疏》，校刻既精，考證尤密，讀者欲不爲坊本所誤，得此可定一尊矣。近世《十三經注疏》通行江西南昌府學阮文達元刻宋十行本，而不知當時文達未親與其事，致令校刊草率，與文達初刻《十三經校勘記》矛盾之處極多。是又何如專讀此本，參閲考證之爲實事求是哉！

又一部 嘉慶二十一年江西南昌府學刻本

阮文達於嘉慶二十二年江西巡撫任内刊成《十三經注疏》，後附《校勘記》，世稱爲善本。據《雷塘庵主弟子記》，嘉慶十一年丙寅，四十三歲，公居封公湘圃先生憂，時纂刊《十三經注疏校勘記》二百四十三卷成。先是，公弱冠時，以汲古閣本《十三經注疏》多訛謬，曾以《釋文》、《唐石經》等書手自校改。督學以後，始以宋十行本爲主，參以《開成石經》及元明舊刻、葉林宗影宋鈔本、陸氏《釋文》等書，屬友人、門弟子分編，而自下鉛黄，定其同異，得《易》十卷、《書》二十二卷、《詩》十卷、《禮記》七十一卷、《儀禮》十八卷、《周禮》十四卷、《左傳》四十二卷、《公羊》十二卷、《穀梁》十三卷、《爾雅》五卷、《論語》十一卷、《孝經》四卷、《孟子》十五卷，至是刊版始成。又二十一年丙子五十三歲，由江西巡撫調補河南巡撫。新撫未至，仍留江西。秋，刻宋本《十三經注疏》成，即此所謂南昌府學本《十三經注疏》是也。後附《校勘記》，但較前單刻本多節删，去取亦未精審。《記》附公子福按語云：「此書尚未刻竣，大人即奉命移撫河南。校書之人不能如大人在江西時細心，其中錯字甚多，有監本、毛本不錯而今反錯者，要在善讀參觀而得益。《校勘記》亦不盡善，故大人不以此刻本爲善也。」按，公據宋十行本，多元明間補修，而江西附刊又不盡從原刻。《孝經》用明正德翻宋十行本，《儀禮》用宋嚴州刻單注本、北宋咸平景德間刻單疏本，《爾雅》用明嘉靖中吴元恭刻單注本、北宋刻單疏本。顧單注單疏本各不同，文字差池不免鑿枘，元明間修版沿誤尤多。常熟瞿鏞《鐵琴銅劍樓藏書目録》載有宋十行本附釋音諸經注疏五種，《周易》、《尚書》、《左傳》、《公羊》、

《穀梁》，陸心源《皕宋樓藏書志》亦載有十種，《周易》、《尚書》、《毛詩》、《周禮》、《禮記》、《左傳》、《公羊》、《穀梁》、《論語》、《孟子》。瞿《目》《周易》下云：「阮氏《校勘記》、南昌府學重刊宋本皆據是書，方盛行於世。顧以是本校之，頗多不同。其不同者，往往與家藏宋單注本、宋八行注疏本，及《校勘記》所引岳本、錢本、宋本合，阮本多誤，同閩、監、毛本。均是十行本，何以違異若此？蓋阮本多修版，其誤皆由明人臆改。是本修版既少，多可藉以是正。」又《尚書》下云：「此本與阮氏《校勘記》所引同。惟《尚書·序》『悉以至能者』疏『伏生之本亦壁内古文而合者者』，江西重刊本『者者』作『之者』，而盧氏《補校勘記》仍出『者者』，是阮亦不作『之者』，蓋校勘者〔一〕所改也。汲古毛氏本則作『者也』。考家藏金刻本，『者』字不重，則下『者』字當是衍文，改爲『之者』、『者也』並屬無據。又《益稷》傳『叢脞』至『申戒』疏『庶事萬事爲一同而文變耳』，單刻《校勘記》引十行本正與此合。而重刊本改『一同』爲『義同』，雖據毛刻，實失十行本之真。至《仲虺之誥》疏『《康誥》、《召誥》之類二字足以爲文』，此本『二』不誤『一』。而阮校及重刻本皆作『一』，則所據或是修版。」《左傳》下云：「全書無明代修補字。凡遇有模糊處，其筆迹尚可推尋，而修版已爲墨釘，或經臆改。嘗以阮氏《校勘記》所載慶元間沈中賓刊本核之，往往相符，用是知阮氏所據本乃屢經修改之本，故多譌脱，而間據宋本訂補，則無不與是本暗合。南昌府學重刊本雖據阮校多所改正，惜其不知十行本原本與宋本本自相同，其未經改正者猶不少，且有一二句中譌字疊見，而或改或否，故使文義更有難明。至于補脱，阮校並據宋本，而重刊本翻從閩、監、毛三本，阮氏所明斥其誤者亦有不顧，遂與所附《校勘記》多不相應。其意蓋以閩、監、毛皆出十行本，而不知閩本已仍修版之訛，非出原本也。」《公羊》下云：「阮氏此經最多疏舛，其所據者僅何氏煌校本，何本係汲古閣本，其與十行本異同，多未之舉，反有以何校毛本誤爲十行本者，不知毛本譌而十行本未譌也。」《穀梁》下云：「以阮氏重刊本對校。」誤字瞿《目》已逐條舉出，別爲校勘記，茲不具録。案，如瞿《目》所稱是有阮氏《校勘記》以明修補版爲十行本未經細審者，亦有阮氏《校勘記》本據十行本，而南昌重刻時主其事者又誤以明修補版爲十行本未曾覆校者。似此前後矛盾紛歧，貽誤後學，是不如不刻之爲愈矣。余家所藏，自閩九行本以下，如南監、如毛刻、如殿本，皆收藏完備。從子孎甫以爲阮本所引宋元本書究屬博覽，在今日且有成爲絶本者，是不可不購藏一部以資考索。因出重貲求初印者，久乃獲此。亦見原本雖存，遞經道光、同治兩次補修，固不可與此同日語矣。

〔一〕原作「校勘記」，「記」字光緒二十四年刻本《鐵琴銅劍樓藏書目録》作「者」，據改。

仿宋岳珂本五經周易十卷尚書二十卷詩二十卷禮記二十卷春秋左傳三十卷 乾隆四十八年武英殿刻本

嘗怪乾隆開四庫館時，館臣編撰《總目》往往于內府天禄琳琅之善本書忽不著録，而取外間所進本列入《全書》已爲疏漏，尤可異者，諸經注本當時內府所藏皆全，而《目》中祇有《周易注》一種，爲兩江總督採進本，其于天禄之書若不知有其物者。此南宋岳珂校刻《五經》注本，乾隆四十八年命武英殿校刊。每卷後有考證，《五經》善本當推此爲第一。每卷鈐有「乾隆御覽之寶」、「古稀天子」、「天禄琳瑯」、「天禄繼鑑」。前人收藏印記如晉府、李國壽、季振宜等皆一一摹刻，以存其真。後來頒行各省重刊，形式雖存，遠不及此精鏤矣。禮親王《嘯亭雜録·純廟鑑賞》下云：「岳氏《五經》，特建五經萃室庋之。」可見高宗尊崇經學愛護典籍之至意，宜乎御宇六十年，文治之盛，爲漢唐所未有也。

通志堂彙刻經解一千八百卷　康熙癸巳刻本

通志堂所刻《經解》，《易》類唐一種，宋二十四種，元十三種，附納蘭性德自撰一種，共三百七卷。《毛詩》類唐一種，宋七種，元二種，明一種，共一百三十七卷。《書》類宋九種，元十種，共二百二十四卷。《春秋》類宋二十二種，元十種，明一種，共四百四十七卷。《孝經》類宋一種，元三種，共四卷。《論語》類宋二種，共二十卷。《孟子》類宋三種，共二十三卷。《四書》類宋一種，元六種，共一百三十二卷。《三禮》類宋八種，元三種，附納蘭性德自撰一種，共三百六十三卷。總經解唐一種，宋四種，明二種，共六十三卷。都一千八百卷。本崑山徐乾學所刊，贈其門生納蘭性德。乾隆五十年二月二十九日奉上諭：「四庫全書館進呈補刊《通志堂經解》一書。朕閱成德性德亦譯作成德。所作序文，係康熙十二年，計其時成德年尚幼穉，何以即能淹通經術？向聞徐乾學有代成德刻《通志堂經解》之事，兹令軍機大臣詳查成德出身本末，乃知成德於康熙十一年壬子科中式舉人，十二年癸丑科中式進士，年甫十六歲。徐乾學係壬子科順天鄉試副考官，成德由其取中。夫明珠在康熙年間柄用有年，勢燄薰灼，招致一時名流如徐乾學等互相交結，植黨營私。是以伊子成德年未弱冠夤緣得取科名，自由關節，乃刻《通志堂經解》以見其學問淵博。古稱皓首窮經，雖在通儒，非義理精熟畢生講貫者，尚不能覃心闡揚發明先儒之精藴，而成德以幼年薄植，即能廣搜博採，集經學之大成，有是理乎？更可證爲徐乾學所裒輯，令成德出名刊刻，俾藉此市名邀譽，爲逢迎權貴之具耳。夫徐乾學、成德二人，品行本無足取，而是書薈萃諸家，典贍賅博，實足以表章六經。朕不以人廢言，故命館臣將版片之漫漶斷爛闕者補刊齊全，訂正譌謬，以臻完善，嘉惠儒林。但徐乾學之阿附權門，成德之濫竊文譽，則不可不抉其隱微，剖析原委，俾定論昭然以示天下後世。著將此旨録載書首。欽此。」大哉王言！誠爲徐乾學、成德二人定讞矣。此全部尚是初印，未經補刊，故書前未載上諭。宋元人解經，偏于義理，又好發爲空論，于羣經名物制度、文字訓詁皆無所研求，卷帙至一千八百之多，精者不及十種。且校刊欲速，校者並非通經之儒，何義門于其目録評議多致不滿之詞，信非苛論。且所採諸家偏于朱子一派，北宋如二蘇，南宋如永嘉諸儒之書，皆擯不入選。又如林栗《周易經傳集解》三十六卷，《浙江採集遺書總録》載有秀水曹氏倦圃寫本云：「崑山徐氏業已開雕，或以栗嘗與朱子爲難，遂燬其版。」而姚元之《竹葉亭雜記》云：「《通志堂經解》書中有宋孫莘老《春秋經解》十五卷，而目録中無之。山東朱鳶湖在武英殿提調時得是本，以外間無此書，用活字版印之。蓋以通志堂未曾付刻也。其時校是書者爲秦編修敦甫恩復，秦家有通志堂刻本，持以告朱，朱愕然不知當日目中何以缺此也。秦云據其所見爲目中所無者，尚不止此，豈是書有續刻歟？」余案，此即當時刻成之時，復有去取之明證。後來錢儀吉刻《經苑》，凡唐、宋、元、明人説經之書二十五種，所以補《通志堂》之遺。有目未刻者十八種，屏除門户，闡發幽潛。于是宋、元以來經學源流可以盡其大概。常熟張金吾原有《詒經堂經解》之輯，擬刻之以續《通志堂》，編目方成，遽賚志而没，今已散佚，恐無人繼起成此巨製矣。此書全者頗難得，乾嘉中如孫星衍《祠堂書目》、倪模《江上雲林閣書目》分入經部各類，案之皆不得其全。當時四庫館本補刊之本已成，印行或不多見。今更百年之久，如此完整而兼初印，豈不重可寶貴乎！甲午三月，今上命南書房翰林檢查天禄琳瑯藏書，長沙張治秋、福山王蓮生兩祭酒皆與其事。據云，《書目》前編所載無一册之存，續編經部宋人書，所謂宋版者，往往以白紙初印之通志堂本僞充，當時鑒定諸臣不知何以竟未辨出。亦可知通志堂本之希見，故得魚目混珠。然則是書全部之在余家，大可爲藏書生色矣。安得長此聚而不散，俾讀者人人得窺全豹哉！光緒乙未清和初夏德輝記。

子夏易傳十一卷 明高承埏稽古堂刻本

《子夏易傳》十一卷，明高承埏稽古堂刻本。大題云「稽古堂訂正子夏易傳卷之幾」，下鈐「檇李曹氏藏書印」七字朱文橢圓印，又有「曹宗燿印」四字白文方印，「徫中」二字朱文方印，蓋倦圃先生之子也。是書《四庫》著録，稱「内府藏本」，疑即《通志堂》本。此本在《通志堂》之前，傳本極少。高氏有《稽古堂日鈔彙刻》十五種，中無是書。黄虞稷《千頃堂書目》載《高氏稽古堂羣書秘檢》二十二種，此或其中之一。是書一僞再僞，宋以前爲唐張弧僞撰，宋人所見又非張弧僞本。語詳《四庫全書總目提要》，指證甚確。子夏爲《易》家老師，其傳文異字及故訓遺文載于陸德明《經典釋文》、李鼎祚《周易集解》諸書者甚夥。孫馮翼問經堂、張澍二酉堂、馬國翰玉函山房均有輯本，余均有之。然竊疑亦非真出于子夏，殆亦唐以前人依託。《唐會要》引劉知幾稱梁阮孝緒「《七録》始有《子夏易傳》六卷，或云韓嬰作，或云丁寬作」。又引司馬貞云：「案劉向《七略》有《子夏易傳》，但此書不行已久，今所存者多失真本。荀勗《中經簿》云《子夏傳》四卷，或云丁寬。」是則前人已不無疑義，今僞而又僞，豈可據爲典要乎？余録而存之者，亦如《提要》所云，流傳既久，姑存以備一家，而版刻之稀亦其可存之一也。己未冬中。

京氏易傳三卷周易略例一卷關氏易傳一卷周易舉正三卷正易心法一卷周易古占法二卷乾坤鑿度二卷乾鑿度二卷 明范氏《天一閣二十種奇書》刻本

《京氏易傳》三卷，漢京房撰。《周易略例》一卷，晉王弼撰，唐邢璹注。《關氏易傳》一卷，舊題隋關朗撰，唐趙蕤注。《周易舉正》三卷，唐郭京撰。《正易心法》一卷，麻衣道者撰，宋陳摶述。《周易古占法》二卷，宋程迥撰。《乾坤鑿度》二卷，《乾鑿度》二卷，漢鄭康成注。皆明嘉靖間范氏天一閣刻《奇書》二十種之八種也。《四庫全書總目提要》皆著録。《京氏易傳》入子部術數類占卜之屬，《周易略例》入經部易類，并《周易注》著録，《關氏易傳》入經部易類存目，《周易舉正》入經部易類，《正易心法》入子部術數類數學之屬存目，《周易古占法》入經部易類，《乾坤鑿度》、《乾鑿度》入經部易類附録。諸書明以來頗多刻本，而皆在范刻後，故當時以爲秘笈，目之爲奇書也。范氏天一閣自宋以來爲六百年藏書家所據，宜多善本。然諸書亦刻入程榮《漢魏叢書》、毛晉《津逮秘書》，取校此本，絶無異同，疑兩家皆據范本重刻之，由無他本可參校也。范刻二十種外，尚有陸賈《新語》二卷，羅隱《兩同書》二卷，吾并得之，正不知當時二十種之外尚有幾種也。乾、嘉以來藏書家如黄丕烈《士禮居藏書題跋記》、孫星衍《平津館鑒藏書籍記》，倪模江上雲林閣、朱學勤結一廬，收藏明刻書頗多，而范本罕見著録，固知流傳之絶少也。吾從上海、蘇州書肆中陸續收得，本之大小不一，因屬坊友重裝一律。此《易》類八種爲一類，以便檢尋。時在丁巳閏二月下旬，夜半殘月下弦，挑燈記之。葉德輝書于蘇州閶門曹家巷寓舍。

周易本義十二卷 内府仿宋咸淳乙巳吴革本

此内府仿宋咸淳乙巳吴革所刻朱子《本義》十二卷，《四庫全書總目》著録，稱「内府校刊宋本」。《提要》云：「此本爲咸淳乙巳九江吴革所刊，内府以宋槧摹雕者。」即此本也。每半葉六行，行十五字。精鏤精印，較宋槧原本有其過之。聊城楊氏海源閣所藏宋本此書，其後人官京師者攜至都門，余曾見之，未若内府此本之精采焕發也。《本義》自元、明以來，因與程《傳》合刻，遷就溷亂，不見廬山真面已三四百年。欣逢聖祖稽古同天，異書再出，海内承學之士相繼重刻，流播士林。是固我朝二百年樸學昌明之肇端，抑亦朱子在天之靈不欲使漢《易》古本泯滅無聞，于冥冥中護持而使之復顯于世耳。此本雖仿宋刻，傳世頗稀，得者幸勿以尋常殿本相等夷可也。

又一部 金陵官書局刻本

朱子《周易本義》十二卷，本依吕祖謙《音訓》本爲之。其分卷十二：《經》上下、《彖》上下、《象》上下、

《繫辭》上下、《文言》、《説卦》、《序卦》、《雜卦》，與程《傳》之用王弼本者不同。宋董楷撰《周易傳義附録》、元董真卿撰《周易會通》始以程《傳》爲主，附以《本義》。明時官刻、坊刻因之，于是《本義》之真面不復可見。國朝乾隆間，内府以所藏宋咸淳吳革刻本繙雕，世間漸見此書原本。然内版珍秘，流傳甚希，同時寶應劉氏參考衆説，復朱子十二卷之舊，而以吕氏《音訓》附刻書眉，初不知内府宋本尚在也。刻成而缺其《九圖》、《筮儀》，故仍不得爲完本。此金陵書局所校刻，事在同治四年。時粤寇平定，曾文正開府江南，首開書局，延聘東南名士如莫友芝、張文虎諸人襄校其事，故所刻書史校勘極精。此本援據吳革本，參以祝鳳喈《周易傳義音訓》合刻及寶應劉氏《本義》單刻，而以《音訓》散入各卷之末，意以便于童蒙誦習。但今久沿明人《大全》之謬，試官試士多取程《傳》爲題，而學官流行注疏久沿王弼之謬，是此本雖刻，不過告朔之餼羊，安見家絃户誦如四子書之廣遍也哉？光緒二十一年乙未十月望前一日記。

又一部八卷附易學啓蒙一卷 咸豐六年祝鳳喈刻本

《周易》朱子《本義》前有《五贊》，極服膺程氏《易傳》，故作《本義》，文甚簡略，以程《傳》已詳盡也。然《本義》從吕氏《音訓》，考定古本，分《經》上下、《十翼》。程《傳》用王弼本，經翼混淆，又無《繫辭》上下《傳》。二氏之書劃然不可强合也。宋董楷撰《周易傳義附録》，割裂《本義》以附程《傳》，其撰《凡例》云：「程子《易傳》依王弼次序，而朱子則用古《易》次序，以《彖》、《傳》、大小《象》、《文言》各自爲卷。今不敢離析程《傳》，又不敢盡失朱子之意，於是仿節齋蔡氏例，以《彖》、《傳》、大小《象》、《文言》各下經文一字，使不與正經紊亂。而程《傳》及朱子《本義》又下一字，程子、朱子《附録》又下一字，則其序秩然矣。」當時程、朱之書同爲士人所誦習，故董氏强爲此調停之説，而轉以亂二書之真。元董真卿撰《周易會通》遂承其謬。明洪武以來，功令以二書取士，至永樂時修《大全》，即援二董之例，以程《傳》爲主，以《本義》附之。坊估私刻又去程《傳》而單行《本義》，以程《傳》之卷第爲朱子之原書，其謬舛殆不足辨。然二三學究，日讀程、朱之書，終不能明其故也。夫先儒著書，自有手定之本，如《本義》十二卷，世傳咸淳乙丑九江吴革所刻真本也。程子《易傳》本六卷，宋王偁《東都事略·儒學列傳》、陳振孫《直齋書録解題》載並同，世傳元至正己丑積德書堂所刻真本也。程《傳》無《繫辭》上下，《書録解題》有《繫辭精義》二卷，云：「吕祖謙伯恭集程氏諸家之説，《館閣書目》以爲託祖謙之名。」積德書堂并刻于程《傳》後者即此。世行浦城祝氏所刻《周易傳義音訓》後附朱子《易學啓蒙》者，號爲善本，然以《傳》、《義》合併，蹈歷來刻二書者之故轍。使當日《傳》、《義》分刻，豈不于二書爲有功？惜乎其見不及此也。世有好事者再刻此二書，《本義》當以吴革本，而以仁和宋咸熙校集之《音訓》附之，程《傳》當以元積德書堂本，仍以《繫辭精義》附之，庶幾二者合美而不至於兩傷。然則祝氏此刻固其萌芽也已。光緒三十有二年歲丙午秋七月處暑，郋園記。

誠齋易傳二十卷　明嘉靖壬寅尹耕刻本

宋楊萬里《誠齋易傳》二十卷，明嘉靖壬寅尹耕刻，即藏書家著録之瘵鶴亭本，世以爲希見者也。書版有匡闌，無直線。每半葉九行，每行二十字。明嘉靖本頗爲世重，此則版式近于坊俗，殊不雅觀，或亦物以希見爲貴之意耶？據《四庫全書總目》著録爲江西巡撫採進本，《提要》云：「是書大旨本程《傳》，而多引史傳以證之。初名《易外傳》，後乃改定今名。宋代書肆曾與程《傳》並刊以行，謂之《程楊易傳》。新安陳櫟極非之，以爲足以聳文士之觀瞻，而不足以服窮經士之心。吴澄作跋亦有微詞。然聖人作《易》，以吉凶悔吝示人事之所從，箕子之『貞』，鬼方之『伐』，帝乙之『歸妹』，周公明著其人，則三百八十四爻可以例舉矣。舍人事而談天道，正後儒説《易》之病，未可以引史證經病萬里也。理宗嘉熙元年嘗給札寫藏秘閣，其子長孺進狀稱：『自草創至脱稿，閲十有七年而後成[一]。』亦可謂盡平生之精力矣。」按，《提要》于此書推許至矣。余則以爲易教廣大，人事特其中之一義耳。自王《注》、程《傳》行，于説《易》家開一平正易行之達道。于是舉漢人「爻辰」、「卦氣」一切讖緯之説一掃而空之，而其末流一失于魏晉之清談，再失于宋人之禪學。由其所持者多屬空論，人事有限，遂不得不節外生枝，便于空疏者所藉口。故論其廓清之力，能使治《易》者少所紛糾；而泛濫無歸，亦使治《易》者多所依附。是在學者辨其是非，不姝姝然守一先生之言，斯于《易》學自有心得矣。誠齋引史傳，究屬于經義無關。使其于六經載籍、三代史事就其切于吉凶悔吝者，如箕子「明夷」、高宗「鬼方」、帝乙「歸妹」之例，援引浩博，以發明之，則陳義甚高，所言有物，又誰得而議其後耶！惜乎誠齋當日未之思也。

〔一〕原作「而後成功」，浙本《四庫全書總目》及文淵閣《四庫全書》本《誠齋易傳》卷首提要「成」下均無「功」

字，據删。

周易本義辨證五卷 原稿本

吴中經學之盛，亭林顧氏誠有開闢之功。然苟無惠氏一家三世傳經，發明古義，則流風餘韻，繼起無人，安見流澤孔長，斯文至今不墜耶！予本吴人，先世由洞庭西山避亂來湘。家有楹書，多吴越先賢遺集。端居私淑，師法本異於楚風。此惠定宇先生《周易本義辨證》原稿，蔣氏省吾堂已刊入《經學五種》中。書縫有「紅豆齋藏書鈔本」字樣，書中有朱筆校誤，皆先生手蹟，尤可寶貴也。二百餘年屢經東南兵燹水火之劫，猶復流傳人間，豈非先生精神所傳者遠，而手澤因之不泯歟？宣統二年庚戌夏六月初伏，編畊葉德輝識。

周易傳注七卷筮考一卷 道光癸卯刻本

《周易傳注》七卷，後附《筮考》一卷，蠡縣李塨撰。塨本傳顔習齋之學，于理學爲旁門。南從毛奇齡受經，故説經尚有根柢。易教廣大，自漢、宋兩家外，又有流于釋、道二宗者。惟王弼、程子專明人事，闡發義理，説經家以其平正而無流弊，故能獨立千古不爲人所短長。塨之是書亦就人事立言，而義主觀象，並兼取互體之説，爲之發明。書中力闢陳摶、劉牧、邵雍諸家「河圖」、「皇極」之非，蓋本其師毛奇齡之持論。其自序稱：「弱冠受學於顔習齋先生，不言《易》，惟以人事爲教。及壯，遊謁毛河右先生，歸而玩《易》，一一與習齋所傳人事相比，乃知習齋不言《易》而教我以《易》，至矣。」此過于推崇習齋之詞。習齋學究村儒，青出於藍不必因之增重也。

易箋八卷　乾隆三十年家刻本

《易箋》八卷，陳法撰。《四庫全書總目》經部著録，《提要》云：「法字定齋，貴州安平人。康熙癸巳進士，官至直隸大名道。其書大旨以爲《易》專言人事，故彖、爻之辭未嘗言天、地、雷、風諸象，亦并不言陰陽。考《震・彖》言『震驚百里』，即象震雷，諸卦彖言『利涉大川』，即象坎水，法所云《彖辭》不言象者，未爲盡合，然其持論之大旨，則切實不支。」云云。今按，其書於程《傳》、朱《義》多所發明，亦有與之異義者。自序謂：「如康成之箋《毛詩》，故名曰《箋》。」據其所言似是説經有家法者，及觀其全篇，殊不與箋例相合。其於每卦經文畫分四截，首《彖辭》，次《彖傳》，次《爻辭》，次《爻傳》，而《大象》别爲一條於後。《繫辭》上下據《史》、《漢》改爲《大傳》上下，非鄭非王，不漢不宋。其論《雜卦傳》謂：「序卦六十四，卦皆相連，如繩之貫錢不能紊。然卦本二卦反對，序卦則逐卦相承。如屯蒙反對，需訟反對。蒙固承屯，訟固承需，而需亦承蒙。故曰序卦、雜卦則祇以卦反對言，參差其序見義。故曰雜既取反對，則二卦不宜相間隔。自古以《易》爲卜筮之書，故其傳寫多誤。古人之文，惟詩歌協韻。彖傳、爻傳多協韻，亦有不盡協者，不牽文以就韻也。今惟以卦相從，首乾、坤，三十卦而至咸、恆，是卦雖雜仍不失文王首尾之序。首乾、坤宜終坎、離，首咸、恆宜終既濟、未濟。」陳氏以韻更正後數卦，人多從之。今從文王之序，反爲未協乎？又謂：「困脱『不』字。『柔遇剛，剛决柔』，『君子道長，小人道憂』，乃誤添入《彖傳》語，非諸卦之例,皆宜删去。若以改經爲嫌,如『親寡旅』明屬『旅寡親』,亦一字不敢顛倒。夬卦誤在後,亦曲爲之説。今爲一一更正。序卦取其義之相貫,雜卦取其義之相反,要亦無甚深意,聖人存之以見反對之義耳。其亦筮人所纂,以便記誦與?」按,如法言則是顛倒瞀亂,非序非雜,有意武斷,强題就我,蹈宋人妄移經文之惡習,是豈可以爲訓乎? 然其辨來知德以伏卦爲錯,反對之卦爲綜,謂:「《大傳》所云錯、綜者,以揲蓍而言,錯綜其七、八、九、六之數,遂定諸卦之象。今以錯綜諸卦定象,是先錯綜其象也。又以錯綜言數,是錯綜其象以定數也。先儒雖言卦變,未有易其陰陽剛柔之實,顛倒其上下之位者。今以乾爲坤,以水爲火,以上爲下,混淆汨没,而《易》象反自此亡矣。」其辨至爲明快。蓋其持論多出心得,於前人説《易》之書未嘗博覽而有所擇取,故有得有失,不能粹然成一家之言。然黔方僻陋,學無師承,大輅椎輪,途軌賴以先闢。其後鄭珍、莫友芝輩接踵而起,卓然爲海内大師。則有開必先,不得謂非法提倡之功也。

尚書正義二十卷 日本弘化四年仿宋淳熙刻本

《尚書正義》二十卷,日本弘化四年松明復從足利學校所藏宋本影寫,而熊本源爲之刊行。前有林煒序,稱其「書法圓遒,宋代諸諱皆缺筆,其刻在淳熙前後無可疑」云云。每半葉八行,行十九字,小字雙行,字數同。白口本,版心上記字數,下記刻工姓名。有細川利和刻此書《例言》,其第四則云:「足利學校藏《周易》、《禮記正義》,版式字樣與此書如出一手,而其《禮記》紹熙壬子浙江路茶鹽公事三山黄唐所刻,其自跋云：『本司舊刻《易》、《書》、《周禮》，正經注疏，萃見一書。』則此本爲黄所指『本司舊刻』明矣。且以宋諱缺筆、刻工名識考之，蓋在淳熙前後。阮元謂注疏合刻《易》、《書》等當在北宋之末，按山井鼎《左傳考文》引《禮記》黄跋，『紹熙』作『紹興』，阮元不知其誤故有是説。明復取黄跋置諸卷尾，蓋以證此本爲浙江萃刻之祖也。今因而存之。」按細川所言不盡可信，《考文》引《禮記》黄唐跋云：「本司舊刊《易》、《書》、《周禮》，正經注疏，萃見一書，便於披繹。它經獨闕，紹興辛亥遂取《毛詩》、《禮記》疏義，如前三經編彙，精加讎正。乃若《春秋》一經，顧力未暇，姑以貽同志。」而此本正作「紹熙」，與《考文》引文異，究竟此從他經移來，難免傳寫之誤。日本森立之《經籍訪古志》載足利學所藏此本，詳録黄跋，本作「紹興」。又《禮記注疏》六十三卷爲足利學藏者，亦明稱「紹興壬子」刊本，末有三山黄唐跋。森立之近代人，其所見足利學此書，《禮記》均不作「紹熙」，是其明證。余謂此爲淳熙間重雕紹興黄唐本，而存其原跋，故避諱缺筆至淳熙止。否則淳熙修版，追改前諱缺筆。紹熙又在淳熙之後，則避諱缺筆當及光宗，安得謂爲淳熙前後刻耶？况前有端拱元年勘官秦奭等進所刊《五經正義表》，此北宋刻最早之單疏，今亦存其原文，則與重刻重修仍留黄跋何異？故余直斷「紹興」非「紹熙」之誤，實以山井鼎、森立之一在細川前一在細川後，不謀而同，則其無可致疑必矣。昔孫星衍《平津館鑒藏書籍記》以外藩本别爲一類，此如錢曾《讀書敏求記》以正平本《論語集解》爲高麗本，詫爲驚人秘笈者同一，以希爲貴。非若今日梯航四至，重譯來賓，胡盧中漢書，本不足爲異本也。録而存之，亦聊備仿宋刻之一種而已。光緒丁未秋七月廿六日記，郋園。

惠定宇先生尚書考下卷 原稿本

惠定宇先生《尚書考》下卷，原稿經篇俱全，惟無上卷通考耳。舊刻有乾隆末年讀經樓本，以校此稿，此略而彼詳，殆後有所增補。阮文達《皇清經解》本亦然。古人著書必數易稿，既見下筆之矜慎，又覘劬學之精勤。余藏有戴東原《詩考》初稿，王伯申《經義述聞・周秦人名字解詁》初刻，均視阮刻《經解》本及自刻《全書》本詳略不同，且有通行改易者。《周秦人名字解詁》後更名《春秋名字解詁》，附《經義述聞・春秋》後，考證益見精深。日知其所亡，月毋忘其所能，爲學之道，固應如此。讀先生諸書，愈以見其家法矣。宣統庚戌六月伏日德輝。

尚書釋天六卷 乾隆甲午山東任城書院刻本

《尚書釋天》六卷，秀水盛百二撰。阮文達編刻《皇清經解》已采入。此爲百二主講任城書院門下士濟寧劉鳳翥等所校刊，蓋初次刻本也。胡朏明《禹貢錐指》久爲言輿地者所推崇，此則考訂天文，足與朏明之書並峙經苑。據劉鳳翥乾隆甲午三十年刻書時跋云：「先生是書始于乾隆己巳，成于癸酉，二十年來得間復以時修改。」是其積年累月，精心結撰而成。此書視朏明八年之加，《禹貢錐指・略例》：纂于康熙甲戌，刻于辛巳。尤爲心殫力盡。著作家一書之傳世，非盡天幸，蓋有人事焉。觀于《錐指》與此書，又何有覆醬瓿之慮哉！光緒甲辰二月望後一日記。

又一部　乾隆甲午廣東刻本

秀水盛百二撰《尚書釋天》六卷，于乾隆甲午三十年兩刻之。一刻于廣東秀水，門人李大翰主其事；一刻于山東濟寧，門人劉鳳翥主其事，皆據手定稿本付刻者也。兩本余並蓄之。字句間有增消，大體全同。此爲廣東刻本，不載刻書年月，以山東刻本劉鳳翥跋云「開雕未半，得李子冠翼大翰嶺南來書，云已刊于羊城」之語知之。字體秀健，雅近小歐。當日刻工之精，亦勝于今日倍蓰。此由承平時物力豐阜，百事精研，故能游刃有餘，神采奕奕。百年以後，文物凋零，世謂刻工惡劣無若廣東，豈知當時固有此精槧本耶！此書已刊入阮文達所輯《皇清經解》中，如此單行本尤可寶貴，讀者幸勿忽視焉。宣統己酉清明日記。

古文尚書馬鄭注十卷佚文二卷　乾隆乙卯孫氏岱南閣自刻本

孫星衍《古文尚書馬鄭注》十卷《佚文》二卷，其成書在《尚書今古文注疏》之前，而刻成于乾隆乙卯。《注疏》則屬稿于乾隆甲寅，刻成于嘉慶乙亥，前後凡二十一年。所採舊注多《大傳》、史遷及歐陽、夏侯遺説。此則專採馬、鄭以從古文，較《注疏》所採亦互有異同詳略。如《堯典》「若稽古帝堯」，《注》據《魏志》引鄭注「稽古同天，言堯同於天也」，《疏》本則據《釋文》引馬、鄭注。「上自高祖，下至玄孫，凡九族」，《疏》本則引《古尚書》説：「九族者，從高祖至玄孫凡九族，皆同姓。馬融、鄭康成皆同。」《疏》云：「《古尚書》見《春秋左氏傳·桓六年》疏，馬、鄭注見《釋文》。」若此者，以《注》本爲分明，以《疏》本少詳晰。如《古尚書》説，雖與馬、鄭同義，而字句不同，《注》中既不詳舉其辭，《疏》又不載原文使讀者易了也。《注》本採集佚文分兩卷附後，《疏》本則散入序篇各篇下，以集注與疏義體本不同故也。縣人王湘綺丈昔在成都主講尊經書院，曾爲丁文誠重刻此書，依據舊文别爲勘定。删去《泰誓》一篇，謂其不合馬氏家法，以《泰誓正義》引馬氏《書序》有「《泰誓》後得，按其文似若淺露」之語，又舉五事以明之。然馬所疑者，有「火自上復于下，至于王屋，流之爲雕，其色赤，其聲魄，五至以穀俱來」。此所舉五事之一，而《史記·周本紀》裴駰《集解》引馬注：「王屋，王所居屋。流，行。魄然，安定意也。」《索隱》引馬注：「雕，鷙鳥也。明武王伐紂。」是馬雖疑其文，而仍爲之注，不得謂馬本無《泰誓》矣。湘綺治經粗疏，不足爲據，後有理馬、鄭二家之學者，是書乃其先河也已。光緒三十年仲春五日記。

逸周書王會解補注一卷 宋刊蝴蝶裝本

宋王應麟《玉海》後附《逸周書王會解補注》一卷，宋刊，蝴蝶裝本。每葉二十二行，行二十字。以明監補印元至元本互校，確係出于此本。正文、孔注，均無異同。尤可證者，此本「不屠何青熊」，注爛版缺損大字三字，小字二字；「東胡黄羆」，注爛版缺損二行，每行四字。至元本均缺留墨版三行，可見至元重刻時亦未見原刻初印者，故缺損處無從補字也。近世通行盧文弨抱經堂校刊本，取較此本，正文、孔注異處甚多。如書序，盧本總序在後，此本則列本篇之首。序「欲垂法厥後」，此本「後」作「世」。「陰羽」注「以羽飾帳也」，此本無「也」字。「搢珽」注「珽，笏也」，此本作「珽似笏」。「皆絻亦無繁露」注「故冕亦無旒也」。以下凡「也」字此本多無之，不再舉。「彌宗旁之」，此本「旁之」作「之旁」。「爲諸侯有疾病者之醫藥所居」，此本「醫」作「毉」。「内臺西面正北方，應侯、曹叔、伯舅、中舅」注「内臺，中臺也；應侯，成王弟；曹叔，武王弟，皆國名，爲諸侯。二舅，成王之舅姜兄弟也」，盧本附校注云：「『内臺西面』下，俗間本有『者』字，注脱『曹叔』以下二十一字，皆從王本删增。」「方千里之内爲比服，方二千里之内爲要服」，盧本校注云：「俗間本首句『内』作『外』，又『二千』字脱『二』字，今皆從王本改。」「毦宗」，盧本校注云：「『毦』，俗本作『崴』，『崴』字無考，今從王本。」「璧綦」，盧本校注云：「俗本作『碧基』，從王本改。」「外臺之四隅張赤帟」，注此本「四隅」下有「每隅」二字；注「每角張帟息者，隨所近」，此本作「每角帳息者，隨所近也」。盧本校注云：「正文『四隅』下王本有『每隅』二字。注舊脱『帟』字，今增。」按，孔注以「帳」釋「帟」，盧誤「帳」爲「張」，故增「帟」字。「謂之母兒」，此本「母」作「毋」。「其守營牆者」，此本「牆」作「墻」；注「方各異」，此本作「名異」。盧本校注云：「舊作『各異方』，訛。」「前兒若彌猴」，此本「彌」作「獮」。「炙之霍」，此本「霍」作「藿」。「在子□身人首」，此本「□」作「幣」。「發人麃麃者，若鹿迅走」，此本「麃」作「鹿人」二字。下同。盧本校注云：「舊本作兩『鹿』字，王本作『鹿人鹿人』皆非。」「歐人」，此本「歐」作「甌」。「比蟬蛇蟬蛇」，此「蟬蛇」二字不重；注「歐人也」，此本「歐」作「甌」；「比交州蛇特多爲上珍也」，此本作「交州蛇爲上珍」。「且甌」注「且甌在越」，此本「越」下有「間」字。「於越越也」，盧本校注云：「舊本正文句首有『姑』字，因下『姑妹珍』而衍，又脱注，王本有之。」「區陽以鼈封鼈封者若彘」，盧本校注云：「舊本『鼈封』不重，今從王本補。」「樓煩北狄地」，此本「狄」作「煩」。「戴仁抱義掖信」，此本「掖」作「抱」。盧本校注云：「舊本『掖信』下衍『歸有德』三字，注作『歸有德之君也』，亦衍誤。今皆從王本。」注「其形似雞」，此本「雞」作「鶴」。「氐羌以鸞鳥」注「鸞大於鳳」，此本「大」作「文」。「其名曰鵜鶘」，此本「名」下無「曰」字。「文翰若皋雞」注「謂之澤特也」，下有「皋一作皇」四字。「卜人以丹沙」，此本「沙」作「砂」，注同。「夷用閵木」注「色黑而光」，此本「色黑」作「黑色」。「康民以桴苡」，此本「民」作「人」。「都郭生生欺羽生生若黄狗」，此本「生生」皆作「狌狌」，注同。「東胡黄羆」注「東胡，東北夷」，此本「夷」作「西」。「屠州」注「屠州，狄之别也」，此本「也」作「名」。「騊駼」注「騊駼，馬屬」，此本作「馬之屬」。「大夏兹白牛。兹白牛，野獸也，牛形而象齒」，盧本校注云：「舊本正文止『大夏兹白牛』五字，下十一字誤入注中，據洪本增入。」此本無此十一字，注云：「大夏，西北戎。兹白牛，野獸也，似白牛形。」「犬戎文馬，文馬赤鬣縞身」此本作「犬戎文馬而赤鬣縞身」。「名古黄之乘」，此本作「名吉一作古。皇一作黄。之乘」。盧本校注云：「《海内北經》注引作『吉皇』，此從舊本作『古黄』。」「匈奴」注「匈奴，北戎也」，盧本校注云：「注『戎』字，舊闕，今從王本補。」「玉目」注「玉目，玉之有光明者」，此本注無「玉目」二字。「白州」注「水中可居曰州」，此本「州」作「洲」。「南人至衆皆北嚮」，此本「至」作「致」，「衆」下有「者」。自此以下，盧本接「湯四方獻令」孔氏《傳》「伊尹朝獻商書」。此本下接「禹四海異物」鄭氏玄《注》「夏成五服外薄四海」云云七十九字及鄭氏注。此非《逸周書》原文，王蓋援原書附「湯四方獻令」之例增入也。至「湯四方獻令」中之異文此本亦有數處。如「或無馬牛之所生」，此本「馬牛」作「牛馬」；注「遠求於民」此本作「遠求其民」。「於是爲四方令」，此本無「於是」二字。「必易得而不貴」，此本作「易得而必貴」。「九夷十蠻」注「九十者」，此本作「九夷十蠻者」。「請令以魚皮之鞸」，盧本校注云：「『魚皮』，舊作『魚支』，今從洪本。」「□鮦之醬」，盧本校注云：「□疑是鳥。」此本無「□」。注「鮦，魚名」，「鮦」上亦無字；「以鮫皮作之」，此本無「以」字。「短狗」，此本「短」作「矩」，注同。「正北空同、大夏、莎車、姑他、旦略、豹胡、代翟、匈奴、樓煩、月氏、孅犂、其龍、東胡」注「十三者，北狄之別名也。代翟在西北，界戎狄之間，國名也」，此本「十三者」作「十二者」，「代翟」作「戎狄」，「戎狄」又作「戎翟」。盧校爲一時名本，前列讎校所据舊本，有元劉廷榦本，明章蘗、程榮、吳琯、卜世昌、何允中、胡文煥、鍾惺各家本，然校注中混而同之，曰俗間本、舊本。其据以校正者多出此本，絶不引及元本。豈元本即已謬誤同于俗本，不足据耶？此本「大夏兹白牛」一條正文竄入注文，究是一失，特佳處甚多，固不必以一短掩其大體。是在好學深思之士知所擇取而已。

毛詩傳箋七卷 明馬應龍、孫開刻本

明刻十六行行十七字本諸經大都據宋本重雕，自來藏書家盛稱[一]嘉靖《三禮》、吳元恭《爾雅》，其行字並同。《三禮》中《周禮》，黄丕烈據以重刊入《士禮居叢書》。吳刻《爾雅》，顧廣圻亦據以影模行世。可知此類經書在百年前已爲人推重如此。此《毛詩傳箋》與《周禮》、《爾雅》同一行格，字體亦同，惟每卷第三行多「馬應龍、孫開校」一行。分七卷，《國風》一、二兩卷，《小雅》三、四兩卷，《大雅》五、六兩卷，《頌》七卷。每卷後附《音釋》。明時南北兩監及毛晉汲古閣刻諸經注疏，每多訛誤，獨此十六行本多佳刻。乾隆諸儒皆以爲出自宋本，殆不誣也。南宋以前，經注與疏分行，故傳注爲傳注，義疏爲義疏。南宋始以注疏合刊，故單注、單疏文字之異同，反以遷就而增訛謬。《四庫》「經部」單注僅著録《周易注》十卷，諸經皆無之，正不知何所取義。且當時天禄琳琅「九經三傳」單注本尚全，宋岳氏家塾刻《五經》並在，而乃挂一漏萬于《周易注》。此外若不知他經尚有單注者，何其疏漏如此耶？此嘉靖中刻本，行字爽朗，紙墨精絜，視嘉慶中木瀆周氏刻本有其過之矣。

〔一〕「盛種」，疑爲「甚重」之訛。

韓詩外傳十卷　明沈與文野竹齋刻本

《韓詩外傳》十卷，明沈與文野竹齋刻本。宋本外此爲第一善本。孫星衍《孫祠書目》著録，其《平津館鑒藏書籍記》誤以爲元至正本，不知沈固明人也。同時吴中蘇獻可通津草堂刻此書，行字與此相同，流傳頗少，海内藏書家惟見于仁和朱氏《結一廬》、錢唐丁氏《善本書室》兩目。丁氏所藏已歸江南圖書館。曩曾取蘇、沈兩本相校，乃知沈本即蘇氏原版。蓋沈得蘇版，于印行時補刻「亞」形木牌記于序後。今沈本較蘇本爲多者，以其印行在後故也。丁目誤以通津草堂屬之沈氏，實不知版刻一而人則二，然亦見丁氏固審定爲一刻本矣。此書自明程榮《漢魏叢書》、毛晉《津逮秘書》相繼重刻後，均不免小有訛誤。乾嘉中，趙懷玉、周廷寀先後校刻，號稱精善，惟據他書攙校句文，不免隔斷文氣。盧抱經及孫淵如早年校刻之書均同有此病，顧千里、黄蕘圃兩家則無是也。此本字大悦目，前有元至正十五年錢維善序，知其源出宋本，遠有端倪，故歷來藏書家皆珍爲秘笈。張文襄《書目答問》謂通津草堂、《津逮秘書》、《學津討原》諸本遜于趙、周二本，是不知通津草堂爲諸刻祖本，彼殆未晰其源流耳。書貴原刻，讀者寶之。

詩緝三十六卷　明味經堂刻本

《詩緝》三十六卷，宋嚴粲撰。明刻本，無年月，版心上有「味經堂」三字。每半葉九行，行十八字。小字雙行，字數同。以版式、字體論，蓋嘉靖時刻也。是書與吕祖謙《讀詩記》並稱，而即以《讀詩記》爲主，兩家均未之採入。因朱子於吕氏説詩，晚年多有不合，通志堂乃篤守程、朱之學者，以其派別同異故，牽其中審定音訓疑似，考訂名物異同，皆非宋儒空談六義者所能企及。而通志堂刻宋元以來經解書，吕、嚴連嚴氏此書亦擯而不取。然孤本流傳，上登《四庫》，至今説詩家有不取朱《傳》而轉取此二書者，毋亦是非之公不可泯滅歟！

六家詩名物疏五十五卷提要三卷　明萬曆間刻本

《六家詩名物疏》五十五卷《提要》三卷，明馮應京撰。六家者，齊、魯、韓、毛《傳》，鄭《箋》、朱《傳》也。然毛、鄭一家之學，何爲歧而二之，是亦不考經學師傳而强爲之分析矣。然其中徵引古書甚爲賅博，且語有根據，不類宋元人經解，專務空談。在明人説《詩》之書，足與朱謀㙔《詩故》一編齊驅並駕，非豐坊、季本之流繆撰僞書、託名古本所可同日語也。前《提要》三卷，分釋天、釋神、釋時序、釋地、釋國邑、釋山、釋水、釋體、釋親屬、釋爵位、釋飲食、釋服飾、釋室、釋器、釋布帛、釋寶玉、釋禮、釋〔一〕樂、釋兵、釋舟車、釋色、釋藝業、釋夷、釋獸、釋鳥、釋麟介、釋蟲、釋木、釋草、釋雜物三十類，全載引用書目，總經史子集五百八十七部，以明其語有來歷，非稗販也。前有南京吏部侍郎葉向高序，不紀年歲。考陳鼎《東林列傳·葉向高傳》：「二十五年，以左春坊左中允典試南京；明年，陞右庶子兼侍讀掌坊事。既陞南京禮部右侍郎，再轉吏部。」則此書之刻當在萬曆二十六七年矣。然雖刻在萬曆年間，字體尚有嘉靖遺意。每半葉九行，行十九字。上闌匡載有音釋，下横隔單線再刻正文，不免坊本習氣。蓋此等版式沿于南宋末年巾箱本書久矣。

〔一〕「釋樂」，「釋」字原作「禮」，誤，據原書改。

詩經傳注八卷　道光癸卯刻本

《詩經傳注》八卷，李塨撰。塨有《周易傳注》，《四庫全書總目》已著録。此書據前段金甌序云藏稿于家，初未付梓，故館臣未見，不及採入。塨之學出于顔習齋，無足深論。惟曾學樂于毛奇齡，故于經學尚有師法。余曾得其《周易傳注》及《恕谷後集》、《年譜》等書，又得其《竟山學樂録》，喜其學雖出于習齋，而實事求是有冰寒之譽。此《詩經傳注》引證前人注解本經之書及非注解本經之書，皆援据舊文，自注出處。每章先列韻讀，足以徵考古音。雖本其師毛奇齡之説，而不泛及五聲、七聲之紛糾。蓋此就《詩》韻而言，非考音韻之作也。《六經》惟《易》、《詩》二經門户太寛，議論不一。塨皆折衷衆説，一句一字，皆有發明。當時萬季野、方望溪咸推重其書，良有以也。

戴震詩考四册 精鈔稿本

此戴東原《毛鄭詩考正》四卷之原稿也。大題「詩經」二字下云「戴氏經考一」，蓋當時本擬爲「羣經考」，成此一種，故存其原題。後僅成得此種，故《遺書》中名之爲《毛鄭詩考正》。其中有與所撰《詩經補注》文義相同者，殆先本一書，而後析爲二耳。書中採及宋儒之說，《集傳》外有劉敞、蘇轍、吕祖謙、嚴粲、李樗、黄櫄、謝枋得諸家，文義與《詩考正補注》或同或不同。今《考正補注》于宋儒之說均已删削。此本震自序，爲昭陽作噩之歲，爲乾隆十八年癸酉，距其生在雍正元年癸卯，至癸酉三十一歲。乾隆三十八年奉召充四庫全書館纂修官，四十年賜同進士出身，授翰林院庶吉士，又二年卒于官，年五十有五。是撰此書尚在未通籍以前。據王昶撰《墓誌》、錢大昕撰《傳》、凌廷堪撰《行狀》，均言戴從婺源江慎修先生永受學。江先生固篤信朱子，精于漢人《易》數、《三禮》之學者，故戴氏壯年所著書慎守師承，兼治漢、宋。迨通籍後，在四庫館，日從紀文達昀、朱文正珪、秦文恭蕙田遊，遂盡變其學，專治兩漢諸儒訓故文字、名物制度，標榜漢學。其《遺書》寫定凡涉于宋人注解概從削除，今幸此書尚存，可以推見其一生學業之成就。如僅以名鈔善本視之，亦末也。

三家詩稿二册 阮元手稿本

此《三家詩稿》，原係散紙一束，見之都門隆福寺地攤。因首有「阮伯元父」四字朱文篆書方印，余頗留意，知其非尋常破紙也。因購歸，于燈下清檢，乃知爲阮文達元手輯三家《詩》異文之手稿。自首至末，一一完全，因檢文達文集及其弟亨《瀛舟筆談》，公子福、門人張鑑所撰《雷塘盦弟子記》，尋覽一遍，均不言何時公輯有是書。而陳壽祺《三家詩遺説》，考其撰述次第，多與此稿本同。壽祺爲文達嘉慶己未會試總裁所得士，淵源具在，是固有所受之意，其書爲文達晚年所輯未可知也。後檢稿中所據《列女傳》引《詩》，多與他書異，而與宋繪圖本相合。據公子福《重刻繪圖列女傳跋》云：「是書嘉慶庚辰轉入吾家。」以《弟子記》考之，文達是年五十七歲，則余以爲文達晚年所輯者信有明證矣。三家之中，《魯詩》最多，因西漢《詩》家以申公爲老師，諸儒所習、所傳大抵《魯詩》家說。陳壽祺《魯詩遺説考敍録》推論至詳，固可信也。此稿吾友儀徵李洛才大令智儔取付梓人，以寓景仰鄉賢之意。余恐其流傳未廣也，又刻入《觀古堂叢書》。此則以其手澤所遺，彌足珍襲耳。

毛詩證讀不分卷 嘉慶乙丑戚氏自刻本

古無四聲之説，《國風》、《雅》、《頌》，原各從其方音。《雅》、《頌》雖多出自樂官，然亦視其國都之音以爲正，則是亦方音已耳。自沈約輩出，始以南方之音繩北方之韻。至宋吳才老、朱子以爲《詩》有叶音，亦異乎毛、鄭之所聞矣。此《毛詩證讀》爲太平戚學標撰。其書不分卷，以《國風》上下、小大《雅》、《頌》爲五篇，是分五卷也。學標精于古音之學，著有《漢學諧聲》二十二卷《補》二卷，以《説文》之字系之以聲，各相隸屬。本書《凡例》謂爲「讀是書之前導」，信不誣矣。《凡例》又稱：「遵用先儒讀若法，偶有變例，大旨取譬況，其反切間引之，取其于音有合。」又稱：「韻書取備時用，無關古學，作詩者亦不知其有韻，叶韻尤所不取。」又稱：「四聲亦非古法，但以輕重弇侈消息之。」又稱：「證音取最古者，間取辭賦雜文大約在未有韻書之前者。」諸如此例，皆洞見本原之言。書中援据古書以證音讀，既博且精。而于正音記以方圈，轉音記以界畫，能使讀者一展卷而了然古讀之異同。明陳第《毛詩古音考》、顧炎武《詩本音》，視此則有勝藍寒冰之譬矣。此書南皮張制軍之洞《書目答問》誤以爲翟灝撰，又不詳其卷數，殆未見其書歟？學標所著《漢學諧聲》，世所罕見，故《書目答問》誤作二十卷也。余并得藏之，曷勝愉快。宣統紀元己酉二月中和記。

周禮十二卷 明嘉靖覆宋岳珂本

明仿宋大字本《三禮》有二，一爲仿宋岳珂《九經》本，一爲嘉靖仿宋本。皆半葉八行，行十七字。岳本附釋音，與諸經同。嘉靖本不附釋音，每卷末多經注字數夾行。黄丕烈《士禮居叢書》内刻《周禮》一種，其《儀禮》則據宋嚴州本重雕。《儀禮》刻于嘉慶甲戌，《周禮》刻于嘉慶戊寅。蓋因坊本不善，爲家塾課本起見，故先後隨刻，未求一律也。據黄刻《周禮札記・序》云：「向聞萬卷堂余氏有單注本，在余友顧抱冲家，未及借校。近於同郡故藏書家見有紹興間集古堂董氏雕本，後爲壽松堂蔣氏收得，遂假歸校勘，多所取正。因思刻以傳世，奈字體細小，兼多破體，取爲家塾課本有所未宜。舊藏嘉靖本，字大悦目，末有經注字數，其出宋本無疑。仿此開雕，於經注訛舛之字，悉校宋刻正之。董本爲主，參以家藏之岳本、蜀大字本，又借諸家之小字本、互注本，按，此南宋坊刻纂圖互注本。校余氏本，集腋成裘，以期美備。至於嘉靖本之獨勝於各本者，其佳處不敢以他本易之，存其舊也。此刻係校宋本，非覆宋本，故改字特多，然必注明以何本改定，非妄作也。」據此，則黄據明本，不盡與宋本相同。今取明覆岳本較之，亦不如岳本之善。茲略舉首一、二卷黄氏《札記》所載嘉靖本誤字互勘，如序官《庖人》注「裹肉曰苞」，嘉靖本「裹」誤「裏」。《太宰》注「六曰聽取予以書契」，嘉靖本「契」誤「挈」；又注「周召毛聃」，「聃」誤「聃」。《膳夫》注「水漿醴涼醫酏」，嘉靖本「醫」誤「醟」。《腊人》注「脯非豆實」，嘉靖本「非」誤「芋」；又注「主人亦一魚」下，嘉靖本誤空三格。若此類者，明覆岳本皆不誤也。亦有黄《札》以不誤爲誤者：序官《醢人》注「豆不盡于醢也」，黄云：「經用古字，當作『于』；注用今字，當作『於』。本書往往錯互，今但更正經文，而注中未及悉行訂正。」《太宰》注「繫聯綴也」，黄云：「『聯』，古字；『連』，今字。注用今字，當作『連』。本書注中作『聯』甚多，今悉訂正。」殊不知文字由篆、籀而隸、楷，通假甚多，六經刻本如此者正復不少，安得一一盡還舊觀？又《太宰》注「以時入于王府」，《小宰》「經贊王幣爵之事」，岳本、嘉靖本均作「王」，「王」即古「玉」字，岳氏《九經三傳沿革例》已言之，黄云：「岳惑於注中『助王』之文，而忘《太宰》經文矣。董本作『玉』，今訂正。」若此類者本非誤字，黄氏必執己見以相繩，未免涉于紛擾。吾擬據此本逐條駁正黄《札》之説，今約舉三數事言之，俾讀是書者知黄説之不盡可信而已。嘉靖本雖係八行十七字，卷末有經注字數，究不知所據宋本爲何本。或云即據岳本删去釋音，是明人依其版式重刻，非別有宋本如此本。理似近之。吾向收有《儀禮》，與黄刻所據《周禮》底本同，而其佳處多與嚴州本同，且有較嚴州本更善之處，不知《周禮》何以獨有乖舛之字。豈《周禮》所據獨非善本歟？然則岳本信可寶也已。丁巳夏五端陽後二日葉德輝記。

儀禮十七卷 明嘉靖徐氏覆宋刻《三禮》本

《儀禮》單注本以宋嚴州刻小字本爲最善，黄丕烈于嘉慶甲戌重橅刻于《士禮居叢書》中。後作《校録》，以張淳《儀禮識誤》、李如圭《儀禮集釋》二書校勘，多有異同，誠宋刻中之善本也。此爲明嘉靖刻《三禮》之一，每半葉八行，行十七字。士禮居曾刻其《周禮》一種，頗多訛舛，因以宋董氏集古堂本爲主，更以各種宋本校正之。此《儀禮》乃獨勝于《周禮》，其中與嚴州本十有八九相合，而嚴州本多訛字，此本無之。今其合者不必具論，論其嚴州本訛而此本不訛者。如《士冠禮》「側尊一甒」注「勺尊升所以㪺酒也」，嚴州本「㪺」訛「剌」；「委貌周道也」注「皆有所常服以行道也」，嚴州本作「皆所服以行道也」；「公侯之有冠禮也」注「至其衰末」，嚴州本「末」訛「未」。書中「末」、「未」二字互訛處甚多，舉一以例其餘。《士昏禮》「主人以賓升西面」注「今文阿爲庪」，嚴州本「文」訛「又」；「尊于室中北墉下有禁」注「禁所以庪甒者」，嚴州本缺「甒」字。《鄉射禮》「衆賓繼拾矢皆如三耦」注「鄉言還當上耦西面」，嚴州本「西」訛「酉」；「樂正命弟子贊工即位」注「樂正反自西階東北面」，嚴州本缺「北」字；「卒受者以虛觶降奠於篚」注「及賓觶大夫之觶」，嚴州本「夫」訛「大」；「以爵拜者不徒作」注「以爵拜謂拜既爵」，嚴州本缺「以」字；「旌各以其物」注「旌惣名也」，嚴州本「惣」訛「物」。《大射儀》「宰戒百官」注「宰於天子冢宰治官卿也」，嚴州本「冢」訛

「家」；　又注「戒於百官」，「戒」訛「成」；　「冪用錫若絺」注「今文錫或作緆」，嚴州本「緆」訛「錫」；　「賓升自西階主人從」注「主人宰夫也」，嚴州本「夫」訛「大」；　「乃管新宫三終」注「其篇亡」，嚴州本「亡」訛「工」；　「爲政請射」注「司馬政官」，嚴州本「官」訛「宫」；　經「射者非其侯」，嚴州本「其」下重衍「其」字；此本「其」下有墨塊，未刻字，大約原本亦有「其」字未刻。　「授獲者退立于西方」注「大侯服不氏負侯徒一人」，嚴州本缺「徒」字；　「獲者左執爵右祭薦俎一手祭酒」注「爵反注爲一手不能正也」，嚴州本「注」訛「洼」；又「貽女曾孫」，嚴州本「貽」訛「眙」；　「上射揖司射退反位」注「後世失之」，嚴州本「世」訛「出」；　「乃薦司正與射人」注「以齒受獻」，嚴州本「以」下衍空「□」。《聘禮》「上介出請入告」注「其有來者」，嚴州本「者」下重衍「者」字；　經「自後右客」，嚴州本「右」訛「古」；　「若有言則以束帛如享禮」注「來言汶陽之田」，嚴州本「汶」訛「文」；　「公經皮弁〔一〕迎賓于大門内」，「弁」訛「并」；　「賓降辭幣」注「不敢當公禮也」，嚴州本「當」訛「富」；　「受幣堂中西北面」注「中央之西」，嚴州本「央」訛「夫」；　「薪芻倍禾」注「薪從米芻從禾」，嚴州本「米」訛「禾」；　「賓送于門外再拜」注「凡賓客之治令訝聽之」，嚴州本「令」訛「今」；　「禮玉亦如之」注「士隨自後」，嚴州本「士」訛「土」；　「遭夫人世子之喪」注「夫人世子死」，嚴州本「世」訛「出」；「宵則庶子執燭於阼階上」注「燭燋也」，嚴州本「燋」訛「樵」。《公食大夫禮》「上介出請入告」注「問所以爲來事」，嚴州本無「爲」字；　「宰夫設筵加席几」注「南面而左几」，嚴州本「几」訛「凡」；　書中「几」、「凡」二字互訛處甚多，兹舉其一。「公當楣北鄉」注「楣謂之梁」，嚴州本「梁」訛「粱〔二〕」；　「宰夫設簠于俎西」注「古文篚作軓」，嚴州本「軓」訛「軌」； 經「實于鐙」，嚴州本「實」訛「寶」； 經「三牲之肺」，嚴州本「牲」訛「性」；旁「四列而北上」注「雖加自是一禮」，嚴州本「自」訛「目」； 「公辭賓升再拜稽首」注「自問坐由兩饌之間也」，嚴州本「自」訛「目」； 「上介受賓幣」注「今文曰梧受」，嚴州本「梧」訛「捂」。《覲禮》「諸侯覲于天子爲宮方三百步」注「宮謂壝土爲埒以象墻壁也」，嚴州本「宮」訛「官」，「墻」訛「牆」。《喪服》「曾祖父母爲士者如衆人」注「此著不降」，嚴州本「此著」訛「止者」。《士喪禮》「綴足用燕几」注「恐其辟戾也」，嚴州本「辟」訛「辟」； 經「唯君命出升降自西階」，嚴州本「西」上衍「階」字； 「士有冰用夷槃可也」注「造冰」，嚴州本「冰」訛「水」； 又注「笫有枕」，嚴州本「笫」訛「第」； 「主人皆出户外北面」注「象平生沐浴倮裎」，嚴州本「裎」訛「程」； 「乃杝載載兩髀于兩端兩肩亞兩胉亞」注「今文胉爲迫」，嚴州本「胉」下重衍「胉」字；此本「胉」下有墨塊，未刻字，蓋原本亦重「胉」字，此未刻。 經「君若有賜焉則視斂」，嚴州本「斂」訛「劍」； 「其設于室豆錯俎錯」注「當籩位」，嚴州本「當」訛「常」。《既夕禮》「抗木横三縮二」注「抗禦也所以禦止土者」，嚴州本「土」訛「士」； 經文「袒商祝御柩」，注「爲將袒變」，嚴州本經注「袒」皆訛「租」； 「賓奉幣由馬西當前輅北面致命」注「參分庭之北」，嚴州本「北」訛「此」； 「主人袒括髮」，嚴州本「袒」訛「祖」； 「有枇」注「今文枇作枈」，嚴州本「枈」訛「柴」； 「猴矢一乘鏃短衛」注「凡爲矢五分笴長兩羽其一」，嚴州本「笴」訛「笥」。《士虞禮》「獻畢未徹如餞」注「尸旦將始祔於皇祖」，嚴州本「旦」訛「且」； 「沐浴櫛搔翦」注「今文曰沐浴搔翦或爲蚤揃揃或爲鬋」，嚴州本「揃」訛「揄」。《特牲饋食禮》「主婦纚笄宵衣立于房中」注「此衣染之以黑」，嚴州本「此」訛「比」；「尸答拜執奠祝饗」注「圭爲孝薦之饗」，嚴州本「圭」訛「主」；「舉肩及獸魚如初」注「三者士之禮大成也」，嚴州本「士」訛「土」；「利洗散獻于尸酢及祝如初儀」注「亦當三也」，嚴州本「亦」訛「赤」；「筵對席分簋鉶」注「可以觀政矣」，嚴州本「可」訛「司」。《少牢饋食禮》「少牢饋食之禮」注「禮將祭祀」，嚴州本「祀」訛「礼」；「既宿尸反爲期于廟門之外」注「爲期肅諸官而皆至」，嚴州本「官」訛「宫」；經[一]「羊在豆東」，嚴州本「豆」訛「自」；「敦皆南首」注「龜有上下甲」，嚴州本「甲」訛「泗」；「有司徹羊肉湆」注「今文湆爲汁」，嚴州本「文」訛「友」。凡此皆此本勝于嚴州本之處。暇日當會宋、元以來諸本，别爲校勘記，以補阮文達《十三經校勘記》、《石經・儀禮校勘記》之遺。倘有餘資，將影寫重雕，與黄刻《周禮》合爲雙璧，以餉學人，不知此志何日能償也。徐氏同時并刻《周禮》、《禮記》，世稱「徐刻三禮」，而以《儀禮》爲最善。丙辰秋九月望後二日，葉德輝識于蘇城曹家巷寓舍。

〔一〕「公經皮弁」，疑「經」是衍文。

〔二〕「梁」當係訛字，待考。

大戴禮踐阼篇集解一卷　宋刊蝴蝶裝本

此宋王應麟《踐阼篇集解》，與《逸周書・王會解補注》同爲宋刻蝴蝶裝本。每葉二十二行，行二十字。取近人盧見曾雅雨堂刻本校之，如「萬世可以爲子孫恒者乎」，盧本「恒」作「常」，下「可以爲子孫恒者」句同。「於几爲銘焉」，盧本「几」作「机」。「於矛爲銘焉」句下「盧氏曰託於物以自警戒也」，此盧辯注文，盧本脱。「几之銘曰」，盧本「几」作「机」。「口生敬」，盧本無此句。「帶之銘」注「雖夜解息」，盧本「息」作「怠」。「帶於寢先釋」，盧本「寢」作「寐」。「以地之財」注「財貝也」，小注「一作質」，盧本「貝」作「質」。此外小注「一作某」者甚多，皆盧本所無。《王會解補注》及此篇皆附刻《玉海》後。元至元中重刊《玉海》，全書仍附入。余家舊藏元本乃明時南監印者，其源即出此本，故文注與此本無異同。王氏博洽，開國朝諸儒漢學之先。此雖以「集解」爲名，而所采《太公金匱》及《太公陰謀》諸銘，非博覽古書不足以資引證。是固非盧辯注空文所能及者矣。

儀禮集説十七卷 元大德辛丑刻本

《儀禮集説》十七卷，元敖繼公撰。大題「儀禮卷第幾」，次行「敖繼公集説」。每半葉十二行，行十八字。白口，大版，版心上記字數，下記刻工姓名，黑魚尾下「儀禮卷幾」。每卷末附正誤考辨字句。此元大德辛丑刊本，《通志堂經解》本即從此出。何焯評注《通志堂目録》，于此書下云：「每卷後有一紙最善，惜尚殘缺幾卷，失記其詳，應訪求補足。」所云卷後一紙，即正誤考辨字句也。卷一《士冠禮》、卷十一《喪服》、卷十五《特牲饋食禮》末皆殘缺數葉，舊人鈔補，故此三卷無後一紙，餘則全存。前敖序殘缺半葉，亦鈔補，有「季振宜印」四字朱文篆書方印，「滄葦」二字朱文篆書方印，是殘缺最早矣。以後每卷有「臣恩復」三字白文篆書方印，「秦伯敦父」四字白文篆書方印，末有「石研齋秦氏印」六字朱文篆書長方印。蓋經泰興季滄葦侍御、江都秦敦夫編修藏過者。又有「緑竹堂藏書」五字白文篆書方印。考菉竹堂爲先祖崑山文莊公子孫藏書印記，菉、緑字本通，但文莊遺書從未鈐有此印，則又别一緑竹堂也，姑識以待考。

禮記集説三十卷　明白口九行本

元陳澔《禮記集説》三十卷，明白口本。每半葉九行，行十七字，小字雙行字數同。坊行本作十卷，《四庫全書總目》同。《提要》云：「朱彝尊《經義考》作三十卷，今本十卷，坊賈所併也。」元延祐間科舉之制，《易》、《書》、《詩》、《春秋》皆以宋儒新説與古注疏相參，惟《禮記》則專用古注疏。澔成書在後，不得參與其列。明初仍延祐之舊，而以陳澔《集説》與《易》程、朱《傳》，《書》蔡、沈《集傳》，《詩》朱《傳》，《春秋》胡《傳》，定爲宋元《五經》。胡廣等修《五經大全》，《禮記》亦主澔説。澔説淺近而簡便。又以其父大猷爲朱子壻黄榦之弟子，得藉考亭之餘蔭，列于學官。《經義考》詆爲兔園册子之書，誠非刻論。今存其書，以見元明兩朝朱子之學盛行，而取士之法之陋，亦不能爲之諱。此書上闌匡内重小墨線，以隔音釋，蓋以便于童蒙誦習之所爲。余見元巾箱本宋儒《五經》已如此，蓋沿用之也。

又一部　明嘉靖十一年福建按察司刻本

《禮記集説》三十卷，元陳澔撰。坊本皆十卷，此仍原卷未經合併者。每半葉九行，行十七字，小字雙行字數同。大黑口版，版心魚尾下「禮記集説卷幾」，又下一魚尾載葉數、刻工姓名，黑地白文，即刻下黑口上。前澔序，餘版刻嘉靖拾壹年拾貳月福建等處提刑按察司牒建寧府拘刻書匠户刻版牒文一道。書中上闌匡遇有經文音讀即將闌匡凸出，以免音讀損壞，此爲便于誦習計較。宋時刻經注，以《釋文》音義附注下者，較易尋檢。嘉靖刻書，承宋元之後，往往多出福建。閩本《十三經注疏》亦發源于此。前牒文有「本司看得書傳海内，版在閩中，若不精校另刊以正書坊之謬，恐致益誤後學」等語，足見當時刻書之風莫盛于福建。此爲宋元人《五經》之一，據牒文《易經》本用朱子《本義》，新加程《傳》。《春秋》祗用胡《傳》，新加《左傳》、《公》、《穀》。然則嘉靖以後取士之制，稍與明初不同，讀此牒文可知有明一代科舉之沿革矣。

周禮補亡六卷 元泰定甲子刻本

《周禮補亡》六卷，元邱葵撰。泰定甲子自刻本。每半葉九行，行十八字。大黑口本，版心「周禮」二字，又「某官上」、「某官下」。大題「周禮」二字，次行「清源釣磯丘葵吉甫學」。自序略言：「《冬官》雜出於五官之中，漢儒考古不深，遂以《考工記》補之。至宋淳熙間，臨川俞庭椿始著《復古編》，新安朱氏一見以爲《冬官》未亡，考索甚當。嘉熙間，東嘉王次點又作《周官補遺》，由是《周禮》之六官始得爲全書矣。葵承二先生討論之後，加之參訂，的知《冬官》錯見于五官中，實未嘗亡。而泰平六典渾然無失，欲刊之梓木，以廣其傳。」云云。此等謬論，實爲變亂古經之罪魁。俞庭椿《復古篇》，《四庫全書總目》著録。《提要》謂其「鑿空臆斷，謬妄殆不足辯。存其書著竄亂聖經之始，爲學者炯戒焉」。此書則入《存目》，爲衍聖公孔昭焕家藏本。《提要》云：「其書世有二本，其一分六卷，題曰《周禮》[一]；其一即此本，不分卷數，而題曰《周禮冬官補亡》。《經義考》又作《周禮全書》，而注曰：『一作《周禮補亡》。』案此書別無他長，惟補亡是其本志，今即以《補亡》之名著録焉。」今此本題「周禮」，無「冬官補亡」字，則是原本如此，非《四庫》所載之本也。自《冬官》不亡之説一倡，元吴澄《周禮考注》、明何喬新《周禮集注》、郝敬《周禮完解》皆襲其繆論。乃至變本加厲，并全經亦紛紛割裂，任意分離，惑古疑經，聖人當厄。宋以來人心之好亂，未始非學術之詭異爲之厲階。展讀斯編，不禁爲之掩卷三嘆也已。

〔一〕「題曰《周禮》」，浙本《四庫全書總目》作「題曰《周禮注》」。

白虎通二卷　明嘉靖元年傅鑰刻本

此嘉靖元年傅鑰刻《白虎通》二卷。孫星衍《祠堂書目》著録云：「仿元十卷校本。」《平津館鑒藏書籍記》明版書類亦載入。每半葉十行，行十六字。前有大德元年張楷序，嘉靖改元冷宗元序。大題稱「白虎通德論卷之上、卷之下」，二行稱「漢玄武司馬班固纂集」。盧文弨抱經堂校刻此書，前列讎校各本，列此爲第一本。盧刻分四卷，第一卷、第二卷、第三卷、第四卷皆分上下，實爲八卷。又前列所據之本有明何允中本，下注四卷，今本多就此本訂正。按，何允中本即《漢魏叢書》本，其分卷不知根據何本。考《隋書・經籍志》、新舊兩《唐書・志》皆作六卷，鄭樵《通志・藝文略》亦作六卷，宋《崇文總目》、《中興書目》、《玉海》引。晁公武《郡齋讀書志》、陳振孫《書録解題》、《宋史・藝文志》均作十卷，疑唐以前本原六卷，宋時始分十卷。明時或并爲四卷，或并爲二卷，皆以意爲之，不足信也。元大德本爲十卷，源出宋本。惜盧校刻時未得寓目，故不能復其舊第也。相傳並刻《風俗通》，頗罕見，此書下卷二十一葉忽攙入一葉，蓋當時二《通》本合刻，故裝釘時誤夾入耳。癸巳三月初四日記。

儀禮圖六卷 嘉慶十年原刻本

張皋聞先生一生精於《易》、《禮》，今所傳者《茗柯集》中《易經諸義》，不知其於三禮惟《儀禮》致力尤深，所撰《儀禮圖》六卷，先生歿後阮文達從其女夫董士錫得其稿刊行，時嘉慶十年也。至道光初，阮刻《皇清經解》，先生《易義》各書，十采八九，獨遺此未入。由於版式寬大，圖説或從或横，恐重刻紊其原式也。然原版至爲難得。同治初，湖北官書局重刻，將版式縮小，易以楷書，頗有訛誤。光緒甲申，王益吾祭酒先謙督學江蘇，刻《皇清經解續編》，所據即湖北刻本，並未糾正。余嘗以張引原書校勘於湖北本上，日久爲門下取去，又無暇晷精力再校一過。而訪求阮刻原本，三十年未一見。嘗閲南皮張文襄《書目答問》，于此書下注阮刻單行本、湖北縮刻本，而不詳載刻書年月，似亦未見原刻者。則此刻本之希見固可知矣。余喜國朝以來諸儒經義之書，于《經解》正續兩編外，多搜得單行原刻本及諸家全集。原書惟金榜《禮箋》及此書未得原刻，物色久之，前年始獲《禮箋》，原刻初印，今又獲此，可謂從心所欲矣。藏書家習尚，無不侈言宋、元舊鈔，不知康、雍、乾、嘉累葉承平，民物豐阜，士大夫優游歲月，其著書甚勇，其刻書至精，不獨奴視朱明，直可上追天水。當時精刻精印，一時流播士林，迄今百餘年，承洪、楊兵劫之摧殘，又爲雞林賈人之轉售，海内圖籍，勢將蕩然靡存。如此佳刻，安得不什襲藏之？書此以告後人，幸勿薄今愛古，以爲其書可易獲也。壬子夏六月二十一日葉德輝題記。

禘祫辨誤二卷　道光乙酉東山草堂刻本

四明萬充宗先生有《論禘祫》四篇，見所撰《學禮質疑》，綿莊此書即從而引申者也。近儒釋「禘祫」義者極多，皆以鄭氏《禮注》前後不同，愈推愈繆。惟孫氏星衍《問字堂集·周制配天表》云：「鄭康成于《易》、《書》、《詩》、三《禮》、《春秋》、《論語》無所不通，皆爲之注。合諸經義，考圜邱郊禘之典，明夏、殷、周、魯之異，而古禮大顯，醇乎！其蔑以加矣。」得此數語，可以服高密之淹通，破禮家之疑案。此書所以辨鄭氏之誤者，真贅語矣。光緒十七年壬辰歲二月晦日葉德輝識。

郋園讀書志卷二

經部

春秋左傳集解三十卷　明仿宋岳珂相臺本

乾隆四十八年，純廟命以内府舊藏宋岳本《五經》模刊，頒行各直省，許地方官及搢紳之家翻雕，故岳本《五經》遂徧行天下。惟《五經》中《易》、《書》、《詩》、《禮》四經爲明晉府故物，本缺《左氏春秋》，刻時以季振宜藏宋本《左傳》足成之，然字畫略瘦，與前四經不同。余頗疑從明仿宋本出，非真宋本，但以無他確證，懷疑久之。明時岳本《九經三傳》皆有翻刻，不止《五經》，《左傳》亦其一也。從子巘甫得此明翻岳本《左傳》，取校内府刻本，行款、字體一一相同，乃知余前疑其出自明翻本者鑒别頗不謬矣。此本爲吴縣周香巖舊藏，卷一有「錫瓚」二字白文篆書小方印，即香巖名印也。又有「牧翁」二字白文篆書方印，「絳雲樓」三字白文篆書方印，係書估僞作，不足重也。至經傳各本文字異同，已詳内府刻本後附考證，間有不合，則傳刻之訛，以無關宏旨，不贅記。

校宋本公羊傳注疏二十八卷　汲古閣本

校宋本《公羊傳注疏》二十八卷，康熙丁酉，何仲友名煌，義門先生之弟。以宋槧官本校于毛晉汲古閣刻注疏本上；乾隆癸酉，惠松崖徵君棟據何校增入曹通政寅所藏宋本、蜀大字本、元版注疏本重校一本，其小門生朱邦衡臨校之；乾隆癸丑，臧在東鏞堂亦臨校一部；其年七月，段懋堂玉裁又臨一部；江鐵君沅復從段臨過録此本，以貽其門下士陳碩父奐，奐於咸豐紀元手書其傳授于卷端。一書之校，經無數名人經師一再細勘，流傳二百餘年之久，非獨卷册完好，亦且校字離句精雅可觀，想見老輩好學之勤劬，讀經之審慎，信非後生小子信手塗抹、有始無終可比也。書中引校本，今惟余仁仲本，道光中汪中問禮堂仿刻，宋刻原本猶藏常熟瞿氏，餘則散亡久矣。嘉慶二十一年，阮文達刻《十三經注疏》于南昌府學，撰《公羊校勘記》，引據單經注疏各本，僅載惠校何本，餘皆閩、監、毛刻諸本。當時余仁仲本在同鄉友人家，不知何以未暇借校且校勘。序中亦未語及，皆事理之不可解者。《公羊》家說，流弊滋多。平時爲兒子、從子、諸門弟子授經，必力糾其誤。而佞宋成癖，覩此精校善本，重以前賢手澤，不能無所動于中。書友索值四十金，即如其值酬之。今日經學晦盲，舍我殆無有過而問者矣。戊午首夏望前二日識於吳門清嘉坊泰仁里寓舍，葉德輝。

春秋繁露十七卷　明初黑口本

《春秋繁露》十七卷，明初黑口本。每半葉九行，每行十八字。《四庫全書總目提要》云宋樓鑰校定本

「原缺二篇〔一〕，明人重刻，又缺五十五篇及五十六篇首三百九十八字，七十五篇中一百十九字〔二〕，四十八篇中二十四字，二十五篇顛倒一葉」者，即此本也。《四庫》著録，以《永樂大典》校補，武英殿聚珍版活字印行。然明正德丙子錫山華堅蘭雪堂活字本其缺篇亦與明刻諸本同，世無宋本，猶幸有《大典》中之完書。則此等明刻固宜土苴視之矣。而吾猶以善本例之者，古書日亡一日，如明黑口九行本，猶有宋、元遺風，非萬曆、天啓以下妄改臆補之比也。《漢書·董仲舒傳》但言所撰有《清明》、《竹林》、《玉杯》、《蕃露》等篇，今皆在本書中。「繁露」上冠以「春秋」之名，宋歐陽公、程大昌輩已疑之。自劉逢禄援據以釋《公羊》，道咸以來注者頗衆，然孤文剩義，終無西京故書古誼可以互相證明，則存其書以備一家之言，其真僞不必深辨矣。丁巳夏四月望前一日葉德輝識。

〔一〕「原缺二篇」，浙本《四庫全書總目》作「原闕三篇」。

〔二〕「一百十九字」，浙本《四庫全書總目》作「一百七十九字」。

新刊詳增補注東萊先生左氏博議二十五卷 明正德六年劉氏安正堂本

童時塾師授讀吕東萊先生《左氏博議》，謂是先生新婚中之作。初不知説之所本，稍長讀《四庫全書總目提要》亦載有此説，未援所出之書。《提要》據自序及先生《年譜》力闢其説之謬，流俗傳聞之失，固不必持爲典要矣。《四庫》著録爲「浙江巡撫採進本」。標題稱「詳注東萊左氏博議二十五卷」，與此本標題稱「新刊詳增補注東萊先生左氏博議」者不同。提要云：「每題之下附載《左氏傳》文，中間徵引典故，亦略爲注釋。是注不知何人作，觀其標題版式，蓋麻沙所刊。考《宋史·藝文志》有祖謙門人張成招標注《左氏博議目》〔一〕一卷，疑當時書肆以成招標注散入各篇也。」《提要》所云，核之此本，亦正相合。此本前有題目，目録後有牌記述刻書原委甚詳，末題「皇明正德六年秋書林劉氏安正堂刊行」。二十五卷後有木牌記云：「正德辛未季秋書林安正堂刊。」又有後序一篇，末題：「正德己巳孟秋既望五日後學江東張偉謹識。」而《提要》云「黄虞稷稱有明正德中二十卷刊本，未見」，疑即此本，特二十五卷訛作二十卷耳。然則此本雖明時坊刻，在當時固希見矣。坊間通行本祇十二卷，不知何人節删。道光己亥，有浙人瞿世瑛刻本，據云據宋足本刊行，其標題與《四庫》本同，而與此異。蓋同爲明初刻本，其版式似宋，非真宋本也。是書《四庫》本有董其昌名、字印，又有朱彝尊收藏印，謂爲舊帙之可寶者。此本則自天一閣中散出，亦係足本舊刊，且爲黄虞稷所稱許，精刻雖不如宋元，而槧法古雅，黑口雙闌，固猶有元槧遺風者。吾吴自黄蕘翁、顧澗薲、孫淵翁諸先輩即重視明本，載之題跋記中，今更百年古刻日稀，此書更可寶矣。丁巳夏正四月下旬六日葉德輝記於閶門寓舍。

〔一〕「《左氏博議目》」，浙本《四庫全書總目》作「《左氏博議綱目》」。

周秦人名字解詁二卷 王氏家刻本

此《春秋名字解詁》原本也。蓋初題是名，後入《經義述聞》，屬之《春秋》。其中文義詳略各有不同，名字亦有出入增删之處。案，先生《經義述聞》一刻于嘉慶二年丁巳，其書凡四册，不分卷，祇五經義，孫伯淵觀察于嘉慶十五年庚午刻《祠堂書目》所收之本是也。一刻于嘉慶二十一年丙子，書分十五卷，前有阮文達序，凡《易》、《書》、《詩》、《周官》、《儀禮》、《大戴記》、《禮記》、《左傳》、《國語》、《公羊》、《穀梁》、通説十二類，即江西南昌阮刻《十三經》時盧旬宣并以付刻之本是也。一刻于道光七年丁亥，增入《春秋名字解詁》、《爾雅》及《爾雅太歲考》，凡三十二卷，道光九年嚴杰編《皇清經解》删併爲二十八卷所據之本是也。是書之成，當在嘉慶丙子以後，道光丁亥以前，就其書之繁簡異同，可以見先生學問深淺長進，非獨爲藏書家未有之本爲足珍也。光緒辛丑十月癸巳朔長沙葉德輝記。

國語韋昭解二十一卷 明萬曆乙酉吴汝紀刻本，盧抱經以宋本校過

抱經先生手校《國語》，其底本爲明萬曆乙酉吴汝紀刻本，注用吴韋昭《解》附宋宋庠《補音》，其宋本則未經宋庠校定之本。第一卷上方有先生手書小楷云：「影宋鈔《國語》乃未經宋公序校正之本，宋指以爲俗本者是也。然其中煞有好處，盧文弨識。」案影宋鈔本出自常熟錢遵王藏書，錢撰《讀書敏求記》經部韋昭解《國語》二十一卷云：「吾家所藏《國語》有二：一從明道二年刻本影鈔；一是宋公序補音南宋槧本。間以二本參閲，明道本《周語》云：『昔我先王世后稷。』注曰：『后，君也；稷，官也。』則是昔我先王世君此稷之官也。」考之《史記·周本紀》亦然。而公序本直云：『昔我先世后稷。』讀者習焉不察，幾謁爲周家之后稷矣。『襄王二十四年，左右皆免胄而下拜』，注曰：『免胄則不解甲而拜。』蓋介胄之士不拜，秦師反是，所謂無禮則脱也。公序本又去『拜』字，與注文大相違背。微明道本，于何正之？

今世所行《國語》，皆從公序本翻雕，知二字之亡由來久矣。」盧即據以校勘，與世行黃氏士禮居影刊明道本一一符合。雖一筆一畫，小有異同，亦必照校。前輩讀書心細，下筆不苟，如此可見。卷一上方闌邊上有「抱經堂印」四字朱文篆書方印，下方有「文弨讀過」四字朱文篆書方印。卷末吳跋後有「盧文弨」三字白文篆書方印，「紹弓別字磯漁」六字朱文篆書方印。前張一鯤序下亦有「文弨讀過」一印，又有「胡氏豫波家藏圖書」八字朱文篆書長方印。卷第一闌邊外有「胡爾滎印」四字白文篆書方印，「豫波」二字朱文篆書方印。胡爲浙之海昌人，道光時學者，著有《破鐵網》二卷，上卷記所見古書，下卷記所見書畫碑帖、一二古物，蓋亦藏書故家也。其餘一二印記，無足重視。從子巋甫購自友人，出以呈覽，爲考其收藏原委于此，以見珍秘。

又一部 明嘉靖戊子金李澤遠堂刻本

錢遵王曾《讀書敏求記》稱宋明道本《周語》云：「『昔我先王世后稷。』宋公序直云：『昔我先世后稷。』又『襄二十四年，秦師將襲鄭，過周國門，左右皆免胄而下拜。』公序本又失去『拜』字。」錢竹汀大昕爲黃氏士禮居影宋刻本作序，于此二事外復得四事：《周語》「瞽獻曲注曲樂曲也」，今本「曲」皆作「典」；「高位實疾顛」，今本「顛」作「僨」。《鄭語》「依疇曆華」，今本「華」作「萃」。《吳語》「王孫雒」，今本「雒」作「雄」。而皆歸咎于宋公序補音本之誤。今此嘉靖刻本亦同。明道本，嘉慶五年黃丕烈士禮居重刊之，已爲世重。其餘明刻本皆譌謬相承，不獨此本也。明道本原有汪遠孫《考異》，附所撰《國語發正》、《國語三君注輯存》，謂之《國語三種》，别爲刊行。其與此本及他明刻異同皆已詳舉，兹不複述。惟此本前序鈔補一葉上鈐「劉」字朱文篆書圓印，下鈐「燕庭藏書」四字朱文篆書長方印，蓋諸城劉方伯喜海舊藏。卷首有「毛晉」二字朱文篆書聯方小印，「汲古、人」四字朱文篆書方印。流傳有緒，朱泥爛然，知前賢愛惜古書並不專于佞宋矣。

又一部　明許宗魯宜静書屋刻本

此明嘉靖中許宗魯刻《國語韋昭解》二十一卷。全書用《説文》字爲楷書。余藏陸鈛刻《吕氏家塾讀詩記》，字體亦同，自是一時風氣如此，實則無關要義也。前列古文音釋，即釋古體字。似此詞費，又何如不用古字之爲愈乎？善乎？宋岳珂《刊正九經三傳沿革例》論字畫云：「所校字通之以可識者，謂如『宜』爲『宜』、『簮』爲『晉』之類，非若近世眉山李肩吾從周所書《古韻》及文公《孝經刊誤》純用古體也。」是誠明通之論，凡刻書者可引以爲師法矣。

戰國策三十三卷　明嘉靖戊子吴門龔雷刻本

《戰國策》高誘注本首東周，鮑彪校注本首西周，非劉向、曾鞏所校原書次第。元吴師道校正鮑注，取劉、曾所校舊第，爲彪竄改者别存于首，讀者始知此書本來面目，信爲有功典籍矣。此爲明嘉靖戊子吴門龔雷校刻鮑注本，殊無可取。按其刻書年月及行字大小規模，與金李澤遠堂所刻《國語韋昭解》如出一手，殆同時分任校刻者。余舊藏乾隆丙子盧見曾雅雨堂刻高注本，云出宋紹興十六年剡川姚氏刻本，取校嘉慶五年黄丕烈仿刻姚本，知盧刻于文句可疑者往往轉取此鮑本攙改，是轉不如乾隆甲午孔氏詩禮堂專刻吳師道校正鮑注本，不至貽誤後學，與人以口實也。此以明刻存之，亦如宣鑪、成窰取其爲古物之僅存者耳。

論語白文十卷附札記 日本天文癸巳刻本

日本流傳中國《論語》本有二：一爲正平集解本，見於錢曾《讀書敏求記》，所謂「高麗舊鈔本」，展轉藏愛日精廬、士禮居，今歸皕宋樓。遵義黎蒓齋觀察得彼國原刻本重刻，彙入《古逸叢書》者是也。一爲皇侃義疏本，乾隆時開四庫館，歙人鮑廷博得之海舶，浙江巡撫採進，内府翻刻，鮑氏又刻入《知不足齋叢書》者是也。姚子梁觀察曾隨黎君使日本，屢爲余言此二書皆非彼國之舊，正平本爲坊間屢次翻刻，字畫僅存膚廓；皇侃本爲彼國寬延中根本伯修依邢《疏》改换章節起止，彼曾於足利學中鈔得原帙，咨送總署，爲章京袁爽秋户郎駁阻，至今恨恨。又云此外刻本以天文癸巳刻單經本爲最善，《經籍訪古志》已著録，彼國亦希見。余固未至日本，聞之茫然。一日忽於肆中購得此本，披校一過，始知姚君之言未盡得實。《敏求記》稱高麗本經文與《石經》、《漢書》合者二事，《四庫提要》稱皇侃本亦云然，今此本此二事與二本合，而他處十異五六。按二本中如《學而》「與朋友交言而不信乎」，《八佾》「君子之至於斯者」，《里仁》「蓋有之乎民之過也」，《述而》「德之不修也，學之不講也，聞義不能從也，不善不能改也」，《子罕》「吾自衛反於魯」，《鄉黨》「縝絺綌」，《先進》「而誰爲痛」，《衛靈公》「在陳絶粮」，《季氏》「虎兕出柙，龜玉毀櫝中」，《陽貨》「食夫稻也，衣夫錦也」，《微子》「何德之衰也，往者不可諫也，來者猶可追也」等句，此本皆與今本無異。異者僅百六十餘事，則其源出之本必非甚古。考日本天文癸巳當明嘉靖十二年，比之皇侃、正平二本時代已後，特以彼國舊刻存之耳。暇日因取《七經孟子考文》所引古文足利本、一本、二本、三本、皆彼國舊鈔古本。皇侃本、正平本、黎刻正平本《札記》所引津藩有造館本、傅懋元觀察重刻唐卷子本校録，與今本異者合得三百餘事，爲《札記》一卷附於後。傅本字多俗省，如「後」之作「𢔶」，「繼」之作「継」，「黨」之作「𪐎」，「枉」之作「抂」，「承」之作「羕」，「萬」之作「万」，「國」之作「圀」又作「囻」，「坫」之誤「玷」，「輕」之誤「輊」，「叔」之誤「舛」，「升」亦誤「舛」，「權」之誤「摧」，「膚」之誤「虜」，顯出俗手。又如《陽貨》「惡紫之奪朱也」章上有「子曰巧言令色，鮮矣仁」章，《考文》云：「古文足利本無此章，今皇侃、正平二本同，中國《唐石經》本旁注增刻此章，亦非原石所有。惟邢《疏》、朱《注》本有之。」又《述而》「三月不知肉味」，「肉」作「完」，此由俗書「肉」作「宍」而誤也。「肉」，《漢史晨孔廟後碑》作「宍」，洪氏《隸續》、劉球《隸韻》、婁機《漢隸字源》同。《大宋重修廣韻》入聲「肉」下云：「俗作宍。」丁度《集韻》則云：「俗作宍。」宋刻《越絶書》「飛土逐宍」始作「宍」，是「宍」字行於宋以後，非唐時字也。即此二事，可知其非唐本之舊矣。今以彼國一本一並載入，至中國宋元舊本則以有阮氏《校勘記》在，不複出也。丁酉三月初十日長沙葉德輝記。

又

日本天文本單經《論語》，余既就彼國諸本校録異同，爲之札記矣。復舉其合于宋以前諸本者，鉤稽竟日，分爲二科：一曰漢、唐《石經》本，一曰羣書引文本，共得如干條。如《爲政》「而志乎學」，王充《論衡・實知篇》同。今本「乎」作「于」。《子張》「其不可者距之」,《釋文》同。今本「距」作「拒」;「譬諸宮牆」《白虎通・社稷篇》同。今本「諸」作「之」。《堯曰》「蕳在帝心」,今本「蕳」作「簡」;又「寬則得衆」下無「信則民任焉」。此合於漢刻《石經》者也。《八佾》「汝愛其羊」《漢書・律曆志》注同。今本「汝」作「爾」。《公冶》「子使漆彫開仕」,《史記・仲尼弟子列傳》、《釋文》同。「朽木不可彫也」《論衡・問孔篇》、《漢書・董仲舒傳・策》同。今本「雕」作「彫」;「再思斯可矣」,《唐石經》但無「斯」字。今本作「斯可矣」。《述而》「遊於藝」,今本「遊」作「游」;「我三人行必得我師焉」,《釋文》、《蜀石經》同,《穀梁》僖廿七年傳注引上句同,《史記・孔子世家》引下句同。今本作「三人行必有我師焉」。《子罕》「忽焉在後」,《史記・孔子世家》、《後漢書・黃憲傳》、《列子・仲尼篇》、《世説新語》注引《典略》同。今本「焉」作「然」。《先進》「曰敢問死」,顔師古《匡繆正俗》同。今本無「曰」字;「冉子子貢」,今本作「冉有」。《憲問》「告夫二三子」,今本無「二」字。《衛靈公》「可與言而不與言」,《後漢紀・安帝紀》同。今本作「而不與之言」。此合於唐刻《石經》者也。又如《學而》「未若貧而樂道」,《史記・弟子列傳》引同。又見《文選・幽憤詩》注。《爲政》「導之以政導之以德」,《史記》、《漢書・酷吏傳》序,又《漢書・刑法志》、《董仲舒傳》,又見《後漢書・杜林傳》、《二十八將傳》論。王符《潛夫論・德化篇》同;又見《梁書・徐勉傳》、《北史・黎景熙傳》。「是亦爲政也」,《白虎通・五經篇》同。又見《後漢書・郅惲傳》、華嶠《後漢書・劉平江革傳》。《里仁》「焉得智」,《説苑・貴德篇》同。《公冶》「弗可得而聞也已」,《史記・孔子世家》同。惟無「而」字。《漢書・外戚傳》注有「而」字。《述而》「子於是日也哭」,《論衡・感類篇》同。《泰伯》「民無得而稱焉」,

《風俗通・過譽篇》同。又見《釋文》、《文選・運命論》注。《子罕》「與衣狐貉者立」，《史記・弟子列傳》同。《先進》「有棺而無椁」，《潛夫論・浮侈篇》同。又見《史記索隱》、《兼明書》。《顔淵》「斯可謂之仁已乎」，《史記・弟子列傳》同；惟無「已」字。又「斯可謂君子已乎」，《弟子列傳》作「斯可謂之君子乎」；「皆爲兄弟也」，桓寬《鹽鐵論・和親篇》同；又見《文選・蘇子卿古詩》注。「民不信不立」，《吕氏春秋・季秋紀》高誘注作「非信不立」，文義同；「虎豹之鞟」，《説文・革部》同；「吾豈得而食諸」，《史記・孔子世家》、《漢書・武五子傳》同；「子帥而立孰敢不正」，《儀禮・鄉飲酒》注「己帥而正孰敢不正」，文義同；「君子之德風也，小人之德草也」，《漢書・董仲舒傳》、《説苑・政理篇》同；「忠告而善導之不則止」，《後漢書》注引蔡邕《正交論》「忠告善誨之否則止」，文義同。《子路》〔一〕「卑諶草創之」，《羣經音辨》引鄭康成曰同。《漢書・古今人表》作「卑湛」，卑字同。《憲問》「君子恥其言之過其行也」，《潛夫論・交際篇》同。惟「也」作「者」。《衛靈公》〔二〕「非道弘人也」，《漢書・董仲舒傳》同。《堯曰》「孔子曰不知命」，《漢書・董仲舒傳》亦同。此合於漢人所引者也。《學而》「患不知人也」，《釋文》云：「本或『患己不知人也』，俗本妄加字。」此本有「己」字，同。《爲政》「奚其爲爲政也」，《釋文》云：「一本無一『爲』字。」此本有二「爲」字，同；「學而不思則罔」，《釋文》云：「本或作『冈』。」此本作「冈」，同。《述而》「飯疏食」，《釋文》云：「本或作『蔬』。」此本作「蔬」，同；「君娶於吴」，《釋文》云：「本今作『取』。」此本作「娶」，同。《先進》「宗廟會同」，《釋文》云：「本或作『宗廟之事如會同』。」；「非諸侯而何」，《釋文》云：「一本作『諸侯如之何』。」此本與或本、一本同。《顏淵》「博學於文」，《釋文》云：「一本作『君子博學於文』。」此本「君子」二字同；「草尚之風必偃」，《釋文》云：「『尚』本或作『上』。」此本作「尚」，同。《憲問》「子言衛靈公之無道也」，《釋文》「言」作「曰」，云：「一本作『言』。」此本作「子曰」，同；「之三子告」，《釋文》云：「本或作『二三子告』，非也。」此本作「二三子」，同。《子張》「窺見室家之好」，《釋文》「窺」作「闚」，此本同。又見《北宋石經》。此合於《釋文》所引者也。《爲政》「七十而縱心所欲」，柳集與楊晦之疏作「七十而縱心」，此本作「縱心」，同。《述而》「舉一隅」，《文選・西京賦》注「隅」下有「而示之」三字，《蜀石經》同。此本有「示之」二字，無「而」字；「又何怨」，《史記・伯夷傳》索隱、《左・哀公三年傳》疏、《文選・江淹雜體詩》注作「又何怨乎」，此本有「乎」字，同；《子罕》「夫何遠之有」，《文心雕龍・風骨篇》引有「哉」字，此本有「哉」字，同。《子路》「兄弟怡怡」，徐堅《初學記》、歐陽詢《藝文類聚》、《文選・曹植求通親親表》注「怡怡」下有「如也」二字，此本有「如」字，無「也」字。《憲問》「則爲之也難」，《後漢書・皇甫規傳》論「則其爲之也難」，此本作「則其爲之也難也」。《季氏》「政逮於大夫」，《文選・演連珠》注引無「於」字，此本同。《子張》「仲尼日月也」，《後漢書・孔融傳》、《列女傳》注引作「仲尼如日月也」，此本同。此合於六朝、唐人所引者也。大抵日本自唐以來，與中國同文，其所傳經籍多唐時舊本，故文字異同非宋槧、宋注二本所能比埒。此外如《爲政》「不敬何以別乎」，唐本、津藩本無「乎」字；「孝乎惟孝」，皇侃本、唐本、津藩本、正平本「乎」作「于」。《里仁》「無惡也」，正平本無「也」字，皆與漢《石經》同。《公冶》「不可杇也」，皇侃本「杇」作「圬」，與《史記・弟子列傳》同，《漢書·董仲舒傳》同。《子罕》「衣敝緼袍」，皇侃本、唐本、正平本「敝」作「弊」，與《説文》同。《鄉黨》「子路共之」，皇侃本、唐本、津藩本、正平本「共」作「供」，與《釋文》同。《先進》「子樂」，皇侃本、唐本「樂」下有「曰」字，與《漢書·敍傳》顔師古注同；「如之何其聞斯行之」，皇侃本、唐本、津藩本、正平本之下有「也」字，與《白虎通·三綱六紀》同；「莫春者」，皇侃本、唐本、津藩本、正平本「莫」作「暮」，與《論衡·明雩篇》同。又見《釋文》。《子路》「子適衛冉有僕」，皇侃本、唐本、津藩本作「冉子僕」，與《論衡·問孔篇》、《風俗通·十反篇》同。《憲問》「夫子時然後言」、「樂然後笑」、「義然後取」三句，皇侃本、唐本、津藩本、正平本末均有「也」字，與《論衡·儒增篇》同。《衛靈公》「則可卷而懷之」，唐本、津藩本、正平本「之」作「也」，與唐《石經》、《後漢書·周黄徐姜申屠傳》序同；「好行小慧」，皇侃本作「惠」，與《釋文》引鄭本同。《陽貨》「子曰由也汝聞」，皇侃本、唐本、津藩本「由」下無「也」，與《文選·辨命論》注同；「惡紫之奪朱也」二句[三]，正平本無「也」字，與《漢書·杜欽傳》同；《周禮·司市》疏、《左·哀十七年》傳疏同。「食夫稻」、「衣夫錦」二句，皇侃本、唐本、津藩本末均有「也」字，與《世説新語·規箴類》郭林宗語同；「惡果敢而窒者」，唐本「窒」作「室」，與《釋文》引《魯》讀同。《微子》「何德之衰」、「往者不可諫」、「來者猶可追」三句，唐本、津藩本、正平本末均有「也」字，與《史記·孔子世家》、漢《石經》同；「殺雞」，唐本作「㹠雞」，與《武梁祠畫像殘石題字》同；「如之何其廢之」，皇侃本、唐本、津藩本、正平本「之」下有「也」字，與漢《石經》同。《子張》「望之儼然」，皇侃本「儼」作「嚴」，與《釋文》引或本同。皆勝於宋以後諸本倍蓰，因並記其異，以省寓目之勞，其餘古通假字，如弟、悌，孫、遜，説、悦，唯、惟，汝、女，雕、彫，知、智，辟、避，疏、蔬，無、毋等字不能悉數，則亦略之云爾。三月望日德輝又記。

〔一〕「卑諶草創之」出《論語·憲問》，葉氏誤作《子路》篇。

〔二〕「衛靈」底本作「靈衛」。

〔三〕「『惡紫之奪朱也』二句」下當奪「惡鄭聲之亂雅樂也」句。

論語集解十卷　日本覆刻元正平本

日本文化十年，野光彦覆刻元正平本《論語集解》，即光緒乙酉駐日黎蒓齋星使庶昌刻《古逸叢書》之祖本也。其與今本異同之處，已詳黎刻《札記》中。槧法古樸方勁，以覆本較之，神氣不逮遠甚。此本錢曾《讀書敏求記》入載，目爲高麗古刻，自詡爲驚人秘笈者。是時海禁未開，其書當由日本入高麗，展轉至中國，錢氏不知其詳，故臆度云爾。是書前有「顧廣圻印」白文方印，「一雲散人」朱文方印，知是思適齋中故物，流傳又百餘年矣。余以番餅金二十圓得之。或者謂其不應如此之貴。余曰：「近來黎刻單行本，日本人往往以重值購藏，此其原刻最古之本，何乃不如新刻？況錢氏當日詑爲秘笈，豈至今日反以尋常之本例之？區區二十圓餅金，僅折銀十四兩耳，奚貴之有？」或去。并記其語于此。

按，《思適齋集》十五《跋徐俟齋與楊潛夫手札子》云：「予家一雲，先隴門上刻『顧氏墓道』四大字，渾厚淳古，直逼漢魏，是先生手筆。」據此則一雲乃地名也。

論語義疏十卷 日本刻本

梁皇侃《論語義疏》十卷，日本寬延庚午根遜志校刊。乾隆時由海舶流入中國，五十一年武英殿重刊，五十三年歙人鮑廷博又刻入《知不足齋叢書》，同治十年廣州又刻入《古經解彙函》，于是中國有三刻本矣。皇侃疏文與邢昺不同，而此疏全與邢本合，故乾嘉間學者皆疑其書非皇侃原本。孫志祖《讀書脞録》、鈕樹玉《匪石日記》引江鄭堂之言，均以此書爲僞作，不可信。余嘗詢之日本學者，亦不能言其故。丙申還朝，與上海姚子梁觀察文棟比鄰而居。子梁之弟子讓名文枏者，與余同鄉舉，因是過從頗密。子梁曾隨黎蒓齋觀察庶昌使日本，親見皇《疏》原書，乃知傳入中國者全爲根遜志竄改之本。幸只竄改分段，以就邢疏，于疏文尚未增損。子梁傳鈔一本，咨送總理衙門，請下所屬刻印以還其真，時袁爽秋昶爲章京，以爲武英殿既已刊行，分段小有異同無傷全體，事遂中止。袁亦有文名之人，其所以不附子梁者，蓋恐子梁得名，中實有所忌耳。此書久不傳于中國官私書目，自是不經見之佚書。然明焦弱侯《筆乘》謂「公冶長識鳥語」，又駁楊用修以匏瓜爲二星名，均只見于此《義疏》，而不見于他處。焦固博覽，或明時此書猶有傳本與？此本即根遜志改本，以其爲殿本、鮑本之祖，故特著録云。時己亥六月中伏曝書因記，德輝。

又一部 日本刻文明九年雁聲舊鈔本

《論語》皇侃《義疏》十卷，自乾隆中由日本傳入中國。當時武英殿即以付刊，歙鮑氏又刻入《知不足齋叢書》。《四庫全書總目提要》舉其與今本異同者，謂其確爲古本，不出依託，則以其在日本固流傳有緒也。惟殿本、鮑本兩本《疏》中段落起訖與邢昺疏本無異，乃據日本根遜志改皇疏從邢疏之本，原書不如此也。光緒初遵義黎蒓齋星使使日本時得原鈔本，咨送總理衙門，請出公帑刊行，爲章京袁郎中昶所駁，論者惜之。余向藏鮑本，後得根遜志本。余門下多日本人，每屬以相訪。以爲皇疏淹博遠過邢疏，若皇侃真本不傳，終無以彰同文之化，彼國學者咸以爲然。久之，此本出，則據彼國文明九年雁聲舊鈔本重刻者也。其書經自疏經，注自疏注，集解所引某氏曰：義即分疏其下，條理清晰，豁目爽心，乃知宋人刻疏標明起訖之例遠不如此之善。今而知《皇侃義疏》之廬山真面，固若是之明瞭也。侃事蹟具《梁書》本傳，各本作偘。偘、侃字同。傳稱其撰《禮記義》五十卷、《論語義》十卷。今《禮記義》日本尚有唐卷子殘本，惜無好事者爲之刊行，以存一家之學。斯文未喪，或者亦如此書終有流傳之一日與？

孔子家語十卷　日本寬永十五年風月宗智重刊上官國材宅本

《漢書・藝文志》論語類有《孔子家語》二十七卷，顔師古注曰：「非今所有《家語》。」《隋書・經籍志》卷數同，注云「王肅解」。《唐志》以後均作十卷。今所傳毛晉汲古閣本是也。師古云「非今所有」謂非當時所行之王肅本也。王肅僞造《家語》以攻鄭學，前人論之至詳。但自宋以來，王本亦不免爲人增竄，其本且殘缺，故明正德中何孟春作注，猶云「未見王肅本」。王鏊《震澤長語》亦云：「《家語》今本爲近世庸妄所删削，惟有王肅注者，今本所無多具焉也。」瞿鏞《鐵琴銅劍樓藏書目》影宋鈔本《孔子家語》下云：「汲古毛氏刻此書，得一宋本，闕卷〔二〕首至卷二，凡十六葉，因參用通行本，故注字脱落顛倒。此本完善無訛，足以訂正甚多。」又陳子準按，子準名揆，家有稽瑞樓藏書。傳録毛斧季毛晉子，名扆。校宋本下云：「朱筆從北宋，墨筆從南宋。子晉跋謂：『丁卯秋得北宋本，卷二十六葉以前已蠹蝕，繼于己卯春復得一本，闕末二卷，合之始全。』蓋初得宋本付刻，其闕者仍參以通行本，迨續得全本，不及追改矣。」據此，則毛刻亦非盡宋舊也。相傳毛所藏宋本上有「東坡居士」印，今其本在陸心源皕宋樓，余曾於桐城蕭敬孚明經穆處見之。書中「瑗」字闕筆，此宋孝宗皇子時諱名，即此可證其非北宋刻，東坡印亦僞作也。今毛刻固日稀少，盧抱經校刻之何孟春本，雖非王舊，世鮮流傳。昔從都門得太宰純增注本，前有元文元年自序，云據其國博士家所傳王注全本。取校毛本，注文簡古，元文當中國乾隆初元，逮今百七十年，其云博士家傳必有依據。然既曰增注，猶恐於王注或有節删。懷疑數年，屢託友人于日本求一王注單行本，久不可得。今年春日本僧水野梅曉還國，重來長沙，出此本見贈。每半葉九行，行十八字。前序目後有「上官國材宅刊」一行，末葉有「寬永十五年戊寅仲秋吉日二條通觀音町風月宗智刊行」二行。審其版式行格，似北宋時私宅本，風月宗智又翻雕耳。注文與太宰純注本同。寬永戊寅，當中國前明崇禎十一年，逮今凡二百六十八年，猶是太宰注以前舊本。乃知太宰所云博士家本，非鑿空之談。且以見毛本雖出宋刻，難免臆改增删，不如海外所傳固是中原古本也，後有得者珍之寶之。大清光緒三十有一年乙巳歲中秋前二日，長沙葉德輝記。

〔一〕「闕卷」原作「闕開卷」，據《鐵琴銅劍樓藏書目録》改。

又一部　明毛氏汲古閣本

明毛晉汲古閣藏書多善本，而刻書皆惡本。非獨《十三經》、《十七史》、《津逮秘書》諸大部已也，即尋常單行各種，往往後綴一跋，不曰據宋本重雕，即謂他本多訛字，及遇毛氏所藏原本校之，竟有大謬不然者，如此《孔子家語》即其一也。據毛跋，自稱如何欲得是書，長跪宣聖像前誓願邁止；如何讀何燕泉敍不覺泣涕如雨；如何得北宋本，惜二卷十六葉以前蠹蝕，復向宣聖前焚香叩首，願窺全豹；如何從錫山酒家復覯一函，冠冕巋然，逸末二卷，倩能書者一補其首，一補其尾，而卒以公之同好爲幸云云。是毛氏之於此書，好之篤，求之誠，公之天下之心，久而不懈，宜乎根據宋本，不再迷誤後學也已。乃取宋本校之，其改易行款猶爲小疵，乃至不通假借，妄改舊文。如改「德」爲「得」、「翟」爲「狄」、「僁」爲「愆」、「機」爲「几」之類，全書無一字之存留，可謂繆甚。王肅注亦多删省竄奪，全書不具舉。舉其首篇數條言之，如「孔子初仕爲中都宰」注「中都，魯邑名」，毛刻删去「名」字；「制爲養生送死之節，長幼異食」注「如禮五十異糧，六十至九十食各以漸加異也」，毛刻僅存「如禮年十五異食也」八字，又誤倒「五十」爲「十五」；「器不彫飾」注「不彫畫，無文飾，不詐僞。已上養生之節」，毛刻僅存「彫畫無文飾，不詐僞」八字；「爲四寸之棺，五寸之槨」注「以木爲之」，毛刻改「以木爲槨」，不知「以木爲之」乃並釋「棺」、「槨」，若「以木爲槨」是遺棺矣。諸如此類，幾如全書不同。其正文中訛舛之處，如《相魯篇》「申句須樂頎」注「音祁」，毛刻誤「頎」爲「傾」，又删「音祁」二字；《始誅篇》「其居處足以掫徒成黨」注「掫，聚也，側九反」，毛刻誤「掫」爲

「撮」，又注「撮聚」而刪「側九反」三字；《王言解篇》「布諸天下四方而不窕」注「窕，薄也」，毛刻誤「窕」爲「恕」，又刪注「薄也」二字，又「乃爲稸積資聚焉」，毛刻誤爲「乃爲福積資裒焉」。其他注文中最要之語，如《相魯篇》「孔子爲魯大司寇，有公子訟者，夫子同狴執之」注「狴，獄牢也。狴，犴，胡犬也，善守，故以名獄」，毛刻改「狴」爲「犴」，注文僅存「犴獄牢也」四字；「三月不別」注「謂辨決其子罪」，毛刻刪此注；「陵遲故也」注「陵遲，陂陀也」，毛刻亦刪此注。《王言解篇》「非以盈府庫也」注「備人倫養君子」，毛刻亦刪此注。全書類於此者甚多，當別爲校勘記著之。夫此之所指宋本，即毛氏舊藏所謂北宋蜀大字本，有東坡折角玉印者也。今考其書，避宋諱至孝宗「慎」字，其非北宋刻本斷然可知。然則東坡印亦出好事者僞鈐，不待辨矣。其尤可怪者，毛扆手寫《汲古閣珍藏秘本書目》，于此書下注云：「『藥酒苦於口而利於病』，北宋本如此，并引《鹽鐵論》文爲證。南宋本以下作『良藥苦於口而利於病』。」案此句見《六本篇》，毛刻仍作「良藥」，扆爲晉子，是扆知「良藥」之非，而晉不知。是晉刻之書，即令其子讀之，亦將以爲謬矣。毛藏宋本，光緒中葉猶在桐城蕭敬孚明經穆家。敬孚寓上海方言館，吾曾假閱之。當時同文書局有石印本，即從之出。後聞以書歸湖州陸存齋觀察心源，得番餅銀四百元。不知何時又歸貴池劉氏，今劉氏仿刻之本，即蕭本也。伏讀《四庫全書提要》，略言：《漢書·藝文志》有《孔子家語》二十七卷，顔師古注云：「非今所有《家語》。」《禮·樂記》稱「舜揮五絃之琴以歌《南風》」，鄭注：「其詞未聞。」孔穎達《疏》載肅作《聖證論》，引《家語》「阜財解慍」之詩以難康成。又載馬昭之說，謂《家語》王肅所增，非鄭所見。

故王柏《家語考》曰：四十四之《家語》，乃王肅自取《左傳》、《國語》、《荀》、《孟》、二戴《記》割裂織成之，孔衍之序亦王肅自爲之。反覆考證，其出於肅手無疑。特其流傳既久，且遺聞軼事，往往多見於中，故自唐以來，知其僞而不能廢也。今案，《提要》云肅割裂諸書而作，孫志祖《家語疏證》考之最詳。又有陳士珂《家語疏證》，反謂《家語》爲諸書所本，强詞奪理，殆亦毛奇齡《古文尚書寃詞》之流。據宋史繩祖《學齋佔畢》曰：「《大戴》一書，大抵雜取《家語》之書，分析而爲篇目，其《公冠篇》載成王冠辭，内有『先帝』及『陛下』字，周初豈曾有此！《家語》止稱『王』字，當以《家語》爲正。」《提要》駁之云：「今考『陛下離顯先帝之光曜』已下，篇内已明云『考昭冠辭』。繩祖誤連爲祝雍之言，殊未之考。蓋王肅襲取《公冠篇》爲冠頌，已誤合考昭冠辭於成王冠辭，故删去『先帝』、『陛下』字，竄改『王』字。《家語》襲《大戴》，非《大戴》襲《家語》。就此一條，亦其明證。」《提要》深切著明，可云快論。孫氏《疏證》之作，殆即本《提要》推衍而成。至陳氏《疏證》更易爲之，不過一反其説而已。然《提要》亦自有本。考范家相有《家語證僞》十一卷，其成書在《四庫全書》以前，而《四庫》未著録，或館臣見其書而襲其語與？要之，《家語》爲王肅僞作，則固千秋定讞也。《提要》又云：「其書自明代傳本頗稀，故何孟春所注《家語》自云『未見王肅本』。王鏊《震澤長語》亦稱：『《家語》今本爲近世妄庸所删削，惟有王肅注者，今本所無多具焉。』則亦僅見之也。明代所傳凡二本，徐𤊹家本中缺二十餘葉，海虞毛晉家本稍異，而首尾完全，較之坊刻猶爲近古。」《提要》未見宋本，故誤以毛刻爲近古，其實毛亦妄庸者流，差强於不刻書之人耳。如此書宋本幸而晦久復顯，有石印又有劉刻，其廬山真面，盡人得而見之。試取此毛刻校之，段落既非原書，注文尤多删易。假使宋本不再見于世，僅憑毛刻一跋，幾不信其書如此之變亂舊文。昔人謂明人刻一書而書亡，其不如毛晉者，正復何限？安得好事人見一宋本即重模刊行，則其表彰載籍之功，不亦德言不朽哉！丙辰六月伏中，郋園葉德輝記。

孔叢子七卷 光緒丙子仿宋刻本

此重刊宋本《孔叢子》七卷，原委具詳合肥相國序中。是書自《隋志》以降，官私目録均作七卷，近世通行三卷乃明人所合併也。《四庫》著録亦三卷本。阮文達據影宋巾箱本始續進呈，説詳《揅經室外集》。即《四庫未收書目》。然考《天禄琳琅書目續編》，元版子部類有宋宋咸注七卷本，卷後圖記有「季振宜藏書」、「謙牧堂藏書」諸印，是内府原有此書，特《四庫》偶遺之，文達又未窺中秘耳。錢遵王《讀書敏求記》載有元鈔本，但云後附《連叢子》，而未詳其勝俗本之處。惟文達云：「《小尔疋·廣言》：『俘，罰也。』宋本『俘』作『浮』，與《禮記·投壺》正義引同。」今案，此本「俘」仍作「俘」，與俗本無異，傳鈔不可據耶，抑校勘有未善耶？姑誌於此，以俟異日考訂云。光緒戊戌初夏小滿，長沙葉德輝識。

《孔叢子》七卷，舊帙，久無刻本。曩見南皮制軍《書目答問》云：「金山錢氏有宋宋咸注七卷本，未刊。」《書目》成于光緒元年乙亥九月，而此書適刊于是年孟春之月，故《書目》後又改刻云：「浙江新有影宋刻本。」即此本是也。余求之京師及江浙間，不得一見，怏怏于中者十餘年矣。貴筑黄本甫孝廉富于儲藏，此書插架竟有二本，因以其一貽余。取校明刻諸本，時有佳處，不獨卷帙存隋、唐《志》之舊，可資考證也。後于京師廠肆獲有數部，因攜歸，分貽諸從子各一部。德輝再識。

孟子趙注十四卷 乾隆辛丑安邱韓岱刻本

《孟子》趙岐注原有《章指》，南宋邵武士人託孫奭作僞疏，即已删去，自後刻經注遂不能復還其舊，由是五六百年無人知趙注之外有《章指》矣。國朝毛斧季扆借真定梁相國清標家藏宋本影鈔。益都李南澗司馬文藻獲其本於京師。李固山左人，故山左人見宋本《孟子》趙注原本最早。南澗本欲校刊傳世，不幸齎志以没，書幾失傳。乾隆壬申，曲阜孔户部繼涵刻入《微波榭叢書》。至辛丑，安邱韓岱又刻之，此本是也。但據安邱韓氏跋，竟不知孔氏已刻于前。以同鄉共里之人，事止越十年之久，而竟茫然不知，何也？尤奇者，歷城馬國翰《玉函山房輯佚書》中列趙岐《孟子章指》二卷，謂本之毛鈔，亦竟不知鄉先輩有孔、韓二氏刻本者。豈當時兩刻本流傳甚稀耶？今僞疏每段起首有此章云云，即剿襲《章指》爲之，初不料真贓爲後人發見，其盜竊作僞益有證也。吾嘗言戰國諸子蜂起，惟孟子與莊子同爲文章家言。其不必借訓詁以發明，人固無有不解領者。況趙《注》本不長於訓詁，《章指》亦無宏深之言。徒以漢人注劉熙早亡，獨趙《注》猶爲完好，故世之媚漢學者，莫不欲争先快覩，識真面於廬山。此孔、韓兩刻所以爲中郎之虎賁也。吾既獲藏孔刻，又遇此韓刻，南人求其一而不可得者，吾得列之一插架焉，良足深幸矣。丁巳嘉平立春德輝記。

爾雅正義二十卷　乾隆己〔一〕酉邵晉涵家塾刻本

《爾雅正義》二十卷，邵晉涵撰。《爾雅》世行郭璞注、邢昺疏。晉人注經遠不如兩漢。以漢人《爾雅注》，如犍爲文學舍人、劉歆、李巡、樊光、孫炎諸家已亡，獨郭《注》完好，故邢昺因之作疏。實則邢昺疏只能就注文引申敷衍，毫無裨于經義也。邵氏雖主郭注作疏，而疏中采摭兩漢劉、李、樊、孫異文，故訓不厭求詳，亦不拘守疏不破注之例，故與郭注時有同異，于經訓多所發明，洵不刊之作也。此乾隆戊申初刻初印。目後有「己酉重校字」者，則後印也。邵氏與郝懿行《爾雅義疏》齊稱，郝詳于聲音訓故，其于名物制度不及邵之精深。或者不察，謂郝疏勝于邵氏，真耳食之談也。

〔一〕「己」原作「乙」，據卷首目録改。

爾雅義疏二十卷　道光庚戌沔陽陸氏刻本

郝懿行《爾雅義疏》凡五次刻版：其一道光六年阮文達刻《皇清經解》本；其一道光三十年兩江總督陸建瀛刻本，序稱「《經解》繁重，不能家有其書，因屬長洲陳君奐重爲校刊」云云；其一咸豐六年河督楊以增以阮、陸二本均爲王引之删本，覓得原稿重刊，未竣，仁和胡珽補刊成之；其一同治四年家刻進呈足本；其一光緒十三年湖北官書局本。此三本同出一源，前皆有宋翔鳳序。五本之中楊、胡刻本希見，次則陸刻，此即陸本也。刻成版庋金陵節署，粵寇之亂，江南城陷，陸出走，旋吞金死，版遂燬于兵火。同時刻有陳奐《詩毛傳疏》及金鶚《禮説》諸書幸未罹劫，故二書至今傳本尚多。若此疏則不時遇也。己未夏六月伏中郘園記。

經典釋文三十卷 通志堂本，袁漱六太守校宋鈔本

隋陸德明《經典釋文》爲六朝以前經文之淵海，南宋刻附諸經注疏，往往有遷就本書改易原文之弊，不可信也。國初徐乾學通志堂刻有單行本，當時校者顧伊人湄，疏于經學，校勘不精，何義門焯深譏之。乾隆中，餘姚盧抱經文弨根據錢求赤影宋鈔本，採輯諸家校本作攷證重刊，是書至今學者尊之，然亦未盡善也。大抵此書自唐以來即展轉沿譌，失其真面。以余所知，其不可據者有五：據陸氏《敍例》自述云：「先儒舊音，多不音注。然注既釋經，經由注顯。若讀注不曉，則經義難明。混而音之，尋討未易。今以墨書經本，朱字辯注，用相分別，使較然可求。」觀敍例云云，其原書本朱墨相間，眉目朗然，今刻本通改墨書，原本次第已亂。此其不可據者一。宋《崇文總目》云：「太子中舍陳鄂奉詔刊定，始開寶中，以德明所釋乃《古文尚書》，與唐明皇所定今文駁異，令鄂刪定其文，改從隸書。蓋今文自曉者多，則音切彌省。」是原書已改古爲隸，又刪省其音。此其不可據者二。《敍例》又云：「舊音皆録經文全句，徒煩翰墨。今則各標篇章于上，摘字爲音。慮有相亂，方復具録。唯《孝經》童蒙始學，《老子》衆本多乖，是以二書特紀全句。」今此二書一例摘字，與他經無異。而《孝經》鄭氏《解》又以沿用唐明皇御注，其附刻釋音與鄭本不合，讀者恆據以就改，大非陸氏之舊。此其不可據者三。宋毛居正撰《六經正誤》，譏陸氏偏于土音，輒改他字以易之。後人信其説，往往據以改陸音。此其不可據者四。宋本雖非陸氏舊觀，固自勝于新刻。今

宋本久已亡佚，存者爲錢求赤影宋鈔本。宋本出自錢牧翁絳雲樓舊藏，先祖石君公亦傳寫一部，但屢經移録，終不免帝虎魯魚。此其不可據者五。然鈔本根源宋本，實有盧校所未及者。故盧書出後，考訂家頗有責言。乾嘉諸儒，得見鈔本者多，如錢竹汀大昕、段懋堂玉裁、臧在東鏞堂、江艮庭聲，皆曾手校此書。而於先祖石君公校者謂之「葉抄」，推重尤至。此通志堂本，縣人袁漱六太守芳瑛以葉鈔爲主，參用各家校語，以朱、墨、黄三色筆別之，於宋本一點一畫，小有岐異，均用朱筆細勘。其視盧校，多宋刻本《尚書音義》上卷，顧安道藏宋版《春秋左傳音義》六卷。前題四絶句，紀年「丁未」，時爲道光二十七年，先生正官編修也。湘中精版本之學者，必首推先生，所藏兩宋元明舊槧名鈔，皆薈萃南北藏書家整册殘篇而自成一派。身後爲不肖子孫鬻賣及獻之權貴者，瑶函玉册，賤若泥沙。此書流落市攤，從子巘甫、定侯兄弟争出重資相購，兒子尚農出而解紛，購而共賞，以其有先祖石君公手澤也。原有莊世驥一跋，以「葉鈔」當葉林宗，誤也。林宗公亦石君公兄弟行，好藏宋版書，與石君公同癖。此則出自石君公，流傳有緒，不獨吾輩子孫得知其詳矣。

四書章句集注二十六卷 内府仿宋淳祐補刻燕山嘉氏宣城本

此内府仿宋淳祐丙午補修燕山嘉氏所刻宣城舊本《四書章句集注》二十六卷。每半葉八行，行十五字。朱子自序後刻有識語述補修緣由云：「置版泳澤書院，字大悦目。前無重刻序跋，故不知刻書年歲。」《四庫全書總目》著録，但云通行本，而不擇一善本，殊爲忽略。據《天禄琳瑯書目》，宋版類經部有宋咸淳癸酉衢州守長沙趙琪刻《四書章句集注》，明版類有正統時官刻《五經四書》，必較通行本校刻精美，不知何以全不檢閱，豈當時未奉論頒出耶？此本疑刻于國初，各家書目無從考證。惟余見貴筑黄再同編修國瑾家藏此本，上鈐「汲古閣」、「毛斧季扆」諸印，且鈐以「宋本」二字朱文篆書橢圓印，不知毛氏戲爲之，抑真誤以爲宋刻，然足見此時此書已有印本，斷非雍、乾以來所仿雕者。嘉慶辛未，吴門吴志忠刻有小字宋本《四書》，未知所據何本，以此視之，彼誠欽丕之於鸞鳳矣。

七經孟子考文補遺周易十卷尚書二十卷毛詩二十卷左傳六十卷禮記六十三卷論語十卷古文孝經一卷孟子十四卷 日本亨保十五年刻本

《四庫》著録爲汪啓淑家藏本，阮文達重寫付刊，據文瀾閣傳鈔本，即世行文選樓巾箱本也。乾嘉諸儒多喜藏書，窮搜釋道二藏，又求書于海外，當時中、朝、日本文軌相通。此書流入江浙間，旋登於秘府，外間所傳僅此阮刻，故嗜奇好博如孫伯淵先生，其《祠堂書目》所載，亦僅阮本，無原刻也。陳增月墀遺稿《題周松靄藏日本人古梅園墨譜》詩注云：「揚州江氏隨月讀書樓藏日本國人所著《七經孟子考文補遺》。」亦若以是書爲極珍貴者。阮氏重刊序稱所見爲江氏隨月讀書樓所藏，乃日本元版落紙印本，校閱羣經頗多同異，則此本真原刊原印之可貴者也。丁酉將出都門，書友持以相質，檢點行囊，尚有餘齎，出廿金購之。取校阮氏《十三經校勘記》，異處甚多。即校阮刻此書，阮刻亦時譌誤。書貴原刻，可省讀者校讎，矧其爲經典要部耶！得者幸勿僅以海外奇書目之。光緒丁酉中秋後三日長沙葉德輝題記。

經義雜記三十卷　嘉慶己未臧庸刻本

國朝經學凡三變。其始，崑山顧炎武、餘姚黄宗羲痛元明以來空談心性之非，欲以淹貫博通力矯其失，然或尊朱子，或祖象山，于宋學一途並無鴻溝之劃。故吳縣惠氏父子、鄞縣萬氏兄弟均治樸學，而惠氏爲崑山羽翼，萬氏爲餘姚嫡傳，其時説經之書未嘗顯標漢幟也。自惠棟遞變其家學，全祖望特起于四明，于是前此所謂治樸學者，至是遂純粹成爲漢學。漢學既盛，又分今文、古文。嘉、道之間，劉逢禄得陽湖莊氏之傳，以《公羊》倡今文之學，龔自珍、魏源爲其門人，咸、同諸儒遂承其習。二百年間蓋經三變矣。諸家全集及遺書具在，不問時代，可以開卷而得其風氣。此臧琳所撰《經義雜記》三十卷，爲其玄堂〔一〕鏞堂所校刻者。其書全與乾、嘉諸儒所著書相類。桐城方東樹《漢學商兑》謂琳書爲鏞堂攙亂，閻若璩序亦其僞託。余則謂其書不僅攙亂，直是鏞堂一手改定，閻序不見於《潛邱劄記》附刻詩文内，其爲僞託，又無可疑。今琳書雖爲治漢學者所推崇，恐原書無此精粹也。鏞堂改名庸。自撰《拜經日記》亦同時所刊，核其體例，與此如出一手，則謂鏞堂歸美于其先人所作，亦無不可也。錢泰吉《曝書雜記》極稱是書，擬爲之重編一目，以便檢尋。其例至善，後有重刻是書者，可以采用之。六經一日不廢，漢學亦一日不能亡也。

〔一〕「玄堂」疑爲「玄孫」之訛。

九經古義一册　原稿本

惠定宇先生《九經古義述首》一篇一葉，《周易古義》卷一三葉，《毛詩古義》卷一三葉，《尚書古義》卷一二葉，《儀禮古義》卷一一葉，《公羊古義》卷一一葉，《穀梁古義》卷一一葉，《左傳補注序》一葉，《補注》卷一一葉，爲先生手書真蹟。格紙，旁有「紅豆齋藏書鈔本」字樣。書中夾有小朱戔云：「書凡二十卷，每卷鈔呈一、二葉。」殆録稿取證于友人者。今李文藻《貸園叢書》刻本有二十二卷，以《左傳補注》有六卷也。首列序目，題「左傳古義」，下有小注云：「一名《補注》，總四卷，另編。」又有校語云：「文藻按，《左傳補注》實六卷。」蓋李所據刻者，已增爲六卷。而此手稿序猶稱四卷者，從初稿也。後附《松崖文稿》五篇九葉，均經義考論，殆亦未全。然鳳毛麟甲，人皆知其寶貴，不必以多見珍也。編𣅜記。

經義述聞四册不分卷 嘉慶二年初刻本

高郵王文簡引之所著《經義述聞》一書，久爲經神學海，然不知其竭一生之心力，凡數易稿而始寫定刊行。此其初次刻也。書分四册，共四百十七葉，不分卷，不記葉號。孫星衍《祠堂書目·内編·經部》載之。至嘉慶丙子刻于江西，有阮文達序者，分爲二十八卷。二十年三刻于家塾，分三十二卷。合前後觀之，其修改之詳略，考訂之疏密，可以知其學問之與年俱進也。余喜藏國朝儒先之書，而經學尤爲篤好。此書在冷攤破書堆中，人不措意，惟余知其爲孫《目》所著録，乃此書第一次刻，取後來兩次重刻者相較，于文簡一生有足資考索者。此外《皇清經解》中亦刻之，祇二十八卷，則據阮序江西刻本也。

詩書古訓六卷 道光十九年刻本

《詩書古訓》六卷，阮元撰。凡《詩》四卷，《書》二卷。謂之「古訓」者，取《詩》「古訓是式」之誼也。古訓即故訓，凡二經之外，如《周禮》、《儀禮》、《大戴禮記》、《小戴禮記》、《春秋三傳》、《國語》、《國策》、《論語》、《孝經》、《爾雅》、《孟子》以及周秦兩漢諸子、《史》、《漢》有可以證明經義者，皆採摭於經文之後，不加案斷，使讀者實事求是，治一經以通羣經，例至善也。書成於道光十六年至十九年，其子福始刊行。咸豐乙卯，南海伍崇曜刻入《粤雅堂叢書》。此原刻本，極少見。故張文襄《書目答問》止有粤雅堂本，不載此本，當是未見也。是書得之上海書肆，卷首有獨山莫友芝、莫繩孫父子印，可知前人亦甚寶貴。自辛壬變法以來，一切經學之書，其值不逮一國朝人詩文集之半，背本逐末，專務浮華。綱常名教之大防，一經潰決，不可收拾。馴至今日，兵戈水火之劫遍於中原，二三老儒求如乾、嘉時人生際太平，以著書爲樂者，如鈞天之夢，不可復遇矣。此書幸入吾手，雅言執禮，後之子弟其共保之。丁巳嘉平小除夕識於吳門清嘉坊泰仁里寓，郋園葉德輝。

羣經字考十卷 嘉慶十二年刻本

《羣經字考》十卷，海鹽吳東發撰。其書分《易》、《書》、《詩》、三《禮》、《春秋》、《論語》、《孟子》七類。東發深于文字之學，阮文達元《積古齋鐘鼎彝器款識》諸釋文多引吳侃叔云云，侃叔其字也。書中於羣經古今通假字，引證經、史、周秦諸子，辨其形聲，析其同異，間採金石文字，時有新義發明。蓋其一生篤好，爲金石專家，故觸類引申，皆足以資考訂。惟余以爲金器非傳信之物，石則祇可取證漢碑。然獵鼓滋疑，石經聚訟，亦當擇善而從。故以經史記言、記事之義以疏證商周古器，未嘗無益于多聞；若全信金石遺字，以訂正六經，則蹈惑古疑經之弊。近世如吳縣潘文勤祖蔭、吳尚書大澂、濰縣陳部郎介祺均好以金玉匋器諸文字辨駁羣經舊文，余頗與之異趣。此書治經家罕見稱引，殆亦以爲未足取信與？

十三經音略十二卷 嘉慶七年刻本

周松靄先生《十三經音略》十二卷，此原刻本，張文襄《書目答問》亦未載，目載祇《粤雅堂叢書》本，吾家所藏亦然。今粤雅版亦散失，此書將成孤本矣。先生是書，既精且博，當時治經者無不推崇。而糾于字母之説，抹殺前人之書，未免勇於自信。字母之説濫觴於西域神珙。梵夾之文與倉頡異，彼土之音與中原異，忽以三十六字統攝萬音，此理吾所不解。須知古今止有聲韻，何謂聲？《説文解字》「某從某聲」及「讀若」、「讀爲」、「讀如」、「讀曰」是也。何謂韻？《詩》之叶韻，《易》之本音是也。聲韻之用窮，而後不得已而用翻切，然猶以中土之音翻中土之字。《爾雅》「不聿謂之筆」，《周禮》「終葵謂之椎」，大抵即爲翻切之祖。蓋即古人讀字長言變化也。音則隨時隨地而變遷，北地重濁，南方輕清。然同一重濁也，山東則亢厲，河南則深沈；同一輕清也，閩粤多舌頭，浙江多舌腹。加以兵戈擾攘，人民播遷，土俗方言，雜糅已甚。若准《説文》之聲、六經之韻以定羣經句讀，語尚有根；若以字母正經音，則吾未敢附和也。時丙辰三伏葉德輝識。

石經補考十二卷 道光二十八年馮氏原刻本

馮登府《石經補考》十二卷，前有總目，載《國朝石經考異》二卷、《漢石經考異》二卷、《魏石經考異》二卷、《唐石經誤字辨》一卷、《後蜀石經考異》一卷、《南宋石經考異》二卷。其書面題「道光二十八年秋續刻」，然其書成有早晚，刻有先後，不盡與總目同。如第一種第一行大題云「石經補考卷第一」，二行云「賜進士出身敕授儒林郎翰林院庶吉士臣馮登府恭纂」，第三行云「國朝石經考異卷二」。第二種第一行大題云「石經補考卷二」，第二行云「漢石經考異」，第三行云「嘉興馮登府學」。卷二同前。第三種第一行大題云「石經補考卷五」，第二行云「賜進士出身敕授儒林郎翰林院庶吉士馮登府纂」，第三行云「魏石經考異」。卷六同前，惟第三行云「魏石經拾遺」。第四種第一行大題云「石經補考卷卷下」七字，乃筆寫，第二行云「賜進士出身敕授儒林郎翰林院庶吉士馮登府纂」，第三行云「唐石經誤字辨」，此三行均全用《北宋石經考異》前三行剜補。第五種第一行大題云「石經補考卷八」，第二行云「賜進士出身敕授儒林郎翰林院庶吉士馮登府纂」，第三行云「蜀石經考異」。卷九同前。第六種第一行大題云「石經補考卷十」，第二行同前第五種，第三行云「北宋石經考異」。第七種第一行大題云「石經補考卷十二」，第二行同第五種，第三行云「南宋石經考異」。卷十〔二〕前二行同前，第三行云「南宋石經遺字」。其題銜參差不同，蓋在官不在官之别耳。《漢石經考異》書面下鈐「登府手校」白文方印一，「東越修書」白文方印一。《魏石經考異》書面下鈐「小謫仙」白文方印一，朱文方印一，字不可識。《唐石經誤字辨》書面下鈐「登府手校」白文方印一，「甸園小長蘆之南暴書亭之北」朱文長方印一。《蜀石經考異》書面下鈐「登府手校」白文方印一，「種芸館主」朱文方印一，《北宋石經考異》書面下鈐「㝵安登府」朱文小方印一，「㝵盦」白文方印一。《南宋石經考異》書面下鈐「竹垞鄉親」白文長方印一，「石經閣」朱文方印一。蓋其家藏初印本，故鈐印如此之多。印篆雅近丁龍泓、黄秋盦，亦浙派之錚錚者。書之精博，世固罕有其匹。即此纍纍印章，足見作者之雅趣，是尤可珍也已。光緒戊申立秋後一日記。

〔一〕「卷十」疑爲「卷十二」之訛。文敘各子目所題與總目不盡相同，以《國朝石經考異》等六種書爲序，同時亦以《石經補考》卷次爲序，前已述及卷十、卷十一，故此「卷十」當爲卷十二。

唐石經考正一卷　嘉慶五年自刻本

王朝榘《唐石經考正》一卷，嘉慶五年自刻本。此石經爲唐文宗開成二年所刻，在今西安府學。明趙崡《石墨鐫華》云：「舊在務本坊，韓建築新城棄之于野。朱梁時，劉鄩用尹玉羽請故，移唐尚書省之西隅。宋元祐中，汲郡吕公始遷今學。嘉靖乙卯地震，石經倒損，西安府學生員王堯惠等按舊文集其缺字别刻小石于碑旁，以便摹補。」據此，則此刻屢經損失，已非唐人之舊。朱彝尊《經義考》云：「《五經文字》有云：『十年夏六月，詔委國子儒官勘校經本，送尚書省。』于『十年』句上增『貞觀』二字。」宋陳思《書苑菁華》載張參序，無此二字，而後有「大曆十一年六月七日國子司業張參序」一十六字，可知碑洞石本非唐人之舊矣。顧炎武《金石文字記》云：「經中之謬戾，《舊唐書・文宗紀》云：『開成二年創立《石壁九經》，諸儒校正訛謬。上又令翰林勒字官唐玄度復校字體，又乖師法，故石經立後數十年，名儒皆不窺之，以爲蕪累甚矣。』《舊書》之評如此，余初讀而疑之，及得其本而詳校之，乃知經中之謬戾非一，而劉昫之言不誣也。」顧、朱一代大儒，顧皆詆其譌謬。此由據明嘉靖乙卯以後補刻本而云，然非唐石之舊也。作者是書創始于乾隆丙午，時在西安藩署，自序云：「暇日遊府學，摩挲碑洞石經，丁未春去陜北上，購石經全搨以行，歸里張于座右，遍讀而詳校之。」是其遊轍所經，見聞較確，非他人僅據紙本逞臆而談之比也。書中詳考經字異同正俗，字梳句櫛，勝于顧氏所校勘。後來如嚴可均《唐石經校文》、馮登府《唐石經辨誤》二家，號爲精密，究不能出此書之範圍。是固可傳之作矣。是書原附《十三經拾遺》刻行。余向有《拾遺》而獨無此，今幸獲而並藏之，是誠延津之劍矣。書此以誌幸快。光緒戊申日長至葉德輝題記。

鄭志三卷鄭記一卷 乾隆甲午古俊樓刻《北海經學七録》本

丁酉春正得此書于都門琉璃廠肆，值壹金。歸檢吴壽暘《拜經樓藏書題跋記》載有此書，因録其題記于右。此書爲孔叢伯廣林所輯，孫星衍《祠堂書目》亦著録。此外尚有鄭氏各種，近山東有重刻本。初刻余僅見此種，或他種未刻。故吴氏所見時亦僅此耶？仲春上丁日麗廔主人識。

説文解字三十卷 影寫宋本校孫氏平津館本

金壇段懋堂大令撰《汲古閣説文訂》，所據之宋刻本有二：一爲青浦王蘭泉侍郎昶所藏本，一爲吴縣周漪塘明經錫瓚所藏本。所據之影鈔宋本亦有二：一爲吾家中港派族祖石君公諱樹蓮原名萬，又名樹廉。所藏本，一爲明趙凡夫頤光所藏本。石君公本與王、周兩宋本同爲小字本。每葉二十行，小字雙行，每行二十四五六字不等。王本孫淵如觀察星衍影寫一部，載所撰《平津館鑒藏書籍記續編》，又仿寫刻入《平津館叢書》。王本後歸湖州陸存齋觀察心源皕宋樓，今爲其子并所藏書售之日本岩崎氏静嘉堂。其書雖與周氏宋本行字相同，實是兩刻，且書中誤字亦較周本不同。段《訂》引兩宋本同者則概之曰「兩宋本同」，異者則分别之曰「王氏宋本作某」、「周氏宋本作某」，是可知兩本不出一時刻矣。至趙鈔爲影寫宋大字本，多與汲古閣所據刻之本同，而與王、周兩宋本及石君公影鈔宋本則異。段《訂》謂即汲古閣所仿刻之本。是大字、小字在宋刻中固各據一本矣。汲古閣本爲宋以後是書刻本之始，自明季至國朝嘉慶間百有餘年，學者沿用，而不知其多所竄改，不可爲據。孫刻是書初屬嚴鐵橋孝廉可均校勘，多所改易，今世傳《説文校議》一書即其校刻時之作也。後顧澗蘋茂才廣圻力争不可，孫卒從顧不改，今世傳《説文辨疑》一書雖寥寥數條，即當時駁嚴氏《校議》之殘稿也。孫刻源出王本，而以孫刻相校，時有與段《訂》所引周氏宋本同者。影寫宋本後歸縣人袁漱六太守芳瑛卧雪廬，光緒戊子袁書散出，影寫宋本落縣人陳梅羹茂才名鼎。手中，索值頗貴。余借閲旬日，手校一過，知孫刻即據此本重雕。取二本互勘，其誤字同者，如部首「皕」誤「百」。段《訂》云：「王氏、周氏兩宋本皆作『百』，誤也。」玉部「球，玉磬也」，「磬」誤「聲」。艸部「蓩，从艸，敄聲」，「敄」誤「務」；「莙，牛藻也」，「牛」誤「井」；「蓍生千歲」，「千」誤「十」。口部「噳，《詩》曰：麀鹿噳噳」，「麀」誤「麈」。止部「疌从止从又」，「从又」誤「以又」。辵部「𨒅，前頓也」，「頓」誤「頡」。言部「詪，很戾也」，「很」誤「眼」；「讕，抵讕也」，「抵」誤「恅」。䰜部「鬻，炊聲沸也」，「炊」誤「吹」；「鬻，亨也」，「亨」誤「孚」。丮部「埶，《詩》曰：我埶黍稷」，「詩」誤「書」。又部「㕚，手足甲也。从又，象叉形」，

「叉」誤「又」。自部「臱，宀宀不見也」，「宀宀」誤「宮」。羽部「翰，文翰若翬雉」，「文」誤「大」；「翦，一曰矢羽」，「矢」誤「夭」；「翭，一曰初生羽」，「生」誤「三」。烏部「焉，朋者羽蟲之長」，「長」誤「屬」。段《訂》云：「周氏宋『長』作『屬』，誤。」舜部「䑞，从舜，𡈼聲」，「𡈼」誤「生」。段《訂》云：「按，葉本篆體說解皆不誤，周氏宋本篆體不誤，惟『𡈼聲』譌作『生聲』。」木部「枱，耒耑也」，「耒」誤「黍」；「杓，枓柄也。从木从勺」，「从木」上誤衍「从」。邑部「岜，从邑，蔽省聲」，「蔽」誤「敲」。禾部「穧」重文「秶」：「穧或从次」，「穧」誤「齋」。宀部「宊，从宀，久聲」，「久」誤「人」。人部「份，文質備也」，「備」誤「借」；「任，保也」，「保」誤「符」。匕部「𠤕，『矣』，古文『矢』字」，「矣」誤「矢」。衣部「褻，巴郡有褻江縣」，「江」誤「虹」。𠑹部「兜，皃象人頭也」，「皃」誤「見」。見部「覢，从見，炎聲」，誤「从炎，見聲」。欠部「歍，心有所惡若吐也」，「吐」誤「吋」；宋本誤叶。「𣤶，从欠，鰥聲」，「鰥」誤「穌」；「𣤻，从欠，毄聲」，「毄」誤「繫」。頁部「顱，頊顱，首骨也」，「頊」誤「項」。豕部「豣，肩相及者」，「及」誤「反」。鼠部「鼲皮可作裘」，「裘」誤「裏」。黑部「黶，中黑也」，「中」誤「申」；「䵍，䵍姍下色」，「色」誤「哂」。心部「恬，从心，甜省聲」，「甜」誤「宗」；「惄，从心，叔聲」，「从」誤「以」。水部「淯，入沔」，「沔」誤「海」；「沋，从水，尤聲」，「尤」誤「光」；「泭，編木以渡也」，「木」誤「水」；「瀑，一曰瀑霣也」，「霣」誤「資」；「溓，薄冰也」，「冰」誤「水」；「漀，側出泉也」，「側」誤「例」；「萍，从水苹，苹亦聲」，「水苹」誤「水草」。手部「𢹂，挈闟牡也」，「闟」誤「門」，「牡」誤「壯」。女部「娋，小小侵也」，「也」誤「他」。亡部「望，从亡，朢省聲」，「朢」誤「望」。匚部「匴，从匚，算聲」，「算」誤「箕」。瓦部

「瓴，瓮似瓶也」，「瓮」誤「兑」； 「瓴，治橐榦也」，「治」誤「治」。 系部「緊，一曰徽幟，信也」，「幟」誤「慽」。絲部「𢇍，以絲貫杼也」，「以」誤「从」。 虫部「螷，陛也」，「陛」誤「階」； 「蠵，以胃鳴者」，「以」誤「从」。土部「堀，从土，屈省聲」，「屈」誤「屈」。 垚部「堯，从垚，在兀上」，「上」誤「土」。 斤部「新，从斤，亲〔二〕聲」，「亲」誤「新」。 斗部「斝，从吅从斗，冂象形」，「冂」誤「曰」。 以上孫刻悉仍宋本之誤，未改正者。 即孫自序所云：「即有譌字，不敢妄改，庶存闕疑之義者也。」而亦有宋本之誤爲孫刻改正者，如谷部「㕣，古文㕣，讀若三年道服之導」，「道服」爲「導服」之誤，孫改「導服」。 又部「叡，又卑也」，「叡」爲「勮」之誤，「叡」改「叡」。 [illegible]部「首，从夕」，「夕」爲「屮」之誤，孫改「屮」。 老部「耇，行才相遠」，「遠」爲「逮」之誤，孫改「逮」。段《訂》云：「宋本、葉本作『遠』，譌字也。一宋本作『逮』。」石部「磽，磬石也」，「磬〔二〕」爲「磬」之誤，孫改「磬」；段《訂》云：「宋本、葉本皆作『磬』，誤字也。周氏、宋本不誤。」「磬，樂石也。从石、殸，象縣虞之形」，「虞」爲「虡」之「誤」，孫改「虍」。「虍」亦誤，孫刻「虍」下空半字，似改「兴」未完。 犬部「猲，南楚謂相駕曰猲」，「駕」爲「驚」之誤，孫改「驚」； 段《訂》云：「宋本、葉本『驚』作『駕』，不成字。」「狐小前犬後」，「犬」爲「大」之誤，孫改「大」。 毛本作「大」，段《訂》云：「宋本、葉本『大』作『犬』。」鼠部「鼮，鼨令鼠」，「鼨」爲「鼮」之誤，孫改「鼮」。 段《訂》云：「宋本、葉本『鼮』誤『鼨』，一宋本『令』誤『兮』。」心部「怛，矯也」，「矯」爲「驕」之誤，孫改「驕」。 水部「潞，上黨有路縣」，「路」爲「潞」之誤，孫改「潞」； 「澺，水出上蔡黑閭間」，「間」爲「澗」之誤，孫改「澗」； 「瀳水津也」，「水」爲「小」之誤，孫改「小」。 又有不從宋本別據他本校改者，又部「𠬝，神也」，「神」孫改「引」。 段《訂》云：

「『神』是『伸』之誤。」髟部「⿱髟寺，髻也」，「髻」孫改「結」。段《訂》云：「宋本『結』作『髻』，非也。漪塘所藏宋本此字缺。」手部「抌，讀若言，不正曰抌」，孫改「告言不正曰抌」。段《訂》云：「宋本無『告』字。」女部「媛，从女从爰，爰於也」，「於」孫改「引」。段《訂》云：「宋本、葉本作『爰於』也。」糸部「絓，繭滓絓頭也，一曰以囊絮練也」，「曰」孫改「口」。「一口」不誤，《原本玉篇》糸部正作「一口」。以上「曼」、「⿱髟寺」、「抌」、「媛」係从毛晉汲古閣本改，而「曼」、「抌」、「媛」三字毛本又係从《繫傳》本改。「絓」下「一口」孫刻時原本《玉篇》未出，恐是偶爾相合，然於自序所云不敢妄改之言，亦甚矛盾。又有宋本不誤而孫刻誤者：言部「詍，詍泄多言也」，「泄」誤「詍」。按「詍」下「詍多言也」，孫據此改，不知「詍」、「泄」通用，不必改。木部「楯，闌檻也」，「檻」誤「楯」。禾部「秠，一稃二米」，「一」誤「二」。米部「粱，从米，梁省聲[三]」，「粱」誤「粱」。网部「罵，从网从馬」，「馬」誤「馬」。人部「佚，一曰佚忽也」，「忽」誤「怱」；「僔，《詩》曰：僔沓背憎」，「憎」誤「僧」。石部「硋，陊也」，「陊」誤「陖」；「磬，樂石也。从石殸，象縣虡之形」，「虡」誤「虍」。豸部「貜，獎貜也」，「獎」誤「獒」。犬部「獿，母猴也」，「猴」誤「侯」。夲部「圉，从夲从口」，「口」誤「曰」；「睪，司視也。从横目从夲，令吏將目捕罪人也」，「司視」誤「目視」。按，「司視」猶「伺視」，如豸部首下「豸，豸然欲有所司殺」，「司殺」亦伺殺也。吏捕罪人，宜伏伺，故云伺視。魚部「鮦，从魚同聲」，「同」誤「冋」。手部「⿰扌冄，从手冄聲」，「冄」誤「井」。女部「姅，見姅變不得侍祠」，「不」誤「又」。戈部「戛，从戈从百」，「百」誤「首」；「⿰牜戈，殺也」，「殺」誤「投」。糸部「綮，緻繒也」，「緻」誤「⿰扌致」。素部「⿰素勺，白⿰素勺縞也」，「白⿰素勺」誤「白約」。金部「鍭，翦羽謂之鍭」，「鍭」誤「鏃」。車部「⿴行車，从車从行，一曰衍，省聲」，缺「一」字。此類字多係當時刻工之誤，孫刻未曾校出也。據段氏《汲古閣説文訂》所稱，周氏宋本有與此本不同者：示部「𥜿，讀若春麥爲𥜿之𥜿」，「春」作「春」，段《訂》云：「宋本、葉本、趙本『春』皆作『春』，周氏宋本作『春』。」言部「譙，讀若噍」，「噍」作「嚼」。段《訂》云：「王氏宋本、葉本『嚼』作『噍』。」黑部「䵘，讀若飴登字」，「登」作「豋」。段《訂》云：「他宋本作『登』，誤也。」大部「奯，讀若施罟濊濊」，「濊濊」作「泧泧」段《訂》云：「周氏宋本、葉本皆作『泧泧』，王氏宋本作『濊濊』。」今按，此本實作「濊濊」，不作「濊濊」。心部「怚，矯也」，「矯」作「憍」，段《訂》云：「怚，憍也。宋本、葉本如此，周氏宋本作『驕』。」水部「濥，水脈行地中湧濥也」，「湧濥」作「濥濥」。段《訂》云：「王氏宋本、葉本作『湧濥』，周氏宋本作『濥濥』。」戈部「或，从戈又从一」作「从戈以守一」。段《訂》云：「宋本、葉本如此，周氏宋本、趙本俱作『从戈以守一』，毛本同。」以上諸字除「春」、「春」本爲形誤，「豋」、「登」係屬筆訛，餘各義有可通，不必執一以相校改也。影寫宋本聞歸德化李巡撫明墀，其子盛鐸官編修，惜無從再借一校。岩崎所藏，余屢勸日人慫恿其以新法影本印行，迄未之應。此種孤本流入海東，再若令其失傳，則諸家刻本之傳訛，更無有與之糾正者。其瀆亂許書，貽誤來學，豈非文字之大厄哉？

岩崎靜嘉堂所藏青浦王氏藏本，近已借印入《續古佚叢書》，取校孫刻與舊校影寫宋本，一一相符。從此家有一宋本《説文》，豈非治小學者一大快事！錢遵王述古堂所藏鈔本《繫傳》，近亦同時印出，祁刻、孫刻兩祖本，人人得而校之。余所校本已成過眼雲煙矣。

〔一〕「亲」底本作「親」，據《説文解字》改。

〔二〕上文言「磬石也」，疑「磐」爲「磬」之誤。

〔三〕「粱，从米，梁省聲」，底本「粱」訛作「梁」，且奪「米」字，據《説文解字》訂補。

又一部 光緒壬午山東丁氏刻本

光緒壬午，山東丁氏重刻孫氏平津館本《説文解字》，詭稱得汲古閣舊藏宋本。吳縣潘文勤祖蔭作序，極稱譽之。余取孫本一再互勘，乃知其即據此本重雕，非真宋本也。凡宋本誤字及孫刻再誤，多半改正。有改之是者，有改之非者。是者如艸部「蕿，从艸，務聲」，「務」改「敄」；「莙，井藻也」，「井」改「牛」；「蓍生十歲」，「十」改「千」。口部「嗼，《詩》曰塵鹿嗼嗼」，「塵」改「麀」。辵部「趀，前頡也」，「頡」改「頓」。言部「謫，謫詍多言也」，「詍」改「泄」；宋本作「泄」。「詪，眼戾也」，「眼」改「很」；「讕，怟讕也」，「怟」改「抵」。䰜部「鬻，孚也」，「孚」改「亨」。又部「叉，手足甲也。从又，象叉形」，「叉形」改「叉形」。自部「𦤎，宫不見也」，「宫」改「宀宀」。羽部「翓，一曰矢羽」，「矢」改「矢」；「翭，一曰羽初三皃」，「三」改「生」。木部「枱，黍耑也」，「黍」改「耒」；「杓，枓柄也。从从木从勺」，二「从」字衍一，改空白；「楯，闌楯也」，「楯」改「檻」。宋本作「檻」。邑部「郒，从邑，敲省聲」，「敲」改「蔽」。禾部「齋」重文「粢」：「齋，或从次」，「齋」改「齋」；「秠，一稃二米」，「二」改「一」。网部「罵，从网从馬，馬亦聲」，「馬」改「馬」。宋本作「馬」。宀部「宂，从宀人聲」，「人」改「久」。人部「份，文質僣也」，「僣」改「備」；「任，符也」，「符」改「保」；按，「保」當作「倸」，與「符」形誤。「佚，一曰佚忽也」，「忽」改「忽」；宋本作「忽」。「僔，《詩》曰：僔沓背僧」，「僧」改「憎」。宋本作「僧」。衣部「褻，巴郡有褻虹縣」，「虹」改「江」。見部「覢，从炎，見聲」，改「从見，炎聲」。兂部「兜，見象人頭也」，「見」改「皃」。欠部「心有所惡若吋也」，「吋」改「吐」。宋本誤「叶」。頁部「顱，項顱首骨也」，「項」改「頊」。石部「磙，陵也」，「陵」改「陊」；宋本作「陊」。「磬，从石殸，象縣虍之形」，「虍」改「虡」。宋本誤「虞」。豕部「豣，三歲豕肩相反者」，「反」改「及」。豸部「貜，㺟貜也」，「㺟」改「㹤」宋本作「㹤」。犬部「玃，母侯」，「侯」改「猴」。宋本作「猴」。鼠部「鼲，皮可作裏」，「裏」改「裘」。黑部「黶，申黑也」，「申」改「中」；「䵘，䵘姗下哂」；「哂」改「色」。夲部「圉，从夲从曰」，「曰」改「口」；宋本作「口」。「睪，目視也」，「目」改「司」。宋本作「司」。心部「恬，从心，宗省聲」，「宗」改「甜」。水部「洧，入海」，「海」改「沔」；宋本作「沔」。「洸，从水光聲」，「光」改「尤」；「泭，編水以渡也」，「水」改「木」；「瀑，一曰瀑資也」，「資」改「霣」。魚部「鮦，从魚同聲」，「同」改「同」。宋本作「同」。手部「拼，从手，井聲」，「井」改「冄」；宋本作「丹」。「抉，从手，夭聲」；「夭」改「夬」；宋本作「夬」。「摬，掣門壯也」，「門」改「闔」，「壯」改「牡」。女部「姅，又得侍祠」，「又」改「不」。宋本作「不」。弋部「戛，从戈从首」，「首」改「百」；宋本作「百」。「戕」，投也，「投」改「殺」。宋本作「殺」。亡部「望，从亡，望省聲」，「望省聲」改「朢省聲」。匚部「匴，从匚，算聲」，「算」改「算」。瓦部「瓴，治槖榦也」，「治」改「冶」；「瓴，兑似瓶也」，「兑」改「瓮」。糸部「綮，撽繒也」，「撽」改「緻」。宋本作「緻」。素部「䊼，白約縞也」，「約」改「䊼」。宋本作「䊼」。絲部「𢇛，从絲貫杼也」，「从」改「以」。虫部「虘，階也」，「階」改「陛」。垚部「堯，从垚，在兀土」，「土」改「上」。金部「鍭，翦羽謂之鏃」，「鏃」改「鍭」。宋本作「鍭」。斗部「斝，从口从斗，曰象形」，「曰」改「冂」。車部「衛，从車从行，一曰衍省聲」，「曰」上缺「一」字，改補。宋本有「一」字。此改之是者。非者如中部「首，而也」，「而」改「和」。口部「嗔，野人言之」，「言之」改

「之言」。言部「諈，諉纍也」，「纍」改「累」。纍，正文；累，省文。宋本作「纍」。辛部「𥫩，籀文童，中與『竊』中同。从廿。廿，以爲古文疾字」，「竊」改「竊」丁以「竊」中不加「廿」則字義不明，不知正文是篆體，《説解》是隸體，「竊」爲「竊」之隸省，宋本正作「竊」。攴部「敿，擊連也」，「擊」改「繫」。宋本作「擊」。目部「看，目睎之」，「之」改「也」。日部：「晞，乾也。」「昝，乾肉也。日以晞之。」乾、看聲同，晞、睎亦聲同。睎之，猶晞之，例本同。宋本作「睎之」。禾部「秳，百二十斤也。稻一秳爲粟二十升，禾黍一秳爲粟十六升，大半升」，「升」改「斗」。升，隸體斗也。並非「升」之誤。宋本作升。説解用隸體也。人部「俶，市也」，「市」改「市」。段《注》云：「即今之兑换字。」故解作「市」，非也。宋本作「市」。孫亦作「市」。此取周市之義，非「市」也。衣部「裼，袒也」，「袒」改「但」。人部「但，裼也」，本「袒」之正字。《説解》隸作「袒」。宋本、孫刻皆作「袒」。欠部「歖，飢虛也」，「飢」改「饑」。宋本作「飢」。豕部「豰，上谷名豬豭」，「豭」改「豰」。宋本作「豭」。馬部「駜，馬飽也」，「飽」改「肥」。《詩·魯頌·有駜》毛《傳》：「馬肥彊貌。」鄭《箋》：「此言僖公用人必先致其禄食。禄食而臣莫不盡其忠。」是鄭《箋》取飽義，與《傳》異。宋本作「飽」。火部「炫也燿燿」，上「燿」改「爓」。此從毛本，毛从《繫傳》。按此當於「炫燿」斷句，「燿也」又爲一句。本書篆體連説解爲句者正多。宋本作「燿」。夰部「奔，从夲，卉聲」，「夰」改「夲」。奣、暴、奏、臯等字並改「夲」。宋本皆作「夰」。水部「澐，江水大波謂之薄」，「薄」改「澐」，本部「溥，大也」。薄本溥聲，薄、溥通用，故江水大波謂之薄。薄、溥義亦相近。宋本作「薄」。「澱，滓滋也」，「滋」改「浧」。門部「閒，隟也」，「隟」改「隙」。宋本作「隟」。女部「孅，兑細也」，「兑」改「鋭」；兑鋭通用。宋本作「兑」。「嬾，一曰臥也」，「臥」改「嬖」。此本臥部「嬖，楚謂小兒嬾嬖」，改

「臥」不知臥、鬢通用。宋本作「臥」。系部「絓，一口以囊絮練也」，「口」改「曰」，宋本作「曰」。孫改「口」。按《原本玉篇》系部亦作「一口」。「緁，讀若撻」，「撻」改「捷」。宋本作「撻」。金部「鈋，鈋圜也」，「鈋圜」改「吪圜」。段《注》作「吪圜」，「謂本不圜變化而圜也」。丁本此改「吪」。宋本作「鈋」。𨸏部「阬，門也」，「門」改「閬」。「阬」即《詩》「高門有伉」之「伉」本字，故訓「門」。宋本作「門」。此改之非者。又有孫沿宋本之誤，而此本未改者，如玉部「球，玉聲也」，「聲」爲「磬」之誤。䰜部「鬻，吹聲沸也」，「吹」爲「炊」之誤。丮部「埶，从坴，丮持亟種之。《書》曰：我埶黍稷」，「書」爲「詩」之誤。羽部「翭，一曰夭羽」，「夭」爲「矢」之誤。匕部「𠤕，未定也。从匕矣聲。矢古文矢字」，上「矢」爲「矣」之誤。欠部「歜，从欠稣聲」，「稣」爲「鯀」之誤。心部「惄，以心叔聲」，「以」爲「从」之誤。水部「溓，薄水也」，「水」爲「冰」之誤；「滎，例出泉也」，「例」爲「側」之誤；「萍，从水草，苹亦聲」，「草」爲「苹」之誤。系部「縏，一曰徽𢢈，信也」，「𢢈」爲「幟」之誤。虫部「蠵，从冑鳴者」，「从」爲「以」之誤。土部「堀，从土屈省聲」，「屈」爲「屆」之誤。斤部「新，从斤，新聲」，「新」爲「亲」之誤。又有孫本不誤而此本誤者，如艸部「薺，蒺棃」，「棃」誤「黎」。𦥑部「首，竦手也，从屮从又」，「屮」誤「夂」。革部「靶，轡革也」，「轡」誤「轡」。角部「觬，西河有觬氏縣」，「觬氏」誤「䚓氏」。甘部「甚，从甘从匹」，「从甘」誤「廿甘」。竹部「篿，竹末去節」，「末」誤「去」。女部「𡝐，桃之𡝐𡝐」，「桃」誤「挑」。又宋本不誤而此沿孫本之誤者，如米部「粱，从米，梁省聲」，「粱」誤「粱」。欠部「歛，監持意，口閉也」，「監」孫誤「堅」，此誤「監」。焱部「燊，一曰役也」，「役」誤「伇」。以上皆足爲丁翻孫刻之明證。又有因字之偏傍增省、字畫缺誤而可證者，如艸部「蔭，艸陰地」，孫沿宋本作「地」不誤也，而此削去「地」旁之「土」，改爲「也」字，偏右。止部「疌，疾也。从止从又。又，手也」孫沿宋本作「以又」，誤也，而此削去「以」中之「丶」，改爲「以」字，空上。女部「娋，小小侵也」，孫沿宋本作「他」，誤也，而此削去「他」旁之「人」，改爲「也」字，偏右。欠部「㱁，从欠，毄聲」，孫沿宋本之誤，作「繫聲」，而此削去「繫」下之「系」，改爲「毄」字，空下。水部「潞，上黨有潞縣」，宋本「潞縣」誤「路縣」，孫就「路」旁加「氵」，故「潞」字偏左而略大，而此本亦同；「澮，水出上蔡黑閭澗」，宋本「澗」誤「間」，孫就「間」旁加「氵」，故「澗」字偏左而略大，而此本仍作「間」，去「氵」。𨸏部「限，阻也。一曰門榍」，宋本作「一曰」，不誤，孫誤作「冂」，此本又就「冂」加「一」作「口」。凡如此類，以兩本互勘，益見丁翻孫刻無可遁飾，而乃詭託宋本以欺人。潘文勤亦竟不察，信以爲實，何也？丁刻印本世頗罕見，因恐讀者誤爲真出宋本，故以孫本相校，一一指明作僞之處，世不乏明眼人，當不至爲所迷惑也。

說文解字注三十二卷 段氏經韻樓家刻本

《說文解字注》三十二卷，金壇段玉裁撰，其三十一、二兩卷即段所撰《六書音韻表》也。爲吾家白沙支祖調笙公手校，吳中曹稼生以贈道州何蝯叟者。前序下有「洞庭葉氏藏書之印」八字朱文篆書長方印；篇目下有「葉廷琯印」四字白文篆書方印，「第九洞天中中人」七字朱文篆書方印；一篇上有「何紹基子貞父」六字朱文篆書小長方印。前有題字云「此書向有三部，一貽陽湖惲子居；一贈雲紅閣主人，主人身後爲某舍人盜去；此本最善，因有校勘也。今後以此部貽道州何子貞。余交魏默深，因知子貞，嘗恨不得一見。今先以此書爲介，未識子貞亦知東吴有曹稼生其人否？周子堅歸京師，索此書轉贈子貞，因識數語于此。」凡一百六字。道州名滿天下，故爲人傾倒如此。而吾家調笙公以吴中耆宿，粵寇亂後爲金閶魯靈光，當時與朱楡有「二苕」之稱。朱字苕生，公字調笙，一作苕生。吴人又分别之爲「紅條」、「緑條」，以兩人又作「條生」。公行六，六、緑同音；朱者紅也，故曰「紅條」、「緑條」。公少年見賞于仁和陳雲伯大令文述，以女妻之，大令以賦團扇詩爲阮文達公元激賞，即以團扇賜之，大令後以爲嫁奩中物。余丁巳寓蘇城時，見裝成巨册，嘉、道以來名流題詠極多。聞之公孫敬之言，當時公與一張姓同居，公身後書籍字畫大半爲所盜竊，今藏此册者即張某之孫也。公所著《鷗陂漁話》、《吹網録》書版亦盜出，售于某書坊，今蘇城每隔三五年必有一批新印者流播坊間，故知其版猶在，特不知藏匿何所耳。公以一身繫吴中文獻三四十年，所撰《懷舊》、《傷逝》兩集，論者比之漁洋《感舊》、蘭泉《詩傳》。同縣潘文勤祖蔭爲之梓行，並刻公《楙花盦詩集》入《滂喜齋叢書》。公則勸族人分刻宋少保石林公諸遺書，校刊精善。庚申亂後，由滬歸吴，猶閉户勘書，孜孜不倦。余己未寓蘇城時，見書估某有公手校《避暑録話》一部，密行細字，朱墨爛然，交臂失之，但恍惚記爲刻《石林遺書》中底本。公與吴江汾湖派祖潔甫公乃溱同以表彰先澤爲己任。潔甫公訪得先祖姑小鸞仙媛墓，偕吴江縣知縣王壽邁重修，又手鈔天寥公紹袁《甲行日注》、《年譜》等原本傳世，卒賴刊行，今浙江劉氏嘉業堂所刻者是也。然劉刻于本朝，觸忌諱者仍未全刻。底本余爲傳校，已繕正，未付刻。潔甫公與公爲族兄弟行，咸豐間同避亂于滬瀆，于同治初元物故。老成凋謝，吾族文物亦漸衰歇矣。展讀此書一過，能無感慨係之乎？從子定侯覓得之，其世世子孫永保勿替。丙寅除夕郋園。

説文解字義證五十卷 咸豐二年靈石楊氏連筠簃刻本

有近人所刻書以印本流傳極少而藏書不得一遇者，如此桂氏《説文義證》即其一也。當乾嘉時，海内通《説文》之學者，以江浙爲最盛，然能集其大成者，南北衹有三家。南則金壇段玉裁之《説文解字注》，北則王筠之《説文解字句讀》及《釋例》，與桂氏《義證》。此三書者，段、王最風行，桂書至同治九年湖北官書局鏤版，南方治小學者始得家置一部，于是段、王、桂如鼎足三分，蔚然成三大國矣。湖北局本前有學政張文襄之洞敍云：「其書嘗爲靈石楊氏連筠原誤「雲」。簃校刻，刻後未大印行，其家書版皆入質庫，故世鮮傳本。之洞奉使來湖北，始從布政使香山何君許得見之。會江南、湖北各行省奉詔開局雕印經典，時武昌書局已刻經史數種，議刻段氏《説文解字注》，之洞語何君曰：『段本固善，然聞元版未燬，其完書收入《學海堂經解》中，是不必緟複也。宜刻莫如桂氏書。』何君謂然，乃以此本付書局翻刻。元刻闕第四十卷第四十三紙，領書局永康胡君求得日照丁秀才艮善所藏寫本，有此一葉，乃補入之，爲完書。丁秀才後記有云『此就未校稿本言之，故不爲無弊』云云。是此書校刻時爲許、薛、汪、田諸君應時改定多矣。顧其附説末兩條自述作書本末，命名之恉，是首尾固已完具。即中間微引偶有踳譌，或待補正，固非未成之書也。」余案，文襄當日覓原刻如此之難，則楊氏印本之不多已可概見。光緒丙申，余重入都中，見廠甸翰文齋插架有其書，索價貳伯金。鼎革後甲寅春再至都門，見其書猶在，落價貳伯圓。余問主人韓姓云：「此書插架二十餘年，既無買者，亦不減價，此何理也？」主人云：「此書元刻本，極難得，余父子業兩世，書行廠肆僅有此一部，在余可賣不可賣，實無心居奇，不過不得高價，寧留以壯觀瞻耳。」余嘗私計吾鄉道州何子貞太史素與楊氏往來，其家必有此書，惜不得一見。去冬何氏藏書散出，從子康侯、定侯兄弟習聞余語，因時時物色，不意新年竟于書友某手得之，狂喜告余。亟取湖北局本相校。湖北局本前有同治庚午九年。日照丁艮善補目附説，蓋因元刻本所無，補之以便繙檢，實則不補亦無關輕重也。此書版心下有「連筠簃叢書靈石楊氏刊」十字，兩行分列，蓋當時本欲編入叢書而未定者。書首題名外云：「道光卅年二月启工，咸豐二年五月訖工。日照後學許瀚校字。」此即湖北官局本丁艮善所云「道光、咸豐間，印林師爲靈石楊氏在清江浦校刊，分校者薛君壽、汪君士鐸、田君普實，未畢而止，後印林師獨任，校讎數年乃成」者也。印林，許瀚字，故刻成後僅記「許瀚校字」一行，從其實也。楊氏既刻《連筠簃叢書》，此外尚刻有《永樂大典目録》、宋李誡《營造法式〔一〕》，余皆有之。後《營造法式〔二〕》不知何時失去，今僅存《大典目録》矣。此書元刻初印，視《大典目録》尤難得，安得不重爲鎮庫之寶笈乎！丁卯人日郋園老人記。

〔一〕〔二〕「法式」底本倒文作「式法」，今正。

説文新附考六卷續考一卷　緑格鈔原稿本

《説文新附考》六卷《續考》一卷，每半葉十二行，行二十字。此係匪石先生刻時底本，行字與今所刊本同。今本版片存蘇州官書局，中有同治中修補之版。自學堂興而經費絀，江浙官書局皆裁撤，版亦束之高閣。天下言舊學者求一新印書不可，而況原版初印者。余舊藏初印本一部，已可寶貴，今又得此原稿本，雖視刻本無異同，存之亦飲水知源之義耳。此本舊爲姚氏咫進齋藏，後爲萍鄉文道羲學士所得，未廿年散出而歸于余，他日又屬之何人？真可謂過眼雲煙也已。光緒三十有四年重九後四日，後學葉德輝識。

乾嘉時吳門有兩布商，一以文學著稱，一以藏書得名，其人即鈕匪石樹玉、汪閬源士鍾也。鈕精于小學，所著《説文校録》、《説文段注訂》及此《説文新附考》有功許書，久爲士林推重。汪則好收宋元本書，擇其尤者翻雕行世，如宋景德本《儀禮單疏》、元泰定本《孝經注疏》、晁公武衢州本《郡齋讀書志》、《雞峯普濟方》，皆世間不傳之孤本，賴其重刻，天下後世始得傳其書。此皆貨殖傳中異人，不得以販繒抱布之流而等夷之也。此書爲原稿本，前有「吳興姚伯子覲元鑑藏圖籍之印」十三字朱文篆書方印，中有紙色新者二卷，似是姚氏鈔配者，知名人手稿，人人皆知珍襲矣。

説文注鈔跋二册 桂馥手書稿本

桂未谷先生手鈔《説文段氏注》真蹟，計上册九十二紙，下册六十紙。注下按語訂正段誤甚多，與所作《義證》之例不同，審其字蹟，知爲《義證》未成以前鈔録備檢之册。段書刻成於嘉慶癸酉，其時北省得之不易，故先生鈔此以待參稽，足見前人好學之勤，亦吾輩所不及也。余昔於山東泰安書鋪見先生手札三十餘紙，字蹟與此同。當時旅食不資，未得購取。近年京師、江浙、湖南珍先生書如璧拱，一聯一幅，價值數十金或百金，乃嘆家有奇珍，不知寶貴。因命書友依原册綫裝，與阮文達補三家詩稿共藏一龕，俾名儒翰墨因緣一堂相聚,《説文統系圖》之作恐無此快心也。光緒己亥夏五既望麗廔主人葉德〔一〕輝記。

乾、嘉諸儒僅求金石之學,平日摩挲碑版文字,故下筆多得碑體遺意。以余所見著述家遺翰,若孫伯淵、洪稚存、阮芸臺、伊墨卿、陳曼生諸先生皆同一風氣,同一機杼。此册爲桂氏未谷手鈔之書,亦正與之相類。多見乾嘉墨蹟者,方知余言有據也。是書原有三册,得之都門廠肆,因往他肆觀望,爲宗室伯兮祭酒持其一册以去,坐索不與。先是余得元刻陸森《玉靈聚義》,已議值矣,爲祭酒强得。又得宋贛州張之綱校刻《文選》七本,祭酒持去二本,余又以全册讓之。祭酒嗜古有癖,而不近人情。既得《文選》,以爲此二册可以挾持,余惡其奪取無理,因攜此二册而歸。今祭酒已歸道山,聞庚子之亂家藏諸物半罹刼灰。□□□□□□歟!書此爲吾子孫誡。

〔一〕「德」,原作「得」字。

釋名八卷　明嘉靖三年呂柟重刊宋陳道人本

《釋名》八卷,明嘉靖三年呂柟重刻宋陳道人本。半葉十行,行二十字。以宋陳道人所刻他書證之,此本版式行字較大,蓋重刻而非仿刻者。劉熙自序後有識語四行云:「右《釋名》八卷,《館閣書目》云:『漢徵士北海劉熙字成國撰,推揆事原,釋名號,致意精微。』《崇文書目》云:『熙即物名以釋義,凡二十七目。』臨安府陳道人書籍鋪刊行。」孫星衍《平津館鑒藏書籍記》宋版書内有此書,識語同,亦半葉十行行二十字,是此本源出宋版,確有可徵。前有嘉靖甲申儲良材序,序稱「託呂太史仲木校正,付絳守程鴻刊布」。卷末吕枏後序，後有八行云：「《釋名》今無刊本，兹所校者又專本無副，正過亦八十餘字，皆以意揆諸義者。故義若可告即爲定改，求而不得仍存其舊。序中『可謂』二字，《釋國》篇『譚首』之『譚』一字，《釋姿容》篇『邊自』二字，《釋言》篇『説日』二字，『操功』之『功』一字，曾疑爲『切』字，『曜喬』之『曜』一字，《釋疾》篇『匡一』二字，凡十一字，皆闕未改。俟有他本及知《釋名》者。枏又識。」據此，知吕氏校刊此書極其矜慎。故雖版片行字改大，而行數字與宋本同，在明時人刻書如此有根柢者，固不多見也。近來畢沅經訓堂刻江聲《疏證》本，改作篆文，未免近于好事。不知此書之外，如《方言》、《廣雅》之字皆不與《説文解字》訓詁相同，固徒拘守其篆書，殊爲鑿枘，是亦適形其不通而已矣。

玉篇三十卷 日本慶長九年重刻元至正本

此日本慶長九年重刻元至正本《大廣益會玉篇》也。慶長九年，當明神宗萬曆三十二年。字畫圓勁，與元刻無異。每葉二十四行，每行小字約二十八字。前有《玉篇廣韻指南》一卷。末有長方大木印云「至正丙午良月南山書院新刊」二行十二字。卷末有長慶九年鐵小叟跋。余檢森立之《經籍訪古志》，載有元至正丙午刻《廣韻》五卷，行款字數與此正同，後木記云「至正丙午菊節南山書院刊行」。蓋與此書先後合刻者也。《欽定天禄琳琅》有元版一部，《續編》有元版二部，不詳行式，不知爲何刻。此外藏書家，宋元舊刻最鮮。吴壽暘《拜經樓藏書記》有元刻本，云：「每葉二十四行，行二十一字，前有『朱氏與耕書堂』長墨印。」今歸陸心源皕宋樓，陸目云吴兔牀舊藏者是也。陸又云：「此明永樂初刊本，相傳以爲元刻者，誤也。每葉二十四行，每行小字二十八字。」核與此本行字相同，蓋實從元至正本重雕，故足以混元刻也。楊紹和《楹書隅録》有元刻本：「每半葉十二行，行大字二十一字，小字二十七八字不等。卷末記云『龍集乙卯菊節圓沙書院新刊』，乃元仁宗延祐刻也。」楊又云：「許文愘亦藏此本。」袁芳瑛跋云：「世所行《玉篇》有三，一明内府本，一澤存堂張氏本，一揚州詩局曹氏本。然如張刻野王序『升崧岱而告平』，『岱』此作『岳』。進書啓『燿必無傳』，『燿』此作『懼』。示部『祕，蜜也』，『蜜』此作『密』。玉部『璟，絶緣切』下張刻脱『貝名』二字。曹刻㫃部『㫃，又於蹇，舞皃』，『於』此作『㫃』；『旑，於我切，又於蟻切，旌旗旑旎皃』，此作『於我、於蟻二切，旑旎，旗皃』；『旛，於檢切』下曹刻脱『旗皃』二字。勿部『㣺，吕至切』下曹刻脱『銛也，快也』四字。如此之類，逐卷逐葉皆是，則不獨古於諸本，抑亦善乎諸本矣。」以上袁語。今取此本考之，一一與袁跋相同，行字亦復無異，則此南山書院本與圓沙書院本同出一源。且「匡」字、「貞」字缺筆亦如圓沙本之舊，則此二本又必同出于宋槧無疑矣。元人刻書，如西湖、雪窗等書院，皆精舍之通稱，非講學之書院也。此書圓沙、南山皆其例。余家舊藏有明永樂本，又益藩本、張刻本、曹刻本，黎庶昌重刻宋本，所見有明弘治詹氏進德堂本、元至正翠巖精舍本。若合而校，列其異文，亦此書之善本也。書此俟諸異日。丁酉中和，葉德輝誌于宣武城南半截胡同瀏陽館寓。

埤雅二十卷　明仿宋黑口本

《埤雅》明本甚多，而以此本爲最善。孫星衍《平津館鑒藏書籍記續編》明版類所稱黑口版，每葉二十行，行二十字，「每卷後皆有音釋，别本《釋天》後有『後缺』二字，此本無之」者，即此本也。《四庫全書總目》經部小學類著録爲「浙江巡撫採進本」，云：「刊本《釋天》之末注『後闕』二字，然則併此書亦有脱佚，非完本矣。」是館臣未見此刻本，故亦不知有音釋。近人丁丙《善本書室藏書志》載有《重刊埤雅》二十卷，明刊黑口本；朱學勤《結一廬書目》載有《埤雅》二十卷，明初細字本；瞿鏞《鐵琴銅劍樓藏書目録》載有《埤雅》二十卷，明刊本，均未詳記行字。惟繆太夫子荃孫《藝風堂藏書記》有明仿宋本，云「每半葉十行，行二十字」，與此行字合，殆即一本。今其身後書已散盡，存者惟吾家此部耳。此本故友黄再同編修所藏，前序下有「黄國瑾印」四字白文篆書方印，又有「再同」二字朱文篆書方印；卷一闌邊外有「黄氏國瑾」四字白文篆書小方印，「祖艾」二字朱文篆書小方印；卷第一下有「惟黄氏子孫世世永保之」十字朱文篆書長條印。可見其珍秘之至。編修爲貴筑黄子壽方伯彭年之子，己丑成進士，原籍湖南醴陵，故其家恆居長沙，通籍後未得一與校士之役，中年咯血而卒。此其家散出者，追憶舊交，彌深悽惻。

又一部　康熙庚辰顧棫刻本

宋陸佃《埤雅》二十卷，常熟顧棫刻本。前張序重刻年月「天運庚」下缺一字，余斷爲庚辰。蓋顧氏刻有歸有光《震川尺牘》、錢謙益《牧齋尺牘》，序稱「康熙己卯」，則此必爲庚辰所刻無疑。《天禄琳琅續編》十三明版類載有此本，誤以爲洪武時刻，此絶可笑事。以字體、槧法論，皆迥然與明刻不同，不知當時何以誤識。甚矣，《續編》諸臣之疏漏也。此本源出北宋。余家有金朝刻本，實爲希世之珍，全書字仿歐陽，望之頗嚴飭。惜此刻猶失其真，不能盡美也。甲寅夏五郎園。

廣韻五卷　康熙初元張弨校刻本

此書世稱顧亭林先生所刻，今據陳上年序，實張力臣弨所刻，而先生主校勘耳。江藩《漢學師承記·閻若璩傳》云：「力臣書法唐賢，世稱能品，爲炎武寫《廣韻》及《音學五書》，今世傳雕本是也。」潘耒《宋本廣韻序》云「先師顧亭林深明音學，表章此書，刻之淮上。然所見乃明内府刊本已經刪削者。久而覺其書之不完，作後序以誌遺憾」云云。所記蓋得其實。今此本首署「依宋版重刻」，又無後序，則初印本也。又《漢學師承記》云：「藩聞之顧君千里，云曾見初印亭林所刊《廣韻》，前有校刊姓氏，列『受業閻若璩』名。則若璩嘗執贄崑山門下。然若璩所著書中，不〔二〕稱亭林爲師，豈亭林没後遂背其師耶？」今按，此本前列正字四人：陳上年、顧炎武、李因篤、張弨，無若璩名。四人皆見陳序，中亦未及若璩，且校刊此書四人共與，受業之稱，更屬何人？江藩于國初諸儒不微詞詆諷，則假他事誣之，如此類者不一而足。若以爲蘭臺信史，不亦偵耶！丙申秋八月廿八日麗廔記。

此本流傳最少，乾嘉諸儒，惟吳氏《拜經樓藏書題跋記》入載，據云亦無後序。孫氏《平津館鑒藏書籍記》跋明内府本《廣韻》云：「《永樂大典》引有二本：一曰陸法言《廣韻》，一曰宋重修《廣韻》。『東』字注引東不訾事，重修本作『舜七友』，此本作『舜之後』。重修本『二十一欣』，此本作『二十一殷』，在未避宋諱以前。此即《永樂大典》所稱陸法言原本，明内府所刊。朱竹垞謂中涓刪本，非也。戴東原見顧亭林刊本，去聲十八隊注『代廢同用』，此本注『代同用』，廢注『獨用』，又與此本不同。」今按此本東、殷二韻與孫氏之説合，其出于明内府刻本確無疑義。惟孫氏只引戴東原而不及他事，是孫亦未目覩此本。然則此本傳世之稀，固可知矣。商邱宋氏書散出，此即其中之一種，余以重金得之。異時冀獲明内府本，一一考證，則此刻源流益了然矣。同日燈下又記。

《紀文達遺集》十一有《書明人重刊廣韻後》三則，云：「明時内府所刊行。顧亭林重刊于淮安者，即此本也。」文達據卷首弁有孫愐《唐韻序》及「二十文」、「二十一殷」各注「獨用」，「殷」字不避宋諱，與張士俊刊本爲不同，謂此本爲《唐韻》之舊，與孫氏之説相合，其言確有根據可信也。丁酉新年穀日記。

〔一〕「不」原作「亦」，中華書局一九八三年版《國朝漢學師承記》與上海古籍出版社二〇〇六年版漆永祥《漢學師承記箋釋》均作「不」，據改。

重續千字文二卷 毛氏汲古閣影宋鈔本

三十年前，在京師廠甸書肆得聊城楊致堂河帥以增所刊景宋鈔本《三續千字文注》一卷。半葉十行，行大小二十三字，小字雙行。無撰人。後有以增跋云：「宋季江陰葛氏剛正撰。案，《梁書·蕭子範傳》：『大司馬南平王使製《千字文》，其辭甚美，命記室蔡薳注釋之。』《周興嗣傳》曰：『《次韻王羲之書千字》，使興嗣爲文。』《陳書·沈衆傳》曰：『梁武帝製《千字詩》，衆爲之注解。』《隋書·經籍志》載《千字文》一卷，梁周興嗣撰，又載一卷，梁國子祭酒蕭子雲注；又載一卷，胡肅注。《舊唐書·志》載撰者姓名與《梁書》同。隋、唐《志》又載有《演千字文》五卷，不著何人作。要之，作《千字文》者，唐以前已不獨蕭、周二人。此本則繼周次韻及夫長洲侍其曋續作，分注合爲一編。今所存僅此，例亦不用複字。視前二篇文徑尤纖仄，而聯綴皆有典可覈，遞注釐然。惜合刻之前二篇佚莫覯也。《江陰縣志》載葛勝仲，字魯卿，即《注》所稱皇祐三年進士朝散大夫侍其公曋作墓志之文康公。《志》載葛邲，字楚輔，文康孫，謚文定，即《注》所稱伯祖。而《選舉志》無剛正名，《藝文志》亦遂不及此。而吾邱衍《學古編》載：『《續千字文》，葛剛正書，字法極好。』其所稱者篆書，即《注》所謂以備古篆之體者。此本楷法勁秀，雅近率更，當亦屬原刻。爰依舊式，命工重摹付版。其文字點畫偶有緣俗者，正之；注字有俗且譌者，則去泰去甚；間有省筆襲帖體及所引書名刊虛白字式未歸一者，可仍則仍之。于義不甚乖，重存其舊也。」余案，此別一宋刻本。蓋當時并周興嗣《千字文》、侍其曋《續千字文》合刻者，三續云者，連周興嗣、侍其曋而三也。重續云者，再續侍其曋之書也。以增子彦合太史紹和撰《楹書隅録》云：「是書先公得於袁浦，咸豐甲寅命工摹梓。案，葛氏之書，蓋繼侍其曋《續千字文》而作，故名《重續》，自注甚明。余藏影宋鈔本，即《學古編》所稱篆書者，標題正同。此本乃改名《三續》，殊失葛氏之舊，當由宋人重刻時，誤于『三篇繼就』之語而妄爲更易也。每半葉十行，行二十四字。」又影宋精鈔本《重續千字文》二卷云：「先公得宋槧葛剛正《三續千字文》，重刊之常州，心耘胡君珽因以此本寄贈。蓋宋槧乃真書，且易標題爲《三續》，均非德卿之舊。

此則吾邱衍《學古編》所謂字法極好者也。卷首題『重續千字文』，次題『水雲清隱丹陽葛剛正撰并篆注』。書皆篆書，而每行之後俱以真書釋之。又次正文亦篆書，每行四字，每二行之後復釋以真書并注。分卷上下，視宋槧本迥異。至卷前冠以淳祐戊申德卿自序，及間有注某音某者，更宋本所無也。案，《汲古閣秘本書目》云：『宋版《重續千字文》，世間絶無，并不知有是書。而篆書精好，真奇書也』。此本雖無毛氏印章，然楮墨絶佳，篆法精妙，與予所藏所見汲古影宋諸書宛出一手，或即斧季喬梓，由宋版過録者，致足珍矣。每葉行數不一，每行正文篆書四字，注真書二十一字。」太史於此書宋本考之甚詳，然據《汲古閣秘本書目》有宋本，遂定此影鈔宋本出自毛氏，殊不知毛氏當日於宋本外固有影寫極精之副本在，今此本是也。此爲毛氏原裝原釘，書根所寫書名尚完好如故，書面用蛋壳青冷金箋，毫無破損，流傳三百年之久，豈真在處有神物護持耶！前有淳祐戊申冬至日丹陽葛剛正序，大題標篆書「重續千字文」五字。半葉十二行，此五字佔三行。次真書「重續千字文」五字，蓋釋標題篆書書名也。次篆書「水雲清隱丹陽葛剛正撰并篆注」，次真書一行同上，亦釋上行篆書也。次本文，篆書四字句，一句一行，佔三行，又一句同，合成半葉十二行之數。以下真書釋文二句，以下則注文也，每行二十字。卷尾真書「丹陽葛氏篆注重續千字文卷上」，凡十三字。下卷大題標真書「丹陽葛氏篆注重續千字文卷下」，佔小行一行，與上卷大題標篆書「重續千字文」五字佔三行者，款式迥然不同。在宋版書中，如此體例者實未見之。全書真書體兼歐、柳，字法勁秀，篆書玉筯文，整齊勁挺，在當時必倩工書者影摹，非傭書手筆也。收藏圖記首葉序下鈐

「毛氏圖史子孫永保之」九字朱文篆書方印，首卷鈐「開卷一樂」四字朱文篆書方印，「宋本」二字朱文篆書橢圓印，皆汲古印記。又有「席鑑之印」四字半朱半白篆書方印，又「席氏玉照」四字朱文篆書方印，蓋汲古藏書散後歸于洞庭席氏。又有「雲龍萬寶之軒」六字朱文篆書長方印，卷下末尾有「道州何紹基印」六字白文篆書方印，「子貞」二字朱文篆書方印，則經何蝯叟收藏者也。從子定侯於丙寅歲盡以重值得之，呈予鑒定，因書其後。時丁卯春正上弦之四月，郎園老人識。

隸釋二十七卷　明萬曆戊子王雲鷺刻本

宋洪适《隸釋》二十七卷，《四庫》著録爲「兩淮鹽政採進本」，《提要》云爲王鷺刻，蓋即此本，「王」下脱「雲」字耳。世行汪氏樓松書屋刻本亦甚希見，何況此明刻。末卷尾葉有木牌記云：「余爲廣陵守，偶得《隸識》一集于真州僧舍，乃寫册也。或曰此元人手鈔，亡其姓氏。余素未覩此集，詢之博雅者，皆云坊肆間並未刊布。余因命工依宋版字梓之，以與同好者共覽焉。」此即雲鷺識語也。文中誤「隸釋」爲「隸識」，已自可笑，其他校讎未審，不按可知。惟世無宋本傳録，則此明刻即爲此書之先河。大男啓倬得之市間，持以問余，余考《盤州文集》六十三載有《隸釋》、《隸續》三跋：其一爲《丙申修改隸釋跋》，略云：「成書十年，增改千有餘字，除去數版。」其一爲《池州隸續跋》，略云：「《隸釋》有續，前後二十一卷。乾道戊子始刻十卷于越，淳熙丁酉姑蘇范至純增刻四卷於蜀，後二年霅川李秀叔又增刻五卷于越，明年錫山尤延之刻二卷于江東倉臺而輦其版于越。今老矣，平生之癖，將絶筆于斯焉。庚子十一月。」其一爲《淳熙隸釋跋》，略云：「右《淳熙隸釋目録》五十卷，乾道中書始萌芽，十餘年間，拾遺補闕，續卷寖多。鄞江史直翁、苕溪李秀叔一再添刻，蘭陵尤延之自秋浦鋟版裨助，蘇臺范至純以越本刊于蜀。前後增加，命掾史輯舊版，去留移易，首末整整一新。辛丑六月盤洲老人洪景伯書。」是今所傳《隸釋》二十七卷、《隸續》二十一卷與跋所言同，惟五十卷本不知何時亡失，甚可惜也。洪氏之書，與歐公《集古録》、趙明誠《金石録》鼎足而三，然皆出于傳寫，絶無宋本可繙。獨此尚得明刻流傳，未始非買王得羊之比，至以「釋」、「識」通用，前序亦然，則其書之可據與否，余仍未敢取信也。乙卯夏四月朔，德輝記。

小學鉤沈二十卷 嘉慶丁丑刻本

任大椿《小學鉤沉》二十卷，嘉慶丁丑刻本。其前七卷皆元體字書，八卷至二十卷皆宋體字。撰人題「興化任大椿學」，校者題「高郵王念孫校正」，十二卷至二十卷但有撰人一行同前，無校者一行。蓋十二卷爲王氏所刊，未完，後八卷則大椿門人汪廷珍補注者也。汪自有跋，言刻書原委甚詳。其版無直闌線，宋元版無此式，坊行雜書或有之，殊不雅觀也。然其書採摭宏富，自漢以後唐以前諸家散佚之字書，一一收拾殘叢，匯爲總集。此與余蕭客之《古經解鉤沉》同爲有功甲簿之作。大椿又輯刻《字林考逸》八卷，以其存字尚多，故别爲輯録也。

字鑑五卷 道光五年海昌許槤刊本

元李文仲《字鑑》五卷，康熙庚寅張士俊澤存堂有精雕本，即《四庫全書總目》所載兩淮馬裕家藏之本也。道光辛丑，三韓楊氏又據張本重雕，世所通行者皆此二本。道光五年，海昌許槤得明人鈔本，取校張本，凡張本譌誤者，明鈔皆不誤，因精楷付刊，當時印行不多，故視張本爲尤稀有。余三十年前在長沙舒姓人家曾一見之，其後遍遊燕、趙、齊、魯、吴、越間，詢之友人好藏書者，均稱未見。江陰繆藝風先生當世號爲精于版本者，余曾舉許本相告，先生殊驚異，故先生代張文襄撰《書目答問》僅録張本，蓋先生固未之見也。從子啓藩兄弟新從書估得許刻本，持以相告，余屬其珍襲，補余藏本之缺。許氏此外刻有吴玉搢《金石存》、沈彤《釋骨》及朱墨套印《六朝文絜》等，皆楷書精美。道光初元當累葉承平之時，士大夫風雅好事，猶有乾、嘉流風。其手民技藝之精，亦足徵當時物力之殷富。今則民氣凋敝，百事隋窳，求如此種精刻精印之書，幾欲與宋元舊本論價，閱此能無喟然！

六書索隱五卷 明楊升庵手書稿本

楊升庵先生《六書索隱》，《四庫全書》存目，謂其「略而不備」，又「不注所出者十之四五」，此自明時陋習，不足專責先生也。六書之學昌明于聖朝，乾、嘉諸儒如段氏玉裁、桂氏馥、孫氏星衍、嚴氏可均著書發明，爲晉唐以下所未有。明人因元人舊學，往往摭拾金石遺文，漫無抉擇，輕改故書，如先生固猶近大雅者也。此書五卷，以平仄韻分部，爲當時寫本。國朝藏宋牧仲冢宰犖家，故前有商邱宋氏藏書印記。卷首綾幅標題謂爲先生手書，字體絶似小歐，決非假手書傭之作。此種書籍于小學無甚係屬，不過爲二百年前古物存之已耳。光緒三十有四年戊申歲夏五端陽，後學葉德輝識。

或疑先生工篆書，無所取證。余按，王文簡士禛《秦蜀後記》下："武侯祠南有碑三，其一明翰林院修撰縣人楊慎撰《八陣圖記》，篆書皆出升庵筆。"據此則先生工篆書有明徵矣。碑出模刻，此爲墨蹟，其珍貴當何如？後有得者，當共寶之。時宣統庚戌七月八夕，德輝再記。

薛尚功鐘鼎彝器款識法帖二十卷 明萬曆間硃印本

薛尚功《鐘鼎彝器款識法帖》二十卷，明萬曆中萬岳山人刻本。案此書宋時祇石刻本，故有"法帖"之稱。其本傳世絶少，《四庫》著録爲明崇禎間朱謀垔刻本，《孫氏祠堂書目》、瞿氏《鐵琴銅劍樓書目》並同。《欽定天禄琳琅書目》明版經部有硃印本，云："'萬岳山人不知何許人，後有『宣公後裔之印』，則爲陸氏可知。'"又云："'此書序中未及作者之名，宋人諸書目祇載《鐘鼎篆韻》七卷，亦無此書，蓋亦未有刻本，罕傳之書也。書中篆法古雅，竟似從原器中摹搨而出，其橅印以朱不以墨，亦別饒古色。'"云云。竟不知爲薛氏書，未知何故。又《續編》亦有硃印本二部，入元版經部，更與前目矛盾，蓋前目爲于敏中諸臣所編本，非講求槧刻之士，後目爲彭元瑞一人總裁，僅知從《四庫全書》鉤提而出，亦無精于鑒古者爲之襄校，故其疏漏如此。其實爲明刻薛書，可開卷而知也。此本篆文最精，後來朱謀垔本已迻换形體，何論他刻。惟每器小字間有譌誤，似不及朱刻之善，故阮氏元重刻此書，極詆此本訛舛。然以淵源論，自有刻本以來固無有古于此本者。且阮氏所據本爲袁氏五硯樓舊鈔及家藏影宋石刻本，展轉鈔胥，烏足共信，不如此本尚得舊本真面也。全書蝴蝶裝潢，極其古雅，因爲跋尾以誌鴻爪。丙申秋九月十七晨起書于瀏陽館寓齋，德輝。

宋王厚之復齋鐘鼎款識一册　嘉慶七年阮氏積古齋刻宋册本

阮刻王復齋《鐘鼎款識》一册。道光中漢陽葉志詵重刻本後跋稱原册燬于火，并版片失之。近年杭城書市有新印本，籤題「阮刻王復齋鐘鼎款識」，版藏上虞某氏，余取阮刻後印者對校，乃知近日新印爲洗版修補之本，書中題字、圖記及款識、花紋、墨點、缺字、缺筆，絲毫無異，惟字經洗剔，不及原印之豐腴耳。原印最後者第十一葉周麻城二鼎下查慎行案語「恐非之」，「恐」字已模胡，修本誤改爲「思」；第三十五葉「是日長洲蔣杲同閲」一行，修本「杲」誤爲「臬」，「同」誤爲「司」，皆以原版字畫不明致有此謬。即此二事足證新印之尚出舊版，葉稱并版片失之，當是彼時爲人竊藏，東南兵燹後，又展轉沈晦，如《漢學堂》、《汗筠齋》等叢書之類，版固無恙，而顯晦有時也。此本原刻初印，橅仿古雅，葉刻所不及也。光緒丁酉花朝日，葉德輝識于都中宣武城南瀏陽館寓。

附阮亨《瀛州筆談》一則

宋拓《鐘鼎款識》原册計三十葉，宋復齋王氏所集，計五十九器。内有青箋者十五器，爲畢良史所收。玩其題跋，皆復齋之筆。嘉慶七年兄得此册於吴中陸氏，加之考釋，鋟版以傳，誠藝林快事也。

附吴壽暘《拜經樓藏書題跋記》一則

《鐘鼎款識》，宋復齋王氏所集，儀徵阮公積古齋摹刻。此册爲錢唐何夢華上舍借閲，有題識及圖記。内《周叔姬鼎》首一字舊疑作「唯」，上舍審定作「孟」。

何夢華記云：「元錫審玩，首一字當是『孟』字〔一〕，似較『唯』字差近，『萬』字下應有『年』字，爲青綠所蝕，故拓本釋文皆未及。並記後云。嘉慶庚午□□十三日，胡近、何元錫同觀於獲經堂之蝀景園。增釋一字於前《周叔姬鼎》文下。」又書《漢[二]元嘉刀銘》後云：「『宜侯王』，『侯』字反文，予得漢磚文亦類是。此磚已歸阮氏琅嬛館中，漫識于此。」又《晉尺》云：「予嘗欲作歷朝尺考，曾屬四弟手録一書，不知置處。它日尋得，合之搨本，詳論短長，以驗周尺、漢尺之舊。惜袁二壽階客歲化去，無人共質，爲之悵然。」

附姚元之《竹葉亭雜記》一則

《復齋鐘鼎款識》册，南宋秦氏熺物也。熺爲檜子，其門客董良史爲之摹繪成册。今歸揚州阮制軍元，刊本傳世。此册自宋流傳展轉至明，項氏以銀二百得之。又展轉至揚州，秦編修敦甫欲仍以銀二百購之，其人不售。有陸氏者，增銀二十，乃歸陸氏。陸後攜至杭州，時阮撫浙，因乞跋。阮欲以原購之數取之，不可。西湖多御碑，一日，陸忽於碑旁鐫「内閣中書臣陸某敬觀」，守土者以陸大不敬，將寘獄。阮以書生無知，乃爲解釋。陸感德之，獻是册以謝，遂歸阮。夫熺之爲人不足重，而其所寶之器，其猶存人間與否亦未可知，而乃藉是圖以至於今，使人按圖知古，則敝楮勝於吉金多矣。豈其中亦有神物護持之歟？

〔一〕「字」原作「子」，據《拜經樓藏書題跋記》改。

〔二〕「書」、「漢」二字原誤倒，據《拜經樓藏書題跋記》乙正。

郘園讀書志卷三

史部

史記正義一百三十卷 明嘉靖四年王延喆刻本

此明王延喆重刊宋紹興三年兩浙東路茶鹽司本也。同時金臺汪諒爲柯維熊校刻此書，版式行字相同。《索隱》序後有「紹興三年四月十二日右修職郎充提舉茶鹽司幹辦公事石公憲發刊至四年十月二十日畢工」三十八字，凡三行，故知王亦翻雕此本也。嘉靖十三年，秦藩亦仿刻之。均半葉十行，行大字十八，小字二十三。王本「史記」二字在小題「本紀」、「表」、「志」、「列傳」之下，「史記幾」等字大與「本紀」、「列傳」等字同；柯本則直接小題偏左，「史記」二字墨文作橢圓印形。王本《周本紀》缺二十七葉；柯本《秦本紀》缺三十一葉，以意補綴，注文不全；秦藩本此兩葉未缺，所據刻者，較爲完善。王本《索隱》序後延喆跋云：「工始嘉靖乙酉臘月，迄丁亥之三月。」而王文簡《池北偶談》云：「延喆性豪侈，一日〔一〕，有持宋槧《史記》求鬻者，索價三百金，延喆紿其人曰：『姑留此，一月後來取直。』乃鳩工就宋本摹刻，甫一月而畢。其人如期至，紿之曰：『以原書還汝。』其人不辨真贗，持去，既而復來曰：『此亦宋槧，而紙差不如吾書，豈誤耶？』延喆告以故，因取新雕本數十部散置堂上，示之曰：『君意在獲三百金，今如數予君，且爲君書幻千萬億化身矣。』其人大喜〔二〕過望。」按，此不實之言，延喆刻此書二年而成，何止一月？且跋有云：「取舊藏宋刻重加校讎，翻刻于家塾。」則非得之書估可知。文簡國初人，與明代相近，何亦信此浮言不加深考耶？

〔一〕〔二〕「日」原誤「月」，「喜」原誤「善」，據王士禛《池北偶談》乙正。

漢書一百三十卷　明德藩最樂軒刻本

《漢書》一百卷，內紀、表、志、傳中分卷，實一百三十卷，明德藩最樂軒刻無注本。每半葉十行，行二十一字。版心上有「德藩最樂軒」五字，下有刻工姓名。其刻工有與嘉靖十三年徐焴刻《唐文粹》同者，則是明嘉靖時刻矣。明時各藩府皆喜刻書，德藩所刻僅止此種，且自來藏書家皆未寓目，故官私書目均不載之。取明南監本、汪文盛本、汲古閣本及乾隆中武英殿刻本互相參校，文字頗有異同。長沙王葵園祭酒撰《漢書補注》全録以去，江陰繆筱山編修見其名，以爲海內孤本。二公爲余乙酉座主福山謝南川師之鄉會房師，沆瀣相承，每蒙獎藉。繆公尤精目録版本之學，據云此本彼未見過，則其希有可知矣。光緒壬寅夏四月小滿後五日德輝記。

班馬異同三十五卷　明天啓甲子聞啓祥刻劉辰翁評點本

《班馬異同》三十五卷，宋陳振孫《直齋書録解題》云倪思撰，自元劉辰翁評本行，或遂誤爲劉撰。博覽如明之楊士奇，其跋此書曰：「《班馬異同》三十五卷，相傳作于劉須溪，觀其評泊批點，臻極精妙，信非須溪不能。而《文獻通考》載爲倪思所撰，豈作於倪而評泊出于須溪耶？」其言殊爲可笑，《文獻通考》以爲倪思撰者，明引「陳氏曰」，即《直齋書録解題》也。陳氏先於須溪，使果爲須溪之書，《直齋》胡爲著録？緣當時須溪評點諸書風行，坊肆刻是書者，但題須溪名，不題撰人名，故士奇未之深考，遂有此兩可之詞。亦足見須溪議論入人之深，故使讀者數典而忘其祖矣。此明天啓甲子聞啓詳刻劉辰翁批點九種本之一。每半葉九行，行二十字。《四庫全書》以此書入正史，而以劉評入存目，實則評點自評點，異同自異同，兩不相溷，不知士奇何以讀不了然。此書《文獻通考》入史評，是也。《四庫全書總目》正史類列《史記》、《漢書》之次，殊爲失實，故今從《文獻通考》入之史評焉。

史漢方駕三十五卷　明嘉靖甲申徐善循刻本

《史漢方駕》三十五卷，明許相卿撰。嘉靖甲申徐善循刻本。每半葉九行，行二十字。此書即本《班馬異同》稍爲釐訂，改題此名。但《班馬異同》其例以《史記》作大字書，《漢書》作小字書，文本相連，而以字之廣狹爲分辨，刻手稍不用意，每易溷淆。是書則以《史》、《漢》相同者直書行中，不同者分行夾注，其《史記》有而《漢書》無者偏列於右，《漢書》有而《史記》無者偏列於左，條理細密，體例實勝于《異同》。其評語一本之須溪，而稍有增涫，則以二書義同而例不同，不能遷就也。惟《異同》評語，本在簡端，此則移入句傍，有如明人評選時文陋習，似不可以爲訓。後有重刻二書者，各去其短，互取其長，則兩美之合也。

此書《四庫全書總目》正史類存目，實亦當入史評，以其同爲論文之作，無關音訓考證也。

漢書地理志稽疑六卷　是亦居緑格鈔本

《漢書地理志稽疑》六卷，全祖望撰。余向有嘉慶九年朱文翰刻本、咸豐癸卯伍崇曜《粤雅堂叢書》刻本，此鈔本六卷爲從子𡟅甫所藏。版心有「是亦居」三字，緑格本。每卷有「海寧陳鱣觀」五字朱文篆書長條印，「仲魚圖像」長方印，又闌匡上有「得此書費辛苦後之人其鑒我」十二字白文篆書長方印。吳振棫《杭郡詩輯》：「陳鱣，字仲魚，號簡莊，海寧人。嘉慶丙辰孝廉方正，戊午舉人，營别業於硤川之果園，購藏宋雕元槧及近世罕見本甚夥。」蔣光煦《東湖叢記》：「吾鄉陳仲魚徵君向山閣藏書，大半歸馬二槎上舍，其藏書印記云『得此書費辛苦後之人其鑒我』，又刻『仲魚圖像』鈐于上。」按徵君晚客吾鄉陶文毅金陵節署，文毅藏書亦鈐其圖像，風雅好事，薰習同也。

後漢書補注二十四卷　嘉慶八年寶山李氏刻本

《後漢書補注》二十四卷，元和惠棟撰。棟初輯《漢事會最》，採摭羣書關於列傳諸人佚事者，録爲上中下三册，吾友江建霞太史標督學湖南時彙刻入《靈鶼閣叢書》，蓋即是書底本也。倪模《江上雲林閣書目》及伍崇曜《粤雅堂叢書》重刻本書名卷帙皆同。而孫星衍《孫祠書目》列惠棟《後漢書訓纂》二十六卷，卷數不符，名稱亦異，又不知爲鈔爲刻，注未載明。按棟注王漁洋《精華録》亦名《訓纂》，與是書同，豈是書原名而後改爲《補注》，又删併其卷爲二十四耶？吳縣惠氏三世皆以經學名家，至今言漢學者，蘇州、常州兩派屹然對峙，乃出其餘力注史箋詩，博引詳稱，精于抉擇，觀於此書可以得其學成之有序矣。此爲原刻佳印，粤雅堂本縮作巾箱，不如此之字大悦目爲可貴也。乙卯夏五月夏至葉德輝記。

兩漢博聞十二卷 明嘉靖戊午刻本

宋楊侃《兩漢博聞》十二卷，明嘉靖戊午刻本。前有黄魯曾刻書序。每半葉八行，行十六字。《四庫全書總目》史部史鈔類著録，即此本。《提要》云：「不著撰人名氏。案晁公武《讀書志》，乃宋楊侃所編也。」又云「『四皓』條下引顔師古注，辨論四皓無姓名，諸家皆臆説一段，爲明監本以下《漢書》所無，謂足以資考證。今按毛晉汲古閣刻《前漢書》《張良傳》『四皓』下亦無此注。侃，端拱中人。是北宋時《漢書》本未經人節删注文，即此一條，已如零金碎玉，良可寶貴。以視林越《漢雋》之割裂字句，漫無别裁，同一摘鈔，識見固迥不相侔矣。

漢雋十卷 元延祐七年庚申刻本

《漢雋》十卷，宋林越撰。《四庫全書總目》史部史鈔存目，《提要》所稱元延祐庚申袁桷序刻本者也。版心大黑口，每半葉九行，每行大字無整行，小字雙行，每行三十字。字皆松雪體，蓋有元一朝風氣如此也。此書本供士子場屋選詞之用，其視洪邁《史記法語》、《南朝史精語》同爲兔園册子〔二〕之類，于史學全無關係。《四庫》不收其書，僅存其目，是也。然越當時所據以採摭者，究是《漢書》舊本，其間文字或與今本異同，所引注文較今本偶有詳略，是皆可資考證，不僅爲詞人漁獵矣。從子𪩘甫以番銀八十圓得之，持以告余曰：「此書前有宋嘉定中刻本，後有明嘉靖時吳氏刻本，此爲元刻元印，紙墨精良，雖不能與宋本頡頏，固超乎明刻以上十倍也。」屬甫自跋甚詳，余故略記一二于卷尾云。丙寅冬月郎園老人記。

〔一〕「兔園册子」，底本作「兔册園子」，據文意改。

三國史辨誤一卷 漢陽葉氏鈔藏本

此書《四庫》〔一〕全書》正史類著録，云「不著撰人名氏」。《武英殿聚珍版叢書》已印行。而此鈔本撰人題「何焯屺瞻」，不知何故。焯著有《義門讀書記》，中有所校《三國志》三卷，核與此不相合。《四庫全書提要》疑焯弟子陳景雲作，然以《義門讀書記》比勘，亦斷其非景雲作，則疑以傳疑，固不必强以撰人實之也。是本舊爲漢陽葉氏鈔藏，前有葉氏印記，又有「結一廬藏書印」六字朱文方印，則又經仁和朱修伯侍郎收藏過者。又有「周鑾詒印」四字白文方印，則永明周惠生編修也。編修早故，其兄笠樵舍人銑詒亦物化，遺書散出，爲從子輩所得。一書之聚散不過三數十年，吾見其收入，又見其賣出，真如雲煙過眼，一轉瞬間事也。可慨已！癸亥花朝葉德輝記。

〔一〕「庫」原訛作「書」。

晉書一百三十卷 明萬曆間周氏翻宋刻本

《晉書》一百三十卷，明萬曆中葉周氏翻雕宋本。每半葉九行，行十六字。每卷後附音義，仍宋本之舊也。近人丁丙《善本書室藏書志》載有《晉書》宋本二：一爲宋大字本，每半葉十行，行十九字；一爲宋小字本，每半葉十四行，行二十五字。十行本陸心源《皕宋樓藏書志》亦有之。心源撰《儀顧堂續跋》謂爲南宋監本。十四行本爲南宋麻沙坊刻，亦載邵懿辰《批注簡明目録》。此九行十六字本，源出南宋紹興初蜀中刊本。《皕宋樓藏書志》、《儀顧堂續跋》載有宋蜀大字殘本《漢書》，行字與此同，云宋紹興初蜀中刊本而孝宗時修改者。則此《晉書》必同時所刻矣。此書初印者，藏書家往往誤以爲宋本，以其中避諱缺筆謹嚴，與宋本同，故難于分辨耳。余雖無佞宋之癖，撫此明仿宋本，亦覺慰情，聊勝于無。此與余所藏聞人詮本《舊唐書》，皆乙部中不可多得之善本矣。

舊唐書二百卷　明嘉靖十七年聞人詮刻本，先族祖石君公以至樂樓鈔本校

《舊唐書》自來藏書家無宋元舊刻，故世以明聞人詮校刻本爲最善，然其訛脱之處，亦以無他本可校，故讀者不知也。此爲先世族祖中巷派石君公以明至樂樓鈔本校過，訂訛補脱，逐卷逐葉，丹黄爛然，真至寶也。石君公原諱萬，後更樹廉，又作樹蓮，别號南陽轂道人。明諸生，好收藏宋版書。同時與錢遵王、徐健庵、毛子晋往來交契，没後徐爲作傳，稱其手校書爲何義門推重，今載《傳是樓文集》。此書一百五十卷下附葉有石君公校朱筆跋，稱坊間見至樂樓鈔本，爲錢遵王取去，因得假歸對勘云云，末鈐「南陽道轂」四字白文篆書方印。又一墨筆跋，末鈐「葉萬」二字白文隸書方印，「石君」二字朱文篆書方印，空葉處有「樸學齋」三字朱文篆書方印。每卷末有朱筆校補字一行云：「右文林郎充兩浙東路提舉茶鹽司幹辦公事霍文昭尚有蘇之勘諸人，舉此例。校勘。」凡二十三字，蓋鈔本源出宋兩浙茶鹽司刊也。至樂樓爲明常熟

御史陳察藏書處，常熟瞿氏《鐵琴銅劍樓藏書目》集部明刊本《道鄉集》，卷首有巨印，文曰「蘇州常熟虞山精舍至樂樓主人河南道御史陳察原習之記」，故知至樂樓爲陳氏也。察《明史》有傳，略云：「陳察，字元習，常熟人。弘治十五年進士，授南昌推官。正德初，擢南京御史，尋改北。世宗十二年，以僉都御史巡撫南贛。居二年，乞休。既歸，敝衣糲食而已。」據此本傳，但紀政事，未及藏書，得此可以補佚事一則也。瞿氏《書目》史部載有《舊唐書》明刊本，云爲陳氏稽瑞樓傳録葉石君校本，末有記云：「辛丑歲三月十九日借得錢遵王所藏至樂樓鈔本校起，至九月初五日畢工。葉萬記。」今見此真蹟，乃知瞿氏所藏出自傳録，不足貴也。各卷尚有「歸來艸堂」四字朱文篆書方印，「石君」二字朱文篆書小方印，「樹蓮」二字白文篆書方印，「玉磵後人」四字朱文篆書長方印，皆石君公印記。先人手澤，二百年後復歸吾家，誠爲快事。卷中間有缺葉，爲公手書補鈔。納書楹中，留此青箱秘笈，子孫其永保之。書中《列傳》第二十八卷後有「静虚齋圖書印」六字朱文篆書長方印，「御史中丞章」五字白文篆書方印；《列傳》第十四卷前有「[illegible]谿書院圖書之印」八字朱文篆書長方印，似皆出公藏之前，惜無暇日一一爲之考證也。

宋史四百九十六卷 元至正五年刊本

《宋史》，元托克托等撰。至正十年十月表進，六年咨行浙江行省雕版。當時與遼、金二史同雕，號稱「三史」。三史之中，以《宋史》爲最罕見。先族祖文莊公《菉竹堂稿》有《書三史後》，云：「遼、金、宋三史，元時修，起至正三年四月，迄五年十一月，總七百四十六卷。刻版在浙江，燬於兵久矣。遼、金二史，御史展毓從代邸假出印本，分手摹得二本，誤字不免。若脱行闕版無之。惟《宋史》則沈公禮知府從廣州鈔本所傳，則不止誤字矣。」據此則《宋史》在明正統時，元版難得已如此。其後成化間，兩廣巡撫朱英刊于廣州，取其版入南監，是即南監本。其中脱去《孝宗本紀》第八葉，而以第九葉升爲第八葉，其第七葉末「四川制置司應」下徑接「庫錢貼進」，誤也。下又以三十三卷之第十一葉爲此九葉，遂自「措置」至「九月己酉楊存」止四百字複衍於此。神廟補刊者，復改「楊存」二字爲「地震」以泯其迹。盧文弨《羣書拾補》已正其誤，而附著第九葉以存其真。蓋盧所據即此元版也。然自明補版本後，迄于乾隆殿本，其脱誤此葉，即以下葉銜接，而改「楊存」爲「地震」，與盧所言同，苟非經盧氏校補，又誰知諸本之謬誤相沿而莫之正也。此本係元刻初印，其南監本《孝宗本紀》失去之八葉完好猶在，是誠可寶矣。元刻藏書家少著録，從子啓藩兄弟得之長沙肆間，喜以告予，爲識其後。時癸亥穀雨，郋園。

十七史詳節二百七十三卷　明刊白口本

宋呂祖謙《十七史詳節》，凡《史記》二十卷、《西漢書》三十卷、《東漢書》三十卷、《三國志》二十卷、《晋書》三十卷、《南史》二十五卷、《北史》二十八卷、《隋書》二十卷、《唐書》六十卷、《五代史》十卷。明刊本。每半葉十行，行二十一字。大題「東萊先生史記詳節卷之一」。版心魚尾上題「史記卷第一」，魚尾下分小題，以下諸史例同。南宋末年有建安書坊本。明正德丙子劉弘毅慎獨齋亦刻之，均密行小字，不便流覽，且多零册，無此全部者。每卷前有「汪士鐘讀書」五字朱文篆書小長方印，蓋蘇州汪閬源藝芸書舍舊藏。

余從廠肆得之，由南而北，由北而南。絶無殘缺，中有鈔配亦鈐汪印，蓋原書如此。前後無刻書人序跋，不知刻書年月，審其字體紙墨是嘉靖時刻本。《天禄琳琅書目》載有宋、元本十餘部，中秘所藏，固自宏富。然恐有明本混雜其間，編纂諸臣，未必人人精于鑒賞也。

元史節要二卷 明洪武丁丑建安書堂刻本

明張美和《元史節要》二卷，洪武丁丑建安書堂刻本。版式字體猶承元刻之舊，而傳本頗少。嘉慶時，黄蕘圃以家藏書四種换書估王徵麟《知非堂稿》鈔本，中有此種，載價值十三洋，可知彼時舊書之貴，而此書價亦不廉云。蕘圃藏書皆有手跋，光緒甲申吴縣潘文勤從藏書家搜輯，刻《士禮居題跋記》，此事載卷六《知非堂稿》六卷下。光緒丁未四月上弦燈下題記，麗廔主人葉德輝。

明張美和以《元史》浩繁，版藏内府，世不易得，仿曾先之《十八史略》，節其要爲此編，見前洪武甲子清江劉季鵬題。又自序稱前翰林國史院編修官臨江張美和書。據劉題稱美和致老而歸所作，綱目後有黑地白文長牌記云「洪武丁丑孟夏建安書堂新刊」。正卷每半葉十七行，行二十九字。大題「元史節要」，下注「上」、「下」字，下題「臨江張美和編」，均佔兩行。《四庫全書總目》史部史鈔類存目稱十四卷，《提要》云：「此書成於洪武間，而《順帝紀》内多有稱明太祖高皇帝者。疑經後人改竄，非原本也。」今按，此本實上下二卷，非十四卷，《順帝紀》内稱大明皇帝，並不稱太祖高皇帝，則《四庫》所見非美和原本，幸有此刻可釋讀者之疑。美和，《明史》附《宋訥傳》，云：「名九韶，以字行。清江人。能詞賦。元末屢舉不仕。

洪武三年以薦爲縣學教諭，遷國子監助教，改翰林院編修。致仕歸，帝親爲文賜之。復與錢宰等並徵修《書》傳，既成，遣歸。」明凌迪知《萬姓統譜》云九韶著有《理學類編》、《羣書備數》、《元史續編》。今《四庫》子部儒家類有《理學類編》，類書存目有《羣書拾唾》十二卷，九韶撰。下重出《羣書備數》十二卷，《提要》以爲「核其文與《羣書拾唾》一字不異，蓋書肆重刊，改新名以炫俗也」。案，《姓譜》已有《羣書備數》之名，則《拾唾》乃後坊肆改名，《提要》以不誤爲誤，非也。《元史續編》官私志目未載，其書當是此《節要》，誤記。浴佛日德輝再跋。

續資治通鑑長編一百八卷 舊鈔本

《續資治通鑑長編》一百八卷，起太祖建隆元年正月，至英宗治平四年閏三月。每半葉十三行，行二十三字。此李燾乾道四年二次奏進本。元馬端臨《文獻通考·經籍考》載其進表略云：「臣准朝旨取臣所著《續資治通鑑》，自建隆迄元符，令有司繕寫投進。今先次寫到建隆元年至治平四年閏三月五朝事迹，共一百八卷投進。先是隆興元年具建隆迄開寶十有七年爲十有七卷上進，至是再進。」《宋史》本傳云：「乾道三年，召對，除兵部員外郎兼[一]禮部郎中。四年，上《續通鑑長編》，自建隆至治平凡一百八卷。淳熙七年，《長編》全書成，凡九百七十八卷，卷第總目五卷。張栻嘗曰：『李仁甫如霜松雪柏，無嗜好，無姬侍，不殖產，平生生死文字間。』《長編》一書用力四十年，葉適以爲《春秋》以後纔有此書。」案《天祿琳琅書目續編》宋版史部《續資治通鑑長編》六函五十册云：「宋李燾撰，書凡一百八卷。前有乾道四年燾進表，揭銜『左朝散郎、尚書禮部員外郎兼國史院編修官』，表內略云：五朝事迹共一百八年，計一百八卷。謹案，《欽定四庫全書總目》云：『《續通鑑長編》自元以來世鮮傳本，康熙初徐乾學始獲其本於泰興季氏，嘗具疏進。』〔一〕據此，則一百八卷之本實從宋本傳出，後雖從《永樂大典》輯得全書五百二十卷，而此自宋以來單行已久，且係宋刻原書，今兩存之，亦足爲互相參證之用矣。

〔一〕「兼」原作「除」，據百衲本及中華書局本《宋史》改。

又一部五百二十卷 嘉慶己卯昭文張氏活字印本

《續資治通鑑長編》五百二十卷，宋李燾撰。余向藏舊鈔本，起太祖至英宗五朝，凡一百八卷，卷各分子卷，與《天祿琳瑯書目續編》宋版史部所載之本卷數相同，乃燾二次奏進之本，非全書也。據元馬端臨《文獻通考·經籍考》載燾《進長編奏狀》：隆興元年先具建隆迄開寶十有七年爲十有七卷上進。乾道四年寫刻建隆元年至治平四年閏三月五朝事迹共一百八卷。淳熙元年纂輯治平以後至中興以前六十年事迹年爲一卷，以字之繁略又均分之，總爲二百八十卷。淳熙九年燾上言：「臣累次進所爲《續資治通鑑長編》，今重別寫進，共九百八十卷，其修撰事總爲目一十卷，又緣一百六十八年之事文字繁多，本末頗難立見，今創爲建隆至靖康舉要六十八卷，并卷總目共五卷，以上四種通計一千六十三卷。」今此本爲四庫館纂修諸臣從《永樂大典》中輯出，五百二十卷之數亦《四庫》重編。蓋原書雖有一千六十三卷之多，而每卷多分子卷，此卷雖只半數，實則合并子卷計之，無短缺也。《提要》云：「自元以來世鮮傳本，康熙初崑山徐乾學始獲其本於泰興季氏，凡一百七十五卷，嘗具疏進之于朝，然所載僅至英宗治平而止。《永樂大典》『宋』字韻中備録斯編，實從來海内所未有。惟徽、欽二《紀》，原本不載，又佚去熙寧、紹聖間七年之事，頗爲可惜。然以數百年來名儒碩學所欲見而不得者，一旦頓還舊物，視現行諸本增多幾四五倍，斯亦藝林之鉅觀矣。」案《四庫》本卷帙繁重，傳鈔甚難，昭文張月霄金吾從錫山得活字十萬有奇，因排印成功，俾海内快覩秘笈。顧活版印書有限，重以咸豐髮逆之亂，東南圖籍蕩焉靡存。則此書在今日亦千鈞一髮之時，安得好古者亟謀刊行，或再排印一次，是亦文苑中人所馨香企禱者歟。

通鑑前編十八卷舉要三卷　元天曆元年門人許謙刻本

《通鑑前編》十八卷《舉要》三〔二〕卷，宋金履祥撰。原書仿朱子《綱目》之體，變《通鑑》之式。故履祥自撰後序謂：「既編年表，例須表題，故別爲《舉要》三卷。凡所引經傳子史之文，皆作大書。惟訓釋及案語則以小字夾注附綴於後。」後來浙江重刻本，列《舉要》爲綱，以經傳子史之文爲目，而訓釋仍錯出其間，已非原書體例。又俗本或題《通鑑綱目前編》，殊不知全書並非專仿《綱目》，安得以「綱目」之名加之？此元天曆元年第一次刻本，出自履祥門人許謙所傳，而門人御史臺都事汝南郭炯請于肅政廉訪使平陽鄭允中，率僚佐助貲刊行。十八卷末有「門人御史臺都事汝南郭炯校正」、「門人金華許謙校正」字兩行。每葉二十行，每行二十二字。小字雙行，字數同。以視浙本之竄亂原書，校勘草率，真自鄶以下矣。履祥在宋末諸儒中，不爲語録空談之學，所著書皆根柢經史諸子，亦非專尚義理者務爲揣測之詞。惟其學出於王魯齋之門，此書所採《書經》，其訓釋往往求異儒先，好爲高論。案之履祥所撰《尚書表注》，大氐互相發明，或謂其作《表注》時與作此書悉本胡宏《皇王大紀》，參考著書歲月，其説似非無根。《四庫全書提要》譏其「勇於改經，不免臆斷」，洵定論也。此書舊爲泰興季氏、曲阜孔氏兩家所藏，前有「季振宜藏書」、「御史之章」、「季振宜印」、「滄葦」、「孔繼涵印」、「葒谷」等印記。前賢手澤，覩之益深仰止之思，可寶也。

〔一〕「三」原作「二」，據下文及丁丙《善本書室藏書志》卷七所著録本改。

通鑑紀事本末四十二卷 宋寶祐五年刻本

此大字本《通鑑紀事本末》四十二卷，宋寶祐五年嚴州郡守趙汝䇾重刊淳熙二年嚴州府學本也。淳熙本二百九卷，係小字本。汝䇾校正訛奪，合併卷數，成此本。半葉十一行，行十九字。今《天禄琳琅》載内府藏宋本三，常熟瞿氏鐵琴銅劍樓藏宋本一，皆此本也。宋王應麟《玉海·中興書目》云：「淳熙三年十一月，參政龔懋良言樞所編《紀事本末》有益見聞，詔嚴州摹印十部，先以繕本上之。」《宋史》袁樞本傳云：「孝宗讀而嘉歎，以賜東宮及分賜江上諸帥，曰：『治道盡在是矣。』」是當時此書甚負重名，故嚴州一再雕版。此版傳至前明尚在南京國子監。此即監中印者，字畫清朗，有歐書遺風，可見宋體字書並非如明以來横輕直重之體也。

通鑑總類二十卷 明成化十六年刻本

《通鑑總類》二十卷，宋沈樞以司馬温公《資治通鑑》事蹟，仿《册府元龜》之例，分爲二百七十一門，每門各以事蹟標題，依前後爲次，間採温公所論附之。宋嘉定中刊版後，元至正中浙江省重刊之。此本前有嘉定、至元二序，蓋即從此出也。每半葉十一行，行二十三字。句讀旁刻墨圈，尤便誦習。《通鑑》一書，文緐義博，串貫極難，必得《紀事本末》始知一事之原委，必得此《總類》始知前事之法戒。《紀事本末》近有江西南昌官書局本及漢陽童氏朝宗書屋活字印本。此則明刻，外無他本，讀者當共寶之。

吳越備史六卷　舊鈔本

有尋常舊本書求之二十年而始得者，如此《吳越備史》是也。昔閲仁和邵氏懿辰《批注四庫全書簡明目録》，此書注有《學津討原》本、掃葉山房本，皆以時刻不足珍貴。竊謂宋元舊槧或不可得，豈無明刻、舊鈔可以插架悦目者，乃竟多年不之遇，豈非大恨事乎？自鼎革以來，閉門索居，謝絶人事，惟二三書友時來周旋。一日，有人攜此書求售，審知爲影寫明刻本。原刻出自武肅越中十九世孫德洪、吳中二十四世孫受徵、二十五世孫達道校梓印行，此鈔本則爲國初時徐電發太史藏弆。卷首有「舊史徐釚」四字白文方印。蓋此書在康熙時明刻已希見，故僅存此影寫本也。據《四庫全書總目提要》云：「錢曾《讀書敏求記》云今本爲鏐十七世孫德洪嘉靖間刊本，序稱《補遺》爲其門人馬蓋臣所續，序次紊亂，如衣錦城建金録醮及迎釋迦等事皆失載。今是書於此數事咸備無闕，則非德洪重刊之本。其以《補遺》爲馬蓋臣所續，亦别無證據。蓋臣曾撰《吳越世家辨疑》，自序謂曾作《備史》圖表，亦不云又續其書。考此《補遺》之首有序一篇，不題名氏年月，序中有『家王故事』之語，當即中孚所題，亦云不知何人所作，則不出于蓋臣審矣。」案《四庫》著録爲四卷本，有《補遺》一卷，而此爲六卷本，與之不合。《提要》于目下注云「浙江汪汝瑮家藏本」，檢《浙江採集遺書總録》云「瓶花齋寫本」，則吳尺鳧焯所藏書也。其書後有吳跋云：「嘗得吳越二十四世孫受徵刊本，與此校對，其刊本小傳頗有删節。則此鈔本爲當時林、范原撰亦未可定。」蓋是書皆吴越子姓所編，兩本均非范坰、林禹之舊，特四卷本較此整齊，故《四庫》舍此而存彼耳。《提要》于引錢《記》十七世孫德洪下注云：「案，《吴越世家辨疑》作十九世孫，未詳孰是。」不知此本德洪乃十九世孫，正不待辨，而館臣當時並此本原書亦未見之，可見此本之難得。然錢氏《讀書記》余有乾隆乙丑沈尚傑刻本、道光乙酉阮福刻本，均作十九世，不作十七世，則《提要》所見又錢《記》之誤本，徒爲費辭也已。壬子春正月雨水後五日，青水遺民葉德輝記。

吴越春秋十卷 明刻元本

明重刊元大德丙午紹興路儒學刻徐天祜〔二〕《音注吴越春秋》十卷，半葉九行，行十七字，小字雙行，字數同。與大德九年乙巳刻《白虎通德論》、十一年丁未刻《風俗通義》行字一一相同，是明刻書中慎守先民榘矱者。《四庫全書總目》史部載記著録爲兵部侍郎紀昀家藏，據《提要》所稱刊刻年月、校勘官銜，當即此本。《天禄琳琅書目續編》宋版史部載有此書，係改大德丙午爲紹興丙午，僞充宋本。不知紹興不值丙午，徐天祜乃南宋末人，《音注》成于元時，距紹興年月懸遠。編撰諸臣不加詳審，殊爲疏陋之至矣。况案語云：「題識及後銜此本已佚。」則是明明作僞者彌縫隙罅，先行抽去，使閲者少一左證，乃云「《總目》據元大德十年丙午重刊本，未窺中秘宋槧」，何其信僞本之深耶！此本藏書家多誤以爲元刻，孫星衍《平津館鑒藏書籍記》元版内載有兩本，前一本行字與此同，後一本爲半葉九行，行十八字。前本莫友芝《郘亭知見傳本書目》、丁丙《善本書室藏書志》均有之，皆信以爲元本，不知其爲明重刊本。張金吾《愛日精廬藏書志》有明初重刻本，未詳何時何人所刻。若孫氏《鑒藏書籍記》所載兩元本，其行字與此本同者可斷其爲明刻本，其行十八字者則是真元本也。元本明本之分，以陸心源《儀顧堂題跋》參證孫《記》更爲了然。陸《跋》云：「元版每頁十八行，每行十八字，小字雙行，行二十六七字不等。版心分上下兩卷。」與孫《記》後一本款式行字同，孫《記》仍稱十卷者，以上下兩卷仍分子卷故也。陸又云：「明覆本款式及卷末題名同，惟每頁十六行，每行十七字，版心分十卷。」陸氏雖未詳覆本年月及刻者姓名，以其行字推之，蓋萬曆丙戌武林馮念祖重刻元本也。馮本目録後有長方匡記云：「萬曆丙戌之秋武林馮念祖重梓于龍臥山房。」後其版轉鬻于同鄉楊爾曾。楊改匡記云：「萬曆辛丑之秋武林楊爾曾重梓于龍臥山房。」但改甲子、姓名，餘各仍舊。此兩本余與從子嶠甫各藏其一，今以此本較之，誠不免小巫見大巫矣。宋本以嘉定甲申汪綱與《越絶書》合刻，有丁黻跋者爲最佳。瞿鏞《鐵琴銅劍樓藏書志》載有顧澗蘋以明本校宋者，云「每半葉九行，行十八字」，又有元刊本，云「明弘治間酆璠所刻即依此本」。余案，酆刻罕見，盧抱經文弨校此書，曾借常州莊葆琛所藏明弘治十四年巡按袁經大倫授吴縣令酆廷瑞重刻大德本，即其本也。元本前有徐氏補注三頁，此本亦有之，他本則否。蔣光煦《斠補隅録》有校記，録此三頁。蔣據者《古今逸史》本，以影宋本及明翻元大德本校，又云「宋本每半葉九行，行十八字，無注」。然案蔣校引宋本，間亦有注，不知出于何人，若徐天祐《音注》成于大德丙午，即刻于大德丙午，是可斷其必無宋本。《天禄琳琅續編》乃有宋版徐天祜《音註》本，豈非大笑柄乎！ 余因此悟江陰繆筱珊學丞荃孫《藝風堂藏書記》載有元大德九年刻九行十七字本《白虎通德論》及瞿《志》所藏元大德丁未刻九行十七字本《風俗通義》，皆與此書同時前後二三年中所刻，非元刻也。元刻當亦是九行十八字，繆、瞿二家之書，余皆親閲其書，紙料、墨色、印工、字體與此書全無差别，是此書爲明刊元本，彼二書亦必明刊元本。明刻自足珍貴，又何必强欲躋之元刻自欺以欺人耶？ 蔣校明翻元大德本即是上下兩卷本，兩卷仍分子卷，《斠補隅録》全引其書，可以覆案。然則孫《記》所稱十卷者，確是兩卷，而陸《跋》所稱兩卷，得蔣校益可證實其説，不待目見十七字、十八字兩本互相勘驗而始無疑義也。從子定侯獲得此書，因爲之跋其後，時丙寅重九郎園老人并書。

〔一〕「徐天祜」，原作「徐天祐」，按《中國古籍善本書目》作「祜」字。又徐氏字受之，《詩・小雅・信南山》：「受天之祜。」或取義于此。祜、祐形近易訛，前人著録多有訛作「祐」者。葉氏下文訛者均徑改，不别出校記。凡引文原文訛者皆從其舊。

又一部 明萬曆丙戌馮念祖重刊元大德丙午徐天祜注本

《吴越春秋》十卷，明馮念祖刻本。目録後有長方木牌記字三行云：「萬曆丙戌之秋武林馮念祖重梓于龍臥山房。」卷十後有字七行，其一云：「大德十年歲在丙午三月音註。」其二云：「越六月書成刊版，十二月畢工。」其三云：「前文林郎國子監書庫官徐天祜音註。」此行較前二行高二字。其四云：「紹興路儒學學録留堅。」其五云：「紹興路儒學學正陳昺伯。」其六云：「紹興路儒學教授梁相。」以上三行較前一二兩行低一字。其七云：「正議大夫紹興總管提調學校官劉克昌。」此行頂格。蓋從元刻舊式也。然元本每半葉九行，每行大字十八字，小字二十六七字不等，此則每半葉八行，每行大小字均十七字。元版版心分上下二册，此則分十卷，蓋不過從元本重刻，非模刻也。明刻又有弘治十四年吴縣令鄺廷瑞刻元大德本，亦九行，行字大小均十八字，板心上下亦改十卷。《四庫全書總目》史部載記著録十卷，《提要》以爲大德十年丙午所刊，但既云十卷，恐是依鄺本入録，非真元本也。此本後以版歸于楊姓，前木牌記改「丙戌」爲「辛丑」，「馮念祖」爲「楊爾曾」。余先所得者即楊本也。

又一部 明萬曆辛丑楊爾曾刻本

《吴越春秋》十卷，明程榮《漢魏叢書》、吴琯《古今逸史》皆有其書，作六卷。吴壽暘《拜經樓藏書題跋記》一一云：「右《漢魏叢書》中《吴越春秋》六卷，先子從元刻補鈔目録并徐天祐補註九條，後有大德十年校刊姓氏。題後云：『《吴越春秋》十卷本，元徐天祐音註，刻《漢魏叢書》者削去天祐之名，又併其卷爲六，盡失本來面目。明人刻書往往如此，可歎也。兹從元刻《吴越春秋》補鈔序目，附釘於前，而大德年中校勘諸人姓名官閥亦附録于後，庶使讀者知舊本之可貴云。』」曩讀吴《記》，恨不得見元刻或吴校，一證其異聞，今得此本，雖非元刻，然係萬曆辛丑楊爾曾重刊本，仍十卷之舊，前刻序目，後列校刻人官銜，與吴《記》一一符合，固亦善本也。每半葉八行，每行大小十七字。取校余舊藏程、吴兩刻本，誠有如吴《記》所云「盡失本來面目」者。明人刻書，如程如吴，尚爲世所稱善，而亦謬妄如此，是明版書可信者少矣。

從子巘甫近得明萬曆丙戌馮念祖重刊元本，取校此本，乃知馮本即係此版初印。馮本目録後有長方匡記云：「萬曆丙戌之秋武林馮念祖重梓于卧龍山房。」此本長方匡記仍舊，惟改「丙戌」爲「辛丑」，「馮念祖」爲「楊爾曾」，同一刻版。疑馮版日久未印，轉售其版于楊，故藏書家多知爲楊，不知爲馮也。馮本白綿紙印，書本極寬大，墨色極濃厚，此本則遜之遠矣。

越絶書十五卷 明嘉靖三十三年張佳胤仿宋丁黼本

此明嘉靖三十三年張佳胤仿宋丁黼本。每半葉八行，每行十七字。版心有「雙柏堂板〔一〕」四字。前張佳胤序，稱：「黎陽盧少楩出孟汝再家藏書本于予，爰校刻焉。」後有無名氏一跋，宋紹興庚辰東徐丁黼一跋。陸心源《儀顧堂續跋》以爲此本之外有張佳胤本，當是所跋者失云張序，以爲別有一本。又版心「雙柏堂板」，「板」字不誤，陸《跋》以「板」爲「校」，殊未細審。此雖明刻，傳本極少，各藏書家志目，前如孫星衍《祠堂書目》、張金吾《愛日精廬藏書志》皆不載。近則陸目有之，丁丙善本書室、朱學勤結一廬、瞿鏞鐵琴銅劍樓均無其書。陸氏所藏又失去張序，使讀者不知刻本原委，亦爲遺憾。余前後所得明本，除《漢魏叢書》、《古今逸史》本外，尚有萬曆馮念祖本，亦爲前人所未見者，暇日當取衆本校勘之，是必大有異同矣。

〔一〕「板」底本作「版」，據明嘉靖間張佳胤刊本《越絶書》改。

又一部 明嘉靖丁未陳塏刻本

《越絶書》十五卷，明嘉靖丁未餘姚陳塏刻本。前有自序，後録無名氏跋。宋紹興庚辰七月望日東徐丁黼書，嘉定甲申八月旦日新安汪綱書，正德己巳三月甲辰南京兵部主事吳人都穆記，無年月成都楊盛跋。每半葉十行，行二十二字。陸心源《儀顧堂續跋》有明仿宋汪綱本，云：「前有嘉靖二十四年田汝成序，後有無名氏跋、東徐丁黼跋、新安汪綱跋、都穆跋。每葉十八行，每行十六字。正德己巳，吉水劉恒字以貞者知吳縣，以都穆家藏本重刻于吳，田汝成爲之序。常熟瞿氏以爲田汝成刻者，蓋未細繹都跋耳。」案陸氏此跋，殊未明晰，都穆跋劉刻此書時在正德己巳，至嘉靖二十四年相距三十六年之久，何待田汝成爲之序？蓋田序者乃重刻劉本耳。常熟瞿氏《鐵琴銅劍樓藏書目録》載有明刊本，不詳明刊年月，有無名氏跋及丁黼、汪綱跋，但稱爲明刊本，無行字可考，然無以爲田汝成刻語，不知陸氏何以誤記，而不一檢瞿目也。此本諸家書目未載，亦明刻中罕見之本。陸氏《續跋》所云「卷七『兵强而不并弱』下缺兩葉」，「卷十三『故天倡而見符地』下缺一葉，皆留空白」者，此本皆不缺，則在明版中亦當推爲上駟矣。

又一部　明萬曆丙戌馮念祖重刻元大德本

此與馮念祖所刻之《吳越春秋》版式行字一一相同，蓋一時所刻也。惟諸家刻本《外傳》本事皆在首篇，此則在末十五卷。《外傳》即作者自敍，如《史》、《漢》自敍之例，則此篇宜于在後，而不宜于冠前。此本祇載無名氏一跋，汪、丁兩跋均不載，殆别有所據。以理揣之，其原本必宋刻之至佳者。此亦從子𡸣甫所藏，諸家書目皆未著録，且載《吳越春秋》者亦未之涉及，則其本之罕見固可知矣。

弇山堂别集一百卷　明萬曆庚寅刻本

《弇山堂别集》一百卷，明王世貞撰，萬曆庚寅刻本。每半葉十行，行二十字。前有世貞自序，云：

「是書出，異日有裨於國史者十不能二，耆儒掌故取以考證十不能三，賓幕酒筵以資談謔參之十或可得四。」其言謙謙如此。實則見聞詳洽，紀述具有史才。由其生長世家，早以文章名世，而是集爲晚年撰定，以視董復表掇拾世貞文集碑傳之作編爲史料者，一爲己所精心結撰，一爲人所裒合成書，其得失固不侔矣。是書凡《盛事述》五卷，《異典述》十卷，《奇事述》四卷，《史乘考誤》十一卷，表三十四卷，考三十六卷，共一百卷。明以後無他本，原有闕卷，余配成全書。

史料前集三十卷後集七十卷 明萬曆甲寅刻本

《弇州史料前集》三十卷《後集》七十卷，明董復表撰。輯王世貞碑傳記事及關于朝章國故之作，名曰《弇州史料》。《前集》皆其所撰明時諸人本傳，凡三十卷。《後集》則碑志傳表及吳中往哲記。其他雜纂之屬，又有《國朝叢記》、《弇州筆記》、《觚不觚録》，當時皆有別本單行，而《盛事述》、《異典述》、《奇事述》、《史乘考誤》等則《弇山堂別集》中所有者。《四庫全書總目》史部傳記類存目，衹載《弇州史料》三十卷。案《提要》云：「是書皆採掇王世貞文集説部中有關朝野記載者裒合成書，非集非史，四庫中無類可歸，約略近似，姑存其目於傳記中，實則古無此例也。」據此則《四庫》所收衹《前集》，無《後集》。其書如援《四庫》著録《通志》之例，雖當入別史，如援《弇山堂別集》之例，則當入雜史，何謂無類可歸？蓋修纂諸臣未見全書，故有此臆斷之語耳。胡維霖《墨池浪語》譏是書謂：「凡請弇州作傳誌者，雖中材亦得附名，未請作傳誌者，雖蓋代勳名節義亦所不載。」是竟以爲出于世貞手定之書，而忘其爲他人編輯之作，信口雌黄，不自知其持論之輕率也。是書萬曆甲寅楊鶴序刻，每半葉九行，行十八字，乃萬曆刻本之最精者。

又一部　同上刻本

《弇州史料前集》三十卷《後集》七十卷，即《明史·藝文志》所載《明野史〔一〕彙》百卷也。《志》注稱「萬曆中董復表彙纂諸集爲《弇州史料》百卷」，蓋其書未刻以前之名耳。近來藏書家目録如祁氏淡生堂、孫氏祠堂、倪氏江上雲林閣、丁氏持静齋皆無其書，即《四庫存目》亦止《前集》三十卷，《提要》並不知有《後集》七十卷也。明人著書之富，無過弇州山人。余既得藏其《四部稿》、《續稿》、《别集》等書，皆歷來藏書家罕見著録之本，今又獲此全集，何快如之！《前集》有「大司成章」四字朱文篆書印，卷一有「王士禛印」四字白文篆書印、「文學侍從之臣」六字朱文印，知經漁洋先生收藏者。迄今又二百餘年，兩集尚未分散，吾輩眼福，勝於四庫諸臣遠矣。壬寅初夏五日。

〔一〕原奪「史」字，據《明史·藝文志》補。

貞觀政要十卷　明成化元年刻大字本

《貞觀政要》十卷，明成化元年刻大字本。每半葉十行，行二十字，小字雙行同。大黑口本，版心「貞觀政要卷某」，前有成化御製刻書序。《四庫全書總目》史部雜史類著録爲内府藏本，蓋即《天禄琳琅書目》明版史部所載者，云明内府藏本，有「廣運之寶」鈐序及卷一之卷三，卷五、卷七、卷九，核之此本，一一符合，不知何時散出落于廠肆。余正覓此書，適書友以日本刻本送閲，余疵其有彼國人墨刻讀法，殊不雅觀，再屬其訪一掃葉山房刻本，庶幾稍舊，可爲插架之需。遲之數日，偶過修文堂，見此書，正裝釘完事，亟詢其值，則非三十金不售，謂收入已費廿餘金，加以整理線裝人工，獲利無幾。余重其爲兩朝內府藏本，遂如其值取歸。其書得失，《四庫提要》已詳，不贅論也。庚寅春王正月元夕後四日德輝。

奉天録四卷 鈔本

此《奉天録》四卷，爲金甸丞太守所贈。余有龍萬育敷文閣校刻本，又有秦恩復石研齋刻本。其書原委，已詳秦刻本序跋中，此不復贅。此爲張石洲家鈔本，舊爲祁文端所藏。書面題字爲石洲手書，中夾文端手跋一紙。名賢手蹟，一字千金，後有得此書者幸珍襲之。

書面題「奉天録四卷」，下注「永樂大典本」，鈐「顨齋」二字朱文篆書橢圓印。內護紙題「在大典唐字韻下」，鈐「觀齋曾讀」四字朱文篆書方印。「顨齋」爲石洲別號，「觀齋」則文端別號也。又「繩抴堂」三字白文篆書方印，「如願」二字白文篆書方印，「先文端文恪公遺藏經籍書畫」十二字朱文篆書方印，「壽陽祁氏子孫永寶用」九字朱文篆書方印。卷四末葉有「壽陽祁氏藏書」六字白文篆書方印，「君依所藏」四字白文篆書方印，「文端公之曾孫」六字朱文篆書方印，「如願」二字印，「君依讀過」四字印，均祁氏印。文恪爲文端子，余壬辰座主，諱世長，身後遺書子孫尚能保守，此不知甸丞從何得之。

又一部 龍萬育敷文閣校刻本

《奉天録》四卷，唐趙元一撰。紀德宗平朱泚事。《新唐書》本紀及朱泚、李希烈、哥舒曜傳均據其說。

《四庫全書》不著録，阮文達元《揅經室外集》亦未載。嘉慶末年、道光初元江都秦恩復石研齋兩次校刻，光緒中江陰繆氏雲自在龕又据秦本重刻。秦刻兩本有異同，而繆所据本與此合。蓋并出自《永樂大典》也。秦刻有顧廣圻序，稱得之龍燮堂，龍得之徐星伯家。此本即龍刻，此書第一刻也。書前有「金匱孫爾準校訂」、「錦星龍萬育燮堂校梓」兩行。書眉上有校語，即出孫公手，多以新、舊兩《唐書》、《通鑑》等互勘，頗足以資考索，秦本所無也。是書舊藏縣人袁漱六太守芳瑛臥雪廬，前有「臥雪園藏書」印記，乃後人所加。太守藏書名臥雪廬，不名「園」也。書面題字爲太守手書，小説、載記分類未定，然其書實小説體。《四庫全書總目·新唐書提要》謂其「蒐及小説」，正謂此類書耳。按此書秦刻本分四卷，此本通連一卷。余前跋誤云四卷，今舉正之。至書中孫校所訂所疑之誤，秦刻皆不誤，余後又得張石洲家鈔本亦不誤。張氏行格字數與秦刻同，蓋同出一鈔本，此雖初次刻，已易原鈔行款，故誤字亦多也。

國榷五册　鈔本

此殘本談遷《國榷》五册，朱氏潛采堂故物也。按，《明史·藝文志》「談遷《國榷》一百卷」，則此僅百分之五，惜不得竹垞藏書目一考之。竹垞以鴻詞入史館，撰修《明史》，全史體例皆其一手裁成，觀《曝書亭集》史館上總裁七書，可以知其大略矣。是書蓋即其時修撰之史料。第二册、第四册首葉有「朱印彝尊」四字白文方印，又有「秀水朱氏潛采堂圖書」九字朱文方印，不知幾經厄劫，始得留貽至于今日。書不可貴，手澤可貴，故重加裝池以插架，子孫其永寶之。乙未臘月葉德輝記。

是書各家書目罕著録，惟豐順丁氏《持静齋書目》史部編年内有《國榷》一百二十卷，注云舊鈔本。《明史》載此書一百卷，後失其大半。丁氏爲咸、同年間一藏書家，不以殘本見棄，則其書之珍貴可知矣。書友李强之持舊書一單求售，余收得數種，此書亦在内，去大泉四千。是日梓兒入蒙塾，邀粟谷青孝廉掞授句讀，内弟勞勉丞解元送入塾，并邀同年汪頌年編修詒書、胡眉壽吉士矩賢，友人鄭叔静採花沅在書齋共飲，至二鼓始散，時臘月十九日也。

元朝秘史十卷續十卷 舊鈔本

《元朝秘史》十卷《續》十卷，大題下雙行注「忙豁侖紐察脱察安」字，蓋撰者姓名也。原書每半葉大字五行，旁注譯音小字五行，大字每行約二十八字，小字隨大字高下，字數無定。道光中靈石楊氏刻入《連筠簃叢書》，爲卷十五，無分正續，又删去其旁譯小字，亦無譯文、撰者姓名，真有刻不如〔二〕刻之嘆。然楊本出自《永樂大典》十二「先」、「元」字韻，删去旁文則又非楊氏之過矣。此本出自嘉慶間張太守敦仁影元刻舊鈔本，顧廣圻《思適齋文集》有跋，言其原委甚詳，此已鈔附本書末。近順德李約農侍郎文田爲作注，以十五卷爲主，而以此本參校。由于旁譯之文夾雜，難于分辨，故從其簡略者耳。侍郎注文博雅，袁爽秋部郎已刊入《漸西村舍叢書》。邇者友人中究心金、元兩朝掌故者，膠州柯鳳蓀編修劭忞、萍鄉文芸閣編修廷式、武進屠静山大令寄皆有撰述。柯君《新元史》已成書，葵園屢索其稿，請以局錢刊行，柯君以繕稿未定，不欲草率成書，未允也。此書柯君亦見之，少所採掇，因李注本已刊成，可以取證。余則以爲此原本，終與楊本李注不同，冀日有好事者付之手民，庶與《蒙古源流》一書合之兩美矣。丙午嘉平四日德輝記。

〔一〕「如」下疑奪「不」字。

春明退朝録一卷 元刻明印本

此書所傳宋本只《百川學海》本，無單行者。余從廠肆冷書攤頭以壹金購得此本，乃明仿宋刻，首尾無序跋，以紙墨考之，蓋元末明初本也。書凡半葉十二行，每行二十字。與瞿氏鐵琴銅劍樓所藏校宋本行款正合。書中遇宋諱小注某祖諱、某宗諱及嫌名、御名，皆仍宋本之舊，視明仿宋《百川學海》本勝處已多，無論他刻矣。雖爲明本，當以宋本視之。丁酉四月立夏後一日，麗廔主人葉德輝識于都門。

唐摭言十五卷 蔣西圃藏鈔本

張海鵬刻《摭言》，跋云：「《摭言》十五卷，所見鈔本後有嘉定辛未鄭昉題識者，最爲近古，所稱『臼頭本』是也。」余案，第十卷「蔣凝」條「臼頭花鈿滿面不如徐妃半面」，俗本以「臼頭」爲「白頭」，故舊鈔以作「臼頭」者爲最善本。張氏所刻據云從邵朗仙假得，又云雅雨堂本亦仍其失。今雅雨堂本實從「臼頭」，審是剜補，蓋張所見爲初刻時印本耳。雅雨本係從朱竹垞本出，今此本亦鈔自竹垞者，獨較雅雨本爲勝。「臼頭」爲妄人校改爲「白頭」，又有校人仍改爲「臼頭」，將「白」字中畫刮斷，其實原鈔確是「臼」字，字體横寬，「白」字上撇偏左，又原鈔墨淡，校改墨濃，皆可取證也。曩讀蔣光煦《斠補隅録》載有《摭言》校本，係以竹垞本校雅雨本，凡所稱引，大致與此本多同。所據雅雨本頗多訛字，今雅雨本不誤者，當是後來校改。亦有雅雨誤而未及校出者，如卷三「今年及第明年登科」條「郭代公十八擢第」，雅雨本「公」訛「云」，蔣校並未摘出。又卷二「得失以道」條「未到于天人之際耳」，雅雨本作「未到於古人之際耳」，蔣校誤以竹垞本列爲大字，而小字作「未能到於古之人耳」。是又參以他本，並不注明，使讀者不知何者爲竹垞本、何者爲雅雨本。乃知古書一經後人傳校，皆不足信。若不見此本，不知蔣校作何語矣。此本前録朱竹垞跋，題「戊戌三月西圃居士手録」，下有白文螭緣印，文曰「蔣軾」，又有朱文印，不可識。首葉有「西圃蔣氏」白文方印，目録首葉有「西圃蔣氏手校鈔本」長方朱文印。蔣之里貫未詳，據印文知名「蔣軾」而已。黄丕烈《士禮居題跋記》有《鼓枻稿》一卷，云舊鈔六卷本卷上有「西圃蔣氏手校鈔本」長方印，與此正合，知其人藏書必多。家鞠裳編修撰《藏書紀事詩》竟未録及，亦缺典也。異日當考其人之平生，以補載之。光緒戊戌上元前二日葉德輝識。

石林燕語辨十卷 德輝以《儒學警悟》本校自刻本

《石林燕語〔二〕辨》十卷，余以家刻《石林燕語考異》校録汪應辰《辨》二百二條，凡無辨者并原文不録。汪書在《儒學警悟》中，本重在辨，故不録全文也。《儒學警悟》凡七集，宋嘉泰壬戌俞聞中刊行，其第一集自第一卷至第十卷即此《辨》，餘皆宋人説部書，如左圭《百川學海》之例，蓋叢書之最早者。余昔年刻此書，乃從繆筱珊太夫子借得新鈔本，由宗室伯兮祭酒盛昱所藏明藍格鈔本《儒學警悟》過録，頗失原書面目。後祭酒藏書散出，其書卒歸繆處。余得而從借校其全，并擬依原式寫刊，留此底本以資覆校。汪《辨》多與宇文紹奕《考異》文同，不同者僅九事。蓋紹奕本應辰爲四川置制使時所薦士，見應辰《文定集・薦蜀中人才劄子》。必應辰令撰此書。初名《考異》，及應辰定稿改名曰《辨》，當時兩本同傳，故一屬應辰，一屬紹奕也。據《四庫全書》子部雜家類本書《提要》云：「應辰之書僅《儒學警悟》間引數條，與紹奕《考異》同。」又附注云：「案《儒學警悟》亦南宋之書，不著撰人姓氏。」此由館臣未見《儒學警悟》原本書，故云爾。實則此書載《永樂大典》「悟」字韻下，特不全耳。先族祖調笙公《吹網録》云胡心耘在京師，詣清秘堂，從《永樂大典》第一萬四千八百卷「悟」字韻下鈔得汪《辨》原目二百二條。果有全文，心耘何以僅録原目？今二人之書并出，藉可互相證明，且益見先少保公之書見重士林，不妨有此諍友也。

〔一〕「語」原作「誤」，形近而訛。

酌中志略二卷　舊鈔本

張文襄《書目答問》史目雜史類載有明吕毖《明宫史》五卷，云《學津》本；即嘉慶中張海鵬《學津討原》所刻。明劉若愚《酌中志》二十四卷，云《海山仙館》本。道光中南海潘仕誠刻叢書。按《四庫全書總目提要》史部政書類著録《明宫史》五卷，云：「舊題明吕毖校次。其書敍述當時宫殿、樓臺、服食、宴樂及宫闈雜事。」丁日昌《持静齋書目》史部政書類亦載之，係舊鈔本五卷，注云：「自《酌中志》抽出，而易其名。」《四庫》政書類之吕毖校本即此編，故不題撰人也。今《四庫》祇收《明宫史》，未收《酌中志》，故不知其詳。丁氏於所藏書多過目，故得其實也。余藏此鈔本《酌中志略》二卷已十餘年，曾未取《學津》本一校。昨從書棚購得新印活字本《明宫史》八卷，因憶丁氏之説，取《海山仙館》本校之，乃知《明宫史》八卷果從《酌中志》十六、十七、十八、十九、二十、二十一、二十二、二十三一連八卷抽出。鈔本《志略》，雖僅二卷，内分十五目，實即《海山仙館》本除《明宫史》八卷所餘之十五卷。其一卷題「黑頭爰立始末」，此鈔本無之。《海山仙館》在末二十四卷下，注附字者也。竊疑《明宫史》、《酌中志》本爲一書，經吕毖校次，析八卷，併易其名，故此鈔本有《酌中志略》之稱。否則《明宫史》、《酌中志》各爲一書，後人傳鈔合併，《海山仙館》即據合鈔本刻之，未可知也。惟《海山仙館》之二十四卷所紀爲涿州馮銓出身始末，皆暴揚其阿附客、魏串陷東林之事。銓本明臣，入仕國朝，官至大學士，其人本不足道。此疑銓已貴顯，當時人爲之諱，故遂缺此一卷耳。凡藏書不當視其卷數之分併多寡以定其書之完缺。即如此鈔本，雖僅二卷，而有刻本十五卷之多。刻本有而此本無者，則已析出爲《明宫史》，亦不得謂鈔本之不全。往年獲此書，見其名《志略》，偶一繙閲，未暇詳審，今得《明宫史》一證，方悟其爲全書。《書目答問》分載二目，正與余同一蔽也。此本鈔手精妙，書中遇勝國宫殿、帝上御名等字，皆跳行抬寫，猶是原書行款，當據原本過録者。今《海山仙館》本則直行到地矣。有明宦官，多識文字通書理之人，故其竊弄威權，視閣臣爲特甚。如若愚此書，敘及客、魏之事，良足以昭炯戒，固不必以此書出自奄人之手而以人廢言，亦不必以所言得于近侍之親而以書爲信。文襄列于雜史，當矣。宣統三年辛亥上巳日記。

明宫史八卷　活字印本

《明宫史》八卷，明劉若愚撰。《四庫提要》史部政書類著録，作五卷，「明吕毖校次，始末未詳，蓋明季宦官也」。「其書敍述當時宫殿、樓臺、服食、宴樂，及宫闈諸雜事」。以此本敍目推之，當即一書。劉若愚撰之，吕毖校次之，其分卷一作五卷者，則兩本分併不同耳。劉若愚亦内奄，别撰《酌中志》二十四卷，南海潘仕誠《海山仙館叢書》中刻之，其第十七卷「大内規模紀略」即此第一卷之「内廷宫室瑣記」，而文句多有不同，當即吕毖所删潤；其第十六卷「内府衙門職掌」即此第二卷；其第十八卷「内版經書紀略」即此第三卷；其第十九卷「内臣佩服紀略」即此第四卷；其第二十卷「飲食好尚紀略」即此第五卷；其第二十一卷「遼左棄地紀略」即此第六卷；其第二十二卷「見聞瑣事雜記」即此第七卷；其第二十三卷「纍臣自序略節」即此第八卷。兩本對校，此本多有節删，疑出吕毖校次時所改。余舊藏有鈔本《酌中志餘》二卷，上卷「憂危竑議前紀」第一，「恭紀先帝誕生」第二，「恭紀今上瑞徵」第四，「三朝典禮之臣紀略」第五，「大審平反紀略」第六，「先監遺事紀略」第七，「兩朝椒難紀略」第八，「正監蒙難紀略」第九；下卷「逆賢亂政紀略」第十，「外來綫索紀略」第十一，「各家經理紀略」第十二，「本章經手次第」第十三，「客魏始末紀略」第十四，「逆賢羽翼紀略」第十五。潘刻一目一卷凡十五卷，合此八卷共二十三卷，末附「黑頭爰立始末」一卷。疑《明宫史》、《酌中志》各爲一書，潘刻始爲合併之本也。書此以俟再考。辛亥上巳記。

宋紹興十八年題名録一卷同年録一卷 乾隆癸卯謝袞活字印本

《紹興十八年題名録》二卷，是榜以朱子五甲進士之故，流傳至今。上卷前載御筆手詔御試策一道；次列敕差知貢舉、同知貢舉考試官、點檢試卷官、御試敕差初考官、覆考官、釋褐禮糾彈官、箋表官、主管題名小録官、掌儀典客官、掌計官、掌器官、掌膳官、掌酒果官、監門官諸人名銜；次列一甲至五甲諸進士姓名，下載某府某縣某鄉某里字樣，蓋即所謂題名小録也。下卷首標「附録」二字，諸進士姓名下詳載字號小名，三代父母、兄弟、妻子，及具慶、永感下、偏侍下之類，蓋即今之所謂同年齒録也。是録以明弘治中王鑑之刻本爲最舊，次則此本，乃乾隆癸卯謝袞以活字擺印于萬縣署中者。當時並《寶祐四年登科録》僅印三百本，故世間傳本甚稀。朱子小名沈郎，載附録下卷。光緒初元，伍紹棠續刻《粤雅堂叢書》亦曾刻入，其後跋云：「朱子小名沈郎，見于《南宋雜事詩》注，不見于是書。」不知彼所刻僅止上卷，朱子小名乃在附録卷内也。自明至今，題名録由官刻，同年齒録則由私刻，其體式與此正同。余又見明錢謙益、鍾惺進士試卷刻本，上闌刻父母以上歷世祖父母，下闌刻房族妻子，與今士子鄉會試卷並同，可知數百年科第沿襲成風，初未有所改變。幸而爲朱子，則一榜之進士，皆得附驥以傳。不幸而爲錢謙益，則一試卷之存留，亦無好事者保藏繙刻。是則科名以人而重，人固不必藉科名而重明矣。是録苟無朱子，則此恒河沙數舉子之名姓，不久與草木同腐哉！壬子小除夕題。

宋寶祐四年登科録一卷同年録一卷 同上印本

此《宋寶祐四年登科録》二卷，榜首文天祥于宋亡殉節，忠義之氣，照耀古今；二甲第一人爲謝枋得，二十七人爲陸秀夫。一榜而得三忠，則有宋一代養士之報也。上卷首載御試策題，次載敕差詳定官、添差覆考官、覆考檢點試卷官、對讀官、封彌官、巡捕官諸人名銜，及謝恩謁聖儀注。各進士名下止載某府某縣某鄉某里字樣，與《紹興題名録》同。下卷爲附録，首載龔開文天祥、陸秀夫兩傳，唐荆川《宋史》本、謝枋得傳。各進士名下詳載别號小名，三代名諱，妻子兄弟，及具慶、重慶、雙侍、偏侍、嚴侍、慈侍、永感等字，亦與《紹興題名録》同。光〔一〕緒初元，伍紹棠續刻《粤雅堂叢書》亦有此録，但止下卷而無上卷，與紹興之《題名録》有上卷無下卷者同一不完。書貴舊刻，豈不以新刻多繆，徒使讀者耗費神志耶？是科覆考檢點試卷官爲王應麟，其弟應鳳中一甲第九名進士。當時親屬無迴避之例，可見文法之寬，亦可見士風之古。若在近世則關節請託，靡所不有矣。雖然，關節請託猶未免重視科名。自罷科舉興學堂，人無進身之階，士無專門之業。聲光電化，仍然紙上空談；平等自由，奉爲案頭語録。人心既死，國社亦因之覆亡。追原禍始諸人，十餘年來之親貴、樞府、疆臣皆不得辭其咎。至于遜位詔下，舉國若狂，不獨無文、陸、謝三公之振起綱常，即求如王應麟之高尚其志，不履二庭，亦不數覯。嗟乎！世風日下，廉恥道亡，三復此書，不禁爲之欷歔感喟已。

〔一〕「光」原訛作「先」。

古今列女傳三卷 明永樂元年刻本

《古今列女傳》三卷，明永樂元年成祖敕編付刻者。黑口本，每半葉十二行，行二十二字。《四庫全書總目》史部傳記類著録，《提要》云：「明解縉等奉敕撰。上卷皆歷代后妃，中卷諸侯大夫妻〔一〕，下卷士庶人妻。時仁孝皇后又作《貞烈事實》，以闡幽顯微。諸臣編輯是書，稍爲經意〔二〕，不似《五經》、《四書大全》之潦草。所録事蹟，起自有虞，而以明初人附益之。去取頗見審慎。此本爲秀水項元汴家藏，猶明内府初刊之版。黄虞稷《千頃堂書目》稱此書成於永樂元年十二月。今考成祖御製序，實題九月朔旦，知虞稷未見原書，僅據傳聞著録矣。」余謂「九月」、「十二月」偶然誤記，安知其不見原書？此書版片久在南京，虞稷僑寓上元，尤無不見原書之理。惟據《南雍志·經籍考》云：「《古今列女傳》三卷，存者一百零四面，失者七面。」《志》爲南京國子監祭酒黄佐修，《考》則助教梅鷟撰，時在嘉靖二十二年，故後來印者多補版。此則原版初印，紙墨精良，甚可寶也。丁酉三月上浣之九日，長沙葉德輝。

按：劉向《列女傳》從《漢志》入儒家，此則全本史體，故入史部。

〔一〕「妻」字原奪，據《四庫全書總目》補。

〔二〕「經意」原作「留意」，據《四庫全書總目》改。

繪圖列女傳十六卷 明汪道昆刻仇十洲繪圖本

《列女傳》十六卷，明汪道昆撰，仇十洲繪圖本。道昆所刻，至國朝乾隆時其版片尚存。歙人鮑以文廷博購其版印行，詳前乾隆四十四年汪庚序。大題下題「仇十洲補圖」五字，不具撰人名。每半葉十行，行二十一字。圖畫精美，剞劂尤工。汪道昆於萬曆丙戌刻有梁釋僧祐《弘明集》十四卷，唐釋道宣《廣弘明集》三十卷。此雖無刻時序跋，以兩葉字體證之，殆亦萬曆中刻矣。道昆字伯玉，世貞同年進士，大學士張居正亦其同年生也。父七十壽，道昆文當其意，居正亟稱之。世貞筆之《藝苑卮言》曰：「文繁而有法者于鱗，簡而有法者伯玉。」道昆由是名大起。晚年官兵部左侍郎，世貞亦嘗貳兵部，天下稱兩司馬。事蹟具《明史·文苑列傳》，附《王世貞傳》。此書《明史·藝文志》不載，本傳亦未言及。惟汪庚序謂爲道昆作。道昆歙人，庚其鄉後進，其言必有據也。

己未詞科録十二卷　嘉慶十二年刻本

《己未詞科録》十二卷，紀康熙鴻博特科大典及與試諸人傳略也。其時主試四人，先族祖文敏公方藹居其一。公爲明文莊公盛七世孫，順治己亥科以一甲第三人及第，官至禮部侍郎，加尚書銜。於時爲翰林院掌院學士，聖祖派爲讀卷大臣，洵異數也。其時吾族祖應薦舉者四人。九來公奕苞、敷文公方蔚，皆文敏從兄弟，崑山派二十五世也。副使公灼棠，紀革派二十四世也。中書公崇舒，汾湖派二十六世也。又有黄州工部公封者，先爲浙江嘉興人，王文簡《居易録》以爲文敏族兄弟，其時亦被薦舉，與試未用。可見國初時吾族儒風之盛。然工部之封翁，實王氏子撫嗣於吾姓者，仍不得爲同族。顧并主試此等大典，吾族已有五人，不必引重異族矣。其後乾隆丙辰再舉特科，吾族又有二人。其一編修公長揚，支頭嶺郡城支二十七世也。其一太學公承點，新場派二十八世也。吾族文學以郡城、汾湖、崑山、新場四派爲盛，而今皆式微。吾族修譜時，曾採集先祖輩遺聞佚事爲《祖庭典録》一書，頗爲詳盡。其辨别前人記載失實，如李集《鶴徵録》引某説，謂九來公才名出文敏公上，文敏忌之，抑不入第是也。當時，聖明在上，讀卷諸人何敢私及兄弟，如九來公千古傳人，豈必以科第見重，固知某説之繆也。是録十二卷，成書在李集書之後，記事慎重，不采某説，信有特見，不獨援引博洽爲足重云。丁巳秋九月霜降德輝偶識。

孤兒編二卷 汪氏刻本

此《孤兒編》二、三兩卷，爲甘泉汪孟慈部郎喜孫述其父容甫明經中學行之作。謂之《孤兒編》者，喜孫生九歲而中没，志哀也。中少負狂名，同時人記載之文，往往言之過甚，喜孫一一辨正之，並皆援引當時人語以相佐證，是亦仁人孝子之用心也矣。是書一卷不知如何，就此存者兩卷而論，中事似已完編。惟三卷不知何人裁去七、八兩葉，無從鈔補耳。喜孫名父之子，又與嘉、道間聞人往來，家學師承，皆有根柢，文章爾雅，不愧作者之林。吾向得所撰《從政録》一卷，爲元和江建霞太史假閲未歸，去年還吳，則江書久散，《從政録》猶流落冷書攤頭，吾急購歸藏之行笥。今又於書肆中無意得此殘本，汪氏一家之學，庶幾始末可稽。其一卷雖缺，其全疑無記中事者，以二編開首即《先君靈表》可推知也。《汪氏遺書》中未列此種，殆《遺書》刻成後始有此作耶？丁巳六月大暑德輝題。

謝叠山批點陸宣公奏議郎曄注十五卷 元刻本，無年月

《陸宣公翰苑集》二十二卷，《四庫》入集部，而《奏議》不別著録。阮文達撫浙時得郎曄注《陸宣公奏議》十五卷進呈，有提要載《揅經室外集》，云：「卷首載《經進奏議表》，銜題『迪功郎紹興府嵊縣主簿』。曄所注惟經史爲多。從元至正甲午翠巖精舍重刻宋本影鈔，于是單行《奏議》始重于世矣。蓋自國初年羹堯刻本以外，翻刻甚多，皆尋常視之，未嘗珍重也。然此書經文達進呈後，世間亦無刻本，近日淮南書局、姚覲元咫進齋、陸心源十萬卷樓均有重刊。淮南書局本前有莫友芝題記，稱爲明嘉靖翻刻，又云『見張氏《愛日精廬藏書志》載有《注陸宣公奏議》十五卷，元至正刊本，此本當即據元刻翻雕』云云。按張本今歸陸氏，即《十萬卷樓》所自出。陸刻標題稱『注陸宣公奏議卷之幾』，下注『行款悉依元式』。每半葉十二行，行二十四字。上墨闌外有評語，陸序稱劉須溪評。前權德輿序，後有至正甲午翠巖精舍謹誌八行木記，云『《中興奏議》，本堂舊刊，盛行于世。近因回禄之變，所幸元收謝叠山先生經進批點正本猶存，于是重新繡梓』等語，則是評點明出于謝，不出于劉，不知陸氏何以誤説也。暇日因取淮南局本、姚覲元本校之，一切文、注與陸本同，而陸本各篇行間有墨直，爲當時批點原有之筆，淮南本、姚本一概删去。行款亦各不同，又無評語，蓋明翻本無之，源出二本，故自殊異也。明本傳世已少，惟錢警石先生《曝書雜記》載之。錢云：「于吴小書肆見嘉靖乙卯刻《奏議》十五卷，有注；《制誥》十卷，無注。」蓋即莫氏所見之本。至元刻則更稀如星鳳矣。此元刻本十五卷，標題云「叠山先生批點陸宣公奏議卷之幾」。每半葉九行，行

二十字。前有木記，與陸本同，行間墨直及上評語亦如陸本之式，而注不及陸本之詳。因檢楊紹和《楹書隅録》考之，中有元本《注陸宣公奏議》十五卷，稱：「警石丈謂『從邵位西假得翠巖精舍刻，僅有下注』，以此校之，語多節删，幾無一全者。凡所引書名紀月紀日，亦皆削去。使郎氏精審之處盡汨其真，不知是何妄人所爲，愈徵此本之夐乎上矣。」據此則楊所藏同陸本，警石所見邵藏本即是此本。元刻郎注本有詳略二本，楊氏一隅之見，亦不足信也。此書爲元時公牘紙所印，紙每葉有朱闌紋，間有元時紫花官印，印文蒙古篆書，不可識别。紙墨斬新，不似五六百年物。此等寶物，殆所謂處處有神物護持者耶？光緒丁酉春王正月下旬五日，長沙葉德輝誌于都門北半截胡同瀏陽館寓。

李深之文集六卷 舊鈔本

此即《四庫全書總目》史部傳記類之《李相國論事集》，唐史官蔣偕編。前有大中五年蔣偕序，每半葉十行，行二十一字。《四庫提要》云：「舊本題曰《李深之文集》，唐李絳撰。深之，其字也。今考其書，雖以集名，實《魏徵諫録》之類。偕序稱『今中執法夏侯公授余以公平生所論諫，凡數十事。始自内廷，終於罷相，次成七篇，目爲《李相國論事集》』。其説甚明。」今稱《李深之文集》實不副也。宋晁公武《郡齋讀書志》稱《李司空論諫集》七卷，云：「平生論諫數十百事，其甥夏侯孜所編，史官蔣偕序。」按偕序稱其書七篇，晁《志》七卷，今佚其一，已非原書。《提要》謂標題殆後人傳寫妄改，其信然歟？宋《陸游文集》有此書跋，稱舊有兩本，其一本七卷，無序，其一本一卷，史臣蔣偕作序。是七卷本無蔣偕序，今此本有序，而序稱《李相國論事集》，與晁《志》所云《李司空論諫集》七卷蔣偕爲序者名稱又不合。《提要》疑今本爲七卷殘本，偕序爲後人以游跋更正。則晁《志》所見七卷已有偕序，是固非後人以游跋更正，斷可知矣。然此書向無刻本，此本每卷皆標「論事」二字，而大題乃稱文集，其如何改易，無從詳知，要其原書，固猶十得七八。當時《魏鄭公諫録》、《陸宣公奏議》與此，洵不愧有言責矣。

盡言集十三卷 明隆慶辛未仿宋淳熙刻本

宋劉安世《盡言集》十三卷，實當時奏劄之文也。前有石星序，稱是集凡三卷。《四庫全書總目》著録即此本，亦十三卷。《提要》云：「證以《永樂大典》所載，一一相符，殆校讎偶疏，『三』字上脱『十』字也。」余案，宋陳振孫《直齋書録解題》章奏類載是集，本十三卷，《大典》所採當即此本。此明隆慶辛未重刻宋淳熙戊戌括蒼郡齋本，每半葉十行，行十八字。自淳熙刻木以來，僅有此刻本。安世立朝不附朋黨，當時蜀洛之徒，互相水火，而安世於蘇軾、程子并有彈劾。朱子撰《名臣言行録》，于王安石、吕惠卿皆有所取，獨不録安世，豈非以其詆毀程子之故歟？安世《宋史》列傳稱其少師事司馬光，哲宗初以光薦除秘書省正字，謂其忠孝正直似司馬光，而剛勁過之，故彈劾權貴盡言不諱，當時有「殿上虎」之稱。今觀集中奏事諸文，無不義正詞嚴，絶無忌避。雖嫉惡太甚不無過激之辭，要其浩氣英光，使千載下人讀之凛凛然猶有生氣。涑水淵源，固應有此高第弟子矣。甲午四月小滿後一日，葉德輝記。

趙忠定公奏議一册　鈔本

宋《趙忠定公奏議》，從明黃淮、楊士奇所編《歷代名臣奏議》鈔出。余逐篇考證，按歷官年月先後，編分四卷，附刻余所撰《忠定別録》之後。此其原鈔底本，存之以爲副墨。庚戌七月十八日德輝記。

《趙忠定奏議》，自明以來官私書目均未載其書，余編刻時即據此本。考其上奏年月，歷官前後，分編四卷，以爲《忠定奏議》，所存亦幸矣。後見吾邑袁漱六太守芳瑛藏書草簿中有《趙忠定奏議》七本，意此七本每本必有二卷，其一本則必三卷，以符《直齋書録解題》十五卷之數。急託友人向太守之文孫某訪之，殘篇蠹簡中並無此種，有人謂其文孫以所藏殘書售之衡州程氏，恍惚見有此書。惜哉！程氏非知書者，不得盡發所藏，一搜剔之也。他日有如余好事者見而刊之，則快事矣。是日燈下又記。

太師王端毅公奏議十五卷　明正德辛巳刻本

明《王端毅公奏議》十五卷，《四庫全書總目》史部著録，卷數與《明史·藝文志》同。又《存目》有《王介菴奏稿》六卷，蓋無吏部諸奏九卷，爲弘治壬戌所刻。據西亭王孫《萬卷堂書目》載有公《奏議》十五卷，與《四庫》本同，則足本也。此爲正德辛巳三原知縣王成章刻本，萬卷堂所藏者或即此與？《明史》稱公揚歷〔一〕中外五十餘年，剛正清嚴，始終如一。今觀歷官諸疏，想見謀國之忠，納言之善，不愧一代名臣。乃沈德符《顧曲雜言》載當時邱濬作《五倫全備雜劇》，公謂其程學大儒，不宜留心詞曲。濬大恨之，謂公所刻疏稿凡成化間留中之疏，俱書「不報」，彰先帝拒諫之失。侍醫劉文泰因以此事攻公去位。小人嫉害君子，至以影射之辭，誣人大節。今書具在，實無「不報」二字，則其事之子虛可知矣。光緒二十七年歲在辛丑八月秋分前一日，麗廔主人葉德輝記。

〔一〕「揚歷」底本形訛作「惕歷」，據《明史》改。

晝簾緒論一卷 明成化辛卯何氏刻本

宋胡太初撰《晝簾緒論》一卷，左圭《百川學海》中刻之。明弘治十四年華珵重刻《百川學海》，一仍宋本之舊，《四庫全書總目提要》史部職官類官箴之屬已著録，其書單行刻本頗不易得。此爲明成化辛卯宜興令何某所刻，而謝庭桂爲之校正。黑口版，每半葉九行，每行二十字。字體頗近元刻，猶有先正典型，若隆、萬、啓、禎，無此刻本矣。至其著書大旨，《提要》已詳言之，茲不贅述云。丁巳孟夏芒種，葉德輝記于蘇州閶門寓舍。

此書與明顧璘《近言》一卷，均四明范氏天一閣散出之書。其宋、元舊鈔，久爲京師、上海兩地人購去靡遺，吾所得者，皆明本及零星小種，然其中頗有精者。蓋先輩藏書頗具手眼，固非後人貪多務博，徒博收藏之名者也。郎園越日又記。

郋園讀書志卷四

史部

大唐六典三十卷 明正德乙亥王鏊序刻本

《唐六典》三十卷，唐明皇御撰，李林甫奉敕注上者也。宋紹興甲申温州刻本題稱「大唐六典」，明正德乙亥王鏊據内閣所藏宋本刻于吴中，仍題「大唐六典」，此本是也。首卷佚去王序。半葉十一行，行二十字，小字雙行字數同。版心上下白口，字體斬方，猶存宋槧遺意。其後嘉靖甲辰浙江按察司重刻無此整肅也。此本極罕見，近如常熟瞿氏《鐵琴銅劍樓藏書目》載有此本外，僅仁和丁丙《善本書室藏書志》有嘉靖重刻本，其他如仁和朱氏《結一廬書目》、揭陽丁氏《持静齋書目》、歸安陸氏《皕宋樓藏書志》均并嘉靖本無之，是可知此書之價值矣。從子巘甫以番銀八十圓得于長沙，重爲修裝，抽去襯紙，改釘厚册，呈余鑒定，因識其後。時丙寅八月中秋，郋園老人德輝并書。

通典二百卷目録一卷 明嘉靖戊戌方獻夫序刻本

唐杜佑《通典》并目録二百一卷，明嘉靖戊戌巡按廣東御史王德溢、提學僉事吴鵬刊行，方獻夫爲之序。每半葉十行，行二十三字。白口本，版心上刻門類，黑魚尾，下書名，下刻刻工姓名。《四庫全書總目》史部政書類著録内府藏本，據《天禄琳瑯書目續編》所載，即此本也。此書有元至元丙戌刻四十二卷黑口本，明嘉靖李元陽刻本增入《宋儒議論》，孫星衍《祠堂書目》均載入。《平津館鑒藏書籍記》謂其「失本書面目，良可惋惜」。莫友芝《郘亭知見傳本書目》謂李元陽本多錯字，甚推此十行二十三字本之善。則此刻本之可貴，一在留本書原式，一在校刻無訛誤。宋本既不易見，當以此爲第一善本矣。余從子定侯藏一本同，但爲白綿紙印者，此則黄繭紙印。前者「稽古館圖書」五字朱文篆書方印，似是日本人圖書，蓋曾流入海外復歸中土者。前序文已失去，據定侯藏本知爲此本也。

文獻通考三百四十八卷 元至元〔一〕又五年西湖書院刻本

《文獻通考》，元時西湖書院前後凡兩刻，一泰定元年刻者，前有延祐六年四月弘文輔道粹德真人王壽衍上書表，至治二年六月鈔白奉聖旨發下浙江行省儒學繕刊指揮一道。其版明時在南京國子監。諸家藏書目有以爲延祐刻者，有以爲至治刻者，實則延祐進書，至治發刻，而刻成則在泰定元年也。一至元又五年刻者，前進表、鈔白同，末有江浙等處儒學提舉余謙敍紀，略言：「泰定元年江浙省彫寘于西湖書院，越十有一年余由太史氏出統學南邦，因涖杭，閲究其文，或譌或逸，版咸有焉。時端臨既没，厥壻楊元長教于東湖，乃俾造厥嗣志仁詢取先文，用正斯失，俾儒士葉森董正梓工。」云云。近時常熟瞿氏《鐵琴銅劍樓藏書目録》、歸安陸氏《皕宋樓藏書志》均載有此本。瞿云「至正五年」。「至正」係「至元」之誤，且又五年，乃後至元，亦自有别。陸云：「每葉二十六行，每行二十六字，小黑口。」此本前序目已殘缺，以行字推之，故知爲西湖書院重刻本也。陸《志》有李兆洛一跋，極推此本絶少，謂當世通行禮部本，訛舛極多，慎獨齋本差佳，亦不免脱誤。然則此本之爲佳刻，已有定論。吾家所藏五本，二元本，三明本，一武英殿本，終以此爲第一矣。

〔一〕 原文「至元」後衍「七」字。

又一部 明正德己卯劉洪慎獨齋刻本

明時坊估，以建陽劉洪慎獨齋刻書爲最多，且皆長編巨集，故自來藏書家如范氏天一閣、孫星衍平津館，其目録皆有劉所刻書。而《天禄琳琅書目後編》竟以所刻《十七史詳節》誤列宋版，則其書之精鏤蓋可知矣。此所刻《文獻通考》，每半葉十二行，行二十五字。前有至大戊申李謙思序，後有長方木牌記「皇明己卯歲眘獨齋刊行」十字，目録後有長方木牌記「皇明正德戊寅慎獨精舍梨行」十二字。此書以前藏書家罕著于録，近則仁和丁丙《善本書室藏書志》、江陰繆氏《藝風堂藏書記》均有其一，豈前人未嘗措意，抑此本流傳本少耶？

又一部 明嘉靖三年司禮監刻本

此明嘉靖三年司禮監刻大字本《文獻通考》三百四十八卷，每半葉十行，行二十字，黑口本。明宦官劉若愚撰《酌中志》，載《内版經書紀略》云《文獻通考》一百本，一萬八百三十六葉者，即此本也。明嘉靖時刻書，頗爲藏書家所珍尚，惟司禮監以内閹主其事，校勘訛誤，爲士大夫所輕。往時京師書估，一言及經廠本書籍，則攢眉摇首，若視坊刻書爲尤賤者然。故其書無不字大如錢，且兼白棉紙精印，而列之插架，塵封漏濕，等于廢紙殘編。乃聞近二三十年聲價頓增，廠甸列肆中，幾無一册之存在。詢之書友，則云邇來一干部員相與争購明版白紙印本書，不問有用無用，但求裝潢精好，列屋壯觀，故昔年極不行之明人書，今皆有俄空之勢。繆筱珊學丞嘗與余戲言：「今日買書人多，讀書人少。」真咄咄怪事！然則此書雖爲司禮監刻本，余以爲康瓠，人且以爲寶鼎矣。

明會典二百二十八卷　明萬曆十五年司禮監刻本

《明會典》二百二十八卷，萬曆十五年司禮監刻本。前有弘治十五年孝宗御製序、正德四年武宗御製序、萬曆十五年神宗御製序，又有弘治、正德、嘉靖、萬曆四朝敕諭，弘治纂修凡例、嘉靖續纂凡例，萬曆四年張居正、吕調陽、張四維等請敕禮部編輯事例送館劄子，萬曆重修凡例，十五年申時行、許國、王錫爵等進書表，重修諸臣銜名。黑口版，半葉十行，行二十字。《天禄琳琅書目》明版史部所載者即此本。而《四庫全書總目》史部政書類著録爲正德四年校刊之弘治十年敕修一百八十卷本，《提要》云：「其後嘉靖八年復命閣臣續修《會典》五十三卷，萬曆四年又續修《會典》二百二十八卷。今皆未見其本，莫知存佚。殆以嘉靖時祀典太濫，萬曆時秕政孔多，不足爲訓，故世不甚傳歟？」按，萬曆四年續修至十五年付刻，内府所藏具在，《提要》謂爲「莫知存佚」，豈天禄琳琅所有之書，諸臣不獨未曾搜訪，即其書目亦並不及寓目耶？是則疏漏之甚矣。

謚法通考十八卷　明萬曆丙申刻本

《謚法通考》十八卷，明王圻撰。萬曆丙戌刻本，每半葉九行，行二十字。王圻著有《續文獻通考》，於《禮考》之末增「謚法」一類，以補馬氏《通考》之闕，但祇録及前代，未載明朝。此則自上古以至萬曆丙申，凡有謚之人皆備載其全，足資讀史者之考鏡。《四庫全書總目》史部政書存目，而於明鮑應鰲《明臣謚彙考》二卷採列于政書典禮之屬。前代謚法未有專書，鮑書僅紀有明一朝，不如此書之詳備。而四庫諸臣一録一不録，誠不知其去取之旨何所見而云然。若謂圻撰《續通考》已增「謚法」一門，則此不必重出，然二書各自爲用，體例亦不相同。《四庫全書》如此類應互録之書，多所疏略，殊不知《漢書·藝文志》有兩類互見之例，《隋書·經籍志》亦有分載總載之書。《四庫》昧于前事之師，宜其知有二五，不知有十矣。

元和郡縣圖志四十卷　千頃堂藏鈔本

前人好藏書之家，于新刻所無之書，不惜重資購求名鈔，或傭書生影寫宋槧，傳録孤本異書，此鈔本書所以尤爲人所珍秘也。此《元和郡縣圖志》四十卷，分四厚册裝釘，每册前一葉有「千頃堂圖書」五字白文篆書方印，「大興朱氏竹君藏書之印」十字朱文篆書長方印，「好學爲福齋藏」六字朱文篆書方印，「慕齋監定」朱文篆書圓印，「宛平王氏家藏」六字白文篆書方印。蓋本黄虞稷家中舊藏，傳至朱竹君學士家，朱印纍纍，授受可攷也。此書《四庫全書》史部地理類著録，《提要》云：「闕第十九卷、二十卷、二十三卷、二十四卷、二十六卷、三十六卷，其第十八卷則闕其半，二十五卷亦闕二葉。」今此鈔本闕卷闕頁相同，知其亡佚久矣。《四庫》本合併闕卷仍爲四十卷，以活字印行，即世行武英殿聚珍版也。陽湖孫淵如觀察星衍於嘉慶元年重刊殿本，補《拾遺》二卷，列入《岱南閣叢書》中。光緒辛卯，江陰繆小山學丞荃孫於《永樂大典》搜得逸文，分三卷刻入《雲自在龕叢書》。其闕文已得十之六七，若依原書體例，按郡縣排入，庶可稍還舊觀。雖然，唐元和至今已及千年，宋元舊槧久已無傳，留此精鈔亦足爲連厨生色，故特重加裝飾，以待來者寶重焉。

吴郡圖經續記三卷 明鈔本

宋朱長文《吴郡圖經續記》三卷，明人舊鈔本。每行十八字，與宋本同。惟宋本每半葉九行，此只八行爲異。世傳張海鵬《學津討原》本，出於明嘉靖錢穀刻本，兩本訛奪相同。咸豐中仁和胡珽得宋刻本，以活字排印，彙入《琳琅秘室叢書》，後附校勘記，於錢、張兩本之繆誤一一比勘，使讀者益知宋本之足貴，其有功於是書固不少矣。然其書在叢書内，究不如單行本便於檢尋。己亥秋間，縣人袁氏臥雪廬藏書散出，此册流落市中，余以十金購歸，重加裝釘，暇取胡氏活字印本相校，乃知此本係據宋本鈔出，視胡本尤佳。卷首有「戲鴻堂藏書記」六字白文方印，蓋爲前明董文敏所藏，又有「楝亭曹氏藏書」六字朱文長方印，則子清通政藏書印也。曹名寅，康熙時官江南織造，曾校刻《全唐詩》，其版後入内府，又自刻《玉篇》、《廣韻》、《類篇》、《集韻》、《禮部韻略》，謂之《楝亭五種》，又刻《楝亭十二種》，校刻均極精，爲國初之收藏家。又有「長白敷槎氏堇齋昌齡圖書印」十二字朱文方印，即印於「戲鴻堂」白文之上，蓋小史誤印，未經主人指授者。昌齡，滿洲人，後官至内閣學士，爲楝亭之甥。又有「古潭州袁臥雪廬收藏」九字白文方印，則袁漱六太守芳瑛藏書，其後人印記者，印文頗劣，蓋其子孫不知愛惜楹書，亦不知鑒藏雅道，凡有善本，皆遭此佳人黥面之厄矣。卷首自序前薦朱文長劄子一道，胡本云宋刻無此劄，依錢磬室手鈔舊本附録。而此本有之，是胡所據宋本脱去，錢鈔尚及見之。錢磬室，明人錢穀，字叔寶。磬室，其號也。《明史》附《文徵明傳》。當時錢刻此書亦據宋本，不知何以脱誤之甚。明刻不爲世重，殆亦一朝風氣累之耶？光緒二十七年辛丑四月十一日記。

吴郡志五十卷 宋賓王以宋本校汲古閣本

汲古閣刻宋范文穆《吴郡志》，宋賓王以宋本校過，誤者改之，缺者補之，可云至精至善之本。六卷後有宋手跋，稱：「康熙辛丑以映〔二〕宋《皇朝編年》易得顧蒼史所藏《吴都文粹》，糾錢子方蔚、顧子夏珍刻晷分鈔，凡十二日而成，拱手相賀，謂將彼此易鈔，各有全書也。今雍正己酉十二月十日，復于顓庵相國府借得宋本《吴郡志》一書，復糾錢方蔚、浦星躔分較之，六日而完。」按《吴都文粹》今藏常熟瞿氏鐵琴銅劍樓，瞿編書目後附宋賓王跋，稱「古吴婁水宋賓王識」，蓋太倉人也。瞿書得之吴縣黄丕烈士禮居，書後有黄手跋云：「書友沈裴雲攜舊鈔《謝龜巢集》求售，云是宋賓王所校。余初不知賓王爲何許人，裴雲爲余詳言之。賓王本賈人，而藏書之富，校書之精，甚讀書人不過是。」蔣光煦《東湖叢記》：「王聞遠《金石契言》敍知交七十七人，中言宋蔚如名賓王，起家市井，性嗜奇書，無力購弆，則百方丐鈔，惟以搜羅散逸，訪求放失爲事。鰥居無子，託權奇以糊口。」據此則亦汪閬源、鈕匪石之流。志乘罕詳其行實，甚可嘆也。余本吳人，每於故鄉文獻留心購藏，二十年前於毛刻諸書視爲尋常，絶不寓目，今則汲古諸刻已不可得，何況此以宋本校者。曩得舊鈔本朱樂圃《吳郡圖經續志》，爲前明董文敏及國朝長白堇齋學士舊藏，遠出刻本之上，與此可稱雙璧。北宋、南宋時吳中掌故，舍二書無從考索矣。光緒甲辰吳後學葉德輝記。

〔一〕「映」疑「影」之訛。

水經注箋四十卷 明萬曆乙卯朱氏刻本

《水經注》四十卷，《四庫》著録爲《永樂大典》本，《提要》云：「自明以來，惟朱謀㙔所校盛行於世，而舛謬亦復相仍。今以《永樂大典》所引各條水名逐條參校，凡補其闕漏者二千一百二十八字，删其妄增者一千四百四十八字，正其臆改者三千七百十五〔二〕字。神明焕然，頓還舊觀。」按，此書爲戴震一手所校，其中校改多與趙一清注本相同，故世有戴竊趙注之説。趙書當時本已採入《四庫》，戴校不得諉爲不知，因有《大典》藏身，故世亦無從定其罪案。然戴不僅竊趙，而且竊朱，朱《箋》所引宋本，《大典》大半相同，是戴又確見朱《箋》而掠其美，實無解於人言。且《提要》既稱朱《箋》盛行，何以《存目》並不著録，疑當日館臣恐其書傳世，後人得比勘其是非，故欲其湮没無聞，使他日少得贓證耳。近時朱《箋》傳世更稀，孫星衍校《水經》，僅從康熙時項絪刻本爲底本。不知項刻亦本朱《箋》再刻，凡朱《箋》小注引補缺句、缺字，項刻皆列爲正文，而戴校多以宋本當之，恐不免英雄欺人之語。吾友楊惺吾教授守敬於此書用功最深，新刻《水經注疏要删》，序稱朱書開闢蠶叢，多挂荆棘。而龐劬庵中丞鴻書撰《讀水經注小識》，王益吾祭酒先謙撰《水經注》，均不知有朱《箋》。蓋明時舊刻，無異宋元本之稀，兩人非藏書家，宜其未曾寓目也。光緒三十二年丙午小暑德輝記。

〔一〕「三千七百十五」原作「二千七百十五」，據浙本《四庫全書總目》改。

三輔黄圖六卷 明嘉靖癸丑唐氏刻本

右《三輔黄圖》六卷，爲明嘉靖癸丑刻本。前有謝少南題云：「予索善本于少華許先生所，與文谷孔氏同校，霽軒唐公取而刻之。」皆著其字而不知其名。又云：「文谷嘗刻《西京雜記》，茲得並行。」則是與《西京雜記》合刻矣。白口本，每半葉十一行，行二十字。版心「三輔卷一」，餘卷同。明嘉靖時刻書，頗有宋、元矩矱，故近日嘉靖諸刻，價埒宋、元。此本藏書家目録均不載。即近人見舊本書最多者爲仁和邵懿辰、獨山莫友芝〔一〕，邵注《四庫簡明目録》、莫著《郘亭知見傳本書目》亦未列其本。蓋同一嘉靖時刻，物固以希爲貴矣。爰識數語，俾後人知所寶藏云。

〔一〕「莫友芝」原誤作「英友芝」。

又一部 明萬曆乙酉郭子章合刻《秦漢圖記》本

此書與《西京雜記》合刻，前有萬曆乙酉郭子章合刻序。每葉十八行，行十八字。孫氏《平津館鑒藏書籍記》亦有此本，云：「前有原序，不題撰人姓名。又有嘉靖己未劉景韶序，稱『舊有華容嚴公刻本，歷歲滋久，字漫漶莫可讀，余故重刻之』。卷三後有『以上參校古本諸書補正四十二字』，卷六後有『以上參校古本諸書補正九十六字』二行，爲別本所無，當即劉氏所校正。末有嘉靖己未江一山跋，云有〔一〕萬曆乙酉郭子章合刻《秦漢圖記》序。」今以此本證之，一一相符。惟首葉有「萬曆壬寅仲秋陝西布政司重刊」二行，則是重刊郭本矣。壬寅爲萬曆三十年，距乙酉止十七年，故精妙無異原本。孫于《祠堂書目》下注劉景韶本，其實乃郭本，《鑒藏記》可證也。惟無《西京雜記》，尚非完璧。近世藏書之富，如瞿、陸亦未著録，足見二書聚于一處之難也。此書不用線裝，僅以紙捻草釘，上面包過底面，籤題「秦漢圖記上」，《西京雜記》籤題「秦漢圖記下」，猶是明裝原式。不知三百餘年何以全未破損，是真可寶也已。丁酉春正人日麗廔記。

〔一〕「云有」，道光二十年陳宗彝獨抱廬刻本《平津館鑒藏記》作「前又有」。

禁扁五卷　舊鈔本

元王士點《禁扁》五卷，世所傳者爲《曹寅楝亭十二種》本。近日楝亭本亦罕遘，何况舊鈔。此經秀水朱氏曝書亭舊藏，前有「竹垞藏本」四字朱文篆書長小方印。每半葉十行，行十六字。中有硃筆校改處，審是竹垞翁筆，楝亭從之借刻，此即其原本也。古今宫殿名書《三輔黄圖》後有《歷代宫殿名》一卷，載宋陳振孫《直齋書録解題》。其書久已不傳，存者惟此書。「禁楄」二字出自魏何晏《景福殿賦》：「爰有禁楄，勒分翼張。」李善注引《説文》：「扁，从户册者，署門户也。扁與楄同。」許慎序云秦書有八體，一曰署書。徐鉉校注：「蕭子良云：『署書，漢高六年蕭何所定，以題蒼龍、白虎二闕。』羊欣云：『何殫思累月，然後題之。』」扁署之稱，由來古矣。隋、唐《經籍志》載有《洛陽宫殿簿》、《漢宫閣簿》，不如此名稱之雅也。光緒癸巳秋初伏末記。

北户録三卷 舊鈔本

《北户録》三卷，題萬年縣尉段公路纂，登仕郎前京兆府參軍龜圖注。舊鈔本。每半葉十行，行二十四字，小字雙行。前有拾遺内供奉陸希聲序，序下鈐「桐城姚伯印氏藏書記」九字朱文篆書長方印，蓋姚侍郎元之家藏本也。此書明以來胡文煥《格致叢書》、曹溶《學海類編》、陸楫《古今説海》皆有刻本，而皆一卷不全本。《四庫全書總目》史部地理類雜記之屬著録爲三卷足本，外間無從傳刻。此舊鈔三卷足本，非出自閣鈔。前陸希聲序稱公路爲鄒平公之孫。《提要》引《新唐書·藝文志》稱爲段文昌之孫，舍本書序而引《唐志》，似其本無陸希聲序者。本書及注文徵引皆博洽，與莫休符《桂林風土記》、劉恂《嶺表録異》均爲地志中有名之作。今幸三書全存，不可謂非秘笈矣。光緒己亥春二月清明後二日德輝。

南嶽總勝集三卷 南宋刻本

《南嶽總勝集》三卷，南宋末刻本。半葉十行，行二十字。《四庫》未收書也。嘉慶中阮文達元影寫進呈，語詳《揅經室外集·提要》。此爲溧陽尚書端方公所贈，聞其去白金七十兩得之京師估人。常熟龐劬菴中丞鴻書見而嘆賞，助資屬余影橅刊行。二公稽古尚文，有同好也。此爲陽湖孫淵如觀察星衍平津館舊藏。嘉慶壬戌，善化唐陶山方伯仲冕假得付刊。序稱依照宋刻，實改易行字爲二十一字，又用匠人宋體字書之，殊不可解。余刻此時一依宋本舊式，爲余摹寫者零陵老友艾作霖。刻成，余以日本薾紙印十許部。宜都楊惺吾校官守敬見之，書估去余前序，紿以爲宋本，竟獲番餅八十元之善價。楊喜告江陰繆筱珊學丞荃孫，不覺大笑。楊殊驚詫，繆述其爲余刻，始懊恨而去。然余刻雖精，終不及原本之古香古色，無怪世間好宋版書之人，雖斷簡殘編亦視爲零金碎玉之珍重也。楊每以舊刻僞充宋本售人，此次乃竟爲書估所紿矣。楊集宋、元、明本書之首葉或序跋摹爲《留真譜》一書。楊固素精版本學者，老孃倒綳，聞者無不開顏。因記于此以資後人揮麈云。

嶽麓書院圖志十卷　明嘉靖辛丑刻本

《嶽麓書院圖志》十卷，明正德甲戌湖廣提學廬陵陳鳳梧屬攸縣學生陳論所撰。十一卷附刻《禹碑》釋文及諸家辨論之作，則嘉靖辛丑重刻時增入者也。《志》載書院興廢，山水、古蹟、藝文，一一綦詳，在明人雜地志中具有條理。考書院之始設在宋開寶九年朱洞爲郡守時，祥符八年周奭爲教授，真宗賜額，遂與嵩陽、睢陽、白鹿並稱天下四大書院。繼以朱、張二子講學之故，流風遠被，稱「小鄒魯」者七百年。至光緒戊戌，陳寶箴撫湘，附和翁同和、康有爲，變祖憲，倡學堂，書院幾于中廢。幸而反正，苟存者五年。至壬寅趙爾巽撫湘，悍然剷除故蹟，改建學堂，于是官不知風憲，士不習正經，未及十年，兩湖革命而清社覆亡。追原禍始，諸人未嘗不太息痛恨于陳、趙二人之階之厲也。余自志學之歲肄業於斯院者六年，今年始衰，不能守諸先生之道以待後學。追懷舊事，有愧前修。展讀斯編，其徬徨于中意若有所失者，殆累日已。嗟乎！正學陵夷，名山榛莽。憤祠奄冢，近逼宫牆。以十數傳名賢聚講之區，爲一二寇盜京觀高封之地。余年來幸歸丙舍，耳目湛然，否則少年游釣之鄉，淪爲西山之鬼窟，見聞所接，其將何以爲情耶？戊午中秋前三日。

宋、元以來，書院之制與漢人精舍、學堂之立名異而實同。但使主者得文翁安定其人，何嘗不可造就一世之人才，轉移當時之風化。王安石變科舉，張江陵廢書院，無救于士習，而害又甚焉。光緒中葉，外侮交至，一二新進詆中學之無用，煽亂明聖，廢書院，興學堂。二十年中，造爲異説詖詞，釀成今日之大亂。不知學在務實，無古今中外，其理相同。書院習於空文，學堂傳以繆種，然書院與學堂不任其咎也。惟與其爲今日學堂之亡國破家，毋寧爲舊日書院之守文談道。此余所以于破書堆中尋得此編，不啻珍重比之宋、元舊志也。先大夫篤守宋儒之學，爲鄉里矜式者四十年。余雖不肖，未敢踰閑大德，則以讀宋儒書而先入爲主耳。大孫一兒將入家塾，適于吳門購得此書，因寄歸授之，俾其流覽圖畫，如良苗之得滋溉。他日學成名立，能守先正遺規，使人見而稱之曰：「此某氏之子弟也。」「此某某詒謀之善也。」豈非先人之令聞哉！一孫勉旃。中秋前一夕郎園又記。

萬姓統譜一百四十卷 明汲古閣本

明凌迪知撰《萬姓統譜》一百四十卷，前列《帝王姓系》六卷，後附《氏族博考》十四卷，共一百六十卷。

搜求既博，考證亦精。其所援據，大氏先取材於正史，兼泛覽乎羣書，郡縣志乘，名家文集，就其見存者參校，略可得其大凡。乾隆時修《四庫全書提要》，既采其書入子部類書，而于四部書撰人爲史傳志乘所不載者，大半引據此書，著其梗概。孫星衍《祠堂書目》列此于内編類書，是其書不僅集姓譜之大成，抑久爲通人所推重。原版爲毛晉汲古閣校刻，久已海内風行。坊刻翻雕，訛繆百出。似此原版精印，彌可珍藏。汲古閣在明季國初刻書最富，自後子孫展轉將書版鬻賣，百無一存。觀顧湘《汲古閣校刻書目》所著録者，今日偶有流傳，幾與宋、元舊刻頡頏左右，若更百年，求此完册，恐亦不易得也。甲寅夏正九月朔日記。

天寥公年譜二卷年譜别録一卷　近浙江劉承幹刻本

汾湖二十四世祖天寥公自撰《年譜》及《甲行日注》，久已爲人夢想而以不得刻本爲恨者。《甲行日注》雖刻之《荆駝逸史》中，而訛繆百出，脱句脱字尤多。此刻所據底本是也。吾家兄弟及從子輩正分刻天寥、横山、分干、學山諸公集，此二種亦擬附刻《天寥集》中，因據家傳鈔本校補於此本上，以便手氏照謄也。此本劉承幹跋，不免傳聞之訛，緘告繆藝風太夫子轉屬更正。此本墨字即太夫子所代改而仍以賜環者也。太夫子吴中文獻，海内靈光，一字一珠，皆可寶貴，平生流傳古籍如所刻《雲自在龕叢書》、《藕香零拾》之類，久已傳誦藝林，奉爲拱璧。晚遭鼎革，力不能支，則以秘笈分傳友人同時刊布。與吾借瓻之使，終日在途，賸馥殘膏，沾溉無盡。每慨往年宗室伯羲祭酒盛昱、徐梧生師傅坊酷好異書，力能奔走坊估，而長年閉户，視爲犬馬聲色之娱，迄今人琴俱亡，無異秦火浩刼。以視太夫子高風盛德，不誠有天堂地獄之分耶！是書先吾家刻成，吾族子孫尤當世世感戴其人，奉以爲師且以自勵云爾。丙辰十月朔日德輝謹記。

案徐文爵事見沈彤《吴江縣志》五十九《舊事》引《大事記》。然附注云：「按《明史・徐達傳》，弘基卒謚莊武，子文爵嗣。又《南都縉紳録》：甲申秋，弘基守備南京，乙酉春無其名，疑《大事記》所云非弘基事，姑録備考。」德輝又按，《大事記》云：「其子年十五，方被圍時，登屋發三矢，殪三人，已而被執，亦叢射而死。田陸籍袁家貲，裝兩巨艦以去。」而《明史》有子文爵，亦不詳其在吴江起義事，則沈《志》識疑洵爲有見。然則此譜以爲大盜冒名，必真確矣。丙辰小除夕。

天寥公甲行日注八卷 同上刻本

據家譜載，公生於明萬曆己丑十一月二十四日，卒於順治戊子九月二十七日，享年六十。此記絶筆於二十五日，蓋僅隔易簀二日耳。文星欲暗，而神明湛然，生前妻女同證。真靈没後，其子横山公以循吏兼文苑，國史有傳，詩鉢有傳，當時奉爲儒宗，後世祀之欒社。其孫元禮公垂虹佳話，恍惚魏、晉間人，至今逸事流傳，膾炙人口。汾湖靈秀之氣，乃獨鍾毓於吾家，益嘆少卿、道卿、石林諸公流澤孔長，書香繼世，代有賢子孫爲湖山生色也。至于小子，不肖甚矣，悲夫！丙辰十月朔日，茅園派裔孫德輝敬記。

雷塘庵主弟子記八卷 咸豐二年阮氏家塾刻本

阮文達文學政事，爲乾、嘉時一代名臣。道光二十九年薨於里第，時已十一月。次年正月，宣宗龍馭上賓，文宗即位，兩朝飾終之典，備極榮哀于時。洪、楊亂始之時，海内驚駭，史館諸人紛紛請假曠職，故國史無公列傳。吾往年刻公《三家詩補遺》，未得悉其撰述年月，遍覓公事傳行述，不見於他書。錢儀吉撰《國朝碑傳集》，不及道、咸間人。湘陰李桓輯《國朝耆獻彙徵》，遣人至京鈔國史傳，遍檢不得，後僅據同鄉李元度先生《事略》録其事傳，則知國史無公傳，實因當時未及採修，故日久相忘也。此《雷塘盦主弟子記》八卷，爲公門下張鑑撰一二兩卷，三卷以下則公子常生所編，五卷以下則公子福所續編，七卷則公子孔厚編，八卷則公小門生柳興恩編。公一生事業，悉具此編。吾向有其書，未在行笥，今於蘇城舊書肆中見之，如久別良朋，驟于客途相遇，不覺神飛色喜也。因亟購歸，託書友重加裝釘。長夏無事，坐臥讀之，六十年前君明臣良之盛，不啻目前。轉瞬滄桑，遂成今昔，知公在天之靈，固有蓋焉傷心者矣。公於嘉慶四年充會試副總裁，得人最盛，論者比之博學鴻詞。至道光十三年復充會試副總裁，一榜知名者僅端木國瑚、許梿等二人，其成就甚小，著述無傳。國運之盛衰，視乎人才之消長，雖公亦無如之何。讀是編者試取兩榜姓名考之，亦當代得失之林也。丁巳夏五初伏後學葉德輝記。

袁州本郡齋讀書志四卷後志二卷〔一〕**考異一卷附志二卷**　康熙後壬寅海寧陳師曾刻本

此袁州本《郡齋讀書志》爲海寧陳氏刊，而《四庫》所著録者也。此書爲晁氏手編，後有衢州本則門人姚應續編。《文獻通考》引此志往往與此不合，《四庫提要》以爲據衢州本而云然。與阮文達《揅經室外集》進呈衢州本《提要》語相符，惜不得衢州本讀之，一解此惑也。此書于都門廠肆翰文齋得之，他日若得衢州本并藏，則無遺恨矣。己丑公車偕計，正月廿七日抵都，廿八日過市肆獲此，晚歸燈下讀一過，爲誌數語。元尚齋主葉德輝。

得此書半月許，忽于廠肆得汪氏藝芸書舍所刊衢州本，取校此本，文多詳核，誠如《四庫提要》、《孥經室外集》所云，爲《文獻通考》所採掇也。但汪跋稱此本爲海昌陳氏刻，以海寧爲海昌必是誤記。南皮張孝達制軍《書目答問》亦云海寧陳氏刻本，然則汪跋所云海昌，直可定其爲誤矣。己丑二月二十日再識。

〔一〕「卷」原訛作「本」。

衢州本郡齋讀書志二十卷 嘉慶己卯汪士鍾刻本

晁氏《郡齋讀書志》，宋時有二本，一袁州本，《四庫》著録者也；一衢州本，《四庫》未收，即此本也。《提要》疑馬端臨《文獻通考》據衢本採掇，今按此本，信然。據李富孫後跋，云以顧君澗蘋所鈔衢州本屬校，若甚引重者然，而顧氏《思適齋文集》跋此書，乃力言無此事，并摘書中錯簡糾正於後。同時之人，何蹤迹暌異若此，不可解也。至顧氏所指各條，精細詳審，實可取信。余故録鈔於後，以資考證云。己丑二月花朝日長沙葉德輝誌，時寓都門長郡館。

附顧廣圻衢本《郡齋讀書志考辨跋》

衢本《郡齋讀書志》二十卷，姚應績編，世所罕見。乾隆末年，我友瞿君木夫收得舊鈔本，予從之寫其副，藏諸篋中，未嘗示人。其木夫本旋經黄丕烈借去，迨嘉慶己卯爲汪君閬原付梓，乃有嘉興李富孫跋謂以予所鈔屬伊校，不審黄、李孰爲此言也。梓成印行，爰發向所鈔一讀，覺小學類中有不可通者，再四尋繹，方知當分六段，自第三段以下皆鈔本錯簡也。第一段起《爾雅》，第一。至《方言》；第六。第二段起《説文解字》，第七。至《經典釋文》；第十三。第三段起《干禄字書》，第十四。至《臨池妙訣》；第十九。第四段起「右未詳撰人」，云云，上接《臨池妙訣》三卷一行之下，合之爲第十九。至《類篇》；第廿四。第五段起《集韻》，第廿五。至《唐氏字説解》；第卅。第六段起「右皇唐耜撰」，云云，上接《唐氏字説解》一百二十卷一行之下，合之爲第卅。至《切韻指元論》、《四聲等第圖》第卅九。而卷終焉。依此轉移，庶幾行所無事而部居時代各得其所，否則可尋之迹遽泯矣。然而成事不説也。今年木夫枉過敝居，見示《衢志考辨》一册，論袁本之失，明衢本之善，精細詳備，誠不可不與本書並行者也。因憶管見，附著於尾，既以奉質，仍望教我。

古今書刻二卷 影寫明刻本

此《古今書刻》上下編二卷，明人周弘祖所撰。《明史·藝文志》不載，我朝《四庫全書》亦未著録，蓋其書不傳于中國久矣。日本島田翰君著有《古文舊書考》，自隋、唐卷子以及宋、元以後綫裝書，考核異同，精博無匹，其書後附刻此編上卷，孤本僅存，頗以未得窺見全豹爲恨。白岩龍平君爲介紹由彼國郵寄來湘，影寫一部，督手民仿雕之。行格字體，與原書無異。從此流播海内，如獲分身術，如服返魂丹，遂使四百年來不傳之秘書，得以家藏人習。此固島田君存古之巨功，抑亦白岩君傳古之素志。余雖與島田未獲謀面，縞紵論交，而蓬瀛方丈間，固時時令人神往也。光〔一〕緒三十有二年丙午歲閏四月小盡日，麗廔主人葉德輝識于長沙洪家井寓宅之觀古堂。

〔一〕「光」原誤作「先」。

欽定天禄琳琅書目十卷 光緒甲申長沙王氏刻本

是編各書向存昭仁殿，後以殿小不能容貯移于乾清宫。嘉慶二年十月廿一日乾清宫災，珠寶皆被焚，見于姚元之《竹葉亭雜記》。書籍字畫，同時罹刼。光緒甲午三月，今上諭書房翰林清查，各書一部無存。書房諸臣即以嘉慶二年災對，上嘆惋久之。是年新進士朝考，欽命詩題爲「天禄琳琅」，進士多有以不得題解見擯者，故是科館選多書法劣者云。葉德輝恭紀。

光緒二十年三月，奉上諭命南書房翰林清查天禄琳琅藏書，吾鄉張冶秋祭酒恭與斯役。前目所載，因嘉慶二年乾清宫災，悉燬于火，此目所載凡存昭仁殿者，以朱圈記于上方，散在各殿者，以朱圈記于下方。又據内存鈔本目校出此本誤字凡若干條，原書圖記漏記者亦據各書補入。余借臨此本上，三日而畢。丁酉四月十八日葉德輝記。

冶秋丈爲余言，此目經部中宋版多有以通志堂本贋充者，未識當時去取之意。因憶丙戌在都，見通志堂《三禮圖》初印本，卷末後有宋人刻書緣起數行，後印本已削去。書估堅持有刻書緣起者必是真宋本，余取初印、後印二本，尋其墨闌粗細、字畫肥瘦之處比校，其同一刻本，書估大服。丙申在都又見一部，竟有人以爲宋本購去。然則魚目混珠，在今日尤易惑人矣。輝又記。

讀書敏求記四卷 乾隆十年沈尚傑刻本

此書前後凡四刻，一雍正四年趙孟昇刻本，一乾隆十年沈尚傑刻本。沈本多誤字，乾隆六十年沈炎修版剜改印行，即此本也。自後有道光乙酉阮福小瑯嬛仙館本，據嚴厚民校録遵王手稿本重刻，道光丁未潘仕誠海山仙館刻本即從之出，校沈本多二十一條，其他異同增損之處不可悉舉。宗室伯羲祭酒藏有汪閬源舊藏沈刻初印本，中有舊人校補各條，祭酒據《淮南子》八十兩之數定其出于書估錢白堤、陶五柳輩，説詳原跋。余借臨于此本上，諦視朔字筆迹與原校不同，非出一手。書中稱士禮居主人曰蕘翁，曰復翁；稱小讀書堆主人曰抱冲。皆屢見，不繫以姓。又于《東家雜記》上注云：「見過汲古鈔本，精善。」考《士禮居題跋記》，此時毛鈔正在顧抱冲處，按其蹤跡，疑出顧千里之手。原本誤字不改，用死校法，亦于顧校相近。殆好事者過臨顧本與？遵王手稿原本在豐順丁氏持静齋，據丁氏目録云，書中可補趙、阮兩刻之遺者尚十許條，惜不得一見也。丁酉年四月望一日記。

又一部 道光五年阮氏刻本

此錢遵王藏書秘記，相傳朱竹垞彝尊典試江南，賄其侍史得之，人間遂有無數刻本。最初爲雍正四年趙孟昇刻，譌謬甚多。乾隆十年，嘉興沈尚傑逐一校正，因重刻之。其後版又漫漶，至乾隆六十年錢唐胡重復補刊，然皆同一本也。道光五年，阮福得其師嚴厚民明經杰所藏鈔本，校舊刻多出數十條，因據以重刻，此本是也。但此本視舊刻亦互有溢缺，如舊刻多易類十一條、詩文評類六條，均此本所缺。後阮氏于道光十五年得秦恩復石研齋藏鈔本補刊附後，而初印出者無之。此本即初印無此十數條者，余據一後印本補録於後。可知書有重本，獲益不少矣。阮刻後，南海潘仕誠合沈、阮兩本刻入《海山仙館叢書》，時道光二十七年，蓋距阮刻時六十餘年，今通行者是也。顧叢書不如單刻之便，故不惜一再購藏之。聞揭揚丁日昌持静齋藏有遵王手稿本，視趙刻及此本又多數十條，是必在竹垞先生鈔得後所續增者。惜不得取彼本一校補焉，是可恨也。癸丑元旦日記。

又一部 道光乙酉阮氏文選樓刻本

此記道光乙酉阮福據嚴厚民過録黄蕘圃所藏遵王原本重刊，跋稱多數十種，然較此本經類少《周易》十卷、《京氏易傳》三卷、《關氏易傳》一卷、《慈湖遺書》二十卷、《蘇東坡易傳》九卷、《毛詩鄭氏箋》二十卷、成伯璵《毛詩指説》一卷、陸淳《春秋微旨》三卷、陳正齋《春秋後傳》十二卷、《孟子注疏》十四卷、孫奭《孟子音義》二卷；詩文評類少《後村詩話》二卷、《天厨禁臠》三卷、《學禁臠》一卷、《詩林要話》一卷、《詩注拾英》一卷、《松石軒詩評》一卷。蓋兩本互有短缺，而終以阮刻爲完全。阮本所缺《周易》十卷以上各種，後于道光己未借江都秦氏石研齋本補刻于後，則更無遺恨矣。此書相傳朱竹垞先生典試江南賂遵王小史竊出，屬藩署廊吏鈔得之，以此刻訛誤及疑似字推之，似真出于草草鈔得，或當時確有其事與？壬寅初秋處暑記。

絳雲樓書目二冊不分卷 舊鈔本

《絳雲樓書目》世所傳者詳略不同。《孫氏祠堂書目·外編》作一册，吳氏《拜經樓藏書題跋記》作不分卷上下二册，黄氏《士禮居藏書題跋記》作一卷一册，伍氏粤雅堂刻本有陳景雲注者又作四卷。黄記云《絳雲樓書目》有二本，一無倦圃序，不附《静惕堂書目》，詮次亦多不同，似所注宋、元版字様較多云云。伍刻跋云：「陳景雲注，注作硃書，蠅頭行草。」又載吳翌鳳原跋，稱癸巳秋日得少章閲本，愛其博洽，爰鈔録于右云云。據此則伍刻所據即詳本也。往讀丁禹生中丞《持静齋書目》有《絳雲樓書目》七十四卷，不知卷帙何以如此之多，亦即蓄疑有年矣。今年中丞喆嗣叔雅茂才賫書至都，出以見示，裝池雅潔，朱墨爛然，審爲陳少章手注原本，即伍刻所自出。所謂七十四卷，亦非多於伍本，特一類一卷，分析言之耳。伍本小注，即此本硃書。伍本間有節删，無關要義。惟此有《補遺》一卷，又《静惕堂書目》二卷，則伍本所無也。牧翁《初學集》有《絳雲樓上梁以詩代文八首》，其第三首有句云：「曾樓新樹絳雲題。」自注：「紫微夫人詩：『秉飇侍衾寢，齊牢攜絳雲。』故以『絳雲』名樓。」其第四首有句云：「風月重窺新柳眼，海山未老舊花枝。」似指河東君而言，其詩編年在崇禎癸未，去國亡一年耳。《欽定天禄琳琅書目》宋本《漢書》有錢跋云：「庚寅之冬，吾家藏書盡爲六丁下取。此書却在人間。」瞿氏《鐵琴銅劍樓書目》明刻《宋史》亦有錢跋云：「庚寅十月初三夜半野堂火時，方雷電交作，大雨傾盆，後樓前堂，片刻灰燼，真異災也。」然則絳雲樓建于崇禎癸未，燬于國朝庚寅，八年之間，傾城名士，國破家亡。故宫禾黍之悲，身世滄桑之感，胥于此寄焉，豈僅雲煙過眼，供後人之流覽也哉！舊作《丁氏持静齋所藏陳景雲批注絳雲樓書目跋》一則。

此《絳雲樓書目》二册，爲吴枚庵翌鳳手録陳少章批本。後有吴跋，謂爲張伯華所藏，蓋即《粤雅堂叢書》據刻之本。余取校二本，大小字無一不同，特彼爲張藏本，此爲吴録本，傳世各異耳。《絳雲樓書目》原有詳略二本，一分七十四卷，後附曹倦圃《静惕堂宋元人集書目》，黄蕘圃見之，説詳《士禮居題跋記》。今揭陽丁氏持静齋有其本，即禹生中丞所得汲古閣本也。世兄叔雅茂才，同寓都門，出以見示。余以《粤雅》本校之，所謂七十四卷，即上下二卷甲之七十三類，并非卷帙多于此本，小注宋元字樣及作者姓名尚不及此之詳盡。惟多七十四《補遺》一卷，《静惕堂宋元人集書目》一卷，爲《粤雅堂》本所無。余手録，還之，爲之跋後，以爲世間更無他本相耀矣。頃書友持此册求售，亟取閲之，乃知爲吾鄉袁漱六先生舊藏，視叔雅藏本鈔手特爲工繕，又得袁先生批校，益可見古書源流。因録前爲丁氏所撰跋附于卷末，俾見者知私家目録重本不妨多藏，一則爲校勘之資，一則供多識之用，不必泥《志》、陳《録》而後可入插架也。余别有《牧齋書目》一册，亦係舊鈔，曾爲之跋，與此無涉，故不具録云。光緒二十七年辛丑歲十月廿日夜漏二鼓。

又一部附静惕堂書目 丁氏持静齋藏鈔本

舊鈔《絳雲樓書目》，書名下有硃筆小注，末附曹溶《静惕堂宋元人集目》，向藏揭陽丁禹生中丞持静齋，光緒丁酉中丞世兄叔雅茂才攜至都門，邀余品題。據中丞手編書目，謂爲陳景雲校勘原本，余不欲拂其意，故前跋云云，其實非也。叔雅物故後，藏書四散，壬子癸丑間，往往流入滬市，多爲估人販鬻而去。此目則歸余友孫星如兄，偶出以見示，恍如隔世。中丞收書在江蘇巡撫任内，于時粤寇初平，江南故家藏書賴有中丞與仁和丁松生徵君、歸安陸存齋運使共相搜訪，幸未罹于刦灰。乃甲未一周，重逢兵亂，昔之聚于滬上者，今仍散之滬上。雲煙過眼，有若輪迴，此書何戀戀于滬瀆一隅，乃恒以此爲傳舍耶！余亦藏有鈔本，爲袁氏臥雪廬物，中有硃書小注，與此本同。前有枚菴漫士題記，葢長洲吴翊鳳過録陳注手校者也。世行粤中伍氏《粤雅堂叢書》本，曾取以校鈔本，知同出一源，無甚出入。絳雲藏書名重海内，當時好事者人鈔一册，爲按圖索驥之資，故傳本之多，半出名人手校。此本硃書蠅頭小字，行草兼工，雖非景雲原書，要非出于門僕鈔胥之手，斷可知也。余藏本時有袁漱六太守硃書手批，云「此本在余許」，又云「余藏有宋本」或「元本」。太守篤好宋、元本書，故每以此爲前導。惜其自藏未編一目，徒于此中見其十之二三，致足慨也。星如爲藝風老人高足，他日收拾鄉邦文獻決不令其如袁、丁二氏之散亡，故喜而重跋之。己未七月處暑。

百宋一廛賦注一卷　嘉慶乙丑士禮居刻本

明豐坊爲華夏作《真賞齋賦》，敍録所藏書畫、書籍、金玉古玩之屬，此本前人《大招》、《七發》之意而實之，亦文賦中之變體也。乾、嘉時吴門黄蕘圃主事丕烈喜藏宋本書，因榜其居曰「百宋一廛」，而屬顧澗蘋茂才廣圻爲之賦，蓋又本《真賞齋賦》略變其例，而專載宋本書爲事者也。黄氏自爲之注，手書刻入《士禮居叢書》。此爲長洲吴枚菴茂才翊鳳舊藏，書前後鈐吴印二。吴亦好書有癖者。蘇城懸橋巷百宋一廛故居，今爲吴縣潘氏松鱗義莊，即潘文恭世恩建以贍族人之所。是書潘文勤祖蔭曾繙刻，模仿不差累黍，幾可亂真，余亦有之，列爲副册，此則當比于鎮庫書矣。丙辰冬小雪前一日郋園記。

士禮居藏書題跋記六卷 光緒十年潘氏滂喜齋刻本

潘文勤公刻有《滂喜齋》、《功順堂》兩叢書，外有宋王象之《輿地記碑目》、沈濤《説文古本考》及此書，皆單行本也。己丑夏過都門，公以《説文古本考》見贈，旋于廠肆買得此書。惟《輿地記碑目》未及詢訪，後于友人寓齋見之，版片較此闊大，不能入叢書也。他日當購之，以存潘刻之全豹。甲午秋郋園識。

此書爲初印樣本，乃洋紅所刷，讀者幸加愛惜，勿霑水，勿污墨。霑水泛色，污墨滅字，二者皆大忌也。敬告同志勿渝此約。甲午秋九月郋園再識。

丙申三月客金陵，寓章缦仙庶常家，雨窗無事，因以《楹書隅録》正續校録一過。望後復有蘇杭之遊，遂未輟業。六月初旬入都，積雨不能出門，復理故業，四月功畢。向之據《海源閣書目》影響懸擬者，至此若撥雲霧而見青天矣。六月十六日麗廔主人又識。

士禮居藏書有入常熟瞿氏鐵琴銅劍樓者，案頭有瞿氏書目，竭一晝夜之力校録于書之上方，時已立秋三日矣。越日又以陸氏《儀顧堂集》及《儀顧堂題跋》與此書互證者逐一録入。夫而後蕘圃舊藏之書，一覽而得其源委，或亦藏書家之談助也與。丙申七月初二日德輝漫誌。

國朝吳中藏書之富甲於天下，絳雲、汲古其最著也。乾、嘉以後，首黄氏士禮居，大抵其書多錢、毛二家之藏，而他姓名本亦間出焉。同時張氏金吾、陳氏鱣、顧氏千里、錢氏大昕、孫氏星衍皆以藏書名，借瓻還瓻，流風餘韻，傳爲一時佳話。迄今諸家之目具存，其蹤蹟固可考已。士禮居藏書後半歸同縣汪氏士鍾藝芸書舍，汪書散後又歸聊城楊氏以增海源閣，海源後人能守楹書，尚未十分散佚。其餘宋、元殘本，零星舊鈔，今又多歸陸存齋觀察處。陸著有《皕宋樓藏書志》，某家所藏皆有小注。甲午九月，養疴齋中，因以各家書目、跋文、日記之屬摘録於此書上方，俾知授受源流，若有鬼神呵護，而宋、元種子實未絶于人間。線裝瑣瑣，不足云校書，亦不足言讀書也。然古書之聚散存亡亦可得其大略矣。光緒二十年秋九月長沙葉德輝跋於元尚齋。

昔在癸巳、甲午之間手校此書，倏忽十年矣。當時所見海内藏書目四大家者，止陸氏《皕宋樓藏書志》、楊氏海源閣《楹書隅録》二種，頃之得瞿氏《鐵琴銅劍樓藏書志》，最後得仁和丁氏《善本書室藏書志》，前後取以校録于此書上方。惟《楹書隅録續編》及丁《志》尚有黄藏手跋書多種，而此竟未收刻。當文勤刻此時，方官工尚，楊紹和亦官翰林，丁則故家，有往來，不知何以遺録。豈當時諸藏主付鈔胥爲之，自未暇往親檢耶？蕘翁題跋，于書目别開一派。既非直齋之《解題》，亦非《敏求》之骨董。文筆稍多蕪累，而溺古佞宋之趣，時流溢于行間。吾友江建霞太史標于此刻外續搜得數十篇，刻于長沙學署，版歸吳中。余亦再搜得二十餘篇，方擬補刻，因丁《志》尚未補採，又揭陽丁氏持静齋藏書亦有蕘翁跋者數册，將并刻之，故不急急也。癸卯十月廿四日德輝識。

此《士禮居題跋記》一卷，元和江建霞學使所搜輯續刻者也。版心行格一依前式，余爲主校勘，刊成以紅本見贈，因合前記裝訂成册。時光緒乙未冬十月，德輝識。

毛詩注疏二十卷 元刻本

《毛詩注疏》二十卷，元刻大字本，以白金十兩買諸五柳居書籍鋪者，偶爲友人乾没。余從其友人處出錢十千購得之。每葉十六行，行十八字，傳箋釋文及正義夾行，行二十五字。其款識與向藏《周易注疏》符合，匡格亦約略相同，惟此附釋文而夾注字密耳。陳鱣《經籍跋文》。

笠澤叢書七卷

《紀錦裙》一首，兔牀先生引吴融詩爲證，可破羣疑矣。余謂「裙」與「裾」雖各不同，而篇中「曳其裾」者，「裾」字本不誤，且「曳裾」未見所出，斷非「裾」，或爲「裙」之誤也。兔牀借讀附著于此。嘉慶乙丑四月十有九日，蕘翁黄丕烈識。吴壽暘《拜經樓藏書題跋記》。

宋提刑洗冤集録五卷 元刊本

右《宋提刑洗冤集録》五卷，又《聖朝頒降新例》七葉，蓋元刊本也。案《百川書志》法令門有《聖朝頒降洗冤録》一卷，當即此書。是書原装一册，序目後即接《聖朝頒降新例》，病其横亘于中，移置於後。蕘翁。張金吾《愛日精廬藏書志》。

三楚新録三卷 舊鈔本

丁卯夏，借陳簡莊新藏吴枚菴手鈔本傳録，并校其脱誤，復翁。陸心源《皕宋樓藏書志》。

右跋文四本書失載，補録于後。蕘翁題跋尚不止此，俟有續得，隨時補入。郋園誌。

書目答問不分卷 原刻初印本

《書目答問》分經、史、子、集四目，外加以叢書目、《别録》、《國朝著述姓名略》，凡七類，南皮張孝達制軍督學四川舉以訓士者也。其書有初刻本，有後刻本，有修改本，蓋屢經校補，始克通行。此猶初刻本，故前有提督四川學院關防印。取後刻校勘，有此本有後刻無者凡二十八種，經十，史十三，子三，集二。有此本小注有後刻無者凡五種，經二，史二，子一。有此本無後刻有者凡百十三種，經三十七，史三十五，子十六，集二十五。有此本小注無後刻有者凡九十種，經四十五，史四十一，子一，集三。有此本列小注後刻列正目者凡十八種，經七，史五，子五，集一。有此本列正目後刻列小注者凡四種，經三，史一。有此本與後刻部類不同者凡十九種，經六，史十三。有此本列附録後刻列正目者凡四種，經。有此本列正目後刻列附録者凡十一種，經。余别爲校目，附此本後，以便省覽。大抵此本於著述刊刻人名多有傳聞之失，後經改修仍有未盡。其自撰序云：「京師藏書，不在行笥，訂補俟諸異日。」此亦聊爲解嘲之辭。同年友楊叔翹鋭爲吾言，此目出于繆太夫子小山先生荃孫之手，實非南皮己書。其分類與《四庫》不同，似略仿孫星衍《孫祠書目》之例，其分正目、附録亦本《孫目》内編、外編之意，而變易其名稱。經主東漢；史部省去「歲時」，多以説部子書入之雜史；子部立「古子」一類，以括周秦間子書，又以雜家書典實者入儒家，儒家分經濟、理學、考訂三屬；集部於汪洋大海中存歷朝名大家有傳本者，其北宋之西崑，南宋之江湖，但有精華，無不采擇。至于明初之臺閣，晚季之公安、竟陵，則概在屏棄之列，又前後七子之聲調，去短取長，皆有別白，閲者據此目購書求學，不至誤入歧途也。夫恬裕、海源，南北對峙；天禄、天一，朝野同風。寒畯之所望洋，書林之所裹足。寶山空入，人壽幾何？惟此雅便巾箱，別裁書帕，遠至朱明之嘉、萬，近則斷代于同、光。閲肆不驚，探懷可得。固不必如《簡明目録》，煩邵位西之手批；述古《敏求》，學朱竹垞之賄得。其有功於士林大矣，詎獨川士也哉！光緒十九年癸巳三月既望葉德輝。

此目吾屢經手校，隨校隨爲友人或門下取去。家有後刻蜀印本，曾校過付從子纗甫收藏。案頭所留僅光緒間上海蜚英館石印後刻蜀本耳。既手録一本，付兒輩檢存，行笥長隨則光緒乙巳客居湖北花園山所校者。今年夏間，雷民蘇優貢愷於舊書店中覓得此本，仍是初印，上鈐「提督四川關防」，知吾時恨失此初印本，因以爲贈。初刻多有出入異同，往日曾有校記，幸底稿尚在，冒暑手録一通，附于此本之後，後刻增出小注則以墨筆過之。長日如年，揮汗如雨，藉此消遣，勝于一局棋枰也。惟前校尚有一二未盡處，如史部鄭珍《鄭學録》，初刻入譜録，後刻改入傳記，校記誤以爲初刻所無。史部政書類古制之屬宋蘇洵《謚法》、子部小説家唐趙璘《因話録》，皆初刻所無後刻有者，校記漏未舉列。往日固心粗，今過録又未覆校，聊記于此以補漏遺。兒輩能知讀書，方將上泝《漢志》、《隋書》，下通四部兩藏，以博考百家之流别，識六藝之指歸，區區横通之目，固可重不可重也。宣統己酉伏末。

又一部

此目南皮宫保刻成後屢經修改增删，凡初次頒發本所列書名，此本間或删去，又有初本未載而此本補入者。最後又抽换多版，如書名有誤、卷數未詳者，均約略改刻，擠添字行中。此當是二次改本，上海蜚英館據以石印，故與初印後印各本復有異同，其實仍未盡也。余藏此目二十餘年，補闕訂訛，時有點竄塗改。以原刻大本不便巾箱攜帶，移録此本，聊備遺忘。歷年所得之書，以及目覩之本，并以硃筆記録之。暇日取家藏四部書補注刻者姓名年月，叢書本則檢其序跋年月添寫于旁，其無序跋可證者，以總序年月爲斷。原書例不載宋元刻、舊鈔，惟取明以來國朝諸儒校刻善本，斷自光緒乙亥以前，以此目成於光緒初元也。原稿爲江陰繆小山太夫子手定，分類與《四庫》不同，其分古子、古史兩類尤爲提綱絜要，截斷衆流。他如《四庫》雜家之書，此目多宋人儒家，列爲考訂之屬，較之舊目專以空談語録屬之儒家者，實有復古救時之功。隋、唐諸志，固不知語録爲何物，即晁、陳諸目，亦未嘗重視道統如今日之甚者也。光緒乙巳秋九月記于武昌花園山寓舍。

又一部

南皮張文襄督學四川時，命諸生善書者寫刻此目，前後屢經删補改刻，故世間傳本不同。其底本係出自江陰繆小山先生荃孫，固文襄門下也。雖仍四部之舊，與《四庫》分類出入多有異同，大致本之孫星衍《祠堂書目》，參以《隋志》、《崇文總目》，不倍于古，不戾于今，大體最爲詳慎。惟各書刊刻年月，時有傳訛，卷數間多缺略。千慮一失，偶然有之。余藏此行笥凡三十年，閱肆借人，不離左右。每于舊書攤頭得一舊本古書，則以朱筆記于上下方，或從友人插架見有精刻善本，亦隨録存。先後所録原刻、大小石印本多爲友人傳寫，往往并原本失去。此册爲四弟默庵所藏，暇時取案頭校過石印中本迻録一通，以付從子孎甫收覽。文襄此書，凡經數次改刻，余亦數次校勘。今人漫言讀書，即讀書目亦非易事。得此可以粗知目録版片之門徑，使繆先生見之，或當引余爲諍友也。宣統三年辛亥春王正月下浣七日葉德輝記。

此目有初刻本、再刻本，再刻之後，又有剜改本，此本是也。再刻校初刻，正目删去二十餘種，增入百餘種，小注删去三數種，增入六十餘種，余别有校記附初刻後。

又一部

自來藏書家目侈録宋本，次則元刻、舊鈔，明刻又次之，至于近刻，則屏而不録。此洪北江所謂「藏書者之藏書」也。陽湖《孫氏祠堂書目》間注時刻，略而不詳。然其目分十二類，通《漢略》、《隋志》之郵，變《崇文》、《文淵》之例，體近著述，讀者不僅以書目重之。道光中有倪氏《江上雲林閣書目》，中依《四庫》分類，多收時刻，間有一二宋、元、明鈔，洪北江爲作《藏書記》亟稱譽焉。同治中揭陽丁禹生中丞日昌開府江南，兵燹之餘，舊家藏書，悉爲捆載。歸田後刻《持静齋書目》，亦遵《四庫》，分别宋、元、明刻舊鈔，兼載近刻。此洪北江所謂「讀書者之藏書」也。自茲以後，如聊城楊致堂河帥以增《海源閣書目》，常熟瞿子雍明經鏞《鐵琴銅劍樓書目》，歸安陸誠齋觀察心源《皕宋樓書目》、閩縣陳徵芝大令蘭鄰《帶經堂書目》，皆以宋、元舊刻舊鈔、孤本秘笈相矜尚，體例與倪、丁二目不同，見者欽其寶，莫名其妙，可謂只可自怡悦，不堪持贈君者已。南皮此目專爲士人購書指南，多列乾、嘉以來諸公校刻精本，不列宋、元舊鈔，間及明刻之易得者。其實，近人精刻單行之書，非寒畯所易購取，又非坊市所易搜求。所載叢書，凡經赭寇擾亂各省，版片大半散亡，按目求書，非一朝一夕之故。且各書下多注「通行本」三字，其爲當日通行耶？抑爲今日通行耶？藏拙之語，不免英雄欺人。即此可知時刻亦不能盡見盡知，何况購置。余持此目幾三十年，獲有一書，即以朱筆補注。暇日因發家藏四部書，考其刊刻人名年月，增記于傍，非獨拾其遺闕，且以糾其訛誤。新年養疴息静，閉户樓居，手録一通付從子啓崟，再録此册付從子啓藩，而以原本付大兒啓倬收存。讀書種子一日不絶，則余藏書一日不散。于此以卜家澤之短長，覽者幸勿哂其癡也。宣統三年辛亥二月朔，郋園葉德輝記并書。

又一部

此目余爲從子定侯校者。時維仲夏，土潤溽暑，大雨時行，百物發霉，而研硃尤爲澀筆，盡八晝夜之力校完。年逾六旬之人，燈下以硃筆作此蠅頭小楷書，老眼尚不昏花，頗自豪也。文襄此目出自江陰繆筱珊學丞荃孫，在四川學使幕中代撰，風行海内已四五十年。然其中最爲闕典者，一各書下注載「原刻本」或「通行本」，乃共同之辭，其書究爲何時何人所刊行，不可知也；一注中偶載元號，又不記年月歲名，如明之嘉靖、萬曆，皆享國四十餘年，我朝康熙、乾隆皆享國六十餘年，其中歲月有初中晚之殊，刻本有先後之别，今略而不具，使閲者摸索不得其詳，亦一蔽也。凡國朝人著作及詩文集，有及身自刻者，有友人代刻者，有子孫彙刻者，故有單行本、叢書本之不同，目中多未分辨。至集部全不載刻本，或不知其卷之多少，亦似草草成書，隨手濫寫者，是可怪也。宋、元舊槧舊鈔及名人手校精本，固藏書家所珍貴，非購書者所易求。至於朱明成、弘以前之書，誠不易見。若成、弘以後，嘉靖、萬曆刻本甚多，而以嘉靖仿宋本爲尤善。在光緒初元、中葉，北京廠肆、南方各省會舊書店，尚時時可以覓得。余所藏且有重複者，今雖汰而售之，可見當時傳本不少。使目中一一注明，俾求書者易于物色，何至此二三十年爲東西列國圖書館搜取净盡？此尤可惜者也。同、光以前，談版本之學者京師惟仁和邵位西先生懿辰、盩厔路小洲太史慎莊、縣人袁漱六太守芳瑛三君。邵先生官部郎，日游廠甸，書之刻本，一一批注《四庫全書簡明目録》簡端及行間。先生殉粤匪之難，盡亡其遺書，惟此目嘉興錢氏有傳鈔副本。學丞首先鈔得之，故入詞館後，以賞鑒版本之學獨擅時名。蓋當時固以爲枕中鴻寶，今則邵之嫡孫伯絅太史章刻之，即《標注四庫全書簡明目録》是也。同治中興，湘鄉曾文正國藩督師江南，削平金陵粤寇。獨山莫子偲先生友芝客文正戎幕。其時江浙故家巨族與上海鄰近者，大都避亂來滬瀆，其藏書家亦多散失流行於滬市中。文正在京師與邵先生爲講學之友，又爲袁太守兒女姻親，固亦通知版本者。文正門人揭陽丁禹生中丞日昌巡撫江蘇,並酷好舊版書籍。莫先生爲二公眼目,所見舊刻、時刻尤多,故隨手批注《四庫全書簡明目録》者,較邵批不同。以南北刻本詳略互殊,見聞亦異也。莫批爲蘇州書估侯駝子借鈔,流傳至京師,遂爲廠甸秘笈。坊估妄自增補,借閱者又展轉加批,以致襲謬沿訛,失其真面。日本書估田中慶于宣統初得其本,以活字版印行,頗獲大利。今滬上、京師已三次覆印矣。學丞兼邵、莫二家聞見之長,由于開創者爲其難,踵事者爲其易也。余爲學丞門下門生,回蘇寓吳門,與子偲先生從子楚生太守棠往來甚密,又識伯絅太史,故于三家先德撰述始末聞之最詳。禹生中丞次公子叔雅茂才惠康,亦三十年前舊好,行篋中攜有宋、元舊版十數部,均有莫氏題記印章。中丞《持静齋書目》所載宋、元、明刻本固多,而時刻亦并入載,可知當日子偲先生所見舊刻新刻衆本兼收,中丞書目,故沆瀣一氣也。滄桑亂後,文物蕭條。回首前塵,宛如昨日。諸先生故事,不啻親見之而親聞之。異日有好事者偶録之筆記中,亦書林一重公案云。歲在丙寅夏至節後七日。

石墨鐫華八卷　明萬曆戊午刻本

《石墨鐫華》八卷,明趙崡撰。萬曆戊午原刻本。《四庫全書總目》史部目録類著録作六卷,附録二卷,與此原本通作八卷,但于七八兩卷目下注「附録」二字者不同,不知所據何本。考明人《藝圃搜奇續集》及乾隆甲午鮑廷博刻《知不足齋叢書》均有刻本,殆後人以意分卷,久失原刻次第耶?《提要》稱其:「每碑目録之下仿陳思《寶刻叢編》之例,鉤勒其文,體例頗爲詳備。惟所跋詳於筆法,略于考證,而所論筆法，於柳公權、蘷瑛、蘇軾、黄庭堅皆有不滿，亦偏於一家之言。然一時題識，語有出入，自《集古録》以下，皆所不免，不能獨爲嶠咎也。」今按，此本亦未鉤勒其文，與《提要》所言不合，而書爲初刻原本，不得疑爲翻本有所改移。是則《四庫》所收殆後來傳本，非原帙也。書經孫氏收藏，前有「孫氏藏書印」五字朱文小長方隸書印，未知爲孫氏平津館否。但孫星衍藏書未見用此印，或别一孫氏耳。光緒己丑冬十月既生霸書于都門長沙郡館。

淳化秘閣法帖考正十卷淳化閣帖釋文二卷淳化秘閣法帖考正附二卷 乾隆三十三年刻本

《淳化秘閣法帖考正》十卷《淳化秘閣法帖考正附》二卷，王澍撰。《淳化閣帖釋文》二卷，宋黄伯思撰。皆沈芥舟先生宗騫手書付刻者。依墨搨本分十卷，前臨帖文，低一字小字即《考正》，其附者一卷爲《古今法帖考》，一卷爲《論書賸語》。芥舟先生工於書法，鏤版不差毫釐，洵精本也。此書《四庫全書總目》史部目録類著録，注「兩江總督採進本」。《提要》云：「初宋元祐中，米芾作《法帖題跋》以辨别真贗，特據筆迹以意斷之，究未能確指其所以然。大觀中黄伯思作《法帖刊誤》，始援據史傳，訂其舛迕，昭昭然白黑分矣。國朝何焯更摭姜夔《絳帖平》增注其上，而徐葆光又雜採諸書附益之。於是閣帖之得失異同，漸以明備。澍作是編，復研究諸説，衡其當否，以史傳正譌誤，以筆蹟辨依託。仍〔二〕依法帖原目，分爲十卷。又别爲《古今法帖考》一卷，溯閣帖之緣起，及諸帖之沿流而作者。自以所得《筆法》一卷，併附其後。」《提要》所稱，一一與此本相合。然此書實有兩刻本，一天都汪玉球刻者，前識數語云：「先生書成，屬以鋟木。」不記年月，似是雍正時刻。其書不録帖文，但標書者姓名。《四庫》著録當是此本。一即此沈臨全帖本。以兩本相較，自以沈本爲優。《四庫全書》鈔本畫一，例不能收沈本也。澍撰《竹雲題跋》、《虛舟題跋》，均芥舟先生書，其精力誠有過人，是亦足以傳矣。芥舟先生事傳載馮金伯《墨香居畫識》，云：「沈宗騫，字熙遠，號芥舟。居烏程之研山灣，故又號研灣老圃。早歲能書畫，補弟子員後益肆力畫山水人物，傳神無不精妙。小楷、章草及楹丈大字，皆具古人神致魄力。嘗見賞于曹地山、錢辛楣諸巨公，名重一時。生平合作，如《漢宫春曉圖》設色工麗，衣紋縹緲，洵屬神品。所著有《芥舟學畫編》、《淳化閣石刻》。」余按，《淳化閣石刻》蓋即此書，《畫識》不知是臨帖，誤以爲著書，辭意不明，竟似先生有重模《淳化石刻》本者，則誤會不少矣。書經漢軍楊幼雲部郎繼振收藏，中有「繼振」、「幼雲」諸印記。幼雲爲春宇侍郎宜振之介弟，官内閣，善鑒別圖籍、金石、書畫古物，收藏頗富。侍郎爲道光乙巳恩科進士，同治乙丑視學江蘇，所拔多知名之士，家菊裳讀學昌熾即以童子受知入學者也。余丙戌計偕入京，其家書帖久已散出。余得此書并朱竹垞《曝書亭詞稿》，皆朱印纍纍，想見其手不釋卷之樂。書前鈐長方宋體字巨印，約二百餘言，無非勸告後人珍惜藏書之意。乃身殁未久，所藏即已星散，何收藏家子孫之不能永守古今一轍耶！幼雲有知，當亦如武康山中白晝聞鬼哭矣。丁酉三月上巳後二日葉德輝識并書。

〔一〕「仍」原作「乃」，據浙本《四庫全書總目》改。

竹雲題跋四卷 乾隆三十二年丁亥刻本

《竹雲題跋》四卷，金壇王澍撰。《四庫全書總目》史部目録類著録。《提要》云：「皆其臨摹碑帖題跋，裒合成編。澍本工書，故精於鑒别，而於源流同異考核尤詳。」又云其力排鄭簠、蔣衡，不免文人相輕之習。余謂谷口、拙存兩人之書，本不及虚舟之大雅，且虚舟學問淵粹，尤非兩家所能夢見，固不得以文人相輕譏之也。此本爲乾隆三十二年丁亥錢人龍校刻，與《虚舟題跋》皆沈芥舟先生宗騫一手所書。《虚舟題跋》十卷《補原》三卷，刻爲乾隆五十二年，戊申補刻。是時《四庫全書》久已告成，故未採入。是書名「竹雲」者，按余金《熙朝新語》云：「金壇王虚舟澍精金石考訂之學，嘗道經秦郵，泛舟珠湖，仰見天際白雲如竹數百枝，枝葉皆具，下有雲片若怪石，儼然圖畫，因作《竹雲題跋》。」此事他書未載，頗足以廣異聞。此蓋虚舟書法通神，如古人觀雲悟筆之事，故蒼蒼者示以靈境，資其開敏之思。然則《竹雲》是虚舟秘記之《筆陣圖》也，烏止一時之幻景哉？丙午五月小暑重裝識。德輝。

虚舟題跋十卷補原三卷 乾隆五十二年温純刻本

《虚舟題跋》并《補原》亦王澍撰，乾隆三十二年與《竹雲題跋》同刻，皆沈芥舟先生手書。印本無多，即佚去前三卷，其中版片損失，不能成書，故《四庫全書總目》祇收《竹雲題跋》而未收此書也。乾隆戊申，吴興温純得其殘版，重爲編訂。時芥舟先生健在，乞其補書，故書中字迹大小肥瘦，時或不同，因此故也。此書體例與《竹雲題跋》微有異同。《竹雲題跋》乃裒合其臨摹碑帖之作，排次或書，此則專爲題跋所藏所見之碑帖。間低一字，有「焯按」云云，則何義門先生評識也。且間涉及法書名畫，不全記碑帖，特帖碑居多耳。我朝考訂碑帖鑒別書畫之學，當以孫退谷及虚舟二先生爲開山，其後翁覃溪、張叔未之于碑帖，安儀周、陸潤之之于書畫，皆以畢生精力而成專門名家，兼之者則畢制軍、阮文達、吴荷屋諸公，頗極一時之盛。誠以諸公恭逢聖祖、高宗兩聖主六十年太平長久之祚，削平内寇，戡定邊疆，偃武修文，俾士大夫沐浴皇仁，涵濡文治，咸得以端居清暇，討論藝事，譔述成編。以視周瑾公之過眼雲煙，躬逢鼎革，項子京之收藏天籟，生際衰朝，斯誠有幸有不幸矣。虚舟先生本書家之正法眼，鑒藏之兜摩堅，遭遇聖明，著書得登《四庫》，豈非儒生之至榮，而爲後人所想望者耶？展讀是書，不禁神旺。丙午五月小暑重裝記。德輝。

無聲詩史七卷　康熙庚子嘉興李光映刻本

《無聲詩史》七卷，姜紹書撰。所録皆明人至國初畫家小傳，足與徐沁明《畫録》、周亮工《讀畫録》、張庚《畫徵録》參考互證，同爲有功藝苑之書。是書刻者爲嘉興李光映，書者爲光映姊夫王典在。字體秀逸，兼褚河南、趙松雪兩家之長。且鏤版精工，筆意不差累黍。想見國家全盛時，物力之厚，技術之良，非今日所能企及。如此精本，安得不什襲藏之。光緒丁酉雨水，德輝。

从古堂款識學一卷　徐士燕手書本

《从古堂款識學》一卷，嘉興徐士燕編。録其父壽臧先生同柏所釋山東濰縣陳氏寶簠齋藏器銘字也。

壽臧先生爲張叔未解元廷濟之女夫，于金石之學具有淵源。士燕秉承家教，能讀父書，手録是編傳其先澤。字迹亦雅，與其父相似，洵善繼善述者。後附《毛公鼎釋文》，于諸家所釋頗有異同。吴縣吴愙齋尚書大澂有《毛公鼎釋文》，曾引及之，但非全文耳。此則于全鼎銘文一一訓釋，淹貫經義，穿穴字書，非澤于古者深，恐不能辨其隻字。毛公鼎，國之重寶，得徐、吴二家詮釋，尤爲精確，與典謨訓誥同不朽矣。德輝志。時丙寅中秋。

補寰宇訪碑録五卷 同治三年刻本

天下石刻，非足跡所至，僅憑他人紀載以相稗販，未有不以訛傳訛者。此書成于鈔襲，所記碑地考之未詳，石之存亡亦未得其實在。然助之成書者，皆一時收藏金石名家，何以疏漏如此？則急于成書之過也。書中有墨筆批抹，醜詆作者之爲人。據前永明周蕙生編修題語，謂出自樊問青手筆。按問青即文卿，前記列爲搜訪人之一。未必書成後食言，此恐周編修誤説。惟李蒓客慈銘《越縵堂日記》所記作者逸事，頗亦如此墨筆評語詆諆云。蒓客爲作者中表至親，所言或有恩怨，然亦可信其半。空穴來風，想亦作者有自取之道也。

古玉圖考二册不分卷 光緒乙酉吴氏自刻本

出土古器物，皆有裨於經史考證。三代法物遭秦滅學，蕩焉無存。漢初諸儒獨抱遺經，未遑措意於金石之學。故兩漢之際，偶獲古鼎，侈爲符瑞，改元建號，比于鳳麟。吴孫皓時，各方出古玉器，至以爲天發神識，勒石紀功。由是時此等古物識之者稀，故真僞雜糅，不暇爲之詳考。終漢之世，惟許叔重能知之，故所作《説文解字》敍云：「郡國亦往往於山川出鼎彝，其銘即前代之古文。」又竹部「管」重文「琯」下云：「前零陵文學奚姓於伶道舜祠下得笙玉琯，夫以玉爲音，故神人以和，鳳皇來儀也。」自漢以後，逮唐千年，遂爲絶學。宋王黻奉敕撰《宣和博古圖》，同時吕大臨〔一〕有《考古圖》之作。其言古玉者，則有龍大淵《古玉圖譜》一書。《四庫全書總目提要》存目，以前列修書職官舛錯，及修書諸人年歲事蹟不符，列十二疑，斥爲僞撰。此館臣未見真本也。原本並不如此。於是其學漸以昌明，頗足以資考索，然不若國朝諸儒之精而博也。顧諸儒多究心金石，未及古玉。近日吴愙齋尚書始成此《圖考》百四十四葉，其中如圭璋璧玉之屬，一一疏經證史，多可糾正前人之失。如自敍中所列諸事，皆援据精確，無絲毫疑義。又如蒲璧爲織蒲文，穀璧爲聚米文，視向來《六經圖》蒲璧畫蒲草、穀璧畫禾穗者實爲近理。其他如璿璣爲渾天儀之機輪，三孔璋爲搢笏垂紳之至舀，亦確有卓見，不同向壁虛造之言。尚書博洽多聞，於金石有深契，近二十年爲此學者絶矣。讀此爲之慨然。丁巳仲冬長至前二日葉德輝記。

〔一〕「吕大臨」原文誤作「吕大防」。

郘園讀書志卷五

子部

晏子春秋八卷　明活字印本

《晏子春秋》八卷，明活字印本。每半葉九行，行十八字。前有目録，載内外篇章次第，下接劉向校録文。書分八篇，内篇諫上第一，諫下第二，問上第三，問下第四，雜上第五，雜下第六；外篇重而異者第七，不合經術者第八。版心不載卷數，惟「晏内」、「晏外」等字。孫星衍《祠堂書目》有仿元寫本，即以付吴山尊檇刻而顧千里爲之跋者，其實即此活字本。因其排印整齊，字近元體，故誤以爲元刻耳。仁和丁松生八千卷樓藏有元刻本，爲馬笏齋舊藏，亦即此本。余丙申三月游浙時曾借觀之，不誣也。《漢書・藝文志》諸子略儒家類《晏子》八篇，隋、唐《志》加「春秋」二字，作七卷，自後《崇文總目》、晁公武《郡齋讀書志》、陳振孫《直齋書録解題》均作十二卷，則此作八篇，蓋猶《漢志》之舊也。《四庫全書提要》入史部傳記類，云：「此明李氏綿眇閣刻本。内篇分諫上、諫下、問上、問下、雜上、雜下，外篇分上、下二篇，與《漢志》八篇之數相合。故仍從此本著録，庶幾猶略近古焉。」綿眇閣本余亦有之，乃萬曆中刻，在此本之後。此本嘉靖時亦繙雕，世亦罕見。孫星衍于乾隆戊申爲畢制軍沅刻是書，所據爲萬曆乙酉沈啓南本，附著《音義》二卷，並不採及他本。盧文弨《羣書拾補》所校《晏子春秋》亦僅摭拾《音義》未引據者，補勘所遺，而未博考其餘。明刻亦可謂疏漏之甚矣。丙午上巳，德輝。

光緒戊申三月，余回蘇州洞庭展墓，道出江寧，因訪陶齋尚書端方公于金陵節署。時方有收買仁和丁氏八千卷樓藏書儲之江南圖書館之議，居間媒介者爲江陰繆小山太夫子荃孫。所有宋、元舊本均取頭本呈送，此《晏子春秋》亦在其内，當時均以爲元本，余力證其爲明時活字印本，且告以余有藏本與此無異。陶齋曰：「即是明活字印亦見所未見，能割愛以貽我乎？」余曰：「公前年贈余以宋本《南嶽總勝集》，余正未有報也，是直可謂抛玉引磚矣。」五月還湘，遂郵寄歸之，臨封，爲識數語于後。時六月天貺，德輝。

纂圖互注重言重意荀子楊倞注二十卷 元繙南宋建安書坊刻本

《纂圖互注重言重意荀子》二十卷，題唐大理評事楊倞注。前有元和十三年楊倞序，并《欹器圖》、《大輅圖》、《龍旗九斿圖》。「互注」、「重言」、「重意」皆黑地白文幖識。小黑口本，每半葉十一行，行二十一字，注二十五字。余藏《纂圖互注重言重意揚子法言》版式行字與此同，蓋南宋末年建陽書坊刻本也。惟《揚子》字體較此肥潤，故余定此本爲元初繙刻。但紙料墨色又復相同，則不可解。宋刻《荀子》原有監本、建本之分。盧抱經校刻時引據影鈔大字宋本即近日黎庶昌《古逸叢書》繙刻宋淳熙八年台州本，其源出於北宋治平監本。此纂圖互注出於南宋建陽書坊刻本，同時刻有《老子》、《莊子》、《揚子》，謂之「四子」。《揚子法言》後有牌記云：「本宅今將監本四子纂圖互注，附入重言重意，精加校正。」此所謂「監本」者，乃南宋監本，今讀者但目爲建本。今以兩本相校，如《勸學篇》「青取之於藍」，此作「青出之藍」；「聖心備焉」，「備」此作「循」；「無以成江海」，「海」此作「河」；「蚯螾無爪牙之利」，「螾」上此無「蚯」字，注有「蚯蚓也」三字；「目不能兩視而明，耳不能兩聽而聰」，兩「不」下此無「能」字；「玉在山而草木潤」，「木」上此無「草」字；「君子如響矣」，「響」此作「嚮」；「謹慎其身」，「慎」此作「順」。《脩身篇》「詩曰翕翕訿訿」，此作「噏噏呰呰」；「保利非義」，「非」此作「弃」；「卑溼重遲」，「溼」此作「濕」，注「溼，憂也」此作「濕，優也」；「行而俯頃非擊戾也」，注「擊戾猶言了戾也」，「了戾」此作「孑戾」；按，「孑戾」是也。注云：「謂頃曲戾不能仰者也。」《說文》了部「孑」訓「無右臂」，與「俯頃」義近，「擊」、「孑」音亦相近，取同聲相訓。「老老而壯者歸焉」，注「天下之達老」，「達」此作「大」。《不苟篇》「故懷負石而赴河」，此無「故懷」二字；按，「懷」、「負」義同，二字誤衍。「揚人之美」，「美」此作「善」；「舉人之過惡」，此無「惡」字；「小心則流淫而傾」，此無「流」字；「故君子不下室堂」，此無「堂」字。《榮辱篇》「政令法」，此作「政法令」，注有「當爲政令法，或曰政當爲正」十一字；「俄且僩也」，注「僩與憪同，猛也」，「憪」此作「撊」；按，《方言》晉魏之間謂猛爲撊。「方知畜雞狗豬彘」，「知」此作「多」；「糧食太侈」，「太」此作「大」，注有「大讀爲太」四字。《非相篇》「《漢書》刑法家有《相人》二十四篇」,「刑」此作「形」,「篇」此作「卷」; 按,與《漢志》文相合。「節族久而絶」,注「宗族久則廢也」,「宗」此作「節」。《非十二子篇》「以梟亂天下」,「梟」此作「鴞」; 「吾語汝學者之嵬容」,此無「容」字。《儒效篇》「抑亦變化矣」,「抑亦」此作「仰易」,句末無「矣」字,注有「仰易,反易也」五字; 「人之所以道也,君子之所道也」,此作「人之所道也」,下無「君子之所道也」一句; 「履天子之籍」,此作「履天下之籍」; 「人無師法則隆情矣,有師法則隆性矣」,此作「人無師法則隆性矣,有師法則隆積矣」,注「隆,厚也。厚於情謂姿其情之欲,厚於性謂本於善也。」此作「隆,厚也,積習也。厚性謂姿其本性之欲,厚於積習謂化爲善也」; 「積土而爲山,積水而成海」,此作「積土謂之山,積水謂之海」。按,下云:「日暮積謂之歲」,以下連用「謂之」,則此兩「謂之」是也。《王制篇》「不待頃而廢」,「頃」此作「須」; 「小節非也」,此無「非也」二字; 「承彊大之敵也,知彊大之敵」,上句「敵」下此無「也」字,又無「知彊大之敵」一句。《富國篇》「徒壞隋落」,「徒」此作「徙」; 「惟民其力懋和而有疾」,「力」此作「勑」,「而」此作「若」。按書本作「勑」,作「若」。《君道篇》「斗斛敦槩者」,「斗」此作「勝」; 按,「斗」蓋「升」之誤。「勝」古通作「升」。《三輔黄圖》「御宿圖〔一〕出栗十五枚,一勝大梨,如五勝」是也。「百吏乘而後」,「後」下此有「鄙」字; 而「勸上之事」,「勸」此作「勤」; 「敬詘而不苟」,「苟」此作「悖」; 「緣義而有類」, 此作「緣類而有義」; 「理萬變而不疑」,「萬」下此有「物」字; 「是狂生者也」,此作「是聞難狂生者也」; 「《詩》曰价人維藩」,「价」此作「介」; 「聖人財衍以明辨」,「財衍」此作「則術」; 「無流慆也」,「慆」上此無「流」字,又「慆」作「陷」; 「守職循業」，「循」此作「脩」。《臣道篇》「刑下如景」，「刑」此作「形」；「大臣父子兄弟」，此無「子」字、「弟」字；「故無德之爲道也」，「故」下此無「無」字。《致士篇》「水深而回樹落則糞」，此作「水深則回樹落糞本」。《議兵篇》「負服矢五十个」，「負」下此無「服」字；「其生民也陿阸」，「陿阸」此作「狹隘」；「成不可必也」，注「不可必，不得必」，此無「不得必」三字；「王公由之所以得天下也」，「得」此作「一」。《彊國篇》「視可司間」，注「觀其可伐也」，此下有「司音伺，間隙也」六字；「則有其諰也」，「則」下此有「甚」字。《天論篇》「宋子有見於少，無見於多」，注「下篇云宋人以人之情爲欲寡，而皆以己之情爲欲多爲過也」，此作「宋子以人之情欲寡，而皆以己之情欲多是過也」。按，此與下篇文同。《正論篇》「故魯人用糖，衛人用柯」，注「《方言》盌謂之櫂，或謂之柯」，此作「盌謂之糖，盂謂之柯」；「居則設張容」，注「所以隱見也」，「隱見」此作「防隱」。《樂論篇》「從以磬管」，此作「從以簫管」；按，《禮記》同。「美善相樂」，此作「莫善於樂」；「鼓天麗」，「天」此作「大」；「衆積意謘謘乎」，「積」下此無「意」字；「而衆賓皆從之」，「皆」此作「自」；按，《禮記》作「自」。「不酢而隆殺之義辨矣」，「隆」上此有「降」字；按，《禮記》有「降」字。「終於沃者焉」，「沃」下此有「洗」字；按，《禮記》有「洗」字。「是足以正身安國矣」，此無「是」字。按，《禮記》無「是」字。《解蔽篇》「死則四海哭」，「四海」此作「天下」；「輔賢之謂能」，「能」此作「彊」；按，下句「勉之彊之，其福必長」，「彊」、「長」爲韻，則此作「彊」是也。「與不可道之人論道人」，此作「與不道人無可之論道人」；「五字以決麤理矣」，「麤」此作「庶」。《正名篇》「以所欲以爲可得」，此作「以欲爲可得」。《性惡篇》「然則生而已」，「生」此作

「性」，下句同；「故塗之人可以爲禹」，此下有「未必然也，塗之人可以爲禹」兩句；「其言也諂」，「諂」此作「謟」；「其舉事多侮」，「侮」此作「悔」。《成相篇》「高其臺榭」，此無「榭」字。按，上句「飛廉知政任惡來」，「來」、「臺」爲韻，則無「榭」字是也。《賦篇》「謂占之五帝」，「五帝」此作「五泰」，注有「五泰，五帝也」五字，下「五帝占之曰帝」，此亦作「泰」。《大略篇》「背禮者也」，此作「皆禮也」；「是棄國損身之道也」，「損」此作「捐」；「禍之所由生也，生自纖纖也」，此作「禍之所由生自纖纖也」。按，《大戴禮記》曾子立事文與此同。《宥坐篇》「關龍逢」，「逢」此作「逄」。《子道篇》「言以類使」，「使」此作「接」。按「使」爲「捷」之誤，「捷」、「接」通用，古本當是「捷」字。《哀公篇》「將焉不至矣」，「焉」下此有「而」字，按古通，「能焉」而猶「焉能」。下並同。《堯問篇》「聞之日，無越踰不見士」，「日」此作「曰」。按，注「越踰謂過一日也」，正文涉注文「曰」字誤。凡此皆優於台州本者也。明嘉靖中世德堂本即從此纂圖互注本出，今藏書家推爲善本，殊不知先河後海之義。此固南宋刻本不禰之祖矣。

〔一〕「御宿圖」，「圖」字《四部叢刊》影元刊本《三輔黃圖》作「園」。

新語二卷　明萬曆辛卯范大沖校刊本

《新語》二卷，明萬曆辛卯范大沖天一閣校刊本。每半葉九行，行十八字。大沖，欽子。欽刻《天一閣二十種奇書》，此在二十種之外。而大沖序有「勉承先志」之語，故撰人下一行仍稱「范欽訂」，連「范大沖校刻」爲一行。明刻《新語》多在叢書中，惟弘治壬戌李仲陽刻本爲單行，外此則此范刻及天啓辛酉朱謀堙重刻李仲陽本。此本最罕見，故藏書家志目均不著録。《四庫全書總目》稱「内府藏本」，不云何時何人所刻，據《天禄琳琅書目續編》載程榮《漢魏叢書》中有陸賈《新語》二卷，則内府所藏亦叢書本也。阮文達元編《范氏天一閣書目》，内載兩本，一李仲陽本，一即大沖校刻本。蓋當時大沖或擬於二十種外續刻多種，而僅刻此一種，故流傳較二十種爲尤少也。光緒乙巳冬小雪後一日，德輝。

鹽鐵論十卷 明弘治十四年涂禎仿宋刻本

莫友芝《宋元舊本書經眼録》載有宋本《鹽鐵論》十卷，云：「每半葉九行，每行十八字。第十卷末葉有『淳熙改元錦溪張監税宅善本』楷書木記，豐順丁氏收藏。」按此即丁禹生中丞日昌《持靜齋書目》所載之宋本也。明涂禎繙刻宋嘉泰壬戌刻本行格與此同，惟無末葉印記。嘉泰壬戌上距淳熙改元凡二十八年，蓋又據張監税宅本重刻耳。此本即爲涂刻，前有弘治十四年吴郡都穆序，行格與宋本同。桓寬之「桓」及書中「匡」字均沿宋諱闕筆，在明人刻書可謂極有家法者也。世行張古餘敦仁所刻涂本，改易行款。彼據明人重刻別本，故誤以爲即涂原刻，由于當時涂刻原本不易見耳。每慨東南兵燹以後，舊版書籍稀若隋珠。從京師求張本不可得，回南後始無意于故書攤中獲周氏《欣紛閣叢書》，中有此，即係張刻。旋以贈之友人，門下劉校官肇隅影寫一部，又獲存之。張本初印乃係單行，其版後歸周氏，併入《叢書》。亂後版失，即此亦少傳本。此外所見明胡維新《兩京遺編》本，亦據涂本重刻。又有張之象注本，訛脱頗甚，爲通人所非。盧抱經文弨《羣書拾補》謂其擅改古字音，皆以《永樂大典》、涂刻兩本校正之，是也。甲午、乙未之間，元和江建霞編修標督學湖南時，出其所藏元本見示。每半葉十三行，每行二十五字。書中往往脱落大段，字體損俗，殊不耐觀。以其爲元時舊本，故影寫一部，以備參稽。明時又有錫山華氏活字本、太玄書室本，見楊紹和《楹書隅録續編》校明鈔本後跋。大抵皆在此本之後，不如此之源出宋本爲可依據也。宋刻世固罕見，涂刻不失虎賁中郎。惜涂本又不易覯，故孫淵如星衍《祠堂書目》所載本尚係影寫張刻祖本。盧抱經所見者同。惟近日日本森立之《經籍訪古志》載有涂刻本，云半葉九行行十八字者，確係涂刻原本。孤懸海外，未知何日珠還。則余此書固當與宋本同其珍貴矣。卷首有「玉函山房藏書」六字朱文印記，曾經歷城馬竹吾國翰收藏。善化有張姓于山東購歸，展轉爲余所有，狂喜不寐，故詳記之。光緒癸卯長至燈下。

又一部 明胡維新《兩京遺編》刻本

《鹽鐵論》爲明胡維新《兩京遺編》中之一種。半葉九行，行十七字。前弘治十四年有江陰涂禎刻本，九行十八字，源出宋淳熙改元錦谿張監税宅本。嘉慶丁卯，張敦仁仿明刻十行本。此嘉靖三十年倪邦彦重刻涂禎本，顧千里作考證竟以爲涂刻原本，此由未見弘治本耳。此亦重刻涂本，故前有涂序。《兩京遺編》傳世者頗少，孫星衍《祠堂書目》載有陸賈《新語》、賈誼《新書》、王符《潛夫論》、荀悦《申鑒》、徐幹《中論》、應劭《風俗通》六種，均係影寫本。並未影寫此書，知此書尤爲希見也。卷首目録下，卷第一、第三、第四、第六、第八卷前有「獻陵紀氏家藏」六字白文篆書大長方印，「棟亭曹氏藏書」六字朱文篆書長方印，卷第一下有「五硯樓藏」四字白文篆書方印。紀爲文達公昀，曹爲子清通政寅，五硯樓則袁又愷廷擣也，均藏書家。固知前賢亦視爲善本收藏，不亞于宋、元名槧也。

又一部 影寫元麻沙本

此影寫元麻沙本《鹽鐵論》十卷，余乙未冬間從江建霞學使靈鶼閣中所藏元刻本傳出者也。元本爲向來藏書家目録所未載，故乾、嘉老輩如顧千里僅見明涂禎本。其重刻涂本謂涂本出于宋刻，其實顧並未見宋本也。以涂本校此本，論儒第十一全脱；卷二。未通第十五「夫牧民」句下至篇末脱去四百三十四字；卷三。水旱第三十六「爲善于」下句，自「福應」起至「耨土」，此脱去六百五十一字；卷六。執務第三十九、能言第四十、鹽鐵取下第四十一三篇全脱，而移擊之第四十二爲三十九；卷七。繇役第四十九「田來」句下自「久矣」起至篇末止，險固第五十自篇首起至「阸前」止共脱三百六十三字；又誤合二篇爲一。卷九。以字數計之，恰當涂本一葉之數，知涂刻與此刻同出一源。留此隙漏，益爲證據。此外如論功第五十二、論鄒第五十三、論菑第五十四、卷九。刑德第五十五、申韓第五十六卷十。五篇全脱，以視涂本殆有天淵之别。又其中訛字俗體，觸處皆是，世人耳食宋、元本，豈知元本亦有不可盡據者耶。余友陳伯商太史鼎藏有明九行十八字本，爲明仿宋刻。伯商秘爲宋本，余謂不然。然其本實佳，惜未取以一校。又豐順丁禹生中丞日昌《持静齋書目》中載宋張監税本，半葉十行，行十八字。余從中丞嗣君叔雅茂才京師行笥見之，乃九行十八字。蓋書目誤作十行，亦未取以相校，至今恨恨。此册前附師鄦跋，師鄦即建霞書室名。跋中「豐潤」乃「豐順」筆誤字。至謂以張刻略校，其精勝處甚多，是則未曾細校，信口欺人之談，固不值通人一笑也。丁酉冬至前一日麗廔主人葉德輝記。

又一部 嘉慶丁卯張敦仁刻本

明弘治辛酉涂禎重刻宋嘉泰《鹽鐵論》，其原刻每半葉九行，每行十八字，余有其書。此據嘉靖三十年倪邦彦重刻涂本繙雕。每半葉十行，每行二十字。當時顧廣圻爲張敦仁校刻時，所見即倪本無重刻序者，因留涂禎識及都穆序，故誤以爲即弘治原刻耳。宋嘉泰本乃重刻淳熙改元張監税宅本，莫友芝《宋元舊本書經眼録》所稱丁禹生中丞所藏宋本是也。莫云每半葉九行，每行十八字，而中丞自撰《持静齋書目》誤載爲十行十八字，是又多一重疑案矣。丁書余於光緒丙申從中丞嗣君叔雅茂才京師行笥見之，每半葉九行，每行十八字，款式與余藏弘治涂刻本同，亦與莫氏所言合。戊申客江寧，訪江陰繆太夫子小山先生於省居顔料坊寓宅，談及此書，余歷舉顧、張之誤，先生愕然，隨於插架檢示涂本，謂爲顧、張所據而實則倪本無重刻序者。後檢先生《藝風堂藏書記》考之，有云「此爲張古餘影刻之祖本，明時刻於江陰，尤爲難得」，是則先生所云亦沿誤久矣。此本爲張刻初印本，重刻序以爲涂刻，而孰知不然。百餘年疑案至余而始斷之，可云快事。余向有此刻本，曾影寫一本，以原本贈友人。後得弘治本，又思有此本一證，而十餘年不一見。今幸重得，又閲滄桑，是當珍重比于明刻，不得以尋常書帖贈人之物例之也。壬子六月望日朱亭山民葉德輝記。

劉向新序十卷説苑二十卷　明范氏《天一閣二十種奇書》刻本

明范氏天一閣所刻書皆九行十八字，獨此劉向《新序》、《説苑》二書爲十行十八字，似别有依據。然細按之，與明人他刻本無異，遠不如宋本之文句多完全處也。顧湘舟沅《彙刻書目》列范氏《天一閣刻奇書二十種》，此二書即在其内。范氏爲明代大藏書家，中多宋、元秘笈。乃讀所刻書，無一本〔一〕於宋刻，此與明季毛晉汲古閣刻書蔽同。余嘗恨毛氏刻書不以家藏宋本翻刻，又不據善本校勘，今乃知明人刻書大都如此，非僅毛氏也。范刻諸書雖不佳，而流傳絶少。近來閣書散出，宋、元舊鈔本多爲京師、滬上書估搜括一空。此乃殘剩之册，缺葉尤多，吾亦收藏及之，聊以存明人版本之一種耳。二書明時尚有楚藩本、何良俊本、程榮《漢魏叢書》本，中以程本爲佳，吾并有之，則此不足貴矣。丁巳小滿節，葉德輝題記。

〔一〕　疑此處奪二「出」字。

繪圖列女傳八卷　明萬曆丙辰黄嘉育刻本

劉向《列女傳》繪圖本，揚州阮氏文選樓模刻宋余氏勤有堂本。謂其圖畫出自晉顧愷之，畫甚古拙。但《孟母圖》屋舍上題「書院」二字，則可斷其出自坊估之手。其云顧畫者，不足信也。此明萬曆丙辰黄嘉育所刻，前有黄序，脱去。孫星衍《祠堂書目》内編載有此書，其《平津館鑒藏書籍記》亦定爲明刻，但未知刻書人姓名，意其本亦脱去黄序耳。吾向從一坊友見其有此書，黄序尚在，故得知之。此本字體有晉人鍾、王遺意，其圖畫似出仇十洲一派人手筆，而其刻本仍本天水舊槧。書前有王回序，序文各頌其義，圖其狀，物爲卒篇云云，明刻除黄省曾本外，皆誤析「惣」字爲「物以」二字，蓋「惣」下「心」草書似「以」，故刻者往往誤作二字。近日汪士鍾刻宋衢州本晁公武《讀書志》、《列女傳》引此序，誤亦同。惟宋余氏本及《文獻通考・經籍考》引晁《志》並作「惣」字。是此刻之來歷，必本于宋槧無疑矣。二三十年來藏書家多重明嘉靖本，其視萬曆本不啻書帖坊行，豈知萬曆時固有此佳刻耶？光緒丙申八月秋分書于北京北半截胡同瀏陽館寓。

又一部 文選樓仿宋余氏勤有堂本

此揚州阮氏瑯嬛仙館重刊宋余氏勤有堂《圖像列女傳》七卷《續》一卷，序半葉十一行，行二十一字。目行同序，行十八字。大題「新編古列女傳目録」，佔雙行，大字。第三行題「漢護左都水使者光禄大夫劉向編撰」，四行題「晋大司馬參軍顧愷之圖畫」。正卷大題「新刊古列女傳卷之一」，每葉上半圖畫，下半傳文。行字大小不一，以全葉行字論，多者半葉十六行，行三十字；其次半葉十五行，行二十五字；又其次半葉十四行，行二十二字；又其次半葉十二行，行二十字，或二十三字，或二十五字。少者半葉十一行，行二十字。各視其傳文多少，故無一定行字。建安余氏至元時猶存，觀其字體似元時所刻。其題「顧愷之圖畫」亦無根據。江藩跋稱見趙文敏臨愷之《列女傳・仁智圖》，其畫像佩服與刻本一一吻合，始悟此圖乃顧畫之縮本。又阮公子福跋引其父文達之言曰：「嘗見唐、宋人臨顧愷之《列女傳圖》長卷，其中衣冠人物與此圖皆同，其宫室、樹石如《孟母圖》中書院之類，或爲唐、宋人所增。然即此尚可見唐、宋人古制。至于人物、燈扇之類，亦絶似虎頭畫《洛神賦圖》，定爲晉人之本無疑。」又云：「又考米南宫《畫史》云：『今士人家收得唐摹顧筆《列女圖》，至刻版作扇，皆是三寸餘。』此本除去傳頌但度圖之高下，與米《史》所言三寸恰合。然則余氏蓋出于北宋摹刻本，北宋出于唐摹顧虎頭本，而縮低爲三寸無疑。顧君抱沖跋稱：按，此本顧抱沖之逵藏本，後歸阮氏。顧有刻本，削去顧圖，改爲宋體字本，後附考證，此即刻本跋也。『據王回序，則吕縉叔等所見圖止《母儀》、《賢明》二傳，後并無從更得，今此圖蓋余氏補繪』殆未然也。」按抱沖之説是也，乃反以爲未然，則佞宋之過也。宋本本明内府藏，國初歸常熟錢曾述古堂。曾撰《讀書敏求記》載此書傳記類，云：「魚山〔一〕亂後入燕，得于南城廢殿。卷末一條云：『一本，永樂二年七月二十五日，蘇敬叔買到。』當時採訪書籍，必貼進買人氏名，鄭重不苟如此。内府珍藏流落人間，展轉得歸于予，不勝百六飈回之感。」《欽定天禄琳琅》宋本類載有此書，按其圖章印記，即錢氏舊藏。不知何時流出民間，由顧而歸于阮。文選樓火後，此書當爲六丁取去，至今藏書家未見再有著録。留此虎賁中郎，亦足爲好古者之清玩。圖畫雖不盡出于顧氏，其古樸之致，固非俗工所能，宜其爲前人所推重也。明萬曆丙辰黄嘉育刻繪圖本，極精，與此可稱伯仲，余並有之。黄刻圖畫近仇十洲，字體有晉人風範，疑所據原本亦出宋槧。以校此本，其異于俗本之處皆與此本合。余本擬重刻，因其圖像工緻，刻手不得良工，故久未議及云。

〔一〕《讀書敏求記》「魚山」作「牧翁」。

又一部 嘉慶丙辰顧氏小讀書堆刻本

此嘉慶丙辰顧之逵小讀書堆刻本。顧氏得此書爲宋余氏勤有堂繪圖本，原題「漢左都水使者光禄大夫劉向編撰，晉大司馬參軍顧愷之圖畫」。因前王回序云：「今直秘閣吕縉叔、集賢校理蘇子容、象山令林次中各言嘗見《母儀》、《賢明》四卷於江南人家。其畫爲古佩服，而各題其頌像側。」然崇文及三君北遊，諸藏書家皆無此本，不知其傳果向之頌圖歟？抑後好事者據其頌取古佩服而圖之歟？莫得而考已。於顧畫深致疑義，故削去不刊。然既據宋本重雕，自應存其圖畫。後宋本爲阮文達公子福所得，因照原本行格圖畫影模刊行，今所傳瑯嬛仙館本也。宋本頗有譌字，之逵弟千里爲作考證附後，校訂精審，于讀是書者多所裨益，是則勝于阮本者也。

余藏有此書不知何時失去。在蘇州寓中，莫楚生觀察來訪，偶爾談及是書刻本之善，惜不再遇。觀察云彼曾藏有二部，可以其一相讓，因檢此見贈。良友之惠，不可忘也。書記册首，子孫其永寶之。己未九月既望郘園書。

纂圖互注揚子法言十三卷 元翻宋麻沙書坊刻本

元翻宋本《纂圖互注四子》，老、莊、荀、揚，今祇《揚子》一種。每半葉十一行，每行二十一字，小字二十五字。前有建安書坊木記。剜去書坊名號，與近人楊守敬《留真譜》所載二本行格相同，而字之肥瘦略異，疑《譜》所載爲明翻本，非元版也。諸子書在宋刻中有監本、坊本之别，有四子、六子之殊。此書乃據監本四子重雕。秦恩復所刻之治平監本，即此本之初祖。後來坊估于四子外增入《列子》、《文中子》，謂之六子，又此本之濫觴。孫星衍《平津館鑒藏書籍記》宋版類有此本，行格相同，惟前有《渾儀圖》、《五聲十二律圖》爲異。孫《記》云：「重言、重意俱用墨蓋子别出。」則又與此同，蓋孫所藏本即此本。審其字畫紙墨確爲元翻宋本無疑，特此脱去前兩圖耳。宋咸序後有木記六行，云「本宅今將空一格。監本空二格。四一行。子纂圖互注附入重言重二行。意，精加校正，並無訛繆，謄三行。作大字刊行，務令學者得四行。以參考，互相發明，誠爲益五行。之大也。建安空三格。謹咨。六行。」孫《記》云「得」字以下缺。陸心源《皕宋樓》、瞿鏞《鐵琴銅劍樓》兩書目所載文全。瞿云：「與宋治平監刻李軌注本有異同，如《學行篇》『以其所以葬』與上『以其所以養』正同，李本作『以其所葬』，是『所』下脱『以』字矣。《吾子篇》『事辭稱則經』，李本誤重『事』字。《問明篇》『巢父灑耳』，與《音義》『灑』音『洗』合，李本作『洗耳』，當誤。《寡見篇》『又從而繡其鞶帨』，李本誤重『其』字。《五百篇》『由羣婢之故也』，李本作『羣謀』。《先知篇》『謹其教化』，李本作『議其』。《重黎篇》『請聞蓋天』，李本作『請問蓋』，以『天』字混入注中，大誤；又『始元之初』，李本作『始六之詔』。《淵騫篇》『翼以揚之』，李本作『巽以』；又『實蛛蝥之靡也』，李本作『劘也』。《君子篇》『人言仙者有諸乎？曰吁』，李本『乎』下脱『曰』字。凡此諸條，皆卓然勝于李本者。」按，今此本亦如瞿本云云。其中如《吾子篇》「事辭稱則經」，重「事」字；《寡見篇》「又從而繡其鞶帨」，重「其」字；《重黎篇》「請問蓋天」，「天」字誤入小注；《淵騫篇》「實蛛蝥之靡也」，「靡」誤作「劘」，皆顯而易見之處。至

「巢父灑耳」改作「洗耳」，則由不知「灑」、「洗」相通之義。「由羣婢之故也」，誤作「羣謀」，則由不考注文引「齊人歸女樂」正以解釋「羣婢」之義。「始元之初」作「始六之詔」，則由不知「始元」爲漢昭帝紀年，正與下文「擁少帝之微」，少帝爲昭帝之義。而秦刻監本序後附校語，如「事」字、「其」字之重，「灑」之誤「洗」，「婢」之誤「謀」，「靡」之誤「蒯」，「謹其教化」之「謹」誤「議」，「蓋天」之脱「天」字，皆一一舉正。獨于「以其所以葬」，反謂上文「以其所以養」爲衍「以」字；于「始元之初」反據《音義》謂當作「始六世之詔」，不知《音義》原又注「天復本作『始元之初』」；于「巽以揚之」，不知「巽」爲「翼」之誤，反謂「巽」爲衍字。于「人言仙者有諸乎曰吁」，知「吁」上脱「曰」字，乃謂「乎」爲「曰」之誤。所謂知二五而不知十，猶非精于校勘者也。大抵秦刻監本所據爲修版，或其誤字爲修版之譌。今得此本互相證明，益見宋、元舊本各有可貴，視明世德堂所刻譌以傳譌之本，不誠有金珠瓦礫之别耶！光緒辛丑冬十一月十二冬至長沙葉德輝記。

太玄經十卷 明嘉靖甲申郝梁覆刊宋兩浙茶鹽司本

《太玄經》十卷《説玄》五篇《釋文》一卷，經題「晉范望字叔明解」，贊説題「唐宰相王涯字廣津纂」，《釋文》附卷末。首冠以「陸績述玄」。每半葉八行，行十七字，小注雙行。版心下有「萬玉堂」三字。《説玄》後有「右迪功郎充兩浙東路提舉茶鹽司幹辦公事張寔校勘」一行。明嘉靖甲申郝梁覆刊本。按陸心源《皕宋樓藏書志》，熙寧二年兩浙東路茶鹽司刻《外臺秘要》四十卷，亦有「張寔校勘」銜名，此必同時所刻，則覆北宋本也。《四庫全書總目》子部術數類著録,《提要》云「有右迪功郎」云云一行,蓋即此本。《釋文》一卷不題撰人,《提要》引鄭樵《通志》謂爲林瑀撰,必有據也。

世範三卷 乾隆戊申吳氏刻本

宋袁采《世範》三卷,《四庫》著録,爲《永樂大典》中宋本。《武英殿叢書》無排印,故世不多見。明陶宗儀《説郛》本、陳繼儒《秘笈類函》本、鍾瑞先《唐宋叢書》本皆非足本。《秘笈》本訛謬尤多,自來藏書家每以不見原帙爲憾也。乾隆庚戌,袁廷檮得宋本三卷,後附方昕《集事詩鑒》三十條,以授歙人鮑廷博刻入《知不足齋叢書》。其書非單行,世復不多見。此爲乾隆甲寅大興吳裕德與善堂刻本,字大悦目,校勘極精。書法吳興,絶似宋、元舊槧。後附《集事詩鑒》并袁廷檮跋,知即據袁藏宋本重刊,誠善本也。此書自宋、元以來即爲齊家至寶。陳振孫《直齋書録解題》、馬端臨《經籍考》皆著于録。孔行素《至正直記》「年老蓄婢妾」條云:「年老蓄婢妾,最爲人之不幸。此袁氏《世範》言之甚詳,有家者當深玩之。」可見此書在元時爲士大夫所誦法。《四庫全書提要》稱其:「明白切要,易知易從,爲《顔氏家訓》之亞。」不誣也。至後附撰《詩鑒》之方昕,鮑本及此本均不言其里居事蹟,惟第四條「母之於子當鑒王珪母李氏」稱「本朝蘇參政易簡」云云,似是宋人語,豈其人後于袁氏不遠者歟?光緒甲辰五月夏至記。

大學衍義補一百六十卷 明刻本

明沈德符《野獲編》二十五云:「真西山《大學衍義》,其講修齊甚備,而治平則略之。雜引前代宦官舊事，分爲二類，其忠謹受福僅八條，而預政蒙患者四十餘條。故中官極憎之，不得時呈乙覽。宣德七年，御史陳祚勸上讀此書。上怒〔一〕，逮祚下獄，并其子姬瑄八九人長繫數年〔二〕，英宗登極始釋之。成化時葉文莊盛亦以爲請，不報。至邱文莊作《衍義補》進孝宗，遂大荷眷賞。奉旨發刊，未幾入相。蓋補義中獨不列『閹宦』一門，内廷德之而大用。其時議者即云修齊中已括治平，何必又補？特借此博主知。故入閣後即撮補義要，務請上允行。上嘉納之，皆非無因也。蓋宣宗博學，于載籍無所不窺，故疑御史之見諷；孝宗勤學，凡獻替必虚心聽納，故喜諫臣之納忠。然俞咈之由，皆媒于内侍，可歎也。」又云：「癸卯冬，妖書起，上盛怒難解。東廠内臣陳矩慮有株連，以《衍義補》内《慎刑憲》數卷進呈，上意稍解。既而置曒生光極典，他無濫及，人皆歸功于陳璫。陳益大喜，遂于乙巳年奏進《衍義補》二部，請發重刊。時陳以掌印帶廠，上即命司禮監翻刻頒行。至上親灑宸翰弁其首，文莊此書終始爲宦寺推服。歿後百餘年，猶受至尊知遇如此。」案，此本即初次奉旨發刊之本，紙墨敝損，觸手欲碎，因其爲明時裝釘，不欲易之，以存古式。至其書之得失，《四庫全書》已詳論之。偶閲沈《編》，爲《提要》所未及。此是書一段公案，足以資遺聞，故詳録焉。夫因《慎刑憲》數卷使悟上不濫殺株連，則其書之裨益聖學，豈謂無功？兩次刊發于内官，乃偶然遭遇如此。當時時議謂爲借博主知，毋乃吹求之論耶？光緒丙午冬十一月二十日，長沙葉德輝記。

〔一〕〔二〕「上怒」「數年」原脱，據上海古籍出版社《明代筆記小説大觀》中所收《萬曆野獲編》（據臺灣史語所傅斯年圖書館藏鈔本校點）補。

近言一卷　明沈辨之繁露堂刻本

《近言》一卷，明顧璘撰。《四庫全書》子部儒家類存目。《提要》云：「是書凡十三篇，而末一篇爲序志。其體例仿揚雄《法言》、王符《潛夫論》。其篇名則取之劉勰《文心雕龍》者也。所論皆持身涉世之道，大致平正無疵，而亦無深義。」案，《提要》評允矣。明人好學秦、漢人子書，往往以時文性理空言强名之爲著述，而案其實際，無深文奧義可以動人。如顧氏此書固其一斑之可見者也。是本爲明人沈與文所刻。沈字辨之，刻有《韓詩外傳》，世所稱沈辨之野竹齋本者是也。是本前王廷相序。第三葉第十行下有「吳人沈與文書」六小字。本書末葉長方亞字印内有「吳郡沈氏繁露堂雕」八篆字。全書方體字，近宋刻。沈固善刻書者，書雖平常，存之以見明時刻本之風氣云。丁巳夏五朔日壬辰郎園記。

五種遺規十五卷　乾隆七年陳氏家刻本

陳文恭公《五種遺規》久爲士林所誦法。然其初止刻《養正遺規》、《教女遺規》、《訓俗遺規》、《從政遺規》四種，其後乾隆己丑三十四年始刻《學仕遺規》。據洪洞劉大懿於嘉慶甲戌重刻《四種遺規摘鈔》後附《在官法戒録》，似當時未見五種全書，故以《在官法戒録》當五種之一也。其時距公刻書時僅七十餘年，而其書之希見如此，況在今日求原刻五種全書耶？文恭六世孫紹修大令福蔭與余同舉壬辰進士，由户部改官湖南，詢及此書原版，據云殘失過半，久未印行。此其藏版之早印者，次兒啓慕，人尚循謹，檢此付之，并書其首，俾知保守云。甲寅除夕葉德輝題記。

又一部 嘉慶甲戌劉洪洞刻本

此洪洞劉大懿重刻陳文恭《四種遺規摘鈔》本後附《在官法戒録》。文恭原書五種，有《學仕遺規》，無《在官法戒録》。此刻少《學仕遺規》，故以《法戒録》足成之。其書刻于嘉慶甲戌，蓋大懿令浙江諸暨時。《録》則刻之閩中，是時大懿已陳臬福建矣。坊市通行本多據此本重刊，原書全者固希見，即此摘鈔本原刻亦希見。余藏此本已歷多年，今年過夏，都門獲原書一部，裝訂付之次兒啓慕，而以此部付之大兒啓倬。先恭惠律身應世，法守程、朱，恨余不肖，則望兒子繩武。倘能精熟是書，于修齊治平之道，胥在是矣。甲寅除夕郘園題記。

老子道德經二卷 明天啓甲子聞啓祥刻劉辰翁評點本

《老》、《莊》、《列》三子，宋林希逸《鬳齋口義》，《四庫全書總目》僅有《莊子口義》一種。明嘉靖乙酉江汝璧刻《三子口義》，傳本甚稀。常熟瞿氏《鐵琴銅劍樓藏書目》有《莊子鬳齋口義》十卷、《列子鬳齋口義》二卷，獨無老子。丁丙《善本書室藏書志》「三子全書」即明嘉靖刻者，今歸江南圖書館，此外藏書家罕有也。此元劉辰翁批點《老》、《莊》、《列》三子，即用《鬳齋口義》本。明天啓甲子聞啓祥校刻，大題「老子道德經卷上」，次行「須溪劉辰翁會孟評點」，不標《口義》，亦不題林希逸名。下卷同前。有刻書凡例云：「《老》、《莊》、《列》三子，須溪原批點《鬳齋口義》，然經劉丹鉛，林義每墮，故各稱原經，不標林目。」須溪不獨著語本文，兼評駁林注，因林顯劉，故并林注存之。《老》、《列》善本授自于御君氏，獨《莊》太多，因用徐儆弦删定本。林注不全刻，止存劉語所及者，亦以此書主劉不主林故。然則此三子之均不題林希逸名，非作者本心，乃刻者私意也。

列子沖虚真經二卷 同上刻本

《列子沖虚真經》二卷，爲林希逸《鬳齋口義》三子之一，亦劉須溪評點者也。古人注書或考據事典，或發明義理，此即今漢學、宋學兩家之分也。自南宋以後，批點古文之法行，浸淫及於經、史、子部，《春秋透天關》、《班馬異同》既開其端。希逸之于三子，雖隨文解釋，往往標舉正文用字之例，反覆推求，或兼論其句法、章法、文法。至須溪則祇信手批評，無關本書宏恉矣。

莊子成玄英疏三十五卷 慎思堂舊鈔本

《莊子成玄英疏》三十五卷，藍格鈔本。版心上「南華經注疏」五字，版心下「慎思堂」三字。大題「南華經注疏卷之幾」，第二行「河南郭象注」，第三行「唐西華法師成玄英疏」，第四行「某篇第幾」。經文頂格，注疏低二字平列。每半葉九行，行二十二字。序下有「黄氏藏書」四字白文篆書方印，「生涯一卷書齋珍藏書畫之章」十二字朱文篆書橢圓印，「南昌彭氏」四字白文篆書方印。前附葉有朱筆「知聖道齋評本」一行，「乾隆丙申春南旋舟中評點」一行，「嘉慶丁巳秋删益，芸楣記」一行。蓋南昌彭文勤公元瑞舊藏，芸楣公字也。書中皆有朱筆校改及評論，皆公親筆。前輩讀書，一字不肯放過，洵可師也。此書玄英自序作三十卷，《唐·藝文志》作《注莊子》三十卷《疏》十二卷，宋晁公武《郡齋讀書志》作三十三卷，《宋史·藝文志》作十卷，錢曾《讀書敏求記》作二十卷，而阮文達《揅經室外集》，即《四庫未收書目》。提要云「依《道藏》本鈔」，作三十五卷，與此本卷數相合。光緒甲申，日本欽使黎庶昌刻《古佚叢書》，所據爲南宋槧本，只十卷。大題「南華真經注疏卷第幾」，二行「莊子某篇第幾」，下接「郭象注」三字爲一行；三行「唐西華法師成玄英疏」。經文下注，雙行。疏以圓圈作大「疏」字，疏仍小字雙行。與此本體式迥不相同。當時爲黎主校勘者爲宜都楊惺吾校官守敬，其果出宋本與否，不敢深信也。玄英爲唐貞觀時人，所見六朝以前古本古書有出陸德明《釋文》外者，疏於人名每詳其字，地名亦必實證其處，是足補郭法〔一〕之所略。其於内篇《養生主》「老聃死，秦失弔之，三號而終」，疏稱：「當周平王時去周，西渡流沙，適之罽賓。而内外經竟無其迹。」雜篇《外物》「任公子得若魚，離而腊之，自制河以東，蒼梧已北，莫不厭若魚者」，疏稱：「若魚，海神也。海神肉多，分爲脯腊，自五嶺已北，三湘已東皆厭之。」又《盜跖》「孔子不見母」，疏稱：「孔子滯耽聖迹，歷國應聘，其母臨終，孔子不見。」又《漁父》「孔子遊乎緇帷之林」，疏稱：「緇，黑也。尼父遊行天下，讀講詩書，時於江濱，休息林籟。其林鬱茂，蔽日陰沉，布葉垂條，又如帷幕，故謂之緇帷之林也。」此皆他書所未見，頗足以廣異聞。若其他異文、異字，疏所稱引，往往有《釋文》不載者，是亦可徵其所覽之博矣。

〔一〕「法」當作「注」。

莊子南華真經三卷 明天啓甲子聞啓祥刻劉辰翁評點本

《莊子南華真經》三卷，每卷百餘葉，大題下及版心不記卷數，各篇相銜接。自《逍遥遊》至《應帝王》

爲一本，自《駢拇枝》至《知北遊》爲一本，自《庚桑楚》至《天下》爲一本。亦據《鬳齋口義》批點，但凡例已言明用徐儆弦删定本，非如《老子》、《列子》録全文也。《鬳齋口義》隨文衍解，本無精深之理可以發明本書之微言。須溪評點，有似宋人評論古文，明人評論時文，殊不足以資考索。乃與鬳齋同辭，不滿於郭象舊注，是誠所謂蚍蜉撼大樹，多見其不自量而已。

化書六卷 明弘治甲子劉氏刻本

《化書》六卷，南唐譚峭撰。明弘治甲子劉達刻本。每半葉九行，行二十字。大題「化書卷之幾」，次行「紫霄真人譚景昇撰」。此書本黄老道家之言，而宋晁公武《郡齋讀書志》入之雜家，《四庫全書總目》因之，殊爲失實。且撰人題「宋齊邱」，亦沿張耒跋語之誤。然耒稱其文章高簡可喜，又稱其「君子有奇志，天下不親」之言，雖聖人出斯言不廢。元陸〔一〕友仁《研北雜志》稱：「景昇書世未嘗見，他書言其論書道，鍾、王而下一人而已。」今「書道」一條在《仁化篇》，友仁竟未之見，是此書在元時已不甚流傳。明代府既刻于前，嘉靖戊戌周藩復刻于後。此本居間，爲之樞紐。明人之有功是書，誠不小矣。譚峭事蹟載沈汾《續仙傳》，當鈔附于後，以便讀者取證云。

〔一〕「陸」原作「米」，誤。《研北雜志》作者係元陸友，字友仁。

推背圖一卷 五色繪圖本

《推背圖》一卷，《宋史·藝文志》五行家著録，而不題撰人。元孔行素《至正直記》四「翰林讖語」條云：「方言讖語，皆有應時，固無此理，然有此事。便如今日世傳《五公經》、《推背圖書》亦然。」據《記》云云，亦不知爲何人撰。自後藏書家目録希有其書，惟祁承㸁《澹生堂書目》有之，然作《推背圖説》，亦無作者姓氏。迨潘永因輯《宋稗類鈔》，始以爲李淳風撰。今本書卷末六十像繪李淳風、袁天罡二人，作推背形，故世又以是書爲二人同撰。其書不見於新、舊《唐志》。《唐書・袁天綱傳》但稱其相法之神，不云有是書。《李淳風傳》詳載所著書，不著此目。又《傳》云：「初，太宗之世有《秘記》云：『唐三世之後有女主，武王代有天下。』太宗召淳風密以訪其事。淳風以爲天之所命，必無禳避之理。」武王謂武后也。《傳》所云《秘記》或疑即是書。然其書在淳風以前，則又非淳風所撰明矣。宋陶岳《五代史補》一「太祖應讖」條云：「先是，民間傳讖曰《五公符》，又謂之李淳風《轉天歌》。其字有『八牛之年』，識者以『八牛』乃『朱』字，則太祖革命之應焉。」《轉天歌》是否爲《推背圖》，無從臆斷。證以「八牛」之讖，則今書所無，是可斷其别爲一書矣。《宋稗類鈔》載：「梁寶誌《銅牌記》多讖未來事，有云：『有一真人在冀州，開〔一〕口張弓左右邊，子子孫孫萬萬年。』江南名其子曰弘冀，吴越錢鏐諸子皆連『弘』字，期以應。而宣祖諱正當之也。」宣祖諱弘殷，太祖父。此《銅牌記》不知何書，其詞與《推背圖》合，故《宋稗類鈔》云：「唐李淳風作《推背圖》。五季之亂，王侯崛起，人有倖心，故其學益熾。開〔二〕口張弓之讖，吴越至以遍名其子，而不知兆昭武基命之列也。宋興受名之符，尤爲著明。藝祖即位，始詔禁讖書，懼其惑民志以繁刑辟。然《圖》傳已數百年，民間多有藏本，不可復收拾，有司患之。一日，趙韓王以開封具獄奏，因言犯者至衆，不可勝誅。上曰：『不必多禁，正當混之耳。』乃命取舊本，自己驗之外，皆紊其次而雜書之，凡爲百本，使與存者並行。於是傳者懵其先後，莫知其孰訛。間有存者，不復驗，亦棄無藏矣。」以《宋稗類鈔》所云，取今本案之，如第四十一象辭曰：「此子生身在冀州，開口張弓立左猷。自然穆穆乾坤上，敢將火鏡照心頭。」下有案語云：「冀州者，地方也。開口張弓者，弘字也。火鏡照心者，午字也。」以後圖象、頌詞、仙師、隱秘鈐記均未能臆度也。據圖乃作一幼主冠服，冠如今夏季之涼纓，服則開氣袍，其人以袖掩面而哭，委弓箭于地，與詞不相應。是其書爲紊亂以後之本無疑也。讖緯之說，古今有之。亡秦者胡，知二世之必滅；劉氏復起，應光武之中興，此皆曆數有定，不可以智力相争者也。至其離合文字，若謎若繇，不能繩之以六書，更不能求之以古誼，而皆測驗奇中，先覺先知，宜其自唐至今二千餘年，此學傳衍不絶。儒者求其理而不得，乃辭而闢之，豈非坐井觀天之見乎！丙寅四月小盡日葉德輝記。

〔一〕〔二〕「問」字當作「開」。

景祐遁甲符應經三卷 舊鈔本

《景祐遁甲符應經》上中下三卷，宋楊惟德撰。《宋史·藝文志》子部五行類著録，陳振孫《直齋書録解題》陰陽家有《景祐遁甲玉函符應經》二卷，云：「司天春官楊惟德撰，御製序。」即此書也。今《四庫全書總目提要》未録。阮文達元得影鈔舊本進呈，語詳《揅經室外集》。阮云不見于《宋志》，鄭樵《通志略》始著録，則誤也。此書錢遵王《讀書敏求記》極稱之。遵王古董結習，凡書一歸其述古堂，則無一而非善本。其實流傳之蹟，如宋本、元本、舊鈔本，誠有驚人秘册，亦有版片模胡，鈔手草率，核與《記》中所云名實有不符者。此類術數書，日久流傳，存之所謂小道可觀，以備陰陽家之一種。若以爲世間之孤本，即爲枕中之鴻寶，則漢、隋兩《志》中如此類書之失傳者已復不少，何乃於此書詫爲奇異耶！楊惟德，《宋史·方技傳》附《韓顯符傳》，字里未詳。馬端臨《文獻通考·經籍考》此書作二卷，與陳振孫《直齋書録解題》所載有「玉函」二字之本卷數同，蓋書卷分合偶有異同，不足辨也。

人物志三卷 明胡維新《兩京遺編》本

《人物志》三卷，魏劉邵撰，北魏劉昺注。明胡維新《兩京遺編》中之一種。每半葉九行，行十七字。《四庫全書總目》子部雜家類《存目》十一《兩京遺編提要》謂劉邵爲魏人，稱其文似漢而進之，去取殊無義例者也。然在全書固編次失實，而就所刻書論，究不失爲善本。孫星衍《祠堂書目》於胡維新所刻《兩京》諸子，多影寫其本列于内編，可知其傳本之稀少。《四庫》雜家著録爲萬曆甲申河間劉用霖所刊，蓋用隆慶壬申鄭旻舊版而修之。《提要》目之爲古本，《兩京遺編》亦刻于萬曆年間，是不亞于劉本矣。

墨子十五卷 明江藩白賁衲重刻唐堯臣本

《墨子》一書，久無宋、元舊本。黄丕烈《士禮居藏書題跋記》載有明吴匏菴叢書堂鈔本校明藍印活字本，跋中因及唐堯臣本、陸穩本，云：「陸穩序刻本與此差後一年，而陸序中有『前年居京師，幸于友人家得内府本讀之』之語，香嚴按，周錫瓚别字。以爲此從内府本者非無據也。陸序又云：『别駕唐公以博學聞于世，視郡暇訪余于山堂，得《墨子》原本，將歸而梓之。』是又一本矣。余取唐本以勘陸本，殊有不合，知陸所云唐得《墨子》原本者，非即陸本也。陸本出内府本，唐本出《道藏》本，殆不謬矣。惟陸本無序，唐本有陸之序，後人遂疑唐本出自陸本，其實陸刻先一年，唐刻後一年，實不侔爾。」吾按黄説非也。吾于各本或收藏或借校，其於唐、陸、活字三本源流考之最審。所謂唐堯臣本，刻于嘉靖壬子，是時印本初出，無自跋，亦無陸序。三城王孫芝城以此本活字印行，其藍印者蓋初印用靛色印本，黄氏所藏即此。其書後歸聊城楊致堂河帥以增海源閣，公孫〔二〕協卿太史攜至京師，吳縣潘文勤祖蔭向之借失。唐本自序作于嘉靖甲寅，乃刻成之三年，陸穩序作于嘉靖癸丑，乃刻成之二年。前後時有校改，故三本字有異同，實則只一本也。唐本刻于壬子，書初出，芝城即以活字印行，迨第二年癸丑乃屬陸穩作序，第三年甲寅唐堯臣乃自作序，黄氏不悟，見其字有異同，又不知芝城之出唐本，于是以一本歧而爲三。苟非取諸本一一校勘，而僅據黄跋揣測推敲，未有不誤以一本分爲三本者也。此本爲江藩重刻唐本，據前序大題云「重刻墨子序」，序末結銜云「江藩七十七翁白賁衲于敕賜孝友樓書」。序中有云：「今年南昌憲伯貞山唐公以所刻《墨集》送予男多炘，多炘持告予，遂展讀之。讀大司馬中丞北川陸公序暨公所爲序，乃知所以爲墨者及所以讀《墨子》者。」又末云：「重壽諸梓，以博同志。」其序不載年月，以語意推之，爲唐刻《墨子》初成以送江藩，江藩世子遂據以重刻。其爲一年中事，毫無可疑。且于此益證刻者爲唐堯臣，序者爲陸穩。黄《記》云有陸穩刻本，實爲影響之辭。頃在常熟瞿氏鐵琴銅劍樓見所藏明刻《墨子》，與此本同而無江藩一序。傳沅叔同年爲張菊生同年購得一本，前有孫忠愍「祠堂藏書」印記，亦即此本，則並陸序、唐跋而無之。又在蘇城莫楚生觀察家見所藏者，亦即此本，序跋俱全。是此書江藩重刻本流傳甚多，而唐刻原本則不素見。黄《記》所載是否唐氏原刻，抑或江藩本去其江藩序，只留陸序、唐跋，改充原刻，均不可知。惟因黄《記》令人致疑，轉使余隨處留心，得知諸刻原委，自謂眼福過於昔賢不少也。吾又藏有萬曆辛卯書坊童思泉刻六卷本，前有茅坤序。楊惺吾、繆小山極推重之。吾細按茅序即將唐本陸序鈔録，一字不移，但易陸穩名爲茅坤，有如張冠李戴。楊、繆日從舊書堆中討生活，乃漫不加察，信口品題，亦何可笑之至耶。此本刻印至精，新若手未觸者，缺十三、十四、十五三卷，從莫楚生藏本補鈔完全。近來坊估皆知貴重是書，曾於滬市見黄紙印者一部，得值番銀八十元。以後傳本日稀，當益增重矣。己未重九德輝記。

吴匏翁叢書堂鈔本，黄蕘圃影鈔一部，載《士禮居題跋記》。今前五卷藏江南圖書館，蓋由仁和丁丙八千卷樓轉入者。後十卷在吾友湘鄉王佩初許，辛亥湘亂時得之善化賀耦耕中丞後人。安得有人爲之撮合，歸于一處。此余所目覩而心賞者，故念兹在兹，以待後來訪書之士。同日又記。

〔一〕「孫」當作「子」。下條可證。

墨子全書〔二〕六卷　日本寶曆七年刻本

《墨子》無宋、元舊刻，藏書家所推重者有明刻嘉靖本。一嘉靖壬子芝城館銅版活字藍印本，一嘉靖癸丑吴興陸穩本，一嘉靖甲寅唐堯臣本。然三本實止一本而分二刻。唐堯臣本即陸穩本，因前一唐堯臣序、一陸穩序，又先後校改字，有異同，故世以爲二本，其實陸序明明稱唐所刻也。芝城館本題「壬子」實「癸丑」以後，殆唐刻初出尚未作序，其書爲芝城館據以排印，故余斷其爲一本而分二刻。是二刻者，嘉慶時均在黄蕘圃主事丕烈家中，而所撰《題跋記》竟誤以爲三本，則亦未加細考耳。活字藍印本咸、同間歸聊城楊致堂河帥以增海源閣，公子紹和假之吳縣潘文勤祖蔭，文勤没，其書散出，遂不可蹤跡。據黄題跋，三本皆源出内府，與畢刻據《道藏》本者皆出于宋刻，未易優劣。余向止有畢刻，後得此六卷本，乃日本寶曆七年原儀重刻明茅鹿門序別駕刻本。書之上闌引「一本作某」，與《太平御覽》及畢刻所校相合。考日本寶曆七年當中國乾隆二十二年，畢刻在乾隆四十九年，是原儀與畢合者，斷非畢本可知。但其爲何時何人刻本，彼未序明，則亦無可考信。然有此一本，可見畢刻之暗與古合，亦足貴也。茅序題萬曆辛巳，首葉題面上闌一層有識語云：「本坊近得宋本，懇鹿門茅先生斤正讎加校刻，並無訛贋。書林童思泉識。」而茅序則云：「別駕唐公所刻，并十五卷爲六卷。」改陸序題茅名，疑誤後人，實爲大謬。近宜都楊惺吾守敬《日本訪書志》、孫仲容詒讓《墨子閒詁》自序均稱爲茅本，以爲陸本外別有此本，可見陸序唐本世不多見，而此本遂獨樹一幟矣。余嘗言《墨子》一書止可校不可注，以其訓詁異于儒書，文辭古奥亦不能據周秦諸子書彼此勘正。世行張臯文惠言《經説注》、孫氏《閒詁》諸書多從故訓古字展轉推求，陳義非不甚高，恐于墨氏之旨去之千里，後有讀者當味余言。光緒戊申三月小盡記。

近日在上海忠厚書局李子東書友處見一明刻本，八行十七字，係重刻唐本。前有草書序，末題「江藩七十八翁白賁衲校於勅賜孝友樓」，書「勅賜」二字提行檯寫，末有唐堯臣書識，均無年月，益見唐本爲當時推重，故諸藩一刻再刻云。

〔一〕「書」下原有「跋」字，據卷首目録删。

鬼谷子三卷 乾隆五十四年秦恩復刻《道藏》本

《鬼谷子》三卷，梁陶弘景注。《漢志》無其名，《隋書・經籍志》子部縱横家始著録，云皇甫謐注。新、舊兩《唐志》云《鬼谷子》二卷，蘇秦撰，又三卷，尹知章注。按《史記・蘇秦列傳》：「蘇秦東師于齊，而習之于鬼谷先生。」裴駰《集解》：「案，《風俗通義》曰：『鬼谷先生，六國時縱横家。』」劉向《説苑・善説篇》引《鬼谷子》云云，是其書其人兩漢人書已引稱，不得以其不見於《漢志》遂疑爲後人僞託也。《唐志》云蘇秦撰者，蘇秦既師鬼谷，是其弟子爲其師編書，因題蘇秦名，不足異也。是書爲孫淵如先生星衍從華陰《道藏》中録出，秦敦甫先生恩復於乾隆五十四年校刊。前列《篇目考》，後附録逸文，于此書原委存亡考核詳盡。世無宋刻，則《道藏》本亦足爲虎賁中郎。孫、秦兩先生流傳古書之盛心，足令後之人聞風而起，詎獨有功于此書也哉。光緒十九年癸巳十月朔日德輝書于元尚齋。

又一部 嘉慶十年秦恩復重刻錢謙益絳雲樓鈔宋本

秦氏於乾隆四十五年校刊《道藏》本梁陶弘景《鬼谷子》三卷，越嘉慶十年用鮑渌飲廷博知不足齋校錢謙益絳雲樓舊藏鈔本再刊之。據云《道藏》本訛舛不少，因重付剞劂。余謂《道藏》與宋鈔其原不同，則文字不必相合。秦氏於原書逐句之下按其異同，詳加考訂，因便於讀者之素解。然即因此謂宋鈔勝于《道藏》，則余不敢苟同。世有好縱横之學者，當究其意義之深微，不必以讀經之法，句梳字櫛，費有用之精神于無用之舊籍。近五六十年儒者喜治《墨子》書，未免同一不知輕重矣。光緒丙申八月秋分德輝記。

永嘉八面鋒四册 明刻巾箱本

《永嘉八面鋒》，《四庫》著録十三卷，爲浙江鮑士恭家藏本。《浙江採集遺書總録》集部類云：「刊本，未詳刊者年月。」按《提要》云：「卷末有弘治癸亥都穆跋，謂『宋時常有版刻，第云永嘉先生。考陳傅良、葉適當時皆稱永嘉先生。相傳此爲傅良所撰，或曰葉氏爲之。今觀其間多傅良平日之語，其爲陳氏無疑』云云。」據此則《四庫》著録爲明刻本矣。近世通行陳春湖海樓刻本亦十三卷，後有都穆跋，與《提要》所載合。然《提要》云：「其書凡提綱八十有八，每綱又各有子目，皆預擬程試策問之用。」而陳本實九十有四段，則是《提要》所云尚非完帙。異書中秘，無由質證，疑莫能明也。曩見邵懿辰《批注簡明目録》，臚載諸本有巾箱本，恆以未得一見爲恨。頃書估持來一册，亟以四金購之，因取陳本對勘，其提綱亦九十有四段，惟不分卷第，統標段落。從一段至八段爲陳本一卷，九段至十三段爲二卷，十四至二十段爲三卷，二十一段至二十五段爲四卷，二十六段至二十九段爲五卷，三十段至三十六段爲六卷，三十七段至四十五段爲七卷，四十六段至五十五段爲八卷，五十六段至六十四段爲九卷，六十五段至七十段爲十卷，七十一段至七十九段爲十一卷，八十段至八十八段爲十二卷，八十九段至九十四段爲十三卷。其餘子目亦正相同，前後亦無序跋。行款極精，不知何人所刻。喜其便于行笥，重加裝池，朝夕撫摩，如讀葫蘆中異書，致足樂也。至其書之議論得失，《提要》已詳言之，兹不復贅。光緒丙申冬十月二十日長沙葉德輝跋尾。

吕氏春秋二十六卷　明萬曆庚申凌氏朱墨套印本

《吕氏春秋》世傳元嘉興路儒學刻本爲最古。乾隆中畢沅校刻此書，前列引據諸本，以元人大字本爲第一，按，此即元嘉興路儒學本。謂其「脱誤與近時本無異」。而所列第二本則爲明弘治時李瀚刻本，謂其「篇題尚是古式，今皆仍之」。畢氏此説殊爲未審，不知李瀚即重刻元大字本者，刻于弘治十一年河南巡撫任内，二十六卷末有「弘治十一年秋河南開封府許州重刻」一行，版心刻大小字數，本依元本舊式。書估往往割去重刻序及卷尾末葉，僞充元刻，近人藏書家往往爲其所欺，惟仁和丁氏《善本書室藏書志》于李瀚刻本揭破其僞。丁藏此書刻本最富，悉皆明刻。李刻外有明翻元本，云：「巡按直隸監察御史陳世寶訂正，河南按察司僉事朱東光參補，直隸鳳陽知府張登雲繙校。每半葉十行，行二十字。」謂弘治刊本即同此式。有嘉靖七年許宗魯刻本，有明無年月雲間宋邦乂、宋啓明父子校刻本，按此本前有王世貞序，當亦嘉靖時所刻。有明新安汪一鸞刻本，有明皇甫龍、沈兆廷刻本，近時藏書家殆無比其富者。然諸本皆爲畢校所見。皇甫龍、沈兆廷本即畢引之朱夢龍本，其本每引他書之文以改本書，于明刻中爲最劣。又一劉如寵刻本，爲萬曆丙申刻，卻出丁藏之外。而皆未見此萬曆庚申凌毓枬套印硃評本，蓋由此刻傳本絶少故也。套印本卷一大題下有硃字二行，一云「宋鏡湖遺老陸游評」，一云「明天目逸史淩稚隆批」。稚隆即毓枘之父，當時套印刻本書頗多，至今與閔齊伋所刻之書同爲收藏家所珍貴。顧其識甚闇陋，如「鏡湖遺老記」一則本不署名，以記文有「元祐壬申余臥疾京師」數語證之，知爲賦「梅子黄時雨」詞之賀鑄，即許宗魯本所云從賀鑄舊校本出者是也。陸游慶、元間人，上去元祐遠矣。鏡湖因避宋翼祖嫌名改字，當時或以「鑑」字代「鏡」，皆以避「敬」之故。淩氏不知，題爲陸游別號，已是可笑，尤可異者，上闌硃評不稱某曰，亦不以他色套印，竟不知誰爲陸、誰爲淩，是又無論爲賀鑄、爲陸游，真是無冤可訴矣。明嘉、萬以後刻書，多不明來歷，大都如此。即如許宗魯之多古體字，亦其所自造，而非出于宋、元。余藏有許刻《國語》，書中字體多以《説文》楷寫，全不知篆變爲隸，隸變爲楷，中間尚隔一牆，如何可以飛渡？殆亦好奇而不知根抵者。然此書評批誠不可據，而圈點句讀能使讀者目快神飛，是固文章家之所取資。知其繆誤，而不繩以考據可也。光緒癸卯春三月二十日葉德輝題記。

又一部 乾隆戊辰畢沅經訓堂刻本

《呂氏春秋》爲秦呂不韋撰，蓋當時門客爲之。此與《淮南子》同爲雜家最古之書。其源流篇第數目《四庫全書總目提要》亦已詳言，茲不復論，惟《提要》云：「十二紀即《禮記》之《月令》，顧以十二月割爲十二篇，每篇之後各間他文四篇。惟夏令多言樂，秋令多言兵，似乎有義，其餘則絶不可曉。先儒無説，莫之詳矣。」按，此誠無義例可言。余謂古書多卷子本，卷以帛爲之。卷分十二紀，紀有餘幅，故以他文勻鈔于後。而以樂附夏令，兵附秋令，以此二者有類可歸，故差爲區別，餘則視篇幅之長短，或四篇或五篇以均之，實絶無深意也。余舊藏明嘉靖張登雲刻元大字十行本，爲畢校此書時所未見，而其脱誤較明刻各本同。畢所據以校刻者爲明弘治李瀚重刻元本，而脱誤少于元本，殆李刻時校改之，不必别有善本也。畢氏又據李本，參以衆本，文注賴以完全，實此書時刻之最善本。然畢刻仍有未盡，則同時有梁玉繩《吕氏春秋校補》二卷，在《清白居士全集》中；此在畢刻後復爲校補。王念孫《吕覽雜志》一卷，在《讀書雜志》中；俞樾《吕氏春秋平議》三卷，在《諸子平議》中，皆可取以參校。此書在古子中尚非十分艱奥。余並藏此刻本，在畢氏《經訓堂叢書》，不便抽閲，偶見此單行本，亟收之，以付金生姪兒。依余言以讀此書，則文從字順，將忘其爲周秦諸子矣。壬子夏六月末伏始日麗廔主人葉德輝題記。

淮南鴻烈解補注二十八卷 明弘治辛酉劉績刻本

《淮南鴻烈解》二十八卷，題「漢太尉祭酒許慎記上，後學劉績補注，後學王溥校刊」。黑口版。每半葉九行，行十七字。《四庫全書》著録者爲二十一卷高誘注本。宋刻本有兩本，二十八卷者爲《道藏》本，黄丕烈《士禮居藏書題跋記》所稱校宋舊鈔本即從之出者也。二十一卷者爲北宋刻，宋晁公武《郡齋讀書志》所稱之本是也。其一題許慎記一題高誘注者，由兩家之書各有殘缺，傳者合而爲一，刻者各據所見標名耳。宋蘇頌《魏公文集》六十六。載有《校淮南子題序》，云：「二家之注，隋、唐目録皆别傳行。今校崇文舊書與蜀川印本暨臣某家書凡七部，並題曰《淮南子》。二注相參，不復可辨。惟集賢本卷末有前賢題載，云：『許標其首皆曰閒詁，鴻烈之下謂之記上。高題卷首皆謂之鴻烈解經，解經之下曰高氏注。每篇之下皆曰訓，又分數篇爲上下。』以此爲異。《崇文總目》亦云如此。又謂高氏注詳於許氏，本書文句亦有小異。然今此七本皆有高氏訓序，題卷仍各不同，或于解經下云許慎記上，或於閒詁上云高氏，或但云鴻烈解，或不言高氏注，非復昔時之體。某據文推次，頗見端緒。高注篇名皆有『故曰，因以題篇〔一〕』之語。其間奇字並載音讀。許于〔二〕篇下粗論大意，卷内或有假借用字，以『周』爲『舟』，以『楯』爲『循』，以『而』爲『如』，以『恬』爲『惔』，如此非一。又其詳略不同，誠如《總目》之説。」按魏公此序分析許、高二本同異，最爲著明。今本題下有「故曰，因以題篇」者，爲原道、俶真、天文、墬形、時則、覽冥、精神、本經、主術、氾論、説山、説林、脩務凡十三篇，無此句者爲繆稱、齊俗、道應、詮言、兵略、人間、泰族、要略凡八篇。十三篇注文詳，八篇注文略。證以魏公《校序》云云，詳者爲高，略者爲許。許名閒詁，明其注少也。世行莊逵吉校刊本，序稱出自華陰廟《道藏》，其中以臆竄改之處，頗爲世儒所譏。嘉慶二十年高郵王念孫《讀書雜誌·淮南》校訂尤多，後序云所見諸本唯《道藏》本爲優，明劉績《補注》次之。孫星衍《平津館鑒藏書籍記》亦云各家《淮南注》廿一卷，唯金陵朝天宮《道藏》本，黄蕘圃孝廉所藏宋本俱作廿八卷，與此本同，注文亦無删落。是此本精善，諸家已有定評。劉績補注與舊注以一圈間隔之，在明人刻書是極有規榘者。至《補注》本之勝于各本，《雜志》已詳，茲不贅述云。

〔一〕「因以題篇」原作「日用以題篇」，據道光二十二年刻本《蘇魏公文集》改。

〔二〕「于」原作「千」，據《蘇魏公文集》改。

論衡三十卷　明通津草堂刻本

《論衡》三十卷，題「王充」二字，明嘉靖乙未蘇獻可通津草堂刻本。半葉十行，行二十字。版心下有「通津草堂」四字，後有「周慈寫，陸奎刻」。明本中之至佳者。卷一《累害篇》「垤成丘山，污爲江河」下缺一葉，約四百字，其他明刻如程榮《漢魏叢書》本、何鏜《漢魏叢書》本缺葉同。因南監補刊元至元本早缺此葉，無從校補也。元本爲紹興路儒學刊，余從歸安陸存齋心源皕宋樓所藏本鈔補之，行字數目與此本恰合。孫星衍《祠堂書目》著録，《平津館鑒藏書籍記》〔一〕亦詳載此本版式行字，而不及缺葉，但未細閲耳。

〔一〕「書籍記」後原衍一「記」字。

風俗通十卷　明胡維新《兩京遺編》本

前序標題「大德新刊校正風俗通義」，目録前題「風俗通義」，正卷題「風俗通義皇霸第一」、「正失第二」、「愆禮第三」、「過譽第四」、「十反第五」、「聲音第六」、「窮通第七」、「祀典第八」、「怪神第九」、「山澤第十」，每篇均冠以「風俗通義」四字。分五篇爲一卷。版心題「風俗通卷上」、「風俗通卷下」。每卷葉數通連計算。後有「嘉定十三年秋七月庚子東徐丁黼書」識語。蓋大德本根據宋本，此又從大德本重雕。其中墨塊缺字與大德本同，知刻者不似他明人刻書，輒以己意妄改妄補也。《孫祠書目》有影寫胡本，知刻本傳世甚稀。余並藏有胡刻《白虎通》，合之兩美，可寶也。

封氏見聞記十卷　乾隆壬子江都秦鑽刻本

《封氏見聞記》十卷，唐封演撰。《四庫全書總目提要》子部雜家類四云：「此本末有元至正辛丑夏廷芝跋，又有明吳岫、朱良育、孫允伽、陸貽典四跋。良育跋云：『自六卷至十卷友人唐子畏見借所鈔。近又于柳大中借鈔前五卷。第七卷中全局俱欠，只存末後一紙耳。』允伽跋稱借秦西巖本重校，意其與朱本小異歟。」今此爲乾隆壬子江都秦鑽所刻，夏、吳、朱、孫、陸五跋並列于後，與《四庫》本同，蓋録盧刻原文也。先是，乾隆丙子盧見曾刻《雅雨堂叢書》本亦與《四庫》本同。其書展轉傳鈔，脱簡訛文正自不少。莫友芝《經眼録》云：「《封氏聞見記》十卷，寫本。同治丁卯中秋杭游所收。後一紙記二行，云隆慶戊辰借梁谿吳氏宋鈔本録，知是明人舊鈔，手裝以存。是書元、明以來無刻本，至乾隆中，德州盧氏乃據虞山陸勅先所録孫伏生家本刊入《雅雨堂叢書》。孫本爲吳岫方山舊藏，録于正德戊辰，不言所出。孫氏又假秦西巖別本校勘。秦本則朱良育依唐子畏、柳大中兩本先後各鈔五卷者，有至正辛丑夏庭芝跋，蓋出于元鈔。此本據宋鈔，則又兩本外之別本。以盧本通校一過，其足補刻本佚脱者，第二卷『石經』條首百六十三字；三卷『制科』條二十三字，『銓曹』條六字；四卷『尊號』條二十六字，『露布』條八字；五卷『燒尾』條十九字，『圖畫』條二十四字。外此足補正一二字脱譌各數十計。始知此本遠勝方山、西巖所弆。隆慶戊辰距今逾三百年，所據宋本斷已無存，海内决無更勝此本之帙。在子部中直與宋本同，其什襲可也。」今秦刻此本「石經」條首補百六十四字，「制科」條補二十二字，「銓曹」條補六字，「尊號」條補二十五字，「露布」條補八字，「燒尾」條補二十字，「圖畫」條補二十四字，其餘補正一二字脱譌亦各數十處。據秦自序云：「同年丹徒蔣春農有舊鈔本，杭州盧抱經又得長塘鮑氏本，合校之。」此所謂舊鈔本，核與莫氏所得本一一相符，小有一二字之多少，恐係誤記。則亦與隆慶宋鈔本同源可斷言也。惟秦刻此本流傳甚稀，故莫氏並不知有此刻。即詢之近日藏書家，僉云知有其書，終未一見。則此雖近刻，其爲罕有之秘笈，固人人所共信者也。

石林避暑録話四卷　明嘉興項德棻宛委堂校刻本

明嘉興項德棻宛委堂校刻先祖宋少保公《石林避暑録話》，其書分四卷，與商維濬《稗海》、毛晉《津逮秘書》本作二卷者不同。道光末，家調笙公校刻此書時，所據有黄蕘圃藏鈔本分四卷者，其中異于商、毛兩本之處悉與此同，蓋即據此本傳鈔，亦可見此本之希遇矣。以此本與商、毛兩本較，條數相同，而商、毛兩本有誤兩條爲一條者，此本皆不誤，其爲善本可知。乃程庭鷺爲調笙公作此書刻本序云：「抑聞檇李項氏宛委堂有刊本，得之陳仲醇手鈔，與毛本有異同。然卷數不符，疑經仲醇删節，非復宋本之舊。」此程氏耳食之言，彼固未取毛本與此本一校也。是書傳沅叔同年得之于蘇州閶門，卷一首有「石林後裔」白文方印、「光藻」白文方印，末有「潔甫」朱文橢圓小印，卷二首有「石林後裔」白文方印、「淡吟」朱文圓印，卷末有「潔甫藏物」腰圓印，卷三首末印同卷一，卷四首有「養性靈」朱文長橢圓印、「石林後裔」白文方印，卷末有「括囊硯主」朱文方印、「潔甫藏物」腰圓中印。潔甫一名乃溱，光藻其原名，又字戟甫，括囊硯主亦其別號，以家藏有此硯也，世系爲汾湖派三十一世，與調笙公爲族兄弟行。此書乃其舊藏，沅叔不知其爲何人，余告之，故始知之。適余有明嘉靖庚戌毗陵蔣氏刻六卷分體本《李義山詩集》，因請以相易，遂以此本歸余。先是張菊生同年亦得此項刻本，方擬影寫一部見贈，因余得此本中止。良友之愛，千里相同，記之以示子孫，永矢勿諼也。獨山莫楚生觀察藏有明弘治中舊鈔本，即錢遵王《讀書敏求記》中題稱「乙卯避暑録」之本也，并擬影寫一本藏之。時己未夏六月大盡日，茅園派裔孫三十八世德輝記并書。

乙卯避暑録話二卷 明弘治庚戌秦酉巖鈔本

此先少保公《避暑録話》二卷，末有「弘治庚戌六月下浣重録，八月十一日校畢」字一行。前序有「安陽洞天秦伯子藏書記」十字朱文方印，又卷上有「虞山錢曾遵王藏書」八字朱文長方印，蓋秦酉巖家鈔本而經述古堂收藏者也。末題字一行即秦校筆也。錢氏《述古堂書目》子部小説家類載有此書十卷，「十」字誤。當即此本。少保公紹興五年六月避暑山中，與二子楝公、模公及門生徐惇立問答成此。歲在乙卯，故以名其書。毛氏《津逮秘書》、商氏《稗海》均不題「乙卯」二字，以後諸刻仍之，非原書之式矣。此本於廟號提行，帝諱缺筆，皆依宋本之舊。半葉十一行，行二十二字。鈔手頗拙率，而校者極精，書中訛字皆用鉛粉塗去，校改于上，可見前人校書之法。余向刻少保公遺書，此書乃據族祖調笙公刻本，據以參校者毛、商二本，毛、商以後諸刻，以其同源不録。别有明項德棻宛委堂本及此本均未得見。異日有刻此書者，當以此爲主，而以毛、商、項三本校録異文，别爲校記附後。庶宋本真面藉以影留，而諸家校勘之功亦得附于不朽云。是書即莫楚生觀察所藏者，余擬假之影鈔，觀察慨然檢以相贈。良友之惠，先澤之遺，他日子孫當共寶之！

巖下放言三卷 精鈔本

此族祖調笙公刻先少保公遺書之底本，江建霞學使持以贈余，余重刻少保公遺書即據以付梓。調笙公所刻如《石林燕語》、《避暑録話》、《建康集》、《石林詩話》、《石林詞》皆在道光末年，咸豐庚申粵匪陷蘇州，版皆燬失，今刻本殊不易得也。此書明商維濬刻入《稗海》，改名《蒙齋筆談》，撰人題鄭景望，而删原書之上卷，以下卷爲上卷，中卷爲下卷。疑商氏得本殘帙，明時書估作僞改題，商不知也。《四庫全書》子部雜家類著録，《提要》已詳辨之，並舉多證，定爲少保公撰。余按書中引《論語》「非助我者也」作「非佐我者也」，此少保公避其父諱改字，尤爲公撰之明證。調笙公云《四庫》館不見吾宗譜乘，是也。調笙公爲錢唐陳雲伯先生文述女夫，粵匪亂後爲吴中耆獻，當時縉紳推爲魯靈光，所著《吹綱録》、《鷗陂漁話》尤不刊之作，不獨述德誦芬，有功家乘已也。

雲麓漫鈔十五卷 陳仲魚鈔本，録吴兔牀鮑渌飲校

《雲麓漫鈔》世傳舊刻惟明商維濬《稗海》本，僅止四卷，蓋據不全本刻之。道光末年始有蔣光煦別下齋刻《涉聞梓舊叢書》本，十五卷。蔣刻無序跋，不知據何本重刊。余向藏此二本。曾記宋陳振孫《直齋書録解題》云此書二十卷，《續鈔》二卷。竊疑蔣刻亦未必全。後得陳仲魚鱣藏手校鈔本，卷數與蔣刻相

同，據陳跋稱借吳兔牀騫拜經樓藏鈔本傳録，又取鮑渌飲廷博知不足齋藏鈔本校之，均爲十五卷，則宋以來所傳足本僅此矣。吾友王佩初孝廉禮培新得善化賀姓藏書，中有此書，爲吳尺鳧焯繡谷藏書。前有尺鳧手録陳造本書序一則，爲陳鈔與蔣刻所無，因取陳鈔、蔣刻對校，兩鈔本十九相同，似同一祖本。書中遇宋祖宗字及年號或空格或題行，蔣刻於空格往往補以「至」、「於」、「及」、「在」、「而」、「則」等字，提行處亦接銜，殊爲臆造。又卷第二「世傳藝祖登内南門」一則，鈔本「世傳」二字爲一行，「藝祖」提行爲一行，蔣刻於「上文潞公」一則末「不若用版爲當」句，「當」字下增「則是大觀所在神版之制宜爲當世傳用也」十七字，妄於「世傳」上下增如許字，此其至繆者。鈔本於空格提行多仍宋本之舊，吳鈔於宋諱恒、桓、貞、徵、敬等多缺末筆，較陳鈔尤可取證。然兩鈔本同有以二三則連合爲一則之誤，殆傳寫失之，宋本不如此也。陳鈔卷第一缺《六十四卦準氣候并天度圖》，卷第十一缺《納甲圖》，卷第十二缺《十二律圖》、《四正旁通圖》，卷第十四缺《九類洛書圖》、《洪範九疇圖》、《洛書范氏洪範圖》、《今定洛書本數禹所次圖》，余皆據吳鈔本影寫補全。其他則無所異同。然吳本訛字亦多，全未動筆校正，陳鈔則有兔牀朱筆校，考證極精，又有緑筆，多所勘正。此不知何人，或録自鮑渌飲，或仲魚自校，均不能定。然朱筆字迹與緑筆字迹迥然不同，其中間又雜以墨筆，則固非仲魚一手也。展讀一過，心目爲開，藏書家争尚舊鈔，良有以也。癸丑上元德輝記。

附原跋

乙未十二月十二日，得十一卷至十五卷於小山堂，觀覩旁點二點，蓋誤衍也。《李清照啓》載十四卷中，觀自序則此書祇十五卷。曹所云者「者」旁點二點，亦誤衍也。二十卷者，恐未足據耳。硃筆。按：此録吴跋。

庚子夏日，從渌飲借得《雲麓漫鈔》十五卷，因爲傳録，并倩朱君允達校而藏之拜經樓。按此書《書録解題》亦作二十卷，又《續鈔》二卷，乃《中庸説》及《漢定安公補記》，然藏書家率未聞有，豈不傳耶？俟續訪之。吴騫。硃筆。

嘉慶十一年夏日從拜經樓借得是本，攜至吴中，今年春始得倩人傳鈔。甫竟，遂手録渌飲前後三跋，并拜經樓主人所跋、所評，細校一過。至吾師朱子則係「師云」以別之。適渌飲扁舟過吴見訪，相與把玩，爲之一快，且謂余曰：「此書尚缺圖數頁，故未刻入《知不足齋叢書》。」渌飲年八十矣，尚健飯，行不扶杖，時攜書卷往來杭、湖、嘉、蘇數郡間，其好古清興正復不異昔日也。嘉慶十二年四月望日郭海陳鱣記。[印] 朱文小長方印。

以上跋在十五卷後。

《雲麓漫鈔》刻於商氏《稗海》者祇四卷，此本傳自趙氏小山堂，較商氏所刻已多過半，而《宋詩紀事》及《南宋雜事詩》所引《李易安投翰林學士綦崇禮書》不在焉，然則此尚非全書耶？更當覓善本訂正之。乾隆壬午端午後一日知不足齋識。

曹彬侯跋《清波雜志》云《雲麓漫鈔》二十卷，則此亦僅有其半耳。丙戌五月廿有九日，蘆渚寓舍書。

以上跋在十卷後。　按，此外無跋，不知陳云「渌飲三跋」何故。

癸丑年四月，余避寇上海，有書估從城中購得郁氏宜稼堂後人殘書，中有藍格鈔本《雲麓漫鈔》二十卷、《續》二卷，卷後記云「皇朝紹熙庚申年九月麻沙書市刊于建安堂」十八字，前有紹熙三年通判徽州趙彦衛晏安書序。其書確爲明紙直行藍格鈔本，轉入粤人鄧秋枚之手。一時喧傳，以爲秘笈，久之寂然，皆以爲僞。余走訪秋枚，索書觀之，其書皆摘鈔唐、宋人説部筆記，與曾慥《類説》相似。記其有一卷摘鈔吾家六世祖少保公《石林燕語》，倍于他種。以《漫鈔》之名證之，似以漫鈔前人之書爲副實。惟倉卒間未能細閱，又不曾檢閱《續》二卷是否爲《中庸説》、《漢定安公補記》。或言之《雲麓漫鈔》本趙所撰《擁爐閒話》，改换其言，似非無因。余偶詢之繆藝風老人，甚言其僞。甲寅至京師晤董綬經大理，告之，亦云不可信。今猶耿耿未釋此疑也。故記於此以俟再考。

又

此《雲麓漫鈔》，余向據吴尺鳧繡谷亭鈔本校補所缺各圖矣，惟第十三卷《論星命吉凶神表》，其中顛倒訛誤，吴鈔及蔣刻並同。蓋諸人皆不知命理，故沿誤日久，不能爲之勘正。余向留意于星命，因取宋、元以來各命書參校互證，于其文字形近訛舛者校改之，格表上下移易者更正之。原書密行細字，不便丹黄，因别録清本附于卷末，異日有貲付刊，當以此爲定本矣。唐李虚中推命本用四柱，故韓昌黎爲作《墓志銘》，有「以人之始生年月日所值日辰推人利不利」之語，日辰即十二時也，《漫鈔》「月」下無「日」字，不知原書脱引亦或鈔刻失之，今據韓文補此「日」字，則文義益明矣。宋人論五行生死不甚剖别陰陽，如甲木生于亥，乙木生于午，以甲亥乙午不相值，則以乙亥爲木長生；庚金生于巳，辛金生于子，以庚巳辛子不相值，則以辛巳爲金長生；壬水禄于亥，癸水禄于子，以壬亥癸子不相值，則以壬子癸亥互用之；丙火死于酉，絶于亥；丁火生于酉，胎于亥；壬水死于卯，絶于巳；癸水生于卯，胎于亥；「干凶神」類生成鬼，以死絶之火剋庚辛金，以死絶之水剋丙丁火，而丙酉丙亥不相值，則以丁酉之生火、丁亥之胎火借用之；壬卯壬巳不相值，則以癸卯之生水、癸亥之胎水借用之。又如納音以乙亥爲火、乙卯爲水，「自生財」下以己亥木當之，「自旺財」下則以己卯土當之，以甲己合化故也。又此鈔及吴鈔「干吉神」類二十條「偏官」下脱下半行，而以二十一條「干神一字」下半行當之，此條則脱上半行「干神一字」四字，惟蔣刻不誤，今據以補正。其他各條改正之處，不及枚舉。以數術之學有一定成法，非經史四部，有疑義異同不能擅改也。癸丑花朝前一日德輝再記。

又一部　吴尺鳬繡谷亭藏鈔本，半葉十行行廿一字

《雲麓漫鈔》世傳舊刻惟明商氏《稗海》本，然止四卷，闕佚不全。道光末有蔣光煦刻十五卷本，併入《涉聞梓舊叢書》，與《四庫》所收本合，蓋明以來所傳之足本也。此書據自序原名《擁鑪閒話》，十卷，後併刻五卷，則其書本止十五卷。而宋陳振孫《直齋書録解題》乃云二十卷，《續》二卷。元馬端臨《文獻通

考·經籍考》所載亦同。但馬氏全鈔晁公武《郡齋讀書志》及陳氏《書録》之文，其言不足依據。而《書録》所載乃浮出七卷之多，不知何故。《四庫提要》謂《經籍考》誤十卷爲二十卷，誤《續》五卷爲二卷，此不知沿誤已久，不足深辨。余家所藏商、蔣兩刻外有陳仲魚鱣過録吴兔牀騫拜經樓藏本，取校蔣刻，凡書中空格提行如祖宗年號、本朝等處，蔣刻皆以虚字補之，若「而」、「則」、「及」、「至」、「在」、「於」之類，殊爲臆造。而于第二卷「世傳藝祖登南内門」一則，鈔本「世傳」爲一行，「藝祖」抬頭爲一行，蔣刻以「世傳」二字屬上文「潞公」一則之末。于上下增改爲「則是大觀所載神版之制宜爲當世傳用也」十七字，移失原書舊觀，尤爲無知妄作。其他鈔本訛誤經蔣刻改正者固多，而改非所改者亦時有之。蔣刻不言所據之本，殆亦以其非名本而諱所自來與？此本爲吴尺鳬先生鈔藏，十九與陳鈔相印。但陳鈔原書爲兔牀校過，又經仲魚補勘；此本鈔而未校，遠不相及。然陳鈔卷第一缺《六十卦準氣候并天度圖》，第十一缺《納甲圖》，第十二缺《十二律圖》、《四正旁通圖》，第十四缺《九類洛書圖》、《洪範九疇圖》、《范氏洪範圖》、《洛書本數圖》、《禹所次圖》，此本悉有之，余得借以補鈔，是亦一快事也。癸丑夏正正月雨水，麗廔葉德輝記。

演繁露十六卷續六卷　明萬曆丁巳鄧渼刻本

宋程大昌《演繁露》十六卷《續》六卷，世傳宋本惟嘉慶時汪閬源士鍾藝芸精舍藏有不全本，僅存前十卷，顧千里廣圻取校於明鈔本上，其書後歸陸存齋心源皕宋樓，存齋殁後，其子盡以所藏售之日本，并此宋本之半亦絶矣。此爲明萬曆丁巳鄧渼刻本，世亦希見，惟常熟瞿仲雍鏞《鐵琴銅劍樓》、仁和丁崧生丙

《善本書室》兩書目載之。蓋雖明刻，其珍貴無異于宋、元矣。伏讀《四庫全書總目提要》云：「大昌所演，雖非董仲舒本意，而名物典故考證詳明，實有資于小學。所引諸書，用李匡乂《資暇集》引《通典》例，多注出某書某卷，亦可爲援據之法。」由此觀之，今人考據之學，注明原書，其派别原出于宋，不知者動以空疏譏宋人，未免使宋人受屈也。周密《齊東野語》謂程書初成，高文虎嘗假觀之，稱其博贍。文虎子似孫年尚少，因竊窺之。越日，出一帙曰《繁露詁》，多程書未載，而辨證尤詳。今其書不傳，惟所著《緯略》行世。《提要》云「精博未必勝于大昌」，誠爲定論。然亦見宋時風氣，士務博通，彼此相持，正未可以枵腹白戰也。壬子小滿葉德輝記。

緯略十二卷　影寫明沈士龍刻本

宋高似孫《緯略》，最舊本惟此明沈士龍刻本，《四庫》據以著録，後來張海鵬《墨海金壺》所刻重光〔一〕末年，全書板爲火燬，殘板歸金山錢熙祚守山閣，凡《守山閣叢書》中與《墨海金壺》同者，皆張原板也。及白鹿山房活字排印，其祖本皆出於此，故近人藏書家目録罕有言及宋、元版者。嘉慶間吴縣黄丕烈《士禮居藏書題跋記》有舊鈔本，爲明柳大中校本，亦不云出自宋、元。其本後藏歸安陸心源皕宋樓，近爲其子以全樓書售之日本去矣。余向藏有白鹿山房活字本。癸卯購張姓書一單，中有此影鈔沈本，卷首有「玉函山房藏書」朱文印記，蓋歷城馬國翰家中物。張姓先人曾宦山東，載歸長沙者也。辛亥四月，回江蘇洞庭原籍，道出上海，有吴姓書估持明仿宋本，詫爲宋刻，索價百金，時余以齎斧不繼，嫌其價昂，遂未還減，留一宿去。適行笥此本在手，匆匆翻校，似亦無甚異同，惟首無似孫自序，及十二卷末所闕「金剛石經贊」、「漢令甲」二條均完好具在，又末多「竹宫甲」、「觀畫堂」、「八陣圖」、「風馬牛」四條，余亟草草録出。回湘有間，手書二分，一附活字本後，一附此本後。偶檢宜都楊守敬《日本訪書志》中載有宋本，云半葉十二行，行二十二字，與余所見明仿宋本行格相同。又檢楊刻《留真譜》中橅宋本一葉，似即余所見者，或楊誤以明刻爲宋本，抑余所見果宋本非明仿歟？惜非余書，當時不得細校耳。考楊《志》于似孫序及多出之四條原闕之二條全附敍録之後，惟多顛倒訛脱之文，不可爲據。又複載未闕之「筆橐」一條，使後人未見原書者以不闕爲闕，是亦疏於考訂矣。且似孫原書引據雖博，而記憶多疏，即此六條已有誤記誤引之處，如「竹宫」條引「武帝祠泰畤竹宫望拜神光」稱《漢書·郊祀志》，而《志》無其文，《武帝本紀》有其事，其文句又復不合，殆合併他書誤引及之。然據序云此書一月而成，宜乎不及檢討，有此訛誤。第南宋人説部書似此見聞淹洽者本不多見，故一部兩部不惜重叠購之。豈惟資乎談助，亦有待於折衷。一二微疵，固不能掩其大體矣。宣統三年辛亥夏六月初伏葉德輝記。

〔一〕「重光」疑「道光」之訛。按《墨海金壺》板片實於道光元年遭火災。

又一部 白鹿山房活字印本

宋高似孫著有《史略》、《子略》、《緯略》、《騷略》、《集略》凡五種，此其《緯略》也。《子略》、《騷略》，宋左圭《百川學海》中有之；《史略》久不傳，黎蒓齋觀察庶昌出使日本，得宋本，影寫刻入《古逸叢書》；

惟《集略》未見傳世耳。據周密《齊東野語》云：「程文簡著《演繁露》初成，高文虎炳如嘗假觀，稱其博贍。文虎子似孫續古，時年尚少，因竊窺之。越日，程索回元書。續古因出一帙曰《繁露詰》，其間多文簡所未載，而辨證尤詳。文簡雖盛賞之，而心實不能堪。或議其該洽有餘，而輕薄亦太過也。」然其書究不知何似。續古又著有《剡録》一書，亦有傳本，陳思《南宋羣賢小集》中有《疏寮小記》一卷，其生平所著述之多，亦可概見。此書向無宋刻，《四庫》著録者爲明沈士龍刻本，張海鵬《墨海金壺》據以重刻，即錢熙祚《守山閣叢書》彙印行世者也。兩本余皆未有，僅此白鹿山房活字印本，亦源出沈刻，與錢本絶無異同。《宋史·傳》載高文虎爲韓侂胄草詔，逐慶元道學諸人。陳振孫《直齋書録解題》云似孫爲館職時，上韓侂胄生日詩九首，每首皆暗用「錫」字，寓九錫之意，爲清議所不容，知處州尤貪酷。父子人品皆無足道，而著書傳後皆亡而復存，豈非有天幸乎？光緒二十七年辛丑十月小雪葉德輝記。

輟耕録三十卷　明玉蘭草堂刻本

《輟耕録》三十卷，元陶宗儀撰。余舊藏毛晉刻《津逮秘書》本，以其尋常不甚珍秘。但聞藏書家盛稱玉蘭草堂刻者爲此書第一善本，官京曹時求之于廠甸書肆，不可得也。憶明徐興公𤊹《紅雨樓題跋記》曾載此書，因檢閲之。據云：「余家舊藏有《輟耕録》，闕首一册，覓之十數載，無從得。友人高景倩偶購雜書中有此書，僅半部，首册可補余之闕，遂捐見惠。在景倩爲無用之物，在余實爲完書。版雖少異，何傷乎？」是此書舊刻在當時已如此之稀，今竟獲此全本，足以傲興公矣。此書白口本，版心「輟耕録卷幾」下

「玉蘭草堂」四字，間有刻工姓名。大題「南村輟耕録卷之幾」，次行「天台陶宗儀九成」。半葉十行，行二十一字。書刻皆精美。從子康侯兄弟得之書友，裝潢呈覽，爲識數語筆之簡端。

從子嘱甫亦得此書，前有萬曆戊寅華亭徐球補版，引稱「友人楊君有是刻，中間缺雜數十版，予爲之補緝成編，得爲不棄物」云云。戊寅爲萬曆六年，是此書之刻必在嘉靖中葉後。惟楊君不著其名字，竟不知爲何許人。又卷四于十六葉另起附刻十七、十八、十九三葉，係補記楊璉真珈掘發宋陵及明太祖歸葬宋帝舊陵事，後題「成化己丑中秋日華亭彭瑋識」，此三葉版心下亦有「玉蘭草堂」四字，則又似成化刻本矣。成化己丑爲五年，推至萬曆六年，中隔弘治、正德、嘉靖三朝，凡百餘年，刻者又斷非徐球之友可知。且成化刻書皆黑口本，字亦不似嘉靖時之方整。詳記于此，以待考版本者辨焉。

丹鉛總録二十七卷 明嘉靖甲寅滇南梁佐刻本

《明史·藝文志》：楊慎《丹鉛總録》二十七卷、《續録》十二卷、《餘録》十七卷、《新録》七卷、《閏録》九卷。《四庫全書總目》同，惟無《新録》、《閏録》，而有《摘録》十二卷，其書爲浙江范懋柱家藏本，即《天一閣書目》所載明刻各本也。此本題《丹鉛總録》二十七卷，前有嘉靖三十三年滇南門人梁佐校刻序，云：「先生著《丹鉛餘録》、《摘録》，流傳刻本，藝林珍之，惜不多見。戊申秋，佐自司馬部奉使歸省，先生乃盡以《三録》、《四録》、《别録》、《附録》、《閏録》諸稿授之，佐乃删同校異，析之以類，合而名之曰《總録》，損俸以梓。」據此則《總録》實包括諸録，删并異同而爲之，諸録皆贅刻也。余向藏陸弼刻本，亦止二十七卷，取校此本絶無異同，然終不如此本之最舊最善。若世行之李氏《函海》本删存十卷，則不足道矣。升庵先生博洽多聞，在明時可與王弇州對壘，近世漢學家動以疏陋譏明人，如楊、王二公，世復有幾？士恨不學耳。若戴東原動誇中秘，顧千里專事校勘，而下筆輒輕呵古人，豈公道哉！乙卯端午後二日葉德輝記。

一木堂外稿十七卷 舊鈔本

《一木堂外稿》十七卷，國朝黄生撰。其書分《義府》五卷、《論衡》七卷、《識林》五卷。《義府》考訂經史子集、金石碑版；《論衡》則專論史傳中人，以自攄其褒貶；《識林》則無所不載，如沈括《筆談》洪邁《隨筆》之例，博洽多聞，洵爲傳作。《四庫全書》只著録《字詁》一卷、《義府》二卷，而不知其全，且以五卷爲二卷，亦不知所據何本。此爲原鈔稿，而《義府》獨缺三、四、五三卷，他日覓得刻本當鈔補之。黄生又有《字詁》二卷，原與《義府》合刻，今亦罕見，何況此全稿耶。

此鈔本《一木堂外稿·義府》五卷，《四庫全書總目》雜家類著録二卷，安徽巡撫採進本。《提要》云：「上卷論經，下卷論諸史、諸子、諸集，附以趙明誠《金石録》、洪适《隸釋》、酈道元《水經》所載古碑，陶弘景《周子良冥通記》訓詁。以别教之書綴之卷末，示外之之意焉。」此鈔本五卷，卷一、卷二諸經，卷三諸史，卷四諸子羣書，卷五金石碑版，似是分卷不同，其文一也。卷一目録下有「汪孟慈藏書畫印」七字朱文篆書長方印，「汪喜孫印」四字朱文篆書方印，蓋揚州汪氏問禮堂藏本。孟慈，喜孫字，道光中官户部郎中，汪容甫中之子。

潛邱劄記六卷 乾隆十年家刻本，錢竹汀、梁山舟手校

閻若璩《潛邱劄記》六卷，乾隆十年其孫學林刻之家塾者。《四庫全書總目》雜家類著録。《提要》云：「記誦之博，考核之精，國初實罕其倫匹。雖以顧炎武之學有本原，《日知録》一書亦頗經其駁正，則其他可勿論也。」按若璩本與炎武齊稱，此書則其散佚之餘，後人掇拾裒合成編者。其淹博不及《日知録》遠甚。若璩舉康熙己未鴻詞，以試不入格落選，今《劄記》中猶載其《璇璣玉衡賦》、《省耕詩》，雅無過人之處。蓋詞賦本其所短。六卷全爲近體詩，當時不應通聯《劄記》而刻，則編者之過也。此書經錢大昕、梁同書兩家評校，皆用紙條粘附書中，日久必因脱糊散失，宜如何有以保存之。梁本工書，雖隨手簽題，殊見風致。錢書余有手鈔《南宋館閣録》，與此筆迹無異，信可寶也。

松崖筆記三卷 道光二年吳興徐氏刻本

《松崖筆記》三卷，道光二年吳興徐氏刻本，吳縣惠定宇先生棟讀書之劄記也。惠氏三世傳經，至先生乃倡明漢學。所著《周易述》、《易漢學》、《古文尚書考》、《明堂大道録》、《禘説》、《左傳補注》、《九經古義》等書，示六藝之指歸，紹兩京之絶學。當時士林推重，南北皆爲鏤版印行，其津逮後學之功巨矣。此其隨手劄記，本注經之緒餘，然其中考證舊聞，記載詳贍。書僅三卷，幾與顧亭林《日知録》、錢竹汀《養新録》二書齊稱。曩時見南皮張文襄《書目答問》于子部儒家類考訂之屬列其書，每于坊間物色之，久而不

獲。近日友人永明周笠樵舍人銑詒家藏書散出，從子定侯爲余購歸，命工整理裝訂畢，爲識于後。壬戌冬臘葉德輝記。

竹汀先生日記鈔三卷　嘉慶十年何元錫刻本

《錢竹汀先生日記鈔》三卷，嘉慶十年門人何元錫編刻本。其一卷記所見古書，多黄蕘圃百宋一廛物；一卷記所見金石，皆零星小品，見于《潛研堂金石跋》者甚少；三卷策問，疑在蘇主講紫陽書院課士所擬作。卷末有張叔未先生題字云：「嘉慶十三年六月十九日贈壽臧徐甥。」下鈐「廷濟」上白下朱二字聯方小印。又一行題云：「同治十一年壬申徐氏後人以所藏金石書籍出售，友人從禾中攜示，因購得之。鄭齋書於吴門。」下鈐「均初」朱文二字小方印。按壽臧一稱籀莊，名同柏。李遇孫《金石學録》云：「徐同柏，張叔未孝廉之甥，好古識奇字，叔未每得款識之難辨者，屬其細意融貫，即豁然通解。著《从古堂古金考》、《古履仁鄉金石文字記》。」均初，一作韵初。陸心源《金石學録補》云：「沈樹鏞，字韻初，南匯人，咸豐己未舉人。家富于貲，幼好名人書畫，不惜重值，嘗得董北苑真迹，顔其室曰『寶董樓』。兵燹之後，家中落，專意碑刻，所藏《劉熊碑》、《漢石經》皆世間希有之本。近年以來，大江南北收藏碑帖之富無以比焉。」觀此題記二則，此書兩經金石家收藏，僅逾百年，至予已三易其主。雲烟過眼，世事滄桑。當時《記》中所載古書金石，今日已大半散亡。予居蘇四年，訪諸家收藏，子孫亦皆門户彫零，不可蹤跡。君子之澤，五世而斬，宜乎徐、沈兩家後人之不能世守矣。書此爲之喟然。

郘園讀書志卷六

子部

藝文類聚一百卷 明嘉靖丁亥胡纘宗刻小字本

明嘉靖刻小字本《藝文類聚》初印本，世間絶罕見，其注文完備勝于明萬曆大字本十倍，非得大字本校勘一過不能知其佳處也。南北藏書家間亦有其書，大半印本模胡，紙料粗黑，如此白棉紙初印者百不獲一。同縣劉雪樵茂才湘琳曾爲余取小字本校出異文極多，因爲余言大字本係從小字模胡本重刻，如「一」裂作二畫，大字本即改作「二」字之類，蓋由不見初印本之故。此外模胡破裂之字因而疑誤者尤夥，劉君皆爲余校于新翻大字本之上方，余益知小字初印本之難得，在明萬曆刻大字本時已然。宜乎今日此書珍與宋、元本相等也。此書明凡四刻，一華氏蘭雪堂活字印本，瞿鏞《鐵琴銅劍樓藏書目》有明活字本，每半葉十四行，行十三字。目後有墨圖記云「乙亥冬錫山蘭雪堂華堅允剛活字銅板校正印行」一行。一聞人詮刊本，張金吾《愛日精廬藏書志》馮氏已蒼校宋本云：「金吾藏《藝文類聚》凡三本，一小字本，一蘭雪堂活字本，一聞人詮刊本，馮氏已蒼據宋刊本手校，即是本也。」下列自序、胡纘宗録梓序、陸采跋、馮氏手跋、又跋、錢求赤跋。按據此則聞人本即胡刻也。一萬曆王元貞刻大字本，近日成都有刻本，即據此翻雕。一山西平陽府刻小字本。丁丙《善本書室藏書志》明刊本陳子準手校本云：「别有山西巡撫蘇祐、黄洪毗、按察司僉事鄭光溥〔一〕、平陽府知府事張松重刻序。」聞人本出于宋，張《志》馮已蒼手跋云。小字本出于元。陸心源《皕宋樓藏書志》有元宗文堂本，云：「每葉二十八行，每行二十八字，明小字本即從此出。」聞人本尤罕見，當俟異日訪之。丙申花朝後二日葉德輝書。

〔一〕「溥」字原脱，據臺圖《善本序跋集録》補。

又

《藝文類聚》藏書家均以明嘉靖刻小字本爲最善，前有胡纘宗序，稱「吴郡陸君子玄惜其殘剥，爲之録梓」云云，後有陸采跋云：「是書之刻，可泉胡公實主之，始於丁亥之秋孟，迄於今歲之秋仲，凡歲有一月而成。其費緡錢四百千有奇，而校讎供餽之勞不知凡幾，其成亦云難矣。繼公政者，愛民惜費，欲杜往來之求也，命予焚之，予不忍，僅剷其半以示存羊之意，庶幾他日可補而竟，以副胡公博雅好古之志云。是書也，其印止二百本，覽者其毋忽諸！嘉靖戊子冬十一月，長州陸采子玄識。」按，此跋北京圖書館藏本有之，載江陰繆小山學丞荃孫所編《學部圖書館善本書目》。余藏本有胡序無陸跋，今而知胡、陸同一刻本。胡刻成而繼任者剷其半，陸又補刻之。陸誠有心人也。此本或以爲出自宋本，或以爲出自元本。以爲出自宋本者張金吾《愛日精廬藏書志》：《藝文類聚》一百卷，馮氏已蒼校宋本。下云：「金吾藏《藝文類聚》凡三本，一小字本，每葉二十八行，行二十三字。「三」蓋「八」之誤，二十八行，行二十三字不成款式。一蘭雪堂活字本。一聞人詮刊本，馮氏己蒼據宋刊本手校，即是本也。三本中以是本爲最善。」下列「自序」、即歐陽詢序。「胡纘宗鋟梓序」、「陸采跋」。嘉靖戊子。馮氏手跋曰：「歲丙子，閩人劉履丁贈錢宗伯牧齋以宋刻《藝文類聚》，予從牧翁借校此本，始于丁丑之四月，畢于六月十七日，是年閏五月，蓋百日而終卷也。劉本正是此本之祖，中有模胡缺失處，無不因襲，始知陸采劓半之説謬也。卷末有葫蘆碧沙印，又『舊學圖書』四字方印，未知何家物也。孱守居士記。」又曰：「崇禎丁丑借錢宗伯牧齋宋本校過，與此本正同，劓半之説妄也。此書似非全書，但宋時已止存此，世無完本矣。馮己蒼書。」錢氏手跋曰：「陸采劓其半以示存羊意，謂胡可泉刻成此書後俗人欲焚此版，今劓去以示不忍之意，非謂此書之不全也。附記于此，馮先生必以爲然。求赤識。」按，求赤名孫保，錢謙貞之子，牧翁從孫，事蹟見牧翁所撰《列朝詩集小傳》。據馮校知此本即出于宋本，非臆斷也。且以知邵懿辰《批注四庫全書簡明目録》、莫友芝《郘亭知見傳本書目》均列有明聞人詮刊本者，亦是此本。錢謙益《列朝詩集·丁集》：「聞人詮字邦正，餘姚人，嘉靖丙戌進士。」丙戌爲丁亥之先一年，或胡刻此書曾與校刊之役，故世又以爲聞人詮刊本也。以爲出自元本者，陸心源《儀顧堂續跋》：「《藝文類聚》一百卷。前有詢自序，後有無名氏跋。每葉二十八行，行二十八字。明嘉靖陸采本行款皆同，疑即從此本出。無名氏跋有云：『今書坊宗文堂購得是書，即便命工刊行，溥傳海宇，售播四方賢哲士夫，以廣斯文，幸鑒。』愚按，元刊《劉靜修集》卷一後有墨記云『至順庚午宗文堂刊」木記。則宗文堂必元代麻沙書坊，是書亦至順中刊本也。」然則陸氏以爲此本出自元本亦自有據。余謂明出于元，元出于宋，牧翁所藏宋本有繙于元者，有繙于明者，無足異也。此本據陸跋止印二百本，而余幸藏兩部。此本有胡序無陸跋，其一部序跋均無，却皆早印者。近人錢唐丁丙《善本書室藏書志》載《藝文類聚》一百卷，明刊本，陳子凖手校，云：「每葉二十八行，行二十八字。此吳郡陸子玄刻本，大致與蘭雪堂華氏活字印本同。陳子凖以馮已蒼校宋本訂正訛脱，已蒼云：『按書中校記，故張《志》手跋無此語。八十五至八十七三卷宋本亦雜亂無緒。』子凖云：『似有後人增入處，非率更原書。』」按馮、陳二説，余無舊本考證，不能定其是非，且宋元本之後嘉靖本之前，中尚有正德中蘭雪本後有木記云乙亥歲。華氏活字本，丁《志》云大致陸本與華本相同，則更無從是正矣。唐人四大類書，《北堂書鈔》爲明陳禹謨竄改，有改名之《古唐類範》、《大唐類要》兩舊鈔本可證。《初學記》爲安國竄補，有嚴可均校元本、陸心源《羣書校補》中校補此書可證。《白氏六帖》爲宋孔傳《續帖》攙亂，有宋乾道丙戌衢州單刻《白帖》三十卷本可證。惟此書尚是原書舊帙，明刻諸本皆與小字本同一沆瀣，不蹈陳禹謨、安國之陋習，是不必宋、元本，即此本亦可寶貴也已。丁酉秋重得此本再記。郘園。

又一部 明嘉靖己酉張松刻小字本

《藝文類聚》余藏有明刻本二，其一爲嘉靖丁亥胡纘宗序刻小字本，每半葉十四行，行二十八字；其一爲萬曆丁亥王元貞序刻中字本，每半葉十行，行二十字。小字本出于宋，元中字本即出小字本。往時同月生劉雪樵茂才湘琳爲余以小字本校中字本，凡小字本訛誤之處，中字本悉仍之。尤奇者小字本版裂處如「一」字裂爲二細畫，中字本即刻作「二」字，校者之疏陋極爲可哂。此本爲嘉靖己酉知山西平陽府事洛陽張松重刻小字本，行字一如胡刻本，後于胡二十餘年，印本尤爲精美。遍考藏書家志目，惟江陰繆氏《藝風堂藏書記》有之，餘皆未著録。故或者以爲即張氏繙雕胡本，然前有提督雁門等關兼巡撫山西地方都察院右副都御史濮陽蘇祐序、巡按山西監察御史莆田黄洪毗序，均不云出自何本，惟督學山西等處提刑按察司僉事益都鄭先[一]溥序稱「巡按莆田黄公翠巖出所得於汾陽文谷氏處《藝文類聚》一部，凡十二册，授知平陽府事前溪張子松，命工校刻，以永其傳」云云。按文谷者，汾陽孔天胤字。孔當時刻有《文獻通考》、《資治通鑑》、《三輔黄圖》等書，蓋亦藏書家之好刻書者。卷末有張松重刻後序，亦不云所據以校刻者爲宋本、爲元本，則謂其繙雕胡本似無可疑。從子定侯一日自外歸，告余曰在某舊書店見有明刻小字本《藝文類聚》，非胡纘宗所刻者，余頗疑之，以爲明小字本並無兩刻，亦不聞當時有人翻雕。惟《藝風堂藏書記》載有三本，一爲小字本，每葉二十四行，每行二十四字。此誤也。余因行字與小字本不合，親詣藝風老人見之，實每葉二十八行，行二十八字。一蘭雪堂活字印本，每半葉十四行，按此本每半葉直闌只七行，因每闌雙行小字故爲十四行。行十三字，目後有墨圖記云「乙亥按乙亥爲正德十年。冬錫山蘭雪堂華堅允剛活字銅版校正印行」陰文，每卷後有圓記「錫山」二字，長記「蘭雪堂華堅活版印行」十字陽文。收藏有「愛日精廬藏書」朱文方印。一爲明山西平陽府刻本，有蘇祐序、黄洪毗序、鄭光溥序、張松序。余意此三本惟山西平陽府刻本最希罕，或即此本亦未可知。遲數日，定侯以重值購歸，亟取閱之，版式行字一一與胡刻小字本同，而書爲白棉紙初印，字體較胡刻整齊，果爲山西刻本。蘇、黄、鄭、張諸序具在，故無論其出自宋、元不出自宋、元，繙雕胡本非繙雕胡本，在明本書中固自少見，況嘉靖本乃近日極貴重之本乎！定侯其永保之，留爲吾家鎮庫書也。丙寅小年郎園。

〔一〕「先」當作「光」。

又一部　明達堂書坊本

此書從明大字本翻刻，訛字亦多，亦由原本非精校故也。家藏明翻元小字本余甚愛惜，不欲時時繙檢，因買此本屬友人劉君雪樵茂才以小字本校對改定，凡四閱月而始竣。劉君與余同遊，劬學嗜古，困于一衿，可慨也。

雪樵博極羣書，隨手勘定，無不精核，非尋常校勘家比也。再三檢校，益歎才難。顧亭林曰：「博問强記，吾不如任臣。」我不能爲亭林，尤滋愧矣。

明大字本係從小字本後印者翻印，雪樵所據校本亦係後印本書，如「一」字一畫裂作二畫，皆是後印本之故，余藏有小字初印者，因檢出對勘，得知其異同原委。小字初印者紙墨絶佳，故世恒以充宋本也。

初學記三十卷　明嘉靖十年安國刻本

唐徐堅《初學記》三十卷，世稱明嘉靖辛卯安國刻本爲最善，其後甲午晉藩即據其本繙雕，而同時瀋藩亦有重雕本。又萬曆丁亥徐守銘寧壽堂、晉陵楊氏九洲書屋皆刻此書，行款與安刻無二。萬曆戊戌陳大科刻本其自序有「南國安一男子謬以意損益之，至竄入宋事什二三」云云，似即暗斥安本，然究其刻本，實與安刻伯仲，未見其勝于安也。《四庫全書》著録爲内府刊本，此即《古香齋袖珍本十種》之一，其原本未知何據，而與明刻諸本絶無異同，殆亦出于安刻。惟陸心源《羣書校補》載宋本，與今本不同之處至數卷之多，其餘各卷文字出入增省逐卷皆有，是知此書自安刻以來，以訛傳訛，均不可信也。安刻前有秦金序云：「錫義士安國購得善本，謀諸塾賓，相與校讎釐正，遂成完書，選能鳩工，繕寫鋟梓以傳。」是當時安國所得者實非完書，其與塾賓校讎釐正似亦全無根據，證以陸氏《羣書校補》，情僞尤覺顯然。陸校出自嚴鐵橋孝廉，當時號爲宋本，實則元刻。曩聞之繆藝風老人，云嚴校原本在嘉興某布政許，匿不示人，借刻借校均不允。古書遇此等人可謂寃沈海底。幸陸校其副，使人得見本來面目，不然則世但知安氏校刻之功，而不知其竄亂之罪矣。

又一部 明安國活字印本

明無錫安國刻《初學記》，藏書家咸以善本視之，實則有大謬不然者。據刻本前秦金序，稱「錫義士安國購得善本，謀諸塾賓，相與校讎釐正，遂成完書，選能鳩工，繕寫鋟梓以傳」云云，彼所謂「校讎釐正」，所據何本，不可得而知也。曩記安紹傑撰輯《我素先生希範年譜》敍述先世云：「桂坡公諱國，好蓄古圖書，鑄活字銅版印《顔魯公集》、徐堅《初學記》等書。」余以活字印本惟《顔魯公集》時有流傳，《初學記》則自來各家藏書目録未見著録，因疑《年譜》云活字印本乃係刻本之傳訛。頃從子啓蕃自長沙來書，云收得安氏活字印本《初學記》殘本，余始信此書安氏果有活字印本。書中詳記缺卷爲第七、第十，第二十一至二十五，第三十卷之下半，共八卷半，行款與刻本同。適案頭有仁和邵位西先生懿辰《批注四庫全書簡明目録》，載此書刻本，不列安氏活字印本，惟無名人附注云：「安國得宋本，缺二十一、二十二以下數卷，屬其師郭某補完刊行。」然則此書自二十一卷以後宋本本不完全，安氏始以活字印行，未暇補其缺卷，迨刻時完本出而活字本廢，故活字本至今罕見歟。《顔魯公集》活字本外亦有刻本，則此書刻本之先有活字印本，理固宜然。此書活字本、刻本皆不與宋、元本合，陸心源《羣書校補》已詳舉之。惟是本以罕而見珍，缺卷亦據刻本鈔補完全，故屬從子啓蕃重爲裝潢以永其壽，而識其源委于此云。庚申八月。

又一部 明嘉靖甲午晉藩刻本

《初學記》明刻本至多，皆祖錫山安國本。然安本有活字本、刻本之别，活字本在先，刻本在後。大抵從刻本重刻者版式、行字及前撰人結銜皆同一式，惟晉藩據活字本繙刻，故與活字本同而與諸本異。安本不知何據，以嚴可均校宋本對讎，其書中文句增删猶其小事，乃至有全卷不合者，恐安氏所據宋本卷數不全，安氏以臆竄補，如陳禹謨刻《北堂書鈔》之弊。後來刻本皆出安氏，則沿訛襲繆，不暇再求宋本力圖完全，此流傳至今所以更無其人一發其覆也。嚴校宋本陸心源已載所撰《羣書校補》中，其原書則在某許，秘不示人，殊可怪詫。

北堂書鈔殘本三十四卷 光緒己丑歸安姚觀元活字印本

《北堂書鈔》明陳禹謨刻本多竄改臆補，而以五十以下及七十、八十、九十至百十等卷爲尤甚。嘉慶中孫星衍平津館得元陶宗儀舊鈔藏本，與嚴可均分校數過，而屬江蘇糧道南昌胡稷刻之，僅刻陳本竄補尤甚者三十八卷，餘卷未刻而胡去任，書遂不成。光緒己丑南海孔廣陶三〔一〕十三萬卷樓所校刻之全本，即此本也。此書向無宋刻，自來藏書家皆止舊鈔。然書估作僞，往往竄改名目，令人驟遇之不知爲何書。如孫藏陶本本名《古唐類苑》，即《季滄葦目》中所載者，則錢曾《讀書敏求記》所云嘉禾收藏家有原書者名亦同。至孫時又改名《大唐類要》，黄丕烈《士禮居藏書題跋續記》所載朱彝尊曝書亭本彝尊有跋，載《曝書亭集》。則又由《大唐類要》改名《古唐苑範》。朱本後歸汪遠孫振綺堂，顧沅藝海樓藏鈔本即從之，仍名《大唐類要》。孫藏後歸閩中陳蘭徵帶經堂，展轉歸于南海孔氏。錢藏後歸張金吾愛日精廬，今藏常熟瞿鏞鐵琴銅劍樓，後有「明嘉靖丙午六月十二日五川居士在萬卷樓記」，蓋從楊夢羽傳録也。顧本後歸揭陽丁日昌持静齋，丁書近十年始散，不知落於誰氏矣。此亦光緒己丑集福懷儉齋以活字擺印本，凡五十二至五十四，七十，七十二至七十六，八十，八十四至八十六，八十八至九十四，九十六，九十八至一百十共三十四卷，乃歸安姚彦侍〔二〕觀察觀元印，印未畢而觀察物故，活字亦散，書亦不成，僅此三十四卷，亦陳本竄改臆補之甚者。故嚴、姚先後刻印皆從此等處入手，惜乎同一不成，爲可恨也。孔刻雖本孫藏，于原本注下多闌入孫、嚴校語，及己所校記，眉目殊爲不清。此本則以黑地白文，「下闕」二字注其下，較爲矜慎。

然孔氏未刻以前或校刊或擺印均不能有成，獨孔氏刻成全書，使天下後世得見原書面目，不爲陳禹謨所欺，是亦此書之功臣矣。唐人五大類書，一《修文殿御覽》，已散入宋太宗敕李昉等撰《太平御覽》中，原文不可分辨。一《藝文類聚》，雖有明嘉靖七年陸采仿宋小字本，世誤以爲元本者。而世行明萬曆丁亥王元貞序刻大字本已多節删。《初學記》世以明錫山安國桂坡館刻本爲最善，而據嚴可均、陸心源先後取宋本相校已有十餘卷不同，是其竄補欺人，尤爲是書大厄。《白帖》爲宋坊估以宋孔傳《六帖》合刻，致白書單行本日就湮滅。《書鈔》經陳禹謨竄改臆補，若存若亡者幾三百年，倘有好事者接踵孔氏，假瞿氏所藏嘉禾原書、孔氏所藏孫本，物色揭陽丁氏所藏顧本及明刻《唐類函》中所引原文，合以嚴刻姚印未完之印本，參稽互考，洗陳刻之瘡痍，削孔氏之煩瀆，俾宋、元以來不傳之秘册得以撥雲霧而見青天，斯真書林中一大功德事，企予望之矣。時在丁巳立夏後一日，葉德輝識于蘇城閶門寓舍。

〔一〕「三」字原脱。

〔二〕「姚彦侍」，「侍」字原作「雲」。姚覲元字彦侍，「雲」字誤。

太平御覽一千卷　明萬曆改元倪炳校刻本

《太平御覽》一千卷，明萬曆改元倪炳刻本。前有常郡黄正色序，阮文達元爲鮑崇城刻此書序所稱黄正色本者，即此本也。據黄序稱「宋世刻本俱已湮滅，近世雲間朱氏僅存者亦殘缺過半。海内鈔本雖多，展轉訛舛益甚。吾錫士大夫有好文者因閩省梓人用活字校刻，始事于隆慶二年，至五年纔印其十之一二，閩人散去。於是浙人倪炳居業於錫，謀於郡邑二三大夫協力鳩工鋟諸梨棗，三閲寒暑矣，度時量力，再期可成。同年薛憲副應登甲游心藝文，校得善本藏諸家塾，其仲庠生名逢者出所藏本俾倪氏繕寫付刻」云云。《四庫全書總目》子部類書類著録，《提要》云：「此書行世實有二本，一爲活字印本，其版心稱共印五百部，則正色所云印十之一二散去者，其説不確。一即倪氏此本，同出一稿，脱誤相類，而校手各別，字句亦小有異同。今以二本參校，并證以他書，正其所可知而仍其所不可知。古書義奥，文句〔二〕與後世多殊，闕疑猶愈于妄改也。」按，《提要》所言《庫》本是就倪刻本、活字本兩本互相校勘，則知黄正色云云誠爲不確。然當時雖有印五百部之説，實止印行百餘部。余從子康侯兄弟藏有活字本，有蘇熟周堂識語，略言：「《太平御覽》一書從閩中饒世仁等購得其半，半在錫邑郡伯顧肖巖、太學秦虹川家。請于先君，欲合而梓之，未幾而先君作古矣，不肖懼先志之未酬，考訂釐緝，遂成完書。所得活版僅百餘部，與顧、秦二氏分而有之。倘好事者藉稿于兹，更加精校，鋟爲不刊之典，是所願也。時萬曆甲戌小春吉旦。」末有「閩中饒世仁、游廷桂整擺，錫山趙秉義、劉冠印行」二行。版心間有小字云：「宋版校正饒氏仝版活字印行壹百餘部」二行。余在滬市見一活字殘本，目後有長方木牌記云：「太平興國八年十二月刊字」二行，而康侯藏本無此木牌記，蓋擺印時或印或無，非必要也。活字本卷第一「李昉等奉敕纂」，于大題後佔四行，「敕纂」二字提行別爲一行，第五行稱「皇明順天解元海虞周光宙重校」。每半葉十一行，行廿二字，與此本同。惟此本官銜纂人縮作三行，後無「皇明」等字一行，而空白二行。又一白紙印者空白處是墨塊二行，蓋初印本也。而前無黄正色一序，殆印時黄尚未作序歟？獨怪黄序作于萬曆改元，周識作於萬曆甲戌，即二年，同爲一郡之人一時之事而所言各異。黄即未見活字擺印已成之本，而求之撰序之倪炳亦豈不詳告之？苟非余家兩本俱藏，又烏從而知其始末耶？黄蕘翁有言，書之重本不可不置，信然。

〔一〕「文句」三字原脱，據《四庫全書總目》補。

又一部　日本安政三年活字印本

此日本安政三年活字印本《太平御覽》一千卷，前有《總目》十卷，《引用書目》一卷。據前大學頭林𩃙序云：「侍醫喜多村士栗嘗用聚珍版刻《醫方類聚》，聞者得醫官曲直瀨氏所藏影宋本《太平御覽》悦之，以官庫所藏宋槧本校讎魯魚，亦活字刊之，刊成乞余題言。案，明黄正色序曰：『太平興國迄今幾六百載，宋世刻本俱已湮滅。』又閲清《琳琅書目》無載焉，由此觀之，宋槧逸於彼而存於我者可知矣。士栗既刻大部方書，又刊此書，而手自校訂，不唯其志之大，而其氣力亦有足稱者矣。」按此書吾國《四庫全書總目》著録侍講張焘家藏本，《提要》云：「胡應麟《經籍會通》曰：『《御覽》向行鈔本，十年來始有刻，而訛謬特甚，非老師宿儒即一篇半簡莫能句讀。至姓名顛舛世代魯魚，初學之士讀之，或取爲詩文用，誤人不鮮。』案，此本前有萬曆元年黄正色序曰：『太平興國迄今幾六百載，宋世刻本俱已湮滅。近世雲間朱氏僅存者亦殘闕過半。海内鈔本雖多，展轉傳寫，譌舛益甚，吾錫士大夫有好文者，因閩省梓人用活字校刊，始事於隆慶二年，至五年纔印其十之一二，閩人散去。於是浙人倪炳伯文謀於郡邑二三大夫，協力鳩工，録諸梨棗。孫國子虞允一元力任校讎，忽於隆慶六年捐館，弗克終事。今復苦於舛譌，薛憲副應登有校得善本，藏諸家塾，其從子名逢〔二〕者俾倪氏繕寫付梓』云云。所言刊本譌謬之故，大概與應麟合。然此書行世實有二本，一爲活字印本，其版心稱共印五百部，則正色所云印之一二散去者，其説不確。一即倪氏此本，二本同出一稿，脱誤相類，而校手各别，字句亦小有異同。今以二本參校，并證以他書，正其所可知，而仍其所不可知。古書義奥，文句與後世多殊，闕疑猶愈於妄改也。」按，《提要》所稱二本異同，有《考證》十卷在武英殿聚珍本《四庫全書考證》中，時則未見宋本也。嘉慶丙寅，吳門黄蕘圃主事丕烈從郡城周錫瓚香嚴書屋得宋刻殘本三百六十六卷，見顧廣圻《百宋一廛賦》注、《士禮居藏書題跋記》。莫友芝《舊本書經眼録》云：「《太平御覽》宋本殘帙，湖州徐氏藏。每半葉十三行，行二十二字。存三百六十六卷。首葉有『汪士鍾藏』、『黄丕烈印』。」陸心源《儀顧堂文集·宋版太平御覽跋》云：「有『文淵閣印』，即《文淵閣書目》所載不全之本也。乾隆間歸黄蕘圃主事，後歸蘇州富民汪士鍾，今冬余以白金百朋得之。核以黄氏原目又佚五百三十一至五百三十五，五百四十一至五百四十五，七百二十六至七百三十共十五卷。書中胤、慎、殷、恆、貞皆缺筆，而桓字不缺，則刊印當在仁宗時，爲是書刊本之祖。」又《士禮居藏書題跋記》宋殘本《太平御覽》識云：「余於數年前曾蓄三四部，非活字本即宋字本，最後得一舊鈔本，十三行爲半葉者，較諸本爲佳，然以未見宋刻爲憾。」今此日本活字本，每半葉十三行，行二十二字，與宋殘本行字相合。黄云舊鈔本半葉十三行，較諸本爲佳者，亦必鈔自宋本。然則十三行本固宋本之最佳者也。日本森立之《經籍訪古志》、「《太平御覽》一千卷，宋槧本，楓山官庫藏。每半版十三行，行二十二字。玄、徵、匡、恆、敬、慎、殷等字闕筆。」按此活字本即據是本排印，故行字悉依宋本，無所改移。吾家舊藏嘉慶十一年吳門汪昌序活字印本、嘉慶十三年歙鮑崇城刻本、嘉慶十四年昭文張海鵬刻本。汪本前存黄正色序，似是出于明刻本，鮑、張二本即以宋殘本三百六十六卷合以舊鈔校刊，然鈔本各有異同，不能執爲定本。據張序，宋殘本外又有黄蕘圃孝廉家明季影宋本五百二十餘卷。鮑本自序亦據宋殘本合揚州阮氏校録宋本付刻，校以此本往往不合。鮑刻半葉十三行，行二十二字，似守宋本行格，實則遠不如此活字本，亦並不如張刻本，而今所以盛行者，以有阮文達序推重也。明活字本、明刻本余收藏最先，又有明藍格鈔本，譌謬極多，以與書估交易他書讓出，今尚有六部，足以豪矣。況此活字善本即無異宋本化身，使汪士鍾藝芸書舍、黄丕烈百宋一廛猶存，亦安知不推爲百城之壓架物哉！

〔一〕「逢」原訛作「逄」，據《四庫全書總目》改。

事物紀原十卷　明正統十二年閻敬刊本

《事物紀原》十卷，無撰人，明正統十二年南昌閻敬序刻本。每半葉十二行，行二十四字。閻序云：「作者佚其姓名。」《四庫全書》子部類書類著録者即此正統本，誤作序之「閻敬」爲「簡敬」，殆校刻之訛。殿本、浙刻本均作「簡敬」。《提要》云：「宋趙希弁《讀書附志》云：『《事物紀原》十卷，高承撰。承，開封人。』」陳振孫《書録解題》亦云：「《中興書目》作十卷，高承撰，元豐中人。凡二百十七事。今此書多十卷，且多數百事，當是後人廣之耳」云云。是此書在宋時已非高承之舊。今此本所載凡一千七百六十五事，較振孫所見已數倍過之，而仍作十卷，蓋後人又有增益，是非宋本之舊矣。前人重宋、元版書，而於明初黑口本亦極珍貴。此書雖有道光中《惜陰軒叢書》本，而不及此本槧刻之古，有宋、元遺風。序前有「古鹽張氏」四字白文篆書半長方印，「宗櫄」二字白文篆書半長方印，「泳川」二字朱文篆書半長方印。目録前有「古吴潘介祉叔潤氏收藏印記」十二字朱文篆書大方印，「古吴潘念慈收藏印記」九字朱文篆書大方印。卷一有「叔潤藏書」四字朱文篆書方印，「潘叔潤圖書記」六字朱文篆書長方印，「潘介祉印」四字白文篆書方印，「玉筍」二字朱文篆書方印。宗櫄爲順治乙未進士，張螺浮給諫惟赤之第六曾孫字皓亭名皓者之孫，給諫有涉園，擅一時之勝，先族祖横山公與之交好，《已畦文集》載有《涉園記》，時公館皓亭家旬月，爲作是記。宗櫄字泳川，號思巖，撰有《詞林紀事》二十二卷《附録》三卷，又輯王文簡《帶經堂詩話》三十卷、《藕村詞》一卷，風流文采，餘韻猶存。同年友菊生侍郎元濟即其裔孫也。潘叔潤介祉，吴縣人，潘文勤祖蔭族子，喜藏書。余居蘇城數年，恆於書肆見其家散出之書，均有印記。曾在友人莫楚生觀察棠案上見所藏宋濂《文粹》、《續文粹》二書，有其藏印，知所藏秘册古本正不少也，比之前哲，猶錢牧翁之遵王乎？乙丑嘉平月郎園。

錦繡萬花谷前集四十卷後集四十卷續集四十卷别集三十卷 明嘉靖丙申秦汴繡石書堂刻本

《錦繡萬花谷前集》、《後集》、《續集》、《别集》共四集，明秦汴繡石書堂刊本。宋陳振孫《直齋書録解題》作四十卷《續》四十卷，祇兩集，無前、後、續、别之分。明黄虞稷《千頃堂書目》載此書爲前、後、續、别，與此同。《四庫全書總目》子部類書類著録，《提要》云：「今案序中明言『自九華之歸粗編成爲三集，每集析爲四十卷』，可知《後集》爲陳氏偶遺，《别集》爲後人所續增，不在原編之數。故明人刊本亦只三集也。」然此秦刻實有《别集》三十卷，四集版心魚尾上均刻有「繡石書堂」四字，半葉十二行，行二十一字，似是繙雕宋本。惟自來藏書家書目除《千頃堂書目》、王聞遠《孝慈堂書目》四集俱全，餘皆祇有三集。如孫星衍《祠堂書目》、常熟瞿鏞《鐵琴銅劍樓藏書目録》、丁丙《善本書室藏書志》同。丁云：「《千頃堂書目》尚有《别集》三十卷，不見自序，當爲後人續增，故不爲傳雕。」瞿云：「《别集》不見自序，當出後人續增，故秦氏雖家有其書而未刻。」此由不見秦刻四集，爲此懸揣之辭。但明刻惟此有四集，其他弘治間華燧會通館活字印本，嘉靖乙未徽藩崇德書院重刻會通館本並只三集，則無怪《提要》稱明人刊本祇三集也。至四集引宋人事稱「國朝」或「本朝」，可見其書出宋人所撰，《提要》以爲後人續增，亦誤也。

山堂先生羣書考索前集六十六卷後集六十五卷續集五十六卷别集二十五卷　元延祐庚申圓沙書院刻本

《山堂先生羣書考索·前集》六十六卷《後集》六十五卷《續集》五十六卷《别集》二十五卷，元延祐庚申圓沙書院刊本。黑口版，每半葉十五行，行二十四字。書名跨兩行，題「山堂先生羣書考索卷之一」，餘卷同。下注黑地白文「前集」二字，餘集同。次行題「山堂宫講章如愚俊卿編」，書中標題皆黑地白文。明正德戊辰劉洪慎獨齋刻本不獨改易行款，如標題無「山堂先生」四字，撰人題「山堂先生章俊卿編輯」，均非元本之式。而《前集》卷五《中庸大學經注》皆全，劉本存經删注，尤爲大謬。卷八六「經門」，卷三十二「文章門」前後顛倒，《後集》、《續集》、《别集》如此者尚多，不能一一具列。乃知書貴舊刻，益處本多。劉洪枋肆中人，殊不足責，惜無好事者橅仿重雕，使人得見山堂此書真面爲可快也。《前集》下有「子仰項元潮私印」七字朱文篆書小長方印，當是項子京元汴兄弟，當詳考其事蹟以爲藏書家掌故，姑識而待之。

新箋決科古今源流至論前集十卷後集十卷續集十卷别集十卷 元延祐丁巳圓沙書院刻本

《新箋決科古今源流至論前集》十卷《後集》十卷《續集》十卷，宋林駉撰；《别集》十卷，宋黄履翁撰。每半葉十二行，行二十二字，小墨口本。《續集》前餘葉有題識四行云：「《源流至論續集》所載官制沿革等頗備掌故，惟卷一載『太極圖心學』等殊屬不經，宋人積習難除。存之鄴架，子孫切勿惑之。五松居士記。」下小注云：「甲戌歲正月晦日。」又兩行云：「《易》有太極，極之言中，太極函三爲一，未有以分陰陽爲太極者，謬甚。」又一行云：「既是性，又名氣質之性，甚乖五常所稟，可恨。」此題記爲孫伯淵先生星衍筆，蓋孫祠藏書，而《孫祠書目》未録。甲戌爲嘉慶十九年，書目刻于嘉慶庚午十五年，是必在書目刊成以後所得。題語極詆太極心性等論之非，固漢學家門户之見，然謂爲「可恨」則不免過激之言。南宋自理宗以後，道學復昌，士人場屋所需，不得不相引重。此本專爲決科而作，故人云亦云。《山堂先生羣書考索》之後，要以此書爲精博矣。揭陽丁氏《持静齋書目》有宋刊本者，即此元刻本。常熟瞿氏《鐵琴銅劍樓藏書目録》列爲元刊本不誤。

分門瑣碎録六卷 元刻殘本

姚志梁觀察得元刻殘本《分門瑣碎録》六卷，書中間有「知足院常住」五字印記，爲長方木印，蓋東洋舊藏也。按陳振孫《直齋書録解題》：「《瑣碎録》二十卷《後録》二十卷云：「温革撰，陳曄增廣之。《後録》者，書坊增益也。」馬端臨《文獻通考》小説類即引陳説入載。今據此本陳自序云：「《瑣碎録》，温公諱革字子皮所作，凡四百餘事，余倅通海得於兵官趙君善成。自時厥後，每有聞見，效而筆之，名曰《續瑣碎録》。」是温與陳各自爲書，陳云陳「增廣」温書者，非也。此書分三十門，今僅「治己」、「治家」、「涖官」、「農桑」、「種藝」、「牧養」、「飲食」、「起居」、「服飾」、「攝養」、「醫藥」、「諸疾」十二門，凡六卷。「治己」、「治家」、「涖官」三門所載宋名臣佳言懿行，不一而足，書中如田元鈞治成都，蜀人號曰「照天蠟燭」；劉隨爲成都通判，嚴明通達，人謂之「水晶燈籠」；薛簡肅公尹京以嚴，人謂之「薛出油」；姜樞密遵、魯肅簡公宗道俱嚴明，時人號爲「姜擦子」，魯爲「魚頭公」等語，頗足以資談柄。「農桑」、「種藝」、「牧養」諸門，其于農桑蓄養之法亦有裨于世用，在宋人説部固非搜神志怪家言所同語也。自宋以來，傳本最少，近惟錢牧翁《絳雲樓書目》有之，入農家類，而不云卷數，陳景雲亦未詳注，疑錢氏所載亦是殘本，或存農桑以下數門，故入農家耳。此書破裂剥蝕，用日本繭紙重裝，知彼國亦甚珍重。姚君曾使日本，得彼國舊藏書籍頗多，此則得之都門廠肆者。明治維新以後，圖書之厄，烈于秦火，得姚君收拾之，不遺餘力，殆天之未喪斯文耶。

光緒丁酉上元後二日長沙葉德輝誌。

純正蒙求三卷 明嘉靖己酉胡喬刻本

元胡炳文《純正蒙求》三卷，明嘉靖己酉裔孫胡喬刻本。按是書《四庫全書總目》子部類書類著録。炳文，一桂子，名見《元史》一桂附傳。父子篤守朱子之學，一桂著有《易本義附録纂疏》十五卷、《易學啓蒙翼傳》四卷，炳文著有《周易本義通釋》十二卷，《四庫》均著録。《本義通釋》係題延祐丙辰，蓋仁宗之三年，《提要》云：「考炳文生於宋理宗淳祐十年。」下推至延祐丙辰，蓋六十六歲。《蒙求》前有丙戌孟夏十有八日廬山文天佑序，「丙戌」下空二字，當是前至元丙戌二十三年，世祖臨御之二十七年，是時炳文年三十七歲，距宋亡不過八年，故於兩宋士大夫嘉言懿行聞見尤詳，非僅裨益童蒙，亦實有資於文獻也。明刻書近日頗稀貴，況版印純浄，紙墨古香古色，列之插架固猶書中上駟，後之覽者幸珍惜焉。戊午大暑葉德輝記并書。

聯新事備詩學大成三十卷 明刻大黑口本

《聯新事備詩學大成》三十卷，元建安毛直方撰，三山林楨編集。明刻大黑口本。每半葉八行，行大字無整行，難計字數，小字全行者二十五字。無刊本年月，審其版式紙墨，似是成、弘間刻本。字作趙體，書猶是元版書風氣，知非正、嘉以下本也。此屬類書，全爲初學作詩者指示程式。每類始事類下接散對，均二字偶對，再下分起聯結等句法，皆五字七字，後列古體，間有之，不全有。蓋真兔園册子，作詩由此入門風斯下矣。此書《四庫》例不收，然亦不入《存目》，當是未見。近人陸心源《皕宋樓》、丁丙《善本書室》兩藏書志均有元刊本。丁云：「每半葉十三行，行二十餘字。」陸撰《儀顧堂題跋》云：「《四庫》未收。愚案直方字静可，福建建安縣人。咸淳中鄉薦，入元不仕，授徒講學，士争趨之。著有《詩宗羣玉府》三十卷、《聊復齋稿》二十卷、《冶靈稿》四卷，見《八閩通志》。」丁志即録陸。案陸、丁皆藏書家，但得宋、元、明舊版書即著之目録，以侈收藏之富，不問書之善不善也。然陸氏之書爲其子售之日本岩崎静嘉堂，丁氏之書則售于江南第一圖書館，借瓻至難，鈔副無用，得此明刻，雖不必用之求詩法，亦可存之備藏書。從子東明從書攤攜歸，呈余評論，爲指正其得失，俾知所抉擇云。丙寅嘉平月望日郎園記。

《閩志》云直方著有《詩宗羣玉府》或即此書原名，故皆三十卷也。郎園又記。

居家必用事類全集十卷　明刻黑口本

《居家必用事類全集》十卷，以十干計卷，明大黑口本。每半葉九行，行十六字。無刻本書序，亦無撰人。《四庫全書總目》雜家類《存目》七云「内府藏本」，《提要》稱：「不著撰人名氏。載歷代名賢格訓及居家日用事宜。以十干分集，體例頗爲簡潔。辛集中有大德五年吴郡徐元瑞《吏學指南序》，『聖朝』字俱跳行，又《永樂大典》屢引用之，其爲元人書無疑。黄虞稷《千頃堂書目》云『或謂熊宗立撰』，恐未必然也。」按，集中引前人言行及所著書至吴草廬止〔二〕，誠如《提要》所云，爲元人書。其各集所載宋趙師俠《拜命曆》，孫偉《祭響儀範》，《周書秘奥營造宅經》皆不傳之秘笈，苟非此書全録其文，則亡佚久矣。過而存之，不且有功舊籍哉！

〔一〕「至吴草廬止」，原作「吴至草廬止」。按《居家必用事類全集》癸集最後一類爲「省心雜言」，首即作「草廬吴先生曰」，下所引語見于元吴澄《吴文正公集》之《省心詮要序》。吴澄號草廬，事見《元史》本傳。據此，原作「吴至」係倒文無疑。

寰海彙編三册 明刻白口本

此明陳耀文未刻成之《天中記》底本，存乙、丁、戊三册，然大題名爲「寰海彙編」，不知何故。且今本《天中記》六十卷，此僅飛、走兩門，而佔全書三册，其他分類不知視《天中記》何如，姑存之以備參校。明時刻書如陳耀文之流尚有根據，不似陳禹謨刻《北堂書鈔》，擅加改竄也。甲午春盡日葉德輝記。

此册六十二葉「識雀音」一條引《論語疏·公冶長》，辨鳥雀語云：「唶唶！嘖嘖！白蓮水邊，有車覆粟，車脚淪泥，犢牛折角，收之不盡，相呼共啄。人驗之果然。邢昺云：『舊説冶長能解禽語，故繫之縲绁。』」按，此皇侃《論語義疏》中語，邢《疏》删之，今此書引及，是皇《疏》在明時猶存，故耀文得見之，亦可見其流覽之博矣。

唐類函二百卷 明萬曆癸卯俞安期刊本

明沈德符《野獲編》二十五云：「吴郡鄭山人名若庸者，少有雋才，多作犯科事，因斥士籍。避仇中州，趙康王禮之，令彙萃諸書，各分事類，事稍秘者録之，凡二十年而成，名曰《類雋》，王弇州爲之序。又二十餘年，吴中俞山人羨長名安期者，集唐人類書刻之，名曰《類函》，李雲杜爲之序。鄭書稍涉唐以後事，俞書則止于隋末，鄭惟綴本事，俞則旁收詩文，二書俱有功藝苑，亦布衣之豪也。《類雋》全資朱邸以成，故易。《類函》則遍于友人，以及妓女、方外靡不捐貲助之大力，爲時流所厭。俞雅慕鄭書，每謂：『余以未及見爲憾，余時購得，則《類函》已大行矣。』鄭工填詞，所著《繡襦》、《玉玦》諸記及小令大套俱行于世。俞詩自雄渾，近日詞人以幽秀勝之，名譽頓減。」按沈氏所云殊不足據，安期頗貲于雄〔一〕，焉有刻書求人之理？錢謙益《列朝詩集》丁集十五云：「俞安期，字羨長，吴江人。徙陽羨，老于金陵。少客于龍君揚，受國士之遇。君揚被譴，入楚慰之。戍永安，又入豫章送之。與楚人丁元甫爲意氣之交。元甫没，厚遇其子，海内歸義焉。嘗以長律一百五十韻投王元美，元美爲之傾倒。已而訪汪伯玉於新安，訪吴明卿子下雉〔二〕，皆與結社。因韋布依諸公以起，才氣蜂涌，晚亦厭薄其窠臼，而聲調時時闌出，不能自禁。」吴騫《桃谿客語》卷二云：「俞安期自松陵徙陽羨，益縱情遊覽，肆意詩古文，所著《參翏集》初出，深爲弇州、甔甀、太函、江夏諸公所推奬，而名益噪。足迹半天下，平生尤篤于友誼，嘗在金陵鷲峯寺設道場薦亡友，至百七十有奇，凡三月始畢。又續薦二十人于瑜珈道場，皆爲位以哭，設饌而祭。」又卷三云：「宜興故多盜，安期輯《唐類函》初成，嘗載百十部以出，中道被掠，他物稱是，追捕久無所獲。安期乃復印數十部，以紅字目録印書側，鬻之。未幾，盜書亦出，以無紅字，詰之，遂首伏。人多其智，好事者争買紅字《唐類函》，以此乃大售。今世猶貴紅字《唐類函》，其實與墨字無異也。」按，此説亦傳聞各異，明李光陽《西湖逸史》

卷下云：「萬曆中，予會俞羨長于唐仲可舟中，劇談竟日。俞寓我以《參寥集》。迨癸丑遭鬱攸之變，竟成灰燼，至今有若失我故人也。俞後刻《唐類函》將成，而甚苦吳中翻版，乃先出訟牒，謬言新印書若干載往某處，被盜刦去，乞官爲捕之。因出賞格募盜舍賊，由是《類函》盛行，無敢翻者。」又卷二載其《自題小像詩》云：「偶對相似形，略述平生事。少且鮮奇貲，老復無長計。外若寡合客，中無難測地。能將心赤推，能握肺肝示。典籍恣編搜，文詞浪遊戲。往昔馳妄心，發揮遠遊轡。秦楚信淹留，燕齊每即次。五嶽到已三，九塞曆亦四。七年行始休，萬變參仍備。道路即多艱，山林庶無媿。逝矣縱遐觀，歸歟成遠志。醪醴過漿家，饔飧仗書肆。出覯盡良朋，入侍有便嬖。閨秀三少姬，兒曹四童稚。似續計已成，聲色意兼遂。」詩句甚長，不具録。蓋安期家必素豐，性復豪侈，觀錢、吳二先生所紀諸事及《自題小像詩》，斷無刻書遍于朋友及于伎女、方外之事。即書中凡例詳述輯書大旨，不云求助于人。沈氏與之交遊，不應加以誣謗。且其書裁擇精審，所據永興《北堂書鈔》猶明人舊鈔原本，可證陳禹謨刻本臆改妄補之繆。故後來《欽定淵鑑類函》書出，嘉惠士林，而收藏家終以此爲大輅椎輪，與陳耀文《天中記》同爲明代類書之冠。二十年前，都中琉璃廠肆時一獲見，曾見有綿紙初印者，不知是盜掠之物否？此部得之長沙書市，紙本印手均不甚佳，然經曹子清通政寅、富察堇齋學士〔三〕昌齡寶藏，朱印重疊，手澤如新，足見彼時綿紙初印之書亦不易得，故珍重鈐記如此。後有得者，幸勿以尋常書帖之本視之也。光緒三十有三年丁未秋七月八夕麗廔葉德輝記。

〔二〕「貲于雄」，疑爲「雄于貲」之訛。

〔二〕「訪吴明卿子下雉」，疑「子」字係「于」字之訛。吴明卿即吴國倫，與王元美同爲「七子」中人。下雉，地名。

〔三〕「士」原訛作「土」。

輯本相鶴經一卷　鈔本

《相鶴經》一卷，《四庫全書》未收，亦未存目。然自陶九成《説郛》編刻後，國初藏書家如錢謙益、錢曾諸家書目皆有鈔本存留，意舊帙相沿，流傳有自。及閲宋黄伯思《東觀餘論》中有《跋慎漢公所藏相鶴經後》云：「按《唐書·經籍志》、《唐書·藝文志》，《相鶴經》皆一卷，今完書逸矣。特馬總《意林》及李善《文選注》、鮑照《舞鶴賦》鈔出，今真静陳尊師所書即此也。而流俗誤録著故相國舒王集中，且多舛午。今此本既精善，又筆勢婉雅，有昔賢風概，殊可珍也。致和六年秋，于山陽从慎漢公借觀，并觀題後。九月十六日雲林子黄某睿父書。」又《跋陳碧虚所書相鶴經後》在政和七年十月十一日，文句與此大同微異。余因此悟《説郛》本必出于宋鈔，特未載明所據及所輯原由，固是《説郛》通病。又近人言古書散佚重輯行世始于宋王伯厚輯《三家詩》，今見黄論，乃知伯厚以前實有人創爲此法。當時若風氣大開，士人盡如近儒輯逸之勤，則古書賴以獲存者必多，惜乎前只一慎漢，後只一伯厚，大輅椎輪，未盡其功也。光緒丙午冬葉德輝記。

齊民要術十卷　明人緑格精鈔本

《齊民要術》十卷，後魏賈思勰撰。今世通行明毛晉汲古閣《津逮秘書》本。錢曾《讀書敏求記》所云嘉靖甲申刻于湖湘，首卷簡端「《周書》曰」云云原係細書夾注，今刊作大字者，乃胡震亨《秘册彙函》本，其版半燬於火，後以版歸毛氏，與《津逮秘書》之本實一本也。此本頗多訛脱，陸心源皕宋樓藏有不全宋本，曾以校正毛本訛脱，彙刊所撰《羣書校補》中，惜乎七卷以下無之，真憾事也。此本鈔手精工，却無勝于毛本之處，惟出自道州何氏藏本，書面爲蝯叟手題，又世無他本單行，良便檢讀，農家書未有前于此者，始存之以待他日校勘云。

養民月宜一卷 明刻黑口本

《養民月宜》一卷，分十二月畜牧種植之事，每月分編，各爲起訖，不相銜接。大黑口版。每半葉九行，行二十二字，皆低二格，止二十字。不知撰人。首葉正月有「毛晉」二字聯方朱文篆書印，「汲古主人」四字朱文篆書方印，蓋毛氏汲古閣舊藏也。其書大體以《齊民要術》爲濫觴，而較爲簡要，且其事淺而易舉，于家居日用最爲相宜。《要術》撰于北人，有爲南方所不能行者，此則月月可行，人人可了，誠山家之清禄，農政之發端，宜乎藏書家等于秘笈收藏，而加之鈐記也已。

西京雜記六卷 明嘉靖壬子孔天胤序刻本

二十年前予得明嘉靖癸丑唐霽軒刻《三輔黄圖》六卷，前有謝少南序，知先一年壬子有孔天胤刻此書，每欲求其書以成配，訖未一遇，頃從子定侯于舊書鋪中無意獲之，持以告予，共相欣賞。此二書本自希見，故藏書家罕見著録，今雙雙而至，不亦大快意事乎！全書每半葉十一行，行二十字，白口版，與唐刻《三輔黄圖》版式行字同，蓋一時分任，各刻其一故也。余舊藏明萬曆壬寅陝西布政司與《三輔黄圖》合刻本，總題曰《秦漢圖記》，又有明吳琯《古今逸史》本、程榮《漢魏叢書》本，皆號難得，然在此刻之後未足貴也。乾隆丙午盧學士文弨校刻此書，在《抱經堂叢書》中，世稱精善，而不言何時何人所刻，則亦未有依據。孫糧儲星衍《祠堂書目》著録三本，一程榮刻本，一吳琯刻本，一即抱經堂本。其乾隆甲辰在畢制軍沅陝督署中爲校刻《三輔黄圖》，入《經訓堂叢書》，又嘉慶十九年自刻《平津館叢書》，《三輔黄圖》均于刻序中未引及唐、孔合刻二書，知在當時固已流傳絶少矣。今更百餘年，屢經兵亂，古書日亡，而近三四十年，遠西海東各國搜求吾國舊刻古書，皆有黄蕘翁一種癖好，梯航捆載，久爲漏巵，宜乎明刻書已希如景星卿雲，何況此本極不經見者耶？定侯其永寶之。丙寅冬仲上弦七日郋園老人書。

又一部　明萬曆壬寅合刊《秦漢圖記》本

此明萬曆壬寅仲秋陝西布政司重刊郭子章本也。與《三輔黄圖》合刻，蓋仍郭本之舊。其書以紙捻裝釘，底面以一紙拂過線裝處，亦明裝舊式，今悉仍之。麗廔偶記。

世説新語六卷　明萬曆己酉周氏博古堂重刻袁褧本

《世説新語》上中下三卷，每卷又分上下。半葉十行，行廿字。前有嘉靖乙未袁褧序，稱：「余家藏宋本是陸放翁校刊本，謝湖躬耕之暇，手披心寄，自謂可觀，爰付梓人，傳之同好」云云。《四庫全書總目》子部小説類著録。《提要》云：「自明以來，世俗所行凡二本，一爲王世貞所刊，注文多所節刪，殊乖其舊。一爲袁褧所刊，蓋即從陸游本翻雕者，雖版已刓敝，然猶屬完書。」是《四庫》本爲袁褧本，但稱版已刓敝，則是袁刻本之後印者。袁本卷末有木牌記云：「嘉靖乙未吳郡袁氏嘉趣堂重雕。」凡十三字。《欽定天禄琳琅書目續編》明版類有之，故《四庫總目》下注「内府藏本」，即此本也。余取袁刻與此本比校，知此本即用袁本翻刻，故版式行字一一相同，惟宋諱多有不缺筆者。嘉靖乙未至萬曆己酉八十餘年，以萬曆翻嘉靖本，時代猶相接近，宜其無甚差異也。袁刻翻宋，世有重名。曩時長沙王益吾祭酒校刻此書，余以此本請其依式重雕，乃信其門生不知版本者某言，用周氏欣紛閣本付刻，訛謬百出，刻成悔之，屬余糾正，今湖南思賢書局所刊行者是也。不意印成風行海内，以爲善本，余甚愧之。然亦見世間能知古書刻版源流之少矣。

又一部 明仿宋本

此明翻宋本《世説新語》六卷，本分上中下三卷，每卷又分上下，版式行字與嘉靖乙未袁褧刻本同〔一〕。但袁刻於宋諱缺筆，此不缺筆。前無刻書年月，目録後有「太倉沙溪曹氏重校」一行，審其字體仍是嘉靖時刻本，殆依袁本翻雕者也。大抵此書宋本傳自陸游，其後袁氏重刻，《四庫全書總目提要》稱爲完書者也。實則已經陸游節删，非復原書之舊。考《唐書·藝文志》稱劉義慶《世説》八卷，劉孝標《續》十卷。《崇文總目》十卷。晁公武《郡齋讀書志》謂當是孝標《續》，義慶元本八卷，通成十卷。又謂家有詳略二本，迥不相同。而陳振孫《直齋書録解題》作三卷，與今本合，其三卷又分上下，則疑陸游分之。近世藏書家每譏明人刻古書好節删，或改竄，其實宋人已開此端。聞德化李木齋編修盛鐸在日本時得其影照本，出自北宋刻，其注文較今本爲多，惜皆反書，蓋照出尚未付印者。他日當從日本友人訪得之，庶幾留此書完本于一線耳。此書前目録下有「長白敷差[二]氏堇齋昌齡圖書印」十二字朱文篆書方印，「楝亭曹氏藏書」六字朱文篆書長方印，蓋經滿洲堇齋學士昌齡、漢軍曹子清通政寅二家收藏。堇齋即通政之甥，殁後盡以所藏歸于學士，故凡舊本皆有兩印相連屬也。

〔一〕「同」字原奪。

〔二〕「差」當作「槎」。

唐世説十三卷 明王世貞刻本

《大唐新語》十三卷，明王世貞校刊本。明馮夢禎與李垕《續世説》合刊，改題《唐世説》，殊爲杜撰，又有商維濬《稗海》刻本，于肅自序中增「世説」二字，皆明人刻書陋習。此本荒繆亦與之同，唯商刻佚卷末《總論》一篇，此獨完好，差强人意耳。自臨川撰《世説新語》後，仿而作者代不乏人，李唐承六朝餘風，言語文字頗得江左習尚，讀此書乃嘆典午風流，去人不遠。李垕之書，視此又瞠乎後矣。光緒丙申正月廿八日麗廔主人葉德輝識。

類説五十卷 元鈔配明鈔本

宋曾慥《類説》五十卷，前十五卷爲元人墨格鈔本，爲錢遵王述古堂物。前有遵王題記，定爲元人所鈔，下有「錢曾」二字白文篆書方印，又有「遵王」二字朱文篆書方印。卷首有「周氏公瑕」四字白文篆書方印，「六止居士」四字白文篆書方印，是經明周天球藏者。又有「世美堂李氏印」六字朱文篆書長方印。以下至五十卷皆明緑格鈔本。初出元鈔時，爲善化張姓散出，余稔知張姓官山東得劉文清、馬國翰二家之書最多，屬書友訪求其舊鈔本，一日又持明鈔《類説》殘本來見，檢其殘卷，恰是接配前十五卷，因鈔本大小不一，彼不知前人已配成全書也。事之奇巧，未有異于此者。此書《四庫全書總目》子部雜家類著録六十卷，《提要》以爲明人所重刊，張金吾《愛日精廬藏書志》載有秦酉岩舊鈔本五十卷，與此合，是明時傳鈔皆此五十卷本，不得因其卷數不符疑其短缺也。

宣和遺事四卷　汲綆山房刻本

《宣和遺事》爲南宋間小説，書舊無撰人名氏。《四庫全書》亦未著録。嘉慶十四年己巳黄蕘圃主事丕烈始校宋本付刊，即今《士禮居叢書》本也。此本前題「修綆山房梓」，無刊書年月。按，吾家懷庭先生于乾隆五十六年刻《納書楹曲譜》，題面稱「修綆山房發兑」，字蹟與此書封面正同，蓋同時刻本也。然則此本尚在黄本以前，亦據宋本重梓，乃知天水舊槧常在人間，有好事者刊布流傳，其功德勝于拾遺骸寫佛經矣。前有阿波國文庫印，由日本人所藏，展轉入中國。丁酉六月初旬將出都門，以二金得之廠肆，歸舟展讀，信筆書此。時七月初三，夜泊湘陰書。郋園葉德輝。

京本通俗小説七種　近繆氏藝風堂仿宋刻本

此宋人評話七種，中如《錯斬崔寧》、《馮玉梁〔一〕團圓》，元明人久已編爲雜劇，《拗相公》見于翟晴江《通俗編》，是乾隆中其書猶流傳也。《碾玉觀音》記韓蘄王府中事，可見當時武人豪縱，視人命如雞犬，史家稱其盛德，可見亦因其拒金之功。昔朱子于岳武穆多有不滿之詞，知當時人必有所見，非盡因南軒交情爲張浚有曲筆也。盡信書不如無書，斯言得之矣。丙辰夏至德輝記。

〔一〕「梁」當作「梅」。

影宋京本通俗小説金虜海陵王荒淫一卷 影宋刻本

此影宋本《通俗小説》小字本，每葉二十四行，每行十八字。版長工部尺四寸，寬半版三寸弱。卷首標題佔小行三行，云「京本通俗小説第廿一卷」，二行低一格小字云「金虜海陵王荒淫」，三行、四行低二格，七言絶句引起一首。此《京本通俗小説》中之二十一卷，所敍乃金主亮荒淫之事，一一與《金史·后妃列傳》海陵妃嬖諸傳相合，當時修史諸人或據此等記載采入，非甚之之辭也。書中譯名多同舊本《金史》，與今武英殿重譯者小異，然殿本固注明原譯，可覆按也。京本小説爲虞山錢遵王述古堂藏書，其前《碾玉觀音》、《馮玉梅團圓》、《拗相公》、《西山一窟鬼》等七種，已經藝風老人影寫刊行，餘此一卷以穢褻棄之。吾謂金亮起自戎索，荼毒中原，恃其武威，淫暴無復人理，所謂罪浮於桀紂，虐過於政廣，史臣謂其戾氣感召，身由惡終，使天下後世稱無道主者以海陵爲首，洵不誣也。是書傳自金使，譯於宋人，非獨恨其國仇，亦有族類之感，故一則曰「虜中書」，再則曰「騷撻子」，描寫金亮禽獸之行頗覺酣暢淋漓。其稍異者，此書謂蕭珙與柔妃有染，亮故殺之，史則謂妃入宫非處子，亮疑蕭珙，竟致之死。意史臣爲蕭珙諱與？時在丁巳閏二月春分，郎園記。

中國風俗語言，皆隨時隨地而變更。三代以上，有方言，有文言；其後蠻夷通道，侵入蠻語；五胡亂華，雜以胡言。迨用之日久，不獨語言襲之，即行文亦襲之。周秦諸子、《史》、《漢》以後，至于南北各史亦皆襲之。唐以來古文義法行，而此等方言俚語遂不見於文人紀載之書，而或時見唐、宋人小説中，然不能詳也。詳者惟傳奇、雜劇及金、元人北曲，按其辭多無意義，且不知其來歷也。今此書中所引諺語如「雞踏雄狗交戀」；「羊肉不得喫，空惹一身臊」；「蟆蝦躲在陰溝洞裏，指望天鵝肉喫」；「嘻嘻哈哈，不要惹他」；「臉兒很很，一問就肯」；「黄花女兒做媒，自身難保」等類，今皆有之。又如譏翁奸婦曰爬灰；屈指時光曰約摸，亦曰約莫；稱人貌美曰標致；聽人戲弄曰聽人做作；男女交合曰幹事；拔擢人曰檯舉；人有邪行曰不正氣；設計誘人曰圈套；允諾此事曰招架；作事細致曰水磨功夫；求免曰告饒；此件事曰這樁事；舍此處往彼處曰跳槽；罵人曰狗才；怒僕曰小底；獲利曰撰錢；器物曰傢伙；婦人稱男子曰活寶，亦相沿至今而未改變。其他竹夫人、湯婆子等物名今皆相同。假使當時此等小説流傳尚多，正不知有多少雋語也。丁巳夏五晦再記。

青樓集一卷　鈔本

《青樓集》一卷，記有元一代女伶之盛，所載諸脚色即今貌兒戲之濫觴。今之女伶俗稱貓兒班，或更其稱爲髦兒，無義可求。余以爲是「貌兒」之傳訛，謂貌似男兒也。中有「婆惜」、「獸頭」等名稱，「婆惜」沿宋時俗稱，《宣和遺事》所載「閻婆惜」是也。「獸頭」似謂蠢材，至今上海妓寮中尚有此語，是可徵方言所自來矣。作者身歷富貴繁華，丁有元末造，揚州一覺，感慨滄桑，自稱雪簑，殆取唐人詩「孤舟簑笠翁，獨釣寒江雪」之意歟？陶九成《説郛》中舊有是書，題黄雪簑撰，與此題雪簑漁隱者不同，當時作者本以别號自稱。因前朱經序，知其姓黄，故《説郛》本徑題黄雪簑，非原書題名舊式也。此從湘潭袁氏臥雪廬藏舊鈔本過録，蓋《説郛》外單行本。浙江瞿氏《清吟閣書目》亦載有是書，云元夏伯和撰，不知所據云何。然朱序明稱作者姓黄不姓夏，則瞿目似不足憑。集中諸女伶如海市如曇花，一瞬即滅，當時雖與諸名公巨卿詩歌酬答，而見於諸人集者百無一二存焉。惟李楚儀屢見喬夢符小令中，當時有夢符情好甚深，故時時形之歌詠。毛嬙、西子未必真有傾城傾國之姿，特經文史品題，遂成千秋佳話耳。不然，是集人物亦夥矣，何獨一楚儀？天下女伶亦多矣，何獨此集所有？固知《碩人》一詩，勝于千百種《北里志》、《南部烟花録》，是集烏足爲諸書之後勁哉？光緒戊申八月秋分麗廔主人題。

武經總要四十卷行軍須知二卷 明正統四年李元凱刻本

《武經總要》四十卷，後附《行軍須知》二卷，孫星衍孫祠舊藏，前有星衍硃筆題記，文與陳宗彝所編《廉石居藏書記》所録同，蓋即此本也。孫云此書刻本甚少。誠哉其言，國初藏書家若范氏天一閣，錢氏絳雲樓，王氏孝慈堂藏書目均不載。《四庫》著録爲「江蘇巡撫採進本」，《提要》云：「宋曾公亮、丁度奉敕撰。仁宗御製序。仁宗守成，令主武事，非其所長。公亮等亦但襄贊太平，未嫻將略。至於諸番形勢皆出傳聞，所言道里山川，以今日考之，亦多剌謬。然前集備一朝之制度，後集具歷代之得失，宋一代朝廷講修武備之書存者惟此編而已，固宜存與史志相參也。」《提要》所云誠爲定論。吾藏此書正以參考有宋兵制，又以孫氏所貴而貴之。原帙蟲蝕甚多，吾覓裝書人粘補完好，頓還舊觀。孫記仍附首卷序前，俾讀者知此書收藏原委。序前有「孫氏伯淵」四字白文印，下有「繡衣執法大夫印」七字白文印，當是官山東按察使時所得。咸同之交，孫祠書散出，多爲吾縣人袁漱六太守芳瑛所獲。孫印上有「古潭州袁臥雪廬收藏」九字白文印，印文粗惡，蓋其後人追印者也。宣統二年庚戌九月記。

虎鈐經二十卷 明刊白口本

《虎鈐經》二十卷，宋許洞撰。明刻本，不知年月。每半葉十行，行二十字。孫星衍《平津館鑒藏書籍記》影寫本類載《虎鈐經》二十卷云：「前有許洞《上虎鈐經表》，許洞自序，稱創始於辛丑之初，成於甲辰之末。其書二百十篇分爲廿卷。今本『老人星』第一百五十七至『鶉尾星』第一百六十八十二篇，止有圖八而闕其四，又闕『回兵文』第二，二百十篇〔一〕末有『徐達、沐英等戰事』，不完，五葉，是明人所附。」核與此本一一相合，知即影寫此本者。然則此刻本之希有可知矣。明刻尚有范欽天一閣刻《二十種奇書》本，每半葉九行，行十八字。其本今日亦罕見，世行道光刻本、咸豐中《長恩書室叢書》本、《粵雅堂叢書》本皆不及此刻之古，然「回兵文」均全，可以補此本之闕。余好收重本書，故雖時刻、坊刻亦有可取正，不必侈言宋元矣。

〔一〕「二百十篇」原誤作「百二十篇」，據道光二十年陳宗彝刻本《平津館鑒藏記》乙正。

宋寶祐四年會天具注曆一卷 影鈔宋本

此書原本即出影鈔，歷經朱竹垞、錢竹汀、黄蕘圃諸先生跋記，今從仁和丁氏善本書室藏本再摹一過。版式行格略存宋槧規模，惜不見原刻一飽眼福也。《會天曆》源流已詳朱、錢二先生跋。其與明《大統曆》及今《時憲書》異者，前跋尚未詳盡，兹以《時憲書》互校，如《時憲書》每月一葉，葉三十三行，或三十二行，此則每葉十六行，從正月始接上造曆諸人官銜，蟬聯而下，以下逐月皆接聯，非一月爲一月也。《時憲書》「九宫紫白」等字在本月下方，此則在上方月建下。《時憲書》七十二候，每月六候，均總注月建下，此則按節氣，六日一注。日下《時憲書》無值日卦氣，此則於二至二分注坎、離、震、兑四卦，每月六日分注六十卦，及公、辟、侯、大夫、卿五等。《時憲書》逐日人神所在總載曆後，此則分注日下，又每月日下注沐浴、除手甲、除足甲、除手足爪，亦《時憲書》所無者。大抵《時憲書》與明時曆無異，而與此曆則各有同異。正月至二月上旬下皆殘缺，僅存上半葉日辰、干支、廿八宿、開閉、成收、建除等字，餘皆無考。然事宜及卦氣節候皆有一定成法，可補正也。暇日擬依式繕寫一本付刊，俾人人知曆書沿革及古帝王敬授人時之至意云。己未重九郎園記。

又一部 影鈔宋本

《宋寶祐四年會天具注曆》一卷，其曆法沿革與今時曆書異同已詳錢竹汀先生跋，此即從錢本模寫。惜前二葉有殘缺，無從校補。《竹汀日記鈔》一載《明萬曆八年大統曆》殘本：「與今本異者，每月交中氣後，又數日，而日躔某次。少或六日，多則十一日。稱一日、二日、三日，而無『初』字。建除十二辰在二十八宿之上〔一〕，書上下弦望，而不書合朔，亦不注時刻，節氣有時刻而無分，又月内有盈虚日。」按，錢氏云云，余藏有明《萬曆二十年壬辰大統曆》全本，正與之同，今考《會天曆》知《大統曆》固有所因，惟《大統曆》不載卦氣，爲開今曆之先。其逐日人神所載不注本日下，而總注本曆之後，此則《大統曆》與今時曆同，而與《會天曆》獨異者，安得更見元時曆一證此出入增消之故耶？歲在庚申正月影鈔，辛酉元夕跋尾。葉德輝識。

〔一〕「上」字下原衍「上」字，據《嘉定錢大昕全集》本《竹汀日記鈔》删。

大明萬曆二十年歲次壬辰大統曆一卷 明刻本

此《明萬曆壬辰大統曆》，其格式悉與今《大清時憲書》同。稍異者，每月交中氣後，數日，而日躔某星之次。多或十一日，少或六日。其每月上旬只稱一日、二日，無「初」字。建除十二辰在二十八宿之上，書上下弦望，而不書合朔，亦不注時刻。節氣則有時刻而無分。又月内有「盈」、「虚」字標于書眉闌線内。《錢竹汀日記》所見《萬曆八年大統曆》殘本與此同，蓋沿用元郭守敬《授時曆》也。由元曆上推至宋曆，大致未有變更。《宋史·律曆志》云：「南渡以後繼作曆者凡八，曰《統元》、《乾道》、《淳熙》、《會元》、《統天》、《開禧》、《會天》、《成天》。」今此八者，惟《會天曆》尚傳，余見影宋本《大宋寶祐四年丙辰歲會天萬年具注曆》，其格式亦與《大明曆》及今《時憲書》無異同，惟七十二候用漢焦延壽《易》分卦值日之法，分載各候下，則爲明以來曆書所無。竊謂一代帝王之興，其改正易服，本大經大法之常，然從俗從宜，必准諸聖人「民可使由之」義，故此六七百年來風俗習尚，未嘗欲有所改迻，違民志也。至本曆節氣有時刻無分，又無省分遲速之别，則以推算古疏今密，舊法不能測准，故不敢詳晰注明。若十二月正月置閏，亦與今曆不同，蓋冬至後日長至，至二月春分，此九十日中歲氣平均，積三年所餘其盈出之零分不足此二月之數，故此二月有小建而無餘算，錢唐繆之晉《時憲書注》論之甚詳。本曆後列六十甲子，嘉靖十五年閏十二月，又廿四年閏正月，萬曆二年又閏十二月，可見明時曆注差謬，宜其自成化以來日食失算者屢也。又後附百忌日，有「丁不剃頭」一語，今《時憲書》及《會天曆》、宋無撰人《三曆撮要》引並同，閱者向疑成人剃頭出於國制，不知其爲小兒剃頭之謂，剃字本作「鬀」，《説文解字》髟部：「鬀，鬄髮也。从髟，弟聲。大人曰髡，小人曰鬀。盡及身毛曰鬄。」字又借作薙、作夷，《周禮·秋官·大司寇·薙人》鄭注書或作夷，玄謂讀如鬀小兒頭之「鬀」，或作夷，此皆翦草也。古者男女未成童以前皆鬀髮，《禮記·内則》，生子三月，「擇日翦髮爲鬌，男角女羈，否則男左女右」。鄭注：「鬌，所遺髮也。夾囟曰角。午達曰羈也。」孔疏云：「『夾囟曰角』者，夾囟兩旁，當角之處，留髮不翦。云『午達曰羈也』者，按《儀禮》云：『度尺而午。』注云：『一從一横曰午。』今女翦髮留其頂上，縱横各一，相交通達，故云『午達』。不如兩角相對，但縱横各一在頂上，故曰羈。羈者，隻也。」此足明古時小兒鬀髮之義。宋陳振孫《直齋書録解題》：「《百忌曆》二卷，唐呂才撰。」是其書在宋必盛行，故《會天曆》、《三曆撮要》皆引之，古人選日剃頭，正與《内則》擇日翦髮皆合，則其俗尚亦甚古矣。幹枝二十二字，所忌皆有取證，因此向爲人所不解，故論及之。己未六月既望。

明萬曆壬辰大統曆一卷 影明鈔本

此《萬曆大統曆》，爲獨山莫氏銅井山房藏本，余從楚孫觀察借得，屬傭書人影鈔之。其法式全與今《時憲書》無異，惟上旬十日無「初」字。按《宋寶祐四年會天具注曆》亦如此，知有「初」字者，自《時憲書》始也。後列六十甲子紀年，嘉靖十五年閏十二月，二十四年閏正月，萬曆二年閏十二月，此則今《時憲曆》所無，良由推步之術前人不如後人之精，故乖錯如此。錢大昕《竹汀日記鈔》載有《萬曆八年大統曆》殘本，已極珍異，此乃全帙，故亟鈔存之。亦考古之士所當知者也。

大統曆注十二卷 精鈔本

《大統曆注》，十二月各爲一卷，余從江南圖書館藏明人精鈔本影鈔。從正月甲子日起，逐月月建只用支辰。如正月建寅、二月建卯是也。逐月節氣均注月建下，不定日時，蓋假設以示準則。以下逐日分三格，上一格花甲分載吉凶神，中一格載開閉收成及寶伐制義諸目，下一格注百事宜忌，蓋當時之萬年曆也。考《明史·曆志》云：「吳元年十一月乙未冬至，太史院使劉基率其屬高翼上戊申《大統曆》。洪武元年改院爲司天監，又置回回司天監。三年改監爲欽天，設四科：曰天文，曰漏刻，曰《大統曆》，曰《回回曆》，以監令、少監統之。歲造《大統民曆》、《御覽月令曆》、《七政躔度曆》、《六壬遁甲曆》、《四季天象占驗曆》、《御覽天象録》，各以時上。」又前總敍云：「明之《大統曆》，實即元之《授時》，承用二百七十餘年，未嘗改憲。成化以後，交食往往不合，議改曆者紛紛。鄭世子載堉撰《律曆融通》，進《聖壽萬年曆》，深得《授時》之意。當事憚于改作，並格而不行。崇禎中議用西洋新法，閣丞徐光啓、光禄卿李天經先後董其事，成《曆書》一百三十餘卷。時布衣魏文魁上疏排之，詔立兩局推驗。累年校測，新法獨密，然亦未及頒行。」據此，則有明一代全用《大統曆》，未嘗有所變更。至我朝聖祖仁皇帝始參用西法，頒行《時憲書》，而曆法遂臻完備。則此種舊曆已成大輅椎輪，過而存之，不過供曆法家討論沿革之談助而已。

天文玉曆考異賦六卷 五色鈔本

此書前有序，題「御製朱文公天文玉曆考異賦序」。書中賦上皆冠以「朱文公曰」。姚元之《竹葉亭雜記》云：「謝峻生云武英殿之後敬思殿窗臺上得書十二本，蓋兵書也。無名目，書中畫圖，按圖解説。圖皆著色畫，畫有斷尸横陣、將軍缺首等像，見之怖，解俱稱朱子曰。恐係秘本，因進御覽，奉旨仍謹藏于殿中。」按姚《記》所云即此書也，特殿中藏本圖稍詳耳。《浙江採集遺書總録》庚集有《天元玉曆祥異賦》十册云：「其書考驗災異，各繪圖象，下方附朱子及各史志論語，有明洪熙御製序」云云。胡虔刻本《四庫全書存目》有此書。今通行本《四庫總目》術數類《存目》載《解注祥異賦》七卷，不著撰人名氏，云大致與明仁宗御製《天元玉曆祥異賦》相類，不知何以析此書爲二，又不知胡刻《存目》何以與通行本不同。考《總目》，《注解祥異賦》下注「浙江范懋柱家天一閣藏本」，其七卷之數與《天一閣進呈書目》及《藏書目》皆合，而《浙目》乃云十册寫本，不言卷數，豈别又一本歟？曩見《錢曾讀書敏求記》天文類有《天元玉曆璇璣經》七卷，同年友劉振愚舍人得一舊鈔本亦七卷，覆檢一過，迺知即此書，但大題作「天文玉曆璇璣賦」，小題作「玄黄賦」、「炎光賦」、「玄精賦」、「躔經賦」、「瑞妖賦」、「雲象賦」、「飆颺賦」，凡七目。中引史志均與此同，惟賦語不題朱文公曰，與此析賦語屬朱子者異。蓋術數家言，傳者秘密，語有增竄，故文有異同，亦必然之理也。余向不喜五行災異之書，以其託于紫陽。又曾藏秘殿，故略爲考證于此。丁酉二月下旬一日。

彈冠必用集一〔一〕卷　影鈔宋本

《彈冠必用集》一卷，宋紹興丙子周渭撰。共爲三十篇，專爲上官諏選吉日而作。今俗傳正五九不上任，初不知何所取義，今檢此書「纂出上官出行凶日」第二十二載：「忌用月寅午戌，本朝以火德王，人臣避位。」乃知正五九即寅午戌，非有他忌也。此書《四庫》未著録，此從常熟瞿氏鐵琴銅劍樓藏本影鈔，亦選擇書中之秘笈矣。

〔一〕「一」下原衍「一」字，删。

新編四家注解經進珞琭子三命消息賦六卷　影寫宋本

《新編四家注解經進珞琭子三命消息賦》六卷，每半葉七行，行十六字，小字雙行，行廿一字。書名大題後注家占小字六行，以中字四行排匀書之。一行「保義郎内香藥庫門臣王廷光」，二行「宜春李仝」，三行「嘉禾釋曇瑩」，四行「東海徐子平」。書名大題一行，并卷數字占十七字，經進「進」上空半字，至卷之

一、之二字又擠寫，餘卷款式同前。序稱「宣和五年八月初四日臣謹序」，不書名，蓋即領銜之王廷光也。今《四庫全書》著録有兩本，一題《珞琭子三命消息賦》上下二卷，云徐子平撰；一題《珞琭子賦注》亦上下二卷，云宋釋曇瑩撰。余以二本參考，徐子平本無王廷光、李仝、釋曇瑩三家注，曇瑩本有王廷光、李同二家注，無徐子平。初疑《四庫》本鈔自《永樂大典》，誤以此書分爲二本，及按《提要》于曇瑩注本下云：「上卷之中三家之注并載，下卷則曇瑩自序以李同、鄭璘並稱，而卷中無璘一語，疑傳寫脱誤，或《永樂大典》有所節删，亦未可定。」則是曇瑩注本與四家合注之本别爲一書，觀其自序及分卷不同自可推見。術數家書，坊本繙刻必夥，彼此分并各有不同，而皆作二卷，惟此六卷本爲經進時原書，則固與坊本異矣。考《宋史·藝文志》子部術數類載有《珞琭子三命消息賦》一卷，陳振孫《直齋書録解題》子部陰陽家載有《珞琭子》一卷，而均無此書。晁公武衢州本《郡齋讀書志》有《珞琭子疏》五卷，别是一書。余有影宋本，原委詳余跋中。紹興中《秘書省續編到四庫闕書目》子〔二〕五行卜筮類載有注本三家，一王下空白缺人名。《三命消息賦》七卷，王下空人名，疑即廷光，然數不符，未知是一是二。又有僧俶昕《注珞琭子賦》一卷，杜崇龜《注珞琭子消息賦》一卷，而無曇瑩、李仝、王廷光、徐子平四家注本之書，疑王下空人名確爲廷光。故六卷、七卷雖稍不同，要其卷數之多必有諸家注在内，特目只載領銜一人。而王下又缺廷光名，致無可證，其實王氏之書在紹興間固自在也。今《四庫》曇瑩注本李仝作「李同」，《提要》云：「《讀書敏求記》作『仝』，晁公武《郡齋讀書志》作『仝』，亦莫詳孰是。」余按仝、同通用，術士名稱隨俗相呼，不足爲異。惟晁

《志》作「仝」者，四庫館臣所據乃袁州本，誤「仝」爲「全」，其衢州本固作「仝」也。此本從常熟瞿氏鐵琴銅劍樓藏影宋本重槧，宋本亦有脱誤，當再細勘，不必爲之諱也。己未端午葉德輝記。

〔一〕「子」下疑奪「部」字。

新雕注疏珞琭子三命消息賦三卷李燕陰陽三命一卷 影宋本

《新雕注疏珞琭子三命消息賦》上中下三卷，宜春李仝注，東方明疏。半葉十二行，行二十字，小字雙行，行二十九字。下卷末半版即接刻《新雕李燕陰陽三命》上下二卷，行字均改，换半葉十四行，行三十二字。本爲兩書，而版本銜接行格又不一律，此在宋版中固創例矣。賦中《三奇妙論篇》「奇者，貴也」，注云「卷末例」、「將星扶德」注云「卷末有例」，據此則李燕書在李仝注前，其附刻仝書以行，亦似仝作注後開雕即如此。然按李燕書中有「李燕三命直如神」及「十中九效李燕言」之句，則其書非李燕自撰可知。且撰成七字歌訣，詞意不能暢達。竊疑李燕别有其書，當時術士編成歌訣便記，如《丹元子步天歌》之類，非本人自撰，即用此體也。《宋史》子部五行類載《珞琭子》一卷，注云不知姓名，宋李企注，「企」即「仝」之訛。又載《珞琭子三命消息賦》一卷，不載此疏。又載李燕《三命》一卷，又《陰陽詩》一卷，《三命九中歌》一卷。又載李蒸《三命九中歌》一卷，「蒸」即「燕」之訛。《三命》、《陰陽》各分一卷，疑即此《陰陽》、《三命》誤分爲二，其云「九中」者，疑十中九效之意，殆一書而《志》誤析復重出歟？元托克托修《宋史》，本太祖至寧宗時舊史四種，《志》則删前後部帙之重複者合爲之，語詳《藝文志》序，此其重出錯雜勢之必然。紹興中《秘書省續編到四庫闕書目》子部五行卜筮類載有《珞琭子賦注》三家，一王下空白，疑是王廷光。《三命消息賦》七卷，一僧徵昕《注珞琭子賦》一卷，一杜崇龜《注珞琭子消息賦》一卷。又別載《珞琭三命賦》于本類之前，當是無注本。又陰陽類載東方朔《珞琭賦疏》一卷，「朔」爲「明」之訛。其李燕書亦只載《三命九中歌》，則其書在南宋時又似離注疏而別行矣。衢州本晁公武《郡齋讀書志》子部五行類載《珞琭子疏》五卷，東方朔撰，「朔」爲「明」之訛。宋人書目大都沿誤，然疏無五卷，疑并李燕書計之。陳振孫《直齋書録解題》子部陰陽類載《珞琭子》一卷云：「此書禄命家以爲本經，其言鄙俚，閭巷賣卜之所爲也。」袁州本晁《志》云：「《珞琭子賦》，宣和建炎之間其書始行。」而此本前有宋嘉祐四年己亥十一月二十一日宜春李仝序，是猶在宣和以前。《四庫全書》著録徐氏《珞琭子賦注》二卷，宋徐子平撰，係從《永樂大典》輯出。前有楚頤序，謂「珞琭子者，陶弘景所自稱」。其言無稽，未足徵信。余意此書出于五季隱遁之士，故北宋初盛傳。謂爲陶隱居者固非，謂出于閭巷賣卜之手者，亦似詆之太過。禄命之術，吾嘗考之，實爲漢易學之一派，故流傳日久，著述益滋。唐人李虚中《命書》以外，此書其尤著也。此書宋本近歸張菊生同年，余此本則從常熟瞿氏鐵琴劍琴樓藏胡心耘斑影宋本重橅，其殘缺失字處宋本亦同。夏劍丞觀察爲余以宋本細勘，可云盡善。宋本原係帖裝，首有明唐子畏解元題字一行，末有黄蕘圃二跋，今跋亦影鈔附後。宋本即有訛脱，如欲刊行，尚宜再校正，不必如佞宋翁奉宋槧書如神籙天書，一字不可移易也。己未初夏三伏德輝記。

五行精紀三十四卷 舊鈔本

此《五行精紀》三十四卷，舊鈔本。前有聞筝樓主人題記，稱《讀書敏求記》有此書，則康熙以後矣。此書陳振孫《直齋書録解題》已入載，云：「清江鄉貢進士廖中撰，周益公爲之序，集諸家三命説。」當時必有刊本。元明以來，唐順之《荆川稗編》中引之，國初見錢曾《讀書敏求記》稱所引書五十一種。余所有者惟《珞琭子》，餘則俱未之見，則其援引弘富，前人久已稱之。錢氏藏本今歸常熟鐵琴銅劍樓，其《藏書目録》云三十二卷，蓋缺其末二卷。此本則缺第三十四卷，又從別一本傳録者。康熙《圖書集成》收有明人萬民育《三命通會》三十四卷，全襲用此書。今《四庫全書總目》著録坊行十二卷之《三命通會》，不能得其詳矣。余篤好命理之書，多有宋、元以來孤本未刊行者，此即其中之一。末卷殘缺即可轉以《三命通會》補之。以《三命通會》微有增删，而第三十四卷載起大運小運之法，無可增删，則猶此書原文耳。陳《録》此書後有《三辰通載》三十四卷，云：「嘉禾錢如璧編集，五星命術。」錢《記》亦尚與此書并録，今則各家藏書目皆無其書，則著述之存目信有幸有不幸。此書今尚流傳于世，安得有暇爲之校訂付梓，不勝于俗本《三命通會》萬萬哉？

萬物數十七卷 明嘉靖乙丑刊本

《萬物數》十七卷，明陳暹撰。皆占事之法，以物有定數，本于河洛宋儒邵康節先生，得其秘妙，故斷事靈捷。然其用實據卦象，卦象又按以五行四時生旺休咎，故百發百中，特心浮體躁之人不能入細，則不效耳。此書明人徐㘭《紅雨樓題跋記》載之，稱爲義溪陳闇窗方伯所梓，「方伯歿後，斯術莫傳，惟有從孫价夫受其要訣，余兄偶得此本，闕者補之，訛者正之，未備者注之」。據徐所云，似所見尚非方伯原刻，殆傳鈔之本耶？余戊午在滬上書友李子東處得舊書數廚，中有此書，爲士禮居舊藏，後有黄蕘翁跋，知其書之可貴，因其已爲人定售，故遂捨去。歸以語從子啓藩兄弟，啓藩乃出此本呈閲。繙讀一過，信爲秘笈，因記數語于後。

兵占焦氏易林四卷 明嘉靖[二]四年姜氏刻本

明人刻書謬妄，而好爲欺人語，如每刻一書其序文不曰出自宋本，即曰傳自閣本。其未見宋本、閣本者無論矣，即見之而妄校妄改甚或至於節删，於是前一刻本出，其後重刻者沿訛襲繆亦隨之而出。經史古注，周秦兩漢古書，苟非仿宋繙雕，未見有可信之書也。《易林》一書，黄丕烈士禮居刻校宋本未行以前，士人所見者明何允中《漢魏叢書》本、毛晉《津逮秘書》二本而已，至嘉靖四年姜恩刻兵占本、萬曆癸巳周曰校刻辨疑館本，藏書家已與宋本同其珍重，而不知二本之謬誤與何、毛本同，其原則皆由于成化癸巳彭華所傳之閣本已有竄改也。宋本之善，黄刻校宋本後序已詳言之。此余所録吴枚庵翌鳳傳校之陸敕先校宋本，與士禮居本同出一源者。先輩校書矜慎，故雖宋本之誤字亦不改正，其俗省之體悉點畫照臨，所以昭信也。據黄刻前序，云陸係就嘉靖四年所刻記于上方，正即此刻。書凡卷之九至卷之十二四卷，全書其大題云「兵占焦氏易林」，版心上每卷有「兵占」二字，似是兵占書之一種。其九卷以前或刻有他種，明人刻書臆斷至可笑如此。此書陸心源《皕宋樓藏書志》有之，但誤以爲十二卷，蓋見本書至卷之十二止，以爲全書有十二卷之多。自來藏書家書目往往使閲者迷惑，大率因此致誤也。余向藏舊刻，於何、毛二本外有辨疑館本，此收藏家所目爲善本者，其實猶在此刻之後，而繆誤則同也。然明本如此字大悦目者，最宜於雨後燈初，不損目力。余故以吴録傳寫於此，以便繙檢，原本誤字及俗省體皆仍之，猶前輩校書法也。陸校原本乃從錢謙益絳雲樓傳出者，據云宋本本有全注未及舉録，故并其行字亦未記出，蓋既删去小注，則行字遂動非原式也。惟陸校宋本據此刻爲底本，今余録陸校亦據此刻爲底本，似前後契合，固有緣者。録畢因識其原委于此，時己未上元前一日，是日余生朝也。

〔一〕「靖」原訛作「嘉」。

青囊經校本一卷　活字印本

《欽定四庫全書提要》著録此經于子部術數家，而名稱《青囊奥語》一卷、《青囊序》一卷，離折本書爲二，又雜入後來術士附益之辭，不知《欽定圖書集成》中原本尚在，只云楊筠松《青囊經》也。《四庫》編校諸臣曾不一檢對，可云疏漏矣。宋陳振孫《直齋書録解題》有《楊公遺訣曜金歌并三十六圖象》〔一〕，爲一卷，疑即是書之原名。而鄭樵《通志·藝文略》始稱《青囊經》，則《圖書集成》所收或爲宋本矣。丙午嘉平立春德輝記。

〔一〕「圖象」二字《直齋書録解題》作「象圖」。

人倫大統賦一卷 影鈔元皇慶二年刊本

金張行簡《人倫大統賦》一卷，獨山莫氏銅井文房藏元皇慶二年刻本。大題「新刊相法人倫大統賦解」，次行「金禮部尚書張行簡撰」，三行「前王府文學薛延年壽之序」，蓋即刻于是年。每半葉十行，每行大小十八字，小字雙行。版心上下黑口。前有頭部面背圖八，末有氣形圖二十四，分喜應、憂應日期，「喜」、「憂」二字黑地白書，圖刻皆極精細。《四庫全書總目提要》子部術數類著録，乃館臣從《永樂大典》輯出，不列諸圖。光緒丁丑歸安陸心源《十萬卷樓叢書》中刻者亦《四庫》本，非原本也。形法之書，全恃圖像爲證，有圖無説固不免索解茫然，有説無圖亦不能使讀者心目俱快。是本影寫一仍其舊，末四葉下半爛損小半，以《大典》本補之，尚能符合。惜陸氏刻此書時不獲一見也。庚申夏五端四日郎園葉德輝記。

神農本草經三卷 日本嘉永七年刻本

自宋以來，政和、大觀兩次修刻，《經史證類本草》行，而《神農本草》汩没于陶弘景朱墨本《增輯本草》之中，已數百于兹矣。嘉慶四年孫星衍、孫馮翼依《證類》本分别原書、陶增，輯出三卷，刻入《問經堂叢書》，于是讀者始識《本草》真面。然其敍次全本李時珍《本草綱目》，以序録退居卷末，頗不免于沿誤。道光甲辰顧觀光亦有校輯本，分敍録一卷，上、中、下各一卷。顧序謂孫輯不考本經目録三品種數，顯與名例相違，是孫本之失前人已有疵之者。此日本森立之所輯，前有嘉永七年甲寅自序，是在中國咸豐四年，其例以序録冠首，分上中下三品爲三卷，合四卷。前自序，考證本書卷數分合，次第引證，博而且精。後附考異，取校羣書，多吾國未有之佚書古本，非獨孫輯無此謹嚴，即顧輯亦無此精確。顧序謂天之未喪斯文，惟此足以當之矣。書爲繭紙初印，每半葉十行，行二十一字。槧刻精良，想見同文之盛，讀者勿以高麗本等夷之。

王氏脈經十卷 明成化十年仿元泰定四年刊本

《脈經》十卷，晉王叔和撰。宋晁公武《郡齋讀書志》載之。《志》又載《脈訣》一卷，題晉王叔和撰，云：「皆歌訣鄙淺之言，後人依託者，然最行于世。」據此則《脈經》、《脈訣》在宋時固已盛行。今《四庫全書總目提要》皆不著録，惟《存目》有明張世賢《圖注脈訣》四卷、《附方》一卷，《提要》云：「《脈訣》出於僞撰。今《脈經》十卷尚有明趙邸居敬堂本。」然則館臣並非不見原本《脈經》，何以《四庫》並未收入，是可怪也。其後嘉慶間阮文達影寫宋本進呈，見《揅經室外集》即《四庫未收書目》。阮云：「從宋嘉定何大任刻本影寫，有宋國子博士高保衡、尚書屯田郎孫奇、光禄卿直秘閣林億等校上序，卷末有熙寧二年進書銜名，又紹聖三年六月國子監開雕扎子及各銜名。」此爲明成化十年重刻元泰定四年龍興路醫學本，前熙寧二年進書各官銜及紹聖三年雕版扎子猶存，蓋元本即依據宋本重刻者。何大任本明有嘉靖中袁表仿刻，及今光緒癸巳宜都楊氏仿刻，白口版，大字。此則黑口，小字。考唐甘伯宗《名醫傳》云：「叔和《脈經》凡九十七篇。」今刻本篇數正同，可知宋本又出于唐，來歷分明，非《脈訣》僞書之比。世間通行爲《借月山房》、《守山閣》兩叢書本，今已少見，何況明刻乎？ 夫明刻之可貴者，貴其出于宋、元也。 不獨文字校勘如泰定本謝翁識語所云，其中疑處並係元本，不敢輒改，爲其矜慎也。 即以版式論，行字疏朗，能使讀書爽心豁目。 無論白口大字本之出於宋，黑口小字本之出於元，要皆一時瑜亮，不可得也。 吾向有明袁表本，趙府居敬堂本，及楊氏仿何本，今又獲此小字本，明刻近刻善本皆萃于吾架中，日日檢校摩挲，可以延年却病，何必更讀養生論耶！ 丙辰仲冬月之既望南陽葉德輝識。

經效産寶三卷續編一卷 日本仿北宋刻本

《經效産寶》三卷《續編》一卷，唐昝殷撰。 每卷大題後次行題「節度隨軍昝殷撰」，三行題「相國白敏中家藏善本」。《續編》無此兩行。 小黑口版。 每半葉十一行，行十八字。《四庫全書總目》未録，自來藏書家志目亦不列其名。 宋晁公武《郡齋讀書志》作《産寶》二卷，云：「唐昝殷撰。 殷，蜀人。 大中初白敏中守成都，其家有因免乳死者，訪問名醫，或以殷對。 敏中迎之，殷集備驗方藥二百七十八〔二〕首以獻。 其後周頲又作三論附于前。」今此本二百六十一方，《續編》周頲《救急方論》二十一，《産後論》十八，核與晁《志》稍有異同。 醫方傳鈔者多，不必晁氏所見即爲定本也。 此書新、舊《唐志》均不載。《崇文總目》、《紹興續編到中興四庫闕書目》始著于目，作三卷，無撰人姓名。 鄭樵《通志》：「《産寶》三卷，僞蜀周挺撰。」此誤以周續爲昝撰，又誤「頲」爲「挺」。《宋史·藝文志》：「《産寶》三卷，昝殷撰。」與晁《志》合，而無《續編》，蓋當時所傳均非此本，故著録不得其詳也。

〔一〕「二百七十八」，《郡齋讀書志校證》作「三百七十八」。

新刊河間劉守真傷寒直格論方三卷後集一卷續集一卷張子和心鏡一卷 明嘉靖壬辰劉氏安正堂刊本

謹按，《四庫全書總目》子部醫家類有《傷寒直格方》三卷、《傷寒標本心法類萃》二卷，通行本，《提要》云：「舊本皆題金劉完素撰。《傷寒直格方》大旨出入於《原病式》，而於傷寒證治議論較詳。前序一篇，不知何人所撰。馬宗素《傷寒醫鑒》引平城翟公『宵行遇燈』之語與此序正合，殆即翟公所撰歟？《醫鑒》又云：『完素著《六經傳變直格》一部，計一萬七千零九字。又於《宣明論》中集緊切藥方六十道，分六門，亦名《直格》。』此書有方有論，不分門類，不能確定爲何種，卷首又題爲臨川葛雍編，蓋經後人竄亂，未必完素之舊矣。《傷寒標本心法類萃》下卷載所用之方，其中『傳染』一條，稱雙解散、益元散皆爲神方。二方即完素所製，不應自譽至此。考完素《宣明論》中已有《傷寒》二卷，則完素治傷寒法已在《宣明論》中，不別爲書。二書恐出于依託。然流傳已久，姑存之以備參考焉。」今此書分五卷，爲明嘉靖壬辰安正堂刊本。每半葉十行，行二十一字。卷五末有荷葉首蓮花坐木長方牌記云「嘉靖壬辰仲秋七月安正堂刊」十二字。一卷大題「新刊河間劉守真傷寒論方卷之上」，次行題「臨川葛雍仲穆編校」，版心「傷寒直格論」五字，魚尾下「一卷」二字。二卷大題「新刊河間劉守真傷寒直格卷之二」，似中字改。次行同，版心「傷寒直格」四字，魚尾「二卷」二字。三卷大題「新刊河間劉守真傷寒直格論方卷之三」，此則本是三字。次行同，版心同二卷。四卷大題「新刊河間劉守真傷寒直格後集卷之四」，次行「都梁瑞泉野叟鎦洪編輯」，三行「臨川華蓋山樵葛雝校正」，版心同三卷，魚尾下「四卷」二字。五卷大題「新刊河間劉守真傷寒直格續集卷之五」，次行「平陽馬宗素撰述」，三行「臨川葛雝校正」，版心同四卷，魚尾下「五卷」二字。卷末又一行大題「張子和心鏡」，次行「門人鎮陽常悳仲明編」。核與《四庫》本除前三卷餘並不同。據黄丕烈《士禮居藏書題跋記》，元刊本大題均同此，則此源出元槧，故仍舊題。安正堂爲明書枋劉宗器牌名，當時刻書甚多，立堂最久。而此書則未經藏書家著録，宜乎《四庫全書》僅見坊行竄亂之本，未見此原本也。丁未仲秋處暑德輝記。

壽親養老新書一卷　明成化丙申徐禮刻本

《壽親養老新書》一卷，大題「壽親養老新書卷之始」，次行「敬直老人鄒鉉續編」，三行「玉牕黄應紫點校」。每半葉十行，行十六字，黑口本。前有至正壬午中秋范陽張士弘序，後有成化丙申孟冬朔旦龍泉徐禮書于樂陽公館。禮書即刻此書者。又有成化十四年歲次戊戌春二月朔旦潼川州樂至縣儒學教諭吉水王敬拜手書。敬即補徐刻脱葉者。書中言藥餌服食之法，詳載經驗諸方。《四庫全書總目》未收，諸藏書家志目罕見著録。惟宋陳振孫《直齋書録解題》醫家有《奉親養老書》一卷，云：「泰州興化令陳真撰。元豐中人。」此書曰《續編》，曰《新書》，蓋續陳書而作。觀張士弘序，稱：「余家藏有《養老奉親書》，其言老人食治之方，醫藥之法，攝養之道，靡所不載。然歲月既深，編簡脱落，思獲善本，書而新之。至正辛巳夏五余備員浙東憲使，訪諸婺郡庠教授李子貞，得《壽親養老書》，比余舊本尤加詳備，遂命鋟于學宮」云。

則其爲續《奉親養老書》之作，敘述甚明。錢大昕《補元史藝文志》載此書四卷，不知何據。阮文達元編《范氏天一閣書目》載《壽親養老書》四册，云：「第一卷宋陳直撰，第二卷元至正壬午鄒鋐續編。」陳真、陳直未知孰訛，余未見其書，未敢臆斷。若鄒鋐則明爲鄒鉉之訛，刻本題名具在，不可誣也。

墨池編六卷　明萬曆庚辰李時成刻本

毛晉汲古閣《宋元秘本書目》載有舊鈔本《墨池編》八本，云明朝有刻本，紕繆已極。毛之所謂明刻不云何人所刊。余按明有兩刻，一爲隆慶間四明薛晨刻本，一爲萬曆庚辰蘄水李時成刻本，今此本是也。李刻即重繙薛本，增損臆改，誠如毛氏所云紕繆已極者。且原書本二十卷，乃省併爲六卷，更不知其何爲。明人刻書大都如此，謬妄不足議也。獨怪《四庫全書》所著録者亦此六卷，注云「浙江巡撫採進本」。余考《浙江採集遺書總録》庚集載有二十卷本，不知何以《四庫》相歧，豈館臣所見別一浙江採進本耶？余別藏康熙甲午五十三年。長洲朱之勷刻二十卷足本，前有雍正癸丑十一年。王澍序。之勷後跋極詆薛、李兩刻之謬，而所據刻云爲家藏舊本，爲鼠殘闕，訪求全帙，獲舊鈔一帙足成之。可見此書傳世之稀，明刻合併之不足信，然之勷刻究在《四庫》未開館以前，而館臣聞見漏略，竟未採及。且《提要》疑原本當爲十二卷，謂此六卷爲後人合併，其言亦出臆揣。大氐古書存亡，至明爲一大關鍵。明人習尚，溺于科舉制藝，于古書本不措意，幸而有人重刻，不加以評點則肆意竄改，甚至更易名目，疑誤後人，雖博雅如楊升庵、王元美諸人亦不免蹈其陋習，更無論鍾敬伯、陳眉公之流矣。《提要》又謂：「此本『碑刻門』末載宋碑九十二通，元碑四十四通，明碑一百十九通，皆明萬曆中重刊時所增。明人竄亂古書，往往如是，幸其妄相附益，尚有蹤跡可尋，今並從删削，以還其舊。至其合併之帙，無關宏旨，亦姑仍之。」是則《四庫》之本不獨非宋時二十卷之舊，且非明人六卷本之舊，楚固失矣，齊亦未爲得也。是書以餅金十六元得之北京廠肆，時在甲寅春仲，寒氣未消，不能裝整粘補破葉，秋間南族〔一〕，始覓匠人料理之。紙墨殊有古香，置之几間，可以娱目，又不問其刻本之佳不佳矣。乙卯二月春分前一日記。

〔一〕「族」當作「旋」。

寶真齋法書贊二十八卷　武英殿聚珍本

宋岳珂以所藏歷朝墨蹟，自晉唐迄南宋，各系以跋而爲之贊，終以「鄂國傳家」，則武穆遺跡也。其書久無傳本，乾隆修《四庫全書》時編纂諸臣從《永樂大典》輯出，次爲二十八卷，《提要》稱其：「徵人論世，考核精審。其文亦能兼備衆長，新穎百變，層出不窮，可謂以賞鑒而兼文章者矣。」又云：「其間遺聞佚事可訂史傳之是非，短什長篇可補文集之譌闕。如『朱子儲議』一帖，辨論幾及萬言，許渾『烏闌百篇』，文異殆逾千字，於考證頗爲有功。」據此則是書非獨藝苑之奇珍，抑亦乙部之別史矣。此書《宋史·藝文志》、《明內閣書目》、《文淵閣書目》皆不載，惟焦竑《經籍志》有之，云六十卷，則此所編尚未及其半。雖卷帙分并，不得原書一證其異同。惟據《提要》稱文徵明停雲館所刻《萬歲通天帖》亦有一條，而此本無之，則《大典》所收不無遺佚可知矣。此本經北平翁正三學士、道州何子貞編修先後收藏，均有朱墨兩筆評校。書面兩層，一爲何書，一爲翁書。鈐有「宫詹學士」四字白文篆書方印，「兩江主考」四字朱文篆書方印，「日講官掌詹事」六字白文篆書方印，「蘇齋」二字白文篆書小方印，「道州何氏收藏圖書印」九字白文篆書方印。前四印皆學士印。吴修《續疑年録》：「翁正三方綱，年八十六。雍正十一年癸丑生，嘉慶二十三年戊寅卒。」法式善《清秘述聞》學政類江西省：「翁方綱字正三，大興人。乾隆壬申進士，五十一年以詹事任。」以生年推之，翁官詹事時正五十四歲，此書即其時所得。書中硃墨字極精妙，道州行草批語尤多。二公皆書法名家，持論極正確，讀者玩索而有得焉。是固無言之師也，豈止名賢手澤爲世珍重哉。丙寅歲盡郋園識。

廣川書跋十卷 明錫山秦氏雁里草堂鈔本

宋董逌《廣川書跋》十卷，世通行毛晉汲古閣《津逮秘書》本，乾隆時修《四庫全書》，兩江總督採進者亦即此本。世無宋、元舊刻，故其訛誤竄奪人皆未知之。從子啓藩從長沙故家收得此本，爲明錫山秦氏雁里草堂墨格鈔本。每半葉十一行，行二十三字。字迹雖似拙劣，審是據善本傳迻。偶取毛刻本比勘，乃知毛刻本訛誤不少，又復臆爲竄改。如卷第二「石鼓文辨」，此本前刻十鼓原文，並其異體音釋，後接以文辨，毛刻以石鼓附于二卷之末。並竄改其次序，不獨失作者援引之本恉，亦使讀者多前後翻閱之勞，此其謬也。卷三末「佳城銘」後此本有「宋公牼鐘銘」數行，蓋以補前「宋公牼鐘銘」所缺之字，毛刻於前缺字未補，後又不載此數行，此亦其謬也。卷第五「谷口銅筩銘」，此本自「本論以大」下缺十二行半，自十三行起云「文學祭酒、典學從事各一人，司儀、主事各一人」，至末句「未嘗不移日也」，毛刻以「各一人」之「人」

接「刻本論以大」之「大」字，下又誤「司」爲「同」，改其文云「以大人同儀主事各二人」云云，不究原本之殘缺，不問文義之貫通，此又其謬也。此本「橋大尉碑」後重出「喬太尉碑」，橋喬固一人，而跋則二，蓋前爲橋公墓碑，後則廟碑也，毛本存前篇而無後篇，此又其謬也。卷第十「同光四年宣」，此本自「昨以起」至「樞密使張止天子降書命」以下提行別起，下注「策書起年月」至「是爲誡勅」一段，皆雙行小字，毛本「天子降書命」與上連文，又誤小注升爲正文大字，於作書者體例不合，此又其謬也。其他誤字尤不可枚舉。毛刻諸書大都校勘草率如此，幸有此舊鈔可以正誤補缺。余擬屬諸從子録副刻之，先爲校記，未有暇也。此本版心下刻「雁里草堂」四字，據錢曾《讀書敏求記》雜家類有《鐵圍山叢談》六卷，云：「類書中刊行者止十之二，此則嘉靖庚戌雁里草堂舊寫本也。」是雁里草堂鈔本國初已極重之。常熟瞿鏞《鐵琴銅劍樓書目》集部類有《禪月集》二十五卷，云：「明雁里草堂鈔本，卷末有『秦柄圖書』、『雁里草堂』二朱記。」又子部雜家類有《續談助》五卷，云姚咨跋云：「故友江陰徐子寅殁後，其家人售于秦汝立氏，汝立乃余門人汝操之弟，儲蓄甚富。」又小説類《穆天子傳》六卷舊鈔本云：「馮己蒼以錫山秦氏鈔本校過，跋云：『崇禎己卯借得錫山秦汝操繡石書堂鈔本校讀一過。』」按《無錫縣志》秦汴字思宋，端敏公金仲子。又秦柱字汝立，金之孫。又《貢生表》萬曆五年列秦柄名。顧光旭《梁溪詩鈔》八小傳：「秦柄字汝操，號邗塘，歲貢生，端敏公之孫。」繡石書堂、雁里草堂乃秦氏一家之名，不屬于一人也。別一明鈔本爲長洲文衡山先生舊藏，訛奪與毛本相類，惟「宋公桱鐘銘文」獨完全，「石鼓文」次第亦與此同，而文字稍有異處，當取以互校之。若其他因形近而誤之字，望而可知，固甚易于校理也。

又一部　明文氏玉蘭堂藏鈔本

此《廣川書跋》十卷，爲明人舊鈔本。每半葉十一行，行二十四字。卷首鈐「江左」二字朱文小長方印，「梅谿精舍」四字白文方印，「辛夷館印」四字朱文方印，「竹塢」二字朱文小長方印，皆明文衡山徵明印記也。又有「季振宜印」四字朱文方印，「滄葦」二字朱文方印，「御史之章」四字白文大方印，則入國朝已入泰興季氏矣。又有「大興朱氏竹君藏書印」九字朱文大長方印，竹君先生名筠，别號笥河，朱文正公諱珪之弟。又有「少河」二字朱文小長方印，少河名錫庚，竹君先生之子。又有「何紹基印」四字白文方印，「子貞」二字朱文方印，則道州何蝯叟也。卷六及卷十後有「安麓村藏書印」六字朱文大長方印，則三韓安岐也。卷七首亦鈐「季振宜印」、「滄葦」印、「大興朱氏竹君藏書印」，又鈐「朱錫庚印」四字白文方印。孫從添《藏書紀要》盛稱文衡山家鈔本，此本又歷經南北藏書家鑒賞珍藏，宜乎非尋常鈔本可比矣。從子啓藩藏有明錫山秦氏雁里草堂鈔本，偶取以勘此本，則此本謬誤脱錯幾乎不可卒讀。如卷二《石鼓文辨》「子信爲成王頌」下接「古篆魯旅同文」云云，《龔伯尊彝銘》其自「諸侯卿大」下接「何前世未有攷者」云云，《魯公尊彝銘》首行起「夫則無金飾也」云云，以秦鈔證之，「何前世未有攷者」乃「子信爲成王頌」下之文，「古篆魯旅同文」乃《魯公尊彝銘》首行以下文，「夫則無金飾也」乃《龔伯尊彝銘》其「自諸侯卿大」以下之文。如此顛倒竄亂，幾歷明末國初諸公收藏，曾未一校，迨乾隆時始經朱少河先生以汲古閣本勘正，注字于書之上楣，其中誤字亦多據汲古閣本改正。然汲古閣本不如秦鈔本之佳，惜朱氏未之見也。卷三《宋君夫人餗釪鼎》「則穋以相」下「而但守一物」云云，乃《宋公寶簋銘》「後世不得其制」以下之文；《寶龢鐘銘》首行「參爲名目」以下云云，乃接「則穋以相」以下之文，亦以秦鈔勘出，而朱氏則以汲古閣本勘正，注字于書之上楣。卷五《韓明府碑》首行「窮困而受封」云云，乃《孫叔敖碑》後半之文；《韓明府碑》全文乃誤竄在《西岳華山碑》「昔歐陽公謂集靈」之下，「集靈」以下全然脱失。而《孫叔敖碑》「而不可爲者」其後「躬祖」以下「川漢作濕」云云乃《鄐閣頌》後半之文，而《鄐閣頌》前半則與《西岳華山碑》同脱失，此亦經朱氏以汲古閣本校補于書之上楣，殆原本書葉錯釘，又有脱葉，鈔手不通文法，遂有此謬誤耳。卷六以下别一鈔手，尚無十分大謬，然視秦鈔則遠遜矣。惟卷三《宋公牼鐘銘》其六以下秦鈔缺文兩行半，補録卷末，汲古閣本同缺，而卷末未曾補録，此則全文具在，讀之文從字順，是較秦鈔、毛刻爲優。若其他小勝小謬之處，當以秦鈔爲主，别爲校記，兹不暇詳舉矣。後附《法帖刊誤》當析出别爲一册。壬戌閏端午德輝記。

此本前護葉上有少河先生手跋二行，云：「是編所載多鐘鼎款識及漢唐碑刻，末附宋人數帖，論斷考證多爲精核。」下鈐「錫庚閲目」白文四字方印。卷一末葉有蠅頭小楷一行云：「乾隆甲申九月二日以汲古閣所刻《津逮秘書》本校一卷訖。」又卷二「石鼓文」上有校云：「按，汲古本此文載之卷二之末，次第字句亦多不同，略爲校正，書其旁。」皆少河先生手蹟。此本「石鼓」次第全同秦鈔，則知汲古以意改之也。德輝再記。

梅花喜神譜二卷 咸豐乙卯漢陽葉氏刻本

《梅花喜神譜》二卷，宋宋伯仁撰。余向有鮑廷博《知不足齋叢書》本，此則咸豐乙卯漢陽葉志詵仿宋單刻也。《南宋羣賢小集》中有伯仁《雪巖吟草》，前引《烏青文獻》伯仁傳略：「宋伯仁，字器之，號雪巖，苕川人〔一〕。舉鴻詞，歷監淮揚鹽課。器之鋭意功名，有擊楫之慨，而禄位不顯。咸淳以後事已難爲，故語多慷慨，然能出之以和易，自然流邁而無叫囂之氣，自謂隨口應聲，如敗葉翻風，枯荷鬧雨，低昂疾徐，因勢而出。」蓋實録云。集中有《張監税新居》七律一首，此即刻桓寬《鹽鐵論》之張監税也。世傳宋本《鹽鐵論》，後有木記云：「淳熙改元錦溪張監税宅。」明涂禎刻本即從之出，可見二人風雅好事，爲當時刻書投契之人。《鹽鐵論》經宋、明人一再翻雕，僅存原本匡廓，此則據宋本初次繙者，不止虎賁之貌似也。志詵之子名琛，官兩廣總督，英人入城劫之去印度，死還其櫬，至今以爲辱國。而此書即在廣東督署刊行，猶題「福壽綿長之室」，豈知一場春夢，轉不如此書之閲世久長。世有志詵其人，即以刻書爲没世之名可乎？光緒三十二年丙午夏四月浴佛日記。

〔一〕「人」字原奪。宋伯仁係苕川人。文淵閣《四庫全書》本《兩宋名賢小集》宋伯仁《西塍稾》宋氏小傳云：「宋伯仁，字器之，苕川人。」又《四部叢刊》本清厲鶚《樊榭山房集編集》有《九月三日曉行西馬塍作》一詩，注云：「南宋苕川宋伯仁寓居西馬塍，有《西塍稾》。」

又一部　嘉慶辛未雲間沈氏刻本

《梅花喜神譜》，宋本嘉慶中藏黄丕烈百宋一廛，嘉慶辛未雲間沈氏古倪園借以影刊者，即此本也。先一年庚午借黄氏所藏宋本《唐女郎魚玄幾〔一〕詩》、明萬曆刻《薛濤詩》、影宋鈔本《楊后宫詞》影寫合刻爲《三婦人集》，余均有之。固知沈氏此書亦有刻本，頻年物色不可得，乃無意於冷攤中得之，取校向所藏漢陽葉氏影刻宋本，實同出一源。葉本書法圖畫均極精工，似不如此刻之樸厚。蓋亦風氣爲之也。

〔一〕「幾」當作「機」。

彙刻唐宋畫書九種十一卷　明嘉靖間刻本

南齊謝赫《古畫品録》一卷，陳姚最《續畫品録》一卷，唐李嗣真《續畫品録》一卷，唐釋彦悰《後畫録》一卷，唐裴孝源《貞觀公私畫史》一卷，唐王維《山水論》一卷，唐荆浩《山水筆法記》一卷，宋劉道醇《聖朝名畫評》三卷，宋沈括《圖畫歌》一卷，凡九種，除沈括《圖畫歌》，《四庫》皆著録。中惟李嗣真、釋彦悰二家入《存目》，謂其爲明人僞託。王維《山水論》作《畫學秘訣》，亦入《存目》，云出於南宋人依託，明焦竑《國史經籍志》始著於録，明人收入維集，失考是也。此明刻白口十一行本，行二十字，字體方整，行格疏朗，頗有宋槧矩矱，不知何時何人所刻，大約明嘉靖前風氣爲近。此外尚有唐朱景元《唐朝名畫録》一卷，宋劉道醇《五代名畫補遺》一卷，宋黄休復《益州名畫録》三卷，宋鄧椿《畫繼》十卷，宋董逌《廣川畫跋》六卷，宋李廌《德隅齋畫品》一卷，凡六種，見於各家藏書目及邵懿辰《評注四庫全書簡明目録》，均不完不備，未見其全。若此九種固已得全書之大半矣。此書余得之吳門書友楊壽祺肆中，去番餅銀十六圓。今日明刻書之貴幾亞於宋、元，然此等有資考訂之書，正不得因其價昂而輕放過。蓋明時刻書至嘉靖猶多善本，如此類書多有叢刻。王世貞《書畫苑》，毛晉《津逮秘書》，或草率竟功，或長編巨集，購之不易，未若此種彙刻專而且精之爲善也。後有得者當益重之。

此九種雖出明時刻本，其翻雕宋本有二證焉。一《聖朝名畫評》中遇帝后廟號空一字擡頭，他種則否，若出明人自刻，何必於隔朝之君如此尊敬；一《聖朝名畫評》不云宋朝，是本朝人稱本朝人書之辭，而卷首撰人題「大梁劉道醇纂」，與他種於撰人上冠以朝代名者有異，是皆可斷其出自宋版之明證。《四庫全書總目》存目，云李嗣真、釋彦悰二書出自明人僞託。其指彦悰書之僞，以彦悰太宗時人，不應有明皇時之李湊之畫；其指嗣真書之僞，以嗣真唐人不應稱梁元帝爲湘東殿下，皆使作僞者無可置辨。惟審此書字體行格較明人刻版不同，疑其書爲南宋書坊之所爲，書估無學，得嗣真、彦悰書殘帙以意補成之。觀元人戴表元《剡源集・題孫過庭書譜》云：「杭州陳道人印書，書之疑處率以己意改，令諧順，殆是書之一厄。」則南宋坊本之繆，復何異於明人？世人賤衆貴希，一聞宋本之名，遂若帝天之不可議，豈非夢囈哉！同日燈下再記。

宣和書譜二十卷 明嘉靖庚子楊慎序刻本

《宣和書譜》二十卷，每半葉九行，行十九字。前有明嘉靖庚子楊慎序，稱「《博古圖》南國子監有刻本，此書雖中秘亦缺。余得於亡友許吉士雅仁，轉寫一帙，冀傳播無絶」云云。首有「孫忠愍侯祠堂藏書記」九字朱文篆書大方印，「臣星衍印」四字白文篆書方印，「五松書屋」四字白文篆書方印，「古潭州袁臥雪廬收藏」九字白文篆書方印。蓋本孫淵如觀察五松書屋藏書，後移藏孫忠愍祠堂者。粵寇亂後孫祠書盡散出，爲縣人袁漱六太守芳瑛所得，故又鈐有袁氏印記。據《孫祠書目》内編書畫第十一載《宣和書譜》二十卷，注宋徽宗御撰，明楊慎序刊本，即此本也。《平津館鑒藏書籍記》明版内載之，云「每葉十八行，行十九字」，與此合。陳宗彝編次《廉石居藏書記》云：「此本最古，在諸本前。《天禄琳琅》載一本，云『樵印雖精，字畫不能工整，其爲明代坊間所刻無疑』。即此本賈人又去其序者。」從子定侯新得此書，取較余藏汲古閣《津逮秘書》本，時有勝處，不特字體古致，紙墨精良，讀之令人目爽也。

圖繪寶鑑五卷補遺一卷 元刻黑口本

元版《圖繪寶鑑》五卷《補遺》一卷，黄蕘翁所稱《敏求記》所載五卷本爲得其真者也。自明毛晉刻入《津逮秘書》，合明韓昂所續爲六卷，于是五卷原書遂不復行於世，至今日即毛本亦不易得，況元版乎？前輩藏書家惟孫伯淵《祠堂書目》載有此本，而蕘翁所見爲吳氏拜經樓藏書，據云刻已漶漫。似此紙墨精良字畫清朗之本，尤爲書中麟鳳。蕘翁佞宋，余得此欲佞元矣。辛丑八月朔葉德輝記。

墨緣彙觀録六卷 近琉璃廠活字印本

《墨緣彙觀録法書》二卷《續》一卷《名畫》二卷《續》一卷，共六卷，無撰人名，惟自序題松泉老人。光緒乙亥南海伍氏刻入《粤雅堂叢書》。此京師翰文齋於甲寅年以活字排印本，前有光緒二十六年浭陽尚書忠愍端方序，雖有檢付手民以廣其傳之語，其實並未刊行也。序稱此書爲安麓村所著，云：「麓村給事納蘭太傅家，太傅當國，權勢傾朝野，奔走其門者率先以苞苴進麓村。谿壑既盈，則去爲鹺商，富甲天下，第宅雲連，陳設瑰麗，收藏之富與士大夫相頡頏。」此說不知來歷，蓋據傳聞之辭。伍刻後跋以汪文端由敦有松泉老人之稱，又以江賓谷昱亦稱松泉，不能定此爲誰撰。吾考仁和趙魏《竹崦庵傳鈔書目》載有此書，云安儀周撰，則世傳此書爲安麓村所著，殊無可疑。鈕樹玉《匪石日記》云：「書賈錢聽默云傳是樓藏書大半歸於明珠，其家人安麓村亦多善本。」周芸皋觀察《内自訟齋文集》云：「安儀周，朝鮮人，從貢使入京，偶購得鈔本書，乃前人窖金地下，録其數與藏處，皆隱語。遍視京師，惟明國公府似之，因見明公，一一指視其處，先後假金數百萬業鹽於天津、揚州，息倍之多，富收藏，盡以歸國。」其説至爲無稽。黄丕烈《百宋一廛賦注》北宋小字本《孟東野集》云：「又有安麓村一印。」安賣骨董者，其書後歸聊城楊氏海源閣。楊紹和《楹書隅録》云：「每册有『安岐之印』、『儀周珍藏』、『安麓村藏書印』各記。安岐字儀周，麓村其號也，亦號松泉老人。顔所居曰『沽水草堂』，學問宏通，極精鑒賞，收藏之富，甲于海内。著《墨緣彙觀》，亦一時博雅好古之士。《百宋一廛賦》著録此本，謂麓村『賣骨董者』，誤矣。」按，此爲麓村辨誣，但知其非賣骨董者，而不知尚有明珠家人一説之繆。據此書自序題乾隆壬戌，而序中有「忽忽年及六十」、「回憶四十年所覩，恍然一夢」等語，是作者當生于康熙二十二年癸亥，明珠當國在二十一年以後，至二十七年爲郭琇劾敗，作者是時始生五六齡，安有爲人家人之理？傳者不考，乃至誣此雅人，亦妄甚矣。至作者蹤跡，亦嘗奉手名流，與南北故家通聲氣。今就録中語按之，如「晉陸機平復帖」下云：「此卷余得見於真定梁氏。」按此當爲梁蕉林相國清標。「王羲之袁生帖」下云：「余得於松江王氏。」按此當爲王儼齋相國鴻緒。「宋林逋秋深三君二帖」下云：「今爲吴門徽人汪氏所得。」「定武五字損本蘭亭」卷下云：「相傳維揚徽人藏有趙文敏《十三跋定武禊帖》一本，吴門顧維岳曾見之，云是俞紫芝所臨，今見此本，其語誠然。維岳蘇州人，精鑒賞，弱冠與王圓照、惲正叔、王石谷輩遊，如季滄葦、高詹事、宋商邱、王司農諸公皆重之，至耄年與石谷相繼而逝。彼時精於鑒别者有都門王濟之，江南顧維岳之稱。」「宋僧巨然雪圖」下云：「乃太倉王烟客所藏，後歸崐山徐氏。憶甲午歲十二月余在吴門，時久雪初霽，顧維岳從玉峯攜來，與玉峯、石谷同觀於吴江舟次。」「明陸冶松壑閒屋」卷下云：「又一《梅石水仙雙鳩圖》，水墨紙本，精妙絶倫，爲余所收得。張司寇得天見而愛之，遂以爲贈。」「董其昌山水方册」下云：「爲王相國攜至都門，相國没，其孫挽人求售，時余有捐工之役，未得一見，至今猶在夢寐。」又「山水方册」下云：「外籤乃得天張文敏爲余所題。」據其所言，似其人時南時北，而在江南之日居多。王石谷卒於康熙丁酉，年八十六，在吴江舟次與作者觀《巨然雪圖》時年已八十三矣。是時作者年三十五歲，苟非博雅好古，諸老何能與之周旋，且録中評論書畫，具見學有本原。又云「有捐工之役」，亦斷其非寒畯之士，但既與張文敏友善，或考張文敏詩文集得知其人，惜張集不得一見耳。然向來流傳失實，亦可略爲剖辨矣。丁巳嘉平月既望，葉德輝跋於吴門嘉清坊曹家巷寓舍。

同年友楊子勤太守鍾羲《雪橋詩話續編》五云：「安麓村善古詩，鑒賞古蹟，不爽毫髮，傾家收藏項氏、梁氏、卞氏〔一〕所珍，頗爲當代推重。錢文端詩所謂『高麗流寓抗浪人，姿顔自足多精神。平生然諾重意氣，米家書畫陶家珍』者也。幼魯輝按，幼魯錢唐符曾字。嘗館於其家，法書名繪，相對評品，日爲撫玩不置。安氏貽以端溪研。自麓村没，所寶盡矣。幼魯《試硯詩》：『竹雀叢叢啅夕陽，幽窗啓處室生涼。徒教畫軸雲烟過，淚滴空餘古研香。』『雲林堂峻仿倪迂，彝鼎摩挲今在無。一片秋光上吟屋，蕭寥闌外冷雙梧。』」觀此益知麓村亦一時雅人，故錢、符諸人皆推重之，如爲家人，諸人豈能與之訂交耶？

〔一〕「卞氏」原作「氏卞」，北京古籍出版社一九九一年版《雪橋詩話續編》作「卞氏」，據改。

石渠隨筆八卷 道光壬寅阮氏文選樓刻本

《石渠隨筆》八卷，阮文達官詹事時與南書房諸臣王杰、董誥、金士松、沈初、彭元瑞、玉保等于乾隆辛亥奉敕續編《石渠寶笈》，隨筆所記，向刻《文選樓叢書》中，此則單印本也。古人左圖右史，唐宋以來設科考畫院，必令其分習小經及《爾雅》、小學、算經，故所畫人物宫室輿服皆有考據折算，蓋雖藝術必與學問相通，非僅以爲玩好之物也。自來收藏書畫題跋之書，能知此義者甚少。明王世貞《四部稿》各題跋偶一及之，而非專書。國朝孫承澤《庚子消夏記》似稍知之，而意不在此。文達是書多尚考據，如稱宋人摹顧愷之《洛神賦》有漢石室石闕遺意，又稱宋人畫司馬温公《獨樂園圖》不依温公集中《獨樂園記》畫之，爲布置大謬。此自來賞鑒家所不考究之事。畫道之江河日下，無怪其然。若準文達之論，忠告世之畫家，則繼往開來之功爲不少矣。至其鑒别精審，亦不肯人云亦云。如元四家以倪畫最爲世重，而此論倪畫謂他人畫山水使真有其地皆可游玩，倪則枯樹一二株，矮屋一二楹，殘山賸水，寫入紙幅，固極蕭疎淡遠之致，使身入其境則索然意盡矣。又謂董文恪邦達山水爲國朝第一手，其山頭多雲頭羊毛皴法，屋子皆整齊界畫，無作草草茅廬者，蓋北宋法也。魄力大而神韻圓足，又有一種士氣，非烟客、麓臺所能及也。此皆與歷來收藏家持論相反者，然語語直中倪、王二家要害，固足以關其口而奪其氣矣。顧亦有考證疏漏之處，如謂：「梁張僧繇《夜月觀泉圖》上有瘦金書『唐張僧繇夜月觀泉圖』九墨字，鈐『宣和之寶』，遽神迹也。玉池上王覺斯題跋二段，沿宣和標題之誤，以僧繇爲唐人，御製詩爲辨析爲梁人，即《宣和畫譜》亦列僧繇於梁代也。」按《宣和畫譜》既以僧繇爲梁人，則此宣和御題誤爲唐人者，可決其爲贋蹟無疑。此當是一無名款舊畫，僞託宣和御題，文達固未深考也。又《盧鴻一草堂十志圖》自明張丑《清河書畫舫》、國朝安岐《墨緣彙觀續録》皆誤截去「一」字爲盧鴻。今此書亦未更正。又：「《唐刁光胤寫生花卉册十圓幅》，雙鉤暗款在草石上，高江村以爲飛白，誤也。黄筌師事光胤，以筌《柳塘聚禽圖》較之，似有出藍之勝。第六幅畫山貓，乾道御題云：『後村詰與涪翁詠，未及崔公一議高。』御筆識云：『詩中用劉克莊詰貓事。』考克莊以淳熙丁未生，上距乾道之元二十二年，此題贋也。」按，此册畫題皆贋。同時彭文勤元瑞《知聖道齋餘筆》記之，云「爲僞蹟。江村暗於鑒辨，誤以爲真。今入内府」云云。文達謂黄筌有出藍之勝，不知刁固非真筆也。此亦千慮一失，不足爲全書之類。余爲辨正之，以見賞鑒之非易事。博雅如文達猶有未盡細勘處。豪門濁估，動言收藏，誤認朱繇作道元，是尚高人一等者耳。若如吳修論畫絶句，注載畢部郎以八百金購翟大坤摹高房山僞蹟者，不誠一時笑柄哉。光緒癸卯夏四月十有一日，葉德輝。

西清劄記四卷　嘉慶乙亥胡氏自刊本

《西清劄記》四卷，嘉慶乙亥《石渠寶笈三編》分纂胡敬與英和、黄鉞、姚文田等，鑒别懋勤殿書畫，退值之私記也。此與阮文達《石渠隨筆》記録《二編》書畫者可以前後相續，惜乎乾隆癸亥張照、梁詩正、勵宗萬、張若靄、莊有恭、裘曰修、陳邦彦、觀保、董邦達諸臣纂《初編》時未有爲之記録者。是記皆阮《筆》所未載，中有明廖平雙鉤《唐太宗孝經序》，乃建文四年七月甲午日從帝出亡吳江駐史彬家中清遠軒所作。後有史彊一跋，敍帝與出亡光景，宛如目見耳聞，似非出于杜撰。然靖難之事，自以《明史》本紀建文闔宫自焚爲信史。顧明臣如王鏊、薛應旂等所記載亦以建文出亡之事不盡屬于無稽，且萬曆時命閣臣録惠帝在滇詩進呈，形諸詔旨，證以此《序》史跋，似乎姜清《秘史》、程濟《從亡隨筆》、史仲彬《致身録》所言不必虚僞，敬於此序按語亦謂疑以傳疑，其真僞固難確定。余謂君臣之義，血氣所同，成祖以纂逆起兵，建文以仁慈遜國，人心不死，宜有故君之思，此序之真僞，經内廷諸臣精鑒尚不可知，則存其一紙以爲勸忠彰善之文章，實有裨于風教，其真其僞聽之後人議論可也。時光緒乙巳冬中二候德輝記。

玄玄棋經六册 明刻本。以禮樂射御書數分册，首題「坐隱齋棋譜」

劉筠雲國學正鉅于廠肆得元刻《玄玄棋經》六册，驚喜告予，以爲可訂《四庫》本之缺誤。余聞之未措意也，數日亦于廠肆購得一册，係合六册爲一者。既分析裝訂，復取《提要》讀之，于是始知筠雲之言爲不謬。《四庫》爲《永樂大典》本，分《棋經》、《棋訣》爲二書，而不載圖譜。《提要》引張靖序，有云：「圍棋之戲，或言是兵法之類，今取生敗之數分十三篇。」此本序文同，但不云張靖撰，筠雲據《提要》引序定此經出于張靖。此本前十三篇目下題「皇祐中學士張擬撰」，筠雲則云擬非人名，蓋擬作也，于理未合，心竊疑之。後于姚志梁觀察寓所見明嘉靖己丑婁東王覺書畫本，前多「十略」一則，又多一無名人跋云：「右十三篇作于清河張公擬，公嘗仕宋爲翰林學士」云云，是撰人明爲張擬，無疑矣。《存目》有《秋仙遺譜》十二卷，云：「不著撰人名氏，皆奕圖也。前冠以馬融《圍棋賦》、班固《奕旨》、張擬《棋經》、劉仲甫《棋法》及《圍棋十訣》。」蓋即以此書爲藍本者。《范氏天一閣書目》有此書，云明褚克明撰，是明刻亦相傳爲張擬，非張靖也。《錢竹汀日記鈔》云：「觀黄蕘圃宋槧《棋譜》，李逸民撰，名曰《忘憂清樂集》，共三卷。前題『棋待詔李逸民重編』，首載徽宗御製詩，有『忘憂清樂在棋枰』之句，則是南宋刻也。」此本今歸常熟瞿氏鐵琴銅劍樓，瞿《目》云：「此書無標題，亦無序跋，首列皇祐中張學士《棋經》十三篇，次列劉仲甫《棋訣》四篇及張靖《論棋要雜説》，後列孫吴至宋舊圖若干局，又列棋勢若干局。」據此是張靖祇作《論棋要雜説》，與張擬顯然二人，故彼析爲二事也。宋晁公武《郡齋讀書志》：「《忘憂集》三卷，皇朝劉仲甫編，載唐韋延祐《棋訣》並《古今棋圖》。」陳振孫《直齋書録解題》：「《忘憂清樂集》一卷，棋待詔李逸民撰。」蓋即瞿《目》所載者，然據晁《志》云《棋訣》乃韋延祐作，劉仲甫不過重編入彼書中。《四庫》《棋經》題晏天章，《棋訣》題劉仲甫者，均誤也。此書爲元晏天章編集，實本于李逸民之舊譜，而明《秋仙遺譜》又從此出，故三書體例亦略相同。此本册首載皮日休《原奕》一篇，中有「《兵法》十三篇，《棋經》亦十三篇」之語，笏雲以爲皮本唐人，不應得見《棋經》，或别一人，否則僞託。余按此篇爲《皮子文藪》中《十原》之一，宋人祝穆《事文類聚·前集》技藝部亦載之。《類聚》引班固《弈旨》、皮日休《原弈》、柳宗元《序棋》、馬融《圍棋賦》均與此書同。《原弈》「蓋嘗論之」以下，《文藪》作「嘗試論之」，文句全與此異，亦無「《兵法》十三篇，《棋經》亦十三篇」之語，乃知此篇非襲美原文，全爲後人改竄。且此本「嘗試論之」下云：「棋之爲用，初非人間之事。始出於巴之橘，穆王之墓，繼出于石室，見于商山。」語涉鄙誕，與通篇不類，蓋晏本藝士，編書時不别真僞，揉雜采入耳。今并鈔明鈔本中無名人跋及《皮子文藪》原文附于此册之後，以資校讎。異日笏雲或别有所攷證，舉以告予，是固予所樂聞者矣。歲在光緒丁酉春正月上元後三日，麗廔主人葉德輝誌于都門寓館。

附明王覺書畫本無名人跋一則

右十三篇作于清河張公擬，公嘗仕宋爲一行。翰林學士，其文章政事固未暇論，而《觀光集》稱其英姿卓識，迥然特立于風塵之表，三行。于是亦可想見其儀形矣。是編雖不能四行。悉公之平生，而其修詞命意，傍通曲暢，非五行。深達是道者曷克臻此爾？後作者迭興，莫六行。不極力模擬，或取遠而遺近，舍大而從小，七行。求其能盡弈之情如公者鮮矣。八行。

附《皮子文藪·原弈》一則《事文類聚》引同

問弈之原于或人，或人曰：「堯教丹朱征，丹朱之爲是，信固有其道焉。」皮子曰：「夫弈之爲藝也，彼謀既失，我謀先之；我智既虧，彼智乘之，害也。欲利其內，必先攻外；欲取其遠，必先攻近，詐也。勝之勢不城池而金湯焉，負之勢不兵甲而奔北焉。勝不讓負，負不讓勝，爭也。存此免彼，存彼失此，如蘇秦之合從，陳軫之游説，僞也。若然者，不害則敗，不詐則亡，不爭則失，不僞則亂，是奕之必然也。雖奕秋荐出必用吾言焉。嘗試論之，夫堯之有仁義禮智信，性也。如生者必能用手足任耳目者矣，豈區區出其纖謀小智以著其術用爭勝負哉。堯之世三苗不服，以堯之仁，苗之慢，堯兵而慴之，由〔一〕羅人殺鵂鶹，獻人烹鯤鯢者矣。然堯不忍加兵，而以命舜，舜不忍伐，而敷之文德，然後有苗格焉。以有苗之慢，尚不加兵，豈能以害詐之心爭僞之智用爲戰法，教其子以伐國哉！則弈之始作，必起自戰國，有害詐爭僞之道，當縱横者流之作矣。豈曰堯哉，豈曰堯哉！」

余言此書本於李逸民《棋譜》，近檢錢曾《讀書敏求記》，阮福刻本。又得三證。案此書後有無名人跋云：「我朝善弈顯名天下者，昔年待詔老劉宗，今日劉仲甫、楊中隱以至王琓、孫侁、郭範、李百祥輩」云云。《提要》亦云不著名氏，而《敏求記》明稱「逸民云」，則其藍本李書，證一。又云：「宋太宗作變棋三勢，其一曰『獨飛天鵝』，其二曰『對面千里』，其三曰『大海取明珠』。」今此三勢「對面千里」見于書册第三，「大海取明珠」見於書〔二〕册第卅八，即「明珠出海」，證二。李逸民《譜》引劉仲甫局勢，此書〔三〕册第四亦引之，證三。瞿氏藏本即錢氏舊物，孤本流傳，他日猶可一見，目前但從簿録推求，已如此之可信，質之箌雲未知以爲然否。《敏求記》又云：「從書肆得《玄玄集》，前有虞道園序，詫爲世所鮮有蓄之者。」然則此書當時已可珍貴，更何論今日耶？四月佛生日又識。

〔一〕「由」，疑爲「猶」之誤。

〔二〕「書」底本作「數」，據文意改。

〔三〕「書」下原衍二「數」字，據文意删。

百川學海十册　明仿宋刻本

《百川學海》爲叢書之祖。宋刻世不復見，存者惟此明翻宋本，今亦罕見。《四庫全書》所收唐、宋人小書，大半析此書分隸各部，各家藏書目往往有單種影鈔宋本，亦不外此書殘帙，非真有宋刻單行本也。然其書在宋人叢書中較曾慥《類説》、無名人《續談助》諸書，並無删割，即比之俞氏《儒學警悟》，種類亦多，故歷代藏書家莫不視爲秘笈。書中有「鞠園藏書」四字朱文方印，各卷首有「温陵張氏藏書」六字朱文長方印，初不知爲何人，後檢黄丕烈《士禮居藏書題跋記》校影宋鈔本《輿地廣記》，其跋云：「前所校聚珍本已歸廬江張太守，太守名祥雲，號鞠園，以養親乞歸，閩晉江人也。丁卯過吴曾見之，今聞以事下獄瘐死矣。」其人與蕘翁相知，同有好書之癖，其因何事縲絏，惜未言其詳。然風雅如此，不得善終，手澤如新〔一〕，展讀時爲之深慨。壬寅秋七月中元葉德輝。

〔一〕「手澤如新」，「如」字原作「知」，形近而訛。

四十家文房小説十册 明嘉靖中顧元慶校刻本

明顧元慶刻《四十家文房小説》，中多唐、宋人説部，其據宋本重刻者均於各種卷末注明，故雖明本，品與宋、元相埒。其書傳本頗少，乾隆時藏書好事如孫星衍、黄丕烈諸人，其藏書目録、題跋均不載其名。黄跋顧刻《開元天寶遺事》一種，深以不得四十家之全爲恨。近日收藏家如歸安陸心源皕宋樓、豐順丁日昌持静齋，間收零種，分隸各類，要皆未覯其全。至常熟瞿鏞鐵琴銅劍樓、江陰繆氏藝風堂不載一種，其爲希秘可知。此册四十家全帙，乃明金孝章舊藏，前有題籤，分十干爲十册，爲金手書真蹟，尤可寶貴。名賢手澤，秘笈全書，此可以傲佞宋主人矣。宣統元年己酉九月二十六日立冬記。

甲帙 開元天寶遺事 齊諧記 十洲記 卓異記

乙帙 葆光録 洛陽名園記 趙飛燕傳 高力士傳

丙帙 博異志 楊太真外傳 卧遊録 山家清事

丁帙 資暇集 集異記 幽閑鼓吹 小爾雅

戊帙 明道雜志 宜齋野乘 松窗雜録 次柳氏舊聞

己帙 鍾嶸詩品 本事詩 德隅齋畫品 鼎録

庚帙　古今注　隋唐佳話　周秦行紀　魏夫人傳

辛帙　嘉話録原籤「嘉」誤「家」。　嘯旨　唐庚文録　深夜隅談

壬帙　芥隱筆記　艾子雜説　梅妃傳　虬髯客傳

癸帙　松漠記聞　洞冥記　白猿傳　碧雲騢

按《四庫全書總目》於四十家内著録者爲《開元天寶遺事》、子部小説家類。《續齊諧記》、同上。《海内十洲記》、同上。《洛陽名園記》、史部地理類。《趙飛燕傳》、小説家類存目。《博異志》、同上。「志」作「記」。《臥遊録》、子部雜家類存目。《資暇集》雜家類。《集異記》、小説家類。《幽閑鼓吹》、同上。《小爾雅》、經部小學類存目，本從《孔叢子》中析出。《宜齋野乘》、雜家類存目。《松窗雜録》、小説家類。《次柳氏舊聞》、小説家類。《鍾嶸詩品》、集部詩文評類。《本事詩》、同上。《德隅齋畫品》、子部藝術類。《鼎録》、子部譜録類。《古今注》、雜家類。《隋唐嘉話録》、小説家類。《芥隱筆記》、雜家類。《松漠記聞》、史部雜史類。《洞冥記》，小説家類四卷。凡二十三種，多半採自他本。其餘如《楊太真外傳》、一題《楊貴妃外傳》。《緑珠傳》、《白猿傳》、《周秦行紀》、《集異記》，見宋晁公武《郡齋讀書志》，《高力士外傳》、《葆光録》、《艾子雜説》見宋陳振孫《直齋書録解題》，《碧雲騢》見晁《志》，又見陳《録》，皆古小説有來歷之書，何以並不載及？且此四十家小説全部，《天禄琳琅書目續編》明版子部内已列入，而《四庫》所採者祇二種。其一《幽閑鼓吹》，《提要》云：「末有明顧元慶跋。」其一《資暇集》，《提要》云：「此本前有『虞山錢遵王氏藏書』，蓋也是園舊物，末題『埭川顧氏家塾梓

行』，中間『貞』字、『徵』字、『完』字皆闕筆，蓋南宋所刊。『殷』字亦尚闕筆，則猶刻于理宗以前，宣廟未祧之時，較近本爲善。」此竟不知顧刻爲仿宋本，故宋諱闕筆如故，乃誤以爲理宗以前刻，殊爲大謬。然亦見館臣於內府收藏之書全未入目，故有此懸揣之詞。而此本外間流傳之希，益可想見矣。

子彙十二册　明萬曆五年潛庵刻本

《子彙》，一册：儒家一，《鬻子》唐逢行珪《注》一卷；儒家二，《晏子春秋》二卷。二册：儒家三，《孔叢子》三卷。三册：儒家四，《賈誼新書》二卷。四册：儒家五，《陸賈新語》二卷；儒家六，《小荀子申鑒》一卷；儒家七，唐皮日休《鹿門子》一卷。五册：道家一，《文子》二卷。六册：道家二，《關尹子》一卷；道家三，唐王士元《亢倉子》一卷。七册：道家四，《鶡冠子》陸佃《解》一卷。八册：道家五，《黄石公素書》一卷；道家六，唐司馬承禎《天隱子》一卷；道家七，唐張志和《玄真子》一卷；道家八，無撰人《元〔〕能子》三卷；道家九，《齊邱子》一卷。即譚峭《化書》。九册：名家一，《鄧析子》一卷；名家二，《尹文子》一卷；名家三，《公孫龍子》一卷；法家一，《慎子》一卷；縱横家一，《鬼谷子》一卷。十册：墨家一，《墨子》一卷。十一册：雜家一，《子華子》二卷。十二册：雜家二，劉晝《劉子》二卷。每半葉十行，行二十一字。版心上刻「萬曆五年刊」五字，間有四年者。版心下記刻工姓名。各書首尾間有潛庵跋，紀年丁丑。丁丑，萬曆五年也。據陸心源《儀顧堂續跋》九云：「《子彙》二十餘種，頗爲近世好古者所重。《鬻子》、《晏子》、《子華子》、《劉子》、《關尹子》、《亢倉子》、《文子》、《孔叢子》有丁丑夏日潛菴子識語，收藏家無知其人者。按孫繼皋《宗伯集》有《吏部侍郎謚文恪儆菴周公行狀》：『公名子義，字以方，儆菴其自號也。嘉靖乙丑進士，改庶吉士。公嗜故書，既入選，則多購求書，窮日夜讀不休。隆慶六年升國子司業，攝祭酒事。萬曆六年升北祭酒，十一年晉禮部侍郎，改吏部。十四年年五十六，所訂正書梓在南雍者有《周禮》、《史記》、《五代史》，而《子彙》則所自編輯者也。』則《子彙》爲周子義所刊無疑矣。萬曆五年正爲南京司業攝祭酒時，《行狀》不言其又號潛菴，略之也。所據雖多善本，《墨子》、《晏子》有删併移易處，則不免明人習氣耳。」陸氏所考至確，故詳載其辭。此册本寧波范氏天一閣舊藏，每册首有「天一閣」三字朱文篆書小長方印，「卍古同心之孚」白文科斗書方印，皆范氏印記。光緒己丑薛福成編《天一閣現存書目》，《子彙》十二册缺道家一册，存十一册，今此册正缺道家一本，蓋即天一閣散出者。己丑距今不過二十餘年耳，閣中善本書大半爲人竊出售于蘇城、上海兩處。此册得自蘇城書肆中，因其爲范氏天一閣舊藏，亟購歸付書友裝潢。所缺道家二書，或不難於鈔補也。癸丑四月廿一日識於上海寓舍。

〔一〕「元」當作「无」。

張應文藏書七種九卷附三卷 明萬曆丙申刻本

此明張應文所著之書，凡《簞瓢樂》一卷、《老圃一得》二卷、《羅鍾齋蘭譜》一卷、《彝齋藝菊譜》一卷、《清秘藏》二卷、《山房四友譜》一卷、《清供品》一卷，七種，後附《茶經》一卷、《餅華譜》一卷、《硃砂魚譜》一卷、《焚香略》一卷，則應文子謙德所撰。謙德後名丑，即撰《清河書畫舫》、《真蹟日録》兩書者也。兩書最爲鑒賞書畫家所引重。《四庫全書總目》子部雜家類著録，《提要》云：「鮑士恭家知不足齋所刊，原附丑《真蹟日録》後，蓋《山谷集》末載《伐檀集》之例。」而雜家《存目》十一有《張氏叢書》四卷，爲浙江鮑士恭家藏本，《提要》云：「其《清秘藏》尚可資賞鑒考訂，别有刊本，附其子丑《清河書畫舫》後，已著于録。」名稱四卷七種并附種皆全，但以鮑士恭爲知不足齋則誤。此本前小傳，下有「曾在鮑以文處」六字朱文篆書方印，此鮑廷博之印記，《知不足齋叢書》即其所刻者。《清秘藏》、《清河書畫舫》、《真蹟日録》皆在《叢書》之外。此本首葉闌匡上有「翰林院」滿漢篆書九疊文大方印，蓋進呈時發還翰林院者。《提要》以鮑士恭當之，没其實矣。萬曆刻工遠不如嘉靖。此書每半葉九行，行二十字，無直線文。其《清秘藏》序題「文從簡手書」，文固工書之人，刻手惡劣，全失其意。其中訛字尤多，如開首自序「嘉慶萬曆間」云云，「嘉慶」爲「嘉靖」之誤，竟未校改。鮑本亦沿誤未改。其他譌謬不問可知，特以其爲原刻完書，又經鮑氏收藏進呈之本，摩挲洛誦，頗足引人尚古之思，故特誌之。

唐闕史二卷曲洧紀聞十卷敬齋古今黈八卷五經算術二卷鸞書十卷金石史二卷雲谷雜記四卷　汪汝瑮無年月重刻武英殿聚珍版本

右《唐闕史》二卷，《四庫全書總目》子部小説類《提要》云：「舊本題唐高彦休撰，彦休始末未詳。」《曲洧舊聞》十卷，《四庫全書》子部雜家類五《提要》云：「宋朱弁撰。」《敬齋古今黈》八卷，《四庫》雜家類五《提要》云：「元李治[一]撰。」《五經算術》二卷，《四庫》子部天文算法類《提要》云：「北周甄鸞撰，唐李淳風注。」《鑾書》十卷，《四庫全書》史部載記類《提要》云：「唐樊綽撰。」《金石史》二卷，《四庫》史部目録類《提要》云：「明郭宗昌撰。」《雲谷雜記》四卷，《四庫》子部雜家類二《提要》[二]云：「宋張淏撰。」以上七種武英殿聚珍版已活字印行，此即據以重刻者，惟《鑾書》目録下有一行云「武英殿聚珍版原本」，餘種無之。半葉十行，行二十一字。無刻書人姓名及年月，亦不知此外尚有何種。其七種次序係依原寫書根本數，書法是道光中館閣體，似是原書次序本如此也。從子康侯、定侯兄弟得之舊書肆，持以呈閱，不能定爲何時刻本。余憶舊藏汪汝瑮所刻《書苑菁華》版式似是如此，取以相校，無累黍差，故敢斷爲汝瑮刻也。此七種爲藏書家及談版本學者所未見，當是印行不多，版爲粤匪之亂所毁，故其子孫修補振綺堂所刻書版，亦未述及之，知其毁失久矣。

〔一〕「冶」係「治」之誤，《四庫總目提要》原誤。

〔二〕「雜家類二提要」，原訛作「雜提類二家要」。

郋園讀書志卷七

集部　楚辭　别集

楚辭章句十七卷　明隆慶辛未豫章夫容館刻本

明隆慶辛未王用晦仿宋《楚辭》刻本十七卷，前附《楚辭疑字直音補》一卷。每半葉八行，行十七字。前有王世貞序，篇目後有「隆慶辛未豫章夫容館宋版重雕」一行。大題「楚辭卷之幾」，次行「漢劉向編集」，三行「王逸章句」，較之俗本省去「劉向」一行僅題「王逸章句」者，此爲獨存原式。書中弘、殷、胤、敬、驚、貞、頊、元、沅、完、玩等避諱缺筆，元、沅、完、玩皆欽宗諱桓嫌名，書中于此尤致謹，此當爲北宋靖康時刻。屈原著書原稱《離騷》，《漢書·藝文志》稱《屈原賦》，劉向編撰《别録》時附以弟子宋玉、景差之作，漢賈誼、淮南王、東方朔、嚴忌、王褒及己作仿騷諸文，始稱《楚辭》。王逸作章句，亦附以己作《九思傳》，而《楚辭》之名已定。自後《隋志》以降，官私書目皆稱《楚辭》無變更矣。此刻本極希見，藏書家目惟明范氏《天一閣》、朱氏《結一廬》、莫氏《郘亭知見傳本書目》、楊守敬《日本訪書志》、繆氏《藝風堂藏書續記》載之。據繆《記》云：「卷一之末有姑蘇錢世傑寫、章芝刻雙行。」此本無之，蓋繆所見乃萬曆翻刻之本。萬曆丙子淩迪知刻張之象《楚騷綺語》亦半葉八行，行十七字，版式與此同，其版心有「錢世傑寫、王伯才刻」等小字，可取證也。後又有朱燮元本，即重刻此本，行字悉同，惟版式字體微較長大。從子啓崟有之，繆氏《藏書記》亦著録。日本森立之《經籍訪古志》有明代重雕宋本，云：「宋諱不闕筆。」此當是別一翻雕夫容館本。蓋隆慶本闕筆，翻宋本或未闕筆耳。余舊藏明正德戊寅蘇州知府西蜀高第刻本，黄省曾校，世亦稱黄省曾本。此三本皆在余家，誠一時聯珠矣。

又一部 明萬曆間朱燮元刻本

此明朱燮元刻《楚辭》十七卷，大題「楚辭卷第幾」，次行「漢劉向子政編集，王逸叔師章句」，三行「明朱燮元懋和、朱一龍官虞校刻」。半葉八行，行十七字。前附《楚辭疑字直音補》，蓋重刻隆慶辛未豫章王氏夫容館重雕宋本。版式行字微較長大，無刊刻年號。前有予告大學士申時行序，序稱「郡守朱侯懋和、司理朱侯官虞手自讎校，重付剞劂」，是當時蘇州郡守刻本。按《明史·宰輔年表》，申時行以萬曆六年三月吏部左侍郎兼東閣大學士，十一年九月晉少傅兼太子太傅、吏部尚書、建極殿大學士，十九年三月加太傅，是月致仕，是可證此書爲萬曆刻本矣。日本森立之《經籍訪古志》載有明代重雕宋本，云：「每半版八行，行十七字，注雙行。貞、頊、敬、驚、沅、胤等字並缺末筆。知是據宋刻重雕，但不記刻行時月。」又載有明隆慶辛未重雕宋本，云：「行款體式一與前本同，目録末題『隆慶辛未歲豫章夫容館宋版重雕』，宋諱不闕筆。」楊守敬《日本訪書志》載有明隆慶辛未刊本，云：「首王世貞序，次目録，次本傳，次班固序，次劉勰《辨騷》，目録後題『隆慶辛未歲豫章夫容館宋版重雕』。一卷後題『姑蘇錢世傑寫、章芝刻』。按此本與無名氏翻宋本體式相合，唯彼缺宋諱，此不缺宋諱。又四周雙邊，當爲重寫，並非影橅。然字體方正而清爽，猶與宋刻爲近。」楊《志》所載之本一卷後有「錢世傑寫、章芝刻」行字者，繆氏《藝風堂藏書記》有其書，余定爲萬曆中翻雕夫容館本。其稱無名氏刻宋諱缺筆者，當是又一重刻。楊《志》以四周雙邊定爲重寫並非橅影，其説是也。此本爲從子啓崟所藏，裝釘整理後爲識此書明刻源流于後。

又一部 明正德戊寅黄省曾刻本

此明時《楚辭》第一刻本。大題下第二行題「漢劉向子政編集，王逸叔師章句」，三行「西蜀高第、吴郡黄省曾校刻」。每半葉十行，行十八字。前有正德戊寅王鏊序，據序云是書爲高第所刻，黄省曾所校，各家書目以爲黄省曾刻者，誤也。萬曆中申時行序郡守朱燮元刻本云「王文恪公刻版郡中，歲久漶漫」云云，可見當時此本之盛行。而范氏天一閣著録竟稱爲王文恪刊，亦誤也。此本爲初印本，並未漶漫，以爲讀本，固非坊本之訛謬可比矣。

楚辭辨證二卷 高麗仿刻南宋嘉定本

此高麗仿南宋嘉定刻本《楚辭辨證》二卷，書中桓、匡、貞、頊、讓、絙等字避諱缺筆，桓嫌名完，玄嫌名縣、懸避，殷字有避有不避，讓之嫌名攘、壤均不避，豈以已祧之廟故耶？因取黎庶昌刻元翻宋本校之，卷上二葉「則尤刻意楚學者然其反騷」云云，元本「刻意」下有「於」字，「然」字空白。三葉「以諷諫君也」，元本「諷」作「風」；「洪氏證之」，元本「證」作「正」；「宓妃妷女」，元本作「虙妃佚女」。四葉「更立它義」，元本「它」作「他」；各處同，以後不複出。「它國之人遊宦者」，元本「宦」作「宦」。五葉「惟從心者」，元本「從」作「从」；「而倣詩傳之例」，元本「倣」作「放」；餘同。「古者能拏代叶」，元本「拏」作「拏」。六葉「而又不決其是非也」，元本作「而不能決其是非也」。七葉「自〔二〕謂零陵香」，元本「自謂」作「自爲」；「大氏古之所謂香草」，元本「大氏」作「大抵」；「以見之不能盡述也」，元本「見」下無「之」字，「述」作「出」。八葉「以男悅女之號」，元本「號」下有「也」字。九葉「則當從喙省」，元本「省」作「耳」；又「深可畏云」，元本「又」上有「此」字。十一葉「則不必論也」，元本「則」作「自」。十二葉「空不應如此重復之甚也」，元本「復」作「複」。十三葉「王逸又論」，元本「論」作「以」。十四葉「上下索處」，元本「索」上有「求」字；「至此遊春官處」，元本「官」作「宮」。十六葉「輪己崇則於馬終古登迤也」，元本「崇」作「庳」，「迤」作「迆」。十七葉「此亦求之太過」，元本「過」下有「也」字；「升降上下」，元本「升」作「陞」。十八葉「其所感益以深矣」，元本「其」上有「蓋」字；「蓋不知其幾矣」，「幾」下有「人」字。十九葉「或以陽主作陰鬼」，元本「主」作「巫」。卷下二葉「巫支祁」，元本作「無之祈」；「本無稽据」，元本「据」作「據」。四葉「洪引歸藏云羿彈十日」，上有「羿焉彈日烏焉解語」八字，「十日」下再接補注云「只作一事，此析爲二」。六葉「從右脇下水腹上出」，元本「水」作「小」。七葉「又何說也」，元本又上有「不知」二字；「齊桓九合」，元本「合」作「會」。十葉「爲日改則」，元本作「爲自變改」。十五葉「則是常使神」，元本「常」作「將」；「卒以蹈於衆人」，元本「蹈」作「陷」。十六葉「揚雄酒賦」，元本「賦」作「箴」。十七葉「乃隨榮字而誤解也」，元本句無「而」字；「說文乃曰」，元本「曰」作「云」。十七葉「說文是也」，元本無此四字。十八葉「白晝而羣行」，元本亦無「而」字。二十葉「見山川之迂曲」，元本「迂」作「紆」。其增損異同有如此者。又卷上十三葉「沈約」條，元本在十二葉「王逸」條後，其次第亦復相歧，蓋彼爲元人重刊，此爲門人初刻，一切皆當以此爲定本也。每葉八行，行十九字。字近柳體，與昔年在廠肆所見《資治通鑑》無注本同，蓋一時風氣爲之。但彼爲硬黄紙刷印，不及此本細繭紙之精，字迹亦無此明朗。前有「范從楫印」、「清譽堂藏書記」兩朱文印。曾藏長沙周侍郎家，侍郎名壽昌，字荇農，晚號自庵老人。近爲予得。書估堅持以爲宋本，余亦漫應之，然不敢自欺以欺來者，故揭明之。光緒甲午冬月郎園主人德輝誌。

〔一〕「自」字原作「是」，下句「元本自謂」作「自」，據改。

曹子建集十卷 明萬曆癸卯鄭世豪重刻正德五年田瀾本

《曹子建集》十卷，大題「曹子建集卷第幾」，而版心以十干紀數，云「甲集幾卷」。半葉九行，行十八字。前有正德五年長安田瀾序，云：「舊本詩在五卷，樂府六卷，頌贊銘七卷，章表令八卷，文、啓、詠、序、書、誄、哀辭九卷。通移九卷，樂府八卷，頌、贊、銘五卷，章表六卷，令七，啓九，詠摘移十卷，文、序、書、誄、哀辭七卷，其餘仍舊。《七步詩》散出諸書，《述行賦》附三卷，《七步詩》附九卷。」按，田序所謂舊本，據云即《通考》所載。宋陳振孫《直齋書録解題》云：「今本二十卷，與《唐志》同，其間亦有採取《御覽》、《書鈔》、《類聚》諸書所有，意皆後人附益，然則非當時全書也。」余謂漢、魏、六朝諸家集見于宋以後書目者，大都後人從唐、宋人類書採輯而出，其間訛誤漏遺在所不免，如再補輯，但就宋本原編別爲附録方足徵信。此本自云通移、摘移仍是明人陋習。惟《七步詩》、《述行賦》既爲鄭刻附入，則是舊本所無。莫友芝《郘亭知見傳本書目》云：「《曹集》以無《七步詩》者爲善。」可見舊本本無是詩。所據爲宋刻之佳者，然則田氏校勘之功，亦足抵其竄改之失矣。

織錦回文詩一卷 明弘治丙午刻本

蘇若蘭《璿璣圖詩》，以本文論入別集，以讀法論又似當入總集。《四庫》列入別集類，蓋亦以本文爲重也。此爲明人康萬民《讀法》一卷，即《四庫》所著録者，《提要》據《文心雕龍》云「回文所興，道原爲始」，謂齊、梁之間尚未見其圖，此圖及唐則天皇后序均莫知所從來。又據《晉書・孝武帝紀》、《列女傳》，竇滔未嘗鎮襄陽，亦無陽臺讒毁事，且謂序文萎弱，不類初唐文體，考證至爲精確。余按，黃山谷詩：「千詩織得回文錦，如此陽臺暮雨何？只有英靈蘇蕙子，更無悔過竇連波。」則其僞撰事迹又在北宋以前明矣。國朝王士禛《居易録》云：「蘇蕙《織錦回文詩》，則天記云二百餘首，楊文恭續至五百餘首。明僧起宗乃又分爲七圖一百四十七段，得三、四、五、六、七言詩至三千七百首，某王府刻之。僧亦異人。而蘇氏分寸之圖，古今衍之如無盡藏，亦神矣哉。」文簡所稱某王府本，余未之見，此本即據起宗讀法推衍，成詩增至七千九百五十八首，視原本將倍之。而據後康萬民跋稱：「余偶讀蘇氏詩，殆過十萬册，可盈千卷，行將付梨棗，與詞宗共之。」正不知其讀法如何，惜不一見令人益此神智耳。此圖本有五彩，安得淩濛初、閔齊伋諸人以套版印行，豈非書林善本乎！宣統二年歲次庚戌秋九月望後二日，麗廔主人葉德輝識。

附王士禎池北偶談載朱淑貞璿璣圖記

辛亥冬，於京師見宋女郎朱淑貞手書《璿璣圖》一卷，字法妍嫵，有記云：「若蘭名蕙，姓蘇氏，陳留令道質季女也。年十六，歸扶風竇滔。滔字連波，仕苻秦，爲安南將軍，以若蘭才色之美，甚敬愛之。滔有寵姬趙陽臺，善歌舞，若蘭苦加捶楚，由是陽臺積恨，纔毁交至，滔大恚憤。時詔滔留鎮襄陽，若蘭不願偕行，竟挈陽臺之任。若蘭悔恨自傷，因織錦字爲回文，五彩相宣，瑩心眩目，名曰《璿璣圖》，亘古以來所未有也。乃命使齎至襄陽，感其妙絶，遂送陽臺之關中，具輿從迎若蘭於漢南，恩好踰初。其著文字五千餘首，世久湮没，獨是圖猶存。唐則天嘗序圖首，今已魯魚莫辨矣。初，家君宦遊浙西，好拾清玩，凡可人意者，雖重購不惜也。一日家君宴郡倅衙，偶於壁間見是圖，償其值，得歸遺予。於是坐卧觀究，因悟璿璣之理，試以經緯求之，文果流暢。蓋璿璣者，天盤也；經緯者，星辰所行之道也；中留一眼者，天心也。極星不動，蓋運轉不離一度之中，所謂居其所而斡旋之。處中一方，太微垣也，乃叠字四言詩。其二方，紫微垣也，乃四言回文。二方之外四方，乃五言回文。四維乃四言回文。三方之外四正，乃交首四言詩，其文則不回也。四維乃三言回文。三方之經以至外四經，皆七言回文詩，可周流而讀者也。紹定二年春二月望後三日，錢唐幽棲居士朱氏淑真書。」首有「璿璣變幻」四小篆，後有小朱印。予向見《斷腸集》不載此文，諸家撰閨秀詩筆者，皆未之載。宋桑世昌澤卿、明張玄超之象撰《回文類聚》，亦未收此。家考功兄輯《然脂集》三百餘卷，多徵奧辟，因録一通歸之。後有仇英實父補圖四幅，亦極妙。按張萱、周昉、李伯時輩，皆有《織錦回文圖》，英此圖殆有所本也。

陶淵明集十卷　嘉慶戊辰京口魯銓仿宋刻本

此書自宋刻後有毛氏汲古閣重刊宋本，從毛本出者：一魯銓刻本，即此本；一同治癸亥何氏篤慶堂本；一湘潭胡氏刻本；一會稽章氏刻本。四本之中，惟此本鉤臨極似毛本。胡本字體獨肥，得蘇之真，失毛之舊。何、章則伯仲而已。毛氏舊藏宋槧原本，嘉慶中歸吳中黄蕘圃士禮居。當時並得湯東磵注本，顔其室曰「陶陶軒」，語詳《士禮居藏書題跋記》。今兩書均在聊城楊氏海源閣。海源閣者，楊致堂河帥以增藏書處也，秘笈珍藏，世間無二。幸得化身千億，照燿詞林，讀者當視爲百東坡，而不必目爲虎賁中郎也已。前魯銓跋字學王夢樓先生書，神采奕奕，如新脱手者。然他日流傳久之，亦此刻三絶也。

陶靖節集何孟春注十卷　明正德癸未刻本

《陶靖節集》十卷，明何孟春注，正德癸未刻白口本。半葉十行，行二十字。《四庫全書總目》集部别集類未著録，亦未存目，蓋當時館臣未見，疆吏亦未採進也。此書自來藏書家書目均不載，近惟莫友芝《郘亭知見傳本書目》有此本。又有嘉靖癸未刻本。蓋前明兩次校刻，不知流傳何以如此之稀，豈當時印本均不多耶？孟春，《明史》列傳稱其「少游李東陽之門，學問該博」。《四庫目》史部政書類有《何文簡疏議》十卷，子部儒家類《存目》有其《孔子家語注》八卷，雜家類《存目》四有其《餘冬序録》六十五卷，而集部無此書。《明史·藝文志》子部雜家類有其《餘冬序録》，集部別集類有其《疏議》，亦不言有此集注本。是不獨四庫館臣不知有是集，即修《明史》諸臣均不知有是集也。陶詩注本，馬端臨《通考·經籍考》載有宋湯漢《靖節詩注》四卷，嘉慶間阮文達元從宋槧本影寫進呈，《揅經室外集·提要》舉其《擬古詩》「田子春」作「田子泰」一條，謂其與《魏志》合，又云「其他佳處尤不勝指」。而此本亦作「田子春」，餘亦與坊行俗本無異。明人不知版本佳劣，故沿謌襲謬，不能訂正其是非。如孟春此注，又無足深辨矣。

陶貞白集二卷　明汪士賢刻本

王漁洋《居易録》十三云：「過慈仁寺閲故書攤，買得《陶隱居集》三卷，嘉靖中贛人黄吏部、汪汝霖刊于虔州，宋禮部侍郎王欽臣所集也。有汪及吉郡胡直序，陳侍中、尚書令江總元序。」按此本罕見，余曾刊《貞白集》，祇見新安汪士賢刻二卷本、《道藏》本、汲古閣刻《道藏》本、張溥《漢魏百三家集》本，不知視此本有無删短，安得異日入目重校？書此俟之。此汪本二卷與諸本無異，惟少《瘞鶴銘》一篇，則以銘文無貞白撰確證，蓋慎之云。乙巳三月十一日葉德輝偶記。

梁昭明太子文集五卷　明遼府寶訓堂刻本

《梁昭明太子文集》五卷，明遼府刻本。大題「梁昭明太子文集卷第一」，至卷第五同；次行「大明遼國寶訓堂重梓」；三行「梁昭明太子撰」；四行「明成都楊慎、周蒲」；五行低一字，「東吳周復俊、皇甫汸校刊」。半葉八行，行十六字。版心「昭明集」三字，黑魚尾下「卷十八」三字。通五卷爲一卷。內各卷，如卷第一卷剜改第十八，第二剜改第卅五，第三剜改第十八，第四剜改第十八，第五「第」字下缺，無數目。蓋原書附明汪士賢《漢魏二十一名家集》後，坊估得其版，改其卷第併入之。不獨版式行字與《二十一家》不同。梁代去漢、魏已遠，何能混合耶？此本後有宋淳熙八年袁説友書後云：「池陽郡齋既刻《文選》與《雙字》二書，又得《昭明集》五卷而併刊焉。」是出自宋池陽刻本，較明葉紹泰所刻六卷本爲有來歷矣。據孫星衍《平津館鑒藏書籍記》明版類載此本，云「末有嘉靖乙卯周滿後序」，今此本後缺蝕後序半葉，致文不全，當俟異日訪得他本補鈔之。

又一部　明天啓辛酉張燮刊本

《昭明太子集》，隋、唐《志》均稱有二十卷，《宋史·藝文志》始止五卷，是五卷本爲有刻本最古之本矣。宋淳熙八年袁説友刻之池陽郡齋者即五卷本。明嘉靖乙卯遼國寶訓堂據以重刊，惟句中夾有楊慎等校語，似非宋版原文。此亦五卷本，天啓元年辛酉張燮校刻，然較遼國本文頗增多。《四庫全書總目》集部別集類《昭明太子集》六卷，《提要》云：「此本爲明葉紹泰所刊，張溥《漢魏百三家集》中亦有此集，以兩本互校，此本《七召》一篇與《東宫官屬令》一篇，《謝賚涅槃經講疏啓》一篇，《謝勑賚銅造善覺寺塔露盤啓》一篇，《謝賫魏國錦》、《賚廣州塸》、《賚城邊橘》、《賚河南菜》、《賚大菘啓》五篇，《與劉孝儀》、《與張纘》、《與晉安王論張新安》三篇，《駁舉樂議》一篇，皆溥本所無。溥本《與明山賓令》一篇，《詳東宫禮絶傍親》一篇，《謝勑鑄慈覺寺鐘啓》一篇，亦此本所無。然則是二本者，皆明人所掇拾耳。今此本校葉本亦少《七召》一篇，《與東宫官屬令》一篇，《謝賚魏國錦》、《賚廣州塸》、《賚城邊橘》、《賚河南菜》、《賚大菘啓》五篇，《與劉孝儀》、《與晉安王論張新安》、《與張纘書》五[一]篇，《駁舉樂議》一篇。蓋葉本晚出，又由他書採入補編，故廣爲六卷也。黄虞稷《千頃堂書目》集部總集類載有張燮《漢魏七十二家集》三百五十一卷，此殆其中一家。據燮自序云：「近世梓《昭明集》既多混收，更饒漏目，余爲駁出而增入之，羌得五卷。」是此本乃燮所重編，于古今各本皆有去取，適自成其爲一家之刻本而已。葉本多出之文，張溥誤入《簡文帝集》，原出《藝文類聚》、《太平御覽》諸書。《七召》爲《七契》之誤，出《文苑英華》。即宋池陽本亦皆從他書輯録，特其本最古刻者，當依次重雕，于多出者别爲一卷附後，不當任意擴入，又不注明所出之書。斯則近于臆造，失傳信傳疑之意矣。此本前目録下有「敦夙好齋」四字朱文篆書方印，蓋出漢陽葉東卿舍人名灃家藏。

〔一〕「五」疑爲「三」之誤。

分類補注李太白詩二十五卷 明正德庚辰劉氏安正堂刻本

明書估劉宗器安正堂刻書甚多，自來藏書家皆重視其書，著録于四部，初未嘗以坊本薄之也。余撰

《書林清話》詳考所刻書，按年號先後分載，始弘治甲子刻《鍼灸資生經》，終萬曆辛亥刻《事文類聚翰墨大全》，計刻書十餘種，閱時近五十年。而前人未見之刻本及近爲余所獲見者，如此《李太白集》即其一也。癸丑避亂上海，從友人桂林況夔笙周怡蕙風簃見所藏《杜詩》，爲正德己卯劉氏安正堂刻本，急補録《書林清話》安正堂下，意揣同時必刻《李太白集》，苦于諸藏書目並《杜集》不載，無由得其實證。頃從子啓藩兄弟持此見示，果爲安正堂刻本。二十五卷，末有牌記二行，云：「庚辰歲孟冬月安正書堂新刊。」後于《杜集》一年。其書每半葉十一行，行二十三字，與《杜集》同。惜《杜集》已歸他氏，不能取爲合璧也。余在上海王雪岑觀察許閱所藏書中有《淮南鴻烈解》，題許慎記本，亦安政堂所刻，諸家書目均未著録，又有《孔叢子》七卷載王聞遠《孝慈堂書目》，宋林亦之《網山集》八卷載莫友芝《郘亭知見傳本書目》，皆足補余《書林清話》之缺，附記于此，以告諸從子留心搜訪焉。

九家集注杜詩三十六卷　武英殿聚珍版本

《九家集注杜工部詩》三十六卷，《四庫全書總目》集部别集類著録，注「内府藏本」。《提要》云：「宋郭知達編。知達蜀人。前有自序，作於淳熙八年。又有曾噩重刻序，作于寶慶元年。」按《欽定天禄琳琅書目前編》宋版集部類所載者即此本。九家者，王洙、宋祁、王安石、黄庭堅、薛夢符、杜田、鮑彪、師尹、趙彦材也。宋陳振孫《直齋書録解題》稱此爲杜詩善本，云：「世有稱東坡《杜詩故事》者，蓋妄人依託以欺亂流俗者，書坊輒勦入《集注》中，此本獨削去之。福清曾噩子肅刻版五羊漕司，字大可考，最爲善本。」但自曾疆刻版後，元、明以來無翻刻。世所傳宋本，内府所藏外，黄丕烈《百宋一廛賦注》載所藏本同，亦詳《百宋一廛書録》，今歸常熟瞿氏鐵琴銅劍樓。向以無人重刻爲恨，初不知武英殿聚珍版固擺印也。《武英殿聚珍版叢書》内無此種，不知何故，意者館臣於彙印叢書時未曾編入耶？杜詩舊注善本無過此九家。後來盛稱「千家注杜詩」，實則不滿百家，其爲夸大之辭，不及此之精審簡要，斷可知矣。

杜工部集箋注二十卷 錢氏家刻本

註杜詩者，古今無慮數百家，大抵牽涉時事則不免於傅會，專事評論則不免於空疏。牧翁此書號稱詳贍，注中援引故實，不加案斷，合於李善注《文選》之例。故王漁洋所著各書屢稱道之。又其《論詩絶句》有「前惟山谷後錢盧」之句，其推重可謂至矣。牧翁入仕國朝，進退無據，此書向在禁毁之列，讀者又多以人廢言。余所見肆市及藏書家之書率皆將姓名剜去，無一完册，遲之十年未得購置。丁酉仲春得此本于廠肆，前序撰人完好無缺，書中「胡」、「夷」等字俱方圍無字，蓋猶初印本也。丁酉二月八日麗廔記。

漁洋《論詩絶句》惠棟注云：「德州盧户部刻《杜詩胥鈔》。」又鈕琇《觚賸》云：「德州盧世漼營杜亭，設子美像，自稱『杜亭亭長』，著《杜詩胥鈔》。」翁方綱《石洲詩話》漁洋《論詩絶句》注云：「盧氏《杜詩胥鈔》其書不甚行於世，昔予在粤晤青州李南磵，語及此，南磵致書盧氏，以初印本見示，始知其非定本。此蓋漁洋傅會其鄉人之詞，不可爲據。」又云：「山谷《大雅堂記》自是高識，然不能與後人注杜者並論也。」據此則山谷、錢、盧三家之中，惟錢注獨無異詞，是覃谿亦服膺是書矣。牧翁《列朝詩集》頗以門户之私授人口實，而此書讀者咸推服之，亦以見毁譽之無私，而人不可不自信也。

牧翁《初學集》一百六卷至一百十卷爲《讀杜小箋》，略云：「德州盧户部德水刻《杜詩胥鈔》寄余，俾爲其敍。德水，北方之學者，奮起而昌杜氏之業，使三千年後涣然復見古人之總萃。紬繹腹笥，漫録若干則，題曰《讀杜詩寄盧小箋》，明其因德水而興起也。」然則牧翁當時亦推重盧書，翁氏謂漁洋傅會其鄉人之詞，轉不足據也。集中小箋有附刻各詩後，有散入各詩注者，詳略不同，此初本、定本之異，不足深辨。又後載略例多「一曰妄系譜牒」一則，凡三百餘字，爲注本所無，蓋遵王刻書之時删去，非牧翁之舊矣。三月二十三日麗慶又記。

杜工部集十八卷 鈔本

此舊鈔本《杜工部集》詩十八卷，文二卷未鈔，乃杭堇圃先生世駿手録王士禛、屈復兩家評點本。前有手書二行云：「壬戌臘月呵凍，悉仿新城王漁洋原本評點於金臺客社，并附蒲城金粟老人評。」旁鈐「堇浦」二字朱文篆書方印，「杭世駿印」四字白文篆書方印。卷之一下鈐有「大宗」二字朱文篆書方印，以下各卷前後皆鈐有「杭世駿印」、「大宗」、「堇浦」等印，又有鈐「道古堂書畫印」六字白文篆書長方印者。王漁洋評已刻入張宗柟輯《帶經堂詩話》卷末，道光甲午盧坤刻《五家評杜詩》亦刻之。兩刻均在此後，今檢校一一與此符合。金粟老人爲蒲城屈復。鄭方坤《國朝詩鈔小傳》：「屈復，字悔翁，晚號金粟道人。自其少時即棄帖括，隻身走萬里，寓沂、郯間最久。垂老乃之京師，以詩學教授弟子，名公卿多從之游。

武陵冢宰楊公奇其才，以鴻博薦，三徵不起。寓僧廬，日坐臥土床中，諸貴人以問奇至者趾相錯。年七十餘重至郯邑，寓其鄉人王大令署中。時余爲沂州守，見余詩便欲與訂千秋之業，以詩集及所注《楚詞》、《義山詩箋》相寄。適余有曆城之役，不及晤，比還轅，翁已先期歸里。念與余有一日知己之言，爲删其全集，得若干首付鈔胥云。」杭世駿《詞科掌録》：「蒲城屈復見心，號悔翁，布衣。刑部右侍郎武陵楊公所薦，不與試。乙巳、丙午之間，來遊西湖，居紫陽山道觀，以所註漁洋《秋柳詩》遍謁名流。刻《江東瑞草集》，古詩單闌少力，惟律調近熟。晚遊京師，弓刀侍衛之徒皆從受業，頗有詩聲，遂自尊侈。論詩則詆訶老杜，注騷則掎摭紫陽，每爲士夫所鄙。其流傳之詩，有不必爲之題，如「書中乾蝴蝶」、「水中雁字」，多至數十首。有不可通之句。金壇史公度曾舉其《楊花》詩。予存其可通者。」李富孫《鶴徵後録》：「屈復，字見心，號悔翁。陝西蒲城人，布衣，由刑侍郎楊超曾薦舉。著有《楚詞新注》、《李義山詩意》、《江東瑞草集》。悔翁性迂僻，工于詩，兀傲自喜。所注《楚詞》采合舊注，自以新意疏解之，有得騷人言外之恉。《義山詩意》惟在就詩論詩，亦有獨得，如《錦瑟》、《碧城》、《無題》諸篇，前人穿鑿附會之解，一舉而洗之。」袁枚《隨園詩話》四：「丙辰以布衣薦鴻詞者，海内四人，一江西趙寧静，一河南車文，一陝西屈復，一嘉禾張庚。車之著作余未經見。張善畫，長於五古，人亦樸誠。獨屈叟傲岸，自號悔翁，出必高杖，四童扶持。在京師，見客，南面坐，公侯學詩者入拜床下。專改削少陵訾詆太白以自誇身分。耳食者抵死奉若神明。山左顔懋倫心不平，獨往求見，坐定即問曰：『足下詩有《書中乾蝴蝶》二十首，此委巷小家子題目，李、杜集中可曾有否？』屈默然慚，人以爲快。」又四云：「方望溪删改八家文，屈悔翁改杜詩，人以爲妄。余以爲八家、少陵復生，必有低首俯心而遵其改者，必有反復辨論而不遵其改者。要之，抉摘于字之間，雖六經頗有可議處，固無勞二公之舍其田而芸人之田也。」據此則隨園雖甚不滿于悔翁，而于其改削杜詩亦未嘗全以爲非。是今堇浦先生亦不滿于悔翁者，而手録其評點杜詩至與漁洋相等，足見前輩虚心下氣，不以門户意見没其是非之公。悔翁于杜詩用功至深，故能指摘其疵纇，所謂「不入虎穴，不得虎子」也。他處並無刻本，留此傳鈔秘蹟，以餉學者。于五家外又添一家，豈不多增一番眼界乎？然于杭、袁二先生之持論異同，又適成爲一重翻案矣。

韋蘇州集十卷 北宋膠泥活字印本

此北宋膠泥活字印本《韋蘇州集》，字畫横豎波磔皆有齒痕，蓋由膠泥鍛字不如梨棗受刀之快利也。宋沈括《夢溪筆談》云：「慶曆中，布衣畢昇始爲活版。其法用膠泥刻字，字薄如錢，每字爲一印，火燒令堅。先設一鐵版，其上以松脂和紙灰之類冒之，欲印則以鐵範置鐵版上，密布字印，滿範爲一版，就火煬之，稍鎔，以平〔一〕版按其面，則平如砥。」據此則活字版印書始于北宋，今以此書驗之，一一與沈書相合。書半葉九行，行十七字。四周墨闌，版中直綫細如髮絲。不知何時何人以墨筆加重。字行不齊正，可見鐵版膠泥印書之迹。前有嘉祐元年十二月二十二日太原王欽臣記。慶曆、嘉祐同爲仁宗紀元，嘉祐上距慶曆十餘年，其時膠泥印本當必盛行。今海内藏書家如山東楊氏海源閣、常熟瞿氏鐵琴銅劍樓、浙江陸氏皕宋樓、豐順丁氏持静齋，收藏號稱極富，按其目録均無此種宋本，故以此書論，非止北宋本中第一，亦海内藏書第一也。至紙薄如繭而極堅韌，或澄心堂製造；墨色如漆，視之有光，或李廷珪墨所印，皆未可知。明時亦有此種活字印本，但紙墨遠不相逮，一望而知其非出宋印云。光緒甲午十二月二十二日，長沙葉德輝記。

〔一〕「平」下原衍二「其」字，據上海書店出版社二〇〇三年版《夢溪筆談》删。

又一部 南宋書棚本

此《韋蘇州集》十卷，每半葉十行，行十八字，與南宋書棚陳道人所刻唐人諸集行字相合。雖無陳道人印記一行，據聊城楊紹和《楹書隅録》載，此本稱其與所藏《唐山人集》一種相合，故定爲書棚本。從子定侯得此書呈閱，細讀一過，見其字畫斬方，避諱至南宋初二廟帝止，紙薄而質堅密，嗅之有香入鼻，其爲宋槧宋印確然無疑。但以無陳氏印記一行，不敢遽信爲書棚本耳。後定侯撰一跋，據盧文弨《羣書拾補》、《天禄琳琅書目續編》、《楹書隅録》一一考證，余乃釋然。舊經福州李鹿山中丞馥、鄭人杰明經杰兩家收藏，朱印纍纍，想見前輩珍秘之至。天禄之藏，年久多散失。楊紹和海源閣，如《楹書隅録》所載者，無賢子孫保守，大抵閉置高閣，塵封蠹蝕，若存若亡。如此精本精印恐人間無第二部矣。

唐陸宣公集二十四卷 明弘治刻白口本

唐權德輿撰《陸宣公翰苑集序》云公有《制誥集》一十卷、《奏草》七卷〔一〕、《中書奏議》七卷。今《欽定四庫全書總目》集部别集類著録《翰苑集》二十二卷，注「内府藏本」，《提要》云：「案《唐書·藝文志》載贄《議論表疏集》十二卷，又《翰苑集》十卷，常處厚纂。宋陳振孫《書録解題》載《陸宣公集》二十二卷，中分《翰苑》、《牓子》爲二集，其目亦與史志相同。惟晁公武《讀書志》所載，乃祗有《奏議》十二卷，且稱舊有《牓子集》五卷，《議論集》三卷，《翰苑集》十卷，元祐中蘇軾乞校正進呈，改從今名。疑是裒諸集成此書，與史志名目全不相合。考尤袤《遂初堂目》所列實作《翰苑集》，而錢曾《讀書敏求記》所見宋槧大字本二十二卷，亦作《翰苑集》，則自南宋以後已合議論表疏爲一集，而總題以『翰苑』之名。公武所見乃元祐本，恐非全册。而今世刊行贄集亦有題作《陸宣公奏議》者，則又沿《讀書志》而失之者也。」據此則宋刻本以下皆二十二卷。《四庫》著録内府藏本即《天禄琳琅書目》明版集部之明翻宋本。張金吾《愛日精廬藏書志》載有元至大辛亥嘉興路郡守盱眙王子中刻本。莫友芝《郘亭知見傳本書目》云張藏爲黑口本，二十二卷，葉二十二行，行十九字，題「唐陸宣公集」，版心題「翰苑十卷奏十二卷」。丁丙《善本書室藏書志》載有明萬曆刻本二十四卷，云萬曆三十五年吴道南爲贄二十七世孫基忠校刊；又載一明刻本亦二十四卷，版心有「不負堂」字。陸心源《皕宋樓藏書志》載有明正德本二十二卷，又載明仿宋本二十四卷，分《制誥》十卷、《奏草》七卷、《奏議》七卷。瞿鏞《鐵琴銅劍樓藏書目録》亦有之，不知爲明何時所刻。郘《目》載有弘治十五年陸全忠刻本二十四卷。陸、瞿所稱二十四卷者，或即弘治刻歟？余見明天順元年延祥刻《唐陸宣公集》有項忠序，分《制誥》十卷、《奏草》六卷、《奏議》六卷，共二十二卷。前有宣德三年胡元節重刻金寔序，後有永樂十六年齊政序。黑口本。此外嘉靖丁酉刻本有沈伯成序，萬曆辛巳刻本有葉逢春序，均作二十二卷。蓋二十二卷與二十四卷本之别，不過《奏草》、《奏議》六卷、七卷之分併，無關要旨也。元時至正甲午翠巖精舍刻宋郎曄注本分《奏議》十五卷。光緒十一年淮南官書局仿刻本後附《制誥》十卷，無注，前有光緒四年陸心源刻書序，云：「此本十五卷，當合《奏草》及《中書奏議》爲一，而又多析一卷耳。」余按此爲注本，作者以注中字數之多少分配成卷，故不必與原卷相應。光緒丙戌有公善堂刻仿宋大字本，題《唐陸宣公集》，通連計數爲二十二卷，題下分「制誥」卷第一至卷第十，大題爲卷第一至卷第十。「奏草」卷第一至卷第六，大題爲卷第十一至卷第十六。「中書奏議」卷第一至卷第六。大題爲卷第十七至卷第二十二。半葉十行，行十七字。前後無序跋，不知據何宋本翻刻。邵《目》載有一大字舊刻本半葉十行行十七字者，或即此所據以仿刻者。此明刻白口本，二十四卷。每半葉十行，行二十字。棉紙精印。前後序跋爲書估抽去，僞充宋本。于前「蘇軾進讀奏議劄子」後刻印「宋元祐八年内府刻」八字一行，又于目録後刻印「元祐八年七月刻」七字一行，字體墨色，全與本書不符，不值閲者一噱。然序跋年月既無可取證，則不能定其爲何時刻本。以萬曆三十五年刻本及不負堂刻本均二十四卷者相校，字體既非萬曆，版心亦無「不負堂」字，其非此兩本可知。細審似是弘正間所刻，陸《志》所云明仿宋本二十四卷，邵《目》所稱弘治十五年陸全忠刻二十四卷者，當即此本。陸《志》不詳刻本年月，意者其前後重刻序跋亦必爲書估抽撤，故無從指實耳。余家藏陸集甚夥，于光緒間仿宋仿元兩刻，號稱精善，明刻中當推此爲第一矣。

〔二〕「七卷」下原衍「奏議」二字。據《四部叢刊》影宋本《翰苑集》卷首權德輿序改。

陸宣公集二十二卷 康熙六十一年年羹堯刻本

《唐陸宣公集》，宋、元迄明刻本至多，若國朝精校精刻則當推此本第一。此本爲康熙六十一年年羹堯所刻。逾年，仁廟升遐，世宗即位，改元雍正。前序因進呈本改題雍正元年，故前冠以雍正上諭，此則未進呈以前印本，可貴也。舊爲武陵趙文恪公家藏，年序後有文恪手書識語。卷一下有「鼎文書屋」四字朱文篆書長方印。蓋公藏有宋拓鼎帖，取以名其書屋也。文恪一代名臣，由嘉慶元年進士選庶吉士，授編修，改御史，簡放惠、潮、嘉道，擢任兼圻，政績卓著。道光二年入覲成廟，有「誠實不欺」之褒諭，知其平生得力于此書者必深，故亦如宣公上不負所知，下不負所學也。讀此爲景仰者久之。丙寅小寒。

權文公文集二十七卷 國初刻本

此刻本《權德輿集》，自來罕見。前無刻書年月及刻者序跋姓名，審其字體版式，當是康熙時刻本。卷首空字二行，第三行載德輿里貫仕履小傳，以後即銜刻正文，似是彙刻唐人文集未全，而僅成存此一種者。以後逐卷前皆空字二行，大約留以爲大題及撰人姓名刻處，版心亦未刻卷數，惟刻葉數。《四庫全書》集部《權文公集》十卷，内府藏本，《提要》云：「乃明嘉靖二十年楊慎得之滇南，僅存目録及詩賦十卷。劉大謨序而刻之，又删其無書之目録，德輿文集遂不可考。王士禛《居易録》載《權文公集》五十卷，注曰：『詩賦十卷，文四十卷，碑銘八卷，論二卷，記二卷，集序三卷，贈送序四卷，策問一卷，書二卷，疏表狀三卷，祭文三卷。』無錫顧宸藏本，劉體仁之子凡寫之以貽士禛者。然則德輿全集，康熙中猶存，不知今所存者皆楊慎之殘本。第士禛所著卷目以數計之乃七十八卷，與五十卷之數不合，又不知其何故也。」按如士禛所云誠爲疑義，嘉慶十一年大興朱珪刻本實五十卷，第一卷詩賦，第二卷至第十卷詩，第十一卷至第十八卷碑銘，第十九卷、第廿卷行狀，第二十一卷至第二十七卷墓誌銘，第二十八卷銘贊，第二十九卷謚議，第三十卷論議，第三十一卷、第三十二卷記，第三十三卷、第三十四卷集序，第三十五卷至第三(二)十九卷序，第四十卷策問，第四十一卷、第四十二卷書，第四十三卷、第四十四卷表，第四十五卷、第四十六卷表狀，第四十七卷疏，第四十八卷至第五十卷祭文，證以士禛所見有合有不合。據朱序稱其書得自五柳店陶書估，而不詳其爲刻爲鈔，又稱漁洋尚書《居易録》云詩賦十卷，文集至祭文共四十卷，實五十卷。然王云詩賦十卷，文四十卷，是也。而又云碑銘八卷，論二卷，記二卷，集序三卷，贈送序四卷，策問一卷，書二卷，疏表狀五卷，祭文三卷，於詩賦文五十卷外又别記此二十八卷。宜乎《提要》謂爲八十卷，若謂此二十八卷，即分文類記數，何以又少十卷？此不可解也。此本第一賦制策問，第二、第三表狀，第四疏表，第五狀，第六奏狀議、謚議，第七書序，第八至第十一序，第十二記，第十三論讚銘雜文，第十四至第十九碑銘，第二十至第二十四墓誌銘，第二十五傳册文、告文、祭文，第二十六祭文，第二十七行狀，以校朱本，首多《齊抗平章事制》一篇；疏類多《上陳闕政》一篇，《論裴齡不應復判度支疏》一篇，《奏于董所犯當明刑正罪疏》一篇，《遺表》一篇；序類多《唐使君盛山倡和集序》一篇，《秦徵君校書與劉隨州唱和詩序》一篇,《吴魯師華原露仙館詩序》一篇,《張隱居莊子指要序》一篇; 傳類多《吴尊師傳》一篇,共多十篇。校朱本表類少《賈相公陳乞表》一篇,《中書門下賀雪表》一篇; 書類少《字發》一篇; 表狀類少附録《勅批》一篇; 書類少附《柳福州書》一篇,《張秘監答書》一篇,《崔左司書》一篇,《獨孤秀才書》一篇; 詩則此本全不載,蓋本止刻文故也。從子康侯、定侯兄弟嗜舊書,尤善搜訪異本,此雖近刻,以諸家書目不載,購歸呈余鑒定,因取朱刻互勘,著其篇目卷數異同于此。刻書年月及刻者姓名或異日有他種再出,得以詳考之,是固余所心企者也。

〔一〕「三」原訛作「二」。

朱文公校昌黎先生集四十卷外集十卷遺文一卷　南宋麻沙書坊刻本

莫友芝《知見傳本書目》集部内《别本韓文考異》下云:「宋刻《别本韓文考異》,黑口,每葉廿六行,行廿三字。題『晦庵先生考異、留耕先生音釋』。目録一卷,題『李漢編集』。前有朱文公序,寶慶三年王伯大序,校刻凡例。末有題識,謂:『今本宅所刻,係將南劍州官本爲據,并將音釋附正集焉。』」今按,此本一一與莫氏之説合,是莫氏所見即此本也。《四庫全書總目》集部别集類載《别本韓文考異》四十卷《外集》十卷《遺文》一卷,《提要》云:「宋王伯大編。伯大字幼學,號留耕,福州人。嘉定七年進士,理宗朝官至端明殿學士,拜參知政事,事蹟具《宋史》本傳。伯大以朱子《韓文考異》於本集之外别爲卷帙,不便尋覽,乃重爲編次,離析《考異》之文,散入本集各句之下,刻於南劍州。又採洪興祖《年譜辨證》,樊汝霖

《年譜注》、孫汝聽解、韓醇解、祝充解爲之音釋，附于各篇之末。厥後麻沙書坊以音釋綴於篇末，仍不便檢閲，亦取而散諸句下。」按《提要》所稱亦即此本，蓋南宋麻沙書坊本也。國初李光地翻刻宋本《韓文考異》，後跋極詆此本之舛譌、遺漏不一而足。蓋屢經諸人編次，遷就所據之本，一再移改，勢之必然。而在當時讀者得一本而《考異》、《音釋》皆在其中，自無不樂其簡便，故自麻沙本出而原本幾廢不行。今則李刻亦罕流傳。光緒中新陽趙氏以李本重爲刊行，版亦旋燬于火，是原本之若存若亡，已在千鈞一髮之頃矣。

增廣註釋音辯唐柳先生集四十三卷別集二卷外集二卷附録一卷 南宋麻沙書坊刻本

莫友芝《知見傳本書目》云：「宋刻本。題《增廣註釋音辯唐柳先生集》四十三卷《別集》二卷《外集》二卷《附録》一卷。黑口，葉二十六行，行二十三字。蓋與《韓文考異》黑口同刻。」即此本也。《四庫全書集部》著録「内府藏本」，無《別集》、《外集》、《附録》。《提要》云：「題宋童宗説注釋，張敦頤音辯，潘緯音義。宗説，南城人，始末未詳。敦頤有《六朝事蹟》，已著録。史部地理類三：「《六朝事蹟類編》二卷，宋張敦頤撰。敦頤字養正，婺源人。紹興八年進士，由南劍州教授歷官知舒、衢二州致仕。是篇自序結銜稱『左奉議郎充江南東路安撫司幹辦公事』，蓋登第後曾任是官也。」緯字仲寶，雲間人。據乾道三年吳郡陸之淵序，稱爲乙丑年甲科，官灊山廣文，亦不知其終於何官也。之淵序但題《柳文音義》，序中所述亦僅及韓〔一〕仿祝充《韓文音義》傳《柳氏釋音》，不及宗説與敦頤。書中所註，各以『童云』、『張云』、『潘云』別之，亦不似緯自撰之體例。蓋宗説之《注釋》、敦頤之《音辯》，本各自爲書，坊賈合緯之《音義》刊爲一編，故書首不以《柳文音義》標目，別題曰《增廣註釋音辯唐柳先生集》也。其本不收王銍僞《龍城録》，尚爲謹嚴。舊有明代刻本，頗多譌字。此本爲麻沙小字版，尚不失其真云。」則《四庫》著録亦此本也。此與前《朱文公校昌黎先生集》同出長沙故家，書册大小裝訂精雅，如出一手，蓋二集久爲人所合藏，未嘗離析者，斯誠可稱雙璧矣。

〔一〕「韓」疑係「緯」之訛。

朱文公校昌黎先生集四十卷外集十卷補遺一卷 明刻白口本

《朱文公校昌黎先生集》四十卷《外集》十卷《補遺》一卷，卷三以下大題上或標以「京本」二字。白口本。版心刻「韓文一」至「四十」等字。半葉十行，行二十四字。審其字體紙墨似成弘以前刻，非嘉靖以後刻也。其本即出于南宋麻沙書坊本，并與柳集合刻。柳集余見之，亦出麻沙本，惜皆無序跋題識，故不知刊刻年月。集中卷一《元和聖德詩》「恇」作「恇」，註音「匡」；「恒」作「恒」，皆缺筆，似是依據宋本。其中間有譌字，余於讀時以朱筆改之。諸家《注釋》、《音義》固韓文功臣，然不如《考異》之詳辨各本文字異同，足資考索。此余於此本所以不厭百回讀也。

韓文四十卷外集十卷遺集一卷 明嘉靖丙辰莫如士重刻游居敬本

《韓文》四十卷《外集》十卷《遺集》一卷，白文，無注有音，前有嘉靖丙辰兩京國子司業盱江王材序，題「寧國郡重刻韓柳文序」，略言：「《韓文》舛誤紛出，晦庵朱先生著爲《考異》，力加是正。《韓文》後有誤者，則沈氏晦爲校定焉。今閩、吴二本皆循朱、沈之舊，惜其又不能無誤也。寧國本前侍御可齋游居敬所刻，兹廿年矣。雖不載《考異》，然讎覈頗精，稱善本。摹行既廣，輒已劘昧。沙濱莫君由御史出按南畿，寧國朱守自充以爲言，乃重加校梓，明不墜前蹟。」蓋莫氏重刻游本也。前并載嘉靖丁酉刻韓、柳文序，結銜「明巡按直隸監察御史前翰林院庶吉士南平游居敬撰」，序稱：「丙申冬奉命按至寧國，暇日諮于黎守晨洎、宣城知縣吴悌，取蘇閩舊刻稍加參校，命工梓焉。編次遵李、劉二子所集，存舊也。音切存其難解者，利習也。時本間有一二脱譌，取善本釐正焉，崇古也。工起今年春，首凡五閲月告竣，僭題之曰《韓文》、《柳文》云。」此莫、游兩刻緣起，皆嘉靖刻最精者也。此本白口，版心上「韓文」二字，魚尾下刻卷，下魚尾下刻葉數。每半葉十一行，每行二十二字。前目録，卷下題「門人李漢編」，大題「韓之幾」，二行題「明巡按直隸監察御史新會莫如士重校」，游刻本此行爲游居敬銜。餘行式相同。前序下有「胡錫燕印」四字朱文篆書方印，卷之一下有「胡薊門藏書印」六字朱文篆書長條印，又有「日知齋」三字朱文篆書方印，蓋縣人胡薊門先生舊藏。先生廣東同知陳澧高足弟，其二子元儀、元直皆乙酉拔貢，余舉貢同年也。藏書散出，多歸長沙童姓。童姓又散出，余于估人手得之。一物之聚散，不及五十年而更數主，余亦安能長守乎？特聊以娱目前而已。

柳文四十三卷別集二卷外集二卷附録一卷 同上刻本

此與前《韓文》同爲莫如士重刻游居敬本，版式行字一一相同。游前總序稱編次遵李、劉二子，《韓集》李漢編，《柳集》劉禹錫編也。按，宋晁公武《郡齋讀書志》：「《柳柳州文集》四十五卷《外集》二卷。」

陳振孫《直齋書録解題》同，云：「劉禹錫序，言編次其文爲三十二通，退之之誌若祭文，附第一通之末。今世所行本皆四十五卷，又不附志文，非當時本也，或云沈元用所傳穆伯長本。」然今游刻及此刻序稱用沈晦本，而只四十三卷，沈本果四十五卷抑四十三卷，則固無從追考，但以爲劉禹錫舊編則大謬也。

唐韓昌黎集四十卷外集十卷附録一卷 明崇禎癸酉蔣氏合刻本

《唐韓昌黎集》四十卷《外集》十卷《附録》一卷，明檇李蔣之翹輯注，崇禎癸酉家刻本。版心無魚尾，上題「韓昌黎集」，旁小注卷數，下題「三徑藏書」。每半葉九行，每行十七字，小字同。前有陳繼儒序，稱：「韓、柳二集直從六書八法中來，古文奇字，纍纍錯綜於詩文之間，非卓識而大蓄，善記而巧悟，精熟于音韻之學問，未易措手。今檇李蔣君楚穉，崛起諸生，便有盡天下古文奇字之志，凡韓、柳集中師心妄駁、肆手影撰者，皆竄削之，訂訛補缺通計千有餘條，地里如指掌，歲月如貫珠，五易寒暑而後始成。昔六臣之注《文選》以博勝也，郭象之注《南華》以玄勝也，酈道元之注《水經》以韻勝也，劉孝標之注《世説》、裴松之注《三國》以旁出別見勝也，蔣楚穉之注韓、柳以精辨勝也」云云。其推許未免太過。然按其全註，雖曰輯注，而不及自註之多。自註于前人訓詁音義不甚詳稱，而于古今地里，當時史事，及其往來諸人交際歲月，皆旁搜博採，不憚其煩，是在注韓、柳諸家可謂別闢門庭，實則注家應有之義也。陳序云「地里如指掌，歲月如貫珠」二語可云括其要矣。此書明季始出，故藏書家多未著録。張南皮制軍《書目答問》載有《柳集》而不知有《韓集》，《韓集》殆以罕見而未寓目歟？

唐柳河東集四十五卷外集五卷遺文一卷　同上合刻本

《唐柳河東集》四十五卷，内四十四、四十五爲《非國語》上下，《外集》五卷《遺文》一卷爲雜著，一《揚子新注》，一《龍城録》。《龍城録》爲宋王銍僞託，乃并録之，是無識也。此亦蔣之翹注，一切與《韓集》同。張南皮《書目答問》載有此本，云楊廷理刻本，則非原刻本。又云「宋人《柳文音辯五百家注》已括此書内」。按南皮云云似未見其全注，亦不知其輯注之例略于前人訓詁音辯，詳于地里史事，與韓集同也。前載劉禹錫序，稱編次爲四十五通，行於世，據陳振孫《直齋書録解題》稱「劉禹錫序言編次其文爲三十二通」，此改爲四十五通，殊爲失實。之翹事蹟載《嘉興府志》，《志》云：「秀水蔣之翹，字楚穉，家貧好藏書。明末，避盜村居，收羅名人遺集數十種，選有《甲申前後集》，又嘗重纂《晉書》，校注《昌黎》、《河東集》。」朱彝尊《静志居詩話》云：「楚穉居射襄城，《楚詞》、《晉書》，韓、柳《文集》，鏤版以行，又嘗輯《檇李詩乘》四十卷。晚年無子，書籍散佚無餘，《詩乘》亦亡，可歎也。」陸心源《皕宋樓藏書志·九靈山房集》後有跋云：「我里蔣之翹，隱廛市間，有藏書之癖，虞山錢宗伯編《國朝詩集》嘗就其家借書，此卷首甲乙題字，宗伯蹟也。壬戌上元前二日鉏菜翁記。」按鉏菜翁，曹倦圃溶别號。蔣著有《天啓宫詞》，倦圃爲刻入《學海彙編》。蔣雖布衣，當時士大夫羣相推重，則其人固有足稱者矣。

唐李文公集十卷　南宋邵武坊刻本

唐李翺《文公集》十八卷，《四庫全書總目提要》云：「其集《唐·藝文志》作十八卷，趙汸《東山[一]存稿》有《書後》一篇，稱『《李文公集》十八卷，四百篇』，與《唐志》合，陳振孫《書録解題》則云『蜀本分二十卷』。近世凡有二本，一爲明景泰間河東邢讓鈔本，國朝徐養元刻之，譌謬最甚。此本爲毛晉所刊，仍十八卷。」按《提要》云毛晉刊者即毛氏汲古閣刻《三唐人集》之一也。明徐𤊹《紅雨樓題跋記》云：「《李文公集》十八卷，景祐三年歐陽文忠序之，又爲之跋。余家藏有舊本，序次稍異，乃邵武郡守馮師虞所梓，版存郡齋。此本首無歐序，而更以玉融何方伯宜序，刻在景泰乙亥，邵武本刻在成化乙未，互有魚魯之誤，因兩存之。」徐氏此語殊不明晰。成化乙未刻者爲邵武郡守馮師虞爲之序者，何宜此本前無歐序，後有景泰乙亥河東邢讓識，略云：「暇日於寅友陳君緝熙所獲覩是編，遂躬鈔録以備一家之言云。」似馮係因得邢讓鈔本付刻者，邢識只云鈔録，不云刊行，其明證也。馮刻黑口版，半葉十行，行二十字，偶有行十九字者。目録大題「唐李文公集」，下隔兩字云「總一十八卷凡一百三首，二首原闕。」次行低二字云「唐山南東道節度使檢校户部尚書」，三行平「部」字起云「李翺字習之」，四行低一字云「第一卷賦三首」，以下逐卷分類目次。正卷大題「李文卷第一」，不再題撰人名，二行低一字云「賦三首」，三行低二字即賦三首目。版心「一卷」、「二卷」等字在黑口下，「李文」二字在白魚尾上。葉數起一號至十八卷末通聯，計一百五十四號止，中有補刻即注「補」字于版心。徐氏云「藏有舊本乃邵武郡守馮師虞所梓，版存郡齋」，又云：「此本首無歐序，而更以玉融何方伯宜序，刻在景泰。」徐如以舊本爲馮刻，則何序即爲馮作，明題成化乙未，並非刻在景泰〔二〕乙亥，如以此本云云屬第二本，則成化本正無歐序而有何序者，何得析而爲二。然則徐所云舊本次序稍異者，究屬何時何人所刻，疑莫能明也。此本大黑口版，半葉十行，行十九字。首爲李翺傳，次爲歐文忠《讀李翺文》，即徐所謂有歐序者。文後即銜接題「唐李文公集」，下一行低四字云「總一十八卷凡一百三首二首原闕。」，又下一行低一字云「唐山南東道節度使檢校户部尚書」，又下一行下云「李翺字習之」，餘同成化本。後有歐文忠跋，與成化本同。正卷大題「李文卷第一」，款亦與成化本同。版心祇「李文」二字，不載卷第，葉數起歐序一號至十八卷一百五十三號止。後無景泰邢讓跋，前無重刻序。舊爲湘鄉曾文正公家藏書，有文正題記，稱爲「漁洋八世孫信甫比部家藏」，莫子偲定爲南宋末年邵武坊本。莫固精于版本之學者，其言爲可信。李翺傳邊闌外有「嵩水長」三字朱文篆書小長方印，「住雲書屋」四字朱文篆書長方内橢圓印，「信而好古」四字朱文篆書方印，「碩德堂」三字二白一朱文篆書方印，「芳茂山人」四字朱文篆書大長方印；卷第一下有「紅豆書屋」四字朱文篆書長方印，闌匡外有「王氏伯欽」四字白文篆書方印；卷第十八末有「嘯歌深處」四字白文篆書方印；歐跋後有「信而好古」四字朱文篆書方印，「紅豆書屋」印，其餘「玉山布衣」、「青箱世業」、「三槐後裔」等朱文印，又有「家珍奇書」四字白文篆書印。以余所知，「芳茂山人」，陽胡孫星衍也；「紅豆書屋」，元和惠士奇也；餘涉王氏或即漁洋後人之印。又有文正孫廣鈞印，蓋近日從其家散出者。此本字體于古拙中有流動之致，紙薄而有羅紋，莫子偲定爲宋本，殆以此爲證驗耶？

〔二〕「東山」，原作「山東」，誤，據《四庫全書總目》改。

〔二〕「泰」原訛作「恭」。

唐歐陽先生集八卷　影寫明萬曆丙午曹學佺序徐㶿刻本

《唐歐陽行周文集》八卷《附録》一卷，影鈔明萬曆丙午徐㶿刻本。前有曹學佺序。此書《四庫全書總目》集部别集類著録，題《歐陽行周集》十卷，《提要》不云所録何本，考宋晁公武《郡齋讀書志》、陳振孫《直齋書録解題》均作十卷。明弘治十七年莊㮚翻宋本爲黑口本，每半葉十行，行廿二字。正德中有重刻，版式略小，行字相同。又有書坊劉弘毅慎獨齋刻本，半葉十行，行二十字，亦十卷本。十卷本分類爲賦一卷，雜著即詩。二卷、三卷，銘四卷，記五卷，頌六卷，論附。雜著述、箴、弔文、碑文、册文。七卷，書八卷，序九卷、十卷。此本爲賦一卷，四言古詩、五言古詩、七言古詩二卷，五言律詩、五言排律、七言律詩、五言絶句、七言絶句三卷，記四卷，傳附。銘、頌、箴、論五卷，述文、弔文、册文七卷，序七卷、八卷。兩本詩文全十卷，詩不分類。此本賦類多《秋月賦》。詩文題目十卷本多删篇，此本獨詳。疑十卷本外别有此本，徐氏據以重刊。藏書家又以徐刻罕見，故從而影鈔之。舊爲歷城馬國翰玉函山房所藏，附葉中有「玉函山房」四字朱文篆書方印，重裝時誤爲匠人撤去，久而始知，不可覓矣。

孟東野集十卷　舊鈔本

舊本《孟東野集》十卷，似是舊人校定將以付刻之本。中引宋刻、元刻、時刻作「某云云」，所謂時刻多與汲古閣刻本相合，所謂宋、元刻間有與席刻《百家唐詩》本相合者，亦有不合者。世言席刻多據宋本，不盡然已。序首葉鈐有朱文「簡齋」方印，此非袁枚之「簡齋」印，袁印長方而小，非方印。詩首葉鈐有「竹窗」橢圓朱文小印，竹窗爲高江村士奇别號，此或爲其所收藏者。是可定此鈔本之出于國初舊鈔，非蘇、揚間書坊行貨也。光緒癸巳夏六月二十六日立秋節記。

李長吉昌谷集句解定本四卷　明天啓中茅氏刻本，查聲山學士評校

《昌谷集》四卷，明天啓中吴興茅氏刻本。每半葉九行，行二十字。同時刻有《李衛公集》，版式行字與此相同。此本卷首標題云「李長吉昌谷集句解定本卷之一」，餘卷同。次行「辱菴姚佺山期箋閲」。三行「積公丘象升曙戒」，四行「廣陽蔣文運玄扈」，「同評」二字跨三四兩行名字下。五行「西貞丘象隨季貞辯注」。明季刻書陋劣，殊不足重，惟此本經海寧查聲山學士昇用朱筆詳校評點圈句，朱改大題云「李奉禮詩集卷第二」，自來刻本無此題稱。前有學士識語一段，在目録後，不言所據何本，朱筆改字添字處甚多，惟間一稱金本、宋本、一本，或稱一作，均不詳其出處，文人結習，與談考據者不同。惜哉！諸本散亡，不能一一遍校耳。卷首弁語下有「讀中秘書」四字白文篆書方印，「太史之章」四字朱文篆書大方印，「海寧查聲山名昇印」八字白文篆書大方印。又有「湘潭黄氏聽天命齋藏本」十字朱文篆書長方印，蓋近出縣人黄姓家者，黄名埴，吾故友黄脩原觀察篤恭之封翁也。

李昌谷詩集注三卷　顧氏秀野草堂刻本

王文簡士禛《居易録》云：「顧氏秀野草堂刻有曾益注《李昌谷集》三卷，又《温八叉集》四卷。此二

書向不經見，諸藏書目亦鮮著録。乾隆中王琦注《昌谷集》，前列評注諸家爵里姓氏考，中有此書。王注行而曾注益晦，宜世人不知之矣。昌谷詩體奇麗，爲古樂府之遺，自來讀者不易索解，注家亦然。曾、王特伯仲耳。而其書之傳不傳則有幸有不幸，即如《温庭筠詩集》，今日通行爲顧予咸、顧嗣立父子注本，誰復知予咸先刻有曾益注本，而予咸父子所注即以此曾注爲先河耶？」文簡與顧氏爲同時人，尚云「其書不經見」。從子康侯兄弟先後并得兩集，且均爲初印，安得不等于鎮庫之本什襲藏之。予咸江蘇長洲人，順治丁亥進士，授寧晉知縣，調知山陰，舉卓異，擢刑部主事，調吏部，遷考功員外郎，移疾歸歿，後里人立祠祀之。子嗣立字俠君，康熙壬辰進士，選庶吉士，散館外補未就，歸所居秀野草堂，常集四方名士觴詠其中，風流文雅，照燿一時。所選元人詩初、二、三集，注昌谷、飛卿二家詩，詩林韶頀，盛行於世。事詳《乾隆蘇州府志》。蓋輕財好義，其家學然也。

温八叉集注四卷　同上刻本

《温八叉集》四卷，曾益注，顧予咸秀野草堂刻本。每半葉九行，行廿字。益字謙，前明山陰人，見所注《昌谷集》同縣王思任序。《昌谷集》結銜一行云「明會稽曾益釋」，亦顧氏刻本。此本結銜兩行，一行「古吴顧予咸參校」，一行「會稽曾益釋」，則已入國朝矣。予咸子嗣立注《温飛卿詩集·後序》稱：「先考功令山陰時，邑人曾君名益，字謙，注温庭筠詩四卷，曰《八叉集》。先考功謂其用心良苦，特鳩工剞劂，流傳一時。後歷銓曹，歸里，葺治雅園，寄情詩酒，間嘗繙閲曾注，惜其闕佚頗多，援引亦不免穿鑿，重爲箋注，未畢而先考功殁世，時嗣立甫五歲耳。荏苒迄今，年過三十，濩落一無成就，惴惴焉惟隕越先業是懼，用是鍵户校勘，薈粹羣書，所增者約十之三四，而曾注誤釋譌謬，痛加芟汰，又約計十之五六。凡此皆本先考功之意，不敢妄生臆見。」云云。後題「康熙三十六年乙丑正月。」據序予咸没時嗣立甫五歲，以三十六年正月上推之，則嗣立爲二年生，予咸没于順治十五年，其由山陰令推升吏部考功旋即歸里，則令山陰當在順治初年，是此集亦順治初年刻矣。仁和邵懿辰《批注四庫全書簡明目録》有明刻《温八叉集》四卷，蓋即此本，以順治時刻工、字體尚沿明末風氣，故不能分辨也。此本《天一閣書目》亦載之，可見范氏子孫至國初猶陸續收藏，並不以時本賤之。而范氏藏書世澤亦于此可見矣。

杜樊川集二十卷 明仿宋本

明仿宋《杜樊川集》二十卷，半葉十行，行十八字。錢曾《讀書敏求記》云：「牧之集，舊人從宋本摹寫者，新刻校之無大異。此翻宋雕之佳也。」錢氏所謂新刻蓋即此本。刻本今在常熟瞿氏鐵琴銅劍樓，據云：「嘉靖刻本，全仿宋本，楮印亦精好。卷首有『錢興祖印』、『錢孝修圖書印』二朱記。」興祖曾從子，亦富藏書，當時距刻本僅三四十年，已爲錢氏推重。今日明本益見寥落，似此仿宋精美紙幅寛大，安得不等爲鎮庫寶耶？

又一部 同上刻本，何子貞批評

明仿宋半葉十行行十八字本《杜樊川集》二十卷，錢曾《讀書敏求記》所稱新刻翻宋雕之佳者也。但非初印本，以字畫之筆鋒、匡綫之輕匀皆遠遜初印之精美。從子康侯本藏有初印者，定侯復以重值重購此本，則以其爲道州何氏收藏，又經子貞太史句讀圈點。太史書名重海内，且工於詩，凡古人集經其批評，可以使後學作詩得無數門徑，雖王漁洋之評杜、朱竹垞之評玉谿、紀文達之評蘇詩正不多讓也。書本六册，太史合爲兩册，書根猶其手書，故略爲綫裝，餘一切皆仍其舊。書面題「樊川集上」、「樊川集下」，總評「出奇無窮」四字。又上册書面題云：「同治庚午正月，安下因紙敝缺字。寓廬閲起，廿日登舟，廿三過艹似是「落」字缺損。□此字全缺。氵，似是「湖」字。廿四至蕪湖，阻風，廿七至繁昌，未泊，閲竟。蝯叟記。」下册外集卷尾空行跋云：「庚午正月廿七日舟過繁昌閲畢。時由皖將往金陵，記動手將十日矣。蝯叟記。」卷中各詩逐句皆有圈點，匡闌上間有評語，想見先輩讀書之用心，于古人集全不肯滑口讀過，是固可師也已。據太史嗣君伯源孝廉慶涵撰太史行述，太史生于嘉慶四年己未，卒于同治十二年癸酉，年七十五歲。同治庚午爲七十二歲，耄而好學，雖舟車間手不釋卷，其精神信有過人者。藏山傳人，豈無真實力量者所能企及哉？丙寅九月望日郎園葉德輝記。

李義山詩集六卷　明嘉靖庚戌毗陵蔣氏刻本

唐李商隱詩集，《唐書・藝文志》云：「《玉谿生詩》三卷。」《宋史・藝文志》則并文賦分載，而云詩集三卷。宋衢州本晁公武《讀書志》云：「《玉溪生詩》三卷。」陳振孫《直齋書録解題》云：「《李義山集》三卷。」蓋自宋以來所傳皆如此，故毛晉汲古閣刊《八唐人集》，席啓寓刊《百家唐詩》皆因之無異同也。此明嘉靖庚戌毗陵蔣氏刻《中唐人集十二家》之一，其本分體，始五言古，終七言絶，爲六卷。半葉十行，行廿字。句中間附小注「一作某」，皆世行本所無。以錢牧翁手校宋鈔本證之，往往與之相合，知必有所本矣。自元遺山有「詩家總愛西崑好，可惜無人作鄭箋」論詩之作，于是注家紛起，如明釋道源，近代朱鶴齡、程夢星、屈復、姚培謙、馮浩諸人，各出手眼，争爲義山功臣。其注本有仍三卷本之舊者，有改爲編年者，惟白文分類本則未之有，有之僅此本耳。義山詩以獺祭爲工，世無李善注《選》之才，終不免失之穿鑿。余恒思得一白文善本，一洗塵障。除毛、席二刻外，不獲一稍舊之本，取便流覽，今得此本可謂如願相償矣。書前有「長洲龔氏羣玉山房藏書記」朱文中方印，又有「野夫所藏」朱文小方印，蓋二百餘年未出蘇境。自來蘇人如汪閬源藝芸書舍、黄蕘翁百宋一廛收藏舊刻書極多，獨未涉及毗陵蔣刻唐詩一種，則其本之希見可知矣。己未初夏芒種。

李義山文集箋注十卷 康熙戊子徐氏刻本

此爲《四庫》著録之本，説詳《提要》。崐山徐氏刻書之精，當時甲於天下。此印本雖稍後，而字畫完整，使讀者能爽心豁目。注文亦簡要有法，不隔斷文意，讀本中當推此爲第一矣。義山文尚不止此，後有錢振倫《樊南文補編注》，皆此本所無，予並購得之。吾家子弟有欲工玉谿體者，可以窺全豹已。丙申九月下旬之三日麗廔主人記。

李羣玉詩集三卷後集五卷　影宋陳道人書棚本

影宋本《李羣玉集》三卷《後集》五卷，半葉十行，行十八字。《後集》前載《羣玉進詩表》、令狐绹《薦羣玉狀》三葉，第七行有「臨安府棚前睦親坊南陳宅書籍鋪刊行」字一行，卷第五末有「臨安府棚北大街睦親坊南陳解元書籍鋪印」字一行。又有「泰興季振宜滄葦氏珍藏」字一行，蓋宋本爲季氏舊藏，故有此一行字也。正集目録下有「小瑯嬛福地繕鈔珍藏」九字白文篆書大方印，又有「成此書，費辛苦。後之人，其鑒我」十二字朱文篆書大方印。目録後有「江南昭文張燮子和小瑯嬛福地藏書記」十六字朱文篆書大長方印，又有「平生減産爲收書，三十年來萬卷餘。寄語兒孫勤雒誦，莫教棄擲飽蟫魚。蕘友氏識」三十二字朱文篆書大方印。卷上闌邊上有「小瑯嬛福地」五字朱文篆書横方印；下有「蓉鏡私印」四字〔一〕朱文篆書方印，又有「琴川張氏小瑯◎福地藏書」〔二〕十一字朱文篆書方印；闌邊外有「姚畹真印」四字白文篆書方印，「芙初女史」朱文篆書方印。卷中闌邊外有「芙初女士姚畹真印」八字朱文篆書方印。後集目録後有「琴川張氏小瑯◎福地繕鈔祕册記」十四字朱文篆書大長方印，餘印同前。子和名燮，昭文人，乾隆癸丑進士，官浙江寧、紹、台道，詳龐鴻文《常昭合志・耆舊》。與黄蕘圃主事丕烈鄉舉同年，芙川其子也，名蓉鏡。《士禮居藏書題跋記》題《明秀集》詩：「琉璃廠裏兩書淫，蕘友蕘翁是素心。我羨小瑯嬛福地，子孫世守到于今。道光四年甲申，蕘翁爲芙川世講書於百宋一廛。」又題《永嘉四靈詩》：「昭文同年張子和藏書也。余與子和相得，以彼此藏書故。猶憶癸丑同上春官，邸寓各近琉璃廠，一時有『兩書淫』之目。」蓋蕘友即子和别號，姚畹真蓉鏡婦也，號芙初女史。此書未經他姓收藏，故止一門印記。末有「宋廛一翁」二跋，又有「道光甲申清和月中澣九日百宋一廛主人蕘夫識」一跋，述藏書及影鈔此書原委。宋本多缺字，《欽定全唐詩》多補之。如《競渡時在湖外偶爲成章》首句留墨塊，缺二字，《全唐詩》補「雷奔」二字。《贈方處》一首，「天池俟」下留墨塊，缺一字，《全唐詩》補「飛」字。《感興四首》第二首「織女了無」下留墨塊，缺一字，《全唐詩》補「語」字。《法華微上人》一首，「海日天」下留墨塊，缺一字，《全唐詩》補「光」字，下注「一作風」。卷下《初月二首》第二首「細」下留墨塊，缺一字，《全唐詩》補「魄」字。後集卷第一《飯僧》一首，「來尋」下留墨塊，缺一字，《全唐詩》補「幽」字，下注「一作龐」。卷第二《將之京國》一首，「南冠」下留墨塊，缺一字，《全唐詩》補「束」字。《始忝四座奏狀聞薦蒙恩授官》一首，「翔泳皆」下留墨塊，缺二字，《全唐詩》補「沖融」二字。又《百神儼》下留墨塊，缺一字，《全唐詩》補「云」字。卷第三《廣州陪涼公從叔越臺宴集》一首，末句「珠履三千半似」下留墨塊，補「泥」字。卷第五《龍安寺佳人阿最歌八首》，第七首首句留墨塊，缺五字，《全唐詩》補「素腕撩金索」五字。《惱自澄》一首，「紅芳點」下留墨塊，缺一字，《全唐詩》補「袈」字。證以席氏刻《百家唐詩》本，《全唐詩》有據席〔三〕本補，有不據席本補者。前集《贈方處士》一首，「天池俟」下補「飛」字，後集《龍安寺佳人阿最歌》第七首補「素腕撩金索」句，皆據席本補者。前集《感興》第二首「織女了無語」，席本作「織女年無别」，《初月》第二首「細魄向娟娟」，席本作「細細」；後集《始忝四座奏狀聞薦蒙恩授官》一首「百神儼云亭」，席本作「百神儼儼亭」，《廣州陪涼公從叔越臺宴集》一首「珠履三千半似泥」，席本作「半似齊」，皆不據席本補者。餘則宋本、席本同缺，《全唐詩》不知據何本所補。席本後集卷五末有「東山席氏悉从宋本刊于琴川書屋」木牌記，是所據亦宋本，而其墨塊缺字較此本尤多，不知何故。若宋本缺字，《全唐詩》未補者，如前集《王内人琵琶引》末句七字只存「皓腕翻」三字，下留墨塊一行；《大雲池泛舟》「古木下」留墨塊，缺三字，《全唐詩》于題注云「第五句缺三字」。其《琵琶引》並不注全首，至「皓腕翻」三字止，似此詩已完者，不知館臣何以疏忽若此。書棚本以唐人詩集爲多，明郎瑛《七修類稿》言：「陳道人刻詩于缺字處多以意補。」今觀此集缺而未補者正多，則郎氏之言亦有未可全信者矣。

〔一〕原重「四字」二字，據文意删。

〔二〕此印原奪「氏」字，據下文印文補。

〔三〕「據」下原奪「席」字，據文意補。

碧雲集三卷 同上影寫本

《碧雲集》三卷，與前《李羣玉集》同爲常熟張氏小琅嬛福地影宋書棚本。首卷序闌邊上有「小琅嬛福地」朱文篆書横方印；下有「小瑯嬛福地繕鈔珍藏」九字朱文篆書大方印，「成此書，費辛苦。後之人，其鑒我」十二字朱文篆書大方印。目録闌邊上有「琴川張氏小瑯◎福地藏書」十一字朱文篆書方印；下有「小瑯嬛福地張氏藏」八字白文篆書方印，「蓉鏡私印」四字朱文篆書方印。卷上闌邊外有「祕帙」二字朱文方印；下有「姚畹真印」四字白文篆書方印，「芙初女史」四字朱文篆書方印，又有「琴川望族」四字白文篆書大方印；卷後闌邊外有「芙初女士姚畹真印」八字朱文篆書方印。卷中闌邊外有「琴川望族」印、「姚畹真印」、「芙初女史」印，内有「張蓉鏡印」四字白文篆書方印。卷下末葉後半葉第七行有「泰興季振宜滄葦氏珍藏」字一行，有「張燮」二字朱文篆書方印，「癸丑詞臣」四字白文篆書方印。此本墨塊缺字絶少，僅卷上《送盧阜僧歸山陽》一首題目「盧」下空白一字，據目録是「阜」字；卷下《經古寺》一首「栖鳥」下留墨塊缺一字，據席本是「入」字。又席本《所思》一首末句「獨」下缺「立水橋邊」四字，又下缺詩八首。席本于《所思》題下注明《全唐詩》未缺。餘則席本每卷皆有墨塊缺字一二處。按其卷數篇次及卷前撰人官銜，似同一宋本。席本初印精本今亦罕見，不得因有此本而輕視之也。

劉拾遺集不分卷 明崇禎庚辰閔齊伋刻本

此《劉蛻文集》爲明崇禎庚辰閔齊伋刻《大中兩儁》之一。首葉書面總題「大中兩儁」四字，版心上題「劉拾遺集」四字，無魚尾，葉數小字，刻近下闌匡内。每半葉九行，行十八字。前有閔序，稱其「《文集》十卷，僅見新安吴氏所校本如干篇」云云。按，吴氏即天啓甲子吴馡合刻《劉集》及《孫樵集》二家之人。但吴本稱《劉蛻集》前書面題「唐名家文集」五大字，「劉蛻孫樵合刻」六小字。每半葉七行，行十六字。其版式有闌匡無墨綫，如支那本佛經。無版心，中刻「劉蛻集一卷」至「十卷」。卷各有目，文即銜接刻。此則全改其版式行字。明人刻書，喜各出己意，不守舊第，又不獨閔刻[二]如此。《四庫全書總目》集部别集類著録《文泉子》一卷，《提要》云：「集十卷，今已不傳。此本爲崇禎庚辰閩人韓錫所編，僅存一卷，蓋從

《文苑英華》諸書採出，非其舊帙。」則崇禎庚辰同時有兩刻本矣。

〔一〕「閔刻」原訛作「刻閔」，係倒文。

孫職方集不分卷 同上刻本

《孫樵文集》爲閔齊伋合刻《大中兩儁》本之一，版式行字與《劉拾遺集》同。目分十卷，而刻本通爲一卷。孫樵自序後低二字附閔識云：「家有寫本，爲吾亡友潘昭度所貽，存篋中久矣。庚辰春，客有示我南都吴門二刻者，方駕，得異同幾二百字，文止卅五篇，異同爾許，是亦得失之林，敢就淹雅正焉。烏程閔齊伋。」共字四行。按，閔稱「吴門二刻」者，蓋指天啓甲子吴馡合刻《劉孫二家集》本及毛晉汲古閣刻《三唐人集》本也。《四庫全書總目》集部别集類《孫可之集》十卷，《提要》云：「《唐書・藝文志》、《通志》、《通考》皆載樵《經緯集》三卷，《書録解題》稱樵自爲序，凡三十五篇。此本十卷爲毛晉汲古閣刊，王鏊從内閣鈔出。」是毛刻亦出傳鈔，其與齊伋所據之寫本多有異同，或别有所本，可以考信。當檢諸本一合勘之，惜乎牽于人事未暇握管也。天啓吴馡刻本題《唐孫樵集》，與劉合刻，余有之。

笠澤叢書四卷補遺一卷 雍正辛亥江都陸鍾輝仿元至元庚辰陸㥛原刻本

曩檢南皮張文襄之洞《書目答問》，集類《笠澤叢書》載有兩本，一本四卷《補遺》一卷，注仿宋刊本；一本七卷《補遺》一卷《附考》一卷，注許槤編刻本。其云仿宋刊本者，當即此仿元本，誤以爲仿宋；其云許槤編刻本者則嘉慶己卯許槤重刊宋樊開七卷本也。兩本余皆有之，元本分甲乙丙丁四卷，《補遺》一卷，後有元至元仍紀元之五年歲在庚辰七月一日十一世孫𢡟原跋，前書面題「碧筠草堂重雕」，然無重刊時序跋，不知何時何人所雕。後見近時姚覲元大叠山房影刊此本，後有雍正辛亥江都陸鍾輝跋，乃之〔二〕原本爲鍾輝所刻，余藏本缺此跋，故不得其詳耳。《四庫全書簡明目録》仁和邵懿辰批注列碧筠草堂仿元本云：「吴人王岐所寫，不無訛字。」又云：「宋刊本祇上下二卷，《補遺》一卷，元刊乃分四卷。」莫友芝《郘亭知見傳本書目》列雍正辛亥江都陸鍾輝覆元至元庚辰本，又列碧雲堂覆元至元庚辰本。邵、莫兩目于陸本外並列許槤本。頃從子康侯、定侯兄弟從書估獲此本，後有陸鍾輝跋，但書面非「碧筠草堂重雕」，乃「水雲漁屋刊本」六字，初印精絶。取余藏碧筠草堂本校之，乃知同是一版，而水雲漁屋印在先，碧筠草堂印在後。雖不知水雲漁屋是否爲陸氏主名，而碧筠草堂印既在後，則非陸氏初本可知矣。定侯疑水雲漁屋爲陸氏原題，碧筠草堂後版片轉鬻他人改題。以無他證，未敢遽斷。定侯又藏有吴門顧槤重刊陸本，無年月序跋，惟首葉鈐有「中吴顧槤手校重刊」八字朱文篆書長方印，字畫較陸刻肥大，不及陸本之秀逸。槤字肇聲，吴縣人，官陝西蒲城縣知縣，入爲中書舍人，所撰詩古文名《碧雲堂集》，詳彭啓豐《芝庭文集・顧君墓誌銘》。莫目所稱碧雲堂覆元至元庚辰精本者即此也。吴壽暘《拜經樓藏書題跋記》載其本，云：「右中吴顧氏刻本，先君子以諸本校凡五次，並補録《小名録序》、王益祥跋、陸鍾輝跋，及明王良楝、康熙丁卯龔蘅圃、阮善長諸題識，其始末具詳《愚谷文存》跋中。此本記云：『甲午秋日借錢唐郁宣東歗軒舊鈔本校，用硃筆；復用拜經樓藏本校，用緑筆；乙未二月以文又購得林广山先生鈔本，用藍筆校；丙申秋仲復從海鹽吾太學以方借其照宋本校正陸氏刊本，用墨筆，並補録《小名録序》及跋。』」又録《張文漁徵君書》，略言：「《笠澤叢書》余向有碧筠草堂刊本，好友陸白齋又贈何義門先生校本，自喜所藏稱善矣。按碧筠本吴人王岐所書，筆訛尤多，先生一一改正。」又載陸本云：「右陸氏刻本，先君子從慈谿畢氏所藏何義門先生校本、烏程嚴氏所藏何仲子校本勘對。」「先君子書後云：『乾隆丁酉夏日，鮑君以文爲借得慈谿畢氏所藏何義門先生校本，因傳録于此。《叢書》舛譌至多，予廣求善本讎比，至此凡七本矣。常欲别刊一本，以正江都、吴下二刻之失，未知何時得遂斯願也。甲寅夏日，烏程嚴久能茂才又以所藏何仲子小山手校本見借，因復校一過。』」又記義門先生跋後云：『畢本後附宋刻《叢書》八卷目録，與予舊鈔本略同，故不録。兔牀記。』」「又書卷首云：『陳直齋云《叢書》爲甲乙丙丁者詩文雜記，政和中朱袞刊之吴江，未有賦，用蜀本增入。蜀本七卷，郫人樊開所序。據陳氏之説，是蜀本刊在朱袞前矣。自元符庚辰至政和辛卯凡十二年。予舊有鈔本七卷《笠澤叢書》，以諸本會勘之，定爲蜀本，倘能刊之，當遠勝此本矣。』」又載一本云：「右亦陸氏刻本，前有甫里先生像，馮君補亭所贈。」按吴跋所載諸本，如陸、如顧皆從元刻翻雕，而顧本尤稀見。若題水雲漁屋刊本者，藏書家更無有知之者矣。大抵版本之學，審定至難，往往有此人所刻轉售他人，一經改題，而藏書家誤以爲兩人刻本者。就近日所見如同治甲戌吴門浦氏仿宋小字本《説文解字》，即購得孫星衍平津館刻原版，于標目後補刻「同治甲戌蘇城陶升甫摹刻」十一字，前書面改題「同治甲戌冬月東吴浦氏校定宋本重刊」十六字篆書牌記。上海書估鮑某得秦鑒汗筠齋所刻王復輯《鄭志》、《駁五經異義》、《箴膏肓》、《起廢疾》、《發墨守》及錢東垣輯宋《崇文總目》、錢大昭撰《後漢書補表》，彙編爲《後不知齋叢書》，並不述明緣起，而攘他人刻本爲己有。若斯之類，苟非字字比校，并其版匡墨綫逐一細勘，又誰從而發其覆窮其根也？如此水雲漁屋本《笠澤叢書》即碧筠草堂本《笠澤叢書》，自非目見兩本，烏能爲之判定明白？康侯兄弟日日搜訪舊書，篤好異本重本，與余同癖，余知其目見耳聞者益擴，其於版本之辨別必更有進焉者矣。丙寅九月望日郋園老人葉德輝記。

〔一〕「之」疑爲「知」之誤，音近而訛。

又一部　碧筠草堂重雕元至元庚辰陸悳原刻本

此碧筠草堂仿元至元本《笠澤叢書》四卷《補遺》一卷，余收藏將四十年，不知何人所刻。據南皮張文襄之洞《書目答問》集類《笠澤叢書》載有兩本，一本四卷《補遺》一卷，注仿宋刊本；一本七卷《補遺》一卷，注許梿編刻本。其稱仿宋刊本者既未詳刻書年月，亦不注刻書人姓名，余意其所見必此仿元本，誤以爲仿宋耳。近代精刻善本書，藏書家多不著于目，惟孫星衍《孫忠愍祠堂書目》并載近刻，揭揚丁日昌《持静齋書目》亦新舊雜收。《孫目》詞賦第十于《甫里先生集》後云：「又《笠澤叢書》三卷，唐陸龜蒙撰。」不注何時刻本。丁《目》則于書名下注雍正辛卯江都陸鍾輝覆元至元庚辰陸悳原本、碧筠草堂覆元至元陸悳原本，云俱初印，精善。而碧筠草堂本究不知爲何人刻。吳壽暘《拜經樓藏書題跋記》有中吳顧氏本，又有陸氏刻本。顧氏者顧楗，陸氏者陸鍾輝也。光緒間姚覲元大疊山房重雕元陸𥥆原本，後有雍正辛卯陸鍾輝跋，審其版式行字即影刊碧筠草堂本。是時余以爲余所藏碧筠草堂本即陸鍾輝本，余本失去陸跋，固不知其詳耳。《四庫全書簡明目録》仁和邵懿辰批注云：「碧筠草堂仿元刊本，吴人王岐所寫，不無訛字。」莫友芝《郘亭知見傳本書目》有雍正辛亥江都陸鍾輝覆元至元庚辰陸𥥆原刻本，又有碧雲堂覆元至元庚辰本。「碧雲堂」爲顧楗所撰詩古文集名，則碧雲堂乃顧本也。余己未春間在上海書友楊壽祺來青閣見此書，書面題「碧筠草堂重雕」，卷首鈐「中吴顧楗手校重刊」八字朱文篆書長方印。又在書友李子東寓所見一部，亦碧筠草堂本，其敍目下鈐「碧筠草堂」四字朱文篆書大方印，亟馳書康侯、定侯、東明三人，告以碧筠草堂本爲顧楗刻本，以爲如此論定矣。乃是年冬盡回湘，康侯持顧楗本與余藏碧筠草堂本相較，則全然是兩刻本。陸本字體秀逸，顧本字體肥大，于是始疑上海所見書面題碧筠草堂重雕中有顧楗印者，或書估以顧本無書面借碧筠草堂本書面配之。既爲碧筠草堂本作跋矣，仍將此跋撤去，以其審定未確貽誤後進也。頃定侯以重值獲一陸鍾輝本，書面題「水雲漁屋刊本」，其書爲最初印本，字畫之鋒芒，匡綫之劃一，實爲至精至美之本。隨取碧筠草堂本逐句逐字兩相勘證，則兩本實出一版。水雲漁屋印在先，碧筠草堂印在後，故碧筠草堂本字畫已鋒芒稍失，匡綫亦間多斷裂。然皆與顧本不相符合。然則余在上海所見碧筠草堂本鈐有顧楗印者書面豈從他本移來配合者耶？抑顧氏碧雲堂之外别有此碧筠草堂之名耶？要之水雲漁屋本確爲陸鍾輝版初刻成新印之書，碧筠草堂本似印在百册以外字畫失其鋒芒者。至顧楗刻本行字與水雲漁屋、碧筠草堂兩本相同，而字較大又無陸鍾輝跋，是徑覆元至元本不得以爲陸本之重儓矣。

又一部 顧楗仿元後至元庚辰陸𢘅原刻本

《笠澤叢書》四卷《補遺》一卷，與余舊藏碧筠草堂覆元至元仍紀元之五年龜蒙十一世孫𢘅原刻本，版式行字一一相同，惟此本書法較肥，字亦較大，不及碧筠草堂本字體之秀發，其爲重寫校刊無疑義也。書前後無重刻人序跋，不知刻于何時。惟卷首首葉鈐有「中吳顧楗手校重刊」八字朱文篆書長方印，則刻者顧楗確有明證。據彭啓豐《芝庭集》十四《文林郎蒲城縣知縣顧君墓誌銘》，略言：「顧君諱楗，字肇聲。先世自金陵遷蘇州，君少力學，涉歷經史，兼通術數之書，屢赴省試不第，乃循例謁選吏部，初得直隸鹽山令。憲皇帝目之曰：『此人風格老成，改福建浦城縣。』至官，屢斷疑獄。時方重勸墾之令，浦城故無曠地，前官强民報墾稅之，君力請于上官，免其稅。期年，以母喪歸。乾隆七年服闋，補陝西蒲城縣，前官留獄至數百事，君取次審決，半年而獄清。賊殺王之博幼女，前令坐其叔母與人通致女死，抵死罪者三人，君察其冤，得雪。猾賊閻之發行竊數郡縣，君密跡突禽之，蒲城大寧。乃設書院，立義學，教諸生徒，士咸奮于學。遇大計，吏部列一等。君久勞于外，思得就閒，入貲爲中書舍人。既去蒲城，人爲立去思碑，扁其聽政之堂曰『青天白日』，君致書新任令撤去之。歸里不復出，以乾隆三十二年九月二十七日卒，年六十有五。所撰詩古文名《碧雲堂集》。」據此則顧楗通籍在雍正末年，服官中外，安有閒暇爲刻書之事？

則是書之刻必在歸里以後也。莫友芝《知見傳本書目》載雍正辛亥江都陸鍾輝覆元至元庚辰刻本，又云碧雲堂覆元至元庚辰本精，即此本也。但此本非重橅陸鍾輝本，乃仿元重寫校刻者，以其字體與陸本絶異，字較陸本肥大，不似元刻他書之流動圓活也。末葉陸惪原跋，今「清朝右文」云云，「清朝」字陸本不提行，此本提行，則顧氏殆依元版行格重寫再刊，故行式同，版匡及之，大小不同也。陸、顧兩刻吳壽暘《拜經藏書題跋記》均載之，于陸氏刻本下言：「先君子書後云：『《叢書》舛譌至多，予廣求善本讎比，至此凡七本矣。常欲別刻一本，以正江都、吳下二刻之失，未知何日得遂斯願也。』」按江都謂陸鍾輝本，吳下謂顧刻此本也。嘉慶己卯許槤校刻樊開七卷本，即由吳發其端，于陸、顧兩本多所校正。然大輅椎輪，開山之功固不得不推陸、顧矣。從子康侯、定侯兄弟藏此日久，近始新裝爲跋其後。

又一部七卷補遺一卷續補遺一卷附考一卷 嘉慶己卯許槤刻本

此嘉慶己卯許槤刻《笠澤叢書》七卷《補遺》一卷《續補遺》一卷《附考》一卷，乃此書至足至精之本。錢泰吉《曝書雜記》稱其用十餘年之力校勘手寫付梓，字仿歐陽率更，良可悅心，知當時固爲通人所推重矣。據許槤自序云：「近日士夫習氣，據一宋本而羣本概置勿論。明知一字一句之誤，無使改易，以爲至慎，是可慨已。」此殆爲顧千里、黃蕘圃一輩人而發，然此二者亦各明一義，不可執爲定論也。許氏刻書都出自手寫，幼時喜讀其寫刻《六朝文絜》一書，幾如韋編三絶，又獲其所刻吳玉搢《金石存》，亦出自手寫，均近刻中妙品。藏書家耳食宋、元，豈知此等書出自名人手書，即宋、元本亦不經見，安得不珍秘之。是書又有碧筠草堂重刻元本，字似松雪，精妙絶倫，與此本可云雙璧。光緒癸卯二月朔日跋。

黄御史集八卷附録一卷　明崇禎十一年裔孫鳴喬等校刻本

《黄御史集》，《四庫》著録十卷《附録》一卷，浙江汪啓淑家藏本。《提要》云：「是書淳熙初刻，再刻于明正德，三刻于萬曆，四刻于崇禎，此本即崇禎刻也。」案《浙江採集遺書總録》云：「一册，不載卷數。」又云：「宋淳熙刻，再刻于明正德，此則萬曆十二年重刻者。」《四庫》即浙江採進，而以爲崇禎刻，與《總録》之説不合。邵氏懿辰《批注簡明目》云：「一明正德重刊宋本，一明萬曆曹學佺本，一明崇禎黄氏刻本。」與《提要》之説合，而不云某刻幾卷。嘉慶間孫氏星衍編《祠堂書目》載此書八卷《附録》一卷，云：「明正德八年明曹學佺刻本。」蓋即萬曆本也。朱氏學勤《結一廬書目》亦載此書八卷《附録》一卷，云：「明正德重刊宋本。」則《提要》所謂正德本也。近人瞿氏鏞《鐵琴銅劍樓書目》有明刻十卷，云：「是書淳熙初有刻本，明正德、天啓皆有刻本。此則天啓年御史二十三世孫起有所刻也。有楊萬里、洪邁、謝諤、曹學佺序」云云。與諸家書目所載不同，而大致與此本相合。此本卷首有楊、洪、謝、曹四序，後有崇禎十一年二十二世孫鳴喬、鳴俊，二十三世孫起棉、起有、起雒凡例，云是集九世孫沃刻于宋淳熙丙申，二十世孫希英刻于正德癸酉，十九世孫廷良刻于萬曆甲申。後有二十三世孫起有校刊此書跋，又有天啓元年二十世孫崇翰所撰《年考》。但瞿云十卷，此實八卷；瞿云天啓，此則崇禎。其非一本斷然可知。豈天啓間别有一刻本歟？抑瞿氏所藏爲崇禎十卷本，誤以天啓崇翰所撰《年考》年月并于起有跋歟？第崇禎十卷本余未之見，而咸豐癸丑閩中所刻十卷與《四庫》本合，則崇禎似有十卷、八卷二本。何以此本凡例絶不涉及，豈十卷本又在此刻後歟？近日福山王氏重刊宋慶元本，敘録云：「《四庫》著録十卷，『十』字乃『八』字傳刻之誤。」此實臆斷不足爲據，他日往杭州西湖借文瀾閣本一校，則《四庫》之爲八卷、十卷不難了然矣。丙申八月廿五日，麗廔主人葉德輝識于都門瀏陽館寓齋。

去歲夏五薄遊西湖，曲院新荷，清涼入夢。冬間擬續前遊，一官雞肋，留滯不果，山靈騰笑，不獨有負墨緑[一]也。吾友李幼梅觀察浙中適攝鹾篆，因寓書一考此書閣本顛末。月餘得其覆書，據云閣本舊鈔已燬于赭寇，近日補鈔者據陸氏十萬卷樓藏鈔本過録，後佚《附録》一卷，不能定其何本。因原本每葉十六行，每行廿一字，與閣鈔本合，故疑自閣本出。後有嘉慶十五年王學貞跋，然則陸所據者爲王氏麟後山房刻本，非舊刻也。至王本或本出于閣本，則未可知。且其本實十卷，與《四庫提要》合，乃知福山王氏新刻本敘録云《四庫》十卷爲八卷之誤其説不足據矣。丁酉二月朔麗廔又記。

附録丁松生致李幼梅書

幼梅大公祖大人閣下：　前日接讀鈞諭並葉吏部函，祇悉種種。辰惟勛祉，增綏爲頌。弟杜門養疾，畏寒蝟縮，衰狀可哂。近更增以耳聾，益覺焦悶之至。承詢文瀾閣鈔本《黄御史集》，舊本已燬于兵燹，壬午重鈔十卷之本假之歸安陸氏。陸係嘉慶時舊鈔本，前有楊萬里、謝諤二序。每頁十六行，每行廿一字，行款與閣本合。疑即出于閣本，故即據以補鈔。惟後《附録》一卷已缺，至今尚待鈔配。今詳細推求，似乾隆《四庫》所著録是實係十卷本。其《附録》中載滔裔孫名補者遺文一首，見《提要》。今刻八卷卒無之，與《提要》不合，疑崇禎時刻本原有二本也。又欲鈔《文瀾閣書目》，當年補鈔時，分現存、待鈔、鈔成、待訪四類，按册鉤稽鈔繕，自易爲力，今事隔十餘年，昔時承鈔之人早已星散，且全書五萬餘册，細檢分列非月餘莫辦。兹呈上《待訪目》一册，除目中所列外，餘書均已案照《四庫總目》鈔配齊全。倘葉公遇有册中所列待訪之書，須卷數合符者，尚望代爲購鈔。至禱，至禱。肅復。祇請鈞安。治下丁丙頓首。

〔一〕「緑」疑爲「緣」之誤，形近而訛。

郋園讀書志卷八

集部 別集

花蕊夫人詩集一卷 明潘是仁刻本

此即花蕊夫人宫詞也。余舊藏毛晉緑君亭刻《三家宫詞》本、朱彝尊刻《十家宫詞》本。此明潘是仁刻《宋元名家詩》之一種，從子康侯並朱淑真《斷腸集》得之舊書肆中。以毛、朱二本互校，字句間時有異同，世無北宋刻，不能定其是非也。宋晁公武《郡齋讀書志》有《花蕊夫人詩》一卷，云：「僞蜀孟昶愛姬，青城費氏女，幼能屬文，長於詩，宫詞尤有思致。蜀平，以俘輸織室，後有罪賜死。」是晁氏所見本尚名《花蕊夫人詩》，不名宫詞也。

桂苑筆耕集二十卷 明高麗活字印本

唐高麗崔致遠《桂苑筆耕集》二十卷，余向有番禺潘仕誠刻《海山仙館叢書》本，後于友人處見有影鈔高麗活字印本，知高麗舊有刻本，留心訪求，未獲見也。書估某持求售書目一紙，中有此書，亟取閱云，乃知即高麗活字印本，因雜他書并購取焉。集中以《討黄巢檄文》最爲傑作，蓋致遠曾爲高駢淮南從事，《檄》即是時作也。據集後附進狀，知其年十二入中國，「觀光六年，金名榜尾」，是年十八登唐進士第。中「調授宣州溧水縣尉」，「及罷秩從職淮南，高侍中專委筆硯，軍書輻至，竭力抵當，四年用心，萬有餘首」，是全集幾乎盡在淮南時作。狀後稱「中和六年正月日前都統巡官承務郎侍御史内供奉賜紫金魚袋臣崔致遠狀奏」，皆在中國時官銜。中和爲僖宗三次改元，然只四年，無六年，此其回國後所奏進，不知中和六年已爲光啓二年也。

乖崖集十二卷附録一卷 精鈔本

宋張詠《乖崖集》十二卷《附録》一卷，墨格鈔本。每半葉十一行，行二十二字。目録後末葉有題字二行，云：「庚寅三月下缺五字。鈔鹽官馬寒中家鈔本，謬訛頗多，不敢逞臆改正，恐益失其真也。」又一行云：「壬寅七月，京華寓齋西圃居士校正。」下鈐「幽軾」二字白文篆書小橢圓印，目録下有「孔繇涵印」四字白文篆書方印，「葒谷」二字朱文篆書方印。蓋本衍聖公府舊藏。又序下有「西圃蔣氏手校鈔本」八字朱文篆書長方印。西圃名恭棐，長洲人，康熙辛丑進士，《江蘇府志》有傳。集中朱筆校改字甚多，蓋其手蹟也。余舊藏鈔本《唐摭言》亦蔣氏藏，知其藏書甚多，故一鱗一爪至今猶有流傳，全書出其校正，尤可寶貴。

鐔津集二十二卷 明永樂三年刻本

北宋釋契嵩《鐔津集》二十二卷，凡文十九卷，詩二卷，附録沙門唱和詩一卷，明天台沙原旭募刊，起洪武甲子春，訖永樂三年冬刊成。每卷後有僧俗人等助刊姓氏。上下黑口版，半葉十行，行十八字。《四庫全書總目》集部別集類著録，《提要》云：「是編爲明弘治己未嘉興僧如卺所刊，凡文十九卷，詩二卷，附録一卷。」蓋即據此本重刻者。《提要》又稱：「其博通内典，而不自參悟其義諦，乃恃氣求勝，嘵嘵然與儒者争。嘗作《原孝論》十餘篇，明儒、釋之一貫，以與當時闢佛者抗。又作《非韓》三十篇，以力詆韓愈。又作《論原》四十篇，反覆强辨，援儒以入墨。以儒理論之，固爲偏駁，即以彼法論之，亦嗔癡之念太重，非所謂解脱纏縛，空種種人我相者。第就文論文，則筆力雄偉，論端鋒起，實能自暢其説，亦緇徒之雄于文者也。」按，《提要》評論契嵩之文抑揚可云至當。北宋自柳仲塗變唐人偶儷爲古文，風氣爲之一變。契嵩生當仁宗慶曆、皇祐間人文極盛之世，耳濡目染，得師甚多，而又長于辨才，學足以濟其筆舌，宜其沙門奉爲護法。儒者愛其文章，一集流傳，爲人珍秘。自此刻以後，弘治、萬曆一再重刻。以視釋惠洪《石門文字禪》所存僅釋藏支部本者，其風行一時可知矣。日本森立之《經籍訪古志》載有求古樓藏宋槧本，半版十行，行十八字。界長六寸，幅長四寸二分。與此版式行字一一相合，然則是本殆繙雕宋本歟？

趙清獻集十卷　明嘉靖元年林有年刻本

宋趙抃《清獻集》十卷，詩文皆五卷，明嘉靖元年林有年刻本。每半葉十一行，每行二十字。序下各卷均鈐有「長白敷槎氏堇齋昌齡圖書印」十二字朱文篆書方印，「楝亭曹氏藏書」六字朱文篆書長方印。楝亭，曹子清通政寅别號，堇齋昌齡則其甥也。曹書多歸堇齋，故二家經藏之書，必有二印相連屬也。據

《四庫全書總目提要》云：「前有天台陳仁玉序，乃從宋嘉定中舊本重刊。」此本無此序，余重藏嘉靖二十年重刻本有之，然題景定元年，非嘉定也。集中奏疏類其劾陳執中、王拱宸疏凡七八上，而宋庠、范鎮亦不免爲所糾彈，可見公正色立朝，不立朋黨。而詩情諧婉，殊不類其爲人。王文簡《居易録》數稱集中五律《暖風》一首、《芳草》一首、《杜鵑》一首、《寒食》一首、《觀水》一首，謂掩卷讀之，豈復知鐵面所爲。然則宋廣平之賦梅花，韓内翰之工香奩，其人皆風節凛然，不與文字相類。若清獻者，亦風雅之君子矣。

又一部　明嘉靖二十年刻本

此明嘉靖二十年重刻《趙清獻公集》十卷。前刻舊序，有景定元年天台陳仁玉一序，又有至治首元蒙古晉人僧家奴鈞元卿一序，成化七年知衢州府事馬嵬閻鐸一序，嘉靖壬戌衢州府知府宜興楊準一序，又衢州府知府莆田林有年一序，蓋歷來刻本舊序也。此本每半葉九行，每行二十字，與林有年刻本行款字數皆改易。字亦改宋體，非林刻元體字之古雅。事隔二十年，風氣之變如此，迄于萬曆、啓、禎，則江河日下矣。然他人求一明本而不可得，余幸得藏其二，留其一以爲鎮庫物，不亦快事乎？

丹淵集四十卷拾遺二卷年譜一卷附録一卷　明萬曆壬子蒲以懌刻本

新刻石室先生《丹淵集》四十卷《拾遺》二卷《年譜》一卷《附録》一卷，明萬曆壬子知鹽亭縣事蒲以懌刻本。每半葉十行，每行二十字。元體字，似趙書，萬曆本之最佳者。按，宋晁公武衢州本《郡齋讀書志》、陳振孫《直齋書録解題》均載文同《丹淵集》四十卷，又洪邁《容齋隨筆》稱「得蜀本石室先生《丹淵集》，蓋其遺文也」云云。是今本標題及卷序皆宋本之舊。《四庫全書總目》「《附録》二卷」，較此多一卷。《提要》云：「遺文五十卷，其曾孫篤編爲四十卷。慶元中，曲沃家誠之守邛州，以同嘗三仕於邛，多遺蹟，因取其集重加釐正，而卷帙則仍其舊，所增《拾遺》二卷及卷首《年譜》，卷末附録司馬光、蘇軾往來詩，則誠之所編也。」然則此本尚是根據宋慶元舊刻，未經後人改竄者，是足貴矣。

南豐先生元豐類稿五十一卷 明嘉靖戊申王忬刻本

《南豐先生元豐類稿》五十一卷，其末一卷爲附録，《南豐先生神道碑》、《行狀》、哀輓詩文等，正稿實五十卷。大黑口版，版心題「南豐文集卷幾」。每半葉十一行，行二十二字，而每行去上闌空一字，實行二十一字。每卷大題後第二行結銜稱「明進士巡按湖廣監察御史後學姑蘇王忬校刻」。後有嘉靖甲辰陳克昌識，略云：「《元豐類稿》，宜興有刻，爲樂安鄒君旦；豐學再刻，爲南靖楊君參。予謫盱之再稔，公暇輒留意於斯，而郡齋所存若《李盱江先生集》、《養生雜纂》、《耕織圖》、《和唐詩》，昔所殘缺悉爲增定，既又取是讎校焉。易其敝朽，剔其污漫，更新且半，越三月始就緒。」按，盱即江西建昌府，不屬湖廣。忬爲明南京兵部侍郎倬之子，南京刑部尚書世貞之父，《明史》均有傳。忬傳稱：「忬登嘉靖二十年進士，授行人，遷御史。出視河東鹽政，以疾歸。已，起按湖廣，復按順天。」據世貞《弇州四部稿》中《先考思質府君行狀》稱：「戊申府君病間，復爲御史，出按湖廣，庚戌代還，復按順天。」戊申爲嘉靖二十七年，至庚戌二十九年，則甲辰陳克昌識係舊本原文，且爲修補楊參刻本而作，楊本刻于成化六年豐城學，與此本時地均不同。明周弘祖《古今書刻》江西建昌府下列書目有《養生雜纂》、《盱江集》及《南豐文集》，蓋即陳克昌識所載者，而湖廣所列書目無《元豐類稿》名，不知何故。吾友湘鄉王佩初孝廉禮培藏有一本，與此同而無王忬校刻一行。從子〔二〕巘甫疑彼爲元版，此爲王忬補版。予則疑忬因灤河邊將失陷，城寨爲嚴嵩傾害，或彼時禁厲印本，削去此行耳。元版載《天禄琳琅書目續編》云：「《元豐類稿》二函十二册，宋曾鞏撰。書五十卷。與晁公武《郡齋讀書志》所載合。前有元豐八年王震序，後附録行狀、碑誌、哀挽一卷，大德甲辰丁思敬後序，有云：『假守是邦，獲拜祠墓，得文集善本，前邑令黄長沙王氏刻本「黄」誤作「王」。斗齋繡梓，後以兵燬。雲仍留耕公得所刻善本，此二句據顧崧齡補，原引不全，非。鳩工摹而新之。』」又云：「是本書法槧手俱極古雅，麻紙濃墨，摹印精工，爲元刻上乘。明成化時南豐知縣楊參重雕，遠遜初刊矣。」據天禄藏本稱元版者，與此全不相同，則此不得謂爲元刻明矣。余舊藏萬曆丁酉裔孫敏行、敏才刻本，卷數同。此爲巘甫所藏，巘甫云此本前有南豐先生像，末題「嘉靖癸巳歲昭潭莫駿、古皖秦潮、錫山鄒庶新增」字一行。癸巳爲嘉靖十二年，是時忬未通籍，去巡按湖廣尤遠，可證此爲舊版重修，且大黑口爲嘉靖以前款式，斷非嘉靖時所刻，言之有證，特信以爲補修元刻則非也。序首葉有「嘉靖丁未狀元」六字朱文篆書方印，「石翁」二字朱文篆書方印。《明史·李春芳傳》：「春芳字子實，揚州興化人。嘉靖二十六年舉進士第一，除修撰，簡入西苑，撰青詞，大被帝眷，官至吏部尚書，太子太保兼武英殿大學士，累加少師兼太子太師，改中樞殿。卒年七十五，贈太師，謚文定。」二十六年爲丁未科，石翁殆春芳別號歟？

〔一〕「從子」，「子」原訛作「字」。 𡾰甫爲葉德輝從子，本書屢見之。

又一部五十三卷 康熙丁酉顧崧齡刻本

曾南豐先生《元豐類稿》余藏有明萬曆丁酉裔孫敏行等刻本，從子𡾰甫藏有明嘉靖戊申王忬刻本，此爲康熙五十六年長洲顧崧齡刻本。明本五十一卷，其末一卷附行狀、碑誌、哀輓諸作，此本同，而附崧齡所輯集外文二卷，故較明本多二卷。《四庫全書總目》别集類著録爲五十卷，《提要》云：「鞏所作《元豐類稿》本五十卷，見於《郡齋讀書志》。韓維撰《神道碑》又載有《續稿》四十卷、《外集》十卷，《宋史》本傳亦同。至南渡後，《續稿》、《外集》已散佚不傳。開禧中，達昌郡守趙汝礪始得其本於鞏族孫濰，闕誤頗多，乃同郡丞陳東合《續稿》、《外集》校定之而删其僞者，仍編定爲四十卷，以符原數。元季兵燹，其本又亡，今所存者惟此五十卷而已。今世所行凡有二本，一爲明成化六年南豐知縣楊參所刊，前有元豐八年王震序，後有大德甲辰東平丁思敬序，又有《年譜序》二篇，無撰人姓名，而《年譜》已佚，已非宋本之舊，其中舛謬尤多；一爲國朝康熙中長洲顧崧齡所刊，以宋本參校，補入第七卷中《水西亭書事詩》一首、第四十七卷中《太子賓客陳公神道碑銘》中闕文四百六十八字，頗爲清整。然何焯《義門讀書記》中有《校正元豐類稿》五卷，顧本尚未一一改正，今以顧本著録，而以何本所點勘者補正其譌脱，較諸明本差爲完善焉。」按，《四庫》本五十卷，蓋除附録一卷，而《提要》云以顧本著録，是并顧所輯集外文去之矣。惟考《天禄琳琅書目》明版集部有《南豐先生元豐類稿》五十卷附行狀、碑銘一卷，云：「每卷標題次行有『南豐後學邵濂校刊』八字，未詳邵濂爲何如人，而版式紙質均係明製，無可掩襲，寧可託爲宋槧耶？」又《續編》宋版集部有南宋建陽刊巾箱本《南豐曾子固先生集》三十四卷，云：「與大德丁思敬所刊《元豐類稿》序次迴異。」元版集部有《元豐類稿》五十卷，云：「後附行狀、碑誌、哀輓一卷，大德甲辰丁思敬後序。是本書法、槧手俱極古雅，麻紙濃墨，摹印精工，爲元刻上乘。明成化時南豐知縣楊參重雕，遠遜初刊矣。」是内府所藏宋、元、明本如此之富，館臣絶不檢校，而仍藉重顧刻何校，棄珠玉而寶碔砆，是則館臣之陋也。至《天禄續編》于邵廉所刻不知時代，爲此揣定之詞，不知顧本前録舊刻序跋，即有隆慶五年辛未南豐後學邵濂序一篇。奉敕續編書目之彭元瑞，亦即辦理《四庫全書》之副總裁，而前後不相照應，此誠可笑也。且既知楊參本爲重雕元本，則《四庫》何不以大德本著録，再以南宋巾箱本參校，成一完書？乃見不及此，斷斷于顧、何兩本校勘詳略之辨，何許子之不憚煩耶？雖然宋、元本不可得，顧刻究屬精繕精雕，前序下有「古鹽張氏」四字白文篆書長方印，「宗橚之印」四字白文篆書方印，「一字思嵒」四字朱文篆書方印。宗橚，海鹽人，即刻《帶經堂詩話》張宗柟之弟也。其先螺浮先生名惟赤者，構涉園，藏書甚富，宗橚其曾孫也。又有「忠州李芋仙隨身書卷」九字朱文篆書方印。芋仙名士棻，四川忠州人，道光己酉拔貢，以善詩爲曾文正公所賞，時與中江李鴻裔、劍州李榕號「四川三李」。安慶克復，筮仕得彭澤知縣，即抗言軍事，論高而闊，文正笑置之。官江西數年，被劾罷，居江西，光緒十一年卒，春秋六十有五。遵義黎庶昌爲墓誌。此書經其收藏者。然則此書雖近刻，前人固已視爲秘笈矣。

文潞公集四十卷 明嘉靖五年吕枏刻本

宋陳振孫《直齋書録解題》載《文潞公集》四十卷《補遺》一卷。前有先祖宋少保公石林先生一序，序稱：「公之集藏于家者散亡無餘，其少子維申稍討求追輯，猶得二百八十六篇，以類編次爲略集二十卷。」是陳氏著録已非初編之舊。今《四庫全書總目》著録四十卷本，較之陳録少《補遺》一卷。《提要》未載明何時何人所刻，無從詳考也。此明嘉靖五年吕枏所刻，每半葉十行，每行二十字。據吕序係從沁水李司徒叔淵家鈔本校刊，亦無《補遺》一卷。則《四庫》著録之本必從此出無疑矣。潞公詩風懷婉麗，雅近西崑，文則如先少保公所云：「公未嘗有意於爲文，而操筆立成，簡質重厚，經緯錯出。譬之賁鼓鏞鐘，音節疏緩，雜然並奏于堂上，不害與嘒嘒簫韶舞百獸而諧八音也。」又云：「韓愈論于頔之文曰：變化若雷霆，浩漢若江河，正聲諧韶濩，勁氣沮金石。公足當之。」斯爲定論矣。

伊川擊壤集二十卷 元翻宋刻本

《伊川擊壤集》二十卷，宋邵子撰。《四庫全書目録》著録云：「河南巡撫採進本。」《提要》稱「前有治平丙午自序，後有元祐辛卯邢恕序。」所載與此本合，伏讀《欽定天禄琳琅書目》元版集部有《伊川擊壤集》二函十册，則《四庫》所載是元刻矣。又明版集部有《伊川擊壤集》一函四册，云：「前明人希古序，次雍自序。後附集外詩十三章并宋邢恕、明異〔一〕亨二序。」此則《浙江採進遺書目》所載之本，同爲内府秘笈也。此本後附《外集》十一章而無明人前後兩序，初見時審其紙墨槧工，定爲元刻，後讀《琳琅書目》以爲附集外詩者是明刻，又定爲明刻，近考書中字于宋、明諱均不避，與元刻他書一例，則是爲元本無疑。曾藏新安汪啓淑家，前有「新安汪氏」四字朱文印，又有「啓淑印信」四字白文印，則固久爲名人所鑒賞矣。光緒二十二年丙申正月廿九日麗廔主人葉德輝識。

邵子《伊川擊壤集》二十卷，宋晁公武《郡齋讀書志》、衢州本。陳振孫《直齋書録解題》同此本。大黑口，半葉十行，行二十一字。字畫活潑，中有勁秀之致，元版中上駟也。往年得此書，初以爲宋本，後又定爲明本，再細審紙料墨色始確定爲元本。晁《志》稱其「邃於易數。歌詩蓋其餘事，亦頗切理，盛行於時。」《朱子語録》稱：「其學骨髓在《皇極經世書》，其花草即是詩。」蓋先生之詩天真爛漫，純任自然，譬如吕岩寒山子之歌詩，在唐人風氣中自成一種别派，正不得以尋常格律相繩也。壬寅四月下弦德輝再識。

〔一〕「異」當作「畢」。

濂溪集六卷　明嘉靖十四年王汝憲〔一〕序刻本

宋晁公武《郡齋讀書志》據袁州本，衢州本不載。有《濂溪大成集》七卷《濂溪大全集》七卷，云：「道守蕭一致刻先生遺文并附録七卷，名曰《大成集》。進士易統又刻于萍鄉，名曰《大全集》。然兩本均有差誤，今併參校而藏之。」陳振孫《直齋書録解題·濂溪集》七卷云：「遺文纔數篇，爲一卷，餘皆附録也。」又云：「又本并《太極圖》爲一卷，《遺事》、《行狀》附焉。」此明嘉靖十四年九江郡貳黄敏才校刻本，卷一《年譜》，卷二《太極圖説》、《通書》、文、詩，卷三至卷六皆附録。據後新寧林山跋，稱編是集者周子世孫倫也，則非宋本之舊矣。版心小黑口，半葉九行，行十七字。今《四庫全書總目》集部著録，題《周元公集》九卷，編修朱筠家藏本。《提要》云：「陳振孫《直齋書録解題》載有文集七卷，『遺文編纔數篇，爲一卷，餘皆附録』，則在宋代已勉强綴合，爲數無多。今此本亦不知何人所編，凡遺書雜著二卷，圖譜二卷，其後五卷則皆諸儒議論及誌傳、祭文，與宋本不甚相合，而大致亦不甚相遠。明嘉靖間漳浦王會曾刊行，康熙中其裔孫沈珂又校正重鐫。先儒著述，學者所宗，固不以其太少而廢之。」按，《元公集》中如《太極圖説》、《通書》已入子部儒家，其餘詩文寥寥數篇，本不成其爲集。當南宋時，道學極盛之時濂、洛諸儒一再傳，門弟子衆多，於是好事者掇拾叢殘，以伸其景仰。故于本文外附録諸雜體，隨時增益，本不能執一本目爲正編。此明人所編不能與宋人相合，《四庫》所編亦不與明人相合，亦其勢之不得不然者也。此書前有「謙牧堂藏書印」六字白文篆書方印，後有「謙牧堂書畫記」六字朱文篆書方印，蓋滿洲文端公揆敍藏書也。《欽定熙朝雅頌集》六：「揆叙[二]字凱功，滿洲人。由佐領侍衛累官都御史，謚文端。有《益戒堂詩集》、《後集》、《雞肋集》。」戴璐《藤陰雜記》：「明太傅自怡園延唐東江[三]、查他山課子揆敍。」據此則文端于納蘭成德胞兄弟也。一門風雅，棠棣交輝，幹蠱克家無愧易名之典。《天禄琳琅》收録其藏書甚多，此特其一鱗片甲已耳。

[一]「憲」原作「寅」，卷首目録同，據嘉靖十四年刻本《濂溪集》改。

[二]「揆叙」，原誤作「揆敏」，因下文徑改。

〔三〕「唐東江」，原誤作「唐江東」。按，唐東江乃清初著名詩人唐孫華，著有《東江詩鈔》，故稱。

歐陽文忠集一百五十三卷附録五卷又年譜一卷　明天順六年吉州府程宗刻本

此明天順六年如吉州府事常熟程宗所刻《宋歐陽文忠集》一百五十三卷《附録》五卷，又《年譜》一卷。前有雲間錢溥序云：「程君得于胡文穆家，蓋内出本也。」後有郡後學彭勗後序，亦云：「胡文穆公子承肅持其家藏内閣明本以獻，程君遂捐堂食貲，購版募工，刻寘郡庠之藏書閣。」世或誤以此爲元版者，以前後兩序往往爲書估割去，僞充宋槧故也。目録後接《年譜》，後有慶元二年胡柯記云：「公集一百五十三卷，《居士集》五十卷公所定也，故寘于首。《外集》二十五卷次之，《易童子問》三卷，《詩本義》别行于世。《外制集》三卷，《内制集》八卷，表、奏、書啓、四六集七卷，《奏議》十八卷，雜著述十九卷，《集古録題尾》十卷又次之，書簡十卷終焉。别有《附録》五卷。」而陳振孫《直齋書録解題》載《六一居士集》一百五十二卷《附録》四卷《年譜》一卷，與此小異，殆傳刻陳書者之誤也。陳云：「公集徧行海内，而無善本。周益公解相印歸，用諸本編校，定爲此本，且爲《年譜》。曰《居士集》、《外集》，而下至于《書簡集》凡十名，刻之家塾。其子綸又以所得歐陽氏傳家本，乃公之子棐叔弼所編次者，屬益公舊客曾三異校正，益完善無遺憾矣。《居士集》，公所手定也。」今按，此本每卷末有「熙寧五年秋七月男發等編定」，「紹熙二年春三月郡人孫謙益校正」二行，附録卷五後有副葉，有「編定校正」此四字一行。諸人銜名八行云：「紹熙二年一行。郡人孫謙益字彦撝，二行。紹熙三年三行。承直郎前桂陽軍軍學教授丁朝佐字懷忠，四行。紹熙四年五行。郡人曾三異字無異，六行。紹熙五年七行。郡人登仕郎胡柯字伯信。八行。」又「覆校」此二字一行人十行云：「慶元元年一行。州縣職事葛潨字德源，二行。王伯芻字駒父，三行。朱岑字山甫，四行。胡柄字謙父，五行。慶元二年，六行。郡人迪功郎新臨江軍清江縣主簿曾煥字文卿，七行。郡人鄉貢進士胡煥字季亨，八行。郡人鄉貢進士劉贇字棠仲，九行。郡人羅泌字長源。十行。」所列諸人名籍皆吉州郡屬。又有周益公必大序，稱：「郡人孫謙益〔一〕、丁朝佐遍搜舊本，與曾三異互加編校，起紹熙辛亥春，迄慶元丙辰夏，成一百五十三卷，別爲附録五卷，繕寫模印。」云云。此皆依益公原本繙刻，故一一存其舊式也。後嘉靖三十四年，銅仁陳珊并成一百三十五卷，失宋、元、明以來遞刻之舊次，洵爲憾事。幸有此本得見廬山真面，益可證前輩校訂苦心，不然，公集雖在，精神亡矣。《四庫全書總目》集部著録爲「江西巡撫採進本」，卷數與此同。《提要》云舊存編校人姓名，亦一一與此符合，蓋即此本也。《天禄琳琅書目》元版集部載有一部，即《提要》所詳者，據云：「字法規仿鷗波，定屬元時所重刻者。書前應有序文，似是書估欲充宋槧，遂妄爲割去。」據此，則天禄所藏即此本，割去序文，故就其字體斷以爲元版。今此本前後兩序具在，可以辨正其誤矣。版心大黑口。半葉二十行，行二十字。字字流動，怡情悦目，在明繙宋本書中本自少見。宜編撰《琳琅書目》諸臣收入元版一類，稱其書法深得鷗波之妙也。

〔一〕「益」字原奪，據明天順間吉州府刊本周必大跋補。

臨川先生文集一百卷　宋紹興辛未曾孫珏刻本

宋刻《王荆公集》今時流傳可考者有兩本，一紹興十年郡守桐廬詹太和刻本，一紹興辛未二十一年。珏公曾孫珏編刻本，二本均題《臨川先生文集》。王珏本末有題云：「比年臨川、龍舒刊行，尚循舊本。珏家藏不備，復求遺稿於薛公家，是正精確，多以曾大父親筆石刻爲據，其間參用衆本，取捨尤詳。至於斷缺，則以舊本補校足之，凡百卷，庶廣其傳云。」是時珏提舉兩浙西路常平茶鹽公事，故亦稱兩浙茶鹽司本。此本蓋據龍舒刻本增校重刻者，其版明初猶存北京國子監。永樂十五年楊士奇曾修版印行，前有識語。其後遞有殘缺，嘉靖時又修補之。元、明以來惟詹太和本有嘉靖廿五年丙午。臨川縣知縣象山應雲鸑繙刻，又三十九年江西巡撫何某繙刻。兩本均每葉二十四行，每行二十字，與宋詹、王本同，蓋源出一本也。此即王刻，中有嘉靖時修版。余檢常熟瞿氏《鐵琴銅劍樓藏書目録》載有宋刊本，即此本。己未八月中秋後，往常熟瞿氏訪其後人，見良士大令啓甲，即刻書目者。索其藏本閲之，乃知亦有元時修版而印于明初者，紙墨印本，與此差同。瞿《目》云：「覈之詹太和本，卷第皆同，惟輓詩類中少《蘇才翁輓詞》二首，集句少《離昇州》一首，而多《移桃花》一首。其詩不似集句，疑當時誤編入也。」據此知詹本與王本稍有異同者，即經珏編定時有所去取，自題謂「參用衆本，取捨尤詳」，良不誣也。仁和丁丙《善本書室藏書志》〔二〕載有元刊本，前有吳澄序，云：「金谿危素好古文，慨公之集零落，搜索諸本，增補校定。」此亦王版元修，並非元刻。余在上海一書估處見之，今已歸南潯劉氏。藏書家目録往往各自標舉，不考源流，苟非目見原書，未足爲定案也。余所藏爲嘉靖三十九年江西繙詹本，經何義門先生評校者。此爲從子啓藩兄弟收藏，原缺六十五至七十三共九卷，係據宋本補鈔。又缺四十九至五十三共五卷，則以嘉靖繙宋刻補之。近來宋槧稀如鳳麟，此雖配有鈔宋明繙，要是一脈相承，非百衲本之比。裝成爲識其原委于後，俾讀者知所寶貴焉。辛酉正月廿日。

〔一〕「志」下原衍一「志」字，據文意刪。

又一部　明嘉靖庚申江西巡撫何遷刻本

此嘉靖庚申江西巡撫何遷刻《臨川先生文集》一百卷，蓋據嘉靖丙午臨川知縣應雲鸑仿刻宋紹興十年詹太和本重刊。前宋黄次山序，應本「藝祖」二字擡起提行，此不提行，其餘版式行字兩本相同，皆從宋本之舊。惟稍有異者，宋本輓詩類少《蘇才翁輓詞》二首，集句少《離昇州》一首，多《桃花詩》一首。蓋明時北監所印。宋本爲紹興二十一年辛未荆公曾孫珏編刻本，與詹太和本不同。其字句亦有異者，因珏據公親筆及石刻校改也。此爲何義門焯評校，序前有「義門何氏家藏」六字朱文篆書長方印。序後硃筆識九行，末稱「義門老民焯記」，下有「何焯之印」四字朱文篆書方印，「屺瞻」二字朱文篆書方印。末應雲鸑序後亦有硃筆識五行，末稱「康熙丙戌八月焯記」，下有「何焯之印」，又有硃筆識三行，末稱「丁丑七夕承匡書塾閱畢一過，焯」，下有「何焯之印」、「屺瞻」二印。評語多論文，未據宋、元舊本校過。康熙丙戌係四十五年，丁丑則三十六年。據沈彤《果堂集·義門先生行狀》，生于順治十八年辛丑，卒于康熙六十一年壬寅。丁丑爲三十七歲，丙戌爲四十六歲。四十二年由拔貢生特賜舉人，試禮部下第，復賜進士，改庶吉士。及散館，得旨再教習三年。明年，丁外艱歸。是評校此書在未通籍以前，于官翰林時卒業。書法秀逸，有晉唐帖意。善本書而加以名賢手澤，可寶也。

又一部 明嘉靖丙午應雲鸑重刻宋紹興十年詹太和本

荊公《臨川集》，明嘉靖中有兩次仿宋紹興十年詹太和本，一爲嘉靖丙午臨川知縣應雲鸑刻，一爲嘉靖庚申江西巡撫何遷刻。兩本皆用詹本翻雕，同一百卷，白口本。每半葉十二行，行二十字。大題「臨川先生文集卷第幾」，前有總目上下二卷，每卷有子目，文即銜接目下，悉沿宋本之舊。何本似未見宋刻，但從應本重刊。應本紹興重刊《臨川文集》序、黄次山序「藝祖」二字提行頂格，何本不提行。可見何未見宋本，故任意改刻也。從子康侯兄弟藏有明北監修補宋本，余藏何義門評校嘉靖何刻本。此從子𪩘甫所藏應刻本，紙白版新，完好無缺。自來藏書家書目往往知有應本，而又誤以何本即應本。不知何本尚是重刊應本，故并刻有應序。非余家藏本俱在，又烏從而分辨之？𪩘甫命工裝訂呈閱，爲識于首。

東坡集四十卷後集二十卷奏議十五卷内制集十卷附樂語外制集三卷續集十二卷應詔集十卷 明成化四年吉州知府程宗刻本

此明成化四年江西吉州守常熟程宗所刻《蘇東坡全集》也，凡《東坡集》四十卷《後集》二十卷《奏議》十五卷《内制集》十卷，後附《樂語》《外制集》三卷《續集》十二卷《應詔集》十卷。《欽定天禄琳琅書目》明版集部著録，云：「序後〔一〕原署姓名爲書賈割去，補刊一行則云：『乾道九年閏正月望選德殿書〔二〕賜蘇嶠。』夫賜書但賜其書耳，即以年月姓名標識卷卷〔三〕中，宜出手書，不應刊刻。書賈無知妄作，真不直一噱矣。」按，此本蓋書賈補刊此行欲以僞充宋本者。明時東坡集刻本甚多，此即所謂七集本。嘉靖十三年吉州又重刻，其時《續集》已佚，乃別搜輯其遺詩遺文補之，非程本之舊也。光緒季年豐潤忠愍公端方總督兩江時，以江南圖書館所藏成化刻本屬江陰繆小珊學丞荃孫校刊，原多缺卷缺葉，繆以己所藏錢求赤校宋殘本及嘉靖本校補完全，并附校記于後。然其《續集》則據嘉靖補本，非成化原刻也。然則成化本之難得有如此者，實則成化七集本亦非宋刻原本。據晁公武《郡齋讀書志》衢州、袁州二本同。云：「《蘇東坡前集》四十卷《後集》二十卷《奏議》十五卷《内制》十卷《外制》三卷《和陶集》四卷《應詔集》十卷，實一百二卷。」陳振孫《直齋書録解題》同。《天禄琳琅書目》元版集部載有細書密行巾箱本，分目及卷數并同。成化本前有李紹序，稱：「仁廟亦嘗命工翻刻，工未畢而上升遐。郡守程侯得宋時曹訓所刻舊本及仁廟所刻未完新本，重加校閲，仍依舊本卷帙，舊本無而新本有者則爲《續集》并刻之。」是《續集》之名始于成化，前此無有也。宋本《内制》十卷，成化本後附《樂語》一卷。宋本《和陶集》四卷，成化本去《和陶》而別編《續集》十二卷。嘉靖本因之，又以成化本《續集》已佚，自爲搜輯成一《續集》。明人刻書好竄改删併，即通人不免。即如此《東坡集》倘一一遵照宋刻，仍入《和陶集》以還宋本之舊，豈不甚善？或新有搜輯別爲一編，附于七集之後，亦不至失却廬山真面。乃不出此，而一意孤行，臆爲增竄，世謂明人刻一書而書亡，非苛論也。雖然宋刻本藏書家久不著録，天禄所藏元版巾箱本以嘉慶初年乾清宫之災同歸一燼。故世稱《蘇集》僉推成化本爲最古。蓋成化本僅并《和陶》于《續集》，加《樂語》一卷附《内制》後，餘集固宋本之舊也。成化、嘉靖兩本之異，成化係黑口本，嘉靖係白口本；成化爲半葉十行，行十九字至二十一字不等，嘉靖則劃一，爲半葉十行，行二十字；成化本字體仿松雪書，尚存元刻遺意，故常熟瞿氏《鐵琴銅劍樓藏書目》竟以此成化本爲元刻。近瞿氏後人以所藏宋本、元本書編成書影八册，每書影印一二葉，中有《東坡集》稱爲元本者，取校此本，字畫匡格及墨線物細一一無絲毫差池。蓋彼因失去序文，故不知爲明刻。然則此本之古雅精美概可知已。

〔一〕「序後」原誤「後序」，據《天禄琳琅書目》乙正。

〔二〕「書」字原奪，據《天禄琳琅書目》補。

〔三〕衍一「卷」字。

東坡集四十卷後集二十卷奏議十五卷内制十卷附樂語外制三卷應詔集十卷續集十二卷 明嘉靖十三年江西布政司刻本

此所謂「東坡七集」也。從子巘甫藏有明成化四年知吉州府程宗所刻黑口本，余爲之跋，考證刻本源流甚詳。此則嘉靖十三年江西布政司重刻吉州本，爲從子定侯所藏。乃白口本，半葉十行，行二十字，與成化本行字同。惟重刻時《續集》十二卷版已佚亡，此則搜其逸詩逸文再編，非成化本之舊也。考公弟文定公轍爲撰《墓誌》稱：「所著有《東坡集》四十卷《後集》二十卷《奏議》十五卷《内制》十卷《外制》三卷《和陶詩》四卷。」晁公武《郡齋讀書志》、陳振孫《直齋書録解題》所載並同，而别增《應詔集》十卷，合爲一編，是即「七集本」所由名也。元馬端臨《文獻通考·經籍考》所載亦同。故《天禄琳琅書目》元版集部載有元版密行細書《東坡集》一百二卷者，其分集正與晁、陳二家《志》、《録》及《通考》相符，知相傳舊本固如此也。成化本前有郡人李紹序，稱程侯「得宋時曹訓所刻舊本及仁廟所刻未完新本重加校閲，仍依舊本卷帙，舊本無而新本有者則〔二〕爲《續集》，并刻之」，是《續集》之增實始於成化。序又稱公《大全集》初有杭、蜀、吉本及建安麻沙諸本行于世。而《天禄琳琅》明版《東坡集》按語引《西江志》「名宦」、「秩官」二門：「曹訓，字子序，自章貢移知袁州，其名在紹熙各守之後。」則曹訓所刻亦即江西本。公宦轍未至江西，而守土之官刻其集至再至三者，因每刻《歐陽文忠集》必并刻公集，以公爲文忠主試所得進士，瀣沆一氣故也。此集在長沙書估手年餘，從子巘甫以有成化本，亟思得此本以成連璧，而以索價昂貴置之不問久矣。自後書估攜之至漢至滬，又以樣本寄至京師。時值南北用兵，求售無主，旋又寄回長沙，定侯以番餅銀百一十元并明刻大字本毛直方《詩學大成》三十卷得之。檢閲藏書印記，與成化本同爲平江張氏藏書。兩本始終必欲合聚一處，故展轉爲書估措取高價不得其主，卒仍歸于余家，此其中殆有天意，固非人謀所能也。宋、元古本世不多見；故藏書家重明成化本；成化本又不多見，故重嘉靖本；嘉靖本亦不恒見，故光緒末造豐潤尚書忠愍公端方總督兩江時所刻本乃貴至一二百元一部，且尚無書，獨明時兩善本皆爲吾家收[二]藏，豈非大快事耶！嚱甫、定侯其世世子孫永保之，毋鬻毋借。丙寅十二月既望郋園老人記。

〔一〕「則」原作「制」，于意不通，據明成化四年吉安知府程宗刻本《蘇文忠公全集》卷首李序改。

〔二〕「收」原作「政」，于意不通，當係形近而訛，故改。

東坡先生詩集注三十二卷紀年一卷　明茅維孝刻本

此明吳興茅維孝若芰校刻《蘇東坡詩集》，大題「百家注分類東坡詩集卷幾」，結銜「宋眉山蘇軾子瞻撰，宋永嘉王十朋龜齡纂集，明吳興茅維孝若芰閱」。《四庫全書總目》著録即此本，但無《紀年録》，當係脱失。《提要》謂王注爲坊估僞託，所舉王本人序及趙夔序與當時事實不合，誠爲洞中肯綮之論。但王注雖係僞託，而在南宋時蘇集爲人所重，其時注者原不止一家，今所存數家，坊間利其風行，意必延請士人所纂輯。註中引用書籍頗多故書逸聞，此亦如「千家李杜注」、「五百家韓柳注」之類，雖明知同出坊估之手，而不能不過而存之，以其有裨考索之處固多也。余舊藏一部，爲康熙戊寅朱翠庭、顧嗣立所校刊。此則明棉紙精印，墨香紙色，古意盎然，從子啓藩、啓勳、啓發兄弟得自長沙故家，持以示余，爲跋其後。壬戌七月下瀚三日葉德輝記。

此書前有「伯紫」二字朱文方印，又有「紀映鍾印」四字白文方印。按王士禛《感舊集》小傳云：「紀映鍾，字伯紫，一字伯子，號贛叟，自稱鍾山遺老。江南上元人，移居儀真，有《真冷堂詩稿》。」又《池北偶談》云：「紀青，字竺遠，能詩。少爲諸生，棄去。入天台爲僧，復捨去。其子映鍾，尤負詩名，嘗有句云：『惆悵天涯頭易白，楊花空滿閱江樓。』佳句也。」鄭方坤《國朝詩鈔》小傳云：「紀映鍾少與廬江龔宗伯友善，宗伯既貴，招之至京華下榻焉。詩若干卷，宗伯爲繡梓以傳。」此書印記則即其人所藏也。

施註蘇詩四十二卷東坡年譜一卷王註正訛一卷詩續補遺二卷 康熙乙卯宋犖刻本，紀文達評校

宋施元之《蘇詩注》，康熙乙卯宋犖官江蘇巡撫得宋刻殘本，原缺卷一、卷二、卷五、卷六、卷九、卷十三、卷二十六、卷三十五、卷三十六、卷三十九、卷四十共十一卷，因屬武進邵子湘長蘅補註其缺卷，又摭拾遺詩爲《施註》未收者四百餘首，屬錢唐馮景爲之注，遂刊行焉。《施注》原卷尚有二十九卷之多，宋、邵果爲通人，此當一仍其舊，但于缺卷注之，方不失元之面目〔二〕，乃竟于原註肆意删竄，無知妄作，厚誣古人甚矣。貴官、山人，不足與之語學問也。邵注本無足取，而此爲河間紀文達墨筆手校，良足寶貴也。文達原有《評點蘇詩》，道光中門人涿州盧坤刻于廣州，以朱墨套版印行，盛爲士林傳習。然其評點底本係據查慎行補注本，與此版刻不同，不知孰先孰後，因取兩本勘校，其宗旨議論大氐相同，而彼此出入，或有或無。有刻本有此本無者，有此本有刻本無者，正可互相補苴，以資考索。惟文字之間，兩本意義合一，而評點句法行文迴不相侔，且句中圈點亦時有歧異。倘有好事者以此本别刊，與盧本並行于世，則文達一生於蘇詩致力之處，人人得見其全牛，豈非兩美之事乎？余尤祝此本之得遇盧坤，不遇宋犖也。

〔二〕「目」原訛作「日」，形近而訛。

欒城集五十卷後集二十四卷三集十卷應詔集十二卷　明清夢軒刻本

宋蘇文定《欒城集》，大題後第二行上「宋西蜀蘇轍子由著」，跨行居中，下「明東吳王執禮子敬、顧天敍禮初仝校」，「東吳」、「仝校」字亦跨行，姓名分兩行。他卷或著校人名均移行下平列，卷不一例。目録後有「清夢軒藏版」五字，或卷後有「清夢軒」三字者。每半葉十行，行二十字。版心上題集名，黑魚尾，下卷數，版心下刻字數及刻書人姓名。卷一版心下有小字云「錫山施世名書」，餘卷無之，殆全書爲此人所書，故于首葉標記耳。原無序跋，不知刻書時年月。據明萬曆三年崑山本《歸震川集》，每卷有「門人王執禮校」字，而字體則與萬曆十年趙用賢所刻《管子》、《韓非子》同體，則可斷其爲萬曆初元中刻矣。《四庫全書總目》著録，《提要》云：「自宋以來，原本相傳，未有妄爲附益者，特近時重刻甚稀。此本爲明代舊刻，尚少譌闕。陸游《老學庵筆記》稱轍在績溪贈同官詩，有『歸報仇梅省文字，麥苗含穟欲蠶眠』句，譏均州刻本輒改作『仇香』之非。今此仍作『仇梅』，則所據猶宋時善本矣。」此本亦作「仇梅」，與《提要》所引陸游語合，知《四庫》所謂明時舊刊必是此本矣。

黄山谷集九十七卷　明嘉靖丁亥江西刊本

右《山谷集》六種附《伐亶集》一種，都九十七卷，明嘉靖丁亥江西巡撫御史徐岱屬寧州知州喬遷續刻前知州葉天爵從邑人周季鳳所得鈔内閣本刻而未完之本。蓋天爵以憂去官，閱二十年至遷知州時始刻成。卷末有山谷諸孫㽦年譜序，末題「歲在屠維協洽」蓋己未也。當是慶元六年。按，陳振孫《直齋書録解題》載《山谷集》三十卷《外集》十一卷《別集》二卷，又《山谷編年詩集》三十卷《年譜》二卷，云：「山谷詩文，其甥洪氏兄弟所編，斷自《進德堂》以後。今《外集》所載數卷有晚年删去者，故任子淵所注亦惟取《前集》而已。監丞黄㽦子耕者，其諸孫，既會粹《別集》，復盡取其平生詩以歲月次第編録，且爲之《譜》。今刊版括蒼。吉城史容儀甫，近注《外集》者，謂山谷曾欲以『前』、『後』仿《莊子》『内』、『外』也。」證之此本，並非編年。雖《年譜》㽦序云云，其《文集》、《外集》、《別集》别爲一刻本雜湊，即此可知。因檢《宋史·藝文志》載《黄庭堅集》三十卷《樂府》二卷《外集》十四卷《簡尺》十五卷；衢州本《郡齋讀書志》載《黄魯直豫章集》三十卷《外集》十四卷；袁州本《郡齋讀書志》趙希弁《附志》載《豫章先生別集》二十卷《黄文纂異》一卷，云：「右豫章先生[一]《別集》，乃《前集》、《外集》之未載者，淳熙壬寅先生諸孫㽦所編也。」元馬端臨《文獻通考·經籍》引衢州本晁《志》同，而引陳《録》只《豫章別集》一卷：「陳氏曰：『皆集中所遺者，如《承天塔記》、《黄給事行述》、《跋璧》蓋其顯顯者也。諸孫㽦子耕集而傳之。』」此條爲今本陳《録》所無，未知其審。今本陳《録》輯自《永樂大典》，疑有遺漏。又檢明正統六年楊士奇編《内閣書目》載《黄山谷文集》一部十四册，殘缺；一部二十八册，缺；一部十七册，缺；一部十册，缺。萬曆三十三年孫傳能、張萱等編《内閣書目》載《山谷文集》六册，不全；《詩集》二册，《年譜》四册，不全。是明時内閣藏書兩目具在，《山谷集》皆云殘缺。周季鳳得此閣鈔本在嘉靖六年，果否出自閣鈔，尚屬疑義。即令閣本完好，以

《宋志》晁、陳諸目種類卷數考之，其非源出宋本斷可知也。惟其本則甚希見。明末國初藏書家祁承㸁《澹生堂書目》、王聞遠《孝慈堂書目》所著録者卷數與此同，當即此本。近則瞿鏞《鐵琴銅劍樓藏書目録》、朱學勤《結一廬書目》、陸心源《皕宋樓藏書志》皆有之，丁丙《善本書室藏書志》僅載《伐檀集》、《簡尺》兩零種。陸書于光緒丁未售于日本岩崎静嘉堂。朱書後歸豐潤張氏，僑寓金陵，宣統辛亥兵亂散失殆盡。惟瞿氏之藏尚存，而印本不如此尚早。諸卷有「蒼巖山人書屋記」朱文長方印，「蕉林藏書」朱文方印。《伐檀集》尾有「蒼巖子」朱文圓印，「觀其大略」白文方印。蓋國初清苑梁相國清標舊藏。序首有「黄氏藏書」白文方印，「生涯一卷書齋珍藏書畫之章」朱文橢圓印，不知何時轉入黄左田尚書鉞家，然其爲前人秘笈則固可證也。又考吴焯《繡谷亭薰習録》載《山谷集》三十卷《外集》十四卷《别集》二十卷《年譜》十四卷《後録》一卷，云：「案張鎡《仕學規範》稱山谷有《南昌文集》，則宋時以南昌名其集矣。《外集》嘉定元年錢文子序。《别集》先生之諸孫䓍子耕編，以補正、外二集所未備，淳熙壬寅跋其後。《通考》題《别集》一卷者誤也。趙氏《讀書附志》云《别集》二十卷《黄文纂異》一卷《年譜》三十卷，並䓍所編，明南昌刻始彙集，獨無《纂異》，而攙入黄庶《伐檀集》。約《年譜》爲十四卷乃萬曆陳以文改編。余考《山谷詩注》内外集皆附《年譜》，蓋欲後人因是以求其詳，何必改作。」據此知吴氏所藏爲萬曆重刻此本，又復有所竄改。明人刻書不守師法，如嘉靖刻本尚有典型，宜其爲人重視矣。余舊藏萬曆癸卯方沆刻本正集三十卷，其《外集》、《别集》則萬曆甲寅李友梅刻成。據李序云：「先是守方公梓行公集，而《外集》、《别集》缺焉，周太史子儀在燕屬予通梓之。《外》十四卷、《别》二十卷，合正集三十卷。」序中並未云刻有《年譜》、《後録》。近莫友芝《知見傳本書目》云：「李友梅刻本有《年譜》十五卷，周希令重編。」與吳《録》所云十四卷爲陳以文改編者同。一萬曆刻，而又不同，若云萬曆有兩刻，而余藏有李友梅刻本。集名大題下有題名四行，《外集》一卷一行「宋太史分寧黄庭堅魯直著」，二行「明後學滇中李友梅素交校」，三行「里中周希令子儀」，四行「陳以蘊仲宣仝校」。以下各卷前三行同，四行下或作「王天發汝楫」，或作「陳其情子文」。《别集》卷一四行同，他卷或作「周希烈子承」，或作「周希點子與」，十八以下三卷多校名一行，爲徐嘉言似之，又有周先鰲元龍，而無留行餘地，似是刻成後擠攙一行。然因此推吳《録》所云改編《年譜》之「陳以文」，或即「陳以蘊」之聲誤。莫《目》所云周希令重編《年譜》十五卷者，實李刻附《年譜》無疑。李序《外》、《别》兩集時，或尚未刻《年譜》亦未可知，且因此推吳《録》、莫《目》所載實同一刻本，吳云「陳以文」實「陳以蘊」，莫云「周希令」即李友梅刻《外》、《别》兩集之人，其《年譜》則周、陳二人同與校編，莫、吳各舉其一人耳。吳云「十四卷」，《年譜》或并《後録》一卷分析言之，莫云「十五卷」則并《後録》總數言之。殆與余所藏同一刻本，特余藏本無《年譜》，無從取證也。《年譜》三十卷，陸《志》誤作三卷。趙希弁不載《年譜》，吳《録》并《黄文纂異》連引，亦誤。瞿《目》此本外又有影宋鈔本《豫章先生遺文》十二卷，云嘉定戊辰曾孫銖編，後序略言：「文集多遺闕，持節東蜀，得之黔僰間凡若干紙，别而爲二，曰《遺文》，曰《刀筆》。」是當時《遺文》、《刀筆》本有合刻。瞿《目》又載明刻本《山谷老人刀筆》二十卷，殆亦本于朱刻矣。至任淵注《編年詩》三十卷，史容注《外集》十七卷，史温注《别集》二卷，卷數多少又自不同，然則宋刻《黄集》之紛歧，誠有不能畫一之勢。此本或擇諸本之善者彙爲一集，雖非宋本之舊，其視萬曆本已先數十年，亦可云第一舊本矣。辛酉二月花朝。

〔一〕「生」原訛作「王」。

淮海集四十卷後集六卷長短句二卷　明萬曆戊午李之藻刻本

《淮海集》、《後集》、《長短句》共四十八卷，宋秦觀撰。明萬曆戊午李之藻刻。每半葉九行，每行二十一字。版心上「淮海集」三字，下有刻工姓名及字數，蓋猶仿宋款式也。《四庫全書總目》集部著録爲明嘉靖張綎刻本，此本即從之出。在萬曆時所刻書固尚守舊法者。宋晁公武《郡齋讀書志》：「秦少游《淮海集》三十卷。」陳振孫《直齋書録解題》：「《淮海集》一卷。」元馬端臨《文獻通考》兩引之，前入别集内，後入歌詞内，而《宋史·藝文志》作四十卷。近人莫友芝《知見傳本書目》載有影宋鈔本《淮海集》四十卷，是宋本無《後集》之目。歌詞内之《淮海集》一卷即此《長短句》，宋時分别單行，至明乃合刻耳。道光十七年高郵王敬之刻本合爲十七卷，《後集》合爲二卷，又《補遺》一卷，此則全非原刻卷帙，不能存古不能信今，蓋兩失之矣。

濟北晁先生雞肋集七十卷　明鈔宋本

宋晁補之《鷄肋集》七十卷，明鈔宋本。宋諱間缺筆。半葉十行，行十八字。宋晁公武《郡齋讀書志》

本稱《鷄肋編》，卷數同。《四庫全書總目》集部别集類著録，《提要》云：「此本爲明崇禎乙亥蘇州顧凝遠依宋版重刊。」昭文張金吾《愛日精廬藏書志》有舊鈔本，後有宋紹興七年丁巳從弟謙之權福建判官編次爲七十卷刊于建陽一跋。此本無之，蓋脱鈔也。明時顧刻本世不多見，故存者皆出傳鈔。此本前有「汲古、人」四字朱文篆書方印，蓋毛晉家藏書。字體出鈔胥，非毛鈔善本，殆其所收得者耶？鄭德楙《汲古閣校刻書目補遺》有晁无〔一〕咎《雞肋集》七十卷，或即據此鈔本重刊，然其書亦罕見。或當時印行不多，如《四唐人集》之版早經燬滅耳。

〔一〕「无」原訛作「元」，據《小石山房叢書》本《汲古閣校刻書目補遺》改。

石門文字禪三十卷　明萬曆丁酉徑山興聖萬壽寺刻本

《石門文字禪》三十卷，宋釋德洪覺範撰，門人覺慈編。明萬曆丁酉徑山興聖萬壽禪寺刻本。每半葉十行，每行二十字。半葉一墨闌邊，版心上刻「支那撰述」四小字，中刻「石門文字禪卷數」，下記葉數。《四庫全書總目》著録，《提要》目爲釋藏所刊，是也。宋陳振孫《直齋書録解題》謂其文俊偉不類浮屠氏語。許顗《彦周詩話》稱其著作似文章巨工，仲殊、參寥輩皆不能及。其爲當時人推重至矣。然身本緇徒，好爲綺語。吴曾《能改齋漫録》記其《上元宿岳麓寺》詩，至有「浪子和尚」之目。元方回《瀛奎律髓》亦詆斥之。蓋既入空門，則一切文字語言自當恪守宗風，不失釋家本色，而猶逞其才筆，高自標舉，不肯落于清净寂滅之中，宜其爲識者所譏，更引起吹求者所藉口。《提要》謂其失在求名過急，洵定論矣。北宋兩詩僧，一參寥子道潛，坐蘇軾黨得罪，返初服。一石門僧惠洪，坐張商英牽連鉤黨。雖然商英不得比蘇軾，惠洪又豈可比道潛？物以羣分，非獨在人品，即以詩論，亦不如參寥之高潔遠矣。讀者試一互勘之。

僞本斜川集十卷 舊刊本，無刻書年月

此劉過《龍洲》僞題蘇過集名，《四庫全書》存目之本也。蘇集久無刻本，據王世貞《弇州題跋》知以劉集充叔黨之書，自元季已然。王士禛《香祖筆記》云：「康熙乙酉，有書賈以此集求售，索價至二百金有奇，惜未得見，其存佚今不可知。」漁洋所記不知是劉是蘇，以弇州所見推之，未必果是蘇集《四庫》存目之本。據云：「劉過《龍洲集》中所載之詩，與此正同。」即是此本。又云：「其本但有邊闌，而不界每行之烏絲。」此本染紙作古色，每頁補畫烏絲，僞鐫「虞山汲古閣毛子晉印」，印于卷末，蓋欲以宋本炫俗也。余以藏本證之，有邊闌而無行線，與《存目》之本一一符合，則同一僞本。而此則真面尚存，視《存目》所據之本亦覺可貴。蘇過真集乃周永年、法式善先後從《永樂大典》中輯出，乾隆丁未鮑氏知不足齋叢刊，道光七年蜀中祠堂本又附刻于三蘇集後。阮文達《揅經室外集·未收書目》即據輯本進呈，世得見叔黨原書者，周、法之功也。余得此書於長沙玉泉街書肆，展讀一過，因述其作僞之由，俾讀者不至爲所炫惑，而龍洲遺集轉得因此而彰，是固不必以僞本而棄之矣。庚子冬十一月己巳朔冬至記。

辛稼軒集四卷詞四卷年譜一卷 嘉慶十六年裔孫啓泰輯刻《永樂大典》本

宋辛忠敏棄疾，一代名臣，生平所爲奏疏詩文久已散佚者，僅宋以來所傳《稼軒詞》十二卷，而毛晉汲

古閣本溷併爲四卷，已非原書之舊。一文一字之傳，真有不可自恃者矣。此忠敏疏議、劄子、論文、啓三卷，詩一卷，《詞》四卷，《補遺》一卷，前附《年譜》一卷，嘉慶中裔孫啓泰從《永樂大典》及羣書中搜輯而出，分類而成。是編詞則仍汲古本之卷第，以新搜得者爲《補遺》一卷。文集中《美芹十論》尤見公經猷宏遠，有古大臣之遺風。數百年來公以詞與蘇〔一〕文忠齊稱，不知公經濟文章亦足與文忠抗手。惟因其集世無傳本，人莫測其高深，故僅以詞著稱于今，幾使人忘其爲偉大之人物。得此輯刻本行世，益令後人興景仰之思。人固樂有賢子孫如啓泰者，可謂不忘祖矣。此本流傳頗少，莫友芝《宋元舊本書經眼録·附録》載之，云：「偶思讀辛稼軒詞，適得此本。鼠蛀幾無完葉，竭半日之力揮汗整補重裝，亦幾玩物喪志矣。」莫氏時舊書尚多，所獲僅此，則全集如此之完美者使莫氏見之，不知如何欣賞也。

〔一〕「蘇」字原訛作「集」，據文意改。

龜山先生全集四十二卷　明萬曆辛卯刊本，十行二十字

宋楊時《龜山集》四十二卷，明萬曆辛卯將樂令林熙春刻本。《四庫全書總目》集部著録爲順治庚寅先生裔孫令所刊，蓋即據此本重雕者也。四庫開館時，上距萬曆辛〔二〕卯不過百八九十年，而未見此刻，則其本之希見可知。先生卒于宋高宗建炎四年，入南宋時日甚淺。《四庫》於《宗忠簡集》並以冠南宋諸集之首，其言曰：「南宋一代之儒風，與一代之朝論，皆傳時之緒餘。故冠以宗澤著，其說不用而偏安之局遂成，次之以時著，其說一行而講學之風遂熾。觀于二集以考驗當日之形勢，可以見世變之大凡矣。」又

提要云：「時受學程子，傳之沙縣羅從彦，再傳爲延平李侗，三傳而及朱子，開閩中道學之脈。其東林書院存于無錫，又爲明季講學之宗。」據此則先生教澤之含弘光大，在有宋諸儒殆無有駕于先生〔二〕之上者已。展讀一過，景仰深之。丙寅嘉平望月日後學葉德輝。

〔一〕「辛」下原衍「聞」字。

〔二〕「生」字原訛作「王」。

石林居士建康集八卷　明鈔本

先少保公宋石林先生文集一百卷，國初尚載於錢牧翁《絳雲樓書目》、曹倦圃《静惕堂書目》，自後諸藏書家則無聞焉。此《建康集》八卷，公再鎮建康時作，爲黄虞稷千頃堂舊藏本，後有先族祖石君公諱萬者一跋，云鈔自毛氏汲古閣者。石君公原諱萬，更諱樹蓮，又更樹廉，于少保公爲二十世孫，留心家乘，又酷好宋版書，雖殘篇缺帙亦收拾整理，鈔本多手校，何義門極稱之。徐健庵司寇乾學爲作傳，載《憺園文集》。是集幸得公鈔傳，不然并百卷本佚亡久矣。原缺三卷書後内《書唐李弼告後》、《書唐李氏告後》二篇，論内《蘇秦論》、《范增論》、《續養生論》上中下五篇，江陰繆藝風太夫子爲從常熟盛姓藏舊鈔本補鈔。余即據以付刻。道光時族中先輩有刊是集者，爲族祖調笙公諱廷琯者主校勘，初亦缺此七篇，後始得足本補刻。粤寇之亂，版亦旋燬。此余所以亟亟爲之謀梓也。刻本據此故特識之。

又一部 家刻本，傳沅叔以朱竹垞曝書亭藏鈔本校

先祖宋少保石林公《建康集》八卷，昔年據以付刻者爲黄虞稷千頃堂藏書鈔本，後有公二十世孫諱萬者一跋，即石君公也。石君公鈔自毛氏汲古閣，原缺卷第三書後類《書唐李氏告後》二篇及論類《蘇秦論》、《范增論》、《續養生論》上中下五篇，余借常熟盛杏蓀宫保藏鈔本補此七篇，遂成完璧。然以無他本可校，訛脱之處無從細勘。辛酉五月北遊都門，傳沅叔同年出所藏朱竹垞曝書亭藏鈔本見示，其足校正余刻本者甚多，因屬沅叔爲之手校一過。原缺七篇，朱本并同，其《書唐李弼告後》僅存二行亦同，蓋同出一本也。惟余刻本缺字朱〔一〕本皆有之。余書久已刊行，無從校改，擬作校記附後，俾讀者悉其異同云。

〔一〕「朱」原訛作「李」，據上文改。

太倉稊米集七十卷 舊鈔本

宋周紫芝《太倉稊米集》七十卷，自宋乾道丙辰襄陽刻本，至淳熙癸卯陳公紹修改訛字千餘，世稱善本。元、明以來並無覆刻，意者以其當時通籍暮年，乞憐秦檜，世遂薄其人品，故並其集亦唾棄不取歟？此舊鈔本字極草率，訛誤甚多。前卷首有「秀水朱氏潛采堂圖書」九字朱文篆書方印，下有「檇李」二字白文篆書方印，蓋朱竹垞曝書亭舊藏本。半葉十行，行二十一字。不知鈔自何本，以行字考之，似是出于宋刻。近時藏書家惟昭文張金吾《愛日精廬藏書志》載有舊鈔本七十卷，云：「格闌外有『浣香居鈔本』五

字。」仁和朱學勤《結一廬目》亦有舊鈔本七十卷，注云：「璜川吴氏藏書。諸城劉氏藏書。」是此集存于今者，惟此展轉傳鈔之本，安得好事者爲之細校訂刊行，以存南渡文章之一脈。故雖不能與張綱《華陽集》、王蘋《著作集》以風節見稱，論其才藻亦孫覿《鴻慶集》之流，誠如《四庫全書提要》所云：「略其人品，取其詞采可矣。」

竹洲文集二十卷 明弘治六年十世孫雷亨刻本

《竹洲文集》二十卷，附《棣華雜著》一卷，宋吴儆撰。此書明有三刻：一十四世孫繼良刊本，見吴氏《繡谷亭薰習録》；一萬曆甲辰刊本，見丁氏《持静齋書目》；一弘治刊本見陸氏《皕宋樓藏書志》，即此本也。《四庫全書總目》著録卷數相同。此書在明刻中最爲精善，字畫雅近柳體，閲之如對宋槧。坊估往往將弘治六年程敏政序撤去，僞充宋本。此爲吾邑舊家藏書，未落估人之手，故前程序猶存，足稱完善也。乙未小除夕麗廔主人輝記。

又一部十卷附録一卷 明刻本

《竹洲集》余向藏明弘治六年十世孫雷亨刻本，二十卷附録一卷，與《四庫全書》著録本同。此十四世孫繼良刻本，未詳刻于何時，以字體紙墨考之，當是萬曆時刻本。詩文篇數與弘治本同，惟併二十卷爲十卷耳。此本自來藏書家罕著于録，乾隆時仁和吴尺鳧焯《繡谷亭薰習録》載有此本，近則丁丙《善本書室藏書志》有舊鈔本，爲汪閬源舊藏，乃從此本傳録者，故此雖明刻，頗爲先輩所珍藏。集首序前鈐「曹溶」

二字朱文方印，「檇李曹氏藏書印」七字朱文橢圓印，此曹倦圃先生經藏印記。先生字潔躬，號秋岳，明崇禎丁丑進士，官御史。入國朝，官至户部侍郎，出爲廣東布政使，左遷山西陽和道，康熙己未舉鴻博，事詳李集《鶴徵前録》。晚號鋤菜翁，築室范蠡湖濱曰「倦圃」，朱彝尊爲撰《倦圃圖記》，見《曝書亭集》。王文簡《池北偶談》云其「喜收宋、元人文集，宋自柳開《河東集》以下，凡一百八十家。元自耶律楚材《湛然集》以下，凡一百十有五家」。此殆其宋人集之一也。又首卷序上眉有「讀易樓祕笈印」六字朱文長方印，卷一目録下有「玉棟之印」四字白文方印。玉棟字筠圃，滿洲人，讀易樓即其藏書處。王芑孫《淵雅堂文稿》有《玉筠圃讀易樓記》。翁方綱《復初齋詩集》有題《讀易樓圖詩》。可見其人爲名流推重。此書經二氏藏弆，故至今紙墨如新。從子啓崟藏一明本，乃明萬曆甲辰裔孫吴瀛刻，改題《吴文肅公集》，亦二十卷，詩文多三十餘篇，附録多文四篇，已詳彼本跋中，兹不具載云。辛酉二月八日德輝記。

吴文肅公集二十卷附録一卷 明萬曆甲辰裔孫吴瀛刻本

宋吴文肅公儆所著詩文二十卷，附録一卷，本名《竹洲集》，此明萬曆甲辰裔孫瀛刻時所改題。此外有弘治六年十世孫雷亨刻二十卷本，又有十四世孫繼良刻本，併爲十卷，皆名《竹洲集》，從原題也。二本詩文篇數相同。惟此本文類啓多《賀施僉樞啓》、《上史樞密啓》、《賀洪樞密除參政啓》、《謝鄭憲舉狀啓》、《上明州制置啓》、《代王侍郎通揚漕啓》、《與漕使啓》、《賀洪景伯除中書舍人啓》、《安仁交代啓》、《答雷州馮守啓》，共十篇。雜著多《勸學文》一篇。詩類古風多《送吴令君》、《贈吴令君》、《送王國器歸宣城》共三篇；律詩多《和劉守韻》、《送張丞歸平江》、《次韻李提點雪中登樓之什》共三篇〔一〕；絶句多《以烏紗餉客》、《題劉氏幽香亭》、《和張幹三公亭》、《説謎三絶》共六篇；樂府多《念奴嬌·壽陳尚書母夫人》，又《壽吳宰》，又無題注，《西江月》無題注，又《春題别墅》，又《和前次范石湖韻》，又《代作》，又《戲陳子長》，《朝中措·代宋仲温上德操》共九篇。附録多《勅奉議郎吳儆通判邕州》、《勅廣南西路安撫都監提舉欽廉等州都巡檢吳儆》、葛邲《宋竹洲先生吳公傳》、趙汝愚《竹洲先生像贊》共四篇。書内少《上湯丞相論餘姚海賊書》一篇。此則出自刻者增删，非復弘治本之舊。至其中訛脱之處，如附録載先生行狀，末行撰人程卓官銜「新安郡開國侯食邑一千三百户食實封二百户」，「侯」字以下提行别起，此本脱去此行，至不知行狀爲何人所撰矣。又寶祐五年勅牒後列官押七行，末行有「尚書闕」三字，全行將三字删去，此雖非正集要處，其校勘之疏陋即此可知。幸吾家舊藏有十世孫雷亨、十四世孫繼良兩刻本，可以取證，不然將使讀者費考索矣。從子啓崟得此于長沙書肆，呈請題識，時余將還蘇州，倚裝書此。時辛酉二月中旬，麗廔主人葉德輝記。

〔一〕「篇」原訛作「編」。

晦庵先生朱文公文集一百卷　明嘉靖壬辰蔣詔刻本

明時《朱子全集》有浙、閩兩刻。浙本洪武初取置南京國子監，不知何人所編。閩本百卷，爲公子在所編，嘉靖壬辰巡按御史蔣詔督刻，此本是也。每半葉十二行，行二十二字。大題「晦菴先生朱文公文集」。版心「朱子大全」四小字，下刻刻工姓名。康熙戊辰蔡方炳據以重刊者。《四庫全書總目》集部著録即蔡本，殆當時此明刻亦稀見耶。朱子詩文皆有義法，爲南宋之冠。國朝姚姬傳先生詩文極似之，世目先生爲桐城古文家，不知先生遠有所本也。自余創此論，讀者咸以謂然。至桐城方望溪侍郎《古文約選》，其鉤乙點竄唐、宋人文處，無賸義，無累句，亦得力《朱子文集》爲多。姬傳先生蓋得衣鉢真傳者矣。

止齋先生文集五十二卷 明弘治十八年王瓚序刻本

《止齋先生文集》五十二卷，宋陳傅良撰。明弘治刻大黑口本。每半葉十三行，每行二十三字。前有賜進士及第翰林院編修經筵國史官鄉後學王瓚序，略稱：「瓚近於祕閣録出公集五十二卷。弘治乙丑御史同年澤州張君伯純往巡浙中，於公尤致嚮慕，瓚遂出示公集，伯純喜曰：『請得梓之以傳。』」云云。則此爲明刻中最早之本。《四庫全書總目》集部著録，據《提要》所稱，亦即此本。自周行己傳程子之學于永嘉，永嘉遂自爲一派，而止齋與先祖水心公爲之魁首。止齋所爲文，不及先祖雄贍奔逸，卓然爲一大宗，然粹然儒者之言，亦不愧爲同時作者。止齋卒，先祖爲作墓誌，稱其：「初講城南茶院時，諸老先生傳科舉舊學，受教無異辭。公未三十，心思挺出，陳編宿説，披剥潰敗，奇意芽申，新語櫱長。士蘇醒起立，駭未曾有，皆相號召，雷動從之，雖縻他師亦藉名陳氏，由是其文擅于當時。公不自喜，悉謝去。」是止齋之文，本以利于科舉而獲盛名，晚乃以諳練掌故，通知成敗，爲時所宗。故集中諸文頗多切于實用，而其密栗堅峭，自然高雅可觀。雖才力較先祖稍覺次之，要其旗鼓中原，固亦同時魯衛也。

梅溪先生前集二十卷後集二十五卷 明正統庚申温州府刻本

宋王十朋《梅溪集》分前後二集，《前集》二十卷，《後集》二十五卷。明正統庚申温州知府何文淵等鳩貲刻本。大黑口版，每半葉十一行，行二十一字。版心祇「前」、「後」二字及數目字。缺《廷試策》一卷、《奏議》四卷。《四庫全書總目·梅溪集》五十四卷，并《廷試策》、《奏議》全也。《提要》云：「正統五年温州教授何〔二〕瀇所校，知府劉謙刻之，黄淮爲序。」蓋即此本，語詳何文淵序。《天禄琳琅書目續編》明版類有二部，亦即此本。而《四庫》著録爲兵部侍郎紀昀家藏本，豈不知内府所藏固爲完本，而必以己所家藏者列名《總目》中，毋亦好名之心有所牽擾耶？或《續編》所收編《四庫》時尚未有耶？姑識之以爲此書一重公案。

〔二〕「何」原作「河」，據浙本《四庫總目》改。

象山集三十六卷 明嘉靖辛酉何氏刻本

宋陸九淵《象山集》三十六卷，明嘉靖辛酉何氏刻本。朱彝尊《潛采堂書目》著録者爲嘉靖甲午戚賢序刻本，先乎此刻三十餘年，而卷帙相同，則固同出一本也。《宋史·藝文志》、元馬氏《文獻通考》據陳振孫《直齋書録解題》，均稱《象山集》二十八卷《外集》四卷。當時門人袁燮刊于江西倉司者，凡三十二卷，蓋并《外集》計之，卷數正合。《四庫全書》集部《象山集》二十八卷《外集》四卷附《語録》四卷，《提要》云：「《語録》四卷本於集外别行，正德辛巳撫州守李茂元重刻是集，乃并附集末，以成《陸氏全書》。」故自李刻以後皆通連爲三十六卷矣。

雲莊劉文簡公文集十二卷　明正統九年十世孫穩刻本

《雲莊劉文簡公文集》十二卷，宋劉爚撰。《四庫全書》已著録，《提要》云：「祁承㸁澹生堂鈔本，前有嘉定間李皐序，又附真德秀碑文，乃明天順間其十世孫梗所編。又别一本爲其十世孫穩所重刻，較梗所編少文數首，亦不載〔一〕德秀碑文。」今按《提要》所稱「别一本」蓋即此本。前有嘉定李皐序，後有明正統九年十世孫穩序，各卷末間有「正統九年甲子孟冬朔雲莊書院刊」木記。近人丁氏《持静齋書目》别集類有《雲莊集》十二卷，注云鈔本，題《雲莊劉文簡公文集》，疑即從此本傳鈔。又陸氏《皕宋樓藏書志》别集内有《雲莊集》十二卷，注云明正德間刊本，未知視此本如何，惜不得彼本一考訂也。此書半葉十行，行二十字。字體頗似元槧，蓋正統距元不遠，故手民猶存古意。新年無事，過舊書店，鑑古齋主人李强之持以相示，因即購歸。并有《大唐新語》一册、《河南程子文集》一册、邵子《擊壤集》一册、《胡仲子文集》一册、《文斷》一册，均明刻善本也。光緒丙申正月廿八日德輝漫記。

〔一〕「載」原作「戴」，據浙本《四庫總目》改。

洪文敏集八卷　鈔本

宋洪文敏邁有《野處類稿》二卷，《四庫全書總目》集部著録。據宋陳振孫《直齋書録解題》所載同，知爲宋時舊帙。考《宋史·藝文志》載文敏有《野處猥稿》一百四卷，《瓊野録》三卷。《明内閣書目》有《野處内外集》九册，不詳卷數，或即《猥稿》之殘本。即《書録解題》亦云「其《全集》未見」。是今所傳之《野處類稿》不及其全集之一二，然則文敏著述亡佚多矣。此八卷，一詩詞，二論，三表，四劄子、奏狀、書、啓、制，五序、疏，六記，七傳、墓誌、碑、辨、銘，八雜著，爲仁和勞季言格輯本，有注明出處者，有未注明者，皆《類稿》以外散見各書之作。舊爲吴縣潘文勤祖蔭藏書，前有「潘祖蔭印」四字白文篆書方印，又有「伯寅」二字朱文篆書方印。鈔手尚乾净，而别字甚多，余以朱筆校改，不能盡也。

范石湖居士詩集三十四卷　康熙戊辰長洲顧嗣立刻本

《石湖居士詩集》三十四卷，宋范成大撰。宋陳振孫《直齋書録解題》：「《石湖集》一百三十六卷。」《宋史·藝文志》同。此僅詩三十三卷，賦、楚辭一卷，共三十四卷。又三十五卷詞一卷，下注「續出」，則未刻也。卷目後有康熙戊辰八月依園主人識，略言：「《石湖詩集》三十三卷，凡古今各體詩一千九百一十六首，范文穆公手自編定。宋嘉泰間其子莘等刻以行世，合詩文凡百有三十卷。明時曾已重刻，而流傳頗少。又有活版印本，殘闕甚多。今藏書家多有鈔本，而訛舛異同，魯魚錯出。吾友金子亦陶所藏從宋本鈔得，更爲廣集諸家較勘，精密可稱善本。兹先刻其詩集，公諸同好，卷帙前後悉依原本所編，其間譌字皆略爲改正。所有一二漫漶之處，無從辨證，姑闕之以俟考。外附賦、楚辭一卷，樂府一卷。賦本在詩前，今附于詩後者，集以詩名，從其類也。」按《四庫全書總目》集部著録者即此本。《提要》云：「成大在南宋中葉與尤袤、楊萬里、陸游齊名。袤集久佚，今所傳者僅尤侗所輯之一卷，篇什寥寥，未足定其優劣。今以楊、陸二集相較，其才調之健不及萬里，而亦無萬里之粗豪；氣象之闊不及游，而亦無游之窠臼。初年吟詠，實溯中唐。其他則雜『長慶』之體，爲晚唐五代之音。自官新安掾以後，骨力乃以漸而遒，蓋追溯蘇、黃遺法，而約以婉峭，自爲一家，伯仲於楊、陸之間，固亦宜也。」今按依園所識，知范詩鈔刻之源流，《提要》所稱知范詩早晚之變化，故并摘録其語以爲讀者指導焉。亦陶名侃，父俊明字孝章，父子好藏書，皆手鈔本。《蘇州府志》有傳。朱彝尊《静志居詩話》云：「孝章既卒，門人私謚貞孝。先生平生好録異書，靡間寒暑，仲子侃亦陶繼之。矮屋數椽，藏書滿櫝，皆父子手鈔本也。」王文簡士禛《居易録》云：「顧迂客貽所刊《范石湖集》凡詩三十三卷，楚詞、古賦一卷，金侃亦陶寫校宋版本也。亦陶，老友孝章之子。」其所鈔書當時爲人珍貴如此，宜今日藏書家得其片楮隻字價重連璧也。揭陽丁氏《持静齋書目》載金侃鈔元人詩：《秋聲集》四卷，黄鎮成；《圭峯集》五卷，盧琦；《清江碧嶂集》一卷，杜本；《傲軒吟稿》一卷，胡乘龍；《揭曼碩詩集》四卷，揭傒斯；《石田集》五卷，馬祖常；《所安遺集》一卷，陳泰；《漢泉漫稿》五卷，曹伯啓；《金囦集》一卷，元淮；《肅雝集》一卷，鄭允端；《檜亭藁》五卷，丁復；《黄文獻公集》五卷，黄溍；《南湖詩集》三卷，貢性之；《鹿皮子集》四卷，陳樵；《居竹軒集》四卷，成廷珪；《霞外集》十卷，馬臻；《傅與礪詩集》八卷，傅若金；《道園學古録》八卷，虞集；《静思先生集》八卷，郭鈺。皆其六十歲後手鈔。人品與翰墨俱足珍寶，不獨所選詩超然物外也。今附記于此，冀有好事如顧氏者爲傳刻之，庶不負其傳鈔之苦心耳。

又一部二十卷 康熙戊辰婺源黄昌衢刻本

此康熙二十七年婺源黄昌衢刻《范石湖詩集》二十卷，前有吉水李振裕一序，稱：「余督學江南，購其全集而不可得，僅得鈔本二十卷。謀所以廣其傳者，黄生康謡適來謁，出以示之，黄生受而卒業，請以付諸剞劂，閲數月告成，丐序於余。」云云。此本雖爲國初刻本，殊爲希見。惟王文簡士禛《居易録》載之，《録》：「婺源黄昌衢刻《宋范石湖詩集》二十卷，中多闕文。吴郡門人顧嗣協迂客亦刻《石湖集》，摹宋版最工。後村云《石湖集》三十四卷，今顧刻正合。」今按《四庫全書總目》别集類著録即用顧本，而不言及此二十卷本，恐館臣亦未見也。余舊藏顧刻，并附舊鈔《攬轡録》、《驂鸞録》、《吴船録》、《桂海虞衡志》、《田園雜興詩》五種。此從子嶠甫所藏，以其槧刻精美，傳本極稀，故表而出之。

攬轡録一卷驂鸞録一卷吴船録二卷桂海虞衡志一卷田園雜興詩一卷 明鈔本

右宋范成大所撰三録一志一詩，共鈔本四册。三録有嘉靖丁亥盧襄跋，云：「予家石湖，與公别業相望，少從提學家兄往來湖上，撫其遺址，思欲有所興理。比兄爲御史，在告，特創書院以俎豆公。既手摹公之象與所書《田園雜興》刻之石，又手校此三録欲并刻，未果。予來京師，每借他本校寫以寄同年項建陽秉仁、夏建安國符即書坊刻焉。」是三録明時原有刻本，而《桂海虞衡志》并附刻以行。《田園雜興詩》則以有石刻故未刊行。然此數種明以來諸叢書中往往刻之。蓋其文辭之工，于游記中頗足引人入勝，宜其一刻再刻，風行一時。此鈔本出自明人，當亦好事者以其無刻本單行，故彙鈔一編以便流覽耳。

渭南文集五十卷　明正德八年梁喬刻本

放翁詩文全集，近世通行毛氏汲古閣刻本，凡《渭南文集》五十卷、《逸稿》二卷，《劍南詩稿》八十五卷，《南唐書》十八卷，《家世舊聞》一卷，《齋居紀事》一卷。毛氏刻書不遵宋本之舊，如此全集皆以別鈔增竄，故爲藏書家所不尚。考放翁全集宋陳振孫《直齋書録解題》載《渭南集》三十卷，馬端臨《文獻通考》引作二十卷，此據《永樂大典》。《劍南詩稿》、《續稿》八十七卷，不云何人所編，何時所刻。據毛本原序知《渭南文集》五十卷爲其子遹所編，《劍南詩》八十卷爲其子虡所編，皆刻於嘉定庚辰年溧陽官署。明弘治壬戌華氏以活字版印行，據毛刻跋及近人《皕宋樓藏書志》所稱，祇有文集而無詩稿，且譌脱甚多。毛跋稱有紹興郡刻本，去《入蜀記》，混增詩九卷，蓋即指此本而言。此本前有汪序，並不云據何本重刊。原本殘缺十四至十九六卷，余屬傭書者以毛本補完，卷第適相符合。毛刻所云「去《入蜀記》，混增詩九卷」者，因毛刻四十三至四十八六卷爲《入蜀記》，四十九、五十兩卷爲詞，故與此不合也。余得此本於長沙故家，喜其爲舊刻，間可糾毛本之譌，詩雖非放翁之全，而集本屬文無所缺逸，是固可以寶貴矣。光緒三十又四年戊申夏至日葉德輝跋。

姜白石集詩二卷歌曲四卷　乾隆癸亥鮑氏知不足齋校刻江都陸鍾輝本

宋姜堯章撰集曰《白石道人詩集》二卷《白石道人歌曲》六卷，宋嘉泰[一]壬戌錢希武刻本卷帙原數，元人陶南村宗儀手鈔以傳者也。乾隆癸亥江都陸鍾輝據以重刻，乃并《歌曲》爲四卷，又改易其行格，于是宋、元舊本之真全失。今所傳此本是也。然阮文達《廣陵詩事》五有云：「白石詩詞，宋版皆旁注笛色。鹽官張氏既刊〔二〕復輟，松陵汪氏繼之不果，陸南圻司馬鍾輝刻成之，同時詩人皆有詩識事。」是則宋、元孤本獨賴陸氏以傳，其刊播之功可以掩其擅改之失矣。陸刻以前尚有雍正丁未歙人洪陔華正治刻本，凡詩詞各一卷，歌曲無旁注笛色。乾隆辛卯又重刻，未知所據何本。余并藏之。《宋史》無姜堯章傳，阮文達編《詁經精舍文集》五有徐養原、嚴杰諸人《補傳》，于其生平事實考證最詳，可云發潛德之幽光矣。光緒三十有三年丁未重九前二日郋園葉德輝記。

〔一〕「泰」字原脱。宋有「嘉」字年號者有「嘉祐」、「嘉泰」、「嘉定」、「嘉熙」，「嘉祐」爲北宋仁宗年號，在姜夔生前百年，不符。另三個年號僅嘉泰有壬戌年，爲公元一二〇二年。

〔二〕「刊」原作「刑」，形近而訛，據廣陵書社二〇〇五年版《廣陵詩事》改。

姜白石歌曲六卷別集一卷 乾隆己巳張奕樞刻本

此乾隆己巳雲間張奕樞校刻宋姜夔白石道人《歌曲》六卷《別集》一卷，《歌曲》旁註工尺。據稱原書爲元陶南村手鈔本，分六卷，《別集》爲一卷。先是乾隆癸亥長塘鮑氏知不足齋曾刻此書，據稱亦陶南村鈔本，但并六卷爲四卷，殊失原鈔之舊。此刻悉照原卷，工尺旁注行間，勝于鮑刻遠甚。《白石詞》，《四庫全書》僅據毛晉刻《六十家詞》中一卷本著録，殊爲疏陋。鮑氏收藏多宋、元舊鈔，而所刻《知不足齋叢書》實未精審。此亦如毛子晉之好刻古書而不根據善本者同一惡習。即如宋王沂孫《碧山樂府》一卷，鮑氏原藏明文鈔本在余許，以校鮑刻叢書，確係依據鈔本，而改題爲《花外集》，竟不知其何因。且文鈔經秦太史恩復校補逸詞于書楣，鮑刻既補刻卷末，而不言出自秦手，則此之任意合并又無足怪矣。

斷腸集四卷　明潘是仁刻本

宋朱淑真《斷腸集》四卷，《四庫全書總目》集部別集類《存目》作二卷，浙江鮑士恭家藏本。《提要》云：「淑真，錢唐女子，自號幽棲居士，嫁爲市井民妻，不得志以没。宛陵魏端禮輯其詩爲《斷腸集》，即此本也。前有田藝衡《紀略》一篇，詞頗鄙俚，似出依託。至謂淑真『寄居尼菴，日勤再生之請，時亦牽情于才子』，尤爲誕語。殆因世傳淑真《生查子》詞附會之，不知其詞乃歐陽修作，今在《六一詞》中，曷可誣也。」今按《四庫全書》詞曲類《斷腸詞提要》亦詳辨其事。此明潘是仁刻《宋元名家詩》之一，僅留此及《花蕊夫人詩集》二種，從子定侯得之舊書肆中，執以詢余。時插架有浙人丁丙所刊《武林往哲遺著》，中有《新注朱淑真斷腸詩集》十卷《後集》七卷，爲錢唐鄭元佐注，前有序題「通判平江軍事魏仲恭撰」，即《四庫提要》所稱之魏端禮也。序稱其早歲不幸，父母失審，不能擇伉儷，乃嫁爲市井民家妻，一生抑鬱不得志，故詩中多有憂愁怨恨之語，並無論其不潔之事。田藝衡明時人，何從而得其詳耶？《提要》斥爲僞託，誠哉是言！此本不載田藝衡之文，卷數亦與《四庫》存目本不同，當是別有所本，古書日少一日，即此明本亦足珍也。

雪巖詩集三卷　同上刻本

宋陳起所編《南宋羣賢小集》，《四庫全書總目》總集類著録，而其中宋伯仁《雪巖吟草》一卷又於別集類分載。《提要》云：「陳起《江湖集》中已列其目，此其單行之本，今亦别著于録焉。」此本作《雪巖詩集》三卷，卷一五言律詩，附五言絶句、六言絶句，卷二七言律詩；卷三七言絶句，明潘是仁刻《宋元名家詩》之一。以《江湖集》本與此互勘，《吟草》中五律多《嘲不識字》一首，少《寓興》一首、《寄海安趙路分》一首、《自嘆》一首、《寄鄭貢父秀才》一首、《曹娥謝趙菊莊相訪》一首、《忘機》五絶一首、《水邊聞雁》五絶一首；七律多《張監税新居》一首、《春雪不止》一首、《寄樓雪卧》一首、《楮先生午睡》一首、《云云》一首、《中秋月》一首，少《值雨》以下四十七首；七絶多《晚春溪行》回文一首、《别友人》集唐句一首、《客樓戲》集唐人句一首、《小舟曉賞荷花》回文一首、《扇》一首，少《夏日至和浙東童倉使》三十三首内《夏日》三首、《西湖晚歸》二首、《和浙東童倉使》三首；又《吟草》五古多《寄征夫》一首，七古多《佳人歌》一首、《醜女歌》一首、《累字戲作解愁吟簡舊同寮》一首。兩本當各有所據，而以此本爲詳。《四庫》重録《江湖集》本而不知有此本，豈當時未經採入，故館臣未見歟？後有重刻此集者，當以此爲正本，而以《江湖集》所多者附刻焉，則庶幾成爲完璧矣。

謝疊山先生文集五卷　明萬曆甲辰吴安節刻本

宋季文山、疊山兩公，忠節之士，不當以詩文家目之。存其集以誌景仰云爾。丙申八月中秋日以一金購于廠肆。長沙葉德輝敬識。

自堂存稿十三卷　宋元明活字參雜本

宋陳杰《自堂存稿》，《四庫全書總目》著録，云《永樂大典》本。《提要》據厲鶚《宋詩紀事》云：「杰字壽夫，分寧人。淳祐十年進士，制置司屬官。有《自堂存稿》。」今此本十三卷，卷一第二行撰人題「賜進士豐城玕谿陳杰燾甫撰」，據此則《提要》云「字壽夫」及「分寧人」者皆誤也。又《大典》本四卷，末有《間觿記》、《間觿賦》二首，末有使其子樵書而刻之，又稱「元祐二年七月十七日記」。《提要》云：「元鹿皮子陳樵，實婺州東陽〔一〕人，里籍不相符。集中四言古詩《春日江永》諸篇自注云『端平以來』，其年當在二十左右，至帝㬎德祐乙亥凡四十二年，宋亡時已近六旬。延祐二年乙卯上距宋亡又四十年，則已在百歲外，時代似不相及。是《記》殆陳樵之父所作，《永樂大典》誤題杰名歟？」按此本不載《記》、《賦》，則《提要》云非杰作是也。杰詩不脱江西習氣，而風姿秀挺，視宋末江湖諸家較有格調。是本多于《大典》本過半，尤足以窺全豹。前有宋咸淳甲戌十月望自敍，末有明萬曆壬辰賓汝功補版跋。書版有宋刻、有元刻、有明刻，又有活字排印者，數葉版式大小不一。蓋其版自宋末元時訖明陸續補刊而成，臨印時又以活字補其闕葉耳。若其歷官則自序題銜可以考見大略，題銜云「賜進士第朝奉大夫提點江西刑獄兼制閫參謀前工部郎中玕谿陳杰燾甫識」，《大典》本無此敍，故《提要》不能詳。幸有此本可補《提要》之略，而存《自堂稿》之全。是可與新出之周密《草窗韻語》六稿并爲宋人集中不可得之秘笈矣，翼日當謀刊行之。歲在癸亥二月清明前一日，郋園葉德輝識。

〔一〕「陽」原作「里」，據浙本《四庫總目》改。

郘園讀書志卷九

集部 別集

元遺山詩文全集四十卷續夷堅志四卷新樂府四卷附淩廷堪撰年譜二卷施國祁撰年譜一卷翁方綱撰年譜一卷附録一卷補載一卷 道光卅年張穆刻本

平定張石舟穆刻《元遺山集》爲遺山集大全之本。其詩文四十卷，從明弘治李叔淵本、康熙華希閔本、毛晉汲古閣本、南昌萬廷蘭本、烏程施國祁注本勘定譌誤，別白是非，各類之後增補續編，凡遺山詩文佚見他書者此本悉詳載之，可謂留心文獻者矣。《續夷堅志》四卷，從余秋室刊本重刻，舊傳只寫本。《新樂府》五卷，《四庫》未收，阮氏元《揅經室外集》著録，此亦從華本再刻。《年譜》三卷，施本從《詩注》本，翁本從《蘇齋叢書》本，淩本從漢陽葉氏鈔本，皆善本也。同時有李鎔經刻本，不及此刻之精。曾于市肆一見，未得購歸。然據此書序稱舊缺《御史張君墓表》、《陽曲令周君墓表》、《鄧州新倉記》各半葉，葉各三百字，皆補完之。則李刻亦有可取之處，然不及此之完美矣。己丑二月初六日書于都門崇文門内觀音胡同小寓，距禮闈僅二日。長沙葉德輝識。

又一部四十卷 道光二十七年李鎔經刻本

《元遺山集》，明中統嚴氏所刻，爲第一次刻本，今不易得矣。近時南北通行者有兩刻本，北本爲平定張穆刻，校勘精審，有拾遺補缺之功，而南中希有也。南本爲定襄李鎔經刻，與張同時，序稱張石舟藏有元人刻本，覆取其書重加校讎，以百金俾坊間助其費而授之梓。張刻序則稱近日坊肆有新刻，乃某太守從臾坊賈據華氏本刻之蘇州者，此本是也。以張本校此本，卷數相同，張本每類多有附益。如卷二五古《讀書山月夕》以下多八首，《繼愚軒和黨承旨雪詩》四首、《寄英禪師師時〔二〕住龍門寶應寺》、《夢歸》、《郎文炳心遠齋二首、《蕭寺僧歸横軸》、《祁陽劉器之以墨竹得名今年春薄遊鹿泉因爲予寫真重以小景見餉凡以求予詩而已賦二十韻答之》、《答王輔之》、《寄題沁州韓君錫耕讀軒》，以上八首實十二首。卷四七古《過劉子中新居》以下多四首，《東湖次及之韻》、《贈郝萬户》、《王學士熊岳圖》、《贈史子桓尋親之行》，以上四首。卷五雜言《付阿眈誦》以下多三首，《游承》、《鎮懸泉爲程孫中卿作》、《壽張復從道》，以上三首。按，又多《唐子達扇圖》一首，李本入六言。卷七五律《乙卯十一月往鎮州》以下多五首，《挽趙參謀》二首、《嗣侯大總管哀挽》二首、《答弋唐佐不寐》、《送楊叔能東之相下》，以上五首實七首。卷十七律《張郇杏花》以下多三十一首，《送仲希廉簡大方》、《送郭大方送李輔之官青州》、《答晁公憲世契》二首、《寄史德秀兼呈濟上諸交遊》、《答吳天益》、《答郭仲通》二首、《藺仲文郎中見過》、《送奉先從軍》、《壽趙益之》、《與宗秀才》、《贈馮内翰》二首、《九日午後入府知曹子凶問夜不能寐爲作詩》二首、《益甫曹弟見過挽留三數日大慰積年傾系之懷其行也漫爲長句以贈弟近詩超詣殆欲度驊騮前故就其所可至者而勉之》、《贈李文伯》、《贈玉峯魏丈邦彦》、《贈答趙仁甫》、《同德秀求田燕山分得同字》、《德秀家兒子》、《贈任丈耀卿》、《賀德卿王太醫生子》、《贈麻信之》、《射虎》、《茗飲》、《鬱鬱》、《秋日載酒光武廟》、《寄劉光甫》、《過皋州寄聶侯》、《病中感寓贈徐威卿兼簡曹益甫高聖舉》、《歸潛堂》、《過陽泉馮使君墓》，以上三十一首實三十四首。卷十四七絶《留贈丹陽王鍊師三章》以下多十六首，《元夕》、《酴醾》、《爲橄子釀金》二首、《李子範生子》、《柏鄉光武廟》、《和德新丈》、《春日寓興》、《滄浪圖》、《倦繡圖》、《雪谷曉行圖》、《浩然雪行圖》、《岳邦獻壽》、《風柳歸牛圖》、《子和麋鹿圖》、《賈氏怡齋》二首、《與西僧倫伯達》二首，以上十六首實十九首。卷二十二碑銘表誌碣類從《金石萃編》補《蕭軒楊公墓碑》一首，卷二十七從《元文類》補《漆水郡侯耶律公墓誌銘》一首、《尚書右丞耶律公神道碑》一首，卷三十從《金石例》補《安肅郝氏先塋碑》一首，卷四十多《中令耶律公祭先妣國夫人文》一首，總凡多詩六十七首，實七十九首，多文五首，均注有「以下續編」字，蓋從他書搜輯而出者。然不注明出處亦全書之累也。此本刻工草草，不及張刻之工，而所據華本尚得明刻面目。且明刻華刻舊缺《御史張君墓表》、《陽曲令周君墓表》、《鄧州新倉記》各半葉，葉各三百字，此本皆補完之。故張序稱其微勞不可没。然則南北兩刻正可以互證得失，參稽同異，而不必强分軒輊矣。予昔祗藏北本，後續得汲古本、南昌萬廷蘭單刻《詩集》本、烏程施國祁注本，今又獲此，忻快何如？他日儻得一明槧初刻，則更快矣。丙申冬十月初三日立冬麗廔主人葉德輝識。

〔一〕「時」原脱，據山西古籍出版社二〇〇四年版《元好問全集（增訂本）》補。

牧庵集三十六卷　武英殿聚珍版本

此書僅此孤本，福建、江西、浙江外聚珍版均未重刻。余求之十餘年而始得，去值甚昂。都門購書，皆節衣縮食爲之，吾輩如此寒畯可知矣。丙申冬十二月小除夕題記。

楊仲弘詩集八卷　明嘉靖丙申翁元匯刻本

《楊仲弘詩集》八卷，元楊載撰。余所藏爲毛晉汲古閣刻《四元人集》本及近刻《浦城遺書》本。此明嘉靖丙申翁元匯刻者，從子定侯所藏。前序下有「孔謐涵印」四字白文篆書方印、「東家季子」四字白文篆書方印。卷之一有「孔謐涵印」四字白文方印、「葒谷」二字朱文篆書方印。蓋衍聖公府紅櫚書屋舊藏也。半葉十行，行二十字。詩皆低一格，實行十九字。大題「翰林楊仲弘詩卷之幾」，版心題「楊仲弘詩」四字，中白魚尾下「卷幾」二字。字體方整，有宋版遺規。取毛刻校勘，異處不少，正不知毛据何本重刻也。此本藏書家目録罕見著録，惟歸安陸心源《皕宋樓藏書志》有之，今已歸于日本岩崎静嘉堂，恐海内僅有此孤本矣。

青陽集六卷　明嘉靖戊戌鄭錫麒刻本

元余忠宣公闕《青陽集》六卷，明嘉靖戊戌鄭錫麒刻本。白口版半葉十一行，行二十字。後附鄭識，略言：「公之正集，青陽前守海岱張中丞刻之矣，而弗存，維揚張仲剛氏採而成編附刻之，而復傷于殘缺。余公暇取二集校閲，正集釐爲四卷，又以附刻之二卷續諸後，繡梓以行。」云云。前有正德辛巳劉瑞序，云：「知府張文錦詢善本，胡寧國東皐刻焉。」此即鄭所稱之張中丞也。又有正統十年高穀重刊，此書引云：「先友張君彦剛好古尚賢，嘗裒集公之遺文鏤版以傳。」此即鄭所稱之張仲剛也。是此書在前明已經屢刻。今《四庫全書總目》別集類祇四卷，《提要》不詳何本，恐非佳刻。此本大題「青陽先生文集」下不題撰人姓名，惟目録前有「門人淮西郭奎子章編」一行。殆舊本如此，鄭刻仍之耳。公殉節後，其稿煨燼無遺，門人郭奎掇拾得數十篇以傳，語詳雲陽李祁序。《提要》稱：「公力障東南，與許遠、張巡後先争烈。文章爲公之餘事，心聲所發，識度自殊，亦有足覘其生平者。」今讀公是集，信乎光焰萬丈，與日月争光，斯文若元氣，公足以當之矣。

師山先生文集八卷遺文五卷附録一卷濟美録四卷　明嘉靖乙未刻本

右元鄭玉《師山文集》八卷、《遺文》五卷、《附録》一卷、《濟美録》四卷。濟美云者，以師山先人仕宋、元間爲名宦，稱鄉賢者，録其政績碑誌、當時野乘佚聞，録爲一篇，即世濟其美之意也。據後裔孫燭跋稱「宗老子西翁所裒」，未知子西爲何人。《四庫全書》著録亦無此種。近世藏書家若瞿氏鐵琴銅劍樓、陸氏皕宋樓所載明刻本均無此種。朱氏《結一廬書目》載宋、元集部頗多，此書僅舊鈔本八卷，且并《遺文》、《附録》而無之，則此集明刻亦良可珍貴矣。文集初名《餘力稿》，今本稱《師山先生》，殆後人追改，《四庫提要》已論及之。先生以文衛道，大節凛然，名雖不逮范、揭、虞、姚諸人，而一集巋然，可謂争光日月也已。丙申七月中元後一日誌。麗廔。

樵雲獨唱集六卷 舊鈔本

《樵雲獨唱集》六卷，元葉顒撰。顒金華人，與余先祖元和靖山長同名且同時。和靖公以元遺民入明，太祖屢徵不起。此集有至正甲午自序，云：「薪桂老而雲山高寒，音調古而巖谷絶響，故名《樵雲獨唱》。」則亦高潔之士。顧嗣立《元詩選》云：「其登洪武中進士，官行人司副，免歸。」袁凱《海叟集》載有《樵雲獨唱序》云：「使先生後生數年，際我朝之明盛，與一時俊乂並列庶職，其事業必有可觀，惜其不然，而徒於言語文字見其志，不亦可哀乎？」則其未曾仕明，本有明證。嗣立所載必爲傳訛。考葉顒同姓名者有四，錢謙益《列朝詩集》載有葉顒詩，《小傳》云：「字伯愷，洪武中登進士，官行人司副，免歸。」與嗣立合，知嗣立所本即出于錢，非此葉顒也。余按，集中《挽琳上人詩》云：「大德庚子春，生我及此公。」是與琳上人同年生。謂爲登洪武進士者，《國子監元太學題名碑》洪武二十七年甲戌張信榜有其人，由大德庚子至洪武甲戌其人已九十四歲，豈年近百歲而始釋褐？無此理也。又建文二年庚辰榜有葉顒，金華縣人，此已百歲，更無此理也。其詩多高曠之致，絶不涉及仕宦。嗣立漫無考核，不亦厚誣古人乎？卷一下有「五橋珍藏」四字白文篆書方印，又有「慈溪馮氏醉經閣圖籍」九字朱文篆書方印。鈔手無訛誤，知藏者固精鑒别云。

楊鐵崖古樂府十卷復古詩集六卷 明補元刻本

《楊鐵崖古樂府》十卷《復古詩集》六卷，元楊維禎撰。《古樂府》大題云「鐵崖先生古樂府卷之一」，次行下題「門人富春吳復類編」，至十卷止，題並同。前有至正六年丙戌吳復序。《復古詩集》大題云「鐵崖先生復古詩集卷一」，下題「古樂府卷之十一」，此在首葉序大題下。次行「太史紹興楊維禎廉夫著」，三行「太史金華黄溍晉卿評」，四行「門生雲間章琬孟文注」，至六卷止，題並同。大題下「古樂府」至卷之十六止，而卷之三至卷之四無「門生雲間章琬孟文注」一行。前有至正二十四年甲辰章琬序。兩集版心通題「鐵崖先生古樂府卷之幾」，卷數接連計算。上下黑口。《古樂府》有點句，《復古詩集》有圈點。前有宋濂撰先生〔一〕墓誌銘，蓋明時補刻也。是集南北藏書家皆著録，常熟瞿氏《鐵琴銅劍樓書目》〔二〕有明刊校本，云：「成化己丑吾邑劉傚刻，有劉傚跋。」聊城楊氏海源閣《楹書隅録》藏本同。歸安陸氏《皕宋樓藏書志》爲元刊本，云：「每葉二十二行，行二十字。」錢唐丁氏《善本書室藏書志》亦即此本，云：「汲古刻本所自出。」江陰繆氏《藝風堂藏書記》云：「明成化己丑沈鯉繙元刊本，前王益序，後劉傚跋。」按，吳縣黄丕烈《蕘圃藏書題識》載元至正刻本云：「前有宋濂所撰墓誌銘。」諸家書目均未敍及，惟此本正同，行字則與陸《志》合。蓋諸家所藏實同一版刻，元刻至明成化時猶存，故修版時增入明人序跋。瞿、繆兩家藏本余皆見之，丁書今歸江南圖書館，即蕘圃舊藏所謂「版有模胡」者也。此本亦明初所印，無劉傚跋，亦無模胡處，殆明書修版而在成化前者。鐵崖詩奇麗無匹，如此本之古香古色，雅與之稱，洵可寶也。壬戌閏五月十一日。

〔一〕「先生」下原衍「撰」字。

〔二〕「書目」原誤作「目書」，倒文。

鼓枻稿不分卷　明鈔精本

《鼓枻稿》不分卷，共二百八十五題，詩三百八首，又硃筆添補《九日與鶴齋真人飲堅歷上東樓次韻》，原失下《宿堅公房詠高麗石琉璃》五律一首，鈔本誤以此詩爲《九日》詩，而《九日》一首脱去。大題下有「元虞堪叔勝甫著」一行。考《四庫全書總目》明人集内《希澹園詩》三卷，《提要》云：「明虞堪撰。堪字克用，一字勝伯，長洲人。至正中，隱居不仕，故其題趙孟頫畫絶句有曰：『王孫今代玉堂仙，自畫苕溪似輞川。如此青山紅樹裏，可無十畝種瓜田？』深諷其出事二姓。然堪至洪武中竟起爲雲南府學教授，卒于官。蓋與仇遠入元事同一例。原本題曰『元虞堪』，非其實也。」《提要》此詩今在集中。《提要》又云：「世又有堪詩别本，題曰《鼓枻稿》者，與此集互相檢勘，其詩篇數多寡並同，惟前後編次稍異，或即堪之原本，或後人别題以行，均未可定。今附存其目於此，不復録焉。」所指别本即此本也。堪集《明史·藝文志》不載，明人藏書如西亭王孫《萬卷堂》、祁承㸁《澹生堂》諸目均未著録。王鏊《姑蘇志·列傳》、錢謙益《列朝詩集》甲集前編《小傳》亦不言其詩集何名。黄丕烈《士禮居藏書題跋》有舊鈔本，名《鼓枻稿》，與此同。今以集中《鼓枻》一首證之，似本張志和「泛宅浮家」之意，因以爲集名，則《鼓枻》實原名也。此本鈔手甚精，歷經名人收藏。印記目録下有「梅華聖」三字朱文篆書方印。梅花聖，明崇禎庚午長洲舉人許元溥字孟宏之父自昌藏書之别業也。自昌刻有《甫里集》二十卷，《四庫總目提要》以爲松江許自昌萬曆乙卯刻本，即其人也。梅花聖，《康熙蘇州府志》、《乾隆蘇州府志》許本傳均作「梅花墅」，並誤。又首葉有「顧嗣立印」四字白文篆書方印、「俠君」二字朱文篆書方印，尾葉有「秀埜草堂顧氏臧書印」九字朱文篆書大方印。顧俠君，長洲人，康熙己卯舉人，以修書議敘内閣中書，壬辰賜進士，選庶吉士。選有《元詩選》初、二、三集，注韓昌黎、温飛卿二家詩，見《乾隆府志》。所刻書版心有「秀野草堂」四字，即其藏書處也。首葉又有「喜孫讀過」及「汪氏喜孫」兩四字朱文篆書方印。喜孫字孟慈，汪中之子。諸家固視爲祕笈也。從子𠍤甫得鈔本宋、元人小集數種，惟此一種爲明鈔，故拔出爲詳記之。

蘇平仲文集十六卷　明正統壬戌刻本

《蘇平仲文集》十六卷，文十四卷，詩一卷，《空同子瞽説》一卷，明蘇伯衡撰，正統壬戌章貢黎諒刊。黑口本，薄皮紙印。每半葉十二行，每行二十四字。大題「蘇平仲文集卷之幾」，二行「處州府推官章貢黎諒校正重刊」，目録大題下第二行則云「迪功郎蒙陰縣主簿永嘉林與直編集」，《四庫全書總目》集部著録即此本也。按《明史·文苑傳》：「伯衡字平仲，金華人。父友龍，受業許謙之門，官蕭山令、行省都事。明師下浙東，坐長子仕，謫徙滁州。李善長奏官之，力辭歸。伯衡博洽羣書，爲古文有聲。元末貢于鄉，太祖置禮賢館，伯衡與焉。用爲國子監學録，遷學正。擢翰林編修，力辭，乞省覲歸。學士宋濂致仕，太祖問誰可代者，濂對曰：『伯衡，臣鄉人，學博行修，文辭蔚贍有法。』太祖徵之，入見，復以疾辭。二十年，聘主會試，事竣辭還。尋爲處州教授，坐表箋誤，下吏死。」按，伯衡學有師承，志節高尚，觀其屢徵屢起，屢起屢辭，甘爲冷官，不樂膴仕，卒不能全身遠害老死田間。文人薄命，固如是耶？集中文多見道之言，入理精深，故吐辭醇正，在洪武時亦宋、劉之亞也。詩非專家，故只存一卷。然劉基稱其詩「辭達而義粹，識不凡而意不詭，明于理而昌于氣」，譽之雖不免太過，然學人詩固自有一種家法也。

胡仲子先生信安集十卷 明弘治癸亥刻本

《天一閣書目》集類有《胡仲子文集》十卷，云：「明胡翰著。宋濂序，序多脱字。」《四庫全書總目》别集類著録本同，《提要》云：「凡文九卷，詩一卷。」此本祇上下二卷，詩寥寥數章，附于下卷末。據前弘治吾㫤序，稱：「訪求于衢之人，得其作凡若干篇，將鋟梓以行，謀于佐郡賀公，遂刻之。工甫訖，進士都君玄敬以全集屬邦伯廣其傳，邦伯甚喜，將續刻并行焉。」云云。則此二卷非足本也。《天一目》所載爲綿紙藍絲闌鈔本。《提要》亦云：「今印本罕傳，惟寫本猶存于世。」則十卷本固不易得，得此二卷本亦略見先生詩文之大概已。光緒二十二年丙申春正月廿八日長沙葉德輝記。

大全集十八卷 康熙乙亥刻本，張廷濟朱墨二筆評注

此《明高季迪大全集》十八卷，爲張叔未先生藏書，卷首序卷末尾鈐有「嘉興張廷濟字叔未行弌履仁鄉張邨里臧經籍金石書畫印」二十四字朱文篆書方印，卷一大題下有「張廷濟印」四字白文篆書中方印、「張尗未」三字白文篆書中方印，卷八大題下有「張廷濟印」四字白文篆書小方印、「張尗未」三字白文篆書小方印，卷十四大題下同此印。餘卷無印，以原分三册裝釘祇册首鈐印故也。每卷皆經先生朱墨兩筆評

校及圈點直抹，字蹟半行楷書。以余舊藏先生嘉慶癸酉、甲戌兩年日記證之，當是四十以後、五十以前之筆。先生生於乾隆三十三年戊子，至嘉慶甲戌四十七歲，精力目力，迴異常人。所評或論詩法，或注本事。細行密字，全書如一筆寫成。今人但以金石家推先生，不知先生詩功如此之深，記問如此之博也。近先生晚年書法蒼勁，與此微有不同，然體勢雖殊，筆意自在。余先得先生手書日記，可證其評此集年時。又得先生所藏《竹汀先生日記鈔》，卷末有識語兩行云：「嘉慶十三年六月十九日贈壽臧徐甥。」凡十五字。核其筆蹟，與此相符。嘉慶十三年歲值戊辰，先生四十一歲也。先生日記載顧東川爲推星命，其生年爲戊子七月廿三日申時，其四柱爲戊子、庚申、戊申、庚申，一歲餘百二十日起運，每逢甲、己年十一月廿三日交換順行運，借一歲，起于五十七歲，寅運直抹豎畫，蓋以此運寅申相衝有不利也。然考錢椒《補疑年録》，先生生于乾隆三十三年戊子，卒于道光二十八年戊申，是時年已八十一，正脱辰運與申子會水，又爲戊土之墓，土以制水，水多則土流，宜其死矣。然七月庚金爲食神日，主坐長生，戊土寄生在寅，正生在申。其享高壽、獲大名則以食神得禄，庚爲戊土，食神庚禄在申。學堂帶秀長生爲學堂。故也。此亦先生逸事，因并記之。

解學士詩集十二卷　明初刻本

明人《解學士集》，世不多見。《明史·藝文志》載三十卷，又《春雨集》十卷，《似羅隱集》二卷。西亭王孫《萬卷堂書目》載集三十卷，《似羅隱集》二卷，而無《春雨集》。祁氏《淡生堂》有《春雨集》十卷，無《集》三十卷及《似羅隱集》二卷。黄氏《千頃堂書目》載《似羅隱集》一卷，《集》二十卷。諸目所載不同，今皆無傳本。傳者僅《四庫》著録之十六卷本也。其本乃其十世孫悦所補輯，未知視明本如何，而實非當日之舊。李東陽《懷麓堂詩話》謂其詩無全稿，真僞相半。茶陵去縉時不遠，其言如此。然則明刻殆亦無可信者矣。《四庫提要》云：「縉殁後，天順間金城黄諫始輯其遺文爲三十卷，後亦漸湮。」今此本卷首標題結銜有「金城黄諫輯編」一行，僅詩十二卷，卷一頌及四言，卷二五古，卷三、卷四七古，卷五長短句，卷六五絶，卷七之卷九七絶，卷十五律、五排律，卷十一七律，卷十二七律、七排律。卷帙完全而不及文，不知《提要》何據而云三十卷也。卷首有「南昌彭氏」朱文方印，又「知聖道齋藏書」朱文長方印，知爲彭文勤舊藏。槧刻古拙，有元人風味。縉少負神童之目，委巷所傳之詩，如「一上一上又一上，一上直到南山上。舉頭紅日白雲低，四海五湖皆一望」一首，又《詠僧人犯姦荷枷》云：「精光頂上著紫光頂，有情人受一無情棒。出家人反做在家人，小和尚連累大和尚。」均爲唐子畏作。前一首載明人《蕉窗雜録》，後一首見《風流逸響》。又《二女踏鞦韆》詩云：「二八嬌娥美少年，緑楊影裏戲鞦韆。兩雙玉臂挽復挽，四隻金蓮顛倒顛。紅粉面看紅粉面，玉酥肩並玉酥肩。遊春公子揺鞭指，一對飛仙下九天。」亦唐子畏作，載《烏衣佳話》。又有《題半身美人》云：「天姿嬝娜十分嬌，可惜風流半節腰。却恨畫工無見識，動人情處不曾描。」此詩則載《六如居士集》中，世亦以爲縉作，蓋歷代才人，負一世之盛名，流俗往往以不經之談附會失實。如唐之羅隱、宋之蘇東坡、明之解縉、唐寅，尤爲人所膾炙，世傳打油之詩究亦不知誰作，而必托之此數人，雖通人紀載亦所不免，則甚矣才名之累人也。此本存真去僞，删汰極嚴，在明刻中信是足本。惟不知黄諫所編只詩無文而提要誤記，抑此本僅存詩而失其文，皆無可考，姑從闕疑可也。光緒壬辰仲夏之十日記。

牡丹百詠一卷 明弘治癸亥鈔本

《牡丹百詠》一卷，明張淮撰。前有弘治癸亥都穆序，稱：「吾吴張先生豫源宴常熟一富人家，坐客有稱僧明本《梅花詩》者，先生不爲意，時庭下牡丹盛開，客曰：『子能賦此矣乎？』先生曰：『是不難。』持觴痛飲，用梅韻詠之，竟成百首，而回文一首繼焉，一坐以爲神。先生没，無子，稿留其姪工部郎中嘉玉所。工部恐久而散逸，命童録之於本，而俾穆爲序。」云云。後有其姪瑋書後，係當時傭鈔原稿。余舊藏先石林公《避暑録話》爲弘治鈔本，其紙料與此相同，疑當時鈔書皆用此等紙也。前序下有「士禮居臧」四字朱文隸書長方印，序後餘紙上有「平江黄氏圖書」六字朱文方印，首葉有「朱氏竹〔一〕垞」四字朱文篆書方印，「曝書亭藏」四字白文篆書方印，又有「黄埴」二字朱文篆書小方印，又「湘潭黄氏聽天命齋藏本」十字朱文篆書長方印，鈐在「平江黄氏圖書」印之右。蓋歷經國初以來名家收藏。而紙本完好如新，朱圈渥丹炫目。不必論其詩之工不工，即此一韻百篇已足見其才思之宏富矣。

〔一〕「竹」原誤作「行」。形近而訛，因改。

石田先生詩鈔十卷 明崇禎甲申瞿式耜刻本

此明沈周《石田詩鈔》，爲常熟瞿忠宣式耜所選刻。版心冠以「耕石齋」者，忠宣之齋名也。《四庫全書總目》集部著録係分類本，自天文、時令以下分三十三類，與此本編次不同。此本一卷至八卷爲詩及詩餘，九卷文、十卷事略。前有錢謙益序，云："《石田先生詩集》凡十餘本，余與孟陽互爲評定，差擇其尤者若干卷。稼軒酷愛石翁畫，一縑片紙，搜訪不遺餘力，名其齋曰『耕石』，遂刻詩鈔藏之齋中，并彙其古文若干篇及余所輯事略附焉。"余按，《明史·隱逸·沈周傳》云："年十一，遊南都，作百韻詩，上巡撫侍郎崔恭。面試《鳳凰臺賦》，援筆立就，恭大嗟異。及長，書無所不覽。文摹左氏，詩擬白居易、蘇軾、陸游，字仿黄庭堅，並爲世所愛重。尤工於畫，評者謂爲明世第一。"蓋先生本深于詩學。顧元慶《夷白齋詩話》載都穆學詩於先生，嘗作《節婦》詩，有"青燈淚眼枯"句，先生以《禮》"寡婦不夜哭"議"燈"字未穩，可見先生詩律之細。朱彝尊《静志居詩話》稱："石田詩不專仿一家，中晚唐、南北宋，靡所不學，每於平衍中露新警語。人既貞不絶俗，詩亦變而成方。惟七律差少全璧。"《四庫提要》則云："周以畫名一世，詩非其所留意。晚年畫境彌高，頽然天放，方圓自造，惟意所如，詩亦揮灑淋漓，自寫天趣。蓋棲心邱壑者名利兩忘，風月往還，煙雲供養，其胸次本無塵累，故所作亦不雕不琢，自然拔俗，而不可加之以繩削，亦可謂教外别傳矣。"今此本出自錢牧翁、程孟陽選定，尤其本集之菁華。而體屬編年，可覘其詩境之變遷，與其一生之事迹。其視《四庫》分類本殆有過之矣。石田畫贋本百出，黄茅白葦，彌望皆同。詩亦率意流傳，罕有去取，幸有此選得留其真，亦石田翁之知己也。

李空同集六十六卷　明嘉靖九年黄省曾序刻本

有明一代之詩家，聲氣之廣，氣焰之盛，無過前後七子。而前七子中以李夢陽爲魁首。夢陽官户部郎中，以疏劾劉瑾，氣節震海内，當時幾蹈不測之禍，故遂爲物望所歸。其講學樹復古之旗，居恒持論使天下不讀唐以後書，所爲詩文遠則宗漢、魏，近則取盛唐，陳義既高，士大夫靡然從風，而文體爲之一變。其後學者摹擬太過，剽竊成風。論者追溯根原，羣以禍始，歸獄夢陽，並其所長亦吹求力加排擊。觀錢謙益《列朝詩集》既選其詩，復附録五首，逐句逐字指摘，不遺餘力，則盛名之下其實難副。古今事大抵類然，又無怪錢之好爲疵議矣。且同時何大復景明、薛考功蕙皆同類中人，而大復反覆論詩諸書，齗齗頗有同異，蕙詩則有「俊逸終憐何大復，粗豪不解李空同」之語。則雖契好不免後言，何論異己者！雖然，平心論之，夢陽詩才力雄富，足以籠罩一世之人，而貌襲漢、唐，時有食古不化之病。朱彝尊《静志居詩話》云：「獻吉五古源本陳、王、謝客，初不以杜爲師。所云杜體者乃其摹仿之作，中多生吞語，非其得意詩也。其謂唐以後書不必讀，唐以後事不必使，此英雄欺人之談，如『江湖陸務觀』、『司馬今年相宋朝』、『宋相何緣怨岳飛』等句，非唐以後事乎？」王士禛《古夫于亭雜録》云：「錢牧翁撰《列朝詩》大旨在尊李西涯貶李空同、李滄溟，又因空同而及大復，因滄溟而及弇州，索瘢指疵，不遺餘力。夫其駁滄溟擬古樂府、擬古詩是也，并空同《東山草堂歌》而亦疵之，則妄矣。所録空同詩亦多泯其傑作，予竊非之。」又《池北偶談》云：「海鹽徐豐厓咸《詩談》云：『本朝詩莫盛於國初，莫衰於宣、正，至弘治，西涯倡之，空同、大復繼之，自是作者森起，於今爲烈。』當時前輩之論如此，蓋空同、大復皆及西涯之門，牧翁撰《列朝詩》乃力分左右袒，長沙、何、李，界若鴻溝，後生小子，竟不知源流所自，誤後學不淺。」若此，則前賢自有公論，足爲空同解嘲。《四庫全書總目提要》謂其詩「如武庫之兵，利鈍雜陳」，「文則故作聱牙，以艱深文其淺易，明人與其詩並重，未免怵于其盛名。今並録而存之，俾瑕瑜不掩，且以著風會轉變之由，門户紛競之始」云。是則持是非之平允，足爲空同信讞矣。此本爲嘉靖九年黄省曾序刻。半葉十行，行二十字。一卷至三十六卷爲詩，三十七卷至六十六卷爲文，爲是集第一刻本。其後萬曆壬寅鄧雲霄、潘之恒刻本，則遠不如是刻之精也。

何大復集三十七卷　明嘉靖乙卯陳堂刻本

《何大復集》，明西亭王孫《萬卷堂書目》所載只二十六卷，又《遺稿》一卷，蓋即王廷相序所云「通二十六卷無遺稿」之本，刻于潞州者也。其刻在先生生前。此三十七卷爲先生没後壻袁璨所刻，于先生没後爲第一刻本，亦爲第一全本。《天一閣書目》著録者即此本也。《四庫》所收云三十八卷，孫氏星衍《祠堂書目》同。謹案，《四庫提要》云：「凡賦三卷，詩二十六卷，文九卷，傳誌行狀之屬附録于末，王廷相、康海、唐龍、王世貞各爲之序。」今檢此本與《提要》同，惟文只八卷，又無王世貞序，則《四庫》所收又别一明刻矣。《天一閣書目》亦不載王序，附誌于此以明非脱葉云。丙申麗廔記。

萬曆丁丑南海陳堂刻本，詩共三十八卷，與《四庫》著録本合。文有九卷者，内多《何子》十二篇，又内篇二十五篇在卷之三十及三十一兩卷。其實序類中短去《送王侍御按湖南序》以下十九篇，不解何故。

乾隆庚午五世孫源洙據以重刻者即此本也。其版後藏南監，見萬曆本周子義序，明《南雍志·經籍考》亦載之。别有乾隆本，序跋俱全，故得知其槧刻先後焉。麗廔主人再誌。

康對山先生集四十五卷　康熙五十一年馬氏刻本

康海《對山集》，《四庫全書總目》集部著録十卷本，《提要》云：「自明以來凡四刻，一爲張太微所選，一爲王世懋所選，互有去取，一爲國朝康熙中里人馬氏始裒其全集刻之江寧，此本乃乾隆辛巳里人編修孫景烈以所藏張太微本又加删削而刻之。去取謹嚴，特爲完善，已足盡海所長矣。」張太微本十九卷，入《存目》。然選家各有好尚，即古今詩文家本人及身删定之本，有時亦不能盡愜于讀者之心。故余于詩文家喜收全集、原集，不取選本，蓋仁者見仁，智者見智，一展卷各有所得，不能强人以從同也。此四十五卷足本，爲康熙五十一年里人馬逸姿編刻，頗爲罕見，故自來藏家書目不載，蓋不及十卷本之易于流通也。康以救李夢陽失身劉瑾，瑾敗坐廢，遂放浪聲伎，不復以詩文爲專門之業。王世懋選其詩謂其五、七言古律多率意之作，某稱「張太微選本，碔砆燕石，間列雜陳」，則此全集，自必視選本蕪累尤多。其爲才名之累，亦不必爲之諱，要其天才放逸，獨往獨來，視李夢陽輩剽擬成風殊有天淵之别。今仍存録此本，而以十卷本副之，亦各從所好云爾。

王氏家藏集四十一卷内臺集七卷慎言集十三卷雜述二卷吉禮備纂二卷　明嘉靖丙申家刻本

《王氏家藏集》四十一卷《内臺集》七卷《慎言集》十三卷，《雜述》二卷，《吉禮備纂》二卷，明王家相撰。

嘉靖丙申刊行。每半葉十行，每行廿一字。書中漫漶處多，蓋出自後印也。明王世貞《藝苑卮言》云：「鄭郎中善夫初不識王儀封家相，作《漫興十首》，中有云：『海内談詩王子衡，春風坐遍魯諸生。』後鄭卒，王始知之，爲位而哭，走使十里致奠，爲經紀其喪，仍刻其遺文。人之愛名也如此。」國初王文簡士禛《戲仿元遺山論詩絶句三十二首》中有一絶云：「三代而還盡好名，文人從古善相輕。君看少谷山人死，獨有平生王子衡。」注即引此事。文字之感，聲氣相同。王晫《今世説·豪爽篇》云：「計甫草自海陵歸，渡江，會大風雪，舟不得發，同行者皆垂首歎惋，計坐舵樓下，手王阮亭詩讀之，至論鄭少谷絶句，哭失聲，既乃大笑，拭涕坐雪中觀江濤澎湃，吟嘯自樂。」一詩一事之遺聞，其足動人觀興至百年之後。子衡固愛名，然鄭少谷負一時重名，其見子衡詩至託之謳吟，可見子衡詩必有真性情，非如諸子專以剽竊摹擬見長者也。《四庫全書總目》集部入《存目》，亦有意屏抑七子與？

渼陂集十六卷續集三卷　明嘉靖癸巳門人王獻刻本，《續集》嘉靖丙午翁萬達刻本

《渼陂集》十六卷《續集》三卷，明王九思撰。九思亦弘治七子之一。前有自序，稱：「始爲翰林時，詩學靡麗，文體萎弱，其後德涵、獻吉導予易其習。獻吉改正余詩稿今尚在，而文由德涵改正者尤多。」是其平生心悦誠服，惟李夢陽、康海二人。故所爲詩文亦與二人相似，然兩相比較，詩固遠不如獻吉之才力雄富，文則粗莽輕索之處尤甚于德涵，在前七子中不過依附李、康執一時騷壇牛耳，非有自立之長技也。《續集》皆晚年之作，稍具規模，但亦以聲調爲工，仍不免失之浮響。當時二王一浚川一渼陂，渼陂不及浚

川多矣。惟樂府乃其特長，卻爲諸子所未有，是其馳騁壇席，稍足解嘲亦未始不賴此一體耳。

邊華泉集詩八卷文稿六卷 魏允孚刻本，無年月

《邊華泉集詩》八卷《文稿》六卷，明邊貢撰。前有魏允孚刻書序，不署年月，審其字體似嘉靖初元刻本。白棉紙印，每半葉十行，每行二十二字。《四庫全書總目》集部著録即此本，《提要》云：「魯中立《海岳靈秀集》曰：『華泉之作，雖不逮何、李，然平淡和粹。孝廟以前，海岱之才無其倫比。』胡應麟《詩藪》曰：『世人獨推李、何爲當代第一。余以爲空同關中人，氣稍過勁，未免失之怒張。大復之亮節俊語出于天性，亦自難到，但工於文句，而乏意外之趣。獨華泉興象飄逸，而語尤清圓，故當共推此人。』陳子龍《明詩選》曰：『尚書才情甚富，能于沈穩處見其流麗，聲價在昌穀之下，君采之上。』三人所論，當以子龍爲持平矣。」余謂明前七子中如何大復、徐迪功、邊華泉三家皆得風雅之遺，詩均諧婉可誦。國朝王文簡士禛《戲仿元遺山論詩絶句》其論何云：「接迹風人明月篇，何郎妙悟本從天。王楊盧駱當時體，莫逐刀圭誤後賢。」徐云：「文章煙月語原卑，一見空同迥自奇。天馬行空脱羈勒，更憐談藝是吾師。」邊云：「濟南文獻百年稀，白雪樓空宿草菲。未及尚書有邊習，猶傳林雨忽沾衣。」文簡于三家可云推許甚至，于華泉並及其子，則不因三家列名七子而受儲胥之惡，是非得失，公論昭然矣。

徐迪功集六卷附談藝録一卷 明正德庚辰刻本

《迪功集》六卷，《談藝録》一卷，明徐禎卿撰。正德庚辰刻本。王文簡士禛《居易録》云：「黄庭堅自

定其詩爲《精華録》，僅三百首。禎卿自定《迪功集》亦三百首。」今以此本核之，共只詩一百八十餘首，殊不足三百首之數，不知文簡何所見而云然。迪功詩意遠思深，情文兼至，而音調諧雅，可與何景明抗衡，故在前七子中最爲佼佼。詩不及諸家之多，亦最爲精選。毛先舒《詩辨坻》曰：「昌穀《迪功集》外復有《徐迪功外集》，皇甫子安爲序刻之。又有《徐氏别稿》五集，曰《鸚鵡編》、《焦桐集》、《花間集》、《野興集》、《自惭集》。」又曰：「《迪功集》是所自選，風骨最高，而《外集》殊復弈弈。」今各集均散佚不見，僅存此一百八十餘首，窺見一斑，以視康對山、王子衡諸家集卷帙雖多，精華有限，殆不可同日語矣。

雅宜山人集十卷 明嘉靖丙申刻本

《雅宜山人集》，詩八卷，文二卷，明王寵撰。寵江蘇長洲人，事蹟具《明史・文苑・文徵明傳》附傳。寵與徵明、祝允明以書法擅名，詩文非其專門。《四庫全書總目》集部明人集類《存目提要》云：「詩分體編列。而各以『正德稿』、『嘉靖稿』字繫標題之下。蓋約略編年之意，以自記所造深淺。」今此集即其本也。《提要》又云：「其才力富贍，而抑鬱之氣激爲亢厲，亦往往失之過慟。文則非所留意，始附存詩後云爾。」今觀其詩金相玉質，猶元人學温、李之遺，在王、李七子風靡之時，却能拔起異軍，不爲所習染，可謂能自樹立者矣。其集向罕見，余留心鄉邦文獻卅年，在廠肆一見之旋即有人購去。己未寓居吴門，見書肆有黄紙印者，索值甚昂，余躊躇未售，又爲一京估所得。問其風行之由，則京師附庸風雅之人借藏書爲名，争尚明嘉靖版，彼不知雅宜山人爲何物，但以書有嘉靖年號者即可得善價。余偶以語從子康侯兄弟，因於插架中檢出呈閲，審是白紙初印，爰命裝潢藏之，爲識其所聞見如此。鄉賢遺籍，在吾家尤當共相珍襲也。

薛考功集十卷 明萬曆辛卯刻本

《薛考功集》十卷，明薛蕙撰。萬曆辛卯刻本。每半葉九行，每行十八字。白棉紙印。序匡闌上有「士禎私印」四字朱文篆書方印，下有「池北書庫」四字朱文篆書長方印，中有「滿洲正白旗下玉棟印」九字白文篆書方印。蓋本國初王文簡藏書，嘉慶中歸滿洲筠圃大令玉棟。王芑孫《淵雅堂集》中有《讀易樓記》云：「吾友筠圃玉棟於今輦下爲藏書家，讀易樓其所貯書處也。」翁方綱《復初齋詩集》亦有《題筠圃讀易樓》七律詩，知其人藏書亦不少也。目録下有「曾在李黼堂處」六字朱文篆書方印，則湘陰李文恭仲子黼堂中丞鈐印也。《四庫全書總目》集部著録當即此本。考功生正、嘉之際，詩體初新，北地信陽聲華正盛，乃獨以温雅密麗周旋壇坫之間，雖力不足與之抗衡，而亦不爲所籠絡。《列朝詩集》丙集十一《小傳》載其嘗與楊用修論詩曰：「近日作者摹擬蹈襲，致有折洗少陵、生吞子美之誚，求近性情，無若古調。」錢謙益曰：「君采之意，尚不肯肩隨仲默，何況獻吉乎？」又考功與湛若水、嚴嵩三人同年，嚴嵩文采早有聲稱，考功與之唱酬，亦頗親密，及嵩柄政，乃薄其爲人，平時和答之詩于自定稿中悉行删削，故集内無一字與嵩相關。而若水爲《鈐山堂集》作序文稱頌其功，致爲清議所不許。然則考功不獨詩文卓然有以自立，以人品論亦孤高絶俗之士，在當時罕有其匹也。

蘇門集八卷　明萬曆戊午刻本

《蘇門集》八卷，明高叔嗣撰。凡詩四卷，文四卷。萬曆戊午刻本。每半葉十行，每行二十字。《四庫全書總目》集部著録即此本也。《明史・文苑傳》：「叔嗣字子業，祥符人。年十六作《申情賦》幾萬言，見者驚異。十八舉于鄉第，嘉靖二年進士。授工部主事，改吏部，稽勳郎中，出爲山西左參政，遷湖廣按察使，卒官，年三十有七。叔嗣少受知邑人李夢陽，其爲詩清新婉約，雖爲夢陽所知，而不宗其説。陳束序《蘇門集》謂有應物之沖澹，兼曲江之沈雄，體王、孟之清適，具高、岑之悲壯。王世貞則曰：『子業詩，如高山鼓琴，沈思忽往，木葉盡脱，石氣自青；又如衛洗馬言愁，憔悴婉篤，令人心折。』而蔡汝楠至推爲本朝第一云。」錢謙益《列朝詩集》丁集一云：「子業少受知于李獻吉，弱冠登朝，薛君采一見歎服。詩以清新婉約爲宗，未嘗登壇樹幟。與獻吉分别淄澠，固已深懲折洗之病而力砭其膏肓矣。其意微見於《讀書園稿序》中，按序即載本集。約之爲疏通證明，暢言其脈絡，世之君子墮落北郡雲霧中，懵不知返，亦可以爽然而悟矣。李中麓曰：『何、李雖似大家，去唐却遠。蘇門雖云小就，去唐却近。』蔡白石、王巖潭以蘇門爲我朝第一，其言雖過，要之未可盡非也。余舉羊孚語贊之曰：『資清以化，乘氣以霏。遇象能鮮，即潔成輝。』此四語可以盡子業也。」七子驕横，爲世詬病，子業被知慶陽，獨早而能脱去籠罩，自抒性情，青出于藍，不可謂非豪傑之士。陳臥子評其詩曰：「沈婉雋永，多獨至之言。讀之如食諫果，味不能驟得。」李舒章評其詩曰：「子業如疏林清磬，聽者振衣。」王文簡士禛《池北偶談》云：「明詩本有古澹一派，如徐昌穀、高蘇門、楊夢山、華鴻山輩，自王、李專言格調，清音中絶。同時王奉常作《藝圃擷餘》，有與其兄及濟南異者，如云：『詩有必不能廢者，雖衆體未備，而獨擅一家之長，如孟浩然洮洮易盡，祇以五言雋永千載，並稱王、孟。有明則徐昌穀、高子業二君，詩不同而皆巧于用短。徐有蟬蜕軒舉之風，高有秋閨愁婦之態。更千百年，何、李有時廢興，二君必無絶響。』此真高識迥論，令于鱗、大美早聞此語，當不爲後人抨擊矣。」今按《四庫提要》亦轉録其語，以評蘇門之詩。知詩家自有正宗，阿好者在一時，而公論則歸之千古也。

皇甫少玄集二十六卷　明嘉靖辛亥刻本

《皇甫少玄集》二十六卷，一卷至二十卷詩，二十一卷至二十六卷文，明皇甫涍撰。嘉靖辛亥刻本，白棉紙初印。每半葉十行，每行十八字。序前有「玉函山房藏書」六字朱文篆書方印、「寶訓堂圖書」五字白文篆書長方印，上匡闌外有「經筵講官」四字朱文篆書方印，目録下有「王士禎印」四字白文篆書方印、「蘭臺總憲」四字朱文篆書方印，卷一有「安石」二字朱文篆書方印。蓋經山左馬竹吾國翰、王文簡二家藏書，其「經筵講官」、「蘭臺總憲」二印皆文簡當時官也。《四庫全書總目》集部著録，尚有《外集》十卷，《提要》云：「其子樞等裒輯賸稿，得詩八卷，賦及雜文二卷，編爲十卷。古文非涍所刻意，詩則憲章漢、魏，取材六朝。古體多于近體，五言多于七言。其持論謂王、宋反元習之靡，不能不病于聲，李、何矯一時之弊，不能不泥其跡，可謂篤論。蓋涍早年亦宗法北地，及造詣既深，乃覺摹擬之失，故其論如此。王世貞嘗謂其詩如輕縑短幅，不堪裁翦。陳子龍謂其無縱横決盪之致。豈非以其取徑太狹，故窘于邊幅歟？」今按，集中諸詩神思綿邈，詞旨婉麗，迪功、蘇門兩家而外，明人如此清豔之才殊不易見。若如王、陳所論，則是笙簫笛管，不能與黄鐘路鼓同奏八音；龍勺雞彝，不能與山鼎雲罍共登筵席。不取其長專責其短，豈非一偏之見乎？

烏鼠山人小集十六卷後集二卷擬漢樂府八卷擬古樂府二卷 明嘉靖間刻本

《烏鼠山人小集》十六卷，卷一至卷四版心題「正德集」，卷五至卷七版心題「嘉靖集」，卷八至十六版心均題「烏鼠集」；《後集》二卷，一卷詩，二卷文；《擬漢樂府》八卷；《擬古樂府》二卷。明胡纘宗撰。《四庫全書總目》集部存目《烏鼠山人集》二十九卷。《提要》云：「是編凡《正德集》四卷，《嘉靖集》七卷，《烏鼠山人小集》十六卷，《後集》二卷。」卷數與此不合。按，《提要》誤也。此本《正德集》四卷，大題仍題「烏鼠山人小集」。《正德集》古近體全，卷五至卷七始四言，終七絶，各體亦全，可知五卷上接四卷，集雖分而卷相聯也。八卷上接七卷，至十六卷止，亦然。《後集》題「烏鼠山人後集」，與前例同。《提要》于《嘉靖集》誤爲七卷，又不知正集八卷以下乃直接七卷以上計卷，故溢出十卷，以爲二十九卷也。當時館臣草率可笑有如此者。纘宗，《明史》附《劉訒傳》，云：「陝西秦安人，正德三年進士，由檢討出爲嘉定判官。歷山東巡撫，改河南。」以陽武知縣王聯告訐迎駕詩「穆王八駿」詩語爲謗毀下獄，禮部都察院參議嚴嵩爲之解，乃革職。其詩多秦聲，不免過于激昂悲壯。論者謂其無嫵媚之態是其所長，多粗厲之音是其所短。錢謙益《列朝詩集》丙集十六云纘宗詩案之獄：「取獄中杻械之類作制獄八景詩，衆争掣其筆笈，曰：

『坐詩當死，不作詩得免死耶？』出獄時謝榛貽之詩云：『白首全生逢聖主，青山何意見騷人。』將八十，病杖創甚，呻吟間，猶口占以謝。人〔一〕謂意氣殆不減蘇長公也。」按，明自弘、正以後，詩壇健者多出關中。山人少負俊才，耽吟詠，《列朝詩集》稱其「移守蘇州，才敏風流，前後罕儷，觴咏留題，遍滿湖山泉石間」。可見其退食餘閒，嘯歌自樂。諸集多出故吏門人所編次，其賓客之盛足見一斑。使其久作騷壇主盟，聲氣何不如前後七子之盛？無如改官巡撫河南後一蹶不振，復繼以詩獄之興，偃蹇終身，老死牖下。自山人没，秦聲益無替人矣。展誦斯集，爲之慨然。

〔一〕「人」下原衍一「人」，據上海古籍出版社一九八三年版《列朝詩集小傳》删。

滄溟先生集三十卷　明隆慶壬申張佳胤刻本

李滄溟先生詩文集，明時有二刻本：一隆慶中王元美編刻，所謂初刻本也；一萬曆陳抑吾續刻，所謂續刻本也。明刻至爲難得，京師廠肆有者爲道光中丁未九世孫獻方刻本，而南中亦無之。據獻方重刻跋云：「經歷兵燹，吾鄉有者甚鮮。」又云：「家藏一函，係弇州所刻原本，紙多斷爛。彼時書籍之富，適承乾、嘉盛時，而其詩文集難得如此，則在今日固應稀如麟鳳矣。余家向藏道光刻本，因獻方跋中有云「行款悉依原式，譌字顯然者正之，否則禆讀者意會，不敢蹈金根之誚」諸語，知其刻書有乾、嘉諸儒宗派，頗加愛惜。昔年長沙張氏湘雨樓重刻滄溟〔二〕詩，即據彼本重刻，當時欲求明刻一校不可得也。丙辰夏，寓都門，過廠肆翰文齋家，獲見此本，余急購得以補插架之缺。並述此書槧刻原委，貽之子孫，俾知前人傳書之難，而余之得書亦不易，鬻及借人爲不孝。三復此書，當共懔之。時在光緒丙申秋七月既望，書于宣武門外半截胡同瀏陽館。長沙葉德輝記。

道光刻本多《附録》一卷，録先生行述、墓表及時賢哀輓詩。《四庫》著録爲山東採進本，亦多此卷。此本殆脱去耳。家有道光刻本，可以互證，雖失固無損云。燈下又記。

〔一〕「溟」原形誤作「漠」，因改。

弇州山人四部稿一百七十四卷續稿一百七卷 明萬曆五年刻本，《續稿》崇禎中刻本

有明前、後七子，前推李、何爲首領，後推李、王爲首領，此自來選詩家之定論也。前七子北人六，南人一；後七子北人二，南人五。《四庫全書總目》集部前七子不録王家相、王九思，後七子不録吴國倫、徐中行、梁有譽。梁集《存目》亦不載，當是未見。竊謂官撰之書，固應别裁僞體，然如前、後七子自成宗派，自爲一時風氣，苟略而不備，則其中之遷流變化又烏從而定其是非？此余於前、後七子集竭數十年之心力而必求其完備也。此《弇州山人四部稿》一百七十四卷《續稿》一百七卷，明王世貞撰。萬曆五年家塾刊，故版心下有「世經堂刻」四字，《續稿》據《四庫全書總目提要》云：「《續稿》世貞晚年授其少子士駿，至崇禎中其孫始刊之。」每半葉十行，每行二十字。《續稿》行字同。弇州一代宗工，博學多聞，在當代罕有其匹。著述之富，亦無與比倫。《提要》謂：「其摹秦仿漢，與七子門徑相同，而博綜典籍，諳習掌故，則後七子不及，前七子亦不及，無論廣續諸子也。惟其早年自命過高，求名太急，虚矯恃氣，持論遂至

一偏。故其盛也，推尊之者遍天下；及其衰也，攻擊之者亦遍天下。艾南英《天傭子集》有曰：『後生小子不必讀書，不必作文，但架上有前後《四部稿》，每遇應酬，頃刻裁割，便可成篇，讀之無不濃麗鮮華，絢爛奪目，細案之，一腐套耳。』其指陳其弊，可謂深切矣。」今按兩稿所謂「四部」者，一賦部，二詩部，三文部，四説部。説部又分七目，曰劄記内篇，曰劄記外篇，曰左逸，曰短長，曰藝苑巵言，曰巵言附録，曰委宛餘編。《續稿》只賦、詩、文三部，無説部。全稿諸體詩才富學贍，無愧大家。昔明季陳子龍、宋徵輿、李雯三人編《皇明詩選》，陳稱：「元美天思穎雋，取材贍博，師心獨運而不累其法，擬議衆方而不掩其才。篇什之多，横絶古今，足以總彙前英，津潤來者。」又稱：「其詩如入五都之市，珠璣英瑶，雖西域胡賈不能盡收，然鱻蔬陳列，亦足使販夫饜飫。」宋則謂：「元美七言勝于五言，近體勝于古體。合而觀之，未能與濟南伯仲。無已，請以迪功之精鋭三千當其數萬。」李則謂：「元美詩如會稽山水，不高不深，勞于應接，而含奇吐異，足以沐浴羣賢。」是當時選家於其詩已有定論。宋謂其不能與濟南伯仲，余亦謂然。濟南魄力雄而才氣大，弇州實有未及耳。至李、王之文，同一詰屈其詞，塗飾其字，貌爲艱奥，不免英雄欺人。惟其時無識之夫，靡然從風，争相依附。獨歸震川謹守唐、宋諸家之集，與二三弟子講授，毅然與之抗衡。嘗詆元美爲「庸妄巨子」，元美初亦牴牾，終乃心折。故其《題吴中先哲畫像記·歸有光贊》曰：「風行水上，涣爲文章。風定波息，與水相忘。千載惟公，繼韓歐陽。余豈異趣，久而自傷。」此其晚年悔悟之詞，故《續稿》諸文漸歸平實。濟南則始終一轍，未有進功。是則弇州虚心，滄溟負氣，故成就卒不同也。余於明賢，私淑弇州，于其四部流覽數過，知其無書不讀，無學不通。大而朝政典章，小而詞典書畫，談言微中，足以啓人神思。又其忠孝傳家，爲儒林師表，世徒重其文章，則亦未知其深也已。

王奉常詩集十五卷文集五十四卷　明萬曆己丑家刻本

《王奉常集》六十九卷，凡賦、詩、詞十五卷，文五十四卷。第五十二卷曰《澹思子》，第五十三卷曰《藝圃擷餘》，第五十四卷曰《經子臆解》、《易爻解》，皆雜説筆記，明王世懋撰。每半葉十行，每行二十字。版式與《弇州四部稿》同，萬曆己丑家刻本。《四庫全書總目》集部入《存目》，即此本也。《明史·文苑傳》附《王世貞傳》，云：「世懋字敬美，嘉靖三十八年成進士，即遭父憂。父雪，始選南京禮部主事，歷陝西、福建提學副使，再遷太常少卿。好學詩文，名亞其兄世貞，力推引之，以爲勝己。李攀龍、汪道昆輩因稱爲『少美』。」錢謙益《列朝詩集》丁集六：「敬美弱冠稱詩，李于鱗呼之曰『小美』，貽書元美：『小美思火攻伯仁，奈何不善備之也？』敬美詩名自于鱗起。」《明史》世貞傳云：「世貞始與李攀龍狎主文盟，攀龍没，獨操文柄二十年。才最高，地望最顯，聲華意氣，籠蓋海内。一時士大夫及山人、詞客、衲子、羽流，莫不奔走門下。片言褒賞，聲價驟起。其持論，文必西漢，詩必盛唐，大曆以後書勿讀。胡應麟，幼能詩，萬曆四年舉于鄉，久不第。攜詩謁世貞，世貞激賞之，歸益自負。所著《詩藪》二十卷，奉世貞《卮言》爲律令，其説謂詩家之有世貞，集大成之尼父也。其貢諛如此。」而《列朝詩集》云敬美論詩：「本朝獨推徐昌穀、高子業二家，以爲更千百年，李、何尚有廢興，徐、高必無絶響。其微詞奉寄，雅不欲奉歷下壇坫，則其于大美亦可知也。」《四庫書目提要》云：「世懋名亞於其兄，而澹于聲氣，持論較世貞謹嚴。厥後《藝苑卮言》爲世口實，而《藝圃擷餘》論者乃無異議。高明沈潛之别也。但天姿、學力皆不及世貞，故所作未能相抗。朱彝尊《静志居詩話》云：『敬美才雖不逮哲昆，習氣尚未陷溺。』斯持平之論也。」余按，敬美詩各體具有規模，無輕率馳騁、讙呶叫囂之習。雖不廢聲調，而一句一字必有本意。以視七子專尚浮響，徒事剽竊，則敬美超然遠矣。《四庫全書》于明人集多濫列，乃獨以此入《存目》，去取之旨，余所未解。至其文卷帙雖多，于當時罕有關係，以言氣格，亦適成爲明人之文，無足深論也。

宗子相集八卷　明嘉靖庚申門生黄中編刻本

《明宗子相集》，《四庫》著録十五卷，《提要》云：「卷目與《明史·藝文志》合。」此嘉靖三十九年子相歿後閩之門人黄中等所刊。前有巡按福建監察御史樊獻科序，稱其卒年三十有六，門人裒所遺詩文類次成集，凡詩四卷，文四卷，與王世貞譔子相《墓誌銘》載「門人次生平著述凡十餘卷梓之」者不合，蓋此刻爲其没時最初印本。《墓誌》言十餘卷者，乃傳聞之訛。《四庫》著録十五卷之本，則後人依詩文編類分卷，非所刻有多于此也。周亮工《閩小紀》載子相爲閩督學，卒于官，僚屬生儒赴弔，于靈几上得遺詩三首，云：「四海相逢盡臥龍，龍江夜夜採芙蓉。我今先跨晴虹去，遲爾崆峒第一峯。」又：「一謫人間四十年，青山萬里隔蒼煙。于今更返華陽洞，千樹桃花待舉鞭。」又：「長嘯一聲歸去來，玉龍高駕彩雲迴。

獨留明月詩千首，萬里寒光燭上台。」此三詩集中未録。其云「一謫人間四十年」而不云卅〔二〕六年者，舉成數也。子相與李攀龍、徐中行、吴國倫、梁有譽爲前五子，後增王弇州、謝茂秦爲嘉靖七子。詩文不脱王、李習氣，然「天才婉秀，吐屬風流」，《提要》以此八字稱之，誠爲定論。故《四庫》于後七子但著録王、李、宗、謝四人之集，而以梁、吴、徐入于《存目》，不得謂之阿好矣。光緒三十有三年丁未春暮上巳日葉德輝題記。

〔二〕「卅」原作「州」，形近而訛。

青蘿館詩六卷　明隆慶辛未汪時元刻本

《青蘿館詩》六卷，明徐中行撰。隆慶辛未其婿汪時元刻。中行有《天目山人集》二十卷，余本有之，此從子康侯兄弟所藏。兩本《四庫全書總目》集部别集類入《存目》，《提要》於前後七子皆致不滿，故前七子祇取空同、大復、華泉、對山、迪功，而去二王，九思、廷相。後七子祇取滄溟、弇州、子相、四溟，而去徐中行、梁有譽、吴國倫，實則後七子中行一人頗學少陵，不盡如諸家習染之深，不能踰其步驟。此集經時元删汰其少作，較全集爲菁華。《提要》亦稱其精簡，然又謂其「于北地之學漸染既深，時元能删其枝蔓，不能變其根柢」，此則吹求之論，未足爲定評也。

天目先生集二十一卷　明萬曆甲申中行從子詠刻本

《天目先生集》二十卷《附録》一卷，明徐中行撰。萬曆甲申家刻本。每半葉九行，行十八字。《附録》

一卷乃其墓誌銘及同時哀祭文也。先生集頗罕見，光緒中葉間長沙張雨珊觀察領曾文正祠刻書事，擬刻明前後七子，前刻四家，稱「弘正四傑」，後僅刻李滄溟一家，中輟。當時與余同訪諸家集，竟不獲齊全。後數年同縣黃修原觀察出此與《宗子相集》二部見贈，謂雨珊求此不得，可假以成功。後卒以祠款有限，王葵園閣學主事欲節費刻他書，七子之集久置勿談矣。明自前七子倡言復古，謂不讀唐以後書，後七子繼之，遂成風氣。文則高擬秦漢，詩則斷自初唐。在創始一二人，學博才高，又據壇席高位，銅山西崩，洛鐘東應，聲氣所及，靡然向風。縱其人雖有異才，欲與角逐中原，不得不就其軌範。故虛聲浮響，不轉瞬皆爲人攻擊之資。陳子龍《皇明詩選》謂有摹古太似之譏，胡應麟《詩藪》則謂其少深沈之致，皆切中其弊。至王世貞《藝苑卮言》亟稱其左準右繩，靡所不合，則是黨同阿好之見，殊不足爲定論也。

甔甀洞稿五十四卷續稿二十七卷　明萬曆甲辰家刻本

吳國倫《甔甀洞稿》五十四卷《續稿》二十七卷，萬曆甲辰刻本，白棉紙印。每半葉十行，每行二十字，與《弇州四部稿》版式行字同。蓋正稿爲其手定，《續稿》則其子士駿所校刊，是時《四部稿》已風行，故有意摹仿，是亦見其傾倒弇州至矣。錢謙益《列朝詩集》丁集五：「國倫字明卿，嘉靖庚戌進士，授中書舍人，遷兵科給事中，左遷南康府推官，調歸德，即家。起知建寧、邵武二府，又調高州，三載，擢貴州提學副使，河南參政。大計，以臺參罷官。明卿才氣縱横，跅跑自負，好客輕財。歸田之後，聲名藉甚。海内噉名之士，不東走弇山則西走下雉。晚年入吳訪元美，入苕弔徐子與。及元美卒而明卿尤健飯，在七子、五子之中最爲老壽。有《甑甀洞稿》，前後數百卷。」按《明史·文苑》附《李攀龍傳》，云其爲楊繼盛死，「倡衆賻送，忤嚴嵩，假他事謫江西按察司知事。量移南康推官，調歸德，居二歲棄去。嵩敗，起建寧同知，累遷河南左參政，大計罷歸。」是其行誼固有足稱者。明卿始與王、李結社，聲譽動朝野，四方之士歸之如雲。王、李既没，明卿巋然獨存，復與歙汪伯玉侍郎道昆、京山李本寧尚書維楨振七子餘響，狎主詩盟。于時江陵當國，明卿、本寧均以同鄉之故，假其聲援。至是，厭薄七子如湯顯祖、徐文長者，已漸有人，而七子餘燄猶熾，實明卿之力。國朝朱彝尊《静志居詩話》云：「王、李既没，甑甀幾與四部争富，而海内之爲真詩者寡。」前胡應麟《詩藪》亦謂明卿詩用句多同，一篇而外，不耐多讀。此皆七子之通病，未足專咎明卿一人。《四庫全書總目》集部以吴集列入《存目》，與徐中行比倫，而又有取于宗子相，則有所不解也。

蘭汀存稿八卷　近繆氏藕香簃藏明刻本（一）

明梁有譽《蘭汀存稿》八卷，江陰繆小山太夫子藝風堂藏本。余讀其《藝風堂藏書記》，託其鈔副，欣然以此本見貽。藝風藏明前後七子集皆不全，而獨有此，余則前後七子集皆全，而獨無此，則藝風此書若爲余訪得者。《明史·文苑·李攀龍傳》：「有譽嘉靖二十九年進士，授刑部主事。居三年，以念母告歸，杜門讀書，大吏至，辭不見。卒年三十六。」明陳子龍、李雯、宋徵輿輯《皇明詩選》四：「梁有譽，字公實，番禺人。嘉靖庚戌進士，官止主事，夭卒。」錢謙益《列朝詩集》丁集五：「梁有譽，順德人。嘉靖庚戌進士，授刑部主事，與謝榛、李攀龍輩結社，稱五子。以念母移病歸里，與黎民表約遊羅浮，觀滄海日出，海颶大作，宿田舍者三夕，意盡賦詩而歸，中寒病作，遂不起，年三十六。有譽通籍後始與王、李結社，其爲詩，詞意婉約，入社即移病去，又捐館舍最早，雖參與五子、七子之列，而于叫囂剽擬之習，薰染猶未深也。」今存稿諸作，誠如錢氏所云。錢氏于前後七子，好爲吹求，獨于有譽推許甚至，得無是非之公有不可泯者歟。梁集傳本最少，《四庫全書總目》未著録。國朝陳文藻編《南園後五先生詩》，有譽詩選五卷，題稱《蘭汀詩鈔》。而《明史·藝文志》作《梁有譽比部集》八卷，似即此本追題其官。今以《皇明詩選》、《列朝詩集》丁集、《南園後五先生集》所選詩之次第與此相校，一一皆同，則知名稱雖殊，實則一本也。丁巳四月晦，郋園。

〔一〕原作「近繆氏藕香簃刻本」，卷首目録作「近繆氏藕香簃鈔本」均誤。按，《蘭汀存稿》無繆荃孫刻本。據葉氏下文所述，此本係繆荃孫藏本，《藝風藏書記》有載。今考諸《藝風藏書記》載爲明刻本，據改。

四溟集十卷　明萬曆壬子盛以進刻本

《四溟集》十卷，明謝榛撰。萬曆壬子臨清州知州盛以進據趙藩所刻本重爲補訂，而以榛所撰《詩家直説》附首二卷，《四庫總目》集部著録者即此本也。但《四庫》本析《詩家直説》二卷入《存目》。今此本首無此二卷，前有「翰林院」滿漢書文大方印，殆即《四庫》底本，未經發還者耶？錢謙益《列朝詩集》丁集五《謝茂秦榛傳》云：「榛年十六，作樂府商調，臨、德間少年皆歌之。已而刻意爲詩歌，遂以聲律有聞于時。寓居鄴下，趙康王賓禮之。嘉靖間，游長安，時濟南李于鱗、吴郡王元美結社燕市，茂秦以布衣執牛耳，諸人[一]作五子詩咸首茂秦，而于鱗次之。已而于鱗名益盛，茂秦與論頗相鐫責，于鱗遺書絶交，元美諸人咸右于鱗，交口排茂秦，削其名于七子、五子之列。茂秦交游日廣，秦、晋諸藩皆延致之，河南北皆稱謝榛先生，諸人雖惡之，不能窮其所往也。當七子結社之始，尚論有唐諸家，茫無適從，茂秦曰：『選李、杜十四家之最者，熟讀之以奪神氣，歌咏之以求聲調，玩味之以裒精華。得此三要，則造乎渾淪，不必塑謫仙而畫少陵也。』諸人心師其言，厥後雖争擯茂秦，其稱詩之指要，自茂秦發之。茂秦今體工力深厚，句響而字穩。七子、五子之流皆不及也。」謙益論詩，詆排七子甚力，獨于茂秦推許之至，則公道不能泯也。陳子龍、宋徵輿、李雯編《皇明詩選》，陳云：「茂秦沈練雄渾，法度森然，真節制之師。」又云：「茂秦，于鱗之下，徐、吴之上。元美評其所製最當，而未免以蕭朱之嫌，左袒濟南，抑之太甚。此文人之交，不足信也。」宋云：「四溟五、七律切實衡當，是其所長，然法律束之，不無微恨。」又云：「茂秦近體在元美上，于鱗能以變化勝之。」李云：「茂秦詩神簡俊，發如摩天俊鶻，每擊必中。」綜諸家評論觀之，知茂秦在七子中本自矯矯不凡，故後人讀其詩無不聞風興起。今詩集雖不如于鱗、元美之富，而精練之師一以當百，鳳毛麟甲，正不必以多爲貴也。明趙彦選《梁園風雅》謝詩五卷，中有溢出此本外者，安得好事人由此類及，一一搜輯刻之。

〔一〕「人」字原奪，據《列朝詩集小傳》補。

張居來集三十五卷 明萬曆丁亥刻本

《張居來集》三十五卷《書牘》八卷《詩》二十七卷，明張佳胤撰。萬曆丁亥門人張宗載刻本。每半葉九行，每行十六字。白棉紙藍印。上下黑口，版心「居來山房」四字。序前有「玉函山房藏書」六字朱文篆書方印，蓋歷城馬竹吾國翰家藏書。善化有張姓宦于山東，歸裝散出，而轉爲余購得者也。《四庫全書總目》集部存目，題《居來山房集》六十五卷，《提要》云：「是集賦一卷，詩二十八卷，雜文三十五卷，末一卷附録行狀、墓誌銘，後又載同時諸人所作序、記等文十一篇。」核與此本卷數多少不同。按《明史·藝文志》：「《張佳胤奏議》七卷，《居來文集》六十五卷。」是其集本六十五卷。錢謙益《列朝詩集》丁集云三十餘卷，是三十五卷亦別本也。《明史·文苑傳·王世貞傳》：「其所與遊各爲標目，後五子則南昌余曰德、蒲圻魏裳、歙汪道昆、銅梁張佳胤、新蔡張九一也。」曰德字德甫，佳胤字肖甫，九一字助甫，世貞所謂「吾黨有三甫」也。《列朝詩集》又云：「爲郎時，與王元美諸人相酬和。七子中『三甫』之一也。七子仕宦皆不達，助甫一開府輒躓，元美平進至六卿，而肖甫鎮雄邊、定大變、入正樞席，以功名始終。節鎮之暇，輕裘緩帶，賓禮寒素，鼓吹風雅，文士之坎壈者，皆援以爲重。高才貴仕，兼而得之，近代所罕見也。詩則才氣縱横而乏深雅之致，其視助甫亦魯衛之政也。」

蟣蠓集五卷 明萬曆壬寅張其忠刻本

《蟣蠓集》五卷，一卷、二卷文，三卷賦，四卷、五卷詩，明盧柟撰。萬曆壬寅知濬縣事濟南張其忠刻。

每半葉九行，每行十八字。前有萬曆二年張佳胤序，稱：「元美舊〔一〕爲山人刻賦二卷，東明穆敬甫考功、石拱宸符卿刻山人詩二卷。」卷數不同，前無文而賦有二卷。又有萬曆乙亥魏郡穆文熙重刻，序稱：「始刻於吳之太倉州，乃鳳洲王公家藏鈔本，崌崍張公手自校讎之，又自敍其刻之始末，以成玆集。集傳至吾郡，見者轉相鈔録，日不暇給。余邑賓尹寶泉因謀于余，將重以應求者，乃刻之，兩月而完刻之。字迹即翻原本，頗不相下。」是重刻時悉仍其舊，未嘗增竄也。至萬曆壬寅又重刻，則未知依據何本。而《四庫全書總目》集部《提要》云：「是集爲嘉靖癸卯柟所自編，凡雜文二卷，賦一卷，詩二卷。」與此本同，然此本前載癸卯自序，并未詳其編類及卷數，館臣並不考實，謂其自編則謬甚。《明史·文苑》附《謝榛傳》云：「柟字少梗，濬縣人。家素封，輸貲爲國學生。博聞强記，落筆數千言。爲人跅跎，好使酒罵座。常爲具召邑令，日晏不至，柟大怒，徹席滅炬而臥。令至，柟已大醉，不具賓主禮。會柟役夫被搒，他日牆壓死，令即捕柟，論死繫獄，破其家。里中兒爲獄卒，恨柟，笞之數百，謀以土囊壓殺之，爲他卒救解。謝榛入京師，見諸貴人，泣訴其冤狀曰：『生有一盧柟不能救，乃從千古哀沅而弔湘乎！』平湖陸光祖選得濬令，因榛言平反其獄。柟出，走謝榛。榛方客趙康王〔二〕所，王立召見，禮爲上賓。柟酒酣罵座如故。及光祖爲南京禮部郎，柟往訪之，遍遊吳會無所遇，益落魄嗜酒，病三日卒。柟騷賦最爲王世貞所稱，詩亦豪放如其人。」錢謙益《列朝詩集》丁集五事同《明史》，《明史》蓋即據以作傳，而微有點竄也。錢云：「詩律不如茂秦之細，而才氣橫放，實可以驅駕七子。幸其早死，不與時賢争名，故諸人皆久而惜之。」

《皇明詩選》李雯論其詩曰：「少梗如六郡良家，家世豪健，然不能與吴楚奇材角其精技。」陳子龍曰：「山人詩排蕩自喜，頗有越石清剛之氣。」《四庫提要》云：「柟生當嘉、隆之間，王、李之燄方熾，而一意往還，真氣坌涌，絶不染鉤棘塗飾之習。蓋其人光明磊落，藐玩一時，不與七子争聲名，故亦不隨七子學步趨。然而榛救之，世貞稱之，柟反因是重於世，亦可謂毅然自立，無所而依附者矣。」按，柟以一布衣，當時負盛名，詩文傳世僅五卷，與《弇州四部稿》、《居來山房集》之長編巨集並登天府之藏，人貴自立，詎不信哉。

〔一〕「舊」原訛作「憲」，據明萬曆三年魏郡穆文熙刻本卷首張佳胤序改。

〔二〕「王」字原奪，據《明史》補。

陽明先生文録十四卷　明嘉靖癸巳門生黄綰序刻本

右《陽明先生文録》十四卷，爲文成没後七年初次刻也。前有嘉靖癸巳禮部右侍郎門生赤城黄綰序，稱：「陽明文集存者唯《文録》、《傳習録》、《居夷集》，其餘或散亡，及傳刻訛錯。乃與歐崇一、錢洪甫、黄正之編訂之，曰《陽明存稿》」云云。是此書應稱《存稿》，而大題乃稱「文録」，計五卷。又九卷大題下有「外集」二字。其序後邊闌有「文録計十四卷」六字，不解何以與序文不應。前五卷皆與人書，别無雜著。後九卷詩、文、記、序、書牘、碑誌、雜著分類編次，而無奏疏、公牘文字。其《居夷集》即外集中小題。又無《傳習録》附入。以爲全本，則序與書不符；以爲不全，則計數只十四卷。考《四庫全書提要·王文成全書》三十八卷云：「是書首編語録三卷，爲《傳習録》，附以《朱子晚年定論》，乃守仁在時門人徐愛輯，而錢德洪删定者。次《文録》五卷，皆雜文、别録。十卷爲奏疏、公移。《外集》七卷爲詩、雜文。《續編》六卷則《文録》所遺，搜輯續刊者，皆守仁没後德洪所編次。後附以《年譜》五卷，《世德記》二卷，亦德洪與王畿等纂集也。其初本各自爲書，隆慶壬申，御史新建謝廷傑巡按浙江時合梓，仿《朱子全書》之例以名之。」又《四庫全書》存目《陽明要書》八卷《附録》五卷，明葉紹容編于崇禎乙亥，取守仁全書撮其要語。又《王陽明集》十六卷，爲五世孫貽樂重編，國朝康熙初貽樂爲滕縣知縣所刻，前有李卓吾所作《年譜》。又《陽明文鈔》二十卷，爲康熙己巳江都張問達所編，以《傳習録》、《大學或問》爲首，奏疏、序記、諸講學書及論説、雜著、賦詩〔二〕、公移次之，而終以《年譜》。又《陽明全集》二十卷《傳習録》一卷《語録》一卷，康熙中餘姚俞璘所編，删除錢德洪本正録、外録、别録之目，併爲一書，更其卷第，首載年譜，次以書、序、記、説諸作，而以《傳習録》、《語録》附焉。據此則館臣編纂《全書》之時，均未見黄綰此本。而《明史·藝文志》亦但載《王文成全書》三十八卷，蓋即《四庫》著録之本。又檢阮文達所編《范氏天一閣書目》集部二載《王陽明先生文録》五卷《外集》九卷《别録》十卷，明新安胡宗憲重刊并序；又《陽明文録》三卷，萬曆丙子王畿序；又《陽明先生文録》五卷《外集》十卷。祁氏《澹生堂書目》集部内載《王文成公全書》三十八卷、一本作三十七卷。《陽明全集》二十卷，一本作二十四卷。又《文集》二十四卷，又《文録》十七卷、《居夷集》二卷、《傳習録》三卷。兩目皆明人藏書，其卷數均與此不合，則亦未見此本也。惟《范目》所載胡宗憲序本，似是據此本重刊，而增補《别録》十卷。然則此本比于大輅椎輪，雖非全書，固是完帙。前有「長洲海録軒圖書」朱文印記，猶吾家先世遺書。海録軒者，即校勘《文選》葉諱樹藩者之齋名也。手澤如新，尤足珍貴，子孫其永寶之！甲辰重陽德輝識。

〔一〕「詩」原作「學」，據浙本《四庫總目》改。

震川先生文集二十卷 明常熟刻本

《震川先生文集》二十卷，明歸有光撰。每卷大題後第二行云「玉峯歸有光著」，三行「海虞蔣以忠閲」，四行「宗弟道傳編次」。每半葉十行，每行二十一字。版心上刻「震川先生」六字。此本最先刻，世所稱常熟本者，即此本也。余少時習制舉業，塾師授以時文，必曰學王、唐、歸、胡四家。王者，吴郡王文恪公鏊；唐者，荆川唐順之；歸即有光；胡則德清胡友信也。四家皆工爲古文，其時文亦近古文，故爲制藝家不祧之祖。余向藏四家時文稿，未讀其文集也。官京朝時始獲諸家文集讀之，於是知古文、時文皆非原本經術、精熟義理不足以名家。而傳世有明一代文章，正統不得不歸之荆川、震川，今其集具在世，固無有議之者矣。震川當王、李氣焰甚熾之時，獨以古文教授生徒，力相抵抗，至目弇州爲庸妄巨子。弇州聞之曰：「妄誠有之，庸固未敢聞命。」震川曰：「唯妄故庸，未有妄而不庸者也。」弇州晚作震川《畫像贊》有「千載有公，繼韓歐陽，余豈異趣，久而自傷」之語，蓋已心折其文，而深悔其盛年意氣之過也。同時如山陰徐渭、臨川湯顯祖亦力詆弇州，文與震川同調。然湯、徐之文，才氣縱横，足樹一幟，以視王、李之剽竊摹擬固有真僞之分，若云根柢盤深，得龍門神思脈理，則于震川固有望塵不及者矣。

又一部三十二卷 明萬曆三年刻本

《歸先生文集》三十二卷，明歸有光撰。萬曆三年刻本。前有門人周詩序。分經術、議、書、制、誥、奏疏、策問、志、序、記、雜著、行狀、墓誌銘、墓表、碑碣銘、頌、贊、傳、説、祭文、哀辭誄附。題跋、壽序、詩二十三類。大題「歸先生文集卷之幾」，二行「吳郡歸有光著」，三行「門人王執禮校」。半葉十行，行二十字，楷書精刻。版心上「歸先生文集」五字，魚尾下載卷數、分類，版心下「雨金堂」三字，小注「章右之刻」四字。

《四庫全書總目》集部著録爲家刻四十卷本，此入《存目》。《提要》云：「是編爲其子子祐、子寧所輯，所謂崑山本者是也。其中漏略尚多，故其曾孫玄又裒輯爲四十卷，而有光之文始全。相傳子寧改竄父書，有光見夢於賈人童姓，其事雖不足信，而字句之譌舛，誠有如莊所指摘者。」按，錢謙益《列朝詩集》丁集十二云：「熙甫爲文原本六經，而好太史公書，能得其風神脈理。其於六大家自謂可肩隨歐、曾，臨川則不難抗行。其於詩，雖無意求工，滔滔自運，要非流俗可及也。熙甫没，其子子寧輯其遺文，妄加改竄。賈人童姓夢熙甫趣之曰：『亟成之，少稽緩塗乙盡矣。』刻既成，賈人爲文祭熙甫，具言所夢，今載集後。」然本集後附録《翁良瑜祭文》，有「瑜也賈人，敢曰知公？竊仰聲華，亦竦于衷。公今則殁，遺稿在笥，僭爲鐫行，冀開來裔。惟公有神，馮夢謂我：『我文子鐫，子慎乃可』」等語。《祭文》後有「萬曆癸〔一〕酉男子子祐、子寧編次」一行，又有「丙子浙人翁良瑜梓行」一行。祭文語極渾涵，當是對其子不便直言其事耳。第此書爲翁良瑜刻已有明文，而《四庫提要》、錢《集》均以爲賈人童姓，不知何故。且錢既云祭文載集後，豈不知祭文爲翁良瑜作，又有「翁良瑜梓行」字一行，則童翁因同聲之譌，日久筆誤，未及細校，亦未可知。至「章右之刻」四字，僅于目録版心下一見，意者全集爲翁氏出貲，承刻者爲章右之。章、童形近，故誤記章爲童歟？今歸莊刻四十卷本，後附《列朝詩集》，徑改作翁姓，亦非傳疑之道。蓋本集之爲翁刻毫無可疑，傳言偶歧，不置一辨，亦正不必辨也。

〔一〕「癸」原訛作「祭」，據明萬曆間刻本《歸先生文集》改。

又一部三十卷别集十卷 康熙十四年曾孫莊刻本

《震川先生集》三十卷《别集》十卷，明歸有光撰。康熙十四年歸莊家刻本。《四庫全書總目》集部著録，《提要》云：「舊本有二，一爲其族弟道傳所刻，凡二十卷，爲常熟本；一爲其子子祜、子寧所刻，凡三十二卷，爲崑山本，去取多不相同。莊以家藏鈔本互相校勘，又補入未刻之文，彙爲全集，刻于康熙間。前有王崇簡、徐乾學二序，莊自作凡例，極言舊刻本之譌，詆斥不遺餘力。然考汪琬《堯峯文集》有與莊書二篇，又反覆論其改竄之非，至著爲《歸文辨誣》以攻之，是莊所輯亦未爲盡善。然舊本文多漏略，得莊掇拾散佚，差爲完備，既别無善本，姑從而録之。有光詩格殊不見長，汪琬乃作箋註，王士禛頗以爲譏。今未見傳本，殆當時衆論不取，即格不行歟？」按，今汪琬《鈍翁類稿》無《歸文辨誣》及《詩箋注》，惟有《重訂歸先生文集考異》一種，序稱：「先生之詩，惟崑山本刻入《外集》，按，刻入末三十二卷，無外集之名。新本刻入《別集》，而復古堂本、常熟本舉皆無之，故手所考止于新本而已。竊怪舊刻諸詩往往有出入孫恤《唐韻》及吳才老《韻》者，最爲古雅，而新本多從近世所行俗韻，不知何以異同如此。或謂歸氏有家藏鈔本可訂。則又略考其所刻全集，如《歸孝子傳》、《徐郡丞惠政記》等篇，皆不主鈔本，而參用崑山、常熟兩本。如《上王都御史書》、《周憲副行狀》等篇，則僅僅節略鈔本數語之不同者附注於篇末，固未嘗專用鈔本以爲據依也。又竊意其家所藏者，未必果出於先生之筆授，而其校讎此鈔本之人，亦未必親事先生而習見其讀書爲文者也。昔朱子序《韓文考異》曰：『姑考諸本之同異而兼存之。』余故私淑朱子，亦有所疏通證明，而自顧學問陋劣，終未敢悻悻然自騁其臆而妄加筆削于其間也，覽者詳之。」其書摘取詩句列崑本、新本異同，逐句考證，多不以新本改古韻從俗韻爲然，間亦注釋。似其中有《箋注》原文，則王士禛所見《箋注》或即併入此《考異》而遂歸銷滅歟？抑余尤有說者，震川之文既爲其子改竄于前，震川之詩復爲其曾孫校改于後，子孫非不能文者，而一集之成，不無遺憾，震川何身後之不幸耶？然則世有著作之士，惟有及身自定其文，手校而親刻之，庶免後人一番聚訟耳。

王端毅公文集九卷續二卷 嘉慶、道光兩次刻本

《明王端毅文集》九卷《續》二卷，《明史·藝文志》、朱氏《萬卷堂書目》、《四庫全書存目》、《孫氏祠堂書目》皆無《續》二卷，疑明時原刻如此。此册封面題稱卷一至卷六爲嘉慶十五年重刻，卷七至卷九爲道光十八年重刻。《續》二卷，一卷古文，二卷時文、詩，不知編者何人，前後亦無重刻序跋。與明刻《奏議》

先後收得，可云珠聯璧合矣。光緒二十有七年歲辛丑八月秋分前一日麗廔主人葉德輝識。

明刻《奏議》每半葉十行，行二十字。此與之合，字體亦同，蓋翻雕明本也。前有嘉靖三十一年太歲在壬子夏六月既望大梁後學李濂序，又有嘉靖三十一年秋七月望日亞中大夫河南左參政鄉後學喬世寧撰序。

徐文長文集三十卷三集十二卷逸稿二十四卷　明萬曆甲寅刻本，《三集》萬曆庚子刻本，《逸稿》天啓癸亥刻本

《明徐渭詩文全集》二十九卷，載《明史·藝文志》。《四庫全書總目》集部存目《徐文長集》三十卷，《提要》云：「明徐渭撰。陶望齡作渭《小傳》，載渭嘗自言書第一、詩二、文三、畫四。今其書畫流傳者逸氣縱横，片楮尺縑，人以爲寶。其詩出于李白、李賀之間，而才高識僻，流爲魔趣。選言失雅，纖佻居多。譬之急管幺絃，淒清幽渺，足以感蕩心靈。而揆以中聲，終爲别調。觀袁宏道之激賞，知其臭味所近矣。其文源出蘇軾，頗勝其詩。故唐順之、茅坤諸人皆相推挹。中多代胡宗憲之作，《進白鹿》前後二表[一]，尤世所豔稱。其《代宗憲謝嚴嵩啓》云云，録之於集，何止白圭之玷。蓋渭本俊才，又受業于季本，傳姚江縱恣之派。不幸學問未充，聲名太早。一爲權貴所知，遂侈然不復檢束。及乎時移事易，侘傺窮愁，自知决不見用於時，益憤激無聊，放言高論，不復問古人法度爲何物。故其詩遂爲公安一派之先鞭，而其文亦爲金人瑞等濫觴之始。蘇軾曰『非才之難，處才之難』，諒矣。渭所著有《文長集》、《闕篇》、《櫻桃館》三種，按，本陶望齡傳。鍾瑞先合刻之，以成此集。又有商濬所刻，題曰《徐文長三集》者，亦即此本。」又《逸稿》二

十四卷，《四庫》亦入《存目》，《提要》云：「此本爲其鄉人張汝霖、王思任所同選。如末卷所載諸偈、燈謎、對聯，鄙俚猥雜，豈可入之集中。」按，文長才名爲世所傾倒，所爲詩文縱筆直書，逞其才氣，爲所欲爲，不顧文體之橫裂。青年學子喜其恣肆跌蕩，羣相仿傚，靡然從風，明季詩文之日下，未嘗非文長階之厲也。此三種余先後從長沙收得，因類聚一架。檢《四庫目》參核，以《提要》持論甚正，故轉録之，俾覽是書者不至爲所炫惑焉。三集刻于萬曆庚子，在《文長集》之前，然兩本互有增删出入，《提要》以三集與《文長集》爲即一本，則誤矣。

〔一〕「表」原訛作「賦」，據《四庫全書總目》改。

袁中郎集四十卷　明崇禎二年陸之選刻本

此《袁中郎集》四十卷，明袁宏道撰。《明史·文苑傳》：「宏道公安人，與兄宗道、弟中道並有才名，時稱『三袁』。宏道年十六爲諸生，間爲詩歌古文，有聲里中。舉萬曆二十年進士，歸家讀書。選吴縣知縣，聽斷敏决。已而解官，起授順天教授、國子監助教、禮部主事，謝病歸。久之，起故官。尋以清望擢吏部主事，移考功員外郎，遷稽勳郎中，謝病歸，數月卒。先是王、李之學盛行，袁氏兄弟獨非之。宏道益矯以清新輕俊，學者多舍王、李而從之，目爲公安體。空疎者便之。其後王、李風息，而鍾、譚之説大熾。鍾、譚者，鍾惺、譚元春也。惺，竟陵人。萬曆三十八年進士。擢福建提學僉事，以父憂歸，卒于家。自宏道矯王、李之弊，倡以清真，惺復矯其弊，變而爲幽深孤峭，與同里譚元春評選《唐詩歸》、《古詩歸》，名滿天下。謂之竟陵體。然兩人學不甚富，識解多僻，爲通人所譏。元春字友夏，天啓七年始舉鄉試第一，悂已前卒矣。」按，錢謙益《列朝詩集》丁集十二《袁稽勳宏道傳》云：「萬曆中年，王、李之學盛行，黄茅白葦，彌望皆是。文長、義仍，嶄然有異，沈痼滋蔓，未克芟夷。中郎出，王、李之雲霧一掃，天下之文人才士始知疏瀹心靈，搜剔慧性，以滌蕩摹擬塗澤之病，其功偉矣。機鋒側出，矯枉過正，於是鄙俚風行，風雅掃地。竟陵代起，以淒清幽獨矯之，而海内之風氣復大變。譬之有病於此，北地、濟南，結轖之邪氣也；公安，瀉下之劫藥也；竟陵，傳染之别症也。餘分閏氣，其與幾何？慶、曆以下，詩道三變而歸於陵夷熸熄，豈細故哉？余録中郎詩，取其申寫性靈而不悖于風雅者，學者無或操戈公安，復噓王、李之燼，斯道其有瘳乎？」錢氏持論，痛斥二李，頗右中郎，余未敢信爲定論。《四庫全書總目》集部袁集入《存目》，《提要》云：「明自三楊倡臺閣之體，日就庸膚。李夢陽、何景明起而變之，李攀龍、王世貞繼而和之。前後七子遂以仿漢摹唐轉移一代之風氣。迨其末流漸成僞體，塗澤字句，鉤棘篇章，萬喙一音，陳因生厭。于是三袁乘其弊而排抵之。其詩文變版重爲輕巧，變粉飾爲本色，天下耳目於一新，又復靡然從之。然七子猶根于學問，三袁則惟恃聰明。學七子者不過贋古，學三袁者乃至矜其小慧，破律而壞度。名爲救七子之弊，而弊又甚焉。」斯則持平之論矣。余藏此集，從未一檢。外并有《中郎十集》十七卷，内分《廣莊》二卷，《敝篋集》二卷，《桃源詠》一卷，《華嵩游草》二卷，《瓶史》一卷，《觴政》一卷，《破研齋集》三卷，《廣陵集》一卷，《狂言》二卷，《狂言别集》二卷，爲萬曆乙巳刻本，在此集之前。考《明史·藝文志》載《袁宏道詩文集》五十卷，與此不合，殆後編總爲一集，而略有分併歟？

玉茗堂文集十六卷賦六卷詩集十八卷尺牘六卷 明天啓元年刻本

湯顯祖《玉茗堂文集》十六卷《賦》六卷《詩集》十八卷《尺牘》六卷，明天啓元年韓敬刻本。《明史·藝文志》載湯顯祖《玉茗堂文集》十五卷《詩》十六卷，無《賦》及《尺牘》。《四庫全書總目》集部存目《玉茗堂集》二十九卷，《提要》云：「是集凡詩十三卷，文十卷，尺牘六卷。」均與此本卷數多少不合，蓋刻有先後，編次不同，諸刻當以此爲第一足本。纂修《明史》、編修《四庫》諸臣，不知何以均未一見，則此本之希有可知。當王、李勢盛之時，毅然不肯附和而力相抗抵者有三人，一歸有光，一徐渭，一顯祖也。錢謙益《列朝詩集》丁集十二云：「義仍志氣激昂，風骨遒緊。嘗謂：『我朝文字，以宋學士爲宗，李夢陽至瑯琊，氣力强弱，巨細不同，等贗文爾。』萬曆間，瑯琊二美，同仕南都，爲敬美太常官屬。敬美唱爲公宴詩，不應，又簡括獻吉、于鱗、元美文賦，標其中用事出處及增減《漢》、《史》、唐詩字面，流傳白下，使元美知之。元美曰：『湯生標塗吾文，異時亦當有標塗湯生者。』自王、李之興，百有餘歲，義仍當霧雺充塞之時，穿穴其間，力爲解駁。歸太僕之後一人而已。」余按，玉茗之文，非無根柢，而以比于震川則非甚匹。大抵震川才實不逮弇州，而學問深邃，根柢六經，則非弇州之所能及。至于義仍、徐文長之流，才與學皆不及弇州，特以人心有厭惡王、李之機，大聲疾呼，矯其弊而糾其失，己所爲文頗有才力，而善自檢束，不敢爲破壞規律之辭，故當時亦盛爲人所稱。然卒不能如震川之上繼韓、歐，以承斯文正統者，則學力深厚不如震川也。又文長以書畫名，玉茗以善曲名，其精神偏于一藝一術之微，于文章功力不能專致，此其所以不能成家歟？

隱秀軒集三十三卷　明天啓壬戌刻本

《隱秀軒》三十三卷，明鍾惺撰。版心於集名下分天、地、玄、黄、宇、宙、洪、荒、日、月、盈、昃、辰、宿、列、張、寒、來、暑、往、秋、收、冬、藏、閏、餘、成、歲、律、吕、調、陽、雲三十三字爲卷數，殊爲好異。惺字伯敬，竟陵人。與同里譚元春評選唐人之詩，爲《唐詩歸》，又評選隋以前詩爲《古詩歸》，矯王、李之弊，變而爲幽深孤峭，名滿天下，謂之竟陵體。友夏，名輩後于惺，以《詩歸》故，與齊名。事詳《明史·文苑》附《袁宏道傳》。又《明史·藝文志》載鍾惺《隱秀堂集》八卷。《四庫全書總目》集部不獨此本未著録，即十卷本亦不載，豈當時傳本罕見歟？錢謙益《列朝詩集》丁集十二云：「伯敬少負才藻，有聲公車間。擢第之後，思别出手眼，以深幽孤峭之宗，驅駕古人之上。同里譚元春爲之應和，海内稱詩者，靡然從之，謂之『鍾譚體』。譬之春秋之世，天下無王，桓、文不作，宋襄徐偃，德涼力薄，起而執會盟之柄，天下莫敢以爲非伯也。數年之後，所撰《古今詩歸》盛行于世，承學之士，家置一編。而寡陋無稽，錯繆叠出，稍知古學者咸能挾策以攻其短。《詩歸》出而鍾、譚之底藴畢露，溝澮之盈，于是涸然無餘地矣。其所謂深幽孤峭者，如木客之清吟，如幽獨君之冥語，如夢而入鼠穴，如幻而之鬼國，三十餘年，風移俗易，滔滔不返。以凄聲寒魄爲致，此鬼趣也。以噍音促節爲能〔一〕，此兵象也。著見于文章，而國運從之，可勝歎哉，可勝悼哉！鍾、譚之類，豈亦五行志所謂詩妖者乎？」按，明季之詩，至鍾、譚掃地盡矣。雖有嘉定四先生力主正聲，恪守先典，而江河日下，無能挽既倒之狂瀾。亡國之音哀以思。觀于是集，明社之屋有由來矣。

〔一〕「能」原作「成」，據《列朝詩集小傳》改。

譚友夏合集二十三卷 明崇禎癸酉刻本

是集一卷至五卷爲《嶽歸堂新詩》，六卷至十四卷爲《鵠灣文草》，十五卷至二十三卷爲《嶽歸堂已刻詩選》，明譚元春撰。元春字友夏，竟陵人，與鍾惺同里。其詩才劣於惺，而詭僻如出一手。錢謙益《列朝詩集》丁集十二云：「鍾、譚一出，承學之徒莫不喜其尖新，樂其率易，相與糊心眯目，拍肩而從之。以一言蔽其病曰：不學而已。亦以一言蔽從之者之病曰：便於不說學而已。天喪斯文，餘分閏位。竟陵之詩，與西國之教、三峯之禪，並爲孽於斯世，後有傳洪範五行者，固將大書特書，著其事應，豈過論哉！」按，友夏詩刻意步趨伯敬，故得依附以成名。竟陵與公安同一詩中惡魔。《明史》以鍾、譚附《袁宏道傳》，豈非以竟陵一派尚不如公安之略有根柢，只得爲後起之附庸乎？《明史·藝文志》載譚元春《嶽歸草堂集》十卷。《四庫全書總目》集部于此本及《嶽歸草堂集》存目，外尚有《譚子詩歸》十卷，《提要》云：「乃其選本，前有自序，并載諸稿自題之文，凡十餘種，蓋其詩之别刻者尚多云。」余藏鍾、譚二家集，並所選《詩歸》，蓋以著明末詩派之式微，知一朝風氣之轉變，非有嗜于彼而必存其一派也。

松圓浪淘集十八卷 明萬曆庚午謝三賓序刻本

程嘉燧，《明史·文苑》附《唐時升傳》云：「時升早登有光之門，文得其傳。與里〔一〕人婁堅、程嘉燧並稱曰『練川三老』。」又云：「婁堅幼好學，其師友皆出有光門。故學有師承，鄉里推爲大師。四明謝三賓知縣事，合時升、嘉燧及李流芳詩刻之，曰《嘉定四先生集》。嘉燧休寧人，僑居嘉定。工詩善畫。常熟錢謙益以侍郎罷歸，築耦耕堂，邀之讀書其中，最重其詩，稱曰『松圓詩老』。」謙益《列朝詩集》丁集十三上《松圓詩老程嘉燧傳》稱其：「少學制科不成，去；學擊劍，又不成，乃折節讀書。刻意爲歌詩，三十而詩大就。在里中兄事唐叔達、婁子柔。余〔二〕罷官歸里，構耦耕堂于拂水，要與偕隱，晨夕游處，修鹿門、南村之樂。崇禎辛巳春，孟陽將歸新安，余先游黄山，訪松圓故居，題詩屋壁。歸舟抵桐江，推篷夜語，泫然而别。又明年癸未十〔三〕二月卒于新安，年七十有九。卒之前一月，爲余序《初學集》，蓋絶筆也。其詩以唐人爲宗，熟精李、杜二家，深惡剽賊比儗之繆。七言近體約而之隨州，七言古詩放而之眉山，晚年盡覽中州、遺山、道園及國朝青田、海叟、西涯之詩，抉擿其所由來，發明其所以合轍，於是乎王、李之雲霧盡掃，後生之心眼一開，其有功于斯道甚大，世或未之知也。遺山題《中州集》後云：『愛殺溪南辛老子，相從何止十年遲。』余故援中州之例，謚之曰松圓詩老。」按，松圓早列「三老」之稱，晚獲「四先生」之譽，其實所爲詩文才力不逮唐、婁、李三人遠甚。朱彝尊《静志居詩話》云：「其格調卑卑，才庸氣弱。近體多于古風，七律多于五律，如此伎倆，三家村夫子，誦百翻兔園册，即優爲之，奚必讀書破萬卷乎？蒙叟深懲何、李、王、李流派，乃于明三百年中，特尊之爲詩老。六朝人語云：『欲持荷作柱，荷弱不勝梁。欲持荷作鏡，荷暗本無光。』得毋類是與？」《四庫全書總目》集部于嘉定四家中著録婁堅《學古緒言》、李流芳《檀園集》、《提要》于二家推許甚至，謂嘉燧以依附錢謙益得名，本非端士，核其所作與唐時升三人如蒹葭倚玉樹，未可同稱。然松圓早得盛名，初未依附謙益，不過晚與之暱，彼此不無阿好之詞耳。明末文人習氣，凡達官田居，必引一布衣與之倡和往來，以炫鄉里之耳目。如董宗伯之與陳眉公，亦即其習氣。謂其詩不足名家，自是持平之論。謂非端士，毋乃儲胥之惡與！

〔一〕「里」原作「重」，形近而訛，據《明史》改。

〔二〕「余」原作「全」，形近而訛，據《列朝詩集小傳》改。

〔三〕「十」字原奪，據《列朝詩集小傳》補。

檀園集十二卷 同上刻本

有明詩凡屢變，其始劉誠意，以佐命雄才，丁元末造，遭時不偶，發爲歌詩，悒鬱憂傷，奇氣抑塞。觀《覆瓿集》中元時之作，其志固足哀矣。其後遭遇聖明，發揚志意，譬如大塊噫氣，渢渢乎爲開國元音。此其冠冕一代之才，宜乎開有明三百年之風氣。欲求與之倫比者，當時固絶無其人焉。迨高啓、楊基、張羽、徐賁之徒，接起吳中，號稱四傑，其詩和平温麗，皆承平雅頌之聲。論有明一代之詩，其時可追初唐盛軌，四傑後先相望，亦信乎擬必于倫。且其時袁海叟凱，高唱於華亭，貝清江瓊和聲于崇德。太平景象，海内同風，縷數名家，蔚然稱盛。永、宣以後，作者朋興，類皆迤演沖融，不知樹骨振聲，故不覺日趨于柔靡，追原病始，三楊臺閣之體，實留不良之種子焉。茶陵李東陽崛起成、弘之間，歷官臺閣四十餘年，宏奬羣英，力追正始，士之出其門下者，文章學術莫不燦然有成。時當國運休明，茶陵實應時而出，故風流文采不愧一代正宗。自李、何七子厭薄老成，倡言復古，其才學足以籠罩一世，其聲氣足以奔走萬夫。浮響虛聲，一倡百和。嘉靖間王、李輩五子、七子聲華標榜，軌轍相尋。弇州之名位益高，茶陵之光燄幾熄。公安、竟陵乃乘正聲銷歇之際，潢池盜弄，僭據詩壇。時雖有理茶陵之緒者，衆咻一傅，孤掌難鳴。盈天地間，皆哀思焦殺之音，而明社亦因之屋矣。崇禎之季，嘉定四先生唐叔達時升、程孟陽嘉燧、婁子柔堅、李檀園流芳，皆與歸熙甫有光有淵源，與錢受之謙益爲詩友。受之固私淑茶陵者，故四先生文則欲紹震川之傳，詩則欲接茶陵之統。而時丁陽九，神州沸騰，幾復奄奄，斯文垂絶。所幸流風餘韻，不出婁東，梅村一老，以勝國耆英，爲興朝領袖。凡明季達官貴人、山林潛伏之士，至我朝皆和聲鳴盛，成歸昌賀聖之音。信乎運會之興衰，誠有與詩文相維繫者矣。余藏明人詩集甚多，終以《檀園集》，因舉明詩前後變遷之迹，以爲論世者考鏡之資，是亦一時得失之林也。

歸雲別集十種七十四卷外集十種六十七卷 明刻本

此《歸雲全集》，明刻本。凡《別集》十種，《外集》十種，中缺《夢占逸旨後》四卷、原八卷。《五經異文》六卷、原十一卷。《隄疾恒談》前七卷。原十五卷。按，周亮工《因樹屋書影》云：「陳心叔先生士元，楚之應城人。所著詩文名《歸雲集》，外有《論[一]語類考》二十卷，《孟子雜記》四卷，《易象鉤解》四卷，《易象彙解》二卷，《五經異文》十一卷，《姓[二]匯》四卷，《姓觿》十卷，《名疑》四卷，《古俗字略》七卷，《夢占逸旨》八卷，

《隄疾恒談》十五卷，《楚故略》二十卷，《象教皮編》六卷，《楚絶書》二卷，《荒史》六卷，《世曆》四卷，《江漢叢談》二卷，《俚言解》二卷，《裔語音義》四卷，《嶽紀》六卷。卷帙浩繇，未易流播。余舊藏有六七種，今只存一二矣。後託家吾昉大令覓其全本，亦不可得。」據此，書在國初已不易得，今又歷二百餘年，更希罕矣。此集雖缺二三種，較之櫟園所見，實爲完帙。道光癸巳，涂氏重刻，但有《别集》十種，而無《外集》，不知何故。《書影》又云：「先生攬揆之前一夕，夢一老翁冠袍款户而入，自稱齊卿孟軻，翌日而心叔生，其父遂字曰孟卿。後登嘉靖甲辰進士，刺灤州。己酉三月上丁，有事孔廟，分獻于孟子，木主無故自仆，型爵皆墮地，心叔惡之，遂自免歸。稱養吾子，息影讀書，故著書甚富。」按，此本先生《孟子雜記》自敘，雖不免近于夸誕，然明人著書惡習，評點删節，杜撰稗販，先生各種無一字無來歷，無一條無出處，所謂不爲風氣所囿者，非生有夙根而能卓然自立如此乎？今先生《論語類考》、《孟子雜記》已刻入陳春《湖海樓叢書》，《夢占逸旨》、《江漢叢談》已刻入吴省蘭《藝海珠塵》，《名疑》已刻入張海鵬《借月山房叢書》，《易象鉤解》已刻入錢熙祚《守山閣叢書》，其餘他種多刻入近日趙尚輔所編《湖北叢書》。近六七十年，已家有其書。而求舊刻如此者，已如宣鑪成窑，雖與鼎彝並貴可也。是書曾爲南滙吴稷堂侍郎省蘭所藏，前有印記，所刻二種出此。猶見先輩手澤云。光緒戊申曝書日葉德輝題。

〔一〕「論」原誤作「類」，據上海古籍出版社一九八一年版《書影》改。

〔二〕「姓」原作「性」，據《書影》改。

適適草一卷　影鈔明崇禎刻本

沈彤《吴江縣志》三十七《别録》：「明光禄寺丞沈璟女大榮，適太倉舉人王士騄，能詩文，兼善草書。次妹即倩君。季女静專，字曼君，適諸生吴昌逢，遭家坎軻，爲詩詞多激楚之音。昌逢字適適，故所著名《適適草》。」按，本集自序謂取莊生「自適其適」之語以題兹草，非取夫字而名也。《志》云昌逢字適適，恐轉因此集相涉而訛。集中有挽宛君姊及昭齊、瓊章兩甥女詩，爲天寥公刻《午夢堂集》中《鸝吹》、《愁言》、《返生香》附録所未載，足備吾家私乘佚聞之一二，不僅沈氏多才媛，足爲玉臺增色也已。此集爲崑山王嚴士茂才所藏，以其傳本甚少，爲照録其副存之。吾方刻《午夢堂集》，擬析沈〔一〕宛君祖妣《鸝吹》合此寫刻之。曼君詩不如宛君祖妣之老成，然不得謂非金閨一妙也。丁巳春正月雨水節葉德輝識。

〔一〕「沈」原訛作「宛」。沈宜修字宛君，沈珫長女，葉紹袁妻，因改。

郘園讀書志卷十

集部 別集

藏山閣存稿偶鈔詩十四卷文六卷年譜一卷 鈔本

《藏山閣存稿偶鈔詩》十四卷《文》六卷，桐城錢澄之撰。澄之著有《田間易學》十二卷、《田間詩學》十二卷，《四庫全書總目提要》經部著録，其詩文集則未載。乾隆禁燬書目《軍機處奏准全燬書目》中有《田間文集》、《詩集》，不載卷數，撰人題錢秉鐙。《違礙書目》列應繳違礙書籍各種名目，亦列《田間文集》、《詩集》，不載卷數，撰人題錢澄之，一爲原名，一爲更名。集經禁燬，宜其《四庫》並《存目》無之矣。惟經部《易學提要》載澄之籍里事蹟云：「澄之原名秉鐙，字飲光，自號田間老人，桐城人。家世學《易》，又嘗問《易》於黄道周」云云。似于澄之始末不甚詳悉，今此書附有其次子某所撰《年譜》，知其生於明萬曆四十年壬子，國變後以諸生奔走國事，間關於閩、贛、粤、桂，參與軍謀。在閩以黄道周薦試授推官，在桂以瞿式耜薦御試授庶吉士，大兵入桂，南奔，以僧服終。《年譜》於康熙辛亥六十一歲止，《詩集》終於康熙辛卯，蓋初編也。吳修《續疑年録》載澄之明萬曆四十年壬子生，康熙三十二年癸酉卒，年八十二歲。杜蔭《明人詩品》云：「錢幼光原字。秉鐙，禁罔潛蹤，麻鞋間道，或出或處，或嘿或語，屢變而不窮，要其派，深得香山、劍南之神髓而融會之。錢牧齋取其詩入《吾炙集》，蓋深好之也。」今按，集中詩多以才藻見長，其悲楚激昂之音則由家國傷心，多所感憤而致。觀其全體實不僅出入香山、劍南，其爲文則磊落英多，放筆爲直幹，論事、紀事諸作雖無意於文，而詳盡簡潔與《戴南山集》中文同一風氣。乃知桐城一邑，以文章爲二百年海内主盟，其由來者漸矣。《文鈔》中有關朱明文獻者，如《紀阮大鋮事》則《明史》列傳所本，《紀南都三疑獄》頗致疑於訊案諸人，自來本有弘光非真福王，馬、阮擁戴居功之傳聞，其於三獄君臣皆不欲窮究，固非無因，文中所疑亦即在此。雖然明祚既盡，紫蛙閏位，不必問其真僞是非，而諸臣謀國之忠，與羣奸蔽天之罪，公論自在，何所逃於天地之間。如《文鈔》所載多親得於見聞，觀其於阮大鋮雖以世戚通家，去之若浼；於錢謙益〔一〕雖文字深契，且譏其「如此讀書，不如不讀」。均載《年譜》。生平直道，不肯阿私紀事，諸文斷無曲筆可信也。往年上海以活字印詩十三卷、文六卷，較此少《行脚詩》一卷，又無《年譜》。此出舊人鈔本，活字本當是以不全者印行。此本間有奪訛，要可以意審定，特不知視《禁燬書目》所載名《田間集》者異同詳略如何。他日得見而校之，則釋然矣。時在著雍敦牂之歲圉余之月麥秋，葉德輝識。

〔一〕「錢謙益」，原誤作「錢益謙」。

尊水園集略十二卷　順治庚子家塾刻本

《尊水園集略》十二卷，德州盧世㴶撰。一卷至四卷古今體詩，五卷至十二卷文。盧見曾《漁洋感舊集小傳》云：「盧世㴶，字德水，别號紫房，山東德州人。天啓乙丑進士，授户部主事。知世將亂，無意仕進，請歸養母。母殁，服闋補禮部，旋改御史，巡視漕運，移疾歸。入本朝，即家拜御史，徵詣京師，以疾不起。卜居平原，自號南村病叟。有《尊水園》等集。公爲余曾祖贈中大夫公諱世滋之胞弟，光禄公諱宗哲之曾孫也。早負海内文望，與虞山錢宗伯牧齋齊名。詩以老杜爲宗，著《讀杜私言》、《杜詩胥鈔》。牧齋亦云：『余爲《讀杜箋》應盧德水之請也。』《精華録·論詩絶句》：『杜家箋注太紛拏，虞趙諸賢盡守株。若爲《南華》求向郭，前惟山谷後錢盧。』然與漁洋宗派不同，故所選止一首。程工部正夫《尊水園集序》曰：『公稱詩一遵少陵，顧其詩亦類青蓮。田司農綸霞選公詩爲讀本，曰《南村》。若使先生在，小子當爲灑掃人。』從曾孫見曾謹識。」按，見曾選《山左詩鈔》不列御史名，以其爲前明遺臣也。余震其名，欲讀其詩，而選本寥落，一臠未嘗，屢訪求其詩文集。《四庫全書總目》既不著録，藏書家目亦罕見收藏，縈回于心者四十年。今年入都，偶過廠肆，有此集，亟論價購歸。卒讀一周，知其詩學杜者十之八九，文亦根源理學，粹然儒者之言。詩文不及牧齋之多，以品節論，高出牧齋之上，是固足以傳矣。

御製避暑山莊詩二卷　内府刻漢文本

此康熙五十年聖祖《御製避暑山莊詩》。詩各有圖，圖繪山水，匡廓皴點，墨分深淺，精鏤無比。詩及注皆用朱筆圈，引用之書用長方圍記，係朱墨套印。圖出當時畫院中名手，想見開國時國力豐富。故雖技術之末，足徵民氣静穆，工藝精良。有清二百年〔一〕文化開基，實仁廟御宇六十年教澤涵濡之所致也。莊誦一過，不覺神往久之。從子康侯兄弟藏有滿洲文本，圖刻小有異同，今合併，均改爲蝴蝶裝，可成雙璧矣。

〔一〕「年」字原奪，據文意補。

松桂堂集三十七卷延露詞三卷南洰集三卷　乾隆八年曾孫載英刻本

國朝康熙己未、乾隆丙辰兩次開博學鴻詞特科。己未首舉者爲少宰彭羡門先生孫遹，其人其文洵足以黼黻昇平，發揚盛美，驚才絶豔，不愧「詞頭」之稱。當時弁冕羣英，固先生才地特高，而實聖主之知人則哲也。少時讀王漁洋《詩話》云：「南昌重建滕王閣，名流競爲賦詩，推彭羡門擅長，中聯云：『依然極浦生秋水，終古寒潮送夕陽。』余嘗喜諷詠之，謂劉文房、郎君胄無以過也。又題湖口句：『湖光盡日依樓堞，山色終朝滿縣城。』亦是寫照。又《竹枝詞》古稱劉夢得、楊廉夫，近羡門尤工此體，如《廣州竹枝》等詞最佳。」又云：「吾友彭羡門以丁丑假歸，己卯九月率子姓姪甥輩登秦駐山，賦詩云：『平生幾緉中郎屐，更不登臨奈老何。』明年庚辰重九後遂下世，殆詩讖也。」如此類詩句，讀之令人怦怦然亟欲窺其全豹，意以漁洋偶舉所喜者標舉一二，未足以盡之也。然其集《四庫全書總目》雖著録，而坊肆流行極少。余官京曹，留心物色，迄未一遇。南歸後見一故家書散出，中有此集，因以善價獲之。原無《延露詞》、《南洰集》二種，從子康侯爲余從舊書攤中訪得，始成完書。按，《四庫全書總目提要》云：「孫遹所著《南洰集》、《香奩倡和集》、《金粟詞》、《延露詞》俱先有刊本，惟《全集》未刊。孫遹殁後五十年，至乾隆癸亥，其孫景曾始爲開雕，并以舊刊《南洴集》、《延露詞》附録于後云。」據此則《四庫》著録即此本也。國朝人集，《四庫》著録不多，詞科五十人僅録少宰此集及施閏章、湯斌、汪琬、朱彝尊、毛奇齡、陳其年、潘耒八人，然其中專以詩稱者又僅施與少宰二人。余於諸家集皆先後收藏，獨是集最後始得。蓋其子孫藏版于家，未落坊肆，印行既少，故絶不易于訪購也。

尤西堂集五十一卷 康熙甲戌家刻本

《尤西堂全集》爲《年譜圖詩》一卷、《小影圖贊》一卷、《年譜》二卷、《性理吟》二卷、《續論語詩》一卷、《艮齋倦稿詩集》八卷、《文集》十五卷、《艮齋雜説》十卷、《看鑑偶評》五卷、《明史擬傳》六卷，都五十一卷，尤侗撰。侗舉康熙己未博學鴻詞，召試二等，授翰林院檢討，癸未聖祖南巡，進官侍講。此書《四庫全書總目》不著録，亦未存目。豈以其詩文體近俳諧擯而不選，抑或當時傳本甚少未及採進耶？《總目》下有「孫氏伯淵」四字朱文篆書方印，「臣印星衍」四字白文篆書方印，則是平津館舊藏。而孫忠愍《祠堂書目》未載，意者《書目》編成後始獲之，不然何至漏載如此。《年譜》各圖皆當時名手所繪，槧刻亦工，每一展誦，令人仰企無已。

霜紅龕集十二卷 鈔本

《霜紅龕集》十二卷，詩八卷、文四卷，傅山撰。余舊藏乾隆丁亥劉贄刻本，分十類，無卷數，與吳雯

《蓮洋詩鈔》合刻，有詩無文，此鈔本詩文全。卷一下有「蝯臂翁」三字朱文篆書方印、「道州何氏收藏」六字白文篆書方印，蓋貞老藏書也。全祖望《鮚埼亭集·陽曲傅先生事略》云：「先生雅不喜歐公以後之文，曰是所謂江南之文也。」今觀集中諸文，頗能拔俗自立，而樸野處亦時有之，于歐公粹然儒者之言似尚不能追步。諸體詩亦乏風騷之韻，比之蓮洋遠不如其超妙。惟其高行奇節，足以立懦廉頑。《事略》又稱：「康熙己未大科，給事中李宗孔、劉沛先以先生薦，時年七十有四，固辭不可，遂稱疾。有司令役夫舁其床以行，至京師三十里，以死拒不入城，乃以老病上聞，詔免試放還，特加中書舍人以寵之。强入謝，稱疾篤，使人掖之使謝，則仆於地，次日遽歸。先生曰：『自今以還，其脱然無累哉！』既而又曰：『使後世或妄以劉因輩賢我，且死不瞑目矣。』」錢儀吉《碑傳集》劉紹攽《傅先生山傳》云：「康熙十八年，詔舉鴻博，當事必欲致之，檄邑長踵門促上道，不得已行。比廷試，稱病臥床蓐，不與試。上特重先生，與內閣中書以歸。自稱曰：『民冬夏著一布衣，帽以氈。』或曰：『君非舍人乎？』不應也。蓋其恥食周粟，有首陽之風。甲申鼎革後，隱于醫，尤精女科，所著《女科》調經保産諸書，至今奉爲千金要方，張仲景、孫思邈一流。固不必以詩文重矣。」

湛園未定稿六卷　初刻印本

姜宸英《湛園未定稿》初印本，版心墨塊未刻，卷數較印行本少文數十篇，前祇秦松齡一序。爲王漁洋池北書庫舊藏。前餘葉有題記云：「朱竹垞之詳雅，姜西溟之雄邁，皆近日古文高手。西溟《春秋四大國論》、《晉執政譜》，議論恢闊，尤是創闢文字。康熙二十三年夏五月阮亭甫書。」共字四行，鈐「王阮亭藏書記」六字朱文篆書長方印。後藏歷城馬竹吾大令國翰家，首葉序闌匡上有「玉函山房藏書」六字朱文篆書方印。大令輯有《玉函山房輯佚書》、《目耕帖》等書，風行一時，道光中山東學者也。湛園文《四庫全書總目》集部著録《湛園集》八卷，爲黄昆圃侍郎所編刻者，蓋在此刻之後矣。

又一部 二老閣刻本

姜西溟《湛園未定稿》六卷，前書面有「二老閣藏版」字。二老閣者，慈谿鄭大節藏書處也。乾隆開四庫館時，進呈書籍最多，其進呈書目附薛福成所編《天一閣現存書目》後，即其人也。無刻書年月，從子康侯有初印未分卷本，前有王文簡士禛題語，爲康熙二十三年，大約即刻成于是年矣。此爲從子定侯東明所藏，爲馮柳東太史登府藏本。前有太史題字，在書面上，云：「有歐之神，有歸之氣，而微嫌平波，無風翻雲起之勢，亦時有率處，似遜于堯峯、竹垞。而文氣和厚，言情深摯，粹然儒者之言，固我朝名家也。柳東。」字凡三行。又一行云：「先生尚有《西溟文鈔》未刻。此從半浦鄭小宋乞得之。」每卷間有評語，前序有「石經閣」三字朱文篆書方印，即太史印記。太史著有《石經補考》一書，故稱石經閣也。太史考據家，論文卻門外，湛園文近桐城，本與望溪侍郎交好，竹垞、堯峯自當别論，安得謂遜于二家。此太史一時興到之言，殊不足爲定論。特前賢手蹟，可作法書珍藏，不必信其評騭之公，遂以爲可與何義門、黄蕘翁比美也。

秋影樓詩集九卷 康熙癸巳查愼行刻本

《秋影樓詩集》九卷，汪繹撰。門人查愼行刊。《四庫》未著録，亦未存目，可見當時採訪之疏。袁枚《隨園詩話》載繹「歸計未謀千畝竹，浮生只辦十年官」之句，謂繹自登第至卒恰十年，竟成詩讖。今詩載第六卷中，題爲《庚辰臚傳後赴順天府宴馬上得句云〔一〕歸舟試筆忽憶前語遂足成八絶》，此爲第七絶，下二句云：「瓊林花草聞斯語，莫哂書生骨相寒。」據前查愼行序云：「特命居家食俸校刻《全唐詩》，丙戌七月書局未竣而公訃忽至。」是庚辰至丙戌未十年也。若以丁丑成進士時計之，則又未免迂曲。蓋傳聞失實，隨園固未細考耳。集中詩近律爲多，雍容揄揚，自是承平雅頌。在同時詩人中與懷清味和同一華貴之作，而勁秀過之。敬業堂雖數倍之多，未見有出藍之勝。蓋雖師弟，實本故交，沆瀣不同，源流自異，正不必以一格相繩矣。繹事蹟載《常熟縣志》、《蘇州府志》，他時當檢出録附集首，以與讀是集者共考覽焉。

〔一〕「云」下衍一「云」字，據查愼行刻本《秋影樓詩集》删。

己畦公文集二十二卷

吾家横山公《己畦集》有初刻、再刻二本。初刻止十四卷，再刻增至二十二卷。初刻較再刻少文三分之一，余初不知也。三弟容皆欲刻公集，因取藏本付之，刻方竣工，以丙辰之亂搶失五卷。信使至蘇，從宗人印濂大令借録前五卷寄湘。此五卷前有總目，乃知其分二十二卷。按目檢文，此十四卷本文多不載，于是再有信至，云止缺題辭一類，此類即二十二卷本之末卷，鈔畢寄湘，得從子啓藩兄弟書，始知所缺猶不止此，乃從大令家取全本寄之，得據以補刊，推改卷第，還再刻二十二卷足本之舊。然兩刻文句稍有異同，自六卷以下可取以互校。惟前五卷更無十四卷之本可見，則其異同不可知矣。此前五卷即以二十二卷之本補鈔，末附二十二卷題辭一類亦然。今刻本已出，不暇全補，惟識其異同如此，以見公文一刻再刻，皆於吴中文獻甚有關係云。至《四庫》著録公書，存目惟文集二十一卷，《原詩》四卷，詩集則未載，殆當時採訪有遺漏歟？時在丁巳正月人日，族裔孫茅園派三十八世德輝記。

西陂類稿五十卷 康熙辛卯家刻本

《西陂類稿》，商邱宋犖撰。凡詩二十二卷、詞一卷、文十六卷、《迎鑾日記》三卷、《筠廊偶筆》四卷、《年譜》四卷，共五十卷。《四庫》著録祇詩文三十九卷，《筠廊偶筆》入雜家《存目》。西陂詩與漁洋齊名，當時邵長蘅有《王宋二家詩鈔》之刻，趙秋谷甚有違言，所撰《談龍録》稱「近日祇論官閥」，又云「今之自謂學宋人者皆宋時之優孟」云，皆影射西陂持論耳。大抵西陂詩學東坡，神力雖遜漁洋，置之施、宋、田、查諸人之間，實不愧爲作者。秋谷詆之，毋亦門户之見有激而云乎。余久欲讀此書，往來京師十餘年，遍索不獲。乙未冬，商邱宋氏之書始散出，一切宋、元舊本，皆爲有力者持去。余于丙申六月抵都，祇收得此本及所刻王荆公《唐詩百家選》二種，皆初刻家藏者也。此書卷首有「山水方滋」四字朱文方印，卷一有「犖」字朱文小圓印、「牧仲」二字朱文小方印、「天官冢宰」四字朱文小方印、「曾經御覽」朱文長方印，蓋初印至精之本，故自鈐圖記如此之夥。《漁洋詩話》云：「劉勰《文心雕龍》論[一]晉宋間詩云：『莊老告退，山水方滋。』余取其語以序宋牧仲太宰詩，牧仲遂鐫小印曰『山水方滋』。」據此，則「山水方滋」亦宋氏印記，即此亦足以資考訂也。丙申冬十月盤古生日，麗廔偶誌于宣武城南寓舍。

〔一〕「論」字原奪，據上海古籍出版社一九七八年版《清詩話》本《漁洋詩話》補。

尹文端公詩集十卷 儀徵阮氏刻本

《尹文端公詩集》十卷，尹繼善撰。《國史》本傳：「尹繼善，滿洲鑲黃旗人，大學士尹泰子。雍正元年進士，改庶吉士，散館授編修，官至文華殿大學士。年七十卒，謚文端。」王昶《蒲褐山房詩話》云：「文端歷任封疆，晚歸臺閣，揚歷五十餘載，承先啓後，三代平章史册所罕覯也。公在江南最久，慈祥愷悌，沾溉閭閻，故民間思而誦之。公入覲詩云：『九重廑念是江鄉，蔀屋年來少蓋藏。疾苦未全登疏草，帝心早已切如傷。』『多年積潦閔淮徐，元氣如今尚未舒。四野蜚鴻滿猶眼，頻諮景象近何如。』直以民隱具陳，寓規于頌，有古大臣風範。性耽吟咏，詩等牛腰。薨後，畢中丞沅、嚴侍讀長明選而刻之，僅什之二三爾。」文端己未閱朝考卷，題爲「因風想玉珂」，錢唐袁枚有句云：「聲疑來禁院，人似隔天河。」諸閱卷以爲語涉不莊，將置之末等，文端力争曰：「此人肯用心思，必少年有才者，尚未[一]解應制體裁耳，此庶吉士所以需教習也。」枚遂得與館選，其後總督兩江。枚已解組居江寧，師弟淵源酬和尤密。枚詩主性靈，頗爲一時風氣所尚。文端詩亦不事雕琢，千篇萬首皆若信手拈來。今此集雖出删存，可以見其大概。鐵保《熙朝雅頌集》稱其詩：「沿溯中唐，而以劍南、石湖爲圭臬。婉約恬雅而切近事情，深有思致，可以位置于南施北宋之間。早入詞林，多於前輩勝流相倡和，故議論體格具有淵源。又遭遇殊知，揚歷中外，時承恩訓，得以明達治體，洞悉物情，所謂和聲以鳴盛者，殆無愧焉。」袁枚《隨園詩話》云：「公薨時滿榻皆詩草。前一月，命諸公子作送春詩。西席解吉庵句云：『遺愛只留庭樹好，餘暉空託架花鮮。』公動筆加圈，殁後方知是讖。」張維屏《國朝詩人徵略》摘其集中佳句，如「虛心何慮同心少，敬事彌知處事難」，「世間清福輸高士，天上明星讓老人」，「隨寓而安忙亦樂，逢場作戲老猶癡」，「興來覓句輸才子，老去關心望後人」，「每看殘卷橫陳處，苦憶當年下第時」。《寄内》云：「不言家事知余苦，頻寄征衣賴汝賢。」皆儒者近道之言，不似太平宰輔語氣。此殆《熙朝雅頌集》所謂「恬雅而切近事情，深有思致」者，庶乎其相近矣。

〔一〕「未」原作「末」，據文意改。

樊榭山房集十卷續集十卷文集八卷集外詩三卷詞四卷 光緒甲申錢唐汪曾唯新刻足本

《樊榭山房集》十卷、《續集》十卷、《文集》八卷、《集外詩》三卷、《詞》四卷，厲鶚撰。《國史·文苑傳》：「厲鶚，浙江錢唐人。康熙五十九年舉人。於書無所不窺，所得皆用之於詩，故詩多異聞軼事。計偕至京，尤見賞於侍郎湯右曾。乾隆元年浙督程元章薦應博學鴻詞科，試日誤寫論在詩前，報罷。卒年六十有一。先世本慈谿，徙居錢唐，故仍『四明山樊榭』名其居。所著《樊榭山房集》二十卷，幽新雋妙，刻琢研鍊，五言取法陶、謝及王、孟、韋、柳，而别有自得之趣，兼長詩餘，擅南宋諸家之勝。」又全祖望撰《墓碣銘》：「樊榭姓厲氏，字太鴻，本慈谿縣人，今爲錢唐縣人。康熙庚子舉人，所著有《宋詩紀事》百卷、《樊榭山房集》二十卷。」按，《四庫全書總目》集部《樊榭山房集》二十卷，《提要》云：「是集因所居取唐皮日休句，題曰『樊榭山房』，是以爲名。其詩則吐屬嫻雅，有修潔自喜之致，絶不染南宋『江湖』末派。雖才力富健，尚未能與朱彝尊等抗行，而恬吟密咏，綽有餘思，視國初西泠十子則翛然遠矣。前集八卷，附以詞二卷，續集亦八卷，而以北樂府一卷、小令一卷附焉。」據此則《四庫》著録之本其卷數與《國史》本傳、全撰《碣銘》相合，則同一本也。先是乾隆戊戌，錢唐汪氏振綺堂有刻本，凡詩集八卷、續詩集十卷、文集八卷、詞二卷，較之此本詩少二卷，詞少二卷，又不附集外詩。集外詩即遊仙詩三百首，向未見有刻本。余屏汪刻而取此者，以其爲全集也。樊榭博聞强記，早入揚州馬秋玉曰璐、嶰谷曰琯兄弟小玲瓏山館詩社，盡讀所藏祕書，故見之于詩皆領異標新，令人傾倒。當時學其體者，以獺祭爲工，謂之浙派，空疏之士挾兔〔二〕園册子數册，餖飣撏撦，囂然號于衆曰：「吾學樊榭也。」是豈樊榭所及料哉！善夫，沈德潛選《國朝詩别裁集》，論樊榭詩曰：「樊榭詩品清高，五言在劉眘虛、常建之間，今浙西談藝家專以餖飣撏撦爲樊榭流派，失樊榭之真矣。」又陶元藻《鳧亭詩話》云：「樊榭《寶石山》云：『林氣暖時濛似雨，湖光空處淡如僧。』此真善于領略西湖也。」其他如《遊智果寺》云：「竹陰入寺緑無暑，荷葉繞門香勝花。」《元日對雪》云：「無人可造真閒日，有雪相娱此老翁。」《山莊即事》云：「蔬圃鳥鳴秋境界，竹房人語佛家風。」《南湖秋望》云：「橫塘秋水明菰葉，老屋斜陽上薜花。」皆佳句也。錢林《文獻存徵録·厲鶚傳》録此數聯以爲樊榭七言近體之善者，妙絶時人，皆爲樊榭指出真面。末學效顰，豈得引爲口實哉？至其爲文本近考據一派，故張文襄《書目》列于考訂家。《四庫全書》收國朝人集最嚴，惟樊榭與沈果堂集並收，可以知其去取之意矣。

〔一〕「兔」原形訛作「免」。

劉繩庵内集十六卷外集八卷 乾隆甲午家刻本

《繩庵内集》十六卷《外集》八卷，劉綸撰。《國史》本傳：「劉綸，江蘇武進人。乾隆元年由廩生舉博學鴻詞試第一，授翰林院編修，官至文淵閣大學士，卒謚文定。」禮親王《嘯亭雜録》云：「公受知尹文端，首薦博學鴻詞。張文和公喜其文穎鋭，既讀其詩，至『可能相對語闗闗』句曰：『真奇才也。』」湯曾輅《炙硯瑣談》云：「劉文定，武進廩生，年二十六舉鴻詞科，擢第一。廷試『五六天地之中合賦』，諸徵士不解所出，多瞠目縮手，公獨揮翰如飛。桐城張文和公故睨公卷，對衆朗誦，始共得題解。詩題『山鷄舞鏡』，有句云：『似擬投林方戢戢，可能對語便闗闗。』一時傳誦。時吴郡沈歸愚宗伯亦以諸生召試，未第，曰：『吾輩頭顱如許，乃不如一白望後生，得不愧死。』」按，我朝康熙己未、乾隆丙辰兩舉大科，己未以海鹽彭少宰孫遹第一，丙辰以文定第一。其時值國運休明之日，英才碩彦應運而生。二聖皆享祚六十年，諸臣黼黻鴻猷，際一時之盛。少宰才富學贍，詞采清華，館閣諸篇尤爲瑰偉特絶。文定早參樞密，入贊黄扉，前後二十餘年，受純廟特知，所處皆政務煩難之地，故詩文集不逮少宰之豐富，而才思文藻亦較少宰有堂室之分。則以所值之境一則詞館迴翔，可以專事吟咏，一則萬機叢脞，于應制以外不能苦思力索以求工也。然内集所載大科應試諸作，清華典麗，根柢宏深。一賦抉經之心，尤爲諸藝之冠，其膺詞頭之選良非偶然。余藏少宰《松桂堂全集》，諷誦有年。獨于文定知其有《繩庵内外集》，而迄未獲見其書。頃過廠肆，購得一册，歸而卒讀，乃知其詩頗學青邱子，文則本原經史，取法六朝。當時與諸城劉文正墉地望相同，稱之者有南劉中堂、東劉中堂之别，然以文采論，東劉不及遠矣。

歸愚詩文全集六十七卷　乾隆中家刻本

右沈歸愚宗伯詩文全集，凡《年譜》一卷、《文鈔》二十卷、《文鈔餘集》六卷、《詩鈔》二十卷、《詩鈔餘集》七卷、《浙江通志圖説》一卷、《矢音集》四卷、《歸田集》一卷、《黄山遊艸》一卷、《台山遊艸》一卷、《南巡詩》一卷、《八十壽言》一卷、《九十壽言》一卷、《説詩晬語》二卷，都六十七卷。舊爲曲阜孔葒谷先生家藏物，《詩鈔》首葉有「紅櫚書屋」圖印，蓋先生書館名也。集中所鈔細目係先生手書，良足寶貴。是册予己丑過夏都門時見于琉璃廠肆，因《文鈔》缺十九、二十兩卷，未及購取，壬辰偕計入都仍見于故肆，因復購歸，并從友人處假得全集影鈔所缺二卷，遂成完璧。晴窗展視，豈不勝于攢眉脱腕寫三館俗書快心十倍耶？光緒十八年壬辰歲三月上巳日，長沙葉德輝識于都門湘潭館寓。

王鶴谿先生文稿四册　手鈔稿本

此王鶴谿先生手書文稿四册，凡一百九十一篇。先生名鳴韶，爲西沚光禄鳴盛之介弟，事詳錢大昕

《潛研堂集》中所載《墓誌銘》。是稿首册有錢大昕題記，稱：「其文之妙處有三，曰不俗，曰有物，較之吾鄉四先生殆有過之無不及也。」又有朱春生題記，稱：「先生之文長於考據，熟於援弘〔一〕，胎息經史，而出之歐陽氏門户，若以吾鄉四先生論，邊幅較闊大矣。」錢、朱皆以其鄉賢四先生比況。四先生者唐時升、婁堅、李流芳、程嘉燧也。先生之文根柢經史百家，四先生者僅擅詩名，似難與先生抗手。從子啓藩兩次獲此稿本，重裝爲四册，異日擬分類編次，付之手民，庶幾與光禄之書聯珠兢美矣。

〔一〕「弘」疑當作「引」。

味經書屋詩稿十二卷　道光十一年家刻本

《味經書屋詩稿》十二卷，張燮撰。據燮子定球、定口述行狀云：「府君諱燮，字子和，一字蕘夫，居蘇州府常熟縣之西鄉。乾隆戊戌天子上陵，獻賦行在，挑列二等，未蒙召試。庚子南巡，復獻賦，召試二等，賞大緞二匹。戊申應順天鄉試，中式。五十八年癸丑會試，中式，賜進士出身，點庶吉士，乙卯散館改户部。丙辰補河南司主事，丁巳選授刑部雲南司主事。戊午錢太夫人棄養，辛酉服除，壬戌抵京，仍在刑部。乙丑升本部雲南司員外郎，十二月京察一等，引見記名，以道府用。次年簡放浙江寧紹台道，戊辰正月履任，三月詣省，以舟次偶中微寒，診視無效長逝，享年五十有六。」孫原湘撰墓誌銘云：「君蒞任甫一月，卒于官。平生自奉儉約，惟積書數萬卷，丹黄雜施。詩境冲和，自少經歷蜀道，西上太行，南探禹穴，以及塞外諸奇〔一〕，悉被歌詠。著有《味經書屋文集》如干卷，藏于家。」按，黄蕘圃主事丕烈《士禮居藏書題跋記·永嘉四靈詩跋》云：「昭文同年張子和藏。余與子和相得，以彼此藏書故。猶憶癸丑同上春官，邸寓各近琉璃廠，每于暇日即徧遊書肆，恣覽古籍，一時有『兩書淫』之目。」又題《明秀集詩》：「琉璃廠裏兩書淫，蕘友蕘翁是素心。我羨小瑯嬛福地，子孫世守到于今。道光四年甲申蕘翁爲芙川世講書于百宋一廛。」芙川名蓉鏡，燮之孫，此詩稿即其校刻者，前有其識語。吾家鞠裳讀學昌熾撰《藏書紀事詩》以爲燮之子，誤也。燮詩吐屬自然，語語若探喉而出，而清轉華妙之處，時有真氣往來胸中。有數萬卷書之人自非尋常專以詩名者可比。余重其詩，亦以其三世藏書發源在此耳。前有顧蒓序，謂其「達于情而不乖于正，循乎性而能化其迹」，二語足以盡之。惜乎一麾出守，天不假年，平生欲仿楊萬里一集一官竟不獲償其志。然吉光片羽，亦足令人想見風雅之高懷，又何必以多爲貴哉！

〔一〕「奇」原奪，據嘉慶五年刻增修本《天真閣集》卷四十七《張君墓銘》補。

四百三十二峯草堂詩鈔十八卷　乾隆癸丑刻本

《四百三十二峯草堂詩鈔》十八卷，趙希璜撰。張維屏《國朝詩人徵略》：「希璜字渭川，廣東長寧人。乾隆四十四年舉人，官知縣，有《四百三十二峯草堂詩鈔》。」王昶《湖海詩傳》小傳云：「希璜字渭川，惠州人。乾隆三十九年舉人，官安陽知縣，有《四百三十二峯詩鈔》。」按，此集即刻于安陽縣署者。長寧屬惠州，籍本同。前有洪亮吉送其之夏邑新任並題《四百三十二峯草堂集》七古一首，稱爲「渭川四兄同年」。據洪亮吉《年譜》，乾隆三十九年中副榜，而希璜亦是年副榜。前龍溪李威序，云希璜乾隆甲午以副榜貢生貢入國子監，甲午三十九年也。後四十四年己亥恩科鄉試中式舉人。王昶誤以中副榜之年爲中式舉人之年，非也。黄培芳《香石詩話》稱：「趙渭川官安陽，有仙吏之目。魚山先生馮敏昌。謂其《羅浮》詩，有『羽化不可期，行行已天際』二語，甚高。」《嶺南羣雅》云：「渭川讀書羅浮山，嘘吸雲煙，故詩無塵土氣。」《北江詩話》云：「趙大令希璜詩，如麋鹿駕車，終難就範。」今觀其詩才氣奔放，五七古學東坡，近體學放翁，但工候未到，又牽于吏事，故不能成專門之業耳。顧其天馬行空，不可羈勒之概，不獨粤人如馮魚山敏昌、張藥房錦芳、宋芷灣湘、黎二樵簡望塵不及，即江浙爲詩人淵藪，工力自足名家，而清空超拔，掃盡塵氛，恐亦罕有其選也。

蓮龕集十六卷 雍正乙卯家刻本

《蓮龕集》十六卷，李來泰撰。《國史》本傳：「李來泰，江西臨川人。年十二補諸生，屢試輒冠其曹，有英絶領袖之目。順治九年成進士，授工部主事。十二年，提督江南學政，飭學校十二事，所奬拔多寒畯，士習丕變。十七年，授江蘇蘇松糧儲道，除耗竇申官兑之法，民以爲便。顧以漕折不中額奪官，尋起用。康熙五年授分守蘇松常道，是年八月缺裁，遂乞免歸。十七年，以監察御史鞠珣薦應博學鴻詞科，試列二等第一，授侍講，與修《明史》，遷侍讀。二十年，吏部都察院遵諭甄别各部院司屬官年老不稱職者，來泰例應革任，特邀恩免，供職如故。是年秋充湖廣鄉試正考官，所取文皆淳雅，不尚詭異，時稱得人。

歸，卒于京師。著有《蓮龕集》四十卷，燬于火，後人搜集，僅得其半，今所存者十六卷云。」李集《鶴徵録》：「李來泰，字仲章，號石臺，江西臨川人。順治壬辰進士，兵部觀政，授工部主事，出督江南學政，補江南蘇常道參議，裁缺候補，由監察御史鞠珣薦舉授侍講。著有《蓮龕集》。」王阮亭亟稱先生《璿璣賦》爲冠榜之作，予訪之數十年，得其全集，始見之。雖波瀾靡麗，而較之迦陵則遠遜矣。阮翁並不善四六，故其言失當。按，秦瀛《己未詞科録》云：「著有《石臺集》十五卷、《蓮龕集》四十卷。」又引《江西通志》云：「所著有《蓮龕集》四十卷并史館諸傳稿。」而《四庫全書總目》别集類《存目》載李來泰《蓮龕集》十五卷，均與此卷數不合。此本十六卷，與《國史》本傳合，惟首多《紀年》一卷，乃其自撰年譜，始明天啓四年甲子，訖康熙十九年辛酉。其卒也，在康熙二十年壬戌年，五十有九。此詩文全集卷一爲《璿璣玉衡賦》，卷二至卷四爲古、近體詩，卷五以下則皆文也。此爲其子士徵、士崑所刻，在雍正十三年乙卯。《四庫》著録除此本外無他刻本，不知卷數何以與此不合，豈館臣重爲編次耶？沈德潛《國朝詩别裁集》云：「先生文窮極雕鏤，詩獨以平正通達行之，能者固不可測。」據《别裁集》，所選詩不出此本之外。曾燠《江西詩徵》所録雖多，亦然。然則此爲燬後删存之本，所謂《石臺集》十五卷、《蓮龕集》四十卷者，殆據原稿記載耳。《四庫全書總目》于康熙鴻博諸人集僅録彭孫遹、毛奇齡、朱彝尊、施閏章、湯斌、汪琬、陳維崧、潘耒，餘或存目，或未收，此亦其一也。然其集不登于天府而盛傳于藝林，如尤侗之《西堂全集》、李良年之《秋錦山房全集》、喬萊之《白田集》、徐釚之《南洲草堂集》、李因篤之《受祺堂集》、嚴繩孫之《秋水集》，以至今膾炙人口，爲學者所推尊。可見作者之精神足以感動後人，生其景慕，又何必以《四庫》著録不著録爲輕重也哉！

蔗尾文集二卷詩集十五卷却埽齋倡和集二卷 乾隆癸酉以後家塾刻本

《蔗尾文集》二卷《詩集》十五卷《却埽齋倡和集》二卷，鄭方坤撰，《倡和集》則與其兄石幢先生方城同撰也。張維屏《國朝詩人徵略》引《東越文苑傳》云：「鄭方坤，字則厚，號荔鄉，福建建安人。雍正元年進士，官兖〔二〕州知府。方坤知邯鄲縣，舉卓異，擢知景州，調河間同知，遷登州知府。時禁人口出海，抵奉天而未入籍者悉勒還本土，方坤言于大吏，以爲司牧者但當嚴姦宄之防，不得閉其謀生之路，遂奏請弛禁。調武定府，歲大飢，方坤請移登、萊穀八萬石濟之，且請發帑銀，截留濟南、武定等縣漕米五萬石以備賑，大吏入告，從之。無何，兖州飢，調方坤治之，因釋貧民之奪富室穀而誣爲盜者百餘人。以足疾自免。方坤博學有才藻，好網羅文獻，著《經稗》六卷，《補五代詩話》十卷，《國朝詩鈔小傳》二卷，《嶺海文編》、《嶺海叢編》合近百卷，《蔗尾詩集》十五卷、《文集》二卷。」按，方坤撰《經稗》六卷、《全閩詩話》十二卷、《補五代詩話》十卷，《四庫全書總目》均著録。《提要》稱其考核功深，多資考證。此詩文集，《四庫》別集類存目，《提要》云：「方坤天分既高，記誦尤廣。故其詩下筆不休，有淩厲一切之概，尤力攻嚴羽《滄浪詩話》『詩不關學』之非。然於澀字險韻，恒數十叠，雖間見層出，波瀾不窮，要亦不免於炫博。此又以學富失之，所謂矯枉者必過直也。其詩分十五集，皆古、近體詩，曰《青衫詞》，則詩餘附録者也。文集二卷，亦大抵儷體居多，其根柢在六朝也。」《提要》於其詩文亦尚少貶詞。余向讀其《國朝詩鈔小傳》，訝其於近人詩集收輯百家之多，知其於詩功力必深，恨不得其詩集一讀。從子康侯於舊書肆中購得此集，歸以呈予，爲之狂喜。蓋予求之多年而不得者，一旦忽歸予家，于是鄭氏所著之書，插架皆爲完備。而其兄《石幢詩》向無他本選録，賴此《却埽齋倡和集》存其梗概，是知難兄難弟，其才不讓郊祁也。石幢以名進士知新繁縣，有循聲。棠棣之碑，膾炙人口；聯珠之集，接迹風人。洵藝苑之雅談，亦詩家之盛事已。

〔一〕「兖」原形訛作「充」，據道光十年刻本《國朝詩人徵略》改。

排山小集八卷續集十二卷附青岑遺稿一卷　乾隆甲午刻本

《排山小集》八卷《續集》十二卷，朱楓撰，附《青岑遺稿》一卷，則其弟朱棆撰也。吳振棫《杭郡詩續輯》八：「朱楓，字近漪，一字排山，錢唐人。有《排山小集》。排山嘗遊咸寧，秦之阿房、漢之未央諸宫其地皆在百里之内，誅茅披礫，時有所得，遂刊《秦漢瓦當圖記》五卷，蓋亦振奇好古之士也。刊詩迄於乾隆甲午，年已八十矣。《府志》入《文苑傳》，作仁和人。」「棆，字岑來，一字青岑，楓弟，錢唐諸生。青岑少時工詩善琴，能屏去俗韻。三十後志于實學，取四子書參宋、元以下諸儒之説而折衷之，獨居一室，不解衣就寢者三年。汪積山惟憲贈句云：『一榻清于打坐僧。』蓋紀實也。年七十一卒。其詩附其兄《排山小集》後。」按，此全本，其兄所撰《青岑山人小傳》云云，即弁于《遺稿》前者。《傳》又云：「以余子家濂成進士，遂絶進取，請于學使給青衿而老焉。」《小集》前有陳浩序，稱排山爲西泠耆宿，嗣君性之初宰醴泉，洎來中州，由閿鄉、祥符遷開封司馬，所至有聲績，人皆知爲乃翁之教。性之即家濂也。丁中、丁丙《杭郡詩三輯》十：「朱家濂，字性之，楓子，錢唐人。乾隆辛未進士，官河南光州知州。性之初宰醴泉，有善政。祖母詹，孝事舅姑，舅病，醫云宜食淡，烹飪不下鹽豉，老人甘之。年二十八而寡。娣婦何以子楓後之，憂勞鞠育，卒成通人。壽至八十，旌表節孝。」據此，知排山幼承母訓，又以受于母教者教其子，以成名獲禄養享大年。宜其詩冲淡和平，無絲毫矜才使氣之習。則以其所處境地有以使之然也。排山尚著有《古金録》四卷，見孫星衍《祠堂書目》，今並《秦漢瓦當圖記》亦罕見矣。

厚石齋集十二卷 原刻本

《厚石齋集》十二卷，汪孟鋗撰。王昶《湖海詩傳》：「汪孟鋗，字康古，秀水人。乾隆三十一年進士，官至吏部主事。有《厚石齋集》。」《蒲褐山房詩話》：「康古，曾祖晉賢先生讀書好友，建裘杼樓以貯圖史，有華及堂以延賓客，故子孫皆好學能文。而康古與都御史金公德瑛親戚，得其指教尤多。又與萬孝廉光泰、王西曹又曾、錢少宗伯載相劘切。大抵叢書、稗説考核精詳，翹然自異於衆。與其仲鈖咸以詩名江浙。仲鈖有《桐石草堂集》，横空排奡，取徑略與康古同，因先卒未及與交，故不録。康古又通内典，乾隆癸未上欲删正、續《藏經》，諸城劉文正公屬予與康古任之，考訂去取，俱稱上旨。兼精術數，自謂壽命不過五旬，届時而卒。子如藻、如洋皆從余問業。如藻，字念孫，乾隆乙未進士，由翰林官至德州糧儲道。如洋，子潤民，號雲壑，乾隆四十五年殿試第一名及第，官修撰，有《葆冲書屋集》。」按，余少時讀雲壑殿撰製藝，知其爲名父之子，難兄之弟，因欲推其家學所自出。聞吏部有《厚石齋集》，迄未一見，頃始購得，乃繙讀再四。其詩有傲岸自喜之概，不拘拘于摹唐仿宋，純乎書卷之氣，洋溢行間。其造句有用典處，有不用典處，雖或戛戛獨造，一若出之自然。蓋其家富藏書，琳琅在腹，故下筆滔滔不止，不啻出其積軸，傾筐倒篋以示人。「讀書破萬卷，下筆如有神」，如吏部者當之洵無愧矣。

筠心書屋詩鈔十二卷 嘉慶丙寅刻本

《筠心書屋詩鈔》十二卷，褚廷璋撰。王昶《湖海詩傳》：「褚廷璋，字左莪，號筠心，長洲人。乾隆二十二年召試，賜内閣中書，二十八年成進士，官至翰林院侍讀學士，降六品銜乞歸。」禮親王《嘯亭雜録》：「褚筠心先生廷璋，長洲人，爲沈文慤公弟子，少時與趙舍人文哲、曹學士仁虎等結社，號吳門七子，詩宗盛唐，無宋、元卑靡之習。嘗修《西域同文志》，諳習新疆古蹟，所作詠古諸詩，音律尤蒼涼合格。先恭主曰：『近時不爲袁起所惑者，惟筠心一人而已。』性直鯁，和相秉權時，先生以其非科目中人，不以先輩待之。和相嗛然，以考事中之，改官部曹。先生終身不謁銓選，曰：『此膝不爲權臣屈也。』」王昶《蒲褐山房詩話》云：「筠心敏慧絶倫，進詞館，充方略館纂修，於準夷回部山川風土最爲諳悉，奉勑纂《西域圖志》，又纂《西域同文志》。并通等音字母之學。詩初學青邱，既學元、白，皆遠詞文，卓然大雅。」按，吳中七子爲王昶、王鳴盛、錢大昕、吳泰來、趙文哲、曹仁虎、黄文蓮，無廷璋名，《嘯亭》蓋誤記也。《詩鈔》前有門人晉江張祥雲敍，云：「先生未冠遊庠，尋由選拔貢成均，廷試第一，授太和教諭。辛未，純皇帝南巡召試行在，賜乙科，改授中書。癸未成進士，入詞垣，大考第一，晉侍讀學士。中間分校禮闈者五，典試者三，視學者一，率提衡允望。竿牘不行，學貫古今，詩其餘事。」然玩其《感懷》云：「温柔有至教，樂職中和眩。」又云：「民物愛無濟，吾衰徒慷慨。」則先生之發于詩者，纏綿悱惻，莫非根柢于風雅頌之義，而不屑僅以詞章著也。又云：「歲乙丑，以公至邗上，得《筠心書屋詩鈔》二十八卷，王少司寇爲之敍。蓋先生所手訂，因請政于桐城姚姬傳，先生就原編更訂之，併爲十二卷以付梓人，而敍其顛末如此。」祥雲爲乾隆癸卯筠心典試福建取中門生，故爲之刊行此集。集中古近體與青邱相近，雅似唐音。《嘯亭》謂其詩宗盛唐，無宋、元卑靡之習，則過譽矣。符葆森《寄心盦詩話》云：「諸筠心學士賦西域詩爲古人所未有，可補地志之缺。」今按，集中《西域》十二首，按圖考索，形勢憭然，然較之親至塞外者終少蒼莽悲涼之氣。故詩則工矣，以視唐人塞上之作則實有未逮。余最愛集中《磁州至邯鄲道中》七律一首，云：「燈馬風鳶境宛然，青銅照影已華顛。幻雲身世徒縻禄，刻楮文章那值錢。衡雨廬煙遊隔世，吳鴻熙夤夢經年。今朝飯熟邯鄲道，怕向盧生枕上眠。」想見久歷名場，有倦鳥知還之意，宜其於降官以後絶意仕途，不赴銓選也。

七經樓文鈔六卷春暉閣詩鈔六卷 同治八年馬氏刻本

《七經樓文鈔》六卷《春暉閣詩鈔》六卷，蔣湘南撰。湘南字子瀟，固始人。據前載同里王濟宏序，稱：「子瀟道光乙酉受學使吳巢松慈鶴。侍讀知，擢拔萃科，貢成均。十四年甲午以選拔中副榜，又次年乙未登賢書。數應禮部試不第，至甲辰大挑二等，選教職，補虞城教諭，不就。自是廢吟咏，專心治經，主關中書院講席，再主講同州書院。而子瀟學益純，議論益闊大，微特抗衡古人，直破其藩籬而挾之以升堂入室矣。」《詩鈔》前有元和潘筠基序，曰：「古經生多不工爲詩，其工爲詩者毛西河、朱竹垞、洪北江三先生而已。孫淵如通奉以治經廢詩，故其詩傳者絶少。子瀟亦以治經廢詩，其詩之可選者已三百首，可謂富矣。君自言：『初學三李，後師杜、韓，久乃棄各家而爲己之詩。』又言：『古人惟昌黎通訓詁，故押韻愈險愈穩。訓詁者治經之本，亦治詩之本也。』今觀集中鍊字，諧聲通假，縱横瀾翻，洵從來未有之奇，不朽之絶構也。」按，有清一代，考據之學發源于吴中顧氏亭林、惠氏紅豆祖孫父子，次則浙江之朱竹垞、毛西河，至乾、嘉兩朝，號稱極盛。而北方學者本屬寥寥，子瀟于極盛難繼之時崛起中州，説經鏗鏗，直欲奪東南之席。當其以拔貢朝考入京，蔣礪堂相國攸銛，阮雲臺協揆元，陳碩士侍郎用光，顧南雅學士蒓，魏默深源、吴蘭雪嵩梁兩舍人，龔定盦禮部自珍，一時碩學巨公莫不傾心推譽，相與商榷議論，辨學術之異同。而座主張椒雲方伯集馨固素所甄拔者，嘗言：「蔣湘南微特河南所無，即吾江浙中亦未一二見也。」又述林文忠公之言曰：「吾不意汝竟有此闊門生。」其名重一時如此。此書張文襄之洞《書目答問》列于集部考訂家集内，不詳卷數，又不載《詩鈔》。次于梁玉繩《清白士集》之後，董方立《文甲集》、陳壽祺《左海文集》之前，似是知其名而未見其書者，故不知其爲道光中人，應列《左海文集》之下也。噫！博覽如文襄，於近人書且多未寓目者，何論三家村陋儒哉！然是集之希見又可知矣。

刻燭集一卷炙硯集一卷　乾隆己亥家刻本

《刻燭集》一卷，乾隆甲申至丙戌曹仁虎與青浦王昶、上海趙文哲、南匯吴省欽、江寧嚴長明、平湖沈初、上海陸錫熊、歙縣程晉芳、山陽阮葵生、海鹽董潮、南匯吴省蘭、秀水汪孟鋗、吴江陸燿在都門各種聯句之作也。《炙硯集》一卷則乾隆庚寅消寒雅集，分題所得各詩録爲一卷也。王昶《湖海詩傳》：「曹仁虎，字來殷，號習庵，嘉定人。乾隆二十二年召試，賜内閣中書。二十六年成進士，官至侍講學士。有《詠典》、《秦中》、《刻燭》、《炙硯》諸集。」錢大昕撰《墓誌銘》稱其：「博極羣書，精於證據，詩宗三唐而神明變化，一洗粗率佻巧之陋，格律醇雅，醞釀深厚，卓然爲一時宗。少時與王鳴盛、吴泰來、趙文哲諸君唱酬，彙刻其詩，流傳海舶，日本國相以餅金購之。在京華與諸閣館同好及同年友爲詩社，率旬日一集，或分題，或聯句，或分體，每一篇出，傳誦日下，今所傳《刻燭》、《炙硯》二集是也。所著詩有《宛委山房》、《春槃》、《瑶華》、《倡和》、《秦中雜稿》、《輶韶》、《鳴春》諸集，又有《蓉鏡堂文稿》、《二十四氣七十二侯考》、《轉注古音考》。學優如君，其不謂之真學士也？」王昶撰傳云：「其詩初宗四傑，七言長篇，風華縟麗，壯而浸淫於杜、韓、蘇、陸，下逮元好問、高啓、何景明及本朝王士禛、朱彝尊諸人，横空排奡，才力富有，袞袞不能自已。七律尤高華工整，獨出冠時。詩道雜而多端，黄茅白葦，及仁虎詩出乃奏金石以破蟋蟀之鳴也。存《詠典齋》、《宛委山房》、《春槃》、《秦中雜稿》、《甎影》、《刻燭》、《炙硯》、《輶韶》、《鳴春》諸集。」又《蒲褐山房詩話》云：「時詩道雜而多端，或仿白居易，或仿黄庭堅、楊萬里，或至仿袁宏道，信手塗抹，率以流易佻巧爲能。如郭舍人之俳諧，鄭五之歇後，黄茅白葦，彌望皆是，及來殷詩出，乃奏金石以破蟋蟀之鳴。然其集未行世，人知之者尚少。」按，曹詩集全者似未刊行，所刊行者祇此二種，而傳本最少。此册前有「玉函山房藏書」六字篆書方印，蓋歷城馬竹吾大令國翰舊藏。葉已破口，因襯褾重加装訂，以其書難遇也。曹詩惟蘭泉司寇見其全，故《蒲褐山房詩話》所載七律雄渾之語、情韻之語各十數聯，無一非佳句。今兹二集限于範圍太狹，不得盡其所長，然嘗鼎一臠，終勝于過屠門而大嚼。

緑天書舍存草六卷 嘉慶戊寅阮氏刻本

《緑天書舍存草》六卷，錢楷撰。《國史》本傳：「錢楷，浙江嘉興人。乾隆五十四年進士，改庶吉士，五十五年散館改授户部主事，在軍機章京上行走，補刑部郎中，以四五品京堂用，補太常寺卿升光禄寺卿，授河南布政使，官至安徽巡撫，卒于任。」阮元《安徽巡撫裴山錢公傳》云：「公姓錢，諱楷，嘉興人。少時器宇凝重，伯曾祖文端公見之曰：『子其爲我宗之範乎！』遂字宗範，後又字裴山。幼秉母教，勤學不倦。年十二，補縣學生，乾隆四十二年選貢成均，充四庫館謄録。四十五年應召，試列二等，四十八年癸卯中順天鄉試舉人。《四庫》書成，議敘知縣，不謁選。五十四年己酉恩科禮部會試第一，殿試二甲進士第一，選庶吉士。明年散館改主事，在軍機處行走，補户部福建司。升江南司員外郎、禮部祠祭司郎中。京察一等，以四五品京堂用。升光禄寺卿，授河南布政使，命巡撫安徽。嘉慶十七年八月卒于官，年五十三。」按，中丞早登樞要，職綰絲綸，出領封疆，劬勞鞅掌。公餘退食，本無暇于爲詩。然其家世清華，門業本盛，自文端公與沈文慤稱詩壇二老，坤一宗伯繼之，《犨石齋集》沾溉士林，當時推執爲牛耳。中丞濡染家學，幼即工詩，書法以篆隸擅長，兼精繪事。揚歷中外，所交多當世聞人。時際雍熙，所覩皆太平景物，故偶然落筆，盎然詩書之氣，温然雅頌之聲，亦其遭遇使之然邪？時平，督撫功業無以異人，留此一帙之詩，使人人傳誦而知其姓名，斯固立言不朽之效也。

述學内篇三卷外篇一卷補遺一卷别録一卷 汪喜孫編刻《遺書》本

此《述學》第五次刻本也。初，汪喜孫刻小字四卷本，字用宋體，王念孫爲之序，每葉二十六行，每行三十字。此本依其行款，改爲元體，增入《補遺》一卷、《别録》一卷，共六卷。後來揚州局本據以翻雕，伍氏《粤雅堂叢書》又據此重刻，則此本固前後諸刻一關鍵也。當時主校刊者爲劉端臨、顧千里兩君。《别録》初名「文集」，後仍挖改爲「述學」。然端臨《與畢貴生書》稱每葉二十行，每行二十一字，題目格式略仿《唐文粹》、《宋文鑑》之例，今此本行款全與《書》詞不合，殆擬而未用與？抑更有一刻與？夫汪氏之書，良友搜之於前，賢嗣刻之於後，而五十年來海内承學之士讀汪氏書者咸交譽之無間，言其文行之美宜若有定論矣。乃其論明堂、石鼓，孫氏星衍爲之作傳，猶以爲不合。《釋媒氏文》論「奔者不禁」，以爲著之令以恥其民，張氏穆《月齋文集·釋媒氏文争議》詆爲失言。《哀鹽船文》，杭大宗序稱其「驚心動魄，一字千金」，而曾燠《駢體正宗》、姚燮《駢文類苑》均擯不入選。江藩《漢學師承記》云酷愛其《自序》文，吾鄉郭侍郎恒言其局量褊小，同年友方厚卿舍人詆其嘆老嗟卑，是則膾炙人口之文亦有不必盡如人意者。然于此益嘆汪氏之書又無人不寓目已。

又一部二卷《學海堂經解》本

汪氏《述學》二卷，阮文達既刻入《文選樓叢書》矣，錢塘嚴杰復承文達命刻入《學海堂皇清經解》中，多編爲二卷，視文選樓本經義中少《明堂通釋》上、中、下初次稿本三篇，又少雜文之無關經義者十數篇，《釋服冕之用》一篇、《荀卿子通論》一篇、《大學平議》一篇、《嬪于虞》一篇、《講學釋義》一篇、《釋夫子》一篇、《釋厲字義》一篇、《釋郢》一篇、《答人問郊特牲》一篇、《答劉端臨書》一篇。案，《學海堂經解》刻成於道光九年，旋因兵燧，版多殘缺，至咸豐庚申勞文毅督兩粵復補刊之。《述學》二卷原版亦燬。此是初印之本，抽出單行。舊藏有文選樓本。其篇目異同于右云。

又一部　阮元文選樓刻本

此阮氏文選樓刻本也。刻於嘉慶三年，與其子喜孫刻小字四卷本篇數相同，而無内、外篇之目。自《繹晨㬈二文》至《周公居東證》爲上卷，自《墨子序》至《漢上琴臺之銘》爲下卷。小字本析爲四卷，自《釋晨㬈二文》至《女子許嫁而壻死從死及守志議》爲内篇一，自《玎文正》至《周公居東證》爲内篇二，自《墨子序》至《廣陵曲江證》爲内篇三，自《京口建浮橋議》至《漢上琴臺之銘》爲外篇一。文亦全無異同，蓋四卷即據二卷分析之耳。孫氏星衍《祠堂書目》、丁氏日昌《持静齋書目》均以此本著録，以當時《文選樓叢書》風行故也，今日亦不易得矣。丙申九月二十七日長沙葉德輝識。

又一部三卷　汪氏初刻本

此汪中《述學》自定三卷本，是書第一次刻本也。以阮氏文選樓本校之，少《明堂通釋》上、中、下三篇，《女子許嫁而壻死從死及守志議》一篇，《玎文正》一篇，《釋連山》一篇，《表忠祠碑文》一篇，墓銘六篇，《黄鶴樓銘》一篇，《漢上琴臺之銘》一篇；多《釋夫子》一篇，《釋厲字義》一篇，《講學釋義》一篇，《瞽瞍解》一篇，《宋世系表》一篇，《修禊序跋尾》一篇，《自序》一篇，《哀鹽船文》一篇，《弔黄祖文》一篇，《弔馬守貞文》一篇，《狐父之盜頌》一篇。以喜孫刻小字四卷本較之，所多少者亦同。以《學海堂經解》本較之，少《女子許嫁而壻死從死及守志議》一篇，《玎文正》一篇，《釋連山》一篇，《釋冕服之用》一篇，《荀卿子通論》一篇，《大學平議》一篇，《嬪于虞》一篇，《釋郢》一篇，《答人問郊特牲》一篇，《答劉端臨書》一篇；多《石鼓文證》一篇，《廣陵曲江證》一篇，《京口建浮橋議》一篇，《廣陵對》一篇，《墨子序》一篇，《墨子後序》一篇，《賈誼新書序附年表》一篇，《宋世系表序》一篇，《修禊序跋尾》一篇，《自序》一篇，《哀鹽船文》一篇，《弔黄祖文》一篇，《弔馬守貞文》一篇，《狐父之盜頌》一篇。大抵學海堂本以經義爲主，故凡無關經義者概不入録。文選樓本以網羅散失爲主，故《明堂通釋》上、中、下三篇爲初次稿本，亦附存之。此本爲作者自定，故文選樓本、小字四卷本之《黄鶴樓銘》、《漢上琴臺之銘》二篇均以代畢尚書作，不存集中。又《婦人無主答問》後自注云：「方苞侍郎家廟不爲婦人作主，以爲禮也，中謹據禮正之如此。」而文選樓本小字四卷本此下有云：「夫生則共事宗廟，没乃不沾一食。葬而不祭既餒其母，祭而不配又鰥其父，於五刑莫大之罪蓋無所逃焉。其爲不學，又不足言矣。」語意過激，此本删之是也。惟此本傳世頗稀，不獨近人書目未及著録，即喜孫刻遺書序、方濬頤揚州局本跋均未論及，疑當時均未見也。四月客杭城，得於舊書店中，八月在都中又得小字四卷本，迺取諸刻本校其篇目異同，各爲跋尾。九原可作，或亦諒我好之之篤而引爲知己乎。丙申九月初三日麗廔主人葉德輝識於都門瀏陽館寓。

又一部内篇三卷外篇一卷 汪喜孫初刻宋小字本

汪氏《述學》余所見本極多，一爲大字本，不分内、外篇三卷本，首署「汪氏藏版」，下摹容甫印，不載刻書年月，是爲中手定本，此第一次刻本也。一爲大字不分内、外篇二卷本，是爲阮元敍録文選樓本，刻於嘉慶三年戊午，此第二次刻本也。一爲小字内篇三卷、外篇一卷本，首署「問禮堂藏版」，前有王念孫序，是爲其子喜孫編刻本，刻於嘉慶二十年乙亥，此第三次刻本也。一爲《學海堂經解》二卷本，嚴杰就阮本删訂刻於嘉慶二十二、三年，此第四次刻本也。一爲喜孫就小字本增入《補遺》、《别録》六卷本，彙編爲《汪氏遺書》，字改元體，刻於道光三年癸未，此第五次刻本也。一爲揚州書局重刻元體字本，前有王念孫序，後有方濬頤跋，刻於同治八年己巳，此第六次刻本也。一爲伍氏粤雅堂本，亦據元體字六卷本重刻，刻於光緒元年乙亥，此第七次刻本也。諸本以小字四卷本爲最精，以《遺書》六卷本爲最詳。此本即三次精刻，丙申八月獲於都中，後脱《漢上琴臺之銘》半篇，因據揚州局本補鈔。首脱封面，因假同歲生夏閏枝編修孫桐藏本雙鉤之，明此爲四卷全本也。閏枝藏本後脱《黄鶴樓銘》以下二篇，亦據揚州局本補鈔，蓋同爲初印未完之書，非有所損蝕耳。阮亨《瀛州筆談》稱中才高迕物，精博絶倫。翁方綱《復初齋文集·考訂論》載其迕蔣苕生事。高才不遇，其牢騷悲憤，往往於言行間見之，讀者未嘗不喜其文而悲其遇也。藏山傳人之業，其亦天有以報窮士歟？光緒丙申九月二十七日長沙葉德輝識。

從政録不分卷　道光中汪氏自刻本

此書多有經世之言，且有裨于掌故，書中説經之文亦非章句之儒所能比其精潔，容甫可謂有子矣。向讀程序伯詩有云：「自古才人如棄婦，從來名士少佳兒。」讀此可以爲之解嘲，且可爲學人下一轉語也。《述學》一書，百餘年來學者皆能成誦。孟慈秉承家學，别出機軸，自成一家言，固云善繼，實足濟美。丙申冬十一月上旬第六日書于都門瀏陽館寓，麗廔主人識。

近世文章家前推汪容甫，後推龔定庵。兩君者皆有文士之子，以世其家者也。然定庵文行務于恢奇，其子效孔乃益之以詭誕。容甫文行近于孤峭，其子乃得之爲峻潔。弓冶箕裘，擇術可不慎耶？麗廔又識。

此書丙申得之都門，丁酉還湘，爲元和江建霞學使借去，戊戌以康有爲黨案革職，不久物故。世兄孟聰隸予門牆，旋亦夭折。忽忽二十一年，此書不知存亡久矣。今年還吴，寓居蘇城五閲月，日從古書攤頭搜訪故籍，忽於玄妙觀書鋪得之。合浦珠還，誠爲快事。而此二十年之中更未見世間尚有二部，然則孟慈先生始終于予結此文字因緣，殆亦有數定耶？丙辰夏正九月二十四日，後學葉德輝記于閶門寓舍。

巢林集四卷　汪氏手寫刻本

《國朝畫識》：「汪士慎，字近人，號巢林，浙江人，流寓揚州。善墨梅，工詩，著《巢林詩集》、《畫徵續録》。」《揚州畫舫録》亦載之，而不詳其事實籍貫。今得此集乃知其爲富春人，浙之桐廬縣也。詩亦冲淡，無江湖風塵氣色。詩中往來之人如丁敬身、金冬心之流，皆一時高尚博雅之士，宜其所濡染者不落凡俗，是亦可以觀風氣矣。乾、嘉間工畫梅者以金冬心、羅兩峯、童二樹諸家爲最著，金、羅沆瀣，畦徑相同，而皆以繁密勝。二樹則疏枝老榦，着花無多。先生則在不疏不密之間，極暗香疏影之妙。近來真蹟頗不易見，得者皆知寶藏。若其詩集，傳世尤稀。觀其字跡似是先生手書上木者，否則門下士學先生書寫之，不然何其與真蹟相似耶？他時當有所取證，姑識之。丁巳夏正五月下旬第五日，南陽穀道後人德輝。

青嶁遺稿二卷　乾隆辛巳刻本

《盛青嶁遺稿》二卷，長洲盛錦撰。錦字庭堅，《詩壇點將録》以爲清風嶺舊頭領錦毛虎者也。錦詩當不止此，此爲沈文慤德潛評選。沈序云：「揀披精擇得五百餘篇，先梓十分之六者，詩較徐龍友夔《淩雪軒集》爲矜鍊，近體亦漸近唐音。」大約全稿必與沈文慤一氣。兹選不越《國朝别裁集》範圍，尤可想見平時所濡染。《點將録》中人詩亦不免于雜凑，如錦者固猶可以自立，不必以入録而見重也。戊午三月展上巳之日得于上海。此原刻本，同治中其玄孫朝彦以原版修補印行，并附跋云：「有《續集》二卷，刻版藏于家，洪楊之亂版燬不可得矣。」德輝記。

淩雪軒詩集六卷　乾隆甲子刻本

《淩雪軒詩集》六卷，長洲徐夔撰。夔字龍友，别號西塘，廩膳生，義門何先生入室弟子。同里惠學士半農先生爲詩壇老宿，雅推重君，督學粤東，邀君往客嶺南，歲餘卒。事具邵泰所撰《小傳》。又沈文慤德潛序云：「年二十三，與徐龍友定交；又十二年，共結城南詩社。」是其師友淵源，皆一時吴中老宿，宜其耳濡目染，必有異于依草附木之人。今觀集中詩僅僅修絜有餘，才力並不充足。《詩壇點將録》列爲《水滸》步軍協理頭領之兩頭蛇，不知何所取譬，或者當時以重義門、惠、沈者並重龍友歟？詩雖平常，而刻本極少，坊友知予喜收《點將録》中人詩集，爲余訪得之，存之亦足備吴中文獻也。丁巳大雪葉德輝記。

海門詩選三卷　嘉慶五年刻本

《海門詩選》三卷，合浦李載園符清撰，陽城張晉雋三選。據晉序云：「載園于役南來，士大夫無論識與不〔二〕識，莫不願得先生之集而讀之，奈篋中所攜無多，命晉仿《漁洋精華録》之例選其尤精者，得詩若干首，文若干首，梓于吴門。」是并刻《文選》，不僅詩也。載園早以諸生受知于翁正三閣學方綱，後官吴中，有循良之績。其詩頗尚聲調，于才、學、力三者兼臻，故研鍊獨工，脱去粤人粗獷之習，而亦不爲江南靡靡之音。《詩壇點將録》比之《水滸》步軍協理頭領之青眼虎，《録》中粤人惟載園一人，而黎二樵簡、張蘇房錦芳且在副作之列，雖馮魚山敏昌、宋芷灣湘兩太史亦不入《録》，可知載園詩爲江南士大夫傾倒至矣。

恨不得其全集一讀之也。丙辰夏正五月端午日，長沙葉德輝記于蘇城閶門寓舍。

〔一〕「與不」二字原誤倒，今乙正。

趙璞庵全集三十六卷 乾隆己酉刻本

《娵隅集》十卷《媕雅堂詩集》十二卷《詞》四卷《媕雅堂詩續集》四卷《别集》六卷，五、六二卷皆文。上海趙文哲撰。文哲字損之，號璞菴，乾隆壬午高宗南巡獻迎鑾詩賦，御試一等第二名，欽賜舉人，授内閣中書，升户部河南司主事。三十八年從温福討金川，次昔嶺，失守，與温福同死難，贈光禄寺少卿。少時與王光禄鳴盛、吴舍人泰來、王考功昶、黄司諭文蓮、錢詹事大昕、曹中允仁虎爲吴中七子，刻苦吟咏，故所作詩獨多。平生遊宦在川滇西南邊塞之區，詩格跌蕩清奇，得江山之助。《詩壇點將録》列于馬軍驃騎舊頭領，比之《水滸》天目將，不知品題得似否？然公大節凛然，又不得僅以詩人目之矣。戊午立夏德輝。

卷施閣集文甲集中卷稿 洪稚存手書稿本

洪稚存先生手稿，爲《卷施閣集》中文稿，凡三册。一册爲《意言》二十篇手書清本，蓋即以之付刊者。其一册爲《意言》初稿，乃未經繕正者，前附考訂史子者數十條，當是所著《曉讀書齋雜録》散條未編定者。其一《貴州水道考》，已刻入集中，前附筆記二十條，皆紀乾、嘉中科名佳話，此則先生全集中所無，不知是何筆記，或者因未成書故僅存以數葉耶？先生長于地理掌故之學，當時與同縣孫淵如觀察星衍齊稱，均工駢體文，世有「孫洪」之目。二公同以一甲進士及第，而不工書，然其篆法玉筯，爲收藏書畫家所珍貴，世亦以「孫洪派」相目。此等手蹟，雖屬草稿，而真氣槃礴，書味盎然，以視王夢樓、梁山舟諸先生專以法書名家者，亦覺别饒意趣，爰命裝潢存之。

劉端臨先生遺書四卷 嘉慶前後刻本

《劉端臨遺書》刻本有四，一嘉慶十年揚州阮常生刻本，凡三卷，一卷爲《論語駢枝》，二卷爲《荀子補注》，三卷爲《漢學拾遺》。一嘉慶十三年阮常生續刊本，凡四卷，一卷至三卷爲《經傳小記》，四卷爲文集。此兩刻彙印並行，爲《文選樓叢書》外單行本。一道光十四年阮恩海刻本，凡八卷，首列行狀、墓表、鄉賢録，一卷爲《論語駢枝》，二卷爲《經傳小記》，三卷爲《國語校補》，四卷爲《荀子校補》，五卷爲《淮南子校補》，六卷爲《方言校補》，七卷爲《經傳拾遺》，八卷爲文集。一《皇清經解》中刻本，凡二卷，此嚴杰删併之本，視道光刻本僅十之二三。余家所藏皆備，要以道光刻爲最全最精。此則嘉慶前後兩刻，刻工草率，不及文選樓他刻之善。然取其爲劉氏《遺書》第一刻，大輅椎輪，事从其朔，亦猶汪氏《述學》之存問經堂大小字二刻也。丙申七月初三日書于宣武門外瀏陽館寓。德輝記。

瓶水齋詩集十七卷别集二卷 嘉慶乙亥巴氏刻本

舒鐵雲詩名與彭甘亭相伯仲，龔定庵《雜詩》云：「詩人瓶水與謨觴，鬱怒清深兩擅場。如此高材勝高第，頭銜追贈薄三唐。」注：「鬱怒横逸，舒鐵雲瓶水齋之詩也；清深淵雅，彭甘亭小謨觴館之詩也。兩君皆死一紀矣。」定庵此詩真兩家定評。余以爲嘉、道詩人如王仲瞿、陳雲伯、龔定庵諸人，皆以豪快側豔之體推倒一時，似不如舒、彭二家尚得詩之正聲。就二家論之，舒之奇思壯采，生氣勃勃，較彭尤爲突過，宜其精神之歷久必傳如此。此書有近人邊保樞重刻，歲久亦漸漫漶。此則初刻初印之極早者，因與龔、王、陳、彭諸家集部歸一插架，後之讀者，庶以得一時風氣云。光緒丙申夏五月下旬二日誌於都門瀏陽寓館。

此跋附重刻本後，今得此初刻原本，迻寫於此。己亥六月中伏郋園記。

秋樹讀書樓集十六卷 道光丙申家刻本

《秋樹讀書樓遺集》十六卷，吴江史善長仲文撰。《詩壇點將録》于馬軍驃騎舊頭領下列火眼狻猊張瘦桐塤，又云一作史赤崖。赤崖，善長號也。赤崖爲王蘭泉司寇高第弟子，詩學具有淵源。其時同邑郭頻伽麐、袁笛生鴻皆有詩名于江湖間，且亦《點將録》中人物，而集中無與往來投贈之作。蓋緣赤崖客遊在外，于鎮洋畢公沅幕中之日尤多，畢没，護其喪及子以歸，不久亦物故。集中《懷人》五十餘首亦以畢公幕中人居多，鄉里詩人乃轉不相識面。其詩七古才情跌蕩，近體亦傲岸不羣，蓋全不落吴江派者。以張瘦桐《竹素庵集》中詩較之，似難乎其爲伯仲矣。歲在丁巳冬十月十八日葉德輝記。

淵雅堂全集五十二卷附五卷 嘉慶中先後刻本

《淵雅堂編年詩稿》十六卷《惕甫未定稿》二十六卷《編年詩續稿》一卷《淵雅堂文續稿》一卷《淵雅堂詩外集》二卷均賦得詩。《淵雅堂文外集》四卷《淵雅堂外集瑶想詞》一卷《讀賦卮言》一卷，長洲王芑孫撰；《寫韻軒小藁》二卷，詩、文各一卷。芑孫妻曹貞秀撰；《坡餘遺稿》一卷，芑孫弟翼孫撰；《附録》二卷，翼孫殉教匪之難于襄陽巡檢任，芑孫哀録上諭、公牘及同時哀挽之作，皆嘉慶初葉刻於家塾者也。芑孫少賦才名，以縣學生獻賦行在，欽賜舉人，考取咸安宫教習，年滿引見，奉旨以教職用，選授華亭教諭。平生交遊皆當代名流，所爲詩文，羣相推許。近體學義山而遜其豔，五古學工部而遺其深，七古似元人薩雁門，五律甚少，蓋奪於賦得詩也。余少時見坊肆盛行《九家試帖詩》，淵雅堂即其一。芑孫未入館選，乃以此體擅長，亦足見一時風尚已。至其古文私淑望溪，本於家學，一時朋好如秦小峴瀛、魯絜非仕驥、龔海峯瀚皆以古文辭爲海内崇仰，而皆推重芑孫之文。今觀集中諸篇，不拘拘於桐城軌轍，而胎息秦、漢諸子，兼採魏、晉、六朝之菁華，終歸之於韓、柳之樸茂奇崛。以全集論，文似勝于其詩，讀集中《讀賦卮言》一書，知其寢饋八代之功深矣。《乾嘉詩壇點將録》比于《水滸》之鐵面孔目，擬其人與？亦擬其詩文與？要其卓然自樹一幟之能可以概見。張文達《書目答問》采劉嗣綰《尚絅堂》〔一〕而不列芑孫詩文集，何哉？

〔一〕「堂」下疑奪「集」字。

煙霞萬古樓文集六卷詩選二卷仲瞿詩録一卷附秋紅丈室遺詩一卷 文嘉慶丙子刻，詩咸豐元年刻本

右王仲瞿文集、詩集及其妻繼室金禮嬴《秋紅丈室遺詩》，從子嶿甫藏本。文集六卷均駢體文，前有無名人題記云：「是集嘉慶丙子梅溪刻于邗江，刷印無多即遭火厄，以故流傳絶少。中缺四葉，屢擬假

得完善之本鈔補，聞禾中張公東鳴珂藏有是集，作書詢之，亦是殘帙，較此更缺。前年震澤管芷湘庭芬以手鈔本寄來，屬爲刊刻，祇十餘篇，非全書也，仍歸之。則此本之可寶益徵信矣。」凡字七行，卷一下有「上海徐紫珊收藏書畫金石書籍印」十四字朱文篆書方印，無名人題記即紫珊筆也。《詩選》及《詩録》附《秋紅丈室遺詩》本紫珊所刻。紫珊名渭仁，刻有《春暉堂叢書》，此其中之一種，今合并文集後，則紫珊舊藏時如此。文集書面題：「嘉慶二十一年刻，虎山堂藏版，二十一年歲次丙子。」是此本爲初刻初印，前人已稱難得，何況今日。光緒辛巳，湖北官書局刻有袖珍本叢書，重刻文集較此本中多《代華頂百五十茅菴乞米啓》、《祭光禄大夫素香公文》、《爲師禹門刺史送琴師張燮堂道士入東磊山序》，共文三篇，其餘次序與此不同，殆别有所據。此本殘缺之葉，屬甫即依袖珍本手鈔配完，惟《告妒婦津神文》後段袖珍本亦殘缺，無他本可補，是則不免遺憾耳。

山木居士外集四卷 家刻本

《山木居士外集》四卷，都文七十九篇，江西新城魯九皋撰。九皋原名仕驥，字絜非，乾隆三十六年辛卯恩科進士。越十年選山西夏縣，有善政，以勞卒于官。《國史·文苑》附《朱仕琇傳》，仕琇福建建寧人，乾隆十三年戊辰科進士，改庶吉士，散館以知縣用，選山東夏津縣，緣足疾改福寧府學教授。治古文，有《梅崖文集》行世。九皋嘗至建寧，從受古文法，故其爲文合于歸、方正軌。此名《外集》乃最初自刻者，外者自謙之辭，謂其文不足當正集，先刻此《外集》云爾。道光十四年甲午，九皋孫應祥鳩刻《全集》十二卷，

《外集》二卷，附《魯賓之文鈔》一卷、《魯習之文鈔》一卷，前有浮梁鄧傳安序，稱：「乾隆己酉，傳安受知于大興翁覃溪大鴻臚爲拔貢生，與魯賓之、習之同年，因得拜見兄尊甫絜非先生，承以已刻之《山木居士外集》見惠。嘗旨得味，思慕彌殷，越四十年守官海外，延先生冢孫應祥爲記室，乃得借全集鈔本而讀之。洵哉，心平氣和，仁義之言藹如也。」據傳安云云，知《外集》初刻本正集，非《全集》後刻之《外集》所存稾稿、告示、祭神文也。應祥刻本世不多見，余既獲藏之，更留此本以存初哉之義。近日南皮張制軍《書目答問》列《居士集》于不立宗派古文家，而不詳其卷數，是并初刻後刻而未之見也。制軍近時學者，見聞何其陋歟！然而是集之以罕見珍更可知矣。光緒丙午夏六月十日記。

郋園讀書志卷十一

集部 別集

昔陳雲伯、舒鐵雲二人戲撰《乾嘉詩壇點將録》，取乾隆初元迄嘉慶末季百餘年中詩家配以《水滸》小説之天罡地煞百有八人，副者四十一人，附額外一人，除隱姓埋名者四人，共得百四十有六人。雖一時游戲之文，頗有資于掌故。余向喜收國朝人詩文集，得乾、嘉間作者于《點將録》已百有餘家，因擬爲《乾嘉詩壇點將録詩徵》一書，逐一將各家詩檢讀一過，每家撰一提要，于作者里貫仕蹟及其詩之淵源派别異同，與其人之遺聞軼事採掇詳記，視他書題跋體例稍殊，所以爲《詩徵》之先聲，抑以備異日續修《四庫全書》者之採録焉耳。繕稿既定，附于《讀書志》之後，雖不類而類，實一例也。時在乙丑仲冬月，養痾齋中，兩月成此。

雅雨堂集詩二卷文四卷 道光庚子曾孫樞刻本

《雅雨堂集》詩二卷文四卷，盧見曾撰。王昶《湖海詩傳》：「盧見曾，字抱孫，號雅雨，德州人。康熙六十年進士，官兩淮鹽運使，有《出塞集》。」《蒲褐山房詩話》：「運使短小精悍，有吏才，總督那蘇圖特薦，謂其人短而才長，身小而志大。嘗爲四川洪雅縣令，故以雅雨自號。慕其鄉王阮亭尚書風流文采，故前後任兩淮運使各數年，又值竹西殷富，接納江浙文人惟恐不及。而是時地主馬佩兮曰璐、秋玉曰琯及張漁川四科、易松滋諧咸與扶輪承蓋，一時文酒稱爲極盛。修小秦淮虹橋二十四景及金、焦樓觀，以奉辛未、丁丑兩次宸遊，愛古好事，百餘年來所罕見。」李斗《揚州畫舫録》十：「盧見曾字抱孫，號雅雨山人，山東德州人。工詩文，性度高廓，不拘小節，形貌矮瘦，時人謂之『矮盧』。官兩淮轉運使，築蘇堤于使署，日與詩人相酬咏，一時文讌，甲于江南。乾隆乙酉，揚州北郊建二十四景。丁丑，修禊虹橋，作七言律詩四首，其時和者七千餘人，編次得三百餘卷。乙酉後，湖上復增四景。署中文讌，嘗書之牙牌以爲侑觴之具，謂之『牙牌二十四景』。後休致歸里，有留別詩。公兩經轉運，座中皆天下士，而貧而工詩者無不折節下交。後趙雲松觀察弔之，有詩云：『虹橋修禊客題詩，傳是揚州極盛時。勝會不常今視昔，我曹應又有人思。』其一時〔二〕風雅可想見矣。」按，公前任兩淮運使，以薦高鳳翰署儀徵爲制府搆陷，被逮遣戍。符葆森《正雅集・高鳳翰小傳》下載公之言曰：「余轉運兩淮，西園方以縣丞委管秦壩，稱掣歷俸滿，應陞敍矣。會儀徵缺出，薦于兩臺制府，復書尚稱『聞其才名』。會有搆余于制府者，乃轉以結黨爲余罪，列鳳翰款並參。其《寓泰州詩》云：『幾曾連茹茅同拔，却爲鋤蘭蕙並傷。』又云：『不妨李固終成黨，到底曾參未殺人。』皆實録也。」公文集四卷有《上宰相書》力辯被參之誣，中有：「見曾官居三品，曾受兩朝拔擢之恩，粗有能名于大江南北，而獨蒙不白之咎，横被曖昧之謗，幽憂鬱抑，死不瞑目。古稱白刃可蹈，區區之名節不可辱。被參一十七款，共誣贓銀一千六十兩，皆參錯乖舛，悠謬不根。試思見曾任兼鹽關，如其甘爲不肖，盈萬累千，咄嗟可得，而乃零收書儀茶果，刻減役匠工食，款内從無鹽商餽送一錢，則見曾之硜硜自守亦可知已。今制府已移節滇南，而寃獄已具，倘終不白，則見曾長負累于聖世，而後來鹽榷兩務以見曾爲戒，恐與激濁揚清之意適相背繆。」云云。袁枚《隨園詩話》十六：「高南阜山人宰歙縣時，人誣以贓。盧抱孫轉運兩淮，營救甚力，有指爲黨者，并盧謫戍，故山人詩云：『幾曾連茹茅同拔，卻爲鋤蘭蕙並傷。』盧和云：『不妨李固終成黨，到底曾參未殺人。』當時公以愛才之故，爲人被累，天下寃之。然其再任，豪情好客不減昔年。」《畫舫録》附其賓客姓名事傳云：「戴震，字東原，休寧人，爲漢儒之學，少與江慎修游，得其底藴，後來揚州爲公座上客，惠棟、沈大成見之目爲奇人。鮑皋，字步江，號海門，丹徒人。以詩見知，舉博學鴻詞，辭疾不就，公延之署中。惠棟，字定宇，號松厓，元和人，博通今古，公延之校《乾鑿度》、《戰國策》、《鄭氏易》、《鄭司農集》、《尚書大傳》、《李氏易傳》、《匡謬正俗》、《封氏聞見記》、《摭言》、《文昌雜録》、《北夢瑣言》、《感舊集》，輯《山左詩鈔》諸書。吳玉搢，字山夫，山陽人，精于小學，爲公幕友。嚴長明，字東友，江寧人，召試内閣中書，官侍讀。朱稻孫，字稼翁，秀水人。汪棣，字韡懷，號對琴，又號碧谿，儀徵廩生，爲國子博士，官至刑部員外郎，工詩文，與公爲詩友。虹橋之會，凡業鹺者不得與，對琴與之。性好賓客，一時名下士如戴東原、惠定宇、沈學子、王蘭泉、錢辛楣、王西莊、吳竹嶼、趙損之、錢萚石、謝金圃諸公往來邗上，爲文酒之會。易諧，字松滋，歙縣人，居揚州，工詩，築抱山堂以延四方名士，與公爲詩友。鄭燮，字克柔，號板橋，興化人，官知縣，以報災忤大吏罷歸，往來揚州，與公唱和甚多。李葂，字嘯村，安徽人，能詩畫，公之高足。張宗蒼，字默存，一字墨岑，號篁村，吳縣人，畫山水出黄尊古之門，以淮北鹽官爲公僚屬，與之定交。王又僕，字從先，號介山，天津人，爲河工縣丞，以詩學受知于公，爲詩友。高鳳翰，字西園，號南村，别號南阜老人，又自稱老阜，膠州人，舉止端方，爲歙縣丞，公薦爲泰州分司，工詩畫，善書法，稱『三絶』。後與公同被逮，抗辭不屈，事因後白，後窮餓死，公哭之，詩云：『殷生瀟灑談元日，戴椽昂藏對簿詞。』祝應瑞，字荔庭，丹徒人，爲茫稻河閘官，工詩。張輅，字朴存，江都布衣，工詩，年六十作《落花詩》，江外女子見之而死。時公修禊詩和者殆遍，惟惠棟不與，輅不和韻，輅名由是大起。焦五斗，丹徒人，孝然裔孫，嘗作《焦山志》，忽失去，其子復得之于郡城骨董鋪中，公由是修金、焦二山志。吴均，字梅查，歙縣人，工詩，公數招之爲詩牌之會。沈廷芳，字椒園，仁和人。梁巘，字文山，亳州人，壬午副榜，館于公署，書法潤澤，『尺五樓』、『延山亭』額，其手蹟也。錢載，字坤一，號籜石，嘉興人，工畫蘭竹，舉經學及博學鴻詞科，不售，乾隆壬申成進士，授編修，官至工部侍郎。與公友善，居使署一年，多唱和。陳大可，字餘亭，紹興人，工篆隸，二十四景榜聯多出其手。周榘，字幔亭，江寧人，工詩，善八分書，以『松影入窗無』句受知于公，折節造廬書德馨堂額贈之，招來揚州。胡裘錞，字西垞，山陰人，工詩，貧甚。上詩于公，公極賞之，遂訂交焉。金兆燕，字鍾樾，號棕亭，全椒人。幼稱神童，與張南華詹事齊名。工詩詞，尤精元人小曲，延之使署十年，凡園亭集及大戲詞曲皆出其手。中年以舉人爲揚州校官，後成進士，選博士，供職三年歸揚州。朱若水，字遠仲，號蘭石，一號澹泉，涇縣人，以詩名，公延之掌兩淮國課。張永貴，字静遠，號樂齋，廣寧人，舉于鄉，官淮北監掣同知，工詩，公與之多唱和。倪炳，字赤文，善鑒古書，列肆天寧街，額曰『帶經堂』，爲公刻《雅雨》十種。文山爲静慧寺僧，書學退翁，受知于公，爲書

『蘇亭』額。汪履之爲董公祠道士，以弈受知于公，值公被逮出塞，汪隨之三年。公詩云：『桃花潭上水潺潺，戀客情深詩早傳。更有汪翁能遠送，八千里外住三年。』後爲甘肅主簿，死于長沙。自戴震至于汪履之，皆抱孫賓客也。」《畫舫録》所記如此，然尚有漏者。袁枚《隨園詩話》五：「乾隆戊寅，盧雅雨轉運揚州，一時名士趨之如雲。其時劉映庭榆侍講掌教書院，生徒則王夢樓、金棕亭、鮑雅堂、王少陵、嚴冬友諸人，俱極東南之選。不數年，盡入青雲矣。」又十云：「六安秀才夏寶傳，生而任俠，出雅雨盧公門下。盧謫戍軍臺，僮僕無肯隨者，夏奮然曰：『我願往。』竟策馬出塞三年，後與盧同歸。盧再任轉運，爲捐學正一官，所以報也。乾隆庚子科以年過八十欽賜舉人。陳古漁贈句云：『八旬鄉榜無消息，一紙天書有姓名。』又曰：『三徵尚卻連城聘，一諾能輕萬里行。』」隨園亦當日賓客之一，其記載不誣也。又《詩話》十二云：「盧雅雨先生轉運揚州，以漁洋山人自命，嘗賦《虹橋修禊詩》四章，一時和者千餘人，余俱未見，而先生原唱余亦不甚愛誦也。及其致仕，《留别揚州》詩竟成絶調，真所謂歡愉之詞難工，感愴之言多妙耶。其末章云：『癡願無多應易遂，杖朝還有引年恩。』嗚呼！後公果將杖朝矣，乃竟不得考終。余弔之曰：『潘岳閒居竟不終，褚淵高壽真非福。』列子云：『當生而生，福也；當死而死，福也。』蓋公家居，眷遇日衰，卒獲嚴譴，籍没以卒，則命爲之也。」是集詩二卷，文四卷，爲公曾孫樞刻本，跋稱：「雅雨公手所自著詩八集，文十餘卷，惟《塞外》詩有版本，餘雖編定，悉遭回禄，天下惜之。」此集無《塞外》詩，疑刻此時尚有版本行世，今則罕見矣。公前後兩主淮綱，好賢如緇衣，愛才如性命，一時東南方聞之士，無不輻輳于揚州。乃以薦保僚屬高鳳翰補缺儀徵爲大府所誣，目爲結黨，且列參贓款，攖怒聖明，嚴譴軍臺三年。赦歸，洊陞再任，公益感激，奮厲修復地方名勝以奉宸遊。暇則延聘名流校刊羣籍，所刻如《雅雨堂叢書》各種，王士禛《感舊集》、《漁洋精華録訓纂》，朱彝尊《經義考》，《金山志》、《焦山志》等書。所編刻者《山左詩鈔》六十卷、《虹橋修禊詩》三百餘卷，皆煌煌巨帙，繕刻精工。今諸書尚自流傳，多一朝文獻所繫。而公文章經濟亦傳之不朽，照燿古今。百年以來士之不遇者，慨想當時風雅道昌，同有生晚之憾。噫！公之丰采，繫人思矣；公之姓名，播人口矣。區區一集之存亡，奚足爲公輕重哉？

〔一〕「一時」底本倒作「時一」，據中華書局一九六〇年版《揚州畫舫録》改。

鮚埼亭集三十八卷外編五十卷 嘉慶甲子史夢蛟校刻本

《鮚埼亭集》三十八卷、《外編》五十卷，全祖望撰。李富孫《鶴徵後録》：「全祖望，字紹衣，號謝山，浙江鄞縣人。雍正壬子舉人，由户部侍郎趙殿最薦舉，乾隆丙辰進士，改庶吉士，散館以外補假歸，著有《經史問答》、《鮚埼亭詩文集》。」鮑鈔《稗勺》云：「乾隆元年廷試鴻博，全太史撰《公車徵士小録》八卷，中式者十五人，不第者若干人，蓋敘其姓氏里居世系也。更撰《詞科摭言》。」吴修〔二〕《昭代名人尺牘小傳》：「紹衣散館歸班，負氣迕〔三〕俗，有風節。其學問淵博無涯涘，於書靡不貫穿。所著書皆有補于文獻，有《讀易別録》、《孔子弟子姓名表》、《漢書地理志稽疑》、《公車徵士録》、《詞科摭言》、《續甬上耆舊詩》、《國朝甬上耆舊詩》、《經史問答》、《句餘土音》。」董秉純撰先生《年譜》：「乾隆元年丙辰三十二歲，成進士，入庶常館。先生本以薦舉鴻博留部，至是先成進士，入詞館。時相特奏，凡經保舉而已成進士入詞林者，不必再與鴻博之試。識者已知先生不能久於館中矣。是年借《永樂大典》讀之。《大典》共二萬二千七百七十七卷，取所流傳於世者置之，即近世所無無關大義者亦不録，但取欲見而不可得者分其例爲五：一經、二史、三志乘、四氏族、五藝文，每日各盡二十卷，而以所簽分令人鈔之。顧力薄不能多蓄寫官，至次年遽罷官，未卒業，然所鈔《高氏春秋義宗》、荆公《周禮新義》、曹放齋《詩説》、劉公是《文鈔》、唐説齋《文鈔》、史真隱《尚書周禮論語解》、二袁先生《文鈔》、袁正獻、正肅。《永樂寧波府志》，皆世所絶無而僅見之《大典》者也。丁巳，三十三歲，左遷外補，遂南歸。」按《年譜》，先生南歸後主蕺山講席一年，適粤東就端溪書院山長一年，二十年乙亥，五十一歲卒。手定文稿五十卷，詩稿十卷，移交馬氏叢書樓，後歸杭堇浦，索之再三不應。秉純至京師，取殘稿按手定目重鈔之，既得大半，請吴鷗亭、馬半查謀刻之，即此本也。其非手定之目則次爲《外編》。集中多明末人及近人神道碑銘、墓誌銘，皆有裨于掌故。其餘則金石題跋、名人別傳，徵文考獻，無空作者。所著書以修補南雷《宋儒學案》、七校《水經注》爲最精。阮元《全謝山經史問答序》：「經學、史才、詞科三者，得一足以傳，而先生兼之。先生舉鴻博科，已官庶常，不與試。擬進二賦，抉漢、唐《志》之微，與試諸公皆不及，精通經史故也。《經史問答》實足與顧亭林《日知録》相埒。吾觀象山、慈湖，以空論敵朱子，如海上神山可見而不可踐。全謝山之學，出于梨洲而變之，則如百尺樓臺實從地起，非積年工力不成是。」則謝山之學無復有人遺議矣。乾隆中葉修《四庫全書》，大興朱竹君學士筠奏請搜輯《永樂大典》中佚書，奉旨允行，當時人皆歸美朱公，殊不知先生於入館時已留心於此，恐朱公尚是本其意也。是集無詩，余所藏先生詩有《句餘土音》三卷，亦董秉純所録存者，别爲著録，兹不具論云。

〔一〕「吴修」原作「梁同書」，據一九〇八年上海集古齋石印本《昭代名人尺牘小傳》改。

〔二〕「迮」原誤作「迂」，據一九〇八年上海集古齋石印本《昭代名人尺牘小傳》改。

句餘土音三卷 嘉慶乙亥董氏刻本

《句餘土音》三卷，全祖望撰，其門人董秉純編定之本也。據董爲先生撰《年譜》：「乾隆六年辛酉秋至白下，投止承恩寺，遍遊朝天宫、報恩寺、燕子磯舊院諸迹，皆有詩。自戊午己未接丁内外艱至再近大祥，從不作吟咏聲，始爲破戒，因題曰《祥琴集》以志過。七年壬戌四月，糾同志陳南皋、錢芍庭、李甘谷、胡君山、先君鈍軒先生爲率真社，得詩三百餘篇，題曰《句餘土音》，後删定爲《句餘唱和集》。八年癸亥正月五日，三十九歲生日，朋好有稱祝者，作詩謝之，詩集題曰《虬骨》，用東坡語也。九月出遊，有《秋杪江行集》。十月至維揚，有《七峯草堂唱和集》。九年甲子，自題詩稿曰《五甲集》。十年乙丑續選《甬上耆舊詩集》，是年之詩即題曰《鈔詩集》。十一年丙寅春杪，自苕上至吴門寫陸氏園，有詩曰《吴船集》。夏過維揚，再館馬氏，有《韓江唱和第二集》。十二年丁卯上巳，後至金陵，夏返武林，秋過維揚，歲暮歸，是年詩有《偷兒棄餘集》、《吴山消夏集》、《漫興集》。十三年戊辰主蕺山講席，是年詩曰《漫興二集》，曰《望歲采蕺集》。十四年己巳有詩三集，曰《西笑》，以大金川平定也；四月後曰《雙韭山房夏課》，九月至歲底曰《帖經餘事集》。十五年庚午，多病，不作詩。十六年辛未，天子巡幸江浙，撰《皇雅》，凡二十四篇。十七年壬申，適粤東，爲端溪書院山長。十八年癸酉，歸刻于粤中之詩曰《度嶺集》。十九年甲戌，居揚州養疴，戒不作詩。二十年乙亥，五十一歲，卒，于時七月二日寅時也。正月手定文稿，得五十卷。删定詩稿，自辛酉以前盡去之，辛酉以後收其十之六，得十卷。」今此十卷詩不傳，豈當時并歸杭堇浦，不得出，因而未刻耶？此《句餘土音》三卷，即壬戌居里中與同社倡和之作，删定爲《句餘倡和集》者。前有是年冬十月先生序，即秉純所録者。據云本擬裒諸公作都爲一集，諸君多未脱稿，故止編定先生詩，不敢妄有所序，仍以先生原序冠之。先生學問長于考據，文辭于詩本不多作，惟遊蹤所至，每與士大夫唱酬無虚日。所爲詩不拘家數，詞達而易曉。就《皇雅》及此集論，則胎息于樂府者頗深。是知卷軸在胸，雖偶爾閒吟，無不神與古會。世之斷斷于唐、宋之界者，徒見其門户之陋而已，烏可與言詩哉。

板橋詩鈔四卷詞鈔一卷道情一卷家書一卷題畫一卷 手書刻本無年月

《板橋詩鈔》四卷《詞鈔》一卷《道情》一卷《家書》一卷《題畫》一卷，鄭燮撰。鄭方坤《國朝詩鈔小傳》云：「鄭燮，字克柔，號板橋。乾隆丙辰登進士第，授范縣知縣，改調濰縣，以疾乞歸。少穎悟，綽有文名。家固貧，落拓不羈。壯客燕市，喜與禪宗尊宿及期門羽林諸子弟遊。日放言高談，臧否人物，無所忌諱，坐是得狂名。既得官，慈惠簡易，與民休息，人亦習而安之。雅善書法，真、行俱帶篆、籀意，如雪柏風松，挺然秀出風塵之表。所畫蘭草行石，亦峭蒨别致。詩道性情，如其意之所欲出。其自序云：『余詩格卑下，七律尤多放翁習氣。好事者促余付梓，自度後來未必能進，姑從誤背道，慚愧汗下。』云云。可謂不自滿矣。然其詩流露靈府，蕩滌埃壒，視世間無結轖不可解之事，即無梗咽不可道之詞。空山雨雪，高人獨立，秋林烟散，石骨自青，差足肖之。《寄弟書》數紙皆老成忠厚之言，大有《光禄庭誥》、《顔氏家訓》

遺意。」阮元《淮海英靈集》丙四：「板橋以歲饑爲民請賑，忤大吏罷歸。其詩云：『長官好善民已愁，況以不善司民牧。』真至言也。工畫蘭竹，書法以隸、楷、行三體相參，古秀獨絶。濰縣人感其政，寶其書畫，多有效其體者。作詩不拘體格，興至則成，頗近香山、放翁。」按，《詩鈔》乃先生自定詩，真所謂老嫗能解者。自言其格卑下，誠哉其然。然真氣勃勃，流露于楮墨間，故其述事言情往往惻惻動人，得興觀羣怨之旨。其題畫五、七言絶更别饒逸趣，能使讀者心曠神怡。世有效其體者，不涉于江湖即近于村野，所謂學我者死，是不可以誣及先生也已。

道古堂文集四十八卷詩集二十六卷集外詩一卷軼事一卷 乾隆丙申汪氏振綺堂刻本

《道古堂文集》四十八卷《詩集》二十六卷《集外詩》一卷《軼事》一卷，杭世駿撰，《軼事》則附入者也。李富孫《鶴徵後録》一：「杭世駿，字大宗，又字堇浦，浙江仁和人。雍正甲辰舉人，由浙江總督程元章薦舉授編修，尋罷職放歸。著有《禮記集説》、《金史補》、《史漢北齊疏證》、《前後漢書蒙拾》、《文選課虚》、《續方言》、《詞科掌録》、《榕城》、《桂堂》等詩話，《道古堂詩文集》。」王昶《蒲褐山房詩話》云：「堇浦先生書擁百城，胸羅四庫，入翰林未久即以言事罷歸。沈文慤公送之，有句：『鄰翁即雨談牆築，新婦初昏議竈炊。』蓋深惜之也。既歸，益肆力于詩古文詞，海涵地負，日光玉潔，實足雄長藝林。兩浙文人自黄梨洲先生後，全謝山庶常及先生而已。」袁枚《隨園詩話》：「堇浦先生詩以《嶺南集》爲平生極盛之作，《題陳元孝像》四律，悲涼雄壯，恐非樊榭、寶意所能矣。」按，先生詩文皆根柢雄厚，同試取用之十五人，實皆不及。然虚襟樂善，于古人不存門户之見，于後進恒多獎掖之辭。《蒲褐山房詩話》又云：「乾隆丁丑秋，予至西泠相見，共論古今文章流别。謂予曰：『子毋輕視放翁詩文，至此亦足名家。』亦異乎世之放言高論者矣。」《隨園詩話》八：「堇浦先生曰：『馮鈍吟先生右西崑而黜江西固已，夫西崑沿于晚唐，西江盛于南宋。今將禁魏、晉之不爲齊、梁，禁齊、梁之不爲開元、大曆，此必不可得之數。風會流傳，人聲因之，合三千年之人爲一朝之詩，有是理乎？』馮可謂能持詩之正，未可謂遂盡其變者也。』先生持論通達如此，宜其所爲詩古文詞獨往獨來，不爲宗派所囿，而于法律仍不背也。」洪亮吉書先生軼事云：「余年未二十，省從叔邗溝，始識先生，見所擬樂府及古賦，奇賞之。留語數日，曰：『汝後必入翰林，不可不知掌故。』因日舉翰林故事十數則告之。余入翰林，先生所言規制已大半不可行，蓋不及三十年風氣之變如此。」洪感先生之知遇，亦見先生愛才如命，兼有知人之明。其後洪入翰林，亦以上書仁宗遣戍，隨奉旨赦免釋回。兩人愛國之誠，先後一揆。而聖明在上，曲蒙諒宥，罪止放歸，斯則遭逢之特異矣。許宗彦《鑑止水齋集·杭太史别傳》云：「高宗巡幸塞外，嘗天雨新霽，馬上吟『迎風葦露清於染，過雨山痕澹入詩』二句，顧謂從臣曰：『此杭世駿詩，惜其没福耳。』」余謂以放棄小臣一聯之詩，上契帝心，此即没福之福，奚必高官厚秩出擁騶從，入耀鄉里，浮雲富貴而後謂之有福哉。

寶綸堂文鈔八卷詩鈔[一]六卷 文嘉慶二年戴殿海刻本，詩嘉慶十三年刻本

《寶綸堂文鈔》八卷《詩鈔》六卷，齊召南撰。其門生戴殿海先後刊行者也。杭世駿撰《墓誌銘》云：

「公名召南，字次風，號瓊臺，晚號息園。年十六充博士弟子員，二十三督學新城，何端簡公世璂選拔入成均。雍正七年己酉科鄉試中副榜。十一年癸丑詔復詞科之制，明年督臣上蔡程公元章學臣奉新帥公念祖，以博學鴻詞薦，乾隆丙辰召試欽取二等第八，改翰林院庶吉士，明年散館授檢討。八年四月御試翰詹列優等，晉中允，旋晉侍讀。九年丁父艱，十一年服闋入都，十二年二月補原官，晉侍讀學士。十三年五月御試翰詹，以一等一名擢内閣學士，兼禮部侍郎，補授右侍郎。十四年四月直上書房。歸澄懷園，馬驚，墮觸大石負重傷，特遣蒙古醫療治，病少間，陳懇回籍侍母，上慰留，哀懇，始可其奏。十六年十一月太夫人棄養，十九年二月服闋，爲蕺山書院山長，復主敷文書院凡十一年，以風痰時發歸里考終，壽六十有六。」按，公自入詞館即充《大清一統志》纂修官，散館授檢討，充武英殿校勘經史官，《明鑑綱目》館纂修官。丁艱在籍，諭令前承辦《禮記》、《漢書》考證，陸續交武英殿經進。經史館告成，旋充《大清會典》纂修官、《續文獻通考》館副總裁官。《一統志》河南、山東、江蘇、安徽、福建、雲南六省皆其編輯，外藩屬國向無底本，則創撰也。《明鑑綱目》則《前紀》二卷，神、光、熹三朝。武英殿分撰經史考證，經則《尚書》、《禮記》、《春秋》三傳，史則《史記·功臣侯表》五卷，《漢書》百卷，《後漢書·郡國志》五卷，《隋書·律曆·天文》五卷，《舊唐書·律曆·天文》二卷。又言《水經注》明于西北闇于東南，且域外水道未詳，撰《水道提綱》三十卷。又有《史漢功臣侯第考》一卷、《歷代帝王年表》十三卷、《後漢公卿表》一卷，均詳《墓誌》。公著述等身，詩文本其餘事，然根柢既厚，枝葉自榮。詩則瑰偉英奇，多沈博絶麗之語。往往通篇無一用典之句，而經史百家之韻藻充溢于行間。文則謹守唐、宋宗傳，不染詞科習氣。其《論進經史劄子》，論者以爲真西山《大學衍義》不是過焉。公天才敏捷，九歲至郡登巾子山，吟五言詩云：「江水連天白，人煙滿地浮。巾子山上眺，一覽小東甌。」識者以爲公輔器。平時爲詩文，操筆立就。一篇一什之成，排比鋪張，爛若雲錦。晚喜集句，李、杜、韓、蘇詩若出一手。讀世駿《嶺南集》集七十餘首，讀錢司寇《香樹續集》即集十首贈之。官禮部時，上於寧古塔得古鏡，以來歷問朝臣，莫有對者，公具悉原委，並其款識以對。上大悦，曰：「是不愧博學鴻詞矣。」天語褒嘉，遂成定論。因讀遺集並摭記之後之人，庶知公之學有本原，又不獨以詞科見重矣。

〔一〕「鈔」字原奪，據正文補。

石笥山房文集六卷補遺一卷詩集十一卷詞一卷補遺二卷續補遺二卷　咸豐二年裔孫鳴泰補刻道光丙午家刻本

《石笥山房文集》六卷《補遺》一卷《詩集》十一卷《詞》一卷《補遺》二卷《續補遺》二卷，胡天游撰。《國史·文苑傳》：「胡天游，浙江山陰人。副貢生。乾隆元年，禮部尚書任蘭枝薦舉博學鴻詞，值持服未與試，二年服闋補試，試日鼻衄大作，遂投卷出。是時四方文士雲集京師，每稠人廣坐，天游輒出數千言，落紙如飛，縱横奥博，見者嘆服。古文自言學韓愈，澀險處時似唐劉蜕，元元明善非其至也。性耿介，公卿欲招致，一見不可得。十六年舉經學，又報罷，客游山西，卒于蒲州。著《石笥山房文集》。」朱仕琇撰傳云：「方天游者，本姓胡，一名騤，字穉威，浙江山陰人也。少好奇任氣，有異才，於書無所不窺。今上即位，詔天下舉博學鴻詞，天游以鄉副首來應詔，主舉主任蘭枝家。時四方文士雲集，每稠人廣坐，輒出數千言，落紙如飛，文成博奥，見者嘆服，一日赫然名振京師。同舉者皆得顯官，而天游以病不能試，罷。天游于文工四六偶儷，得唐燕、許二公之遺，詩亦雄健有氣。其古文自言學韓愈，澀險處時似唐劉蜕，元元明善非其至也。然自喜特甚。時桐城方苞爲古文，有重名，天游力詆之。前人如王士禛、朱彝尊詩文，遍摘其疵痏無完者。士大夫皆重其才而忌其口。《一統志》成，當進御，鄂、張二相國屬表于齊檢討召南，檢討因推天游，鄂相國驚嘆其文，爲具飲招之。檢討曰：『天游奇士，豈可招耶？』卒不至，其任氣不肯輕下如是。天游居京師十餘年，名日以盛，忌日以深。辛未舉經明行修，卒爲忌者中傷而罷。蓋天游負才名三十餘年，兩舉鄉貢皆抑爲副，再膺特薦卒不遇，而天游亦已老矣。嘗與田侍郎懋有舊，田家居山西，因往依之，以乾隆二十三年正月十二日病卒于蒲州，年六十三。子元琢舉乾隆庚午順天鄉試，兄驥亦奇士，遇余京師，以余知天游匄爲傳，因書此歸之。」又贊曰：「天游氣剛好奇似唐員半千，自高其才似蕭穎士。嘗自比管、樂，詆訶詩文，摘人所行闕失，不避卿相，其淪落不遇，非盡由數之奇也。然使天游窮而易所守，豈足以見天游耶？」按，先生再舉經學，有忌之者，終不遇。據阮葵生《茶餘客話》云：「乾隆辛未薦舉經學，命取生平著述尤異者以聞，後以吳鼎、梁錫璵、顧棟高、陳祖范名上，俱授司業。初，浙江胡天游、江南蔡寅斗亦在選中，而胡名尤重。舉主凡七人，宣城梅文穆瑴成奏二人久居京師，聲氣廣播，恐非真才，遂不用。胡終于副榜，蔡壬申縊于號舍。」袁枚哀詞云：「雍正十三年詔舉博學鴻詞，禮部尚書任蘭枝以君薦。首相西林鄂相公欲見之，不可强聘焉。雅跪相對，問兩戒形巒九乾躔度八十一家文墨，口汩汩如傾海，相公驚揚，於朝曰：『必用胡某，以榮館閣。』未幾，試殿上而稺威鼻衄血涔涔下，污其卷，相公歎息，延爲三禮館纂修，賃長安半椽自居。每試與常式格格不合，凡兩中乙科。乾隆十六年再薦經學，有忌之者爲蜚語聞。上御正殿問：『今年經學中胡天游何如？』衆未對，大學士史公貽直奏胡天游宿學有名，上曰：『得毋奔競否？』史免冠頓首曰：『以臣所聞，太剛太自愛。』上默然。自後薦舉無敢復言者。」余謂先生戹虚名于生前，而享盛于身後。所爲駢體文，選家無不推重，其《石笥山房集》亦如厲太鴻之《樊榭山房集》，膾炙士林。詩則《隨園詩話》謂其學韓、孟過於澀拗〔一〕，録其近人者，如《明妃》云：「天低海水西流處，獨有琵琶堪解語。斷然枯木本無情，猶勝人心百千許。」《詠諫果》云：「苦心衆所擲，餘甘幾人賞？置蜜昆吾端，或者如舐掌。」《贈某營將》云：「太聲當鼓急，片影落槍危。劍血看生瘦，天狼對捋髭。」皆奇句也。亦有風韻獨絶者，《曉行》云：「夢闌鶯唤穆陵西，驛吏催詩雨拂衣。行客落花心事别，無端俱趁曉風飛。」陶元藻《鳧亭詩話》：「雲持胸有卷軸，而筆又足以達之。弱冠時爲文過于典贍，有士衡才多之病。及抵京師，藴釀愈深，全以灝氣流行，蒼莽無涯涘。第恃才嫚駡，人多忌之。余在周青崖齋頭見其詩鈔一本，計一百五十餘首，五言逼似少陵，五古純乎漢、魏，惟絶句非所長耳。余曾勸其付梓，雲持笑曰：『未能餬八口，何暇鎸五言。』蓋自傷其貧也。」顧先生没後，遺集爲其子元琢刊行，齊召南爲之序。僅詩四卷，文六卷，刻成于嘉慶戊午。其後先生三世孫敬哉大令端書蒐輯各本，分文六卷、詩十一卷、詩餘一卷。四世孫秋潮大令學醇刊之山東。至五世孫冠山贊府嗚泰以所刻未精善，因校而重刊，搜得遺詩爲《補遺》二卷，刻將畢，嘉興高伯平明經均儒又以家藏稿本互勘，得未刻詩二百七十餘首，爲《續補遺》二卷，時在咸豐二年，即此本也。是集先有趙希璜刻本、阮文達元刻本，予均未見，家所藏者爲嘉慶戊午刻本。偶晤先生裔從孫胡滋圃觀察德琳，談及兹集足本，乃舉以相贈。滋圃攝衡、永、郴、桂兵備道，有惠政，其人方正而厚重，洵不愧名賢之後，不僅流傳先集可敬也。

〔一〕「拗」原訛作「抝」，據人民文學出版社一九八二年版《隨園詩話》改。

弱水集二十二卷 乾隆壬戌賀克昌刻本

《弱水集》二十二卷，屈復撰。杭世駿《詞科掌録》十四：「蒲城屈復，字見心，號悔翁。布衣。刑部右侍郎武陵楊公所薦，不與試。乙巳、丙午之間來遊西湖，居紫陽山道觀，以所註漁洋《秋柳》詩遍謁名流。刻《江東瑞草集》，古詩闌單少力，惟律調近熟。晚遊京師，弓刀宿衛之徒皆從受業，頗有詩聲，遂自尊侈。論詩則詆訶老杜，注騷則掎摭紫陽，每爲士夫所鄙。其流傳之詩，有不必爲之題，如《書中乾蛺蝶》、《水中雁字》，多至數十篇。有不可通之句。金壇史公度曾舉其《楊花》詩。予存其可通者。」又《餘話》云：「前己未時，四布衣名動天子。今時所舉亦有布衣四人，南豐趙寧静，余未知其人；秀水張庚、西安車文〔二〕詩皆清古可味；浦城屈復則年近七十，尚事塗抹，如三五少年時，去古遠矣。夫布衣之名爲不耕而食者所易託，一介之士，操觚率爾，輒動聖人之旁求，其不得恕律之審矣。」袁枚《隨園詩話》四：「丙辰以布衣薦鴻詞者四人，一江西趙寧静，一河南車文，一陝西屈復，一嘉禾張庚。車之著作余未之見。張善畫，長于五古，人亦樸誠。獨屈叟傲岸，自號悔翁，出必高杖，四童扶持。在京師，見客，南面坐，公侯學詩者入拜床下。專改削少陵，訾詆太白以自誇身分。耳食者抵死奉若神明。山左顔[二]懋倫心不平，獨往求見，即問曰：『足下詩有《書中乾蝴蝶》二十首，此委巷小家子題目，李、杜集中可曾有否？』屈默然慚，人以爲快。沈歸愚刻《別裁集》，僅録屈《王母廟》一首，云：『秦地山河留落日，漢家宫闕見孤燈。如今應是蟠桃熟，寂寞何人薦茂陵？』」鄭方坤《國朝詩鈔小傳》：「屈復，字悔翁，晚號金粟道人。其所見於詩篇大率多殘山賸水之思，麥秀黍離之感，如白首狂夫歌哭道中，輒向黄河亂流欲渡，令人累欷增歔，而不能已已，疑若夏肄周遺之所爲作，又或附鳳攀龍，與前明有瓜葛者近是。自其少年即棄帖竿不事，隻身走萬里，寓沂、郯間最久。既乃之吴、楚，之閩、越，垂老轉徙之京師，以詩學教授弟子，名公卿多從之遊。武陵冢宰奇其才，以鴻博薦，三徵不起。寓僧廬，日坐卧土牀中，諸貴人以問奇至者趾相錯至，則與講論詩文源流派别，並前史興亡成迹，以及關河阨塞、兵馬漕鹽、天文律曆，剴切詳明，坐而言可作而行。其論詩於賦比興之外，專以寄託爲主。謂陶之《飲酒》、郭之《遊仙》、謝之《登山》、左之《詠史》，謂彼自有所以傷心之故，而姑借題發抒，必沾沾然執是數者求之，是之謂買櫝而還珠，按圖而索駿。今試取《弱水集》讀之，繁音促節，詞多悠謬，知翁之寄託固自有出天入地而莫可窮詰者，古之傷心人别有懷抱，不足爲外人道也。」李富孫《鶴徵後録》：「悔翁性迂僻，於詩兀傲自喜，所注《楚詞》采合舊注，自以新意疏解之，有得騷人言外之旨。《義山詩意》惟在就詩論詩，亦頗有獨得，如《錦瑟》、《碧城》、《無題》諸篇，人穿鑿附會之解，一舉而洗之。」按，諸家之於悔翁，杭、袁詆前之甚力，鄭、李亦譽之太過。悔翁詩本出于老杜，而兼得義山之長。其逢人譏訶老杜者，正其于老杜用功至深，故知其中甘苦得失耳。符葆森《寄心盦詩話》云：「其樂府、咏史獨開生面，古意盎然。五古詞意渾勁樸質，近體直接浣花，不盡空響。誦其春日、秋日《雜興》諸作可謂於神貌兩得者，而其托意亦自不凡。」斯誠持平之論矣。至《書中乾蝴蝶》、《水中雁字》等詩洵有乖於大雅，然偶然遊戲，好逞才情，存之集中，見其割愛之難。究不能以此并抹殺其佳處也。惟其人妄自尊大，又故爲高論畸行以震駭俗人，故嫉其名者鄙夷多出士夫，震其名者下拜亦有公侯。觀《詞科餘話》所録《楊花》七律三首，寄託遥深，殆全爲譏諷同時應詔諸人而作，是其胸襟超曠，又不得不目之爲高人矣。

〔一〕「車文」，道古堂刻本《詞科掌録餘話》作「申甫」。據福格《聽雨叢談》「丙辰宏詞科徵士録」條載，四布衣有申甫其人，然注稱「江南江都人」。亦載車文，注「河南太康人，拔貢生」。

〔二〕「顔」原訛作「顧」，據本書卷七《杜工部集》條所引及《隨園詩話》改。

賜書堂集四卷 光緒庚子王氏刻本

《賜書堂集》四卷，翁照撰。王昶《湖海詩傳》：「翁照字朗夫，號霽堂，初名玉行，字子静，江陰人。

乾隆元年薦舉博學鴻詞，十六年以經學徵。有《賜書堂集》。」《蒲褐山房詩話》：「霽堂少時曾奉教於毛西河太史，太史序其詩，盛爲推挹，常詠簑衣，有『風雨一身秋』之句，從此得名。後在浙幕中詩亡失大半，今所刊《賜書堂集》十之三四爾。其爲時傳諷者則有『一抹夕陽連漢苑，二分春色在蕪城』，『小樓夜半朦朧月，深院秋千澹宕風』，『青拂河橋風乍轉，緑昏江店雨初來』，『春寺煙深聞粥鼓，午塘風軟度餳簫』，『一聲啼鳥破春寂，數點落花生暮寒』，『殘月半痕巫峽曉，夕陽一片洞庭秋』，『關塞梅花愁裏曲，池塘芳草夢中詩』，『夾岸緑陰垂柳渡，滿篷紅雨落花天』。沈椒園臬使云：『先生年高，藤杖方袍，須眉朗映，其詩風致盎然，神韻瀟灑。』」沈德潛撰《墓誌銘》云：「霽堂少工聲律對偶之學，文酒之餘，霽堂句成，衆交口服。中歲窮經學，兼漢、魏、唐、宋而參訂之，謂漢、魏諸儒博而覈，宋儒約而精，不舉一家以廢諸家也。中有所得，久而成書。雍正乙卯詔開博學鴻詞科，稽文敏薦于朝，遇歐血疾未應試。乾隆己巳詔求經學，膺高相國薦，上以所薦過多，詢二三大臣舉其尤者，大臣無知霽堂學，因不與。乙亥三月之白下，遘疾卒，年七十有九。所著《賜書堂詩文集》若干卷。憶霽堂與予定交，皆壯歲，喜予詩，一過目背誦不忘。予《甲午詩》友人取去遺失，霽堂來一一録出。友人徐龍友笑比之行祕書。」又《國朝别裁集》：「朗夫小心敬慎，雖僕隸不衣冠不見，事上接下，以誠以禮。稽、高二相國先後以鴻博經學薦，皆不遇。與予相約爲耦耕伴侶，倏焉徂謝，友生爲位以哭，多失聲者。少年詩專工佳句，後漸臻老境，識力俱高，有虞伯生老吏斷獄之目。」袁枚《隨園詩話》五：「江陰翁明經朗夫，館稽相國家，相國非朗夫唱和不吟詩，人呼爲『詩媒』。乙卯以鴻博薦，朗夫謝詩云：『此身得遇裴中令，不向香山老一生。』一時傳誦。朗夫有《春柳》云：『千里因依惟夜月，一生消受是東風。迎來桃葉如相識，猜著楊枝是小名。』皆佳句也。平生有謙癖，拜起紆遲。年登八十猶薰衣飾貌，寸髭不留。余初相見，知其多禮，乃先跪叩頭，逾時不起，先生愕然。余告人曰：『今日謙過朗夫矣。』」袁有題其《三十三山草堂圖》云：「四海才名六十春，青鞋布襪軟紅塵。平生事事謙沖甚，祇有青山不讓人。」「試罷彤庭户不開，談經重薦伏生才。一時猿鶴驚相顧，花外蒲輪今又來。」杭世駿《詞科掌録》云：「朗夫德性醇謹，篤于氣誼。少以所業質蕭山毛檢討，檢討序云：『意充而舒，度遠而不拘于隅。其才思縱發，所至開適，質無不足。而文又見其有餘。』其見賞如此。壯歲歷遊大幕，章奏尤工。錢唐沈埏云：『豈有後山四六之工，乃無子蒼二三之嘆。』非虛美也。」按，先生詩僅此四卷，所傳佳句俱存集中。似同時諸君所見即此稿本。此外尚有文集六卷，燬于庚申之亂，今傳本益少矣。

强恕齋文鈔五卷詩鈔四卷 《文鈔》乾隆丁丑刻本，《詩鈔》乾隆壬申刻本

《强恕齋詩鈔》四卷《文鈔》五卷，張庚撰。李富孫《鶴徵後録》十一：「張庚，字浦山，號瓜田逸史，晚又號彌伽居士，浙江秀水人。布衣。著有《五經臆》、《通鑑綱目釋地糾繆》《補注》、《畫徵録續録》、《蜀南紀行略》、《短檠瑣記》、《强恕齋詩文集》、《瓜田詞》。」王昶《蒲褐山房詩話》云：「浦山工于山水，世多以翰墨稱之，不知學問淹博，如《通鑑釋地糾繆》、《補注》極爲精審，古文簡樸，五七言古體詩頗入古人堂奧。」魯克恭序其詩云：「五古原於三謝，流衍于曹、陸、左、鮑、三張，七古則遠宗浣花，近禰北地，五律多

以古運，七律則純以清氣行，不軌一家也。」杭世駿《詞科掌録餘話》云：「浦山以古調自鳴，不工律體。試日棄去，萬循初有詩送之云：『山人好詠詩，作古不作律。所法魏以前，作五不作七。』可以知其詩之大概矣。」余按，瓜田爲錢太夫人南樓老人之表姪，少時從受六法，故于山水特工。當時戴文璡、藍瑛一派盛行。自《畫徵録》出，畫家皆知六法正宗，于是戴、藍之聲價頓減。其自作山水出入元四家而希蹤于荆、關、董、巨，故其詩文之名轉爲畫所掩。此詩文鈔傳本極少，曩時于王昶《湖海詩傳》、《文傳》中見其一二，心最傾倒，今幸獲此全集，則得鳳一毛，見麟一甲，不知全體之足貴矣。

竹嘯軒詩鈔十八卷　雍正二年王汝驤刻本

《竹嘯軒詩鈔》十八卷，沈德潛撰。《國史》本傳：「沈德潛，江南長洲人。乾隆四年進士，改庶吉士，七年授編修。八年遷左中允，累遷侍讀、左庶子、侍講學士，九年遷少詹事，十一年授内閣學士，十二年擢禮部右侍郎。十四年原品休致，諭在籍食俸。二十二年南巡，加禮部尚書銜，三（二）十年南巡，晉階太子太傅，三十四年九月病卒，加恩贈太子太師，謚文慤。四十三年東臺縣已故舉人徐述夔著《一柱樓集》，詩詞悖逆，集内載德潛爲作傳，稱其品行文章皆可法，追奪官銜祠謚，撲其墓碑。」袁枚《神道碑銘》云：「公諱德潛，字碻士，自號歸愚，長洲人。弱冠補博士弟子員，丙辰薦博學鴻詞，廷試報罷。戊午舉于鄉，己未登進士，入翰林。壬戌同試殿上，日未昳，兩黄門捲簾，上出，賜諸臣坐，問：『誰是沈德潛？』公跪奏：『臣是也。』『文成乎？』曰：『未也。』上笑曰：『汝江南老名士，而亦遲遲耶。』其時在廷諸臣俱知公之簡在帝心矣。越翌日，授編修。累和上詩，稱旨，遷左中允、少詹事，再遷禮部侍郎。戊辰請老，許之。皇上四巡江南，每一晝接必加一官賜一詩，至四十餘首。其他酬和往來，中使肩項相望，不可數紀。嘗進呈詩集求序，上手書以賜，比以李、杜、高、王。海外日本、琉球走驛券索沈尚書詩集，盛矣哉，古未嘗有也。公鄉〔二〕舉時已六十六，必不自意日後恩榮至此。而從來人主之權能與人爵未必能與人壽，觀公之九十七而薨，然後知蒼蒼者有意鍾美于公，以昌萬古詩人之局。而皇上與天合德，公之年與恩俱，亦有莫之爲而爲者。嗚呼！此豈人力哉。公詩專主唐音，以温柔爲教，如絃匏笙簧，皆正聲也。庚辰進本朝詩選，體例舛午，上不悦，命廷臣改正付刊，而待公如初。此雖皇上優老臣赦小過，而亦見公之樸忠，有以格天之深。」按，公選《國朝詩别裁集》以錢謙益冠首，又列戴名世名，進御請賜序，允之，而深斥其選次失當，命廷臣精校去留，鋟版行世。其後寵眷漸衰，至身後奪秩追謚撲碑，未始不因乎此。王昶《蒲褐山房詩話》：「侍郎少遊學吴江葉星期燮之門，葉居横山，故阮亭尚書云：『横山門下尚有詩人。』」《詩話》止此。公以一言之感，終身不忘。阮亭少時受知于錢謙益，錢贈阮亭詩有「勿以獨角麟，儷彼千牛毛」之句。公選國朝詩，追溯師友淵源，故以錢居首，初不意以此忤旨也。先是，鄂文端爾泰爲江蘇布政使，刻《南邦黎獻集》，沈時爲秀才，得與其選。後此本進呈御覽，沈之受知自此始也。此袁枚《隨園詩話》所載事，不誣也。此《詩鈔》皆未通籍以前之作，始康熙庚辰，終雍正癸卯，時年五十矣。自分此生終老牖下，留此數卷之詩以存没世名稱之意，初豈意六十六歲晚達，不十年位至春卿，又優游林下二十餘年，壽至期頤而逝，此真千古詩人未有之奇遇也。公論詩尚格調，于時隨園主性靈，兩家門弟子不免互相訾謷。實則尚格調者失之太拘，主性靈者失之太放。平心論之，尚格調者必以温柔敦厚爲教，不失風雅之遺；主性靈者必以恣肆蕩跌爲能，殊乖比興之旨。今兩家之集具在，袁集獨風行于坊肆間，毋亦下里巴人和之者衆邪，然沈亦非陽春白雪之音也。

〔一〕「三」原訛作「二」，據中華書局一九八七年版《清史列傳》改。

〔二〕「鄉」原訛作「卿」，據乾隆刻本《小倉山房文集》改。

歸愚文鈔二十卷餘集六卷詩鈔二十卷餘集七卷矢音集四卷歸田集二卷台山遊草南巡詩八十壽言九十壽言共一卷浙江通志圖説一卷説詩晬語一卷 乾隆以來家刻本

沈文慤德潛未通籍以前刻有《竹嘯軒詩鈔》十八卷，前有跋已詳。此各種皆通籍以後併前刻詩鈔重編陸續刊行者也。公文本學汪堯峯琬，詩學先祖星期公燮。中年皆有變化，文則由堯峯上溯震川，以八家爲歸宿。詩則古體必宗漢、魏，近體必宗盛唐，于工部、昌黎、義山、東坡、遺山，下至青邱、空同、信陽、臥子、漁洋兼取其長。純廟御製公全集序謂其遠陶鑄乎李、杜，近伯仲乎高、王。知臣莫若君，是足爲公詩定論矣。公以諸生晚達，未十年而官至春卿，請老在籍食俸，疊晉宫銜。然皇上能與之以恩不能與之以壽也，乃得天獨厚，優游林下又二十年，壽至期頤卒，謚文慤。當休致回籍，上親賜「詩壇耆宿」扁額以寵其行，既而改「耆碩」，曰：「年老之人，堅固自守，同于碩果，不食，以後發榮滋長也。」二十七年上南巡，迎駕常州，賜「九衮詩仙」扁額，天眷之隆，洵古今詩人所罕見。其後門下士王光禄鳴盛、錢詹事大昕、王司寇昶、曹侍講仁虎、趙光禄文哲、吳舍人泰來、黄明府文蓮號吳中七子，承其衣鉢，暢衍宗風。同時雖有隨園與之異同，而所選古詩、唐詩、國朝詩幾于家絃户誦。誠以前有好文之天子爲之褒揚，繼有出藍之門生爲之沆瀣。趙秋谷有言：「詩人只論官閥，毋亦人情勢利有如此耶？」

淩雪軒集六卷 乾隆甲子刻本

《淩雪軒集》六卷，徐夔撰。沈德潛《國朝詩別裁集》二十七：「徐夔，字龍友，江南長洲人，廩生，著《西堂集》。龍友負才高俊，讀書一二遍，終身不忘。與予結詩課時，專學昌黎，芒角四露。之廣東學幕後，醉心義山，謂以男女會合喻君臣得風騷宗旨，格律又一變矣。年五十歿於廣南。櫬歸，廣南詩散失。兹所收者皆向年朋舊論文時作，讀其詩猶見其尊酒澆胸氣概也。」本集前附邵泰撰小傳云：「年十四能文章，不屑屑舉子業。研精六籍，博聞强記，力探作者精意，一句一義少有牴牾。必穿穴古今訓詁疏通證明而後已。專門詩學，筆力雅健而深思汲古，不爲苟作。原本風騷，淩躐漢、魏，出入於三唐，而又非徒觽觿焉摹其色象仿其音節也。君恥爲邯鄲之步，而食古而化，有冰寒于水之奇。含毫邈然，風骨高邁，晚年詩律彌細，而蹊徑不存，直欲與古人馳騁千載之上。所遺《淩雪軒詩稿》六卷，蓋吉光之片羽，其標格略可見矣。君爲義門何先生入室弟子，師承有素。爲人意氣如虹，肝腸如雪，其發爲詩文，稱心而出，自有真性情行乎其間。所謂惟其有之是以似之者歟？」按，龍友詩實未有過人之處，沈、邵之推尊未免近于阿好。大抵吳中詩人多與歸愚相近，邊幅修潔，聲律和平，詞句之間不使有半字疵纇，然規矩嚴而變化少，作者讀者皆覺其無深趣。故長洲一派時起時伏，不能如隨園之逢時利見也。

詠歸亭詩鈔八卷在亭叢稿十二卷 乾隆十七年十八年刻本

《詠歸亭詩鈔》八卷《在亭叢稿》十二卷，李果撰。王昶《湖海詩傳》：「李果，字碩夫，號客山，長洲人。布衣，有《詠歸亭詩鈔》。」《蒲褐山房詩話》：「客山艱苦力學，忍饑誦經。衡門兩板，竟日翛然。良友至，輒呼小童取一錢，就茶室潑茗共啜之。樵蘇不繼，怡然自得。巡撫宗室雅公嘗過次山侍御，叩以吳中隱君子，侍御對以客山及惠松厓公，遂往造焉，避不見，時論兩賢之。其後詔徵經學，總督黄文襄以松厓薦，亦雅公推轂也。」石韞玉《蘇州府志·文苑》六：「李果，字碩夫，號客山。四歲能誦漢、唐詩，八歲病瘧，夢有人剖其腹，出腸胃浣諸河，已納之，覺而瘧如失，自此文思穎發。十二歲而孤，十四歲學爲古文辭，應童子試，旋棄去，入官舍傭書以供養其大母及母。從進士葉燮遊，刻苦爲詩文，遂有名。長沙陳鵬年令衢之西安，見其詩大稱之，手書招往，不赴。陳擢守江寧，過吳門訪得之，大喜。繼守蘇州，果不往見。及鵬年訟繫京口，果徒步四百里省視。自謂詩學少陵，參以右丞、襄陽、左司，返乎漢、魏；文自廬陵入，歸本六經，以希昌黎。其紀事頗縱横宕逸，得司馬子長之一體。知言者以爲然。雍正、乾隆間，詔求博學鴻詞及山林隱逸，總督高其倬、巡撫雅爾哈善先後欲薦之，皆力辭。先是，雅公守蘇州，修郡志，聘果分纂，書成，果力爲多。母卒，大吏請之，不應。日鬻文以自給，卒年七十三。著有《詠歸亭詩鈔》、《在亭叢稿》若干卷。」沈德潛《國朝詩別裁集》：「客山詩格蒼老，一洗肥膩。有一二字未安，屢改不倦。晚年文譽靄鬱，過吳門者争識其面，幾以魯靈光目之。」袁枚《隨園詩話補遺》一：「康熙末年，布衣能詩者金陵有屈思齊景賢，蘇州有李客山果。二人俱落落孤高，與朱草衣別一風格。」按，客山早從先族祖横山先生遊，與歸愚尚書、薛生白徵君同學友善。横山公論詩主「生、新、深」三字爲宗旨，故三人者雖仕隱各異，而皆力追正始，一洗緐縟之音。客山詩文集流傳頗稀，余丙辰以後還吳，時時過閶門書肆訪之，積年始獲一部。翻讀一過，知其烹練功深，無一閒句閒字。其于横山公一派可云衣鉢相承，宜其于康、雍之間吳門諸子羣推爲詩壇耆宿也。

青嶁遺稿二卷 乾隆辛巳刻本

《青嶁遺稿》二卷，盛錦撰。沈德潛《國朝詩別裁集》三十：「盛錦，字庭堅，江南吳縣人，諸生，著有《青嶁詩鈔》。青嶁詩從大曆以下入手，層累而上，風格漸高。至入蜀，詩得江山之助，沈雄頓挫，直欲上摩漁洋之壘以仰窺少陵。蓋漁洋詩以《蜀道集》爲最勝也。遊京師，王公以下多折節下交，以不耐冗雜歸。丙子歲歿。是歲，周子迂村、朱子木鳶、汪子山樵相次歿，吳下詩壇黯然無色矣。予告歸後，時與青嶁商榷，尤深人琴之感云。」王昶《蒲褐山房詩話》云：「青嶁詩以《入蜀》爲第一，世人輒以杜少陵、王新城爲比，然不知少陵由秦階經桔柏渡而至劍閣，新城乃從鳳翔、寶雞經漢中以至寧羌，陸路不同。青嶁取道歸州，穿夔、巫入成都，即吳漢伐公孫述之路，亦即放翁入蜀、新城出蜀之路，其地雖皆屬天彭井絡，而山川形勢迥殊。放翁雖有『鐵馬西風大散關』之語，其後封爵渭南，而南北棧實未按轡及之。故諸公摹寫山水，各傳其勝，論詩者乃并爲一談，宜見笑于通人也。」按，青嶁詩與歸愚尚書同一宗派，故述庵侍郎亦極尊推。《遺稿》經歸愚手評圈點，一一照刻，反復尋繹，所取者皆合乎唐音。當時長洲、隨園兩派風行，長洲老友及其門弟子皆主聲調，不主性靈，而隨園一派則反是。故《隨園詩話》十四于青嶁詩獨稱其《出門》一聯，云：「檢點篋中裘葛具，早知别後寄衣難。」在《遺稿》中如此正不多見也。

小倉山房詩集二十七卷續二卷文集三十五卷外集八卷 《隨園全集》本

《小倉山房詩集》二十七卷《續》二卷《文集》三十五卷《外集》八卷，袁枚撰。李富孫《鶴徵後録》八：「袁枚，字子才，號簡齋，又號隨園，浙江仁和人。廪生，由廣西巡撫金鉷薦，舉乾隆己未進士，改庶吉士，散館以外用，補江南江寧知縣，著有《小蒼山房集》、《隨園詩話》、《隨園隨筆》。先生年十二補博士弟子員，丙辰之粤，撫軍德山，金公試士，以『銅鼓賦』命題，得先生作，擊節不已。薦表有云：『本朝鴻博停五十七年，廪生袁枚裁二十一歲，奇才應運，卓識冠時，臣所特薦止此一人。』先生有啓謝之，旋報罷。聯捷入詞林，乞恩歸娶，一時咸以爲榮。散館改官縣令，歷任溧水、江浦、沭陽、江寧等縣，引疾歸。尋起，赴秦中，以母老陳情致仕，年僅三十二。僑居金陵隨園，頗饒亭榭，水木清華，小倉山色在户牖間。春秋佳麗，彈琴賦詩，當時名公卿莫不以一至隨園爲幸。後進有一藝之長，無不揄揚汲引。青衿紅袖，並列門牆。晚好遊歷，凡武夷、匡廬、羅浮、黄山、天台、雁蕩諸勝，遊屐殆遍，見者疑爲神仙中人。」王昶《浦褐山房詩話》：「子才少舉宏詞，旋成進士，散館出爲縣令。初任江寧，尹文端絶愛其才。既丁憂再起，至陝西，與總督黄文襄差池，上書不省，遂乞病歸。得廢圃于江寧小倉山下，疏泉架石，釐爲二十四景，窗牖皆用五色琉璃，遊人闐集。時吴越老成凋謝，子才來往江湖，從者如市。太邱道廣，無論貲郎、武夫，互相酬唱。又取英俊少年授以《才調》等集，挾之遊東諸侯。更招士女之能詩畫者十三人，繪爲《授詩圖》，燕釵蟬鬢，問業于前，而子才白鬚紅舄，悠然自得。亦以此索當道題句。於是人争愛之，所至延爲上客。子才又擇其精饌，類爲《食單》，梓以行世。故三十年中掃門納屨爲向來名人所未有。才華既盛，矜新鬭捷，不必盡遵軌範。石庵相國在江寧時，聞其蕩佚，將訪而按之。子才投以二詩，即請相見，頓釋前疑，其詩得力於此。然謝世未久，頗有違言。吴君嵩梁謂其詩人多指摘。今汰淫哇，删蕪雜，去纖佻，清新俊逸，自無慚于大雅矣。孫君淵如謂其神道碑、墓志銘諸紀事多失實。予謂豈惟失實，并有與諸人家狀多不合者。即如朱文端公軾、岳將軍鍾琪、李閣學紱、裘文達公曰修，其文皆有聲有色。然予與岳、裘二家之後俱屬同年，而穆堂先生爲余房師李少司空友堂之祖，且予兩至江西，見文端後裔，詢之皆云未嘗請乞，亦未讀其所作。蓋子才遊蹤所至，偶聞名公卿可喜可愕之事，著爲志傳，以驚爆時人耳目，初不計信今傳後也。」錢泳《履園叢話・譚詩》：「古英雄不得志，輒以醇酒、婦人爲結局者不一其人。隨園先生入翰林，時年纔弱冠，散館後改爲知縣，簡發江蘇，歷知沭陽、江寧諸縣事，有政聲，三十五而致仕，享清福者五十年。著作如山，名滿天下，而於好色不免少累其德。余有弔先生詩云：『英雄事業知難立，花月因緣有自來。』

實爲先生惜也。」姚鼐撰《墓誌銘》云：「會開博學鴻詞科，時舉二百餘人，惟君最少，及試，報罷。中乾隆戊午科順天鄉試舉人，次年成進士，改庶吉士，散館又改發爲江南知縣，調江寧知縣。尹文端爲總督，最知君才，君亦遇事盡其所能，事無不舉。既而去職家居，再起發陝西，遭父喪歸，終居江寧。年甫四十，絶意仕宦，盡其才以爲文辭歌詩，足迹造東南山水佳處，皆遍其瑰奇幽渺，一發于文章以自喜其意。四方名士至江南必造隨園，投詩文無虚日。園館花竹水石，幽深静麗，至檽檻器具皆精好，所以待賓客者甚盛。後進少年詩文一言之美，君必舉其詞爲人誦焉。君古文、四六體皆能自發其思，通乎古法，於爲詩尤縱才力所至，世人心所欲出而不能達者，悉爲達之。士多效其體，故隨園詩文集上自朝廷公卿，下至市井負販皆知貴重之。海外琉球有來求其書者。君仕雖不達，而百餘年來極山水之樂，獲文章之名，蓋未有及也。在江寧嘗朝治事，夕召士飲酒賦詩市中，以所判事作歌曲，刻行四方，君以爲不足道，絶不欲人述其吏治云。卒于嘉慶二年十一月十七日，年八十二。」按，《隨園詩話》一：「己未朝考題《賦得因風想玉珂》，余欲刻畫『想』字，有『聲疑來禁苑，人似隔天河』句，諸總裁以爲語涉不莊，將置之孫山。大司寇尹公與諸公力争曰：『此人肯用心思，必少年有才者，尚未解應制體耳。此庶吉士所以需教習也。倘進呈時上有駁問，我當獨奏。』羣議始息。余之得與館選，受尹公知自此始。未幾，上命公教習庶吉士。余獻詩云：『琴爨已成焦尾斷，風高重轉落花紅。』」然壬戌散館，卒改知縣。顧年未三十，作令有聲，不久歸田，唾棄簪組。隨園本爲前人廢圃，得先生略事修造，遂爲白下名園。其人爲曠代所無，其才亦無施不可。時文沾溉場屋，《食單》膾炙郇廚，又無論詩文之多者巨者矣。高宗臨御六十年，海宇乂安，四夷賓報，江南爲繁富之域，六飛巡幸，膏澤在民。先生應運而生，躬逢其盛，承平雅頌，文藻江山，執騷壇牛耳五十年，享名山耆壽八十歲。平時愛才如命，宏奬後生，凡人一詩一句之佳，稱譽不絶于口，如蔣心餘太史士銓、孫伯淵觀察星衍、陶篁村貢生元藻、張船山太守問陶，皆以詩見賞未知名之時，故終身有知己之感。而教主既成，廣大門客不免雜糅。吴嵩梁《石溪舫詩話》稱：「乾隆癸丑冬至金陵，先生即折柬相招，爲余題《拜梅圖》，推以異才。有門下士諷余執弟子禮者，口占示意云：『修竹生來掃俗氛，錦綳繈脱便梢雲。讓他桃李公門下，玉立亭亭祇此君。』蓋恥與噲伍，非不肯師事先生也。身後攻之者太半即其門生故舊，訃至揚州，余與山尊獨爲位哭之。先生嘗以其詩見質，余謂一代作家而非正宗，欲擷其精華釐爲四卷刊以行世，庶令後賢無可指摘，亦藉以報知己于九原也。」梁紹壬《兩般秋雨盦隨筆》一載「趙雲松戲控袁簡齋于巴拙堂太守」，中有云：「結交要路公卿，虎將亦稱詩伯；引誘良家子女，娥眉都拜門生。」又云：「有百金之贈，輒登《詩話》揄揚；嘗一臠之甘，必購《食單》仿造。」蓋先生通脱過甚，雖故交後輩，多有微詞，身後百年，詆之者尤衆。平心論之，先生詩以七律爲擅長，次則七絶，又次則五古，至于七古，才華富贍，奔放有餘，或失之粗浮，或涉于游戲，膽大則手滑，氣盛則言哤，學之者易于成章，而横決隄防，流弊亦正無已。其時沈歸愚尚書力持聲調之説，先生〔二〕則藉「詩主性靈」一語與之抗争。至今尚書一派寂焉寡聞，坊間盛行者惟《小倉山房詩文集》、《隨園詩話》等書，則以其啓人神悟，能使讀者意洽情融故也。平生不慊於漁洋之詩，亦不滿于桐城之文，故所爲文筆力横强，不拘守義法，顧動與古會，直接廬陵、大蘇之傳。駢文則一氣卷舒，寓單行于偶儷，與吴穀人同工，一以疏爽勝，一以整飭勝。近時張文襄合二家而學之，遂成一時作手，知殘膏賸馥無往而不沾溉後人。彼謷謷而持其短長者，豈非蚍蜉之撼大樹耶？余始學詩即購得先生詩文全集讀之，於《詩話》則尤多領悟。後以《詩話》中時詆王漁洋、沈歸愚，因又購王、沈二家集參證其是非，乃知王、沈同爲正聲，先生詆之過甚，其後爲詩漸知有所歸向。然于先生發蒙之功，問心不敢泯没。故考論其行實及諸家之評隲，俾知門户相争，世無定論。余則惟有心悦誠服，不復更有違言也已。

〔一〕「生」原訛作「王」。

古愚詩概六卷　乾隆庚辰家刻本

《古愚詩概》六卷，陳毅撰。王豫《江蘇詩徵》：「陳毅，字直方，號古愚，上元人，監生，著《古愚詩概》，又《羣雅集》。古愚工詩好友，縞紵盡名士。尹文端督兩江，欲延爲鍾山書院諸生説詩，古愚有『餓夫爲將一軍驚』之句，議遂寢。選有所知初、二、三集。子三，文富舉人，官知縣。余有『白下稱三鳳，希蹤吾未能』之句。」按，古愚與隨園交好，《隨園詩話》録其詩最多，大抵與隨園一派相近。《詩話》一：「同徵友萬柘坡光泰，精于五、七古，程魚門讀之，五體投地。近體學宋人，有晦澀之病。陳古漁專工近體，宗七子，故聞魚門稱萬詩，大相牴牾。余爲作跋釋兩家之憾，且摘柘坡近體之佳者以曉古漁。」云云。又三：「貧士詩有極妙者，如陳古愚『雨昏陋巷燭無燄，風過貧家壁有聲』，『偶聞詩累吟懷减，偏到荒年飯量加』，令人欲笑。」又六：「白門張啓人句『書爲重看多折角，詩因待酌暫存雙』，陳古漁亦有句云：『卻恐好書輕看過，摺將餘葉待明朝。』」又七：「陳古漁『花陰拂地香方覺，橋影横波動即無』，押『無』字，妙。」又八：「尹文端和余『飛』字韻云『鳥入青雲倦亦飛』，吟至再三，欷歔不已，想見當局求退之難。古漁有句云：『未遊五嶽心偏切，便到重霄劫又多。』」又云：「詩雖新，似舊纔佳。古漁云：『得句渾疑前輩語，登筵初僭少年人。』」又云：「古漁《路上》詩云：『年來一事真堪笑，只見來船是順風。』」又十二：「古漁《弔六朝松》云：『劇憐兒輩不及見，真似古人難再生。』有東坡風味。」又十四云：「黄莘田詩：『老似嬰兒防飲食，貧如禁體作文章。』嘆其立言之妙，然不老亦不能知。古漁有句云：『老似名山到始知。』」又云：「譏刺語用比興體便不露，陳古漁云：『無名草長非關雨，得暖蟲飛不待春。』皆有所指也。」又十五云：「詩有能令人笑者必佳。古漁《客邸》云：『近來翻厭夢，夜夜到家鄉。』又《哭陳楚筠》云：『才可閉門身便死，書生强健要飢寒。』」《補遺》一：「家常語入詩最妙。陳古漁布衣《咏牡丹》云：『樓高自有紅雲護，花好何須緑葉扶。』」所採諸聯皆醰醰有味，詩外有詩，視隨園爲多内心。謂其學明七子，似東坡，皆非也。古愚詩功甚深，《隨園詩話》八云：「陳古漁云：『今人不知詩中甘苦，而强作解事者，正如富貴之家堂上喧鬧，而牆外人抵死不知何也，未入門故也。』宋人《栽竹》詩云：『應築粉牆高百尺，不容門外俗人看。』」觀其持論，固非偏主性靈者。惟其一生貧困，除隨園外同輩人罕見稱其詩者。《詩話》十四云：「金陵何南園、陳古愚俱能詩而貧，余不能資助，常誦唐人句云：『相知惟我獨，無補與人同。』又《自訟》云：『蘭草同心多半弱，海棠自恨不能香。』」嗟乎，詩人少達而多窮。如古愚者，苦吟一生，即鍾山詩席，雖遇愛才好士之尹文端，亦竟不能爲之謀一脩脯，豈非命哉！

南園詩選二卷《隨園全集》附刻本

《南園詩選》二卷，何士顒撰。張維屏《國朝詩人徵略》：「何士顒，字南園，江南江都人，諸生，有《南園詩集》。」符葆森《正雅集》云：「江蘇江寧人，著有《南園詩鈔》。」按，袁枚《隨園詩話》一云：「人謀事久而不得則心思轉淡，何士顒秀才《感懷》云：『身非無用貧偏暇，事到難圖念轉平。』真悟後語也。其他如『貧猶賣笑爲身累，老尚多情或壽徵』，『書因補讀隨時展，詩爲留删盡數鈔』，皆不愧風人之旨。殁後余聞信，飛遣人到其家搜取詩稿，得三百餘首，爲付梓行世，版藏隨園。」又《小倉山房文集》序何詩云：「何子南園，雖爲秀才，不喜制藝；雖讀書，不矜博覽；雖爲詩，不務馳騁。其志約，故邊幅易周；其思專，故性情易得。」王豫《羣雅集》：「袁簡齋大令云金陵有兩詩人，一爲陳古愚，一爲何南園。陳詩矯健，何詩清婉。」據此則南園知己一生只一隨園。又其籍確是江寧，非江都，《詩徵》誤也。古愚雖貧，猶喜結納，南園則處館爲生，子雲寂寞。《隨園詩話》九云：「何南園館于汪氏，其尊師之禮甚至。後其子非解事者，苛責館課忽嚴，南園賦詩云：『急管繁絃子夜聲，宫商强半不分明。老夫聽慣開元曲，聽到殘唐刻刻驚。』」想見貧士依人之苦，然其詩從容淡泊，娓娓動人。《詩話》摘其五、七言聯句甚多，余獨愛其《望晴》一首，云：「風都有意收殘暑，雲尚多情戀太陽。莫怪人間無易事，一晴天且費商量。」其意未經人道過，讀之殊有餘味也。

一瓢齋詩存六卷抱珠軒詩存六卷吾以吾鳴集一卷舊雨集一卷 康熙庚申、甲申先後刻本

《一瓢齋詩存》六卷《抱珠軒詩存》六卷《吾以吾鳴集》一卷《舊雨集》一卷，薛雪撰。石韞玉《蘇州府志》一百六《藝術》：「薛雪，字生白，號一瓢，居吴郡南園。多學能詩，精醫，與葉桂齊名。生平與桂不相能，名其所居曰『掃葉莊』以寓意，每見葉處方而善又未嘗不擊節也。素善容成之術，年九十外猶御女不輟。善拳勇，嘗手置一銅杖，銘曰『銅婢』，旦夕攜以自隨。喜蓄龜，庭中龜數十，曰：『吾將效其龜息。』所著詩曰《吾以吾鳴集》，行于世。」王豫《江蘇詩徵》一百五十六引阮元《江蘇詩事》云：「生白學詩於葉横山，宗法特正，尤精岐黄，活人甚夥，世稱名醫，與葉天士齊名。丙辰鴻博，生白曾與試，今鮮有知爲詩人者，蓋以醫掩耳。贈汪山樵詩有『曾共金門獻賦時，而今兩鬢各成絲』之句，其明證也。江鄭堂以其集屬論定之。」按，生白薦舉鴻博諸家記録均不載，阮據贈汪詩斷其曾與斯舉似未可信。金門獻賦不必定屬之鴻博也。諸集余皆先後訪得，其《舊雨集》則乾隆辛未五月招宴諸名士水南園之作。袁枚《隨園詩話》三：「乾隆辛未，予在吴門，五月十四日薛一瓢招宴水南園，座中葉定湖長楊、虞東皋景星、許竹素廷鑅、李客山果、汪山樵俊、俞賦拙來求，皆科目奇英，最少者亦過花甲，惟余才三十六歲。是夕大雨，未到者沈歸愚宗伯、謝淞洲徵士而已。葉年八十五，虞年八十有二，俞六十有九。次月一瓢再招同人相會，則余歸白下，竹山還太倉，客山死矣。主人之孫壽魚賦云：『照眼芙蕖半開落，滿堂名士各東西。』」今集中與宴

諸人詩具在也。一瓢詩頗得横山公之傳，但生新而未深耳。《隨園詩話》三稱其《楊花》詩：「飄泊無端疑白也，輕盈真欲類虞兮。」又載其《夜别汪山樵》云：「客中憐客去，燒燭送歸橈。把手各無語，寒江正落潮。異鄉難跋涉，舊業有漁樵。切莫依人慣，家貧子尚驕。」《嘲陶令》云：「又向門前栽五柳，風來依舊折腰肢。」《咏漢高》云：「恰笑手提三尺劍，斬蛇容易割雞難。」《偶成》云：「窗添墨譜摇新竹，几印連環按覆盂。」又十五載其《咏馬》云：「爾不嘶風吾老矣，可知俱享太平時。」皆新穎可誦，不愧詩人之詩。余向閲《詩話》，愛其詩之工，每以未窺全豹爲憾，今幸獲其各集藏之，不可謂非快事矣。

金冬心先生集四卷續集一卷三體詩一卷自度曲一卷雜著一卷隨筆一卷拾遺一卷 同治戊辰杭州丁氏彙刻足本

《金冬心先生集》四卷《續集》一卷《三體詩》一卷《自度曲》一卷《雜著》一卷《隨筆》一卷《拾遺》一卷，金農撰。王昶《湖海詩傳》：「金農，字壽門，錢唐人，布衣，有《冬心先生集》。」《蒲褐山房詩話》：「冬心性情逋峭，世多以迂怪目之，然遇同志者，未嘗不熙怡自適也。中歲爲汗漫遊，遍走齊、魯、燕、趙、秦、晉、楚、粤，卒無所遇而歸。誓願年五十如玉溪生，打鐘掃地，爲清涼山行者。晚寓揚州，賣書畫以自給。書出入楷、隸，本之《國山》及《天發神讖》兩碑。畫梅尤工，頗自矜許。」杭世駿《詞科餘話》七：「錢唐金農壽門，自號冬心先生，嗜奇好古，收儲金石之文不下千卷，足迹半天下。詩格高簡，分隸獨絶一時。有集四卷，自序云：『鄙意所好在玉溪、天隨之間。玉溪賞其窈眇之音而清豔不發，天隨標其幽遐之旨而奥衍爲多，然寧必規玉溪而範天隨哉？予之詩不玉溪，不天隨，即玉溪，即天隨耳。比年爲汗漫遊，遍走齊、魯、燕、趙、秦、晉、楚、粵之邦，或名山大河傾寫胸臆，或荒臺陊殿棖觸古懷，或雨零風欷感賞羇屑，或箏人酒徒飛揚意氣，境會所遷，聲情隨赴，不諧衆耳，唯矜孤吹，此則于詩之大凡也。』」張庚《畫徵續録》：「壽門好古力學，工詩文，精鑒賞。客維揚最久，寫竹師石室老人，號稽留山民。畫梅師白玉蟾，號昔邪居士。又畫馬自謂得曹、韓法。近寫佛像，號心出家庵粥飯僧。其布置花木奇柯異葉，設色尤奇，非復塵世間所覩，蓋皆意爲之，問之則曰：『貝多龍巢之類也。』」按，先生以書畫擅名至今，一幅之直，動至數百金，而其詩集鮮有出重金購藏之者。初刻四卷爲先生手書入木，以羅紋紙印之，字極古雅，余曾取鄭板橋自書詩鈔刻本配之。庚子京師拳亂，余南歸日久，兩書寄存縣人黄策安法丞均隆許，同時遭燬，至今不可再遇，每一憶及，心常慊然。蓋先生本工於詩，爲袁枚《隨園詩話》、杭世駿《詞科餘話》所摘採者佳什佳句幾於割愛不能，況出之以手書，仿之以宋印，安得令人忘情耶？此本多出各種，究不如四卷之精。藏山傳人，唐人有一卷詩名世者，固不必如楊誠齋、陸放翁以多爲貴也。

呑松閣集四十卷 嘉慶己巳刻本

《呑松閣集》四十卷，鄭虎文撰。王昶《湖海詩傳》：「鄭虎文，字炳也，秀水人。乾隆七年進士，官左贊善，有《呑松閣集》。」王太岳《芥子文集》：「君少孤，竭力奉母。母病，禱于神，請減算增母壽。事兄如父，迎寡姊歸老于家，撫諸姪諸甥五十年。親戚故人恃以養葬者無虚歲，就食于其家者無虚日。

囊橐每空，家人以告，君笑曰：『姑强支持，寒餓當共之，毋病吾心也。』君一主河南鄉試，三充順天鄉試同考官，再充會試同考官，提督湖南、廣東學政。家居，主徽之紫陽書院十年，杭之紫陽、崇文兩書院五年。」袁枚《隨園詩話》八：「許太監者，名坤，杭州人。在京師頗有氣焰，而性愛文士。嘗過杭堇圃太史家，採野莧一束去，報以人參一斤。欲交鄭太史虎文，鄭不與通。人疑鄭故孤峭者，然其《咏紅豆》詩頗有宋廣平《賦梅花》之意。紅豆生於廣東。乾隆丙戌，鄭督學廣東，梁瑶峯少宰爲糧道，故彼此分咏。」禮親王《嘯亭雜録》：「承光殿南，乾隆十年建石亭，以置元代玉甕，純廟御製《玉甕歌》以紀其事，命廷臣賡和，以鄭虎文之詩爲最，命刻于甕。」今按，《紅豆》、《玉甕》兩詩今載集中，洵爲佳什。然諸體傑作與此類者甚多。蓋先生性情篤厚，於學無所不通，在詞館以詩受聖主之特知，故衡文之事絡繹不絕。晚主徽、杭講席，嘯歌自適，功力益深。以全集論之，足與杭堇圃、齊次風相抗衡，餘子殆不足數矣。

青虚山房集十一卷 光緒癸巳定興鹿氏刻本

《青虚山房集》十一卷，王太岳撰。王昶《湖海詩傳》：「王太岳，字基平，號芥子，定興人。乾隆七年進士，官至雲南布政使，左遷司業。有《青虚山房集》。」又撰《行狀》云：「公諱太岳，字芥子。以乾隆六年辛酉舉于鄉，明年壬戌成進士，改庶吉士，十年授翰林院檢討，十九年授侍講轉侍讀，二十年補甘肅平慶道，二十三年調西安督糧道，三十三年擢湖南按察使，三十六年調雲南按察使。三十七年擢布政使，是年以審擬逃兵寬縱落職。四十二年命在《四庫全書》館爲總纂官，四十三年仍授檢討，四十七年擢國子監司業，後三年而終，年六十有四。公以弱冠入詞林，海内交推其文學。而公篤志於經世之學，所至必爬梳剔抉，據今考古，咨民之疾苦而討論之。在平慶及西安皆有惠政及民。尤留心於水利，著《涇渠志》三卷。及在雲南憫銅政之弊，病民兼以病官，於是上下數十年旁搜博訊，窮源竟委，指利害之所由來，以求補救之術。因條上于總督、巡撫，不果行。其後銅政日益困敝，始取其説稍稍用之，然亦不能盡也。是以滇之官吏至今莫不誦習其書。公言經兼訓詁，論道學兼陸、王，詩文自魏、晉迄于唐之杜、韓、柳，皆能擬其形容而契其意旨。有《芥子先生集》二十四卷。祀以癸酉鄉試獲出公門下蓋三十餘年，知公之行事爲詳，綴其要者著之，其亦公之志也。」又《蒲褐山房詩話》：「先生詩宗魏、晉，下及唐人，醇古淡泊，可稱高格。與邵叔宀、鄭誠齋、顧密齋諸同年以文字相切磋，才名甚著。自雲南罷歸，復直四庫館，授司業，居海淀之太平莊，憔悴以終老。」按《行狀》，先生有《芥子詩集》二十四卷，此僅十一卷，凡詩二卷，文三卷，《涇水考》一卷，《答學徒》一卷，尺牘四卷，爲定興鹿文端傳麟刻本。鹿序云：「猶子瀛理從盛伯希祭酒假得寫本録副，寄余關中付梓。王惕甫嘗爲先生集序云：『寫其文十之九詩十之五編爲《青虛山房集》若干卷。』此本約略相同，或即王氏本歟？」據此則先生集久不傳，賴此鈔存，猶得見其一鱗一爪。集中古體殊多傑作，於唐人杜、韓、柳三家近之，近體無多。大約經惕甫删存或猶未及其半耳。然觀《湖海詩傳》及符葆森《正雅集》所選皆不出此本外，則此本固删本中之全者也。洪亮吉《北江詩話》二云：「王芥子有《牡丹》

詩一聯云：『相公自進姚黄種，妃子偏吟李白詩。』爲一時傳誦，然究傷纖巧。」今《牡丹》詩集中不載，殆經惕甫所删者。嗟夫，先生功業未遂，詩文之傳若存若亡。余向遍搜《乾嘉詩壇點將録》中諸家詩，獨於先生〔二〕集留心訪求，迄未一遇。此雖近刻固當與孤本同其珍祕矣。

〔二〕「生」原訛作「王」。

太谷山堂集六卷　乾隆甲戌刻本

《太谷山堂集》六卷，夢麟撰。王昶撰《神道碑》云：「公蒙古人，西特魯氏，諱夢麟，字文子，號午塘，又稱太谷山人，隸正白旗。乾隆九年六月補縣學生，九月鄉試中式。明年會試成進士，改庶吉士，十三年散館授檢討。二十二年調工部侍郎，七月調户部。二十三年復調工部，署翰林院掌院學士。時疾已亟，及遺疏上，賜祭葬如例，年僅三十有一。初著有《行餘堂詩》，入詞館有《紅梨齋集》，在江蘇學政删定爲《夢喜堂集》，後爲《太谷山人集》六卷，長洲吴泰來刻之行於世。」《欽定八旗通志》：「《太谷山堂集》六卷，夢麟撰。初編名《夢廬集》，此其重訂之本也。卷首皆樂府，合古近體共成六卷。其詩才氣魁卓，筆意峭厲，蓋生平沈浸古籍，故用筆不落恒蹊云。」阮葵生《茶餘客話》云：「近日稱詩者推沈宗伯、夢司空兩家，沈以老諸生白首通籍，年幾七十，不數載致身卿貳，年登期頤。夢以韋、杜之胄，具班、馬之才，十八官翰林，二十三官國子師，二十四躋八座，三十一而終其福命，何相殊也。今兩家詩集具在，一以人勝，一以天勝。人勝者可學，而致天勝者不可學而能也。」沈德潛《國朝别裁詩集》：「文子樂府宗漢人，五古宗三謝，七古宗杜、韓。雖不能至心嚮往之，不必議其不醇也。近日臺閣中無逾作者，倘天假以年，烏容量其所到？」張維屏《聽松廬詩話》：「先生未弱冠而入詞垣，未三十而躋八座，屢掌文衡，進參機務。而其爲詩，五言則蕭寥澄曠，七言多激楚蒼涼。方處春華之時，已造秋實之境，蓋得于天分，非人力所能與也。」按，侍郎得名最早，又少年致身通顯，可云福慧兼全。設使天與以沈宗伯之耆齡，地處于袁隨園之退隱，則當時詩壇牛耳主盟，豈伊異人。而乃玉折蘭摧，修文遽赴，豐其名而嗇其壽，致後人讀其遺集，慊然遺恨于中。則憐才之意，人所同也。然自古才人文士，王子安年二十八，李長吉年二十七，徐昌穀年三十三，高季迪年三十九，何景明亦三十九，皆年未滿不惑而學成名立，爲千古傳人，若使再享高年，成就亦不過如此。然則侍郎雖曇花一現，較之庸庸富貴、没世無聞者不猶爲得天獨厚耶？

銅鼓堂遺稿三十二卷 乾隆五十三年公子淳刻本

《銅鼓堂遺稿》三十二卷，查禮撰。《國史》本傳：「查禮，順天宛平人。由監生捐納主事，乾隆十三年選授户部主事。十四年正月命揀發雲南，以同知用，尋改廣西補慶遠府同知。十八年廣西巡撫奏保記名以知府用，升太平府知府。二十七年丁母憂，三十年服闋〔一〕，三十一年授四川寧遠府知府，三十三年遷川北道，三十四年調松茂道。三十六年小金川逆酋滋擾，總督阿爾泰請懾以兵威，檄禮總理糧務。三十七年二月大兵分三路進剿，諭派查禮專司督運四路糧餉，八月以糧運遲誤革職，留軍營效力贖罪。三十八年閏三月總督劉秉恬奏委暫駐美諾，接辦總兵五福降番事宜，諭令署理松茂道，仍帶革職留任，十月總督富勒渾奏禮急公能事，加恩實授。三十九年諭查禮在軍營隨辦糧務向稱得力，所有從前革職留任之處著加恩開復。四十一年金川平，九月回本任，敍功賞戴花翎。四十四年遷按察使，四十五年升布政使。四十七年九月擢湖南巡撫，十二月入覲。四十八年卒于京。子淳。」大理寺少卿吕星垣撰墓誌銘云：「乾隆四十七年十二月晦四川布政使查公擢湖南巡撫入覲，終于家，春秋六十有八。越歲甲辰冬，公子淳將葬公某鄉某原，以《狀》示星垣，請銘墓。按《狀》，公姓查氏，諱禮，字恂叔，一字儉堂，號鐵橋。早慧力學，博通經史，曾舉博學鴻詞，屢試不第，援例授户部主事，外除慶遠府理苗同知，遷廣西太平府、四川寧遠府知府，遷松茂道，擢四川按察使、布政使，晉巡撫。公歷治苗疆，政績卓著。其在松茂道任於金川兵事歷始終，功成師旋，撫綏善後，公之功偉焉。公爲藩成都，繕城郭，實倉庫，省囹圄，整理書院、義學，喜登眺憑弔，磨厓勒石，嘗葺杜甫草堂。公餘從賓客觴詠，好藏法書名畫。書法學黄山谷，間喜畫梅。傳《銅鼓堂遺稿》，得古今體詩、詩餘、雜文三十二卷，子淳梓行之。又羅致秦、漢官私印五百餘方，子淳集爲譜。既老，執卷不倦，布衣儒生，蕭然高致，猝然見者不知其爲公也。」王昶《蒲褐山房詩話》：「中丞好吟咏，喜賓客，尤嗜古印章，金、玉、銅、磁，自吾子行、王厚之而下，名人鐫刻者無所不備，藏弆至千有餘。生平蒞蜀最久，而居西南松藩徼外者十嘗七八，崎嶇險阻，爲羌人所服。偶歸省，重築楊文憲升庵招邀爲文酒之讌會。然亨衢初達，遽賦龍蛇，此勞臣志士所爲扼腕太息也。」按，公曾舉博學鴻詞，杭世駿《詞科掌録》、李富孫《鶴徵後録》均不載，而符葆森《正雅集》小傳云：「查禮，字恂叔，一字魯存，號儉堂，順天宛平人。監生，乾隆丙辰薦舉博學鴻詞，嗣以部郎官至湖南巡撫。著有《銅鼓書堂集》。」顧光旭《遺稿》序亦云舉鴻博，不知何據。然公不由科第起家，鴻博之舉薦與否亦無關輕重。集凡詩二十四卷，二十五卷至二十七卷爲詩餘，二十八卷至三十一卷爲文，三十二卷則詞話也。公弱冠即蜚聲文苑，與其兄蓮坡稱「二難」。蓮坡狎主齊盟，海内詞人靡不向風景慕。當時所謂查氏水西山莊者，賓客文讌之盛，與廣陵馬氏玲瓏山館遥遥相望。公困京兆試，納貲爲郎，出守四川，洊升川藩。時朝廷征小金川，總理糧務及降番事宜。迄于事平，晉湖南巡撫。其間所歷荒徼崎嶇之境，軍事成敗之因，託于詩歌，情真事當，雖杜工部號爲詩史無以過之。而其掞藻修詞，句斟字酌，千錘百鍊，仍復動合自然，由其萬軸羅胸，借舌于筆，故能閎中肆外，聲情兩兼。世並不以其功業而掩厥詩名，豈非才力足以振動一世哉！其于詞工力尤深，殊有南宋姜、張雅韻。觀于詞話之作可知其用心專而用功久，非徒以長短句爲擅長者已。

〔一〕「闕」原誤「閲」，據上海古籍出版社影印《二十五史·清史稿》改。

蘀石齋詩集二十四卷文集二十六卷 家刻本，無年月

《蘀石齋詩集》二十四卷《文集》二十六卷〔二〕，錢載撰。《國史》本傳：「錢載，浙江秀水人。乾隆十七年進士，改庶吉士，散館授編修，遷右中允、右庶子，擢侍讀學士、詹事府少詹事、詹事府詹事。四十五年擢禮部左侍郎，四十八年三月休致，五十八年卒。」王昶《湖海詩傳》：「錢載，字坤一，號蘀石，秀水人。乾隆十一年進士，官至禮部侍郎。有《蘀石齋詩集》。」《蒲褐山房詩話》：「蘀石襟情蕭曠，真率自如，性

豪飲。嘗偕朱竹君學士、金輔之殿撰，陳伯恭、王念孫兩編修過余，冬夜消寒，卷波浮白，必至街鼓三四下。時竹君推戴東原經術，蘀石獨有違論，至學問可否得失處，蘀石顴發赤，聚訟紛拏，及罷酒出門，斷斷不已，上車復下者數四。月苦霜濃，風沙蓬勃，他客佇立以竢，無不掩口而笑者。詩率然而作，信手便成，不復加以研鍊。」法式善《梧門詩話》：「蘀石侍郎，雍正壬子副榜，乾隆丙辰舉鴻博，報罷，至壬申聯捷成進士，年四十五矣。是年會試在八月，香樹先生賀詩云：『刻成楮葉少年遲，著論韓公伸紙時。朵殿争看和氏璧，瓊筵笑插菊花枝。』注：『今年會試題即廿年前中副榜題也。』與退之《不貳過論》題事相類。」吳文溥《南野堂筆記》云：「蘀石少宗伯詩體以博大爲宗，神景開闢，不愧作家鉅手。五、七言佳處皆清老蒼秀，合東坡、半山、山谷爲一家。」洪亮吉《北江詩話》：「近日九列中詩以錢宗伯載爲第一，紀尚書昀次之。宗伯以古體勝，尚書以近體勝。漢軍英廉相國亦其次也。」張維屏《聽松廬詩話》：「蘀石侍郎詩不名一家，大要以清真鑱刻爲主。有時或入於澀滯，而必切事以抒辭，有時或出以纖新，而必切景以造句。凡詩中空架門面之語，皆一掃而空之。故集中時有獨到之處。」而述庵司寇乃謂其詩率然而作，蓋未細觀其全集也。又云：「蘀石七律，偶舉其一，如《到家作》第二首云：『久失東牆緑萼梅，西牆雙桂一風摧。兒時我母教兒地，母若知兒望母來。三十四年何限罪，百千萬念不如灰。曝檐破襖猶藏篋，明日焚香衹益哀。』字字沉實，字字動盪，其佳處未嘗不從古人來，卻能於古人之外自成門面。又如《宜亭新柳》第四首云：『寶花倉口起東風，雞唱星懸賦惱公。笛裏關山今是淚，梢頭明月本來空。一聲玉折涼州怨，萬重雲陰杜宇紅。歸去傷心原有路，依然水驛綠煙中。』句句賦物，却句句是悼人，性情風調，一氣融成，尤須看其真氣貫注。」按，袁枚《隨園詩話・補遺》一亦云：「先生吟詩多率真任意，有夫子自道之樂。其《村居》云：『村居誰爲閉門高，夜雨頻添水半篙。楊柳初綿亞文杏，木蘭如玉照櫻桃。王官谷小雲同住，華子岡深犬夜嗥。短杖一枝扶便出，西軒北陌又東臯。』《先人〔二〕別業》云：『屋于高處非忘世，志欲終焉此讀書。』皆有駘宕之致。」蓋先生詩學有根柢，不肯人云亦云，故能刊落浮華，獨標真諦。司寇出歸愚門下，宗派兩不相同，在先生刻意求新，而司寇以爲不加研鍊，蓋甘苦各有所得也。文則全未脱考據習氣，雖非正軌，然非績學多聞不能下筆。此與復初齋文同當别論云。

〔一〕「卷」原訛作「集」，據前標目改。

〔二〕「人」原訛作「生」，據《隨園詩話》改。

郎園讀書志卷十二

集部　別集

復初齋詩集六十六卷文集三十五卷　詩嘉慶甲戌刻本，文道光丙申公子樹培校刻本

《復初齋詩集》六十六卷、《文集》三十五卷，翁方綱撰。王昶《湖海詩傳》：「翁方綱，字正三，號覃溪，大興人。乾隆十七年進士，官内閣學士，左遷鴻臚寺卿。」《蒲褐山房詩話》：「覃溪年甫及冠已入詞垣，而精心績學，宏覽多聞。所著《兩漢金石記》，剖析毫芒，參以《説文》、《正義》，幾欲駕洪文惠而上之。近年研精經術。嘉慶己未，余入京師〔一〕，見其方考《禹貢》、《顧命》兩篇諸儒同異，相與辨難，齗齗竟日。詩宗江西派，出入山谷、誠齋間。雖嘗仿秋谷《聲調譜》取唐、宋大家古詩審其音節，刊示學者，然自作亦不能盡合也。」張維屏《聽松廬文鈔》：「覃溪先生論詩，謂漁洋拈『神韻』二字固爲超妙，但其弊恐流爲空調，故特拈『肌理』二字，蓋欲以實救虚也。《復初齋集》中詩幾于言言徵實，使閲者如入寶山，心揺目炫，蓋必有先生之學而後有先生之詩。世有空疏白腹之人，輕詆先生之詩，妄矣。先生既歸道山，詩集僅刻

至六十六卷，亦闕而未全，俟他時訪得其詳補成之。」按，復初齋詩自諸經注疏、史傳考證以及金石牌版文字，皆貫徹洋溢于其中，雖生平瓣香少陵、東坡，服膺遺山、漁洋，而自爲之詩生面特開，不唐不宋。洪亮吉《北江詩話》：「有誤傳翁閣學方綱卒者，余輓詩云：『最喜客談金石例，略嫌公少性靈詩。』蓋金石學爲其專門，詩則時時欲入考訂也。後乃知誤傳，而詩已播于人口，或公聞之亦不以爲怪耳。」余謂北江輓句是公詩定評，然余偶憶《隨園詩話》十四載公《爲明趙文毅五世孫王槐以玉觥銀船向山左顔衡齋易文毅友許庶子國贈文毅兕觥》七古一首，後八句云：「顔公奉觥向君笑，趙叟傾心誓將報。兕觥多年逢故人，叟泣還鄉告家廟。昔人贈觥事偶然，今日還觥世更傳。譜出兕觥新樂府，壓倒米家虹玉船。」宛轉關生，頗有使筆如舌之妙，則公詩亦有不爲考訂所累而自見性靈者，惜乎集中不多見也。文則考證金石碑版及題跋書畫之作居多。其佚稿未刻者近有南潯劉氏編次詩二十四卷，文四卷，然尚有未盡者。公享年最高，著書甚富，身後門户衰落，手蹟爲收藏家秘匿，無好事者爲之收拾補刊。曾見江陰繆氏藝風堂所藏文稿百餘篇，即未入集者。藝風没後，不知散落何所矣。

〔一〕「師」原作「帥」，形近而訛。

響泉集十二卷 乾隆乙未刻本

《響泉集》十二卷，末二卷爲大小令，顧光旭撰。王昶《湖海詩傳》：「光旭字華陽，號晴沙，金匱人。乾隆十七年進士，官至甘涼道，署四川按察使，有《響泉集》。」《蒲褐山房詩話》：「晴沙揚歷中外，雅著循聲，早遂初衣，杜門養母，人尤以風節高之。生平詩文而外尤精書法。今世以工書名者，北則劉相國崇如、孔主事東山，南則梁侍講山舟、王太守夢樓，而嘉興周觀察稚圭及晴沙頡頏其間，殆無愧色。由甘涼道從制府籌運四川軍務，所過蠶叢鳥道，多作詩紀之，丹徒陸炳録入《蜀徼詩鈔》。」又昶爲撰《墓誌銘》云：「君少穎悟，喜獨居，静坐時有所得。乾隆十六年，年二十一，爲邑諸生。明年二月壬申恩科鄉試中式，八月會試成進士，以户部主事用。三年實授山東司，尋擢員外郎。二十四年授浙江道監察御史，三十二年擢工科給事中。三十三年授寧夏府知府，明年調平涼，升涼莊兵備道，時大兵方討金川土司。三十七年文公綬調任四川總督，將君偕行，七月抵成都，十二月署按察使。四十一年兩金川平，君以積勞冒寒，四體麻木，醫治勿效，遂告病，奉旨准回籍。既歸，年方四十六。封君及太夫人同年六十八，君夫婦率子鞠膳進膳，晨夕弗懈，與與緝緝如也。四十二年丁外艱，又十六年而太夫人殁。君卒年六十有七。」《誌》又載：「三十五年甘肅大旱，君口占詩：『輪蹄鳥道羊腸路，溝壑鳩形鵠面人。』布政使胡君季堂抵省，迎，謂曰：『賢二千石涕泣多矣。』按察使畢君沅見君《青嵐山》詩：『産破妻孥賤，腸枯草木甘。』歎曰：『一字一淚，十字千古矣。』回籍過嘉陵江，宿坡仙樓，士大夫爲君立生祠於樓上。君有詩云：『密雲不雨下西川，身上東吴萬里船。多謝漢嘉諸父老，不能載酒侍坡仙。』其標韻如此。」按，《誌》久稱甘肅大旱，君請開賑設粥廠，各縣相率就食，日以萬計，隨給兩月口糧爲歸農資，及秋大熟，甘肅民遂以生全。蓋自入甘、涼以來，目覩饑民慘狀，託之歌詠，藹然仁人之言。長官如胡、畢二公亦儒雅風流，留心民瘼，故事無牽掣，澤及一方。謂非二詩感人之深，未必於賑事所請必允也。君晚年家居，網羅文獻，撰《梁溪詩鈔》四十八卷，余有其書。此《響泉集》遲二十年得之，以傳本絕少也。

春融堂集六十八卷 嘉慶丁卯刻本

《春融堂集》六十八卷，王昶撰。《國史》本傳：「王昶，江蘇青浦人。乾隆十九年進士，二十二年上南巡，召試一等，欽賜內閣中書。二十三年補中書，二十四年在軍機司員上行走，二十九年擢刑部主事，三十一年遷員外，三十二年遷郎中。三十三年京察以府道用，以漏洩查辦兩淮鹽引案革職，九月雲貴總督請帶往軍營效力，十月賞給主事，十一月補吏部考功司主事。三十八年補員外，四十年補郎中。四十一年升鴻臚寺卿，仍在軍機司員上行走，七月授通政司副使。四十二年遷大理寺卿，四十四年擢都察院左副都御史。四十五年授江西按察使，丁母憂，四十八年服闋，補直隸按察使，調江西。五十年署陝西布政使，五十一年遷雲南布政使，五十三年調江西。五十四年授刑部右侍郎。五十五年請假回籍省墓，十二月回京。嘉慶十一年六月卒。」江藩《漢學師承記》：「先生諱昶字德甫，號述庵，一字蘭泉，又字琴德。生而開敏，四五歲時能背誦周伯弼《三體唐詩》。年十八應學使試，以第一入學。是年得韓、柳《文集》、《歸震川集》、張炎《山中白雲詞》，讀而愛之，乃肆力于古文辭。乾隆十八年癸酉鄉試中式，十九年甲戌成進士，歸班候選。二十二年高宗南巡，獻賦，欽定一等第一，授內閣中書。五十四年授刑部侍郎，五十七年休致。在京師與朱笥河先生互主騷壇，有『南王北朱』之稱。歸田後往來吳門，賓從益盛。主浙江敷文書院講席三年。卒于家，年八十有三。先生于學無所不窺，尤邃于《易》。詩宗少陵、玉谿，而參以韓、柳。古文則以韓、柳之筆發服、鄭之藴。功業文章，炳著當代，求之古人中豈易得哉！」按，侍郎爲沈歸愚尚書門下，詩文皆有師法，而等身著述有其過之。所選《湖海詩傳》，以聲調格律爲主，全本于歸愚。洪亮吉《北江詩話》一謂其病在於以己律人，而不能各隨人之所長以爲去取，似尚不如《篋衍》、《感舊》之不拘一格也。余謂侍郎自作詩文，規律謹嚴，典贍詳實，與《詩傳》所選之詩若合符契。蓋其宗旨已定，不肯隨人轉移，其短處在于以己律人，其長處正在能陶融百家而自成門户也。古來選家大都如此，諸家全集容有不藉選本以傳者。彼其廬山真面，讀者自能盡窺其長，又奚必以選者之去取爲輕重哉？

西莊始存稿三十卷 乾隆三十一年刻本

《西莊始存稿》三十卷，王鳴盛撰。王昶《湖海詩傳》：「王鳴盛，字鳳喈，號禮堂，嘉定人。乾隆十九年進士，殿試第二人及第，官光禄寺卿，有《耕養齋集》。」《蒲褐山房詩話》：「禮堂以大考翰林第一，由編修擢内閣學士。典試閩中，以多用驛馬降光禄寺卿。丁憂後不復出，移居吴下。先時與惠松崖交深，究羣經古義，著《尚書後案》及《軍賦考》，皆闡發鄭君之説。又爲《十七史商榷》，更著《蛾術編》，列十門，學無不該。文宗遵巖、震川，詩兼綜三唐。初爲沈文慤入室弟子，既而旁涉宋人，後復守前説。於空同、大復、鳳洲、臥子及國初漁洋、竹垞咸服膺無間，故轉益多師，終歸大雅。」錢大昕撰《墓誌銘》：「西沚先生里居三十餘年，日以經史詩古文自娱，嘗取杜少陵詩句以西莊自號，學者稱西莊先生。西莊之名滿天下，頃歲忽更號西沚。予愕焉，諷使易之，不可。私謂兒輩曰：『沚者，止也。汝舅其不久矣？』大昕爲先生妹壻。幼時奇慧，四五歲日識數百字，長習四書義。才氣浩瀚，有名家風度。在吳門與王琴德、吳企晉、趙損之、曹來殷倡和，沈尚書歸愚以爲不下嘉靖七子。又與惠徵君松崖講經義，知訓詁必以漢儒爲宗。所撰《尚書後案》專宗鄭康成，鄭注亡佚者采馬、王補之，自謂存古之功與惠氏《周易述》相埒。又撰《十七史商榷》百卷。蚤歲論詩溯源漢、魏、六朝，宗仰盛唐，中年出入香山、東坡，晚年獨好李義山，謂少陵以後一人。前後吟詠甚富，手自定爲二十四卷。王琴德謂其以才輔學，以韻達情，粹然正始之音，非虚憍恃氣者所及。古文紆徐醇厚，用歐、曾之法，闡許、鄭之學，一時推爲巨手。又撰《蛾術編》百卷，其目有十，曰説録、説字、説地、説制、説人、説物、説集、説刻、説通、説系，蓋仿王深寧、顧亭林，而援據尤博贍焉。」袁枚《隨園詩話》九：「王西莊光禄爲人作序云：『所謂詩人者，非必其能吟詩也，果能胸境超脱，相對温雅，雖一字不識，真詩人矣。如其胸境齷齪，相對塵俗，雖終日咬文嚼字，連篇累牘，乃非詩人矣。』」可見光禄平日論詩之旨。此稿乃其門下所編刻，一卷至十四卷爲詩，十五卷至三十卷爲文。《湖海詩傳》所選《耕養齋集》即其冠首者也。錢《墓誌》稱其詩手自删定者二十四卷，江藩《漢學師承記》傳載同，蓋其晚年定本。然手定之文若干卷，則皆未詳。存此以見一斑，亦正不必定窺全豹矣。

潛研堂文集五十卷潛研堂詩集二十卷詩續集八卷　嘉慶丙寅家刻全集本

《潛研堂文集》五十卷《潛研堂詩集》二十卷《詩續集》八卷，錢大昕撰。江藩《漢學師承記》：「錢大昕，字曉徵，一字莘楣，號竹汀，先世自常熟徙居嘉定，遂爲嘉定人。年十五爲諸生，有神童之目。乾隆十六年高宗南巡，獻賦行在，召試舉人，以内閣中書補用。乾隆十九年成進士，散館授編修。二十三年大考翰詹，一等一名，擢右贊善，尋遷侍讀。二十八年大考，一等三名，擢侍講學士。三十七年改侍讀學士，擢詹事府少詹事。己卯、壬午、乙酉、甲午充山東、湖南、浙江、河南主考官。庚辰、丙戌充會試同考官，主考河南，授廣東學政。明年夏丁外艱歸。嘗謂官至四品，可以歸田，故奉諱家居，遂引疾不出矣。嘉慶九年十月二十日，卒于紫陽書院，年七十有七。」王昶撰《墓誌銘》：「君弱冠與東南名士吳企晉、趙損之、曹來殷輩精研風雅，兼有唐、宋。官翰林十餘年，所進應奉文字及御試詩賦，恒邀睿賞，故詩格在白太傅、劉賓客之間。文法歐陽文忠、曾南豐，歸太僕，從容淵懿，質有其文，讀其全集，如見端人正士也。」阮元撰傳云：「大昕始以詞章稱名，沈德潛《吳中七子詩選》，大昕居一。既乃精研經史，因文見道，履蹈粹然，其學于經義之聚訟難決者皆能剖析源流，文字、音韻、訓詁、天算、地理、氏族、金石以及古人爵里、事實、年齒，無不瞭如指掌。《漢三統術》爲七十餘家之權輿，譌文奥義，無能正之者，大昕衍之，據班《志》以闡劉歆之説，正《志》文之譌。二千年已絶之學，昭然發蒙。素不喜二氏書，所爲文淳古淡泊，皆經史精液，不矜張以自雄。詩清而純，質而有法。東南俊偉博洽之士，皆欽其學，高其行，受業門下。」按，先生博聞强記，百學皆通，與王蘭泉、王西莊、吳企晉、趙損之、曹來殷、黃芳亭等同遊歸愚尚書之門，故詩文皆有先正典型，不愧一代作者。而先生精于兩漢之學，且肆力于考訂，宜乎于吟詠之事不免有所分心。乃自壯至老，律益細，功益深，讀者初不知爲考據家言，可知其涵泳之雍容矣。同時戴東原謂人曰：「當代學者，吾以曉徵爲第二人。」蓋毅然以第一人自命。然東原深于漢學，而不能詩，即此已遜一步，又安得爲第一。然則第一不屬之先生而誰屬耶？

忠雅堂集詩二十七卷補遺二卷文十二卷詞二卷 初刻小字本，不題年月

《忠雅堂詩集》二十七卷《補遺》二卷《文集》十二卷《詞》二卷，蔣士銓撰。王昶《湖海詩傳》：「蔣士銓，字心餘，號苕生，鉛山人。乾隆二十二年進士，官編修，有《忠雅堂集》。」《蒲褐山房詩話》：「苕生諸體皆工，然古詩勝于近體，七古又勝于五古。蒼蒼莽莽，不主故常。正如昆陽夜戰，雷雨交作。又如洞庭君吹笛，海立雲垂。信足以開拓萬古之心胸，推倒一時之豪傑矣。君長身玉立，眉目朗然，嵚崎磊砢，肺腑槎枒。遇忠孝節烈事輒長歌以紀之，凄鏘激楚，使人讀之雪涕。夙知音律，意所未盡，放而爲院本，有《芝龕》、《香祖》諸劇，世尤稱之。錢香樹尚書、金檜門總憲先後督學江西，皆待以國士。裘文達公曰：『修嘗以君與彭司空元瑞[二]並薦，上御製詩有「江西兩名士」之目。然司空久直西清，洊登鼎軸，而君卒以編修終，非所謂數定者耶？』乾隆戊申，余以布政使南昌，而君已下世矣。既展其墓，復過所居藏園，攬小鷗波草堂、秋竹山房、釀春花榭、青珊瑚館、邀魚步、茶煙奧、匳月簃、晚晴牖、芳潤齋、綠隱樓諸勝，爲之憮然。」戴璐《吳興詩話》：「蔣心餘太史士銓，祖籍湖州，故號苕生。辛卯來湖，客太守署，有《尋天聖寺觀松雪翁瀟湘煙雨及管夫人竹二畫壁》、《游弁山白雀寺》、《題墨妙亭》、《拜胡安定祠像》五古四首。」婁謙

《北埜閑鈔》三：「蔣心餘太史主紹興蕺山書院，陶成美士甚多，其訓士條規七則可與朱子白鹿洞相表裏。」余按，太史家居，造蕺園，即寓景仰蕺山之意，其號苕生，乃因祖籍湖州之故，僅戴言之或不誣也。太史早負詩名，《北埜閑鈔》二：「蔣心餘太史有『一雁先秋入玉門』之句，當時稱爲『玉門才子』。」袁枚《隨園詩話》一：「余甲戌春往揚州，過宏濟寺，見題壁云：『隨著鐘聲入梵宮，憑誰一喝耳雙聾。梁欐不解無言旨，孤負拈花一笑中。』『山水爭留文字緣，脚根猶帶九州煙。現身莫問三生事，我到人間卄四年。』末無姓名，但署『苕生』二字。余録其詩歸，訪年餘，滌齋先生告以苕生姓蔣，名士銓，江西才子也。且爲通其意。苕生乃寄余詩云：『鴻爪春泥迹偶存，三年文字繫精魂。神交豈但同傾蓋，知己從來勝感恩。』已而丁丑入翰林，假歸，僑寓金陵，與余交好。」自太史通籍後即有袁、蔣、趙三家之稱。《隨園詩話》十四：「趙雲松觀察謂余曰：『我本欲作人間第一流，無如總作第三人。』蓋雲松辛巳探花，而于詩只推服心餘與隨園故也。」又《詩話》四：「桐鄉有程拱宇[二]者，畫《拜袁揖趙哭蔣圖》，其人非隨園、心餘、雲松三人之詩不讀。想亦唐時之任華、荆州之葛清耶！程字墨浦，廩膳生。」又《詩話》六：「甲辰秋，余在廣州，有傳蔣苕生物故者。未幾，接苕生手書，方知訛傳。到桂林，告岑溪令李獻喬明府，李喜，口號一絶云：『狂生有待兩公裁，未便先期一嶽摧。豈爲路逢章子厚，端明已自道山回。』李心折袁、蔣兩家詩，與趙雲松同癖。」足見當時太史與袁、趙齊稱，已爲一時定論。然三家皆以才氣勝，而讀書萬卷則袁、趙二家較蔣過之。且蔣詩筆力縱横，時不免軼足之失。其平生專喜表揚忠孝節義之事，青浦侍郎已極推尊。故《北埜閑鈔》二：「蔣心畬太史有句云：『安肯輕提南董筆，替人兒女寫相思。』」而《隨園詩話》三：「余嘗規蔣心餘云：『子才氣壓九州矣。然能大而不能小，能放而不能斂，能剛而不能柔。』心餘折服，曰：『吾今日始得真師。』」又《詩話》八：「蔣苕生與余互相推許，惟論詩不合者，余不喜黄山谷而喜楊誠齋，蔣不喜楊而喜黄，可謂和而不同。」然因此可見太史之能剛不能柔，亦其性情好尚如此，終身未能改也。又《詩話》一：「嘗規蔣心餘太史云：『君切莫老手頽唐，才人膽大也。』心餘以爲然。」究之太史終身犯此病亦未能改也。善夫，康發祥《伯山詩話》曰：「心餘先生以清醇之質行盤鬱之思，其結構華贍處雖不逮簡齋，組織精緻處雖不如雲松，而識高味厚，品潔才豪，忠孝之言皆從肺腑中流出，出語一二，抵人千百，則又非袁、趙二君所能到也。」是則至平至確之論，三家聞之，亦當俯首心服矣。大抵太史讀書不主博，而于詩則古今名人專集無不羅列在胸。《隨園詩話》十五：「余不解詞曲，蔣心餘强余觀所撰曲本，且曰：『先生衹算小病一場，寵賜披覽。』余不得已爲覽數闋。次日，心餘問：『其中可有得意語否？』余曰：『只愛二句，云：任汝忒聰明，猜不出天情性。』心餘笑曰：『先生畢竟是詩人，非曲客也。』余問何故，曰：『《商寶意《問雷》詩云：造物豈憑翻覆手，窺天難用揣摩心。此我十一個字之藍本也。』」據此則太史於近人詩佳聯亦强記之，供其融治也。

〔一〕「瑞」原作「端」，形近而訛，據嘉慶二八年刻本《湖海詩傳》改。

〔二〕「字」字原缺，據江蘇古籍出版社一九九七年版《袁枚全集》本《隨園詩話》補。

測海集六卷觀河集四卷 《測海集》嘉慶己卯刻本，《觀河集》道光癸未刻本

《測海集》六卷、《觀河集》四卷，彭紹升撰。王昶《湖海詩傳》：「彭紹升，字允初，號尺木，長洲人。乾隆二十二年進士，有《觀河集》。」《蒲褐山房詩話》：「允初爲芝庭先生第四子，家世清華，簪纓相望，自雋南宫即辭膴仕歸，而專心浄業，香燈禪板，幾似黄面頭陀。所著《居士》等集，使讀者咸有樂邦安養之羡，支那撰述無以逾之。然文章流利，亦能識其原委。古文宗法震川，詩亦克承家學，晚年怛化，石君司農稱其已登灌頂位。昔陳思嘗主遮須白傅，亦歸兜率，以今誣古，或不誣也。」梁同書《昭代名士尺牘小傳》：「尺木爲侍講定求曾孫，尚書啓豐子。壯歲即喜浮屠氏之學，禮佛不下樓者四十年。」符葆森《寄心盦詩話》：「尺木自閉關以後，所作詩如出兩手。袁子才先生與尺木書往返辨難生死之説甚明。尺木殆不能勝也。」按，《測海集》卷一爲「列朝聖德詩」；卷二「思賢詠一」詠諸王貝勒，「思賢詠二」詠賢相；卷三、卷四、卷五「思賢詠三」詠名臣；卷七「思賢詠四」詠布衣，「思賢詠五」詠世德。《觀河集》則古今體詩編年分次。《隨園詩話》十四稱其「湛深禪理，多見道之言，不著人間煙火」是也。然其詩兼有格調，選詞鍊句具見功力之深，知其於佛學、詩學貫徹玲瓏，非僅偏于一派也。其文爲《二林居士集》二十四卷，余亦有之。

泊鷗山房集三十六卷 嘉慶癸酉刻本

《泊鷗山房集》三十六卷，陶元藻撰。一卷至十四卷文，十五卷至三十五卷詩，三十六卷則詞也。王

昶《湖海詩傳》：「陶元藻，字篁村，山陰人。貢生，有《珠江》等集。」《蒲褐山房詩話》：「篁村五十年前老名士。乾隆丁丑，余在廣陵，時盧運使見曾大會吳越名士于紅橋，凡六十三人，篁村與焉。有詩云：『誰識二分明月好，一分應獨照紅橋。』爲時傳誦。故余贈以詩云：『勝遊共聽歌三疊，清詠先傳月二分。』嗣後遠别，迴不相聞者四十年。迨余乞恩歸老，來謁雲棲，見篁村題詩在壁。詢之山僧，言昨遊此，矍鑠尚無恙也。既而篁村聞余在武林，來訪，旋寄所刊《珠江》等集，因甄録之。」袁枚《隨園詩話》：「壬申春余過良鄉，見旅店題詩云：『滿地榆錢不療貧，垂楊難繫轉蓬身。離懷未飲先如醉，客邸無花不算春。欲語性情思骨肉，偶談山水悔風塵。謀生銷盡輪蹄鐵，輸與成都賣卜人。』末無姓名，但書『篁村』二字。余和詩有『好疊花牋鈔稿去，天涯沿路訪斯人』之句。隔十三年，勞宗發觀察來江南，云渠宰良鄉時見店壁有此二詩，爲館欽差，故主人將圬去，心甚愛之，鈔詩請于制府方敏慤公，公亦欣賞，諭令勿圬。然彼此不知篁村何許人。壬辰，在梁瑶峯方伯署中晤篁村，乃知姓陶，名元藻，會稽諸生也。以此告陶，陶感三人之知己，而傷勞、方二公之已亡。重賦云：『匹馬曾從燕市趨，橋霜店月已模糊。人如隔世星難聚，詩有同聲德不孤。自笑長吟忘歲月，翻勞相訪遍江湖。秦淮河上敦盤會，應識今吾即故吾。』『三間老屋夕陽村，底事高軒過此門。飛蓋翠摇新蘸墨，華鐙紅照舊題痕。不教畫墁傭奴易，便勝紗籠佛殿尊。惆悵憐才青眼客，幾番剪紙爲招魂。』」按，篁村客揚州，盧雅雨轉運大會名士紅橋，即席賦絶句十章，一時傳誦。而今膾炙人口者，在良鄉旅店一律，則《隨園詩話》流播者遠也。梁紹壬《兩般秋雨菴隨筆》云：

「先生工詩古文詞，兼長制藝，顧南北十上鄉闈不得售。在京師有日者兼精風鑑，謂之曰：『君命中金寒水冷，無分功名。雖然，骨格清奇，不名世，當壽世也。』使相諸郎，則曰：『皆科第中人也。』先生遂絶意進取。二子廷琛、廷璥先後登甲科，出宰劇縣。先生買宅湖山，徜徉詩酒以終。」符葆森《正雅集》引胡如瀛《海嶼詩話》云：「篁村陶丈，初建泊鷗山莊，賦詩四章，吳越人和者甚衆。其詩有『野老門庭雲亦懶，荷花世界夢俱香』之句，一時傳誦。汪槐塘沆傾倒尤甚，贈以詩云：『想見夢香雲嬾處，北窗高臥傲羲皇。』」按，泊鷗山莊在西湖葛嶺之麓，詩人晚福殆無有過之者。所著詩文詞外，尚有《全浙詩話》六十卷、《鳬亭詩話》二卷、《越畫見聞》三卷。余僅有《全浙詩話》，餘未之見也。

靈巖山館詩集四十卷年譜一卷　乾隆庚戌刻本

《靈巖山館詩集》四十卷，畢沅撰；《年譜》一卷，史善長編。《國史》本傳：「畢沅，江蘇鎮洋人。乾隆二十二年以舉人爲内閣中書，軍機處行走。二十五年一甲一名進士，授修撰。三十年升侍讀。三十一年升左庶子，授甘肅鞏秦階道。三十五年授陝西按察使，三十六年升布政使，三十八年授巡撫，五十年二月調河南巡撫，五十一年六月擢湖廣總督，五十九年降補山東巡撫，六十年仍授湖廣總督，嘉慶二年卒于官。」錢大昕撰《墓誌銘》：「公諱沅，字纕蘅，一字秋帆，自號靈巖山人。自少穎悟，六歲張太夫人手授《毛詩》、《離騷》，過目成誦。十歲知聲韻，十二習制舉業，十五能詩。稍長，讀書靈巖山，從沈文慤公德潛、惠徵君棟游，學業益邃。乾隆十八年中順天鄉試，又四年授内閣中書，入直軍機處。二十五年會試中式，名在第二，及廷對，上親拔第一，授修撰。六十年再任湖廣總督。嘉慶二年征苗，留駐辰州，終于辰陽行館，春秋六十有八。生平篤於故舊，尤好汲引後進，一時名儒才士多招致幕府，公務之暇，詩酒唱酬。性好著書，有《傳經表》、《經典文字辨正》、《説文音同義異辨》、《續資治通鑑》二百二十卷，《山海經》、《晉書·地理志》皆有同校注，《關中勝蹟圖》、《西安府志》，關中、中州、山左《金石記》，《靈巖山館詩集》四十卷《文集》八卷。詩文下筆立成，不拘一格。」王昶《蒲褐山房詩話》：「秋帆制府少學詩法於其舅張郎中少儀。登大魁，入詞垣，愛才下士，海内文人咸歸幕府。凡有吟咏，信筆直書，天骨開張，無繪句絺章之習。每逢入覲，必令在南書房矢音賡和。出領彊圻，入參侍從，亦節使中所罕見也。」袁枚《隨園詩話》十一：「吳中詩學，婁東爲盛。二百年來，前有鳳洲，繼有梅村，今繼之其弇山尚書乎？《過吳祭酒舊邸》云：『我是婁東吟社客，瓣香私淑不勝情。』其以兩公自命可知。然兩公僅有文學而無功勳，則尚書過之遠矣。尚書雖擁節鉞勤王事，未嘗一日釋書不觀，手披口誦，刻苦過于諸生。詩編三十二卷，曰《靈巖山館詩集》。靈巖者，尚書早歲讀書地也。」洪亮吉《北江詩話》：「畢宫保沅詩如洪河大川，沙礫雜出，而渾淪淪處，自與衆流不同。平生所作歌行最佳，次則七律。憶其《荆州水災記事》云：『救急城填成死劫，劈空斧落得生門。』又云：『人鬼黄泉争路入，蛟龍白日上城遊。』真景亦云奇景。《至河南使署喜雨》詩云：『五更陡入清涼夢，萬物平添歡喜心。』則又民物一體，不愧古大臣心事矣。」余按，公全集奇警之句極多，洵所謂才大如海者。平生愛才如命，揮金如土，至今流風餘韻獨有令人聞風興起之思。其卒也，吳翊鳳輓詩云：「杜陵廣廈今誰繼，八百孤寒淚下時。」亦可見公之遺愛矣。余因服膺公之爲人，而并喜讀其詩。讀孫淵如星衍贈隨園詩云：「惟有先生與開府，許教人吐氣如虹。」又徐閬齋鑅慶詩云：「弇山制府倉山叟，海内龍門兩扇開。」想見當日老輩宏奬後生，人人感知歌頌，求之今日，豈可得哉？

王夢樓詩集二十四卷 乾隆己卯家刻本

《王夢樓詩集》二十四卷，王文治撰。王昶《湖海詩傳》：「王文治，字禹卿，號夢樓，丹徒人。乾隆二十五年殿試第三人及第，官至臨安府知府，有《夢樓詩集》。」《蒲褐山房詩話》：「禹卿賦才英俊，尤工書，楷法河南，行效蘭亭。入京師，士大夫多寶重之。全侍講魁、周編修煌奉使琉球，挾以俱往，故其詩一變，以雄偉見稱。及歸，以第三人及第，益風流自喜。不四五年出守臨安，又二年被劾東還，遂無意于仕進矣。其時錢唐袁子才壯年引退，以詩鳴江浙間，禹卿繼其後，聲華相上下。年未五十，即耽禪悦，精于《楞伽》、《唯識》二書。晚年刻其詩若干卷，中多秀句，如『將離更唱紅蘭曲，相憶應看青李書』，『煙光自潤非關雨，水藻俱馨不獨花』，『光生明月琉璃地，暖勒餘春芍藥天』，『芳草心情淹妓館，梅花時節上僧樓』，皆堪吟玩。」錢泳《履園叢話·耆舊》：「丹徒王夢樓太守文治，以翰林院侍講出知臨安府。其未第時，嘗爲侍讀全公魁幕客，册封琉球，有《海天遊草》。太守既工書法，詩亦深純精粹，遠過時流。有《夢樓詩集》二十四卷。袁簡齋太史謂其『細筋入骨，高唱淩雲』，非虛語也。書天然秀發，得松雪、華亭用筆。老年全學張即之，未免流入輕佻一路，然較劉文清、梁侍講兩公似有過之。」姚鼐撰《墓誌銘》：「爲雲南臨安府，以屬吏事鐫級去，遂不復就官。君之歸也，買僮教之度曲，行無遠近，必以歌伶一部自隨。客至君家，張樂共聽。海内求君書者歲有餽遺，率費於聲伎。然客去樂散，默然禪定。夜坐脅未嘗至席。持佛戒，日食蔬果而已。其用意不易測如此。君少嘗渡海至琉球，琉球人寶其翰墨。爲文尚瑰麗，至老歸于平淡。其詩與書尤能盡古今之變，而自成一體。君嘗自言：『吾詩、字皆禪理也。』嘉慶七年四月二十六日，趺[二]坐室中而逝。妻女子孫來訣，不爲動容，問身後事，不答。君殆所謂遊方之外與造物爲者。著作文雖工妙，特君寄跡，而況於伎樂遊戲之事乎。卒年七十三。」按，太守不獨名動四裔琉球，人寶其法書，且仙靈亦重其名。韓承烈《説歧》載浄豐宫仙女請先生作催妝詩事，殊爲奇異，云：「華亭張文敏公照與休寧汪尚書由敦、山東曹洛禋學士、錢唐陳兆崙詹事以詩文會諸名士于陶然亭，閣學周煌、修撰金德瑛攜其友人王文治來。王號夢樓，後爲庚辰探花，時方以國學生游京師。少年俊邁，不耐久坐，偕曹學士出亭後，捫草萊而行，愈行愈遠。亭上諸公望之不見，急遣多人蹤迹，不得。俟至日暮，遂各駭散。夢樓固寓周宅，翼日修撰來探問，夢樓于于步歸，争前詢詰。王徐坐答曰：『我初同曹學士走約半里外，覺前路茫茫一派湖水，心以爲異。回顧已不見曹，但見垂楊夾路，細草茸茸，灩瀲波光，空明如鏡。遥望對面山巖青翠濃郁，隱隱然樓閣參差。我兀立岸畔，注目良久，顧有小舟繫于樹陰，雙楫以文杏木爲之。我登舟撥動，微風自後速之，若鼓帆。將振岸，下有紅緑衣女子數人，羣扶登岸。地皆白石甃成階級，朱户洞開，一女鬟引入。堂閣鋪陳富麗，中坐一中年婦人，容貌端肅，服飾華絢。我前長揖，婦命旁坐，曰：「此浄豐宫，四百七十餘年無生人來矣。子亦才子，得覯洞天福地，不爲無緣。頃小女娉珠將嫁漢上緑郎，幸先生作催妝詩，以光奩鏡。」我悚惶甚，辭以言之無文，恐辱嘉命，且未覯神女光儀，何由贊揚盛事。婦人笑曰：「先生何得唐突請見耶，然有雲中君小像可以一覽。」遂有小鬟持玉軸至，則繚雲鬱霧，一淡墨美人，恍若驚鴻游龍，躍躍紙上，題爲「柯九思寫照」。方欲撫玩，已掩卷攜去。我即捉筆作五言律詩十二韻，婦誦之，深爲許可，並云：「愧無潤筆，只好贈宫花兩朵。」然亦未見持送，旋即傳呼令人送歸。我從之出，覺背後有人提之騰空，倏忽間足踏實地，已在板廠衚衕口，是以步行歸寓。』衆譁然，斥爲誕妄。修撰曰：『我輩何不至曹處一探？』周欣然同往。及門，家人出告曰：『今晨下在窪子尋訪，回至祝朝街南口，瞥見主人僵卧于地，挾策來家，幸已灌醒。張大人現亦在此。』周等達寢室，曹語王曰：『我一轉瞬間忽不見汝，正欲找尋原路，來一黑緞袍之人，戴扁巾束寬帶，拽之速走。勉强隨去，在叢樹中穿歷。後至一處，正門封扃，從側首小扉步入。一老翁坐堂上，白鬚飄揚，戴盤金東坡巾，穿寬袖藍袍，舉挽之生，曰：「既蒙先生惠顧，竊有疑義奉質。前明議興獻典禮，孰爲得失？」我曰：「此皆張璁、桂萼阿附世宗，私其所親，誣瀆名禮爲甚，業有定論，何必又問？」翁怫然曰：「先生亦爲是言耶？宋王珪、司馬光等議奉濮王執爲後不顧私親之説，其語不爲無弊，歐陽公引《喪大記》爲降服不没父母之名，後曾鞏作《爲人後》，論於所後者以尊服服之爲降已親之服，不當易其父母之名，楊廷和等首倡皇伯考之稱，是以有天下而薄所親也。興獻王妃入京，若無尊號，是以子臣母，無怪張孚敬之聚喙也。」我聞之勃然怒曰：「何處竊來邪説，敢於翰苑貴人前抗談。」翁亦怒聲曰：「我做官比汝還大，偏汝妄自尊貴。」我忿極，遂摑以掌。翁直前來搏，前黑衣人復至，挾我出門。我且罵且走，旋即迷惘，不知何以歸來也。』衆大笑，詫爲怪事。夢樓亦述所遇。曹所遇藍袍人迄不知何怪。」余謂夢樓爲位業中人，雖墮入文字業障，而性靈不昧，歷刼猶存其詩，通佛果動鬼神，疑當時真有其事。若曹學士與藍袍翁因爭學問各詡官閥，則真滿腹頭巾氣，不值大雅一笑矣。

〔一〕「趺」原作「跌」，形近而訛，據民國三年上海會文堂書局石印本《惜抱軒文後集》改。

樹經堂詩集十五卷續集八卷文集四卷 嘉慶初年前後刻本

《樹經堂詩初集》十五卷《續集》八卷《文集》四卷，謝啓昆撰。王昶《湖海詩傳》：「謝啓昆，字蘊山，號蘇潭，南康人。乾隆二十五年進士，官至廣西巡撫，有《樹經堂詩集》。」《蒲褐山房詩話》：「蘊山爲覃溪少卿入室弟子，篤信師説，故宦轍所至，留心著撰。在京口、邗江，遇古蹟題詠而表章之。又得秋帆制軍《史籍考》未全之本，補綴成書，凡若干卷。至桂林作《粵西金石志》，與覃溪《粵東金石志》並行。又招縣丞王尚玨、孝廉方〔二〕正胡虔等修《廣西通志》，顯微闡幽，搜羅博洽。爲詩不名一家，而詳于詠史，足資後來考證。」姚鼐《墓誌銘》：「公於乾隆二十五年會試中式，次年殿試，以朝考第一名選庶吉士，三十一年授編修。出爲鎮江府知府，又知揚州府、寧國府，擢江南河庫道、浙江按察使、山西布政使，調浙江布政使。今上親政，命爲廣西巡撫。凡三載，嘉慶七年六月乙丑終于位，年六十六。公自少時本以文學名，博聞强記，尤善爲詩。其才宏贍精麗，兼具唐、宋名家之體。所爲《樹經堂集》若干卷，雜古文四卷，《西魏書》若干卷，《小學考》若干卷，晚成《廣西通志》若干卷。公文學吏治，蓋兼存於中焉。」按，公深于史學，故所爲詩歌多取資于乙部。吳文溥《南野草堂筆記》云：「謝蘇潭中丞著詠史詩五百首，囊括史傳，博大精深，家穀人太史序，以爲考古之鏡，饋貧之糧，足徵信矣。」阮亨《瀛舟筆談》八云：「謝藴山中丞博學好古。在浙藩時，公餘無事，輒采訪金石，晉接賢士，徵圖考史，孜孜不倦。闢麗澤軒以延賓客。著《西魏書》、《史籍考》。時兄以少宗伯學政任滿入都，有詩留别，中丞和詩：『白傅重來蘇再至，先生應不恨緣慳。』後一年兄奉命來撫浙，竟應再來之約。時公已巡撫粤西，不及相見矣。」中丞與同鄉陳東浦方伯爲進士同年，名位亦相埒。方伯詩專學老杜，中丞則不專一家。其時江西詩人尚有蔣苕生、彭芸楣，純廟御製詩有「江西兩名士」之目，中丞與方伯頡頏其間，光彩不爲所掩，亦可謂特立之士矣。

〔一〕「方」原脱，據嘉慶八年三泖漁莊刻本《湖海詩傳》補。

敦拙堂詩集十三卷

《敦拙堂詩集》十三卷，陳奉兹撰。按，姚鼐撰《墓誌銘》：「公諱奉兹，字時若，德化人。中乾隆丁卯科鄉試第一，庚辰科二十五年。成進士，授四川知縣。凡知蓬山、閬中，擢知茂州，晉嘉定府知府、建昌道，授四川按察使。五十二年調河南按察使，居二年，調江蘇，旋擢江寧布政使。居四年，調安徽，未半歲又調江蘇。公在蜀二十七年，江南九年，受任不得歸，乃取鄉地自號東浦士，皆稱東浦先生云。其天才高邁，作詩專法杜子美，謂樸厚之氣殆足媲之。平生經歷多異境，舉所見爲詩凡千首，曰《敦拙堂集》。嘉慶四年薨于蘇州，年七十四。」洪亮吉《北江詩話》一：「陳方伯奉玆，詩如壓雪老梅，愈形倔强。」跋其詩集云：「縋幽鑿險，怵目劌心，洵杜少陵入蜀以後境界，非淺學所能望見。」吳山尊評其詩云：「沈鬱頓挫，獨宗浣花。」蓋方伯詩純乎學杜而不參以他家詩集，當時與蔣太史士銓、曾中丞燠號稱江右三家，而名不敵蔣、曾之盛。豈曲高歌寡，知之者稀，抑其宦轍所至久在蜀邊，罕與中原士大夫通聲氣，故其集不甚流播歟？

硯山堂詩集十卷

《硯山堂詩集》十卷，吳泰來撰。王昶《湖海詩傳》：「吳泰來，字企晉，號竹嶼，長洲人。乾隆二十五年進士，二十七年召試，賜内閣中書。有《浄名軒集》。」《蒲褐山房詩話》：「企晉襟期清曠，意致蕭閒，咸謂東晉許元度、劉長真之比。少中副車，選校官。俯仰仕途非其好也，特以松滋山水之佳，句留竟歲，旋以病歸。其大父吉安太守銓歸，築遂初園于木瀆，其尊人用儀復購書數萬卷於其中，多宋、元善本。遂與江浙諸名士流連觴詠，座無俗客，李布衣果、惠徵君棟、王光禄鳴盛、錢詹事大昕、曹學士仁虎、趙少卿文哲、張舍人熙純、朱明經方靄、朱上舍昂、淩孝廉應增、汪員外棣、張崗沙維杓兩布衣，皆一時之選。如是十餘年，後雖成進士，以召試賜中書。而少無宦情，壯而彌甚，東南人士望之如仙。既而兄弟争析産，出藏書而貨之，并售其園。于是同年畢公沅招主關中書院，攜家而往。後又隨至開封，年六十餘而卒。企晉才情明秀，尤嗜徵君所注《精華録訓纂》，故作詩大旨一本漁洋。吳中數十年，自歸愚宗伯外，無能分手抗行者。中年自定其詩十卷爲《硯山堂集》，徵君序之。餘稿皆藏于家。余與訂交將及四紀，向所同遊者零落殆盡，金谷玉山之雅集不可復得，今取其詩吟諷之，不啻山陽之笛矣。」錢泳《履園叢話·耆舊》：「竹嶼中舍爲吳中七子之一，中乾隆庚辰進士，與秋帆尚書同年。二十七年召試賜内閣中書。先生意致蕭閒，才情明秀，作詩一本漁洋，著有《硯山堂集》十卷。五十二年尚書巡撫河南，延爲大梁書院山長。余時亦在幕中，與洪稚存、方子雲、徐朗齋輩飲酒賦詩，殆無虛日。未幾卒。」按，吳中七子均出歸愚宗伯之門，宗伯宗奉漁洋，故不獨門下士沆瀣相同，即吳中亦幾成爲宗派。是時隨園主張性靈，力詆漁洋、歸愚，當時信從之者甚盛。今兩派之中仍以隨園爲勝，以其易于入手也。然舍人詩亦有極婉秀者。《隨園詩話》八云：「偶過西湖，見陳莊題壁云：『一葉蜻蜓似缺瓜，年年盪漿水雲涯。叉魚射鴨嬌無力，笑入南湖摘藕花。』『蘇小樓頭楊柳風，小姑鬭草語芳叢。阿儂家住胭脂嶺，怪底花枝映日紅。』末署『竹嶼』二字，蘇州吳進士泰來也。」若如此二絶則又漁洋、歸愚兩尚書集中所未有也。隨園所主張者正此類，故《詩話》録之。

香聞遺集四卷　乾隆三十九年長洲彭氏刻本

《香聞遺集》四卷，薛起鳳撰。彭紹升《二林居士集·薛家三述》：「薛家三名起鳳，長洲人。少孤，依其舅比邱廣嚴福公。福公傳磬山宗，既退揚州法雲寺，居吳門，隱于卜，得錢資家三從師問學，間與家三論佛法，家三輒領解，因囑之曰：『末法衆生，不識心源。儒佛互諍，子誠欲現儒者身，而説法要以見性爲宗。真能見性，何儒佛之有？』家三終身誦之。年二十七舉于鄉，試禮部連黜。主席沂州書院者三年。乾隆三十九年九月自沂州歸，越四旬而卒，年四十一。居常好爲詩，其思深，其味隱，探之不窮，咀之愈永。而其立言之本，常欲偕一世之人，撤儒佛之樊，遊于大同之化。雖終鬱塞以没，其志之所存，可考而知也。」石韞玉《蘇州府志》一百二《文苑》七：「薛起鳳，字家三，又號香聞居士，吳縣人。舉乾隆二十五年鄉試。少孤，依其舅比邱廣嚴。廣嚴隱于卜，得錢資起鳳從師問學。性孤冷，非其意所深契，終日相對無一言，遇同志則議論灑灑不少休。家雖貧，每急人困。居常好爲詩，思深味隱，耐人尋索。既歿，其友彭紹升録其稿刻之。」吳德旋《初月樓聞見録》：「家三好爲詩，嘗與彭允初論詩，其言曰：『詩，志之所之也，未有不端其志而能爲詩者。求端其志，莫先於知道矣。孔子讀《詩三百篇》，獨贊《鴟鴞》、《烝民》爲知道。然則爲詩者，亦求爲周公、尹吉甫其人而可也。』又言：『古聖賢人尚矣，次焉者其惟志士乎？志士之詩，吾於近世得二人焉，曰謝翺，曰杜濬。其志潔，其思苦，其音哀，故其爲詩也，非復人人之詩，而必二子者之詩也。』」按，香聞持論甚高，然詩無達詁，《三百篇》中所録不止《鴟鴞》、《烝民》一體。若謝臯羽、杜茶村，心傷故國黍離，故以苦思發爲哀吟，乃其身世遭逢之所感觸。使不問時代，人人學其爲詩，則是無病呻吟，所謂真性情者安在？吾知其必不然矣。顧集中佳句，五言如「文章花落後，浄信月生初」，「落日無公事，青山見客心」，「秋隨木葉下，塵到海鷗空」；七言如「照地月華澄水觀，深宵草樹發天光」，

「白髮歲差行有度，青山世業祭無田」，「修竹鶯啼小有洞，桃花犬吠下仙家」，「人同社燕年年客，夢似春潮夜夜靈」，皆非心境空明，不能有此妙語。是知香聞於詩功頗深，于彼法尤精徹也。

南野草堂詩集七卷 乾隆五十七年刻本

《南野草堂詩集》七卷，吳文溥撰。阮元《兩浙輶軒録》三十八：「吳文溥，字博如，號澹川，嘉興恩貢生，著《南野草堂集》。」又《定香亭筆談》二云：「丙辰秋按試至嘉興，與試詩人雖多，尚未厭余所望。試畢將行，有吳生獻其父《南野堂集》二帙。舟中閱之，知爲嘉興吳澹川文溥所作。披吟終日，定爲浙中詩人之冠。《關中草》、《閩游編》尤爲直逼古人。澹川居湖北汪撫軍新戎幕，及歸浙，謁余于杭州，與語兩湖戎事，瞭如指掌，頗具才略，不可徒以詩人目之。余出先大父征苗刀示之，澹川走筆作歌，震奪一席。」又云：「嘉興有二吳，吳澹川可謂登高能賦，吳侃叔可謂博學多聞。」阮亨《瀛舟筆談》一：「庚申，兄督兵海上，幕中朱椒堂師爲弼、吳澹川文溥、孫蓮水韶，皆有寄懷之作。」按，澹川此時已爲浙中詩壇老宿，早參畢秋帆尚書幕。袁枚《隨園詩話》五云：「戊戌九月，余寓吳中，有嘉禾少年吳君文溥來訪，袖出詩稿見示，云將就陝西畢撫軍之聘，匆匆别去。吾讀其詩，深喜吾浙後起有人，而嘆畢公之能憐才也。録其《遊孤山》云：『春風欲來山已知，山南梅果先破枝。高人去後春草草，萬古孤山迹如掃。巢居閣畔酒可沽，幸有我來山未孤。笑問梅花肯妻否，我將抱鶴家西湖。』其他佳句，如『不知新月上，疑是水沾衣』，『底事春風欠公道，兒家門巷落花多』，深得唐人風味。」戊戌至庚申已二十餘年，其詩早有成就如此。而澹川即没于庚申夏間。《輶軒録》引陳鴻壽曰：「余年十二即識吳丈澹川，飄然如神仙中人，能作蘇門長嘯。時方自關中歸，應庚子南巡召試，酒酣耳熱，輒道遇赤脚仙事，刺刺至漏盡不休，報罷。後館吳門數年，復涉臺海。歸又見之，言大兵征林逆時事甚悉。戊午同客濟南，次年中丞師撫浙，又同依幕下。《輶軒録》稾，丈所校訂。庚申夏，余方隨節海上，而丈以病歸，成永訣矣。所著《南野堂筆記》，中丞師爲續刻至十二卷。散行駢文，能集六朝、唐、宋之大成，存稿數十百篇，他日當求續刻之。」又《瀛舟筆談》十：「吳澹川明經文溥，著有《南野草堂筆記》十二卷，凡生平遊歷及友朋投贈皆具記述，耳目所及，名章雋句亦皆紀録無遺。在節署三年，雅遊歌詠，頗極歡洽。今澹川已逝，每讀其詩及此編，不啻山陽鄰笛。《筆記》中載先祖父招勇公事及余家吟詠，并録于此，如見澹川縱横議論抵掌談笑時也。集中詩于少作多删去。」沈濤《匏廬詩話》中云：「吾鄉近日詩人以吳澹川文溥爲第一，《關中》、《閩游》諸草，沈鬱蒼涼，尤爲獨絶。然吳丈亦有極穠麗新豔者，《相逢》云：『相逢女伴踏莎回，共試簾前鸚鵡杯。別有酸心傳不得，暗將釵股刺青梅。』『春情搖蕩木蘭橈，楊柳娉婷學楚腰。細到不勝煙雨處，送人離別替人嬌。』二詩僅見《筆記》中，蓋以少作删去。」余謂詩緣情而綺靡，麗而不纖，故亦無傷風雅也。又《隨園詩話・補遺》七：「秀水詩人吳文溥，別十五年，今秋復來，詩已付梓，讀之，轉多窒礙，不如從前之明秀。信境遇之累人，而師友之功不可少也。」余偶取全集校之，如《詩話》所録《孤山》詩今載集中，已經改竄，殊不及原詩遠甚。又所摘之句，如《詩話》十六載其《咏月》詩云：「清暉半邊缺，似妾獨眠時。」《補遺》二載其卧病揚州，族弟魯暮橋親爲稱藥量水，贈詩有「生我父母知我子，骨肉待我救我死」之句，又七録其新句之可愛者，如「竹裏不知屋，水邊聞有雞」，「問徑花相引，開門鳥亂啼」，「風静溪逾響，雲來樹欲移」，皆佳。又一絶云：「酒後客來重酌酒，飛花留客送殘春。主人醉倒不相勸，客轉持杯勸主人。」除「問徑花相引」一聯題爲《飲山翁舍》見集二卷，餘皆未載，則其删汰及遺漏之詩多矣。又《定香亭筆談》及《瀛舟筆談》所録諸詩亦多不見于今集，則似集已刻成，有未續刻，非删漏也。

甌北詩集五十三卷 嘉慶壬申家刻本

《甌北詩集》五十三卷，趙翼撰。王昶《湖海詩傳》：「趙翼，字雲松，號甌北，陽湖人。乾隆二十六年殿試第三人及第，官至貴西道。」《蒲褐山房詩話》：「雲松性情倜儻，才調縱横。及第改翰林，數年，簡放知府，擢貴西道。尋以母老留養，遂不復出，迄今三十年。同時與袁子才、蔣心餘友善，才名亦相等。故心餘序其詩謂『興酣落筆，百怪奔集，奇恣雄麗，不可逼視』。子才謂其『忽正忽奇，忽莊忽俳，稗史方言，皆可闌入』，洵知言也。」孫星衍撰《墓誌銘》：「同時袁大令枚、蔣太史士銓與先生齊名，如唐之李、杜、元、白。而先生高才博物，既歷清要，通達朝章國典，尤邃於史學。所爲詩無不如人意所欲出，不拘唐、宋格律，自成一家。」姚鼐《别傳》：「先生乞養親而歸，因遊武夷，遍歷浙東山水之勝，一發之於詩。先生固善詩，自少遊京邸，歷館閣，與士大夫相酬唱。歸田後，朋遊故舊，杯酒相過從，日賦詩爲笑樂。與同時袁簡齋、蔣心餘齊名。世所傳《甌北集》也。」按，古今詩最多者，宋有陸放翁、楊誠齋，國朝則查初白及甌北翁。甌北詩已如前人論定。余則謂集中七律尤爲擅場，其運典如數家珍，而不覺其爲排偶之句。此等處似猶勝于袁、蔣二家。蓋甌北負長江大河之才，百怪魚龍，皆爲其所包孕，有時一瀉千里，奔騰莽蕩，駭心怵目，若行乎其所不得不行。甌北之所長在此，同人之傾倒亦在此，誠我朝卓然一大家也。

百一山房詩集十二卷 嘉慶二十一年公孫均刻本

《百一山房詩集》十二卷，孫士毅撰。《國史》本傳：「孫士毅，浙江仁和縣人。乾隆二十六年進士，歸班候選。二十七年，上南巡，召試第一，授内閣中書，洊升侍讀。三十四年，隨大學士傅恒督師雲南，主章奏，敘勞遷户部郎中。四十年，擢大理寺少卿，旅授廣西布政使，調雲南。四十四年，授雲南巡撫。時總督李侍堯以贓獲罪，士毅坐不先舉劾，發軍臺。臨行，上念其學問優，命纂校《四庫全[illegible]，特授翰林院編修。四十七年書成，擢太常寺少卿，復出爲山東布政使。次年遷廣西巡撫，又次[illegible]，署兩廣總督。五十二年，臺灣林爽文反，王師渡海，預派粵兵前赴，所需軍械辦理無誤，議敘[illegible]，賞戴雙眼花翎，世襲一等輕車都尉。明年臺灣平，會安南國王黎維祁爲其臣阮惠所逐，上[illegible]安南各路。士毅自請統兵出關。詔由廣西直抵黎城進剿。既入黎城，出示安撫。黎維祁至營[illegible]。歸國，上諭加恩，晉封一等謀勇公，懇辭，上不許。五十四年，阮惠復糾衆奪黎城，士毅遂入鎮南關，黎維祁母子送南寧安置。諭令孫士毅撤兵，撤回所封公爵。阮惠悔懼，求内附。時福康安[一]至，遂偕奏安南不必用兵。上從其議，旋授兵部尚書，充軍機大臣。是冬署四川總督，次年實授，調兩江。五十六年夏授吏部尚書，協辦大學士。九月，四川總督鄂輝領兵赴藏，命攝其事，授文淵閣大學士。五十八年軍務告竣，仍命權攝。六十年湖南苗反，潛窺秀山，士毅率兵擊敗之。嘉慶元年，湖北教匪滋事，侵擾四川酉陽州界，士毅馳抵來鳳，賊屯小坳，焚其巢，以功晉封三等男爵。六月於軍中得疾，卒。事聞，加贈公爵，謚文靖。」袁枚撰《神道碑銘》：「公姓孫，諱士毅，字智冶，號補山。先世爲姚江望族，遷居仁和。[illegible]七，積勞成疾薨。」餘敘官爵與《國史·傳》同。按，文靖揚歷中外，歷著戰功，名在史宬，原[illegible]壇坫之一席，然當時朋舊多稱誦其爲詩人。袁枚《隨園詩話·補遺》三云：「乾隆庚戌，金[illegible]爲盛。吾鄉補山宫保爲總督，滄江李寧圃翰林爲知府，涇陽張荷塘宰上元，遼州王柏崖廩生爲典[illegible]陶明經瑩爲茶引所大使，盱眙毛俟園孝廉爲上元廣文，隨園唱和，殆無虛日。諸〔二〕公詩《詩話》中[illegible]人矣。」又《補遺》九云：「壬子冬過淮，嚴司馬曆亭守田席間誦孫相國士毅《領兵赴臺灣》云：『自笑陳琳檄未工，也曾磨盾學從戎。夢驚猛拱濤頭白，渴領官屯戰血紅。但請一丸封已足，偶遺三矢盼猶雄。感恩何處酬毫末，願得浮江比阿童。』《南征》云：『蠻城襟帶接重洋，上下思文景物荒。寅霧蛟涎工掩日，丁男鵶嘴慣耕霜。入雲谿洞盤千折，夾道翁茶網四張。土人呼官爲「翁茶」，出入結網爲轎。最是馬前煩慰勞，檳榔滿榼當壺漿。』『裘帶居然遍百蠻，洱河恩許唱刀環。文淵蹟已埋銅柱，定遠心原戀玉關。二月花濃黄木渡，三年香染紫宸班。祇因妖鳥巢猶在，夢繞平川未肯還。』」郭麐《靈芬館詩話》十：「孫補山相國勛在旗常，名炳史册，出入將相，勤勞疆埸。疑其無暇與文人争尺寸之長矣，然宿嗜吟咏，至老不衰。往往於蜻蛉絶塞弓刀戛擊之中，羽檄交馳籌筆飛書之外，長篇大作揮灑淋漓，信乎絶人之姿兼萬人之稟者也。集中五、七古渾厚沈雄，皆自出其胸中之所有，不屑依傍前人，而骨體自高。五、七律不作唐以後語，七律尤高華典贍，精光煜然。《華陰道上》云：『神仙不度函關北，日月多流渭水東。』《滇南詠史》云：『河山帶礪慚功狗，歌舞樓臺擁媚豬。』《大功坊》云：『六代江山開建業，一家興廢視秦淮。』《大詔寺》云：『蒼葍有林開鹿苑，琵[三]琶無語怨龍沙。』《升庵雜感》云：『暮年身似將歸客，小住心如退院僧。征蠻將士淩煙閣，留守鶯花喜雨亭。』皆佳句也。而言情之作又極淒惋。《營奠》云：『已拚馬革歸原幸，一痛牛衣事可哀。』《七夕》云：『歷歷黄榆送晚寒，充庭兒女小團圞。一彎初月如殘月，隔著明河不忍看。』蓋公自滇地回悼亡作也。又《行帳無事題畫幅十六首》，其一云：『夏木陰陰覆緑蘋，花如鵑血草如茵。茅亭莫被溪風捲，留蔭長途病暍人。』則又大人之心仁人之言也。」朱琦《家傳》云：「公生平酷愛石，有米顛之癖。嘗督學黔枝，見山澗五色石，如拳如指，如馬如蛇，如梅、竹、枯木者，雖雕鏤繪畫，工巧不能過。下輿命僕夫拾以歸，擇最佳者一百一枚貯之書齋，署曰百一山房。暇則寄意吟咏，與杭堇圃、吴西林諸老輩相砥礪，故詩文能獨出機杼。所著有《百一山房集》若干卷藏于家。」今觀全集，古、近各體皆格調雄渾，才氣縱横，而又研鍊精工，無一句一字不出以矜慎。所存詩雖只十二卷，其光焰萬丈，不能以功業掩其文章。宜乎當時傾倒同聲，無不以詩壇主盟相推許。《乾嘉詩壇點將録》戲以百勝將目之，得毋以其辟易萬人，力足以拔幟立幟耶。

〔一〕「福康安」原誤作「福安康」。

〔二〕「諸」原奪，據《隨園詩話》補。

〔三〕「琵」原訛作「瑟」，據清嘉慶二十一年刻本《靈芬館詩話》改。

娵隅集十卷媕雅堂集詩十二卷續集四卷別集六卷詞集三卷　乾隆己酉年家刻本

《娵隅集》十卷《媕雅堂集詩》十二卷《續集》四卷《別集》六卷《詞集》三卷，趙文哲撰。王昶《湖海詩傳》：「趙文哲，字升之，號璞函，上海人。乾隆二十七年召試，賜內閣中書。殉金川難，卹贈光禄寺少卿。有《媕雅堂》、《娵隅》等集。」《蒲褐山房詩話》：「升之賦才英敏，少在申江書院，得淩少司馬指授，論詩以新城爲主。既而與張策時、淩祖錫、汪韡懷、吳企晉同學。至蘇州又與余及鳳喈、來殷互相砥礪，於唐、宋、元、明、本朝大家名家，無所不效，亦無所不工。自入內閣，直機地，爲于文襄公所賞，暨偕余入滇蜀，得江山之助，所作尤變化新奇。」又撰《趙君墓志銘》云：「君少以穎悟稱，年十九補博士弟子，爲工部侍郎夢公麟、內閣學士李公因培所知，因是于庠序益有聲。乾隆壬午，上幸江南，進詩行在，召試，賜舉人，授內閣中書舍人。甲申直軍機房，大學士劉文正公統勳、劉文定公綸，今大學士于公敏中皆嗟異其才。戊子秋，侍講學士紀昀、中書舍人徐步雲洩兩淮鹽運使盧見曾事，君與余牽連得罪。會兵部尚書阿公桂總督雲貴，請以余兩人掌書記，許之。明年三月至騰越州，大學士傅公恒奉命經略緬甸，七月偕協辦大學士户部尚書阿公里衮由南大金江以西進討，君從之。久之未克，君以病還騰越州。十一月，緬甸撤兵，阿公里袞已前卒。傅公還朝，君始與余依阿公幕府。居二年辛卯，上以理藩院尚書温公福代阿公，會四川金川土舍索諾木喉、小金川土舍僧格桑攻鄂克什，九月命温公偕阿公討之，奏以余與君行。十月至成都，復以君爲中書舍人。壬辰五月余從阿公攻達烏，君留温公所。是冬金川平，晉君户部主事。明年癸巳，兵至木果木，小金川降者叛，與金川合鈔後路。師潰，温公歿，君與其難，時年四十有九。事聞，贈光禄寺少卿。君于學于文無不通，尤以詩詞名天下。少幽介，及壯機警敏慧。善析人情寫物態，爲人作進御奏記，文字深淺輕重各愜所欲，又捷且工。是以游諸公間，無不親愛者。」按，光禄早負才名，詩文並美，歸愚尚書有《吴中七子詩選》之刻，即其一也。袁枚《隨園詩話》十：「吴中七子中趙文哲損之詩筆最健。丁丑召試，與吴竹嶼同集隨園，愛誦余『無情何必生斯世，有好都能累此身』一聯。後從温將軍征金川，死難軍中。」又五云：「吴中七子有趙損之而無張少華，二人交好，忽中道不終，都向余嘖嘖有言，而余亦不能爲兩家騎驛也。未十年，張一第而卒，趙亦殉難金川。史彌遠云：『早知泡影須臾事，悔把恩仇抵死分。』信哉。」吴嵩梁《石谿舫詩話》：「升之先生，詩清而不佻，華而不縟，壯而不粗，哀而不激，七子中自述庵詩外無其匹也。」噫！如光禄者，生爲詩伯，死爲國殤，氣節文章，皆足不朽。讀其詩者，能無高山仰止之思哉？

竹初詩鈔十六卷文鈔十二卷 嘉慶十三年刻本

《竹初詩鈔》十六卷《文鈔》十二卷，錢維喬撰。王昶《湖海詩傳》：「錢維喬，字竹初，武進人。乾隆二十七年舉人，官鄞縣知縣。有《竹初未定稿》。」按，先生爲文敏公介弟，工詩善畫，爲名孝廉。三躓春闈，四十後始改官知縣，分發浙江，歷遷數縣，忽謝病歸。袁枚《隨園詩話》十六：「錢竹初擅鄭虔三絶之才，抱梁敬叔州郡之嘆。屢次書來，欲賦遂初。余寄聲規其濡滯，今秋纔得解組。余賀以詩，渠答云：『海上秋風江上蓴，壟顔久已悵迷津。竊公故智裁今日，勸我抽身有幾人。世事楸枰留黑白，老懷虀臼雜酸辛。退閒自此陪裙屐，長作田間識字民。』『勞生那復計年華，歸識吾生本有涯。未定新巢同燕子，早營孤冢付梅花。千秋欲借先生筆，十畝從添處士家。他日並登皇甫傳，始知真契在煙霞。』」二詩答隨園即似隨園，可見其在官時未嘗廢吟事，故機調如此純熟也。洪亮吉序其詩云：「五言法魏、晉、六朝，歌行則自初唐以迄北宋諸家無不涉歷，近體尤近大曆十子。雖心摩古人，而于古人之外別有一種出奇靈秀之氣，耐人尋味。余尤心折之。」趙懷玉序其詩云：「出入李、杜，參之以東坡。其思深，其學博，故興會所至，不名一家。」又袁枚跋云：「今人七言從唐人入手者多轉韻，從宋人入手者多一韻到底。竹初先生深于李、杜，而略于蘇、黄，所以獨臻上乘。學者當以爲法。」其詩爲同人推重如此。文則宗法震川，上窺韓、歐，亦頗有義法。後附《鸚鵡媒》、《乞食圖》傳奇，雖游戲之作，殊有金、元雜劇風味，足見才人之筆無施不可也。

歸求草堂詩集六卷秋山紀行集二卷金闕攀松集一卷玉井搴蓮集一卷 宣統三年德輝彙刻本

《歸求草堂詩集》六卷、《秋山紀行集》二卷、《金闕攀松集》一卷、《玉井搴蓮集》一卷，嚴長明撰。王昶《湖海詩傳》：「嚴長明，字道甫，號東有，江寧人。乾隆二十七年召試，賜内閣中書，官至侍讀。有《歸求草堂集》。」《蒲褐山房詩話》：「東有生長秦淮，性情韶令，六代風華，資其芳潤。幼與俞藕塘、鮑雅堂絃匏唱和，麗藻流傳，旋爲夢文子司農所知，延譽于雅雨運使寓。官梅亭最久，益偕四方名士論交，而與余及惠定宇徵君、王受銘主事、沈學子貢生樂數晨夕。於是上探經訓，下攬叢書，發爲詞章，益形鴻博。尋以獻賦入中秘，繼直軍機，鳴鞭珥筆，時扈屬車。然荷衣蕙帶，輒志江湖，晉侍讀後遂以病歸。會畢君秋帆巡撫西安，招往幕府者十有餘年。尋歸白下，復主廬江書院以歿。其子觀能讀父書，所補《元和郡縣志》亦爲詳確。」錢大昕撰《傳》云：「以父憂去官，尋丁母憂，引疾不出。築室三楹曰歸求草堂，藏書三萬卷，金石三千卷，日吟詠其中。海内求詩文者踵相接。嘗語學者曰：『士不周覽古今載籍，不遍交海内賢俊，不通知當代典章，遽欲握筆撰述，縱使信今，亦難傳後。』其自命如此。畢中丞沅巡撫陝西，招至官齋，因得游太華、終南之勝，詩文益奇縱。所得金石刻益富。」姚鼐撰《墓誌銘》云：「君於書無不讀，或舉問無不能對。爲詩文用思周密，和易而當於情，其自爲之書曰《歸求草堂詩文集》，及論辨經史書算、金石文字者凡二十餘部，百餘卷。」按，侍讀詩文集向無刻本，光緒間有刻《金陵叢書》者，其中刻有《金闕攀松集》、《玉井搴蓮集》，蓋其游中嶽、西嶽之作也。《歸求草堂詩》六卷《秋山紀行集》二卷，余從舊書攤中獲得清稿本，因付手民，並重刊《金闕攀松》、《玉井搴蓮》二集，以成全璧。詩自通籍至官侍讀止，隱寓編年之意。《秋山紀行》則扈蹕木蘭時作。侍讀詩筆雄健，資之以典籍，益之以國故，擴之以江山之助，故宏肆而深刻，能入詩家堂奥。幼時即工押啞韻。袁枚《隨園詩話》云：「冬友自言：『九歲時，侍先大父過淮，舟中人限「吞」字韻爲詩，多未穩。余有句云：「横橋風定帆全卸，小艇潮來勢欲吞。」大父曰：「此子將來必無患苦。」若問故，曰：「凡詩押啞韻而能響者，其人必貴；押險韻而能穩者，其人必安。生平以此衡人，百不失一。」大父諱馨，字星標。』」據此，則侍讀稚齒即工爲詩，且精于鬭韻，真天生詩才，爲人不及。宜其數卷之什，久晦而復顯于世，與余結此文字緣。惜〔一〕入關中及歸廬江以後其稿不傳，無從窺其全豹，洵恨事也。

〔一〕「惜」原作「借」，形近而訛。

蘭韻堂詩集十二卷續一卷文集五卷續一卷御覽詩六卷經進稿二卷西清札記二卷 乾隆甲寅刻本，嘉慶庚辰續刻本

右蘭韻堂詩文全集，沈初撰。《國史》本傳：「沈初，浙江平湖人。乾隆二十七年南巡，召試一等，賜舉人，授内閣中書。二十八年一甲三名進士，授編修。三十三年擢侍講，三十九年擢右春坊右庶子，四十年遷侍講學士，尋轉侍讀學士，擢詹事府少詹事。四十一年擢詹事，六月擢禮部右侍郎。四十五年授兵部右侍郎。四十六年以母篤疾請假回籍，四十七年請終養，允之，十月丁母憂。五十年五月，服闋，補兵部右侍郎，五十二年轉左侍郎，五十四年署禮部右侍郎，七月調吏部右侍郎，五十九年轉左侍郎。嘉慶元年擢都察院左都御史，尋遷兵部尚書，二年轉吏部尚書，調户部尚書。四年三月初一日卒。遺疏聞，謚文

恪。」王昶《湖海詩傳》：「沈初，字景初，號雲椒，平湖人。乾隆二十七年召試一等，賜内閣中書。二十八年殿試第二人及第。官至户部尚書，謚文恪。有《蘭韻堂集》。」阮元《兩浙輶軒録》三十一引陳鴻壽曰：「司農五歲即能辨四聲，稍長研究諸經，旁通子史。通籍後命直内庭，賡歌矢音，由侍講洊擢禮部、兵部侍郎，尋授兵部尚書，調吏部。遭遇之隆，數十年如一日。入贊樞密，精白一心。卒謚文恪，賜祭葬。」按，公詩雍容華貴，皆和平中正之音。由其生際盛時，終身侍從。中經屢任學政，叠主禮闈，又充《四庫全書》副總裁，日與典籍文字濡染摩挲，出入風雅之林，陶融詩書之澤，故吐屬全無俗韻，吟咏彌見冲襟。在當時達官貴人中固可謂乾坤清氣，得來難矣。

惜抱軒文集十三卷後集十卷詩集十卷後集一卷外集一卷 嘉慶丙辰刻本

《惜抱軒文集》十三卷《後集》十卷《詩集》十卷《後集》一卷《外集》一卷，姚鼐撰。《國史》本傳：「姚鼐，安徽桐城人。乾隆二十八年進士，改庶吉士，散館以主事用，選授禮部主事。累遷至刑部郎中，記名御史，乞病歸。鼐工爲古文。方康熙間，侍郎方苞名重一時，同邑劉大櫆繼之。鼐世父範與大櫆友善。鼐本所聞于家庭師友間者，益以自得，所爲文高簡深古，尤近司馬遷、韓愈。其論文根極於性命而探原於經訓，至其淺深之際，有古人所未嘗言，鼐獨抉其微而發其藴。論者以爲詞邁于方氏，而理深於劉氏。爲詩從明七子入，而以融會唐、宋之體爲宗旨。嘗倣王士禛《五七言古體詩選》爲《今體詩選》，論者皆以爲精當云。自告歸後，主講江南紫陽、鍾山各書院四十餘年。嘉慶十五年重赴鹿鳴宴，恩加四品銜。二十年卒，年八十有五。」陳用光撰《行狀》：「先生諱鼒，字姬傳，一字夢穀，嘗顔所居曰惜抱軒，學者稱之曰惜抱先生。先生論學兼治漢、宋，而一以程、朱爲宗。嘗謂：『凡爲經學者所貴此心闓通明徹，不受障蔽，爲漢學者不深則不入，入則障蔽生矣。』嗚呼！先生於義理之辨，可謂審之明而守之篤矣。」從孫瑩撰《行狀》：「曾祖編修薑塢府君，先生世父也。博聞强記，誦法先儒。與同里方苧川、葉華南、劉海峯諸先生友善，每談必令侍，尤喜親海峯。編修公嘗問其志，曰：『義理、考證、文章，闕一不可。』編修公大悦，卒以經學授先生，而别受古文法於海峯。兩主鄉試，一爲會試同考官，所得士爲多。涪州周興岱、昆明錢灃、曲阜孔廣森，其最也。門人守其經學爲詩古文者十數輩，皆知名。」王昶《蒲褐山房詩話》：「姬傳豈弟慈祥，而襟期瀟曠。詩旨清雋，晚學玉局翁，尤多見道之語。古文淳古簡浄，紆徐往復，亦多不盡之味。」按，桐城自方望溪侍郎後，海峯繼之，以古文據壇席者二百年，而中以惜抱爲承先啓後之鉅子。然望溪能文而不能詩，海峯文於三人中有蜂腰之目，而獨工詩。惜抱詩出于海峯者居多，尤長於五、七言近體。蓋海峯詩直接李唐大曆，爲一代復古之才。惜抱雖從其受古文，其於詩亦講授，時親得聞緒論，故詩較海峯略少遠韻，而聲調音格不失師法云。

悦親樓集三十二卷 嘉慶戊午刻本

《悦親樓集》三十二卷，祝德麟撰。王昶《湖海詩傳》：「祝德麟，字止堂，海鹽人。乾隆二十八年進士，官監察御史。有《悦親樓詩鈔》。」王文治《夢樓文集》序《止堂詩集》云：「君未冠登第，官翰林，其間或典試或視學，關中、天府、川中地險以及八閩濱海之區無不備歷，及改官御史，以言事不合，鐫級歸里。僑居五湖三泖間，授徒自給，日以詩酒友朋之樂宕漾其襟懷。」施朝幹序其詩曰：「余同年友止堂前輩，於百氏之書靡不誦習討論，而皆以資爲詩。其生平出處之節，身世交際、聚散升沈之故，有動于中，皆以詩寫其情，而不悖于義。」張維屏《聽松廬詩話》：「芷塘詩以性靈爲主，亦能驅遣故實。蓋欲力追其鄉先輩查初白及其房師趙甌北兩先生。」按，止堂詩純主性靈，袁枚《隨園詩話》數稱其詩，蓋氣類相合也。然芷塘官御史，亦揣摹風旨者。許宗彦撰《杭堇圃太史別傳》云：「亢旱，詔舉直言極諫，徐文穆公以太史應詔。太史上疏言：『部臣自尚書至主事，皆滿漢並列，請外省自督撫至州縣亦如此。』上震怒，欲置之法。文穆悉力營救，乃得斥歸。後迎駕湖上，賜復原官。後有御史祝德麟，疑太史不得意，或有誹訕，訐奏之。九重披覽，以並無違礙，聽其流傳。」即此一事，芷塘人品心術大概可見。幸聖主寬仁，太史素無怨望，芷塘落井下石之計遂不得行。宜其以言事不合鐫級歸里。想其在諫垣時，遇事吹求，不明大體，其不如太史之抗疏敢言遠矣。芷塘烏足云稱職耶？

紅豆村人詩稿十四卷 《隨園全集》附刻本

《紅豆村人詩稿》十四卷，袁樹撰。吴振棫《杭郡詩輯續》十七：「袁樹，字香亭，仁和人。鴻子，枚從弟。乾隆二十八年癸未進士，官廣東肇慶府知府。」符葆森《正雅集》：「袁樹，字豆村，號香亭，浙江錢塘人。乾隆癸未進士，官肇慶府知府。著有《紅豆村人詩稿》。」袁枚《隨園詩話》十：「香亭弟隨叔父健磐公生長廣西。叔父亡後，余迎歸故里。年十五，即見贈云：『坐無尼父爲師易，家有元方作弟難。』又《即目》云：『山氣騰空欲化雲。』余早知其能詩也。」又《補遺》三：「香奩詩，至本朝王次回按，王明天啓時人，隨園每以爲本朝人，誤。可稱絶調，惟吾家香亭可與抗手。其《無題》詩皆妙。余戲謂：『詩中境界，非親歷者不知。然阿兄雖親歷，亦不能如此細膩風光也。』」按，村人詩本家學，專主性靈，最工無題詩。以余論之，在王次回之上，何止抗手而已。《隨園詩話》十云：「載其《渡淮》詩云：『田家飯麥風猶北，遊女拖裙俗漸南。』《順風》云：『天上鳥争帆影速，岸邊人恨馬行遲。』」又《補遺》二：「香亭在杭州，歸，得詩一册，示余。《湖樓觀雪》云：『壓白萬山巔，襯黑一湖水。』首句人人能道，次句古人所無，非親歷其境者不知。又『樹影放湖寬』五字亦妙。」又《補遺》十：「香亭弟詩才清婉，近日從澳門寄詩來，殊雄健。信乎，江山之助，不可少也。」然則村人又不止工于香奩一體矣。惜乎爲貧而仕，不能如乃兄之早退田居，專心于此事耳。不然聯珠、二妙，于古人豈多讓哉？

白華詩鈔十三卷文鈔五卷 家刻本，無年月

《白華詩鈔》十三卷《文鈔》五卷，吴省欽撰。《國史》本傳：「吴省欽，江蘇南匯人。乾隆二十二年南巡，召試，賜舉人，授内閣中書。二十八年成進士，改庶吉士[二]，三十一年散館授編修。三十三年大考一等，擢翰林院侍讀。四十年擢右庶子，四十四年遷侍講學士，四十五年轉侍讀，四十九年擢光禄寺卿，五十年十一月調順天府尹。五十六年擢禮部右侍郎，五月調工部右侍郎，五十八年轉工部左侍郎。嘉慶二

年八月補吏部右侍郎，十二月轉吏部左侍郎。三年三月遷都察院左都御史。四年正月奏稱候補知府李基曉諳兵法，有《手車火雷列卦圖》，舉人王曇能作氣按掌，辟易多人，請加試看。諭：『吴省欽摺奏殊屬大謬。吴省欽爲風憲之長，於和珅、福長安二人無一言舉劾。及將和珅、福長安革職拏問後，伊尚心存畏怯，緘默不言。兹見科道等紛紛密陳，伊任總憲，不能不一奏塞責。所稱《手車火雷列卦圖》説，作氣按掌之語，妖言左道，方嚴禁之不暇，豈可轉引而試驗？吴省欽身爲臺長，惑于妖言，妄行瀆奏，著交部嚴加議處。』部議革職回籍。八年六月故。」王昶爲撰《墓誌銘》云：「君名省欽，號白華，沖之其字，松江南匯人。少英敏，善屬文。乾隆二十八年成進士，改庶吉士，散館授編修。在翰林二十餘年，以文學詞賦爲聖主所知。嘉慶二年升都察院左都御史，後二年以保舉非人遂罷職。作詩本杜、韓、蘇三家。古文本韓、柳、孫樵、劉蜕及北宋諸名家，刻琢凝鍊，援引精密。遇國家大典禮，所進詩文各册留貯内府，鈐以御寶，人咸以爲榮。君生於雍正七年，卒於嘉慶八年八月，年七十五歲。」又《蒲褐山房詩話》：「白華著撰精心果力，不屑蹈襲前人。少日與趙損之、張少華同學漁洋、竹垞，既而别開蹊徑，句必堅凝，意歸清俊。入詞垣，大考第一，由是衡文荆楚西川，遇山厲水刻處，輒以五七字寫之。或以東野、長江爲比，未盡然也。散文于唐似孫樵、劉蜕，于宋似穆修、柳開，亦復戛然自異。」姜光翀《國朝松江詩鈔》云：「白華散文堅卓古勁，如唐之孫樵、劉蜕，宋之穆修、柳開。其詩初猶以漁洋、竹垞爲宗，後則警闢堅挺，直與川楚之山雄水猛相抗，洵爲傑構。」今按，此詩文鈔乃其手自編定，視全稿六十卷僅三分之一，蓋前人自定精華録之例。

白華學有根柢，在館閣中本傑出之才，詩格老而意新，每多膾炙人口之作。入陝入川以後，益得江山之助，頗見力厚思深，使其平步青雲。官職聲名本可資與年進，而乃苟全富貴，依附權門，卒以陳奏失言，遭聖明譴謫，豈不惜哉！

〔一〕「士」原誤作「人」。

正聲集四卷　嘉慶己未刻本

《正聲集》四卷附《詞》一卷，施朝幹撰。王昶《湖海詩傳》：「施朝幹，字鐵如，儀徵人。乾隆二十八年進士，官至宗人府府丞。有《正聲集》。」阮元《淮海英靈集·丁集》四：「施朝幹，字叔培，號鐵如，儀徵人。乾隆癸未進士。由禮部主事歷官郎中、御史、太僕寺卿、宗人府府丞，典試山東，視學湖北。性廉介絶俗。居京師，敝車羸馬，罕見賓客。卒於楚任，貧不能喪葬。所著有《陵陽集》四卷。自謂在宛陵學詩於張柏園先生，集名《陵陽》，志地也。晚年詩有鈔本，在其弟子今嘉興太守伊小尹湯安處，將梓行之。其官御史，屢上封事。元欲爲之作小傳，向其弟求行略，未得也。」汪廷儒《廣陵思古編》云：「著有《六義齋集》、《正聲集》。」此集前有自序，云自删其詩爲《正聲集》。錢大昕序云：「偶過嘉禾，訪小尹郡伯於官齋，乃知小鐵未出都時自定其詩號《正聲集》者凡二册。郡伯嘗鈔其副，將刊以行，屬予敍之。然則是集本名《正聲》，自序引李太白詩『大雅久不作，吾衰竟誰陳』，又曰『正聲何微茫，哀怨起騷人』，謂雅正也。詩有正，大雅有變，然其辭温厚，其音和平，雖變而不失其正，則皆正聲也。」是《正聲》名集，本自定之稱。

其云六義、陵陽皆擬而未用者也。袁枚《隨園詩話·補遺》五云：「真州太常卿施朝幹，字鐵如，與余有世誼。自幼吟詩，熟精《文選》，于漢、魏源流最爲淹貫。《聞曲》云：『琵琶絃急對秋清，彈出關山離別情。借問黄河東去水，幾時流盡斷腸聲？』真唐人高調也。余尤愛其《倚枕》詩，有『平世愛凡才』五字，真乃包括十七史。試觀三國、南北朝人才，略差一籌，立形優絀，何也？用人之際，那容濫竽？不比太平時尸位者多也。又有句云：『山〔一〕水清音自幽獨，英雄末路即文章。』姜西溟老而未遇揆敍，《送行》云：『青衫難作還鄉客，白髮偏欺下第人。』一悲一壯。」錢大昕序又云：「余嘗嘆今之詩家，舍正始之音而遁于異趣，非輕佻鄙俚以爲新，則生澀堆垛以爲富。不惟聲韻失調，抑亦性情偏戾。讀鐵如之詩，陶冶性靈，謹守繩墨。其氣格在高、岑、王、李之間，而不肯效皮、陸、仝、蜕之體，可謂介然自守，不牽于流俗者矣。」洪亮吉《北江詩話》云：「施太僕朝幹詩，如讀甘讒鼎銘，發人深省。」謂其多見道之言，詩人而兼學人也。宗丞早負才名，王光禄鳴盛吴中十子之刻，以宗丞居首。其爲詩不尚才藻，味真質樸，如其人。當時同輩多推之，彼亦不求俗賞。故施太僕之詩名。幼時讀諸家《詩話》，亟思一見其全，然坊間絶少流傳，朋好亦罕藏庋。則以知之者希，非若隨園、甌北、鉛山、船山諸人之易于悦人耳目也。

〔一〕「山」原誤作「小」，據人民文學出版社一九六〇年版《隨園詩話》改。

竹葉庵文集詩二十四卷詞九卷　乾隆五十一〔二〕年刻本

《竹葉庵文集詩》二十四卷《詞》九卷，張塤撰。王昶《湖海詩傳》：「張塤，字商言，吴縣人。乾隆三十年舉人，官内閣中書。有《西征》、《熱河》、《南歸》諸集。」《蒲褐山房詩話》：「商言才情楕厲，硬語獨盤。後學山谷、后山，沿文長、中郎之習，時露行墨間。然如《新豐》云：『百家雞犬英雄宅，萬歲枌榆故舊情。』《夜宴》云：『花露半晴題卻扇，人扶殘醉唱回波。』亦殊工麗。而生平與翁覃溪、趙雲崧、孔葒谷諸君友善，故考證金石及書畫題跋詳贍可喜。」袁枚《隨園詩話》：「吳門張瘦銅中翰，少與蔣心餘齊名。蔣以排奡勝，張以清峭勝，家數絶不相同。而二人相得，心餘贈云：『道人有鄰道不孤，友君無異黄友蘇。』其心折可想。《過比干墓》云：『只因血脈同先祖，直以心肝奉獨夫。』《新豐》云：『運至能爲天下養，時衰拚作一杯羹。』讀之令人解頤。瘦銅自言吟詩刻苦，爲鍾、譚家數所累。又工于詞，故詩近瑣碎，不入大家。然其新穎處，不可磨滅。《詠風箏美人》云：『只想爲雲應怕雨，不教到地便升天。』《借書》云：『事無可奈仍歸趙，人恐相沿又發棠。』直巧絶也。至于『酒瓶在手六國印，花露上身一品衣』，則失之雕刻，無游行自在之樂。」按，今全集中詩刻意求新，不屑屑爲尋常聲律之語。自知爲鍾、譚所累，故力矯其蔽，于晦澀之作多半芟除。在乾、嘉詩人中，雖不能卓爾名家，亦可謂不落凡徑矣。

〔一〕「一」字原缺，卷首目録作「五十五年」。考《竹葉庵文集》卷首目録後刻有「乾隆五十一年歲次丙午四月開雕十二月工竣」一行記刻書年月，據改。

棕亭詩鈔十八卷古文鈔十卷文鈔八卷詞鈔七卷　詩嘉慶丁卯刊本，古文、詞道光丙申刻本

《棕亭詩鈔》十八卷《古文鈔》十卷《文鈔》八卷《詞鈔》七卷，金兆燕撰。王昶《湖海詩傳》：「金兆燕，

字鐘越，號棕亭，全椒人。乾隆三十一年進士，官國子監博士。有《燕亭詩鈔》。」李斗《揚州畫舫録》三：「金兆燕，全椒人。爲教授時，于市購得小銅印，刻『椶亭』二字，乃自取以爲號，且構椶亭于署之西偏。後陞國子監博士。」又十云：「兆燕字鍾樾，號棕亭。幼稱神童，與張南華詹事齊名。工詩詞，尤精元人散曲。以舉人爲揚州校官，後成進士，選博士，入京供職，三年歸揚州，遂館于康山草堂。著有《贈雲軒詩文集》。」袁枚《隨園詩話》九：「昔人稱王粲精思，不能有加于宿構，故拙速不如巧遲。此言是也。然對客揮毫，文不加點，亦是樂事。余平生所見敏于詩者四人，前輩中一爲宫詹張南華鵬翀，一爲學士周蘭坡長發，同人一爲侯夷門嘉繙，一爲金進士兆燕，俱可擊鉢聲終，萬言侍馬。」竊謂馬工枚速，人各有能。速者無不工，而工者不必速。棕亭筆如泉涌，極奔騰澎湃之觀，而手有錘鑪，鍊句鍛字皆極熨貼，固非專逞才筆不守詩律者。集中五、七古爲多，皆一氣卷舒，有如宿構。近體于流動之中，極研煉之致。其才力學力皆駕南華、夷門而上之，宜其爲當時詩家所傾倒也。是書爲漢陽葉氏所藏，前鈐有「平安館」三字白文篆書長方印，「葉志詵印」四字白文篆書小方印，「東卿」二字朱文篆書小方印，蓋崑臣爵相、潤臣舍人之封公舊藏也。版心有「增雲軒」三字，故世亦稱《增雲軒集》云。

郋園讀書志卷十三

集部　別集

三松堂集詩二十卷續集六卷文集四卷　同治壬申家刻本

《三松堂集詩》二十卷《續集》六卷《文集》四卷，潘奕雋撰。王昶《湖海詩傳》：「潘奕雋，字守愚，號榕皋。乾隆三十四年進士，官户部主事。有《三松堂集》。」《蒲褐山房詩話》：「榕皋家門鼎盛，科第蟬聯，通籍後即膺館職，兼奉皇華。而遽辭簪紱，歸臥山林。鄉里重以黑頭，士類藉其青眼，琴樽裙屐，望影趨風。年甫六十，卜地于緑畝山，林泉窱窅，以生壙附之。其標格不減司空表聖。詩温厚和平，而清遠閒散之致自在，餘句五言、七言令人攬擷無盡。」按，潘世恩《思補齋〔一〕筆記》：「世父光禄榕皋公，乾隆己丑第八卷進呈，引見遲誤，降附三甲末。朝考入選，特用内閣中書。嘗入直，劉文正指以語人曰：『此杜老所言天子呼來不上船者。』後余登第乞假完姻，汪畹雲同年爲寫《秋帆歸興圖》，同人賦詩以贈。世父題七絶五首，中有云：『天子呼來不上船，元臣諧語一時傳。錦標奪得全家喜，棖觸前塵廿五年。』蓋謂此也。」據此則先生成進士並未得館職，詩傳誤也。錢泳《履園叢話·耆舊》亦云：「先生殿試名列第七，以引見不到，降附三甲末，迨御試保和殿，欽定第十名，以内閣中書用。補官十餘年，除户部主事，遂歸。自此林居四十餘年，讀書評詩，遊心物外。道光壬午，重赴鹿鳴，年已九十，奉旨加四品卿銜。是年遇覃恩，胞姪世恩以一品封典，貤封光禄大夫。生一子名世璜，乙卯探花，乾隆六十年。嘗賦《紀恩》詩，和者甚衆，海内莫不榮之。所著有《三松堂詩文集》行于世。先生工書畫，書學董思翁。」《叢話·夢幻》載：「先生書法董思翁，且慕其爲人。嘗卧病夢，徬徨水濱，一巨舸自遠來泊，中有一叟，鬚眉皓然。潘摳衣入謁，問姓名，曰：『予董其昌也。』潘下拜，起而言曰：『久欲見公，不知公近在何所？』叟云：『欲識吾居，頗憶吾所書經否？青色青光，黄色黄光，赤色赤光，白色白光，彼有人焉，子其無意乎？』潘初不記是何經語，因言：『夙惜愛公墨妙，亦能少酬鄙願否？』叟起立就几，醮墨疾書，俄成巨幅，精靈變幻，不可名狀。潘喜甚，復請再書，叟仰天而笑，化白鶴望空飛去。潘急起追之，了無所見，惟見蓮影摇波，香風四帀。潘手搴蓮子嚼而咽之，蘧然而覺，病遂愈。彭二林先生嘗紀其事。」蓋精神所聚，鬼神通之也。畫師一峯，馮金伯《墨香居畫識》：「榕臯又號水雲漫士、畫師一峯。酬應既繁，但寫蘭、梅、水仙，信墨揮灑，不加粉飾，而天趣盎然，迥非凡品。」誠以先生生長高門華族，而性愛蕭閒，平日耳目之所接見者既有異於蓽門圭竇之寒儒，故發於詩文書畫者皆有雍容華貴之氣。《蒲褐山房詩話》摘其五言佳句，如「青簾煙外舫，紅樹畫中山」，「風將殘磬遠，鳥與暮雲歸」，「澗聲疑過雨，嵐影欲沉煙」，「涼波沉鳥影，高樹落蟬聲」，「花影移吟几，湖光上客衣」； 七言如「舊遊殘夢尋無緒，同輩晨星看漸稀」，「秋士風情宜對菊，老年世味膩銜杯」，「新圖屏幛青圍座，舊種簷蕉緑上衣」，「香浮古鼎閒臨帖，花倚晴窗伴校書」，「過雨紅蓮常破萼，銜煙白鷺自成行」，「古寺煙消梅放萼，小橋水暖柳抽芽」，「簾前戀翠疑排闥，檻外湖光欲上樓」，皆取其秀美清遠之作，不知其全詩多以歡愉之言，出之高曠之境，于富貴人詩中別闢一蹊徑也。

〔一〕「齋」原訛作「堂」。

南江文鈔十二卷詩鈔四卷 道光壬辰門人胡敬刻本

《南江文鈔》十二卷《詩鈔》四卷，邵晉涵撰。王昶撰《墓表》： 「君名晉涵，字與桐，號二雲，餘姚人。乾隆三十三年舉于鄉，三十六年會試第一，成進士，歸部銓選。三十八年詔開四庫館，大臣以君薦，特授庶吉士，踰年授編修。五十六年擢左中允，補侍讀。歷左庶子、翰林院侍講學士。卒于嘉慶元年六月十五日，享年五十四。」又《蒲褐山房詩話》： 「二雲學問經經緯史，包孕富有，而不以詩賦見長。在史館數十年，名卿列傳多出其手，據事直書，未嘗有所瞻徇。所著《爾雅正義》先已刊行，又有《孟子述義》、《韓詩内傳考》、《穀梁正義》諸書，未成，皆稿藏于家。世人但誇其小學，蓋方隅之見爾。」洪亮吉《邵學士家傳》云： 「生平爲文，操筆立就，朝廷有大述作，咸出君手。其沖和淵懿，奥衍奇古，則又君之學爲之也。」按，同時諸人記録皆稱二雲之學問及其文，未有稱其能詩者，惟郭麐《樗園消夏録》下云： 「邵二雲學士經學湛深，古詩多深思古意，然如《和童二樹梅花詩》云： 『折枝贈别曉江寒，好句長留畫壁看。三載銷魂梅嶺雨，黃椰根苦荔支酸。』注：『懷羅二嶺南』。言情婉晚，深得風人之旨。《秋草》云：『長驛露寒人獨去，横塘水落雁初過。』《落葉》云：『從遺深山徵《月令》，是誰中夜讀《離騷》？』皆有遠韻。」蓋二雲於詩功力至深，《詩鈔》所存多此類，而人不甚稱誦者，爲他著述所掩爾。

蕺園詩集十卷近詩二卷　乾隆壬午家刻本

《蕺園詩集》十卷《近詩》二卷，程晉芳撰。王昶《湖海詩傳》：「程晉芳，初名廷鐄，字魚門，號蕺園，歙縣人。乾隆二十七年召試，賜内閣中書。三十六年成進士，官吏部主事，以校勘《四庫全書》改編修。有《蕺園全集》。」翁方綱撰《墓誌銘》云：「君束髮時讀蕺山劉念臺《人譜》，見其論守身事親大節，輒心慕之，故以『蕺園』自號。君之高祖自歙遷揚，以鹽筴起家。兄弟三人接屋而居，食客百人，延接賓客，讌集無虚日。好學工詩，屢躓于場屋。壬午應召試第一，授内閣中書。乃悉棄産償宿逋，攜家北上。辛卯成進士，授吏部主事。癸巳特開四庫全書館，書成改編修。君遇益隆，家益貧。然嗜書籍若飢渴，視朋友如性命，救人之患、周人之急猶不減家全盛時也。君詩善言情，纏綿往復，於家世盛衰，儕偶聚散娓娓數百言。然燭拈髭，俯仰今昔，而君亦垂老矣。君故苦末疾，癸卯抵關中，而疾不起。中丞畢公經紀其喪，撫其孤，歸厝江寧，享年六十有七。」按，徐書受撰《墓表》稱其：「於學無所不貫，而尤長於古文詩，著草六巨編，雖甚冗不輟，儻汰其十一而存其精英，實一代正宗，近今名家所不及。文交遒簡而有法度，所著《周易知旨》、《尚書今文釋》、《左傳翼疏》、《禮記集釋》各若干卷，《勉行齋文集》十卷、《蕺園詩》三十卷，藏于家。」今此本十卷，與《墓表》所載不合。然刻于乾隆壬午，則在未入詞館以前，其中有其親筆校正誤字，蓋初印本也。

勉行堂詩集二十四卷文集六卷 嘉慶戊寅鄧廷楨刻本

《勉行堂詩集》二十四卷《文集》六卷，程晉芳撰。程先刻有《蕺園詩集》十卷《近詩》二卷，此則其子瀚所藏稿本，嘉慶戊寅鄧廷楨所校刻者也。程先世以鹽筴起家，至魚門以聚書好客而中落。乾隆二十六年辛卯成進士，由吏部薦入詞館。平生篤守程、朱之學，兼慕劉蕺山之爲人，故號蕺園。袁枚撰《墓誌銘》，稱其：「秀眉方頤，髯飄飄然左右拂，吟咏意得，闊步摇播，袍褶風生。與人言暖暖姝姝，雖臧獲無所淩誶。遇文學人，慄然意下，或出己下者亦必推轂延譽，使滿其意。故京師語曰：『自竹君先生死，士無談處；自魚門先生死，士無走處。』竹君者，大興朱學士筠也。君於學無所不窺，尤長於詩古文，醇潔有歐、曾遺意。所著《勉行齋文》十卷、《蕺園詩》三十卷。」袁與魚門交最厚，《隨園詩話》采其佳句甚多，有見於集中者，有不見于集中者。蓋其稿屢經編訂，故所載卷數及名稱均不同也。此詩文集并前《蕺園詩集》先後從舊書店中覓得，乃知當時所據皆稿本，非刻本。徐書受《墓表》所稱「詩草六巨編」，正不知此所存者幾何，想亦菁華盡于此矣。

錢南園遺集五卷 同治壬申湖南官局刻本

《錢南園遺集》五卷，錢灃撰。王昶《湖海詩傳》：「錢灃，字東注，號南園，昆明人。乾隆三十六年進士，官至通政司副使。」袁文揆撰《別傳》云：「侍御錢南園先生，諱灃，字東注。家貧，以冶銀爲業，既補弟子員，肄業五華書院。菏澤劉中丞藻徵詩首拔之，云：『此生獨往獨來，必爲將來大開風氣。』先後主講席，尤器之。中乾隆戊子鄉舉，辛卯三十六年。成進士，改庶吉士，壬辰授檢討，辛丑冬晉御史。會甘肅冒賑折損事，疏劾巡撫畢沅，奪沅職三級。復劾山東巡撫國泰貪婪，傳旨命偕大臣和珅、劉墉、諾穆清等往訊，得實，逮國泰、藩司于易簡赴刑部治罪。上以先生敢言，擢通政司參議。癸卯四月晉太常寺卿，六月轉通政司副使，是歲八月以本官兼湖南學政，三年期滿，命留任。己酉丁母憂解任。癸丑七月服除，即北上。先是湖北荆州水災，城圮，孝感活埋人，上責以近在鄰省，不查奏，革職留任。而湖南有匿喪應試及首違礙書籍者，會先生聞訃，交撫臣浦霖查辦。撫臣遂以爲已發也，奏參及先生，部議甚嚴。上特勑部臣錢灃尚知持正，加恩以主事用。比選户部江南司主事引見，復奉特旨以員外郎即用。既補户部河南司員外，旋擢湖廣道御史。是時，軍機大臣多不於軍機處辦事，與舊制不合，疏請勑悉照舊規。上得奏，切責諸大臣，即命在軍機處行走。和珅陰忌之，且直詰之，卒不能屈，轉資商榷主駁。自大學士阿英勇公以下，皆稱爲南園先生，其見嚴憚如此。乙卯夏，扈蹕灤陽，九月還，至十八日病，卒于官，年五十六。爲詩古文，博奧精悍。同輩並後生以詩文就正，往往而規其失而私揚其善，士論翕然宗之。」按，侍御在乾隆時以直聲振朝野，雖以和珅之奸險不能有所加害。蓋其平日以忠誠上結主知，高宗深知其賢。因其不滿和珅查辦國泰案也，即命同行。因其奏參軍機處不在一處辦事也，即命在軍機處行走。其事皆出特恩，前無此例也。是時和珅頗當權，而高宗即以其所忌之人命其共事一方，使之有所忌憚。知人善任，仰見高宗之聖明，而侍御遭遇之奇，亦古今所罕有也。其詩有嘉慶壬戌趙州師範刻，今前三卷即仍其舊。文則向無刻本，湖南書局始搜輯編爲二卷，并詩爲五卷，此本是也。詩體風骨嚴峻，似其爲人，而功力之深，實從老杜入。故雖不以詩文見重，其長篇短什，爲人寶貴，皆有同心，況湖南爲其教澤之所留遺者耶？

惟清堂詩鈔五卷文鈔六卷年譜一卷 道光壬午家刻本

《惟清堂詩鈔》五卷《文鈔》六卷《年譜》一卷，鐵保撰。《國史》本傳：「鐵保，棟鄂氏，滿洲正黄旗人。乾隆三十七年進士，授主事，籤分吏部。四十年補官，四十二年遷員外郎，四十三年遷郎中，兼内務府六庫郎中。四十四年調户部顔料庫郎中仍兼吏部行走。四十五年擢詹事府少詹事，仍兼吏部行走，因辦理知州彭日龍捐復錯誤降三級調用。四十七年補户部員外郎。五十年遷吏部郎中，三月擢翰林院侍講學士，仍兼吏部行走。五十三年轉侍讀學士，十二月升内閣學士，兼禮部侍郎銜。五十四年遷禮部右侍郎，二月兼鑲紅旗蒙古副都統，十月調鑲黄旗蒙古副都統。五十六年十二月轉左侍郎。五十八年調鑲黄旗漢軍副都統，五月調正白旗蒙古副都統。嘉慶三年調吏部右侍郎，十二月調正白旗滿洲副都統。四年正月轉左侍郎，二月遷盛京兵部侍郎，五月調刑部侍郎，兼管奉天府府尹事，九月調吏部右侍郎，兼正紅旗漢軍副都統，十一月調正藍旗滿洲副都統，十二月授漕運總督。七年調廣東巡撫，八年正月調山東巡撫，九年加太子少保銜，十年正月擢兩江總督。十四年因案革職，發往烏魯木齊效力贖罪。十五年六月賞三等侍衛，充葉爾羌辦事大臣，七月授翰林院侍講學士，仍留辦事大臣，調喀什噶爾參贊大臣。十六年九月授浙江巡撫，旋改吏部左侍郎，十一月兼鑲藍旗漢軍副都統。十七年擢禮部尚書，兼鑲白旗漢軍都統。十八年九月調吏部尚書。十九年伊犁將軍奏參前在喀什噶爾辦理回衆，枉殺邀功，諭革職發往吉林當差。二十三年釋回，授司經局洗馬。道光元年乞休，賞三品卿銜。四年卒。」汪廷珍撰《墓誌銘》：「公棟鄂氏，諱鐵保，字冶亭，一字梅庵，世爲滿洲人。成進士，授吏部文選司主事，累遷至翰林院侍講學士，仍兼部事。大學士阿文成公器之，舉爲副都統。純廟素稔公名，謂副都統尚未足盡其才，迺召試五言詩，稱旨。越三日，又集諸儒臣同試之，擢第一，遂改授内閣學士。時乾隆五十三年十二月，公之受知自是始。旋遷禮部侍郎。嘉慶元年調吏部右侍郎，自改授内閣學士至是凡九年，知貢舉者三，總裁會試者二，主考順天、江南、山東鄉試各一，得人稱盛。四年轉左侍郎，仁宗親政，命公留守陪都督理九邊門，出爲漕運總督。八年巡撫山東。十年總督兩江，尋以失察山陽賑案戍烏魯木齊。踰年起爲喀什噶爾參贊大臣。十六年起禮部尚書，轉吏部尚書，以回疆疑獄戍吉林。尋起爲司經局洗馬。道光元年引疾，賜三品卿銜致仕。四年正月初三日卒于家，年七十三。公既以治行報國，而又以其餘力著爲文章。嘗表進所輯八旗詩百三十四卷，賜名《熙朝雅頌集》。晚歲家居多暇，自編《年譜》二卷、《文鈔》六卷、《詩鈔》五卷、《詩餘》一卷。尤工書法，所刻《惟清齋帖》，藝林寶之。」按，王昶《蒲褐山房詩話》云：「冶亭少入詞垣，偕其弟闐峯按闐峯名玉保，乾隆四十七年進士，改庶吉士，散館授檢討，累官至吏部侍郎。並以詩名，而冶亭尤工書法。北人論書者，以劉相國石庵、翁鴻臚覃溪及君爲鼎足。」王豫《羣雅集》：「尚書與百菊溪制府、法時帆學士，天子稱『三才子』。生平敬禮賢士，人倫冰鑑，真鄂文端後一人。」符葆森《寄心庵詩話》云：「百菊溪節相謂梅庵宫保詩如王子晉向月吹鳳笙，隨風抑揚，聲在雲外。至若氣魄閎深，如河流之發源于天，江漢之朝宗于海，豈淺學所能。」今觀《詩鈔》，雖不必如菊溪之過譽其詞，而顧視清高，魄力深厚，力追正始，不愧作家，五言尤工，宜爲純廟所賞拔。惟仕途蹬蹪，飽閱升沈。初不知仁宗何以始信任之，而終廢置之，及觀禮親王《嘯亭雜録》言：「其詩才俊逸，議論今古是非，侃侃正論，有古大臣風範。後聞其歷任督撫，以傲戾稱，又袒庇科目，頗蹈明人惡習，每訑其言行不符。嗣聞人言當癸酉秋林清之變，公獨召對，盡述閹宦不軌之謀，又發十七日夜之事，上從其言，搜捕逆黨頗急。太監楊進忠謀逆，又爲其門生御史陸泌、曹恩繹所發，致恨之切齒，造諸蜚語上聞，遂有西域之謫，重遭重譴。」是或然歟？雖然公事功雖未有成，而詩名終不可没。當時如袁枚《隨園詩話》、吴錫麒《有正味齋日記》、阮亨《瀛舟筆談》摘公詩佳句，頗多奇警之句，苟非一生精力所用在此，其能傳誦人口如是之久耶？

小峴山人詩集二十六卷文集六卷續集二卷　嘉慶二十二年家刻本

《小峴山人詩集》二十六卷《文集》六卷《續集》二卷，秦瀛撰。《國史》本傳：「秦瀛，江蘇無錫人。乾隆三十九年舉人。四十一年上巡幸山左，召試一等，賜内閣中書，充軍機章京。四十八年丁母憂，四十九年丁父憂，五十二年服闋，五十四年升侍讀。五十七年京察一等，遷户部江西司郎中。五十八年授浙江温處道，五十九年調杭嘉湖道，嘉慶二年署按察使，五年升按察使，調湖南按察使。七年因病乞解任，九年病痊，補廣東按察使。十年擢浙江布政使，十月入覲，命以三四品京堂補用，十二月補光禄寺卿，旋調太常寺卿。十二年升刑部右侍郎。十三年鬧散宗室敏學恃勢逞兇，命會同宗人府審訊，故爲開脱，下部嚴議革職，諭降三級調用。十四年補光禄寺卿，授都察左副都御史，授倉場侍郎。諭秦瀛年齒漸衰，著以二品頂帶，仍補都察院左副都御史。六月遷内閣學士，兼禮部侍郎銜，尋擢兵部右侍郎，署刑部右侍郎，轉左侍郎。十五年正月實授刑部右侍郎，因目疾解任回籍。道光元年卒。」陳用光撰《墓誌銘》：「公諱瀛，字淩滄，一字小峴，晚又號遂庵。幼有異稟，讀書能兼人，學爲詩古文，千言立就。年十六補縣學生，三十二以貢入京師，遂舉京兆。丙申，純皇帝巡幸山東，獻賦，召試，以能知題所出。已黜，爲純皇帝拔置一等，賜内閣中書，入直軍機，擢侍讀，遷户部郎。出爲温處兵備道，擢浙江按察使、布政使。入覲，擢刑部侍郎，以目疾乞歸。家居十有一年卒，年七十九。公於詩古文及製藝皆力追古人風格而能有所自得。少時爲齊次風、杭堇圃所知，既得舉，則見重于竇東皋。官京師，與王惕甫、魯山木以文字相質問，及見姚姬傳先生而彌有契合。所著有《淮海年譜》六卷、《己未詞科録》十卷、《無錫金匱志》四十卷、《小峴山人詩文集》三十六卷，版藏於家。」按，王豫《羣雅集》云：「司寇詩謹守唐賢，古文希蹤歸、方兩家，以叫呶狂縱爲才大者當奉爲清涼散也。」王昶《湖海詩傳》云：「錫山秦氏以事功經術見稱，至對巖學士始擅詞章，有

《蒼峴山人集》。故滄淩以《小峴》名其集。在武林數年，益以文章相娛樂〔一〕，招邀賢俊，屢爲詩酒之會。修望湖樓，上供東坡。修龍井寺，旁隙地建祠以祀少游。而詩文日益進。然則公學有本原，性耽風雅，故詩文皆爲當時名流推重，不僅宦轍所至，卓著政聲也。」余求公集多年不得，幸遇而購之，竭數日之力流覽一過，覺其中五、七律尤長。其中警健之作，張維屏《聽松廬詩話》所舉者實未盡也。洪亮吉《北江詩話》稱其詩「如久旱名山，尚流空翠」，亦未足概其全。讀者試取全集觀之，而後知當時稱公詩或過于溢譽，或僅舉所知，皆非知公之深矣。

〔一〕「相娛樂」，清嘉慶八年三泖漁莊刻本《湖海詩傳》作「山水自任」。

九曲山房詩集十六卷 嘉慶五年刻本

《九曲山房詩集》十六卷，宗聖垣撰。符葆森《正雅集》：「宗聖垣，字芥颿，浙江會稽人。乾隆三十九年甲午舉人，歷官雷州府知府。著有《九曲山房詩鈔》。」宗稷辰撰《墓志》稱：「芥颿與弟藕船以詩古文名越中。少時，商寶意、劉豹君方主壇坫，選《越風》，實賴以贊成之。袁簡齋來越，蔣心餘主講蕺山，深相契合。官粵東司馬廿年，蕭然退老。僅刻成《九曲山房詩》十六卷。年將大耋，尚與時彦學詩者晨夕談藝。周又谿、鄔雪舫皆及門也。」墓碑題「會稽詩人宗芥颿先生之墓」。稷辰又刻其《歸越詩》一卷。越中學子以公昌詩教于鄉，設位于卧龍山之詩巢，祔西園十子。按，袁枚《隨園詩話》十四云：「遊山詩要寫得出。宗芥颿《磨盤山》：『分明尋丈恰隔里，指點平夷偏落陡。東西俄轉望若失，呼應已逼待還久。中央簇簇攢牛宮，四角層層布魚筍。更疑去路即來處，幾訝迷途欲退走。入世敢云肱折三，立峯頓覺腸迴九。』」隨園所謂寫得出者，斯誠足以當之矣。

有正味齋駢體文二十四卷詩十六卷外集五卷 嘉慶十三年家刻定本

《有正味齋駢體文》二十四卷《詩》十六卷《外集》五卷，吴錫麒撰。王昶《湖海詩傳》：「吴錫麒，字聖徵，號穀人，錢塘人。乾隆四十年進士，官祭酒。有《有正味齋集》。」《蒲褐山房詩話》：「浙中詩派自竹坨、初白兩先生後二十餘年，大宗、太鴻起而振之，及兩公殂謝，嗣音者少。司成以雲蒸霞蔚之文，合雪淨冰清之作，馳聲藝苑，獨出冠時。既工駢體，尤善倚聲，而詩才超越，直繼朱、查、杭、厲之後，宜中外望之指爲景慶也。情殷萱背〔一〕，乞假南還，雖未即安於閒適，而世已以白、晁兩太傅相期。性好溪山，流連詩酒。青帘〔二〕畫舫，緑箬紅衫，游笻所造，無不〔三〕承蓋扶輪，掃門納履。」按，祭酒以駢文擅長，兼工賦得體。同時館前輩袁隨園大令枚亦工駢文，又于時文別開生面。余少年習括帖，揣摩二家。同時朋輩以余天姿高，何不學漢、魏、六朝，余不顧也。然隨園于駢文、時文外，詩名滿天下。祭酒詩有格調、有法律，較之隨園才氣誠有不逮，然步伐齊整，壁壘森嚴。譬之用兵，隨園如李廣、郭子儀，祭酒則程不識、李光弼也。而其名爲駢體所掩，稱之者少。大氐祭酒詩融貫漢、魏、六朝、三唐，而博之以宋人之意趣，故音節高而無浮響，功力厚而有深思。賦得體爲唐時試士之制，我朝因之，自童試、鄉會試、朝考以及翰林館課、大考等皆用之，故工於此者最多。然余所服膺者二家，一紀文達，純用唐法，脈理清真；一祭酒，掩有衆長，瑰麗雄奇，于此體别闢蹊徑，雖括帖之作，皆卓然自成一家，苟非于詩中用功至深，固不能臻此絶詣也。科舉既廢，此體將來固絶無知之者，故特表而出之。

〔一〕「萱背」原誤「萱肯」，據嘉慶八年三泖漁莊刻本《湖海詩傳》改。

〔二〕「青帘」原誤「青藤」，據嘉慶八年三泖漁莊刻本《湖海詩傳》改。

〔三〕「無不」原奪，據嘉慶八年三泖漁莊刻本《湖海詩傳》補。

兩當軒集二十卷考異二卷附録六卷 同治癸酉活字印本

《兩當軒集》二十卷，黄景仁撰，《考異》二卷《附録》六卷則其孫志述撰也。《兩當軒集》風行海内已百年，乾、嘉詩人如袁、趙、蔣之外，享名之盛未有過之者也。此集刻本甚夥，最初爲《悔存詩鈔》八卷，大興翁方綱選，嘉慶三年邱縣劉大觀刻。其次爲《兩當軒詩鈔》十四卷《悔存詞鈔》二卷，嘉慶四年長寧趙希璜選刻，二十二年侯官鄭炳文補足續刻。即一本。又其次爲《兩當軒詩集》十六卷，道光四年海鹽吳修刻，未竣，十五年海寧蔣光煦刻成。最後爲《兩當軒詩鈔》十四卷《竹眠詞》二卷，道光十三年許玉彬刻。然皆非足本也。此本乃其全稿，十七至十九爲詞三卷，二十則遺文一卷。後有咸豐八年太倉季錫疇跋。蓋志述所編足本，當時未及刊行。同治癸酉集珍齋以活字印行，後來坊間一再翻雕，所據皆此本也。景仁少時與同里洪稚存太史亮吉齊名，有「二俊」之目。後同受業于大興朱笥河學士筠之門，並有「猿鶴」之稱。錢文敏維城刻毗陵七子詩，景仁即其一。當時名滿天下，鉅人宗匠，爭以禮羅致之。而屢試南北秋闈，蹇于一第。乾隆四十一年皇上東巡，獻詩賦，召試二等，不獲一官。卒以武英殿書簽例得主簿，入資爲縣丞。赴部候銓，旋出都，客死解州沈運使業富署中，年僅三十有五。近日文人坎軻不遇，未有如此之甚者。其詩皆謂其學太白，實則于昌谷、山谷二家别有會心。王侍郎昶爲撰墓誌，稱其詩疏瀹靈腑，出精入能，刻琢沈摯，不以蹈襲剽竊爲工，洵定評也。此集自翁選以下各刻本余均有之，因以此本鎮庫，而各刻本列之副墨云。

芙蓉山館詩鈔八卷詞鈔二卷文鈔一卷續鈔一卷 嘉慶乙丑刻本

《芙蓉山館詩鈔》八卷《詞鈔》二卷《文集》一卷《續鈔》一卷，楊芳燦撰。王昶《湖海詩傳》：「楊芳燦，字蓉裳，金匱人，貢生，今官户部員外郎。有《吟翠軒初稿》。」《蒲褐山房詩話》：「蓉裳驚才絶艷，綴玉聯珠，駢體之工，幾于上掩温、邢，下儕盧、駱，而詩則取法於工部、玉谿間，填詞亦清妍婉麗，兼有夢窗、竹山之妙。乃僅以拔萃科選伏羌縣令。既而逆回搆亂，烽火連天，蓉裳嚴守孤城，獨當豕突。予時在鶉觚，督兵堵禦，草檄飛書，來往問詢，見其意氣自如，嘯歌不輟，知其必能辦賊。事平後，久之乃量授靈州。又偃蹇十餘年，始入農部。雖兼會典館纂修，終不獲與於承明著作之林，殊爲缺事。然聞敦槃〔一〕之盟必以君爲赤幟，蓋光焰終不能掩也。」趙懷玉撰《墓誌銘》：「君諱芳燦，號蓉裳，才叔其字，世爲無錫人。生七月即能識楹帖字不誤，四歲讀四子書，竟能背誦唐人古今體詩八百餘首。稍長，從舅氏顧君遊，爲詩時得佳句。世父潮觀，故名宿，君與羣從中表皆以才名里中。年十九爲金匱縣學生員，試江寧，見賞於袁大令枚。南昌彭文勤視學江蘇，輒冠其曹，爲丁酉選拔貢生，廷試一等，以知縣用，發甘肅，旋補伏羌縣。回匪田五起，掠固原，攻靖遠，擾安定。方欲請兵，賊已大至。君登陴固守，前後殺賊五百餘人，賊不敢復逼。軍務竣，以守城功上，補靈州。會君仲弟授甘肅布政，例回避，改捐員外郎，在户部廣東司行走。丙寅遭太夫人憂，歲暮達江寧。辛未蜀中大吏延修省志。乙亥冬在季箸〔二〕安縣偶感寒疾，遂不起，卒年六十有三。所著有《真率齋稿》十二卷、《芙蓉山館詩詞稿》十四卷、《駢體文》八卷行世。」陳用光撰《墓誌銘》：「君詩出入於義山、昌谷而自成其體，又工儷體文。嘗語用光曰：『色不欲其耀，氣不欲其縱，沈博奥衍，斯儷體之能事也。』」吴嵩梁《石溪舫詩話》：「蓉裳農部才華絶世，與弟荔裳方伯早負盛名。十年以後，詩律益細，而藻采不凋。七古、近體擅場，五言長律尤爲絶調。七古嗣響四傑，七律抗衡西崑，排律妙處以義山之工麗，香山之纏綿，加以沈宏開合，具體少陵，不襲其貌而得其意。每逢佳題，殫思以就，迴波舞雪，振羽沈宫，聲情之美往往移人。」按，農部艷麗之才，一時無偶。駢偶文金聲玉振，錦繡花團，以四傑之才思，兼六朝之采色。詩則無論五七古、近體，皆擷采古來詩家濃麗温柔一派，侔色揣稱，挹其精華。如啖鮮荔支，香色味三者俱佳。真足令才人、學人一齊拜倒者矣。當時與弟荔裳方伯同負才名，一時有「二楊」之目，然皆不由科第出身，分執騷壇旗鼓，亦奇矣哉！

〔一〕「敦槃」，清嘉慶八年三泖漁莊刻本《湖海詩傳》作「京師盤敦」。

〔二〕「季箸」二字疑衍文，此句趙懷玉《亦有齋集》載《楊氏墓誌銘》作「在安縣偶感寒疾」，時芳燦季弟題補安縣。

學古集四卷詩論一卷 嘉慶十三年猶子純熙刻本

《學古集》四卷《詩論》一卷，宋大樽撰。王昶《湖海詩傳》：「宋大樽，字左彝，號茗香，仁和人。乾隆四十二年舉人，官國子監助教。有《學古集》。」《蒲褐山房詩話》：「茗香詩埽淨一切，追漢、魏而上之，李滄溟輩當變色失步。惟五言近體，迪功、靈一稍堪把臂。」吳錫麒序云：「茗香化去，其遺篋存詩四卷，曰《學古集》。凡擬古歌謠爲雜體一卷，擬漢、魏、六朝爲五言古詩一卷，擬太白爲七言古詩一卷，擬王、孟諸家爲五家今體詩一卷。式之以古，畫之以今，抉剔精能，粹然不雜，可謂善矣。」按，茗香早年有《牧牛村舍外集》，罕傳于世。此集乃其手定之稿，猶子純熙刻之。戚學標稱其詩格自三唐變爲六朝，變爲漢、魏，樂府益變爲楚騷，上而至于《三百》。節靡不極，其言中之，趣而得乎象外之神。茗香早舉京兆，補太學校官，卒乃自放於山水間，類乎古之逸人浪仙，超舉塵埃之表。此其人品已變而高，而詩亦與之俱變。原其所以變，則集中自言之矣。龔自珍《三別好詩》：「吳駿公《梅村集》，方百川時文，宋左彝《學古集》。」其題《學古集》云：「忽作泠然水瑟鳴，梅花四壁夢魂清。杭州幾席鄉前輩，靈鬼靈山獨此聲。」其爲定庵傾倒若此。知其苦心孤詣，後世自有知者。詩文之傳本不在多，即此四卷精華，勝于他人千首萬首矣。

師竹齋集十四卷 嘉慶七年家刻本

《師竹齋集》十四卷，李鼎元撰。王昶《湖海詩傳》：「李鼎元，字味堂，號墨莊，緜州人。乾隆四十三年進士，官宗人府主事。有《師竹齋集》。」本集前有昶序云：「李君和叔家緜州，偕弟鼑塘皆以俊偉鴻博之才入詞館，既改爲中書舍人。家本寒素，雖通籍猶爲負米之行。由齊、魯、吳、越而楚，奔走數千里，又往還蜀道，足迹幾遍天下。耳目所涉，山水所歷，往往於詩發之。詩無不仿，亦無不似，而得之少陵者最多。」又《蒲褐山房詩話》：「近日綿州稱『三李』，按，調元、鼎元、驥元也。以墨莊爲最，意沉摯，辭警拔。筮仕後索米不足，遠遊江海，所過名山大川，發其抑鬱無聊之氣，拔地倚天。三吳士大夫未能或之先也。庚申墨莊奉使琉球，余在武林，過訪講舍。君天才奇偉，佐以域外之觀，海涵地負，當有駭心而惐目者。」按，鼎元奉使琉球，以趙介山殿撰文楷爲正使，鼎元副之。是時阮文達元爲浙江巡撫，王主講西湖詁經精舍，故元集中有與兩星使倡和詩。阮亨《瀛舟筆談》附鼎元和元原韻云：「傳聞海水接天流，始信乾坤到十洲。故友歡逢仍作客，書生奇遇似封侯。心情自許無波井，蹤跡真成不繫舟。百頃鏡湖容小住，風塵難得是茲遊。」此詩甚工雅，而今集中無之，可見其删汰之嚴矣。

聽彝堂偶存稿二十一卷 嘉慶己未刻本

《聽彝堂偶存稿》二十一卷，吳省蘭撰。《國史》本傳：「吳省蘭，江蘇南匯人。乾隆三十二年考補國子監學正，三十九升助教。三十九年八月鄉試，省蘭未成進士，特命充順天鄉試同考官。四十三年戊戌會試未中式，諭與本科中式進士一體殿試，列二甲，改翰林院庶吉士，四十五年散館授編修。五十三年四月擢右春坊右贊膳，九月轉左，十二月擢右中允，五十四年轉擢侍講。五十六年大考一等，擢詹事府詹事。五十七年擢内閣學士，兼禮部侍郎。嘉慶三年正月擢工部右侍郎，四年正月調禮部右侍郎。大學士和珅伏誅，諭曰：『吴省蘭係和珅引用之人，雖無人列款參劾，未便倖列卿貳，著降爲編修。』五月擢右中允，七月擢侍講，八年擢侍講學士。九年京察引見，奉旨：『吴省蘭年已就衰，才力不及，著以原品休致。』十五年卒。」按，省蘭字泉之。此存稿卷一至卷四賦，卷五、六頌，卷七雅，卷八表，卷九奏摺，卷十策問，卷十一論，卷十二、十三雜文，卷十四連珠，卷十五序，卷十六壽序，卷十七記，卷十八箴，卷十九銘，卷二十跋，卷二十一祭文，大抵皆館閣駢偶文字，其中進呈之作居多。雜文中有重排千字文五、七言詩，亦皆撰以頌聖者。豈一生營營富貴，除供奉外不作一詩一文耶？則又不如乃兄白華遠矣。

按，此非《詩壇點將録》中人，因其兄省欽附及之。

存素堂初集録存詩二十四卷詩稿一卷二集八卷文集四卷續集二卷 《初集》嘉慶丁卯王墀刻本，《二集》嘉慶癸酉刻本，《文集》嘉慶丁卯程邦瑞刻本

《存素堂初集録存詩》二十四卷《詩稿》一卷《二集》八卷《文集》四卷《續集》二卷，法式善撰。王昶《湖海詩傳》：「法式善，本名運昌，奉旨改今名，蒙烏吉氏，字開文，號時帆，蒙古正黄旗人。乾隆四十五年進士，今官侍講。有《存素堂稿》。」《蒲褐山房詩話》：「時帆自登仕版，即以研求文獻宏奬風流爲事。故在詞垣著《清祕述聞》、《槐廳載筆》，在成均著《備遺録》。其餘有資典故著而未刻者甚多。所居在厚載門北，背城面市，一畝之宫，有詩龕及梧門書屋，室中藏書萬卷，間以法書名畫。外則移竹數百本，寒聲疏影，翛然如在巖谷間。經師文士，一藝攸長，無不被其容接。爲詩質而不癯，清而能綺，故問字求詩者往

往滿堂滿室。」黄安濤撰《小傳》云：「先生原名運昌，字開文，一字時帆，號梧門。乾隆五十年遷庶子時命改名法式善。法式善者，國語黽勉上進也。先生由詞翰起家，服官三十餘年，同學及後進皆躋顯要，先生屢起屢蹶，秩不踰三品。文譽翔踴于海内者甚久，操觚之士爭欲出門下以爲榮。而顧未嘗與學政及鄉會典試分校之役，兩試翰詹，並以下考左遷，先生固泊如也。蓋先生雖雄于文而楷法不逮，故每試多以此見絀。性愛閒，素好奬進，一時壇坫之盛，幾與蒼山南北相望。乾隆間海内稱詩者，先則步趨歸愚，後則波蕩隨園。先生仡然無所倚毗，一以古澹爲宗，其品概可見矣。」禮親王《嘯亭雜録》云：「蒙古法祭酒式善，榜名運昌，中式時純皇帝曰：『此奇才也！』賜改今名。居淨業湖畔，門對波光，修橋翠竹，有湖山之氣。藏書萬卷，多世所罕見者。好吟詩，入韋、柳之室。家築詩龕三間，凡投贈詩句皆懸龕中，以誌盍簪之盛。慕李西涯之爲人，訪其墓田，代爲葺理，又邀朱石君太傅、謝薌泉侍御等鳩工立祠，歲時祭享焉。」姚元之《竹葉亭雜記》五：「滿洲蒙古法學士梧門先生，名式善，能詩，性情灑落，有飄然出世之態。以庚子科翰林起家，每及四品輒躓，今已屢躓屢起矣。先生喜與文士遊，所居爲李西涯之故居。蘇齋翁閣學顔其西室曰『詩龕』，人稱爲詩龕先生。晚喜食山藥，又名其齋曰『玉延秋館』。性不能飲，然每有看花飲酒之約，雖風雨必至。」袁枚《隨園詩話・補遺》六：「法時帆學士造詩龕，題云：『情有不容已，語有不自知。天籟與人籟，感召而成詩。』又曰：『見佛佛在心，説詩詩在口。何如兩相忘，不置可與否。』余讀之，以爲深得詩家上乘之旨。旋讀其《淨業湖待月》云：『緩步出柴門，天光隔橋瀹。溪雲沒〔一〕酒樓，林露滴茶籠。秋水忽無煙，紅蓼一枝動。』此真天籟也。又《讀稚存詩奉柬》云：『盜賊掠人財，尚且有刑辟。何況爲通儒，覥顔攘載籍。兩大景常新，四時境屢易。膠柱與刻舟，一生勤無益。』此笑人知人籟而不知天籟者。先生于詩教功真大矣。《咏荷》云：『出水香自存，臨風影弗亂。』可以想其身分。又曰：『野雲荒店誰沽酒，疏雨小樓人賣花。』可以想其胸襟。」錢泳《履園叢話·譚詩》：「蒙古法時帆先生工詩，尤長五律，爲世傳誦。余一日謁先生于京邸，索余書一小額曰『四十賢人之室』。是時吳蘭雪舍人亦在坐，因問所典。先生曰：『昔人論五言律詩如四十賢人，其中着一屠沽兒不得，而四十人中又須人人知己，心心相印，方臻絶詣。』」按，學士詩大旨見於諸家評論，然余遍讀其全集，純近放翁。王芑孫序其詩云：「用漁洋三昧之説言詩，主王、孟、韋、柳。又工爲五字，一篇之中，必有勝句，一句之勝，敵價萬言。」實譽之而不中肯窾也。至其文集則胸羅萬軸，書卷之氣流溢行間，不必繩以宗派家數，亦無愧古文家之正法眼矣。

〔一〕「沒」原誤作「投」，據人民文學出版社一九八二年版《隨園詩話》改。

知恥齋文集二卷詩集六卷附録一卷　道光十二年子興嶢、興峘刻本

《知恥齋文集》二卷《詩集》六卷《附録》一卷，謝振定撰。王昶《湖海詩傳》：「謝振定，字薌泉，湘鄉人。乾隆四十五年進士，官監察御史。有《雲將小草》。」《蒲褐山房詩話》：「薌泉在御史臺，巡城適道遇勢家奴，車服侈麗，且相抗，乃縛而鞭責之，焚其車。事聞，吏議弗善也。既罷官，性好山水，爲東南汗漫遊。嘗訪予

青溪，以病未見。乃歷五茸三泖，過嘉禾，至西湖，又渡曹娥江，覽鑑湖、蕺山之勝。所至，士大夫虛左迎之，酣暢淋漓，酒痕墨瀋中獲其寸紙珍爲拱璧。」禮親王《嘯亭雜録》：「謝薌泉侍御性豪宕，嘗蓄萬金，遨遊江浙間，揮霍殆盡，曰：『人生貴適意耳，銀錢常物，何足惜也！』嘉慶初，和相當權，時其奴隸抗縱無禮。公巡城，遇其妾兄某馳車衝騶過，公立命擒之，杖以巨杖，因焚其轂，人爭快之。王給諫鍾健希和相意，劾罷公官，管御史世銘笑曰：『今日二公，各有所失。』有問之者，答曰：『謝公失官，王公失名。失官之患不過一時，失名之患致傳千古矣。』」吳敏樹《柈湖文集》書侍御事云：「道光癸巳，先生子興嶢由翰林改官河南裕州知州，卓異，引見，皇上問：『汝湖南人，作京語何也？』興嶢對：『臣父謝振定，歷官翰林御史，臣生京師。』上忽悟曰：『爾乃燒和珅車謝御史之子耶？』因褒奬家世，勉以職事。明日，上語閣臣：『朕少時聞謝御史燒車事，心壯之。昨見其子，甚喜。』未幾，擢興嶢敘州府知府。」按，侍御以氣節著稱，「燒車御史」之名至今傳爲典實。而其詩文具有本原，不屑苟同以徇俗。秦瀛撰《墓誌銘》云：「君每以古學衰歇，見儕輩中有能爲古文者，輒手録其文存之。余向未識君，罷官游杭州，余觴之湖上，始與論詩。既見余古文，乃大推服。蓋先生篤嗜古學，恒思網羅當代文章爲一書，卒未成就。故己所爲文恪守唐、宋矩矱，詩則古、近體俱真氣鬱勃，放筆雄豪。」袁枚《隨園詩話·補遺》九：「乙卯二月，在揚州見巡漕謝香泉先生，乃程魚門所拔士也。倜儻不凡，《遊泰山》五古數章，直追韓、杜。」此則先生詩之定評也。《乾嘉詩壇點將録》以侍御與錢通使澧配《水滸》之劊子手，誠快語哉！

素脩堂詩集二十四卷後集六卷補遺一卷 嘉慶辛未刻本

《素脩堂詩集》二十四卷，吳蔚光撰。按，龐鴻文《常昭合志稿·人物》六引吳保泰所撰《墓志》云：「吳蔚光，字哲甫，號竹橋，其先休寧人，祖籍錢塘，蔚光鄉舉後改歸昭文籍。登乾隆四十五年庚子進士，選庶吉士，散館改禮部主事，旋引疾歸。終日居一樓，殫心著述，二十年如一日。夙治古文，兼長駢體，而於詩詞尤推作手。生平愛才好士，後進以詩文來謁者，獲佳句妙語，逢人誦不絶口。愛書籍及法書名畫，藏書以萬卷計。嘗得王元章《梅花》長卷，因以『梅花一卷』名樓。晚慕城西湖田之勝，欲治宅爲終老計，自號湖田外史。」按，蔚光之弟熊光，乾隆三十七年舉人，考取中正榜，以内閣中書用，尋充軍機章京。嘉慶元年擢鴻臚寺少卿。二年遷通政司參議，特賞三品卿銜，隨同軍機大臣學習行走，授直隸布政使。歷官至兩廣總督。以英吉利領兵入内洋奏報延緩、辦理畏葸，革職遺戍。特命釋回，以六部主事用，補兵部主事。請假回籍。嘉慶戊午重宴鹿鳴，賞給四品卿銜。卒于家。事載《國史》本傳。兄弟出處蹤跡迥不相同。熊光揚歷中外，升沈起伏如春夢一場。蔚光畢歲歸田，優游于湖山詩酒者二十餘年，與同邑張子和〔二〕燮、孫子瀟原湘唱和往來，極田居之樂。海内聞人如時帆祭酒法式善、姚惜抱郎中鼐、嚴冬有〔三〕侍讀長明、蔣心餘太史士銓縞紵相投，殆無虚日。法祭酒序其集云：「徜徉湖田山水間，自抒寫其蕭憀寂寞之狀，而心未嘗一日忘朝廷。」姚郎中序其詩云：「以英異之才，沈酣古籍，發爲詩歌，不爲亢厲矯激之詞，而自然超軼有遠俗之逸韻。」孫太史序其詩云：「胎原少陵，而出入於香山、眉山之間。其辭麗以則，其意温且厚。」洪稚存太史亮吉《北江詩話》稱其詩如「百草作花，艶奪桃李」。今觀其詩全集，近體居多，清麗芊綿，似元人學温、李之作，其佳句時時觸目，誠如北江所評。余曩閲《乾嘉詩壇點將録》，以出林龍擬蔚光，以獨角龍擬吴慈鶴，比《水滸》中登雲山舊頭領二員。慈鶴初刻《蘭鯨録》，後刻《侍讀全集》，余早得之。此集坊肆間罕見，蓋粤寇之亂版燬後無重刊。《侍讀集》刻自粤東，未罹兵燹故也。

〔一〕「和」原作「知」，誤。張燮字子和，事見孫原湘《天真閣集》所載《張燮墓志銘》。

〔二〕「有」字當作「友」。嚴長明字冬友，事見《惜抱軒文集》載《嚴冬友墓志銘》。

亦有生齋詩集三十二卷詞二卷文二十卷 嘉慶二年家刻本

《亦有生齋詩集》三十二卷、《詞》二卷、《文》二十卷，趙懷玉撰。王昶《湖海詩傳》：「趙懷玉，字億生，號味辛，武進人。乾隆四十五年召試舉人，今官青州府同知。有《亦有生齋詩鈔》。」陸繼輅撰《墓誌銘》：「乾隆四十五年純廟南巡，獻賦，召試賜官，年已三十有四。嘗入都候補，以葉宜人喪歸。十年復出，應禮部試，下第，留内閣行走。又一年實授中書舍人。大學士英勇公薦充軍機章京，不果，擢侍讀，又不果。嘉慶五年俸滿改外，六年至官，七年署登州知府，再署兖州。八年刑部君棄養，遂不仕。里居二十一年，年七十有七。君知名最早，弱冠應京兆試即與諸老輩抗顔爲友。雖儀度嫻謹，而持論侃侃，未嘗以年位自絀。其後家居，日與里中少年賦詩飲酒，亦自忘其爲大父行也。生平無所好，客來飲酒，客去即讀書。所著《亦有生齋文集》五十九卷、《續集》八卷，斂氣就律，肖其爲人。」錢泳《履園叢話·耆舊》：「味辛司馬爲恭毅公申喬曾孫，少讀書，刻厲爲學。家本素封，高宗南巡，獻賦，賜内閣中書。出爲山東青州府同知，以母憂去官。家漸貧，益自刻勵，發爲文章，粹然而純，淵然而雅，一以韓、歐爲宗。所著《亦有生齋文集》二十四卷，詩詞集若干卷。」郭麐《爨餘叢話》四：「余未識味辛先生，彼此相聞，亦無贈答之作。暨味辛去官歸，臥病家中，迄未一見，至今以爲恨。始得其《亦有生齋全集》讀之，詩凡三十二卷，清醇和雅，無囂淩之習。自少至老，總持一律，於毗陵諸公中最爲純粹，微覺平衍少奇氣。五古滔滔清辨，七言律章妥句適，皆雅音也。其後入京師，登臨酬和之作多而且工。到關中，即攖末疾，不能得江山之助，洵乎文字亦有命也。味辛詩集後附詞五卷，其《元夜漫河賣花聲》一闋[一]最工。」符葆森《寄心盦詩話》：「味辛司馬詩不隨流俗，當時孫、洪、黄齊名于時，而不列味辛。惲子居謂其文不惑于貴勢，不牽于友朋，硜硜自立。誠哉是言！」按，諸家評司馬詩文至爲確論，惟所載卷數各有不同。今此本詩三十二卷，蓋即郭頻伽所見者。而頻伽稱附詞五卷，此僅二卷，不知何故。錢梅溪謂文二十四卷，此本文二十卷，亦不知梅溪所見爲刻本耶？抑未刻之底本耶？符謂孫、黄齊名，不列味辛，亦誤。當時毗陵七子爲孫星衍、洪亮吉、黄景仁、楊倫、吕叔訥、徐書受，并司馬而七，何曾不列其人？符選《國朝正雅集》頗知搜集掌故，此則考之未審，不免失言矣。

〔一〕「闋」原作「閱」，形近而訛，據道光間刻本《爨餘叢話》改。

賞雨茅屋集二十二卷外集一卷　嘉慶己卯刻本

《賞雨茅屋集》二十二卷，《外集》一卷，曾燠撰[一]。《國史》本傳：「曾燠，江西南城人。乾隆四十六年進士，改庶吉士，散館改户部主事。五十一年丁父憂，五十三年服闋，補官，充軍機章京。五十五年遷員外郎，五十七年京察一等，授兩淮鹽運使。嘉慶十二年升湖南按察使。十四年二月調湖北按察使，十二月遷廣東布政使，二十年擢貴州巡撫。二十一年以母老乞養歸，因廣東藩司任内失察所屬，交代逾限，部議降三級調用。上加恩改補官，日降三級留任。二十四年丁母憂。道光二年服闋，授兩淮鹽運使，仍准用三品頂帶。六年四月召回京，諭：『曾燠在任四年有餘，因循了事，著以五品京堂候補。』七年引病乞歸，不准。十一年卒。」包世臣撰《别傳》：「公諱燠，字庶蕃，一字賓谷，姓曾氏，江西南城人。乾隆庚子舉順天鄉試，辛丑成進士，改庶吉士，散館授户部主事，擢貴州司員外郎。壬子京察一等，特授兩淮鹽運使。嘉慶丁卯擢湖南按察使，戊辰調湖北。庚午擢廣東布政使，乙亥擢貴州巡撫。丙子乞養親。事畢，上特命公以巡撫銜巡視兩淮鹽政。丙戌召還，以五品京堂候補。庚寅卒于京寓，年七十有二。公性嗜詩，至老不輟。自漢魏六朝、三唐兩宋以及近世聞人專集、彙集，皆悉研究辨晳其得失。公以世家子，弱冠即涉詞苑值樞廷，洊登封圻，居華膴清要者數十年，未嘗歷拂逆失意之境，而其爲詩顧深悉民間疾苦，微言激射，頓挫沈鬱，絶無珠翠羅綺之氣染其筆端。《詠山燒》有曰：『層巒從此瘦，春草幾時生？』《望岱》有曰：『須知天下雨，還望一山雲。』寄意遥深，有寒畯專家所不及。著〔二〕有《賞雨茅屋詩集》二十二卷《駢體文》二卷。」按，中丞前後兩主淮、揚鹽政，居維揚幾二十年。國初周櫟園侍郎監督鈔關，王阮亭尚書司理揚郡，風雅好士，爲壇坫主盟，後百年而有盧雅雨、朱子穎兩都轉，繼軌前賢，文讌幾無虚日。至中丞規模益形宏大，集南都之彦，開東閣之尊，投轄留髡，分金贈管，日與四方名士分箋角韻，其清華高遠之致，時流露於吟嘯之中。故全集詩境不高，而雍容揄揚，吐屬自然名貴，兼之閲人多，閲世久，時多見道之言。袁枚《隨園詩話・補遺》七云：「江右多宗山谷，而揚州轉運曾賓谷先生獨喜唐音。」郭麐《靈芬館詩話》六云：「揚州自雅雨以後，數十年來金銀氣多，風雅道廢，曾賓谷都轉起而振之。築題襟館于署中，四方賓客其從如雲。今所傳《邗上題襟集》是已。都轉於詩不分畛域，而獨見精能，長篇半格，適如其意而出。於時輩篇章，亦具正法眼藏，不屑附和，亦不爲刻深。集中古體多於近體，然七絶風神澹逸，能於阮亭、竹垞外别標一格。」是中丞詩當時已有定評。然包慎伯稱其微言激射，余謂其有見道之言，是其獨至之處。讀中丞詩者，當知所以别裁矣。若其駢文，沈浸六朝初唐，觸手生姿，極清轉華妙之勝。吳山尊選八家四六，列于第二，殆非阿其所好也。

〔一〕「撰」原作「撲」，形近而訛。

〔二〕「著」原作「箸」，形近而訛，據道光二十六年倦游閣木活字《安吳四種》本《藝舟雙楫》載《曾撫部别傳》改。

桐花吟館詩稿十二卷詞二卷 嘉慶丁卯刻本

《桐花吟館詩稿》十二卷《詞》二卷，楊揆撰。王昶《湖海詩傳》：「楊揆，字荔裳，金匱人。乾隆四十五年召試〔一〕賜舉人，官至四川布政使，贈太常寺卿。有《桐華吟館詩稿》。」《蒲褐山房詩話》云：「荔裳偕〔二〕其伯兄才雄藻密，世稱『二難』，張千層之錦繡，鬭八尺之珊瑚，其爲貴重無以逾也。然蓉裳既已黄巾青犢，著績〔三〕巖疆，荔裳復以碉門而外出塞數千里，耳目所見，得未曾有，與前代文人簪毫佩玉、雍容華要者不同。蓋造化奧區，久而必發。而窮荒戰地，自嘉州、昌黎之後，紀載無多，天或俾翰墨以發其奇，兩君遭際誠非偶然，宜聞之者如游絶域，如讀異書也。」趙懷玉撰《墓誌銘》：「公諱揆，字同叔，號荔裳。先自華陰遷無錫。十四歲從其兄芳燦學，有『二難』之目。乾隆四十五年，純皇帝五幸江浙，召試一等，賜舉人，授内閣中書。五十五年入軍機處行走。明年廓爾喀侵犯藏界，福康安爲大將軍，奏公從行。五十八年補侍讀，授四川川北道，旋授四川按察使，未赴任。嘉慶二年補甘肅布政使。九年痰飲疾發，遂不起。事聞，特贈太常寺卿。春秋四十有五。詩初學長慶，出塞後境日險，句亦日奇，駸駸入杜、韓之室。著有詩文集如干卷。」吳嵩梁《石溪舫詩話》：「荔裳早擅風華，中年從嘉勇公出征衛藏，所歷熊耳山、星宿海諸勝，異境天開，詩格與之俱變。極造幽深，發以雄麗。字外有力，紙上生芒，非摹擬從軍行者所能道其一語。官中書時，困乏特甚，即於是年出參戎幕，屢立軍功，不數年晉擢秦藩，憔悴而卒，可悲也已。」按，方伯兄弟懷雕龍繡鳳之才，挾畫日淩雲之筆，才情藻麗，華蕚交輝。然皆不由科第起家，遭遇極其奇特。兄農部君以縣令入爲貲郎，典册高文，凡朝廷有大著作必首推君。詩則瑰麗閎深，不愧作手。方伯詩追幽鑿險，又復魄力沈雄。山川之助，得自窮荒。勞苦之思，出以坦易。皆富貴中人詩所未有者也。《芙蓉》、《桐華》之目，視《竇氏聯珠》一集何足敵此篇什之富耶。

〔二〕「試」字原奪，據嘉慶八年三泖漁莊刻本《湖海詩傳》補。

〔二〕「偕」字原奪，據嘉慶八年三泖漁莊刻本《湖海詩傳》補。

〔三〕「著績」原誤倒，據嘉慶八年三泖漁莊刻本《湖海詩傳》乙正。

白雲草堂詩鈔三卷文鈔七卷 嘉慶癸亥刻本

《白雲草堂詩鈔》三卷《文鈔》七卷，吕星垣撰。王昶《湖海詩傳》：「吕星垣，字叔訥，武進人。貢生，官新陽縣訓導。有《白雲草堂詩》。」錢泳《履園叢話・耆舊》：「吕叔訥，名星垣，爲毗陵七子之一。國初吕殿撰宫之後。以明經官海州學正，得保舉爲直隸邯鄲縣知縣。余戲寄一詩云：『自笑書生骨相寒，出門何處是邯鄲？早知富貴原如夢，誰肯將來作夢看。愁緒苦長鬚髮短，功名容易別離難。君家老祖如還在，爲我先求换骨丹。』叔訥著書甚富，尤長於詞曲。嘉慶己卯萬壽，填《康衢新樂府》傳奇，爲世所稱。」洪亮吉《北江詩話》一：「吕司訓星垣，詩如宿霧埋山，斷虹飲渚。」又云：「吕司訓詩好奇特，不就繩尺。曾用七陽全韻作柏梁體見貽，多至三四百句，末二句云：『乾坤生材厚中央，前後萬古不敢望。』頗極奇肆。然古人無此例也。余亦嘗贈以長句，末四語云：『識君文名已三載，才如百川不歸海。銀河倒注弱水西，努力滄溟欲相待。』亦頗寓規於獎云。吕又有句云：『桃花離離暗妖廟。』又《題博浪椎圖》云『人間十日索不得，海上大嘯波濤聲。』蓋好奇，不肯作常語如此。」按，今集詩三卷，無《七陽全韻柏梁體》一首，亦無《題博浪椎圖》詩，或經删去，或一時游戲之作，未曾存稿亦未可知。其第三卷全爲詠史五古，二百三十首，爲前人集中所無，則亦好奇之過也。文則規橅韓、柳，取徑于震川，所作較詩爲多，亦較詩爲勝云。

教經堂詩集十二卷

《教經堂詩集》十二卷，徐書受撰。王豫《江蘇詩徵》：「書受字尚之，武進監生，由四庫館議敘，歷官南台知縣。著《教經堂集》。」王昶《湖海詩傳》同。畢沅《吳會英才集》：「徐書受尚之州倅，爲茶坪詩老曾孫，學有本原，少耽著述，與同里趙億生、楊西禾齊名。其詩悱惻纏綿，意由心發。曩曉嵐、補山二公薦爲秘校，已草封章，終以捧檄不遑擇禄。古來丞尉每有賢才，香山、柳州此爲流亞。」王昶《蒲褐山房詩話》：「尚之少而食貧，長而多故，彈鋏依人〔一〕，恆有四方之役，羈旅道塗，所作牢愁激楚，取法在孟東野、張文昌之間。然才情諧暢，兼效元、白。早年與仲則、映徵輩以古道相期，詩格雖不同，其篤于性情一也。」按，受之早負才名，學有根柢。錢文敏公維城刻毗陵七子詩，尚之即其一也。毗陵七子：洪稚存編修亮吉、黄仲則少尹景仁、趙億生貳府懷玉、楊西禾進士倫、吕叔訥教官星垣、孫淵如觀察星衍及書受而七。袁枚序其詩謂少絃外之音，味外之味。孫兆淮《花箋録詩話》謂其近體緜麗，頗似漁洋五古，詼諧不讓子才。今觀集中古今諸體，皆斂才就範，氣清詞腴，諸家所評不甚相似。豈其全稿多所删汰，成此一色筆墨耶？《乾嘉詩壇點將録》以《水滸》之錦毛虎配盛青嶁，而以尚之相副。然青嶁詩律謹嚴，乃歸愚一派，尚之則有才而不矜，仍不掩其筆舌之妙。蓋同一學有功候，而所造不同。《點將録》併爲一談，未免擬人不倫矣。

〔一〕「彈鋏依人」原脱，據嘉慶八年三泖漁莊刻本《湖海詩傳》補。

玉磬山房詩六卷 嘉慶庚午刻本

《玉磬山房詩》六卷，劉大觀撰。王昶《湖海詩傳》：「劉大觀，字松嵐，貢生，邱縣人。官奉天寧遠州[一]知州。有《玉磬山房詩鈔》。」李斗《揚州畫舫録》六：「劉大觀，字松嵐，山東邱縣拔貢生。工詩，善書。官廣西知縣。丁艱時爲江浙之遊，過揚州，住朱敬亭家。詩學唐人，著有《嵩南詩集》、《詩話》數十卷。聞揚州名妓銀兒以怒死，求得其墓，邀同人作詩弔之。服闋，改授奉天寧遠州知州，稱循吏。」符葆森《正雅集》：「劉大觀，字正孚，號松嵐，山東章邱縣人。乾隆四十二年丁酉拔貢，歷官河東道。著有《玉磬山房詩鈔》。」按，《蒲褐山房詩話》：「松嵐始仕遼陽，循聲懋著，洊登牧守，奮跡仕途。乃其詩蕭閑刻峭，卓然自立於塵埃之表。正如梁伯鸞滅[二]竈更炊，不因人熱。其源似出《瀛奎律髓》，足與四靈三拜分手抗行，不僅五言長城也。」吳嵩梁《石溪舫詩話》：「松嵐初官廣西，與李少鶴州牧、松圃郎中交最善。五言詩以張水部、賈長江爲宗，清能徹底，瘦可通神，高格自持，名句有味。」洪亮吉《北江詩話》：「劉刺史大觀，詩如極邊春色，仍帶荒寒。」觀諸家評隲，大旨不殊。然先生詩於峻削之中，時露雄直之氣。雖肯與李少鶴嚶鳴相應，實能別開生面、自樹一幟者，在官不廢吟咏。其《嵩南集》則河東道任内之作，今併入《詩鈔》。婁謙《北埜閑鈔》二：「前河東觀察劉松嵐先生大觀，主講覃懷書院十餘年，士類多所成就。余仕中州，未到懷郡一登龍門，深以爲憾。前年蒙先生賜書，有今以衰朽之年，跧伏于野王城下，復得神交於尊兄爲幸深矣。」據此則先生罷官後尚流寓河南，嶽色河聲，得江山之助，晚年詩頗雄放，其以此歟？

〔一〕「寧遠州」原誤作「寧州」，據下文當作「寧遠州」。奉天無寧州。寧遠州，清康熙二年改寧遠衛置，隸錦州府。

〔二〕「滅」原誤作「減」，據嘉慶八年三泖漁莊刻本《湖海詩傳》改。

海門詩鈔十三卷　嘉慶戊午刻本

《海門詩鈔》十三卷，李符清撰。張維屏《國朝詩人徵略》：「李符清，字仲節，號載園，廣東合浦人。乾隆四十八年舉人，官開州知州。載園性豪邁，喜交遊，愛書畫，所藏有杜少陵《贈衛八處士》詩墨迹，因署所居爲寶杜。文貞書罕傳于世，觀者無從證其真贗也。」按，刺史詩出翁覃溪學士方綱門下，以詩名嶺南。同時如吳穀人錫麒、梧門法式善祭酒、張船山太守問陶、洪稚存太史亮吉、趙渭川大令希璜皆互相推譽。是時，粤中詩人如宋芷灣湘、馮魚山敏昌、張藥房三太史、黎二樵簡明經，均未足與之抗衡，知刺史之詩于粤派中固獨樹一幟矣。余曩于蘇城得《海門詩選》三卷，恆以未讀全詩爲憾，後獲此本，逐覽一過，乃知選本多遺珠之恨，不厭人意也。集中七古、七律獨擅勝場。七古學杜，波瀾老成，一篇之中，字斟句酌，無不穩固之韻。七律首尾一氣銜貫，化去對偶之迹，筆如轉圜，意態極新，或不能求新則于句法中研煉精純，以避甜熟之習。全詩律體功力較七古尤深，皆慘澹經營而作也。五、七絶皆直起直落，有水到渠成之妙，似又有得于東坡、遺山二家者。道光中，陳雲伯、舒鐵雲戲作《乾嘉詩壇點將録》，以《水滸》中青眼虎喻刺史，讀其詩如見其人，洵足令人莞爾也。

五百四峯堂詩鈔二十五卷 同治甲戌陳氏刻本

《五百四峯堂詩鈔》二十五卷，黎簡撰。王昶《湖海詩傳》：「黎簡，字簡民，順德人。貢生。有《五百四峯堂詩鈔》。」《蒲褐山房詩話》：「嶺南自三家後，風雅寥寥。比來余所知者，張庶常錦芳、馮舍人敏昌、温編修汝适、潘舍人有爲、趙大令希璜，而簡民爲之冠。性好山水，屢入朱明洞天，窮其幽勝，朋儕罕有當意者。惟與德清許宗彦、金匱孫爾準爲詩文交。其詩峻拔清峭，刻意新穎，言人所不能言，苦心孤詣，竟以是終。五言、七言多未經人道語，藥亭諸公見之，亦當退避三舍。」洪亮吉《北江詩話》云：「作詩造句難，造字更難，若造境造意，則非大家不能。近日順德黎明經簡頗擅此長。惜年甫四十而卒，然所存諸詩尚足以睥睨一世。」劉彬華《嶺南四家詩鈔序》：「時張藥房錦芳以詩名里中，得二樵爲勁敵。李南澗令潮陽，見其詩曰：『必傳之作也！』於是二樵之名傾動一時。己酉以選拔貢太學，旋丁外艱，繼得疾未赴廷試。足迹不踰嶺表，海内名士想望風采，恨不獲一見。鉅公來粤者，咸折節下之。其詩意境幽峭，吐屬深警，戛戛獨造，劌目怵心，似非經營慘淡不能成一語者。顧才思絶敏，無論長篇短什，援筆立就。蓋其天姿既高，而又深造自得。故雖縋幽鑿險，如出天成。方之藥房，一奇一正，旗鼓相當，未可軒輊也。」張維屏《聽松廬文鈔》：「二樵山人所居曰百花村，有亭曰衆香，有閣曰藥煙。山人性情脱灑，意趣蕭閑，擅詩、書、畫三絶。其詩由山谷入杜，而取鍊于大謝，取勁于昌黎，取幽于長吉，取艷于玉谿，取瘦于東野，取僻于閬仙。鍾焉鑿焉，雕焉琢焉，於是成其爲二樵之詩。書追晉人，中年兼學北海，晚寫蘇、黄兩家之體居多。畫一種蕭疏澹遠，仿倪高士；一種淋漓蒼潤，欲由梅花道人問津于北苑。硯田所入頗豐，足以自給。山人自稱樵夫，又號石鼎道士。」按，嶺南居瀕海之域，爲互市之場，士大夫薰習羶膏，所爲詩文恆不脱傖父之氣。自馮魚山受詩法於錢擇石、翁覃谿兩宗匠，于是力追正始，一變其偏方之音。繼之者宋芷灣、張藥房諸人，恪守宗風，粤風爲之一振。而其間自闢奇境，矯不與衆雷同者，則必推黎二樵焉。《蒲褐山房詩話》摘其五、七言佳句，謂皆未經人道語。黄培芳《香石詩話》二謂二樵《羅浮詩》能獨開生面，《水簾洞》一首喜寫難狀之景。七言一句數層，極頓挫之致。袁潔《蠡莊詩話》謂其詩刻意新穎，言人所不能言。《聽松廬詩話》摘其佳句多聯，皆極新雋。又云以七古論之，有清奇者，有瑰奇者，有幽奇者。又舉其五、七言單句可味者，謂皆耐尋繹。今皆具集中，可以一一覆按。近日粤東詩人，罕有傳其衣鉢者矣。

抱山堂集十四卷 嘉慶辛酉刻本

《抱山堂集》十四卷，朱彭撰。王昶《湖海詩傳》：「朱彭，字亦錢，號青湖，錢唐人。諸生。有《抱山堂集》。」《蒲褐山房詩話》：「西泠自金江聲、厲樊榭、杭堇浦、汪槐塘後，大雅將淪，青湖獨承其後，以詩法指示騷壇，故二三十年來從遊者甚衆。每言浙江明季多學鍾、譚，漸乖于正，自雲間陳卧子先生司李山陰，力求復古，後如西泠十子皆奉司李之緒餘，西河毛氏幼承賞識，亦承其宗，即竹垞太史初時並效唐音，百餘年來浙中詩派實本雲間。至康熙中葉小變其格，吴孟舉、查初白出，競爲山谷、誠齋之體，樵李學者靡然從之。而武林兼學唐、宋，無所取裁，故青湖專以歸愚宗伯《别裁》諸集傳示學者，於詩學自爲有功。今年已七十餘，多識前言往行，實爲一時文獻。著有《吴越古蹟考》若干卷，《南宋寓居録》若干卷。不戒於火，爲可惜也。其詩古體矩矱從容，今體聲情高遠。餘句皆可入司空表聖《摘句圖》。」錢泳《履園叢話·耆舊》：「杭州朱青湖先生名彭，工詩，著有《抱山堂詩集》十卷，武林名士半出其門。先生又有《南宋古蹟記》若干卷，搜羅頗富，寄託遥深，一生心力，盡瘁於此。嘉慶丙辰不戒於火，惜哉！」阮元《定香亭筆談》二：「錢塘朱青湖彭，老詩人也。著有《抱山堂詩集》，杭之學者皆宗之。家故貧，甫能雕版，旋燬于火。青湖累被火，至是凡三矣。遷居後仍近吴山，乞余書『抱山堂』一扁。其舊扁爲丁龍泓所書。余贈詩云：『白髮吟詩獨閉關，著書常被八人删。龍泓未見山人癖，别起書堂又抱山。』」郭麐《靈芬館詩話》六：「朱青湖徵君彭，以詩倡于武林，門弟子從受業者皆有法度可觀。青湖之詩，恬和醇粹，一本唐音，矜才使氣者見之自失。尤熟于西湖掌故，有《湖山遺事詩》二卷，搜采極博，異聞軼事，賴之以傳。所居抱山堂，圖史縱横，時與一二老友徵文考獻，留連竟日，後生望之如靈光巋然。余與其令嗣閑泉交，因得一隨杖履，藹乎宿儒長德也。」按，西泠詩自樊榭以後，屢變不一變，而皆不脱宋人門户，青湖獨振以唐音，四方名士過武林者無不出所業就正。抱山堂之名，幾與隨園並峙江浙。王夢樓太守集中有贈青湖詩句：「直繼西泠十才子，獨留南國一詩人。」其推重如此。集外《湖山遺事詩》，《靈芬館詩話》尚徵引其詩，似其版未遭火燬，今亦不傳。一人之著述，其存亡亦有定數也。

芳茂山人詩録八卷　嘉慶戊寅平津館刻本

《芳茂山人詩録》八卷，孫星衍撰。王昶《湖海詩傳》：「孫星衍，字淵如，號季逑，陽湖人。乾隆五十二年殿試第二人及第，官山東糧道。有《雨粟樓詩集》。」《蒲褐山房詩話》：「畢秋帆撫軍在西安，刊惠徵君諸書，皆淵如爲之校定。而秋帆撰《山海經校正》，亦藉其蒐討之力，故其學壹以漢、魏訓詁爲宗。作詩不多，亦能自抒所見。秋帆嘗以方正澍、洪亮吉、黄景仁、王復、徐書受、高文照、楊倫、楊芳燦、顧敏恆、陳燮及淵如詩合選爲《吳會英才集》，不足十人之數，乃取淵如配王采薇詩足之，寓才難之意。索予爲序，不能應也。」阮元撰《傳》云：「君幼有異稟，讀書過目成誦。及長，補縣學生員，與同里楊芳燦、洪亮吉、黄景仁文學相齊。袁君枚品其詩曰：『天下清才多，奇才少。足下之詩，天下之奇才也。』遂相與爲忘年交。君雅不欲以詩名，深究經史文字音訓之學，旁及諸子百家，皆心通其義。丙午大興朱文正典江南試，在都與彭文勤公約曰：『吾此行必得汪中、孫星衍。』搜落卷得其經文策曰：『此必汪中也。』及拆卷乃君名，汪實未就試。丁未以一甲第二賜及第，授編修。己酉散館試《厲志賦》，用《史記》『匔匔如畏』，和相珅疑爲別字，置二等。引見，奉旨以部員用。故事，一甲進士改部或奏請留館，和珅知君名，欲君一見，君卒不往。曰：『吾寧得上所授官，不受人惠也。』又編修改官可得員外，或謂君一見相國即得之。君曰：『主事終擢員外，何汲汲求人爲？』自是，編修改主事遂爲成例。補刑部主事。乾隆五十六年轉員外，五十九年升郎中，京察一等，次年授山東兗沂曹濟道。嘉慶元年署按察使。四年丁母金夫人憂歸里，六年主講浙詁經精舍，服闋，十年補山東督糧道。十六年引疾歸，二十一年主講鍾山書院，二十三年卒于江寧，得年六十有六。君早年文辭華麗，繼乃沉潛經術，博極羣書，所爲文在漢、魏、六朝之間，不欲似唐、宋八家，海内翕然稱之。」畢沅《吳會英才集》：「淵如倜儻通才，不拘禮俗。少時溷跡閭里，有文長、夢晉之風。既壯，折節讀書，習篆籀古文、聲音訓詁之學，棄其詩什，百不存一。自云『文不逮意』，然才思敏捷，下筆千言。嘗客長安節署，與友人一夕賭作消寒各體詩四十首，踰時而成，文不點綴，亦異才也。」按，觀察詩本學昌谷，袁隨園極稱譽之。《隨園詩話》八：「余嘗謂孫淵如云：『天下清才多，奇才少。』淵如聞之竊喜，自負。後精研經術，爲考訂之學，于詩不復措意。」《隨園詩話》十六言：「向讀孫淵如詩，歎爲奇才，後見近作，鋒鋩小頹。詢其故，緣逃入考據之學故也。孫知余意，乃見贈云：『等身書卷著初成，絶地通天寫性靈。我覺千秋難第一，避公才筆去研經。』」梁紹壬《兩般秋雨盦隨筆》八：「洪稚存太史作詩評一百餘人，惟孫獨加『少日』二字，曰『孫觀察星衍少日詩如天仙化人，足不履地』。豈以晚年癖耽金石有傷風雅也耶？」此《詩録》八卷，多少年之作，才思横溢，無愧奇才。惜乎中道棄捐，不能與洪稚存、黄仲則鼎足而三，拔出毗陵七子〔一〕之幟一新壁壘也。

〔一〕「子」原作「字」，誤，據文意改。

沈氏羣峯集八卷 嘉慶元年刻本

《沈氏羣峯集》八卷，凡詩二卷、詞一卷、賦一卷、雜文一卷、外集一卷、《韓詩故》二卷，沈清瑞撰。石韞玉《蘇州府志》一百二《文苑》七：「沈清瑞，字吉人，號芷生，長洲人。清瑞早慧，讀書强識，一時有『小鴻博』之譽。長工綴文，吴下壇坫正盛，往來淩其儕偶。諸城劉文清公視學江南于吴，清瑞應童子試，劉公呼至堂皇，面命十二題，分詠吴中古迹，清瑞不移晷而成，文采斐然。劉擊節謂『仙才』，告所知曰：『余在大江南北獲其儁者一人而已。』謂清瑞也。清瑞初名沅南。劉公曰：『此生如芝草鳳皇，清時之瑞也。』因易其名。乾隆癸卯舉江南鄉試第一，乾隆五十五年丁未成進士。年未四十卒。清瑞年十六時賦《廣陵懷古》詩云：『瓊華有恨無雙蒂，明月多情只二分。』衆艷稱其詞，不知爲不永年之讖也。詩文祖齊、梁，出入初唐四傑。著有《羣峯集》六卷，《韓詩故》二卷。」按袁枚《隨園詩話・補遺》四載陳叶宫聲和《賀沈領解》云：「沈郎才調領羣仙，手種秋香到月邊。未必重來無我分，已將此著讓君先。榜頭喜得真名士，吴下喧傳最少年。莫到旗亭誇畫壁，《霓裳》留奏大羅天。」沈善歌，故調之。想見當時榜下喧傳之盛，乃甫發詞館，旋赴修文，長吉嘔心，古今同慨。郭麐《靈芬館詩話》六：「沈芷生清瑞，清羸瘦削，有憂生之嗟，年未四十，遽赴玉樓。爲文沉酣六代，詩亦宗法齊、梁。没後所刻《羣峯集》十得四五而已。洗馬言愁，讀之真欲愁矣。」又十一：「芷生清瘦如不勝衣，出語吐氣，風雅流發。時有一二語不甚了了，然非口吃舌結可以意會。鐵夫戲題其詞云：『問姓便知身瘦削，填詞不礙舌綿蠻。』『綿蠻』二字，善于題目也。」今集中詩僅二卷，詞一卷，然皆可傳之作。是榜同年進士如孫淵如觀察、顧立方教授，皆有才名，其詩集久已流傳人口，而沈得與之並傳于世，其才力之相埒固可知已。

辟疆園遺集六卷 乾隆乙卯刻本

《辟疆園遺集》六卷，顧敏恆撰。王豫《江蘇詩徵》百三十六：「顧敏恆，字立方，號笠舫，無錫人。乾隆丁未進士，官蘇州府教授。著《笠舫詩集》。」楊熙之《顧立方傳》：「顧敏恆，字立方，江蘇無錫人。乾隆五十二年進士。天才俊拔，嘗游貴池，撰《昭明太子廟碑》。錢唐袁枚見之，拊掌曰：『此令我懷疑十年，今得之矣。』任蘇州教授，問字者屨滿户外。著有《笠舫詩稿》、《古文駢體》等集。弟斅愉，國子生，著《靄雲草》。敬恂，乾隆五十四年拔貢，著《筠溪草》。斅憲，稟生，著《周易揆》，未成遽歿，遺詩曰《幽蘭草》。兄弟四人，並擅文學，而俱嗇于年。四川布政使楊揆合刻其稿爲《辟疆園遺集》。」李桓《耆獻類徵·僚佐》九引。畢沅《吳會英才集》：「立方氣清詞贍，藻密思沈。早年與蓉裳競秀，梁溪以顔、謝擬之。楊則鏤金錯采，顧則初日芙蕖也。性喜簡默，不願以議論勝人。然一義偶抒，彌形雋永。此由沈酣卷軸，又非以詞筆擅長矣。」袁枚《隨園詩話·補遺》二：「壬寅春，余遊黄山，路過貴池昭明太子廟，有新撰碑文甚佳，末署名者爲邑宰林夢鯉。其文古雅似出六朝高手，乃搨其文以歸，遍〔一〕問何人秉筆，絶無知者。庚戌夏間在蘇州，門生顧立方敏恆作府學廣文來見，出示古文四篇，其首篇即《昭明太子廟碑》也。余不覺狂喜，自夸老眼無花。」阮亨《珠湖草堂筆記》：「笠舫少游貴池，代人撰《昭明太子廟碑》，袁子才見之，嘆爲六朝高手。後知笠舫文，驚喜嘆絶。詩如：『星河影落層城迥，雪月光連遠樹寒』，『天横碣石風雲壯，地接金臺氣象多』，皆有韋、柳遺意。」楊揆《顧立方詩集小傳》云：「立方詞筆婉麗，有玉田、夢窗格韻。

駢體文尤古艷，嘗游貴池，代人撰《昭明太子廟碑》。簡齋先生見之，以爲六朝高手。既知爲立方文，驚喜歎絶。立方因作《感知賦》。」按，廣文詩才清麗，又工倚聲，駢文尤其擅長，曾燠《國朝駢體正宗》所選雖僅二篇，皆字字珠璣，言言錦繡，又不止《昭明太子廟碑》當時爲人傳誦也。詩則《吴會英才》所録一卷，已見一斑。晚以羣從夭亡，因而鬱鬱，故多哀感之音。卒于蘇州官舍，年僅四十有五。此《遺集》六卷，即揆所裒刻者。傳本頗稀，余于上海書坊破書堆中覓得之，散葉斷爛，重加糊補，後有讀者當共護之。

〔一〕「遍」原作「偏」，形近而訛。據《隨園詩話》改。

賜綺堂集二十八卷 嘉慶甲戌刻本

《賜綺堂集》二十八卷，詹應甲撰。符葆森《正雅〔一〕集》：「詹應甲，字麟飛，號湘亭，江蘇吴縣人。乾隆五十三年戊申舉人，官湖北知縣。著有《賜綺堂集》。」鮑桂星云：「湘亭曠世逸才，以詩名海内。方少年氣盛，跌宕酒旗歌扇間。兼工倚聲，出入《金荃》、《蘭畹》。公車屢躓，作令三楚攝篆，天門治水有成績，稼門制府舉之。久之，始補恩施。恩施地僻而道險，湘亭從傔奴，策羸馬連蹇萬山中，嘯歌俯仰，自若也。」按，謝堃《春草堂集》十一：「婺源詹湘亭，現官湖南茶陵州，知名孝廉也。著《賜綺堂集》行于世。曩在白門，向女伶梁四家觀劇，是夕演《千金記》，友人皆屬意扮虞姬者，湘亭獨以重瞳爲娬媚，羣譁而笑之。及卸妝視，扮重瞳者磬兒也，爲一班之冠，遂皆嘆服。于是張筵于海棠花下，青衫紅粉，觥籌交錯。磬兒與湘亭同鄉，各操土音以道其傾慕，思欲攜歸。奈客囊甚儉，徒喚奈何而已。未兩月磬兒死，以三百金買柩爲歸，葬于桐涇橋北。王夫人曹墨琴作《墓誌銘》，其輓詩不下什伯，磬兒不死矣。湘亭名應甲。」據此，則其豪放氣盛可見一斑。然其詩委宛多姿，頗不相類，袁潔《蠡莊詩話》一：「詹石琴句云：『豪氣難消摧折後，傷心已慣别離中。』即景關情之句，全在低徊往復，神味悠然。」今集中如此類者，余擬爲摘出之，未有暇也。其弟名振甲，亦工詩，有《寓鶴山房集》六卷，余并藏之。至其籍里，似以婺源爲確，吴縣、儀徵或流寓耶？

〔一〕「雅」原作「雄」，形近而訛。

瓶水齋集十七卷别集二卷 嘉慶乙亥巴光誥、光奎刻本

《瓶水齋集》十七卷《别集》二卷，舒位撰。符葆森《正雅集》：「舒位，字立人，號鐵雲，順天大興人。乾隆五十三年戊申舉人，著有《瓶水齋詩集》。」梁紹壬《兩般秋雨盦隨筆》三：「大興舒鐵雲孝廉，名位，字立人，寄居于吴。誕之夕，母沈夢一僧手折桂花自莪眉山來，故小字犀禪。十歲，下筆成章。父翼，官廣西河池州知州。越南入貢，隨父出鎮南關迓使者，賦《銅柱》詩相贈答。弱冠登賢書，九上春官，不得志，遂絶意取進，奉母以居。母没，以哀毁卒。與昭文孫子瀟太史、秀水王仲瞿孝廉相友善。法時帆祭酒式善嘗作《三君詠》以贈之。著《瓶水齋詩集》。趙雲松先生跋其詩云：『開徑如鑿山破，下語如鑄鐵成。無一意不奇，無一語不妥，無一字無來歷。能于長吉、玉溪之外自成一家。』龍雨樵跋其詩云：『他人之詩有六家，鐵雲則兼有三長；他人之詩有四聲，鐵雲則兼有五音；他人之詩有唐、宋、元、明，鐵雲則兼

有《離騷》、八代。』其爲前輩心折如此。諸體中七古爲最，七言近體亦戛戛獨造，真無一語拾人牙慧者。」陶樑《紅豆樹館詩話》：「鐵雲丰神散朗，如魏、晉間人。少隨父翼官粤西，父没，遂家吴中，已而移居湖州，遍交當時知名士。士大夫開府東南者，競相羅致。《皋橋今雨集》二卷，吾鄉宋觀察思仁所刻。《瓶水齋集》，淮南巴副使光誥所刻也。卒于嘉慶乙亥，年五十有一。」先族祖調笙公廷琯《鷗陂漁話》一：「舒鐵雲丈位《瓶水齋詩》驚才絶艷，生面獨開，久已騷壇傳誦。余見其手書古文稿一帙，名《瓶水齋雜俎》，文僅七十篇，體兼駢散，大而碑版序記，小而贊跋簡札，名言雋旨，一以逸氣行之，絶不依附唐、宋人藩籬，亦無慚一代作者。不分卷次部類，以作文之歲月爲先後，蓋晚年編輯而未終者也。又見手書所撰《樂府雜劇》一卷，亦未刻之書。聞之宋于庭丈翔鳳言：嘉慶戊辰己巳間，鐵雲禮闈報罷，留滯京華，時婁東畢子筠華珍方客禮王邸，二君皆精音律，取古人逸事撰爲雜劇。禮王亦知音，重二君之才。王邸〔二〕舊有吴中樂部，每一折成，輒付伶工按譜嫻習，邀二君顧曲，盛筵一席，侑以潤筆十金，亦一代名藩佳話也。」余按，先生詩藻艷奇麗，有清一代詩家，雖各有所長，不能不推先生别開生面。觀趙雲松先生所評，信爲不刊之論。大抵他人有此博洽，而無此才筆足以達之。百餘年來，惟吾鄉龍陽易實甫觀察順鼎頗足與之抗衡，乃潦倒一官，患得患失，晚年頹放，不加修飾，卒不能卓然成家。是知天生異才，各有遭遇，然亦視其人之自處如何。鐵雲生際盛時，以屢躓春闈，無心仕進，故專心吟咏，卒以名家。實甫兩試春官，即幡然棄去，改捐外道，名場骩骫，于詩事未免分心。《琴志樓集》中傑作，誠不愧鐵雲替人，然有時俚俗雜陳，不免白圭之玷。由其浮沉宦海，俯仰從人，不能如鐵雲刻意雕鏤，日日以詩爲身心性命之事也。

〔一〕「邸」原作「邱」，形近而訛。據同治八年刻本《鷗陂漁話》改。

郋園讀書志卷十四

集部 別集

淵雅堂編年詩稿二十卷續稿一卷未定稿二十六卷續一卷外集一卷讀賦卮言一卷文外集一卷 嘉慶中家塾先後刻本

《淵雅堂編年詩稿》二十卷《續稿》一卷《未定稿》二十六卷《續》一卷《外集》一卷《文外集》一卷《讀賦卮言》一卷，王芑孫撰。王昶《湖海詩傳》：「王芑孫，字念豐，號惕甫，長洲人。乾隆五十三年召試舉人，候補國子監博士。有《淵雅堂詩鈔》。」《蒲褐山房詩話》：「惕甫詩癯然以瘦，戛然以清，亦縝密以栗。上溯杜、韓而實出入於郊、島。十餘年來，老成凋謝。惕甫在京師與法時帆式善、何蘭士道生、張船山問陶、楊蓉裳芳燦諸君琴歌酒賦，故爲南北時望所推。又工書，仿劉石庵相國，具體而微。」張維屏《聽松廬詩話》：「馮魚山、王鐵夫之詩，皆學韓而得其骨之重，鐵夫學韓而得其氣之盛。」又云：「法時帆祭酒題王鐵夫詩集云：『渣滓除已淨，字字出瘦硬。匪緣讀書精，安得行氣盛。』二語道出鐵夫詩佳處。」又云：

「鐵夫《秋懷》十二首學杜而得其神骨。」按,鐵夫詩清矯拔俗,不爲靡靡之音。其人品亦孤介絶倫,雖處京華塵壒之中,而能超然物外。秦瀛爲作《墓誌銘》,稱其:「以詩聞於時,性簡傲,不肯從諛,遇公卿若平交。人以是病鐵夫狂,吾謂鐵夫狷耳。輦下人士以萬數,其遊於公卿者大都借援聲勢,務爲闒説,鐵夫介然無所苟。館穀之外,不名一錢。雖金盡裘敝,不自恤。嘗欲買田築室於其鄉之楞伽山,又號楞伽山人云。」其文宗法韓、歐,具有規範,其曰《未定稿》者,自謂志其願學之心也。

揅經室一集文十四卷二集文八卷三集文五卷四集詩十一卷續集文詩十一卷外集五卷揅經室詩録五卷 道光癸未文選樓家刻本

《揅經室一集文》十四卷《二集文》八卷《三集文》五卷《四集詩》十一卷《續集文詩》十一卷《外集》五卷《揅經室詩録》五卷,阮元撰。張鑑《雷塘庵弟子記》:先生名元,字伯元,號雲臺。系出陳留尉氏,始祖巖自淮安山陽〔一〕遷揚州江都,崇禎末遷居於城北之四十里公道橋。乾隆四十九年二十一歲,歲試取入儀徵縣學第四名。五十年二十二歲,科試一等第一名,補廪膳生員。五十一年二十三歲,中式第八名。五十四年二十六歲,會試中式第二十八名,殿試二甲第三名進士,改庶吉士。五十五年二十七歲,散館授編修。五十六年二十八歲,大考翰詹一等第一名,升詹事府少詹事,補詹事府詹事。五十八年三十歲,放山東學政。六十年三十二歲,調浙江學政,升内閣學士,兼禮部侍郎。嘉慶三年三十五歲,補兵部右侍郎,調禮部右侍郎。四年三十六歲,兼署兵左,調補户左,充會試副總裁,兼署禮左,十月署浙江巡撫。五年三十七歲，實授。十年四十二歲，封公疾逝官署，奏聞，交代。十二年四十四歲，服闋〔二〕入都，署户部右侍郎，補兵右，授浙江巡撫，署河南巡撫。十四年四十六歲，八月入京祝嘏〔三〕，九月上諭劉鳳誥代辦監臨入場舞弊一案，硃諭密向詢問，阮元覆奏袒護，交部議革職。二十三日到京，二十四日奉旨：「阮元兩任浙江巡撫，官聲尚好，且學問素優，加恩賞給編修，在文穎館行走。」十五年四十七歲，補授翰林院侍講。十六年四十八歲，補授詹事府少詹，十二月補授内閣學士兼禮部侍郎。十七年補户部右侍郎兼管錢法堂事務。奉旨審辦河南林縣控案。回京，八月補授漕運總督。十九年五十一歲，補授江西巡撫，加太子少保銜，賞戴花翎。廿一年五十三歲，調補河南巡撫，十一月補授湖廣總督。廿二年五十四歲，調補兩廣總督。廿四年、廿五年兼署廣東巡撫。道光元年五十八歲，廣東學政顧元熙病故，兼署廣東學政。粤海關監督達三丁憂，奉諭：「著阮元兼署。」二年五十九歲，閏三月赴京陛見，召見五次。五月陛辭出京，七月至廣州，接督印，兼署巡撫。三年六十歲，兼署巡撫。五年六十二歲，兼署巡撫。六年六十三歲，調補雲貴總督。八年六十五歲，奏請陛見，十二月到京陛見，賞紫禁城騎馬，又命坐小椅轎代馬。九年六十六歲，正月陛辭。在京召見十次。四月回至雲南省署。十二年六十九歲，九月上諭著協辦大學士，仍留雲貴總督任。俱奏謝恩，并請陛見。十三年七十歲，二月抵京，召見，賞七十壽辰御筆扁額「福壽」字。諭充會試副總裁，榜發出闈，陛辭。諭回雲貴總督任。七月入省接印。十五年七十二歲，三月奉上諭：「阮元著補授大學士，管理刑部事務。」又奉上諭充體仁閣大學士，管理兵部。八月到宫門，召見，謝恩。入閣任事。十八年七十五歲，三月因右足濕熱，行走艱難，請假。賞假。假滿，展假。未愈，奏懇開缺，再賞假一月。五月再奏請休致。上諭准其開缺，以大學士致仕，加恩賞給半俸。八月奏休致回籍，奉上諭晉加太子太保銜。二十三年八十歲，恩賞八十壽。廿六年八十三歲，重赴鹿鳴。奉諭晉加太傅銜，在籍支食全俸。廿九年八十六歲，十月十三日薨。奉上諭加恩照大學士例，賜卹謚文達。按，公少年早達，遭遇聖明，由編修大考擢升禮部侍郎，屢典文衡。不十年而開府，其後敭歷中外，出兼彊寄，入贊黄扉。身歷三朝，五十餘年，受聖主特達之知，恩眷始終無間。壽臻耋耄，生死榮哀，蓋近代未有之福人也。平生主持漢學詩文，而外精研經誼訓詁，一本《爾雅》、《説文》。典試三齊兩越，時退食委蛇，不廢著述。愛才好士若本性生，一時宿學文儒，皆羅致幕中，相與搜採篇章，鉤稽掌故。于羣經小學則有《經籍纂詁》、《十三經校勘記》、《皇清經解》之輯，于典故詞章則有《淮海英靈集》、《兩浙輶軒録》、《詁經文集》之輯，于地方古蹟則有《山左金石志》、《兩浙金石志》、《兩浙防護陵寢録》之輯，于算學則有《疇人傳》之輯，皆自發凡起例，擇故人門生分任之，而親加改訂。其自撰之書尤不可殫述。此爲詩文全集，一集中如《車制圖考》、《浙江考》，其先皆單行，後始并入集。内《外集》五卷，則進呈《四庫未收書目提要》也。大抵集中皆考訂經義、關涉國故之作爲多，與八家、桐城迥然異趣。詩則幼爲林太夫人所教，六歲授以王維、孟浩然、高適、岑參四家選本，及入詞館，屢以詩賦考取第一，洊擢至春卿。集中五、七古頗近王、孟、高、岑，則以得之母訓最早故也。他詩不拘一格，但期適意，發抒性靈。其平昔論詩之旨曰：「惟期明于情與事而已，毋客氣也。」然則世之談詩者，斷斷于音調格律之辨，皆「客氣」也。此惟公讀書多者乃可爲此語，若不明于情事，專使性靈，則流弊不可勝言。公詩極多，《䂬經室詩録》大約即古人《精華録》之例，託之他人所選。實則己擇己詩，甘苦自知，得失亦自知。較之選家各有偏嗜者，不如此猶得藉窺全豹云爾？

〔一〕「淮安山陽」原誤作「淮安山陰」，據道光咸豐間刻本《雷塘庵主弟子記》改。

〔二〕「闕」原誤作「閲」，形近而訛，據《雷塘庵主弟子記》改。

〔三〕「瑕」原誤作「蝦」，形近而訛，據《雷塘庵主弟子記》改。

留春草堂詩鈔七卷　嘉慶十九年刻本

《留春草堂詩鈔》七卷，伊秉綬撰。王昶《湖海詩傳》：「伊秉綬，字組似，號墨卿，寧化人。乾隆五十四年進士，官廣東惠州府知府。有《留春草堂詩草》。」趙懷玉撰《墓表》：「君由縣學生中乾隆己亥本省舉人，甲辰舉中正榜，己酉成進士，授刑部主事，補浙江司，遷直隸司員外郎。嘉慶三年典湖南試。明年出守廣東惠州，問民疾苦，裁汰陋規，倡修學宫，建豐湖書院，課諸生有程法。嘗修朝雲墓于蘇文忠祠，沼〔一〕中得德有鄰堂研，人謂文忠以貺賢守云。君故練習刑名，有重讞，總督吉慶輒以委君。適以博羅絞犯越獄，罣議去官，士民共籲奏留，乃留軍營辦事。復以失察，劾論戍軍臺。會新總督倭什布公平反，入告免罪回籍。同人佽助捐復，兩江總督鐵保公請發南河。時淮南水災，君查賑，銀米皆親給。奏攝揚州，特旨真授。旋遭光禄公喪，母夫人卒，後家居八年，同好朋交敦勸出山。抵揚州，一時名流唱酬甚洽，患肺痿症〔二〕卒，春秋六十有二。君工詩，尤善法隸，好蓄古書畫，頗究心性命之學，不傍門户。屏謝聲色，食每具蔬，曰：『藉以清吾心耳。』」按，先生早官刑曹，精研法律，出典劇郡，鞅掌賢勞，於詩本不能如專家用功之深。然風雅性生，吐辭清妙。再至揚州，日與諸名流唱和，未嘗以章綬縈心。早隨光禄公朝棟侍宦京師，既出大興朱文正珪之門，又爲紀文達昀延爲西席，耳濡目染，聞見異于鄉曲之儒。光禄公本以詩名，有《賜研堂詩鈔》行世。益之以家學，雖昌黎之於韓昶必卒能成其名，而況先生固有過人之異稟哉！

〔一〕「沼」原訛作「沿」，據道光元年刻本《亦有生齋集》載《揚州府知府伊君墓表》改。

〔二〕「症」原作「證」，據《揚州府知府伊君墓表》改。

船山詩草二十卷　嘉慶戊辰家刻本

《船山詩草》二十卷，張問陶撰。王昶《湖海詩傳》：「張問陶，字樂祖，號船山，遂寧人，文端玄孫。乾隆五十五年進士，官檢討。」孫桐生《全蜀詩鈔·小傳》：「張問陶，字船山，四川遂寧人，文端公玄孫。乾隆庚戌成進士，授翰林院檢討，改御史，官至山東萊州府知府。先生天姿英敏超悟，讀書有夙慧，十歲能詩。弱冠後壯遊南北，遍覽天下奇山水，才益豪，筆益肆。通籍直史館，名重一時。改御史，有直聲。顧性情恬淡，不屑與時俯仰，以故久滯不遷。以俸深出守東萊，瀟灑無俗吏態，坐是不爲上官所喜，僅一載引疾歸，行李蕭然。時同鄉廖復堂都轉以書招至揚州，小住年餘，卒，年僅五十。都轉爲經紀其喪而歸之。卒無子。所爲詩專主性靈，獨出新意，如神龍變化，不可端倪。近體超妙清新，雅近義山。古體奔放奇横，頗近太白。卓然爲本朝一大名家，不止冠冕西蜀也。」張維屏《聽松廬文鈔》：「庚申閏四月，奉敕選翰詹三十人各書扇五柄，五月選十二人分書養心殿屏幅，先生皆與焉。庚午七月，部選萊州府知府。壬申二月辭郡，是年四十九歲。罷官後僑寓吳門，自顔所居曰『樂天天隨鄰屋』。癸酉仍寓虎邱，往來大江南北，未幾卒于客舍。卒之年月不得其詳。」按，孫、張兩説歧異，當以張爲得其實。先族祖調笙公廷琯《鷗陂漁話》云：「船山太守自萊州引疾客遊吳中，未及三載，以甲戌三月卒于虎邱山塘寓館，即所謂樂天天隨鄰屋者。説者謂其《過常州艤舟亭》句：『回首大峨天萬里，此中曾是未歸人。』蓋詩讖也。」先生以宰相世家，少年科第，早登詞館，旋入諫垣。前輩如袁隨園、蔣苕生兩太史皆傾倒其才名，爲之延譽。又英姿玉貌，濁世翩翩。曩在長沙見李文恭後人家藏有乾、嘉詩人畫像，始隨園，迄先生。先生清標鶴立，披大紅斗蓬褟，如王子晉、蕭史神仙一流人。《隨園詩話・補遺》六云：「船山玉樹臨風，兼仲容之姣。蒙以詩稿見寄，曰《推袁集》，尤足感也。有秀水金筠泉孝繼、無錫馬雲題燦，俱願與來生作妾。船山有詩調之。」可見當時人傾慕之至。今集中詩芳韶婉麗，如其爲人，而時多新穎之思，往往如人意中所欲出。晚年典郡，鬱鬱一官，迨退隱吳門，頗形憔悴。吾友龍陽易實甫觀察順鼎藏有先生詩畫小册手蹟，上鈐「張靈後身」四字印，則其所託，亦可悲已。余嘗言有清文治之盛，莫如乾、嘉兩朝，詩人應運而生，色色形形，無奇不有。倉山如飛仙，苕生如劍俠，夢樓如佛，梧門如道，船山則天女杜蘭、香萼、緑華之流，其一種芬芳艷冶之容，非人世間毛嬙、西施所能比其美麗。袁、蔣、王、法已成廣大教主，先生幾欲于諸家之外別闢一境，與之拔幟爭雄。讀先生近體諸詩，恐有他人屐齒所未到者。余于先生瓣香奉之已。

獨學廬初稿文三卷詩八卷二稿文三卷詩三卷詞一卷三稿文五卷詩六卷外集二卷附讀左巵言一卷漢書刊誤一卷年譜一卷 同治壬申家刻本

《獨學廬初稿文》三卷《詩》八卷《二稿文》三卷《詩》三卷《詞》一卷《三稿文》五卷《詩》六卷《外集》二卷，附《讀左巵言》一卷《漢書刊誤》一卷《年譜》一卷，石韞玉撰。符葆森《正雅集》：「石韞玉，字琢堂，江蘇吳縣人。乾隆庚戌科五十五年。殿試第一人及第，官至四川布政使。著有《獨學廬稿》。」按，先生人品端正，爲理學名臣。詩文皆非所長，不過〔二〕謹飭有餘，不失館閣循規蹈矩之習已耳。法式善《槐廳載筆》十四云：「石韞玉，字執如，負文章盛名，而實道學中人也。嘗謂我輩不能扶翼名教，而凡遇得罪名教之書，須拉雜摧燒之。家置一字庫，名曰孽海，蓋投諸濁流，勿使揚其波也。一日閱《四朝聞見録》，中有劾朱文公一疏，荒誕不經，逆母欺君，竊權樹黨，并及閨閣中穢事，有小人所不爲者，乃敢形諸奏牘，誣衊正人君子，且載入文公謝罪一表，以實其過，拍案大怒，急謀諸婦，脱臂上金跳脱，質錢五十千，遍〔三〕搜坊肆得三百四十餘部，卒燒之。是年以南闈發解，庚戌應禮部試，爲臚傳第一人。」錢泳《履園叢話・科第》所載同。余謂此等義行，其心可嘉，而其識則甚陋。當宋寧宗慶元黨禁時，文公爲韓侂胄所排，小人希旨承風，肆其鬼蜮，文公謝表引罪，即韓文公「天王明聖，臣罪當誅」之意。《四朝聞見録》爲葉紹翁撰，《欽定四庫全書總目》子部小説類著録。《提要》云：「紹翁與真德秀遊，其學一以朱子爲宗。南渡以後野史足補史傳之闕者，惟李心傳之《建炎以來朝野雜記》號爲精核，次則紹翁是書。」書中所録，不止一疏，正以一時羣小淆亂是非，詳載其文以待後世公論。書中固無一語袒及攻朱子者。此三百四十餘部横被祖龍之災，當時此書止鮑廷博《知不足齋叢書》刻之，何遽得此數百部，毋亦言之過甚，流傳不實歟？

〔一〕「過」原作「遇」，誤，據句意改。

〔二〕「遍」原誤作「偏」，形近而訛。

卷施閣文甲集十卷乙集十卷詩集二十卷附鮚軒詩八卷更生齋文甲集四卷乙集四卷更生齋詩十卷詩餘二卷 乾隆乙卯貴陽學署刻本，更生齋甲乙詩集嘉慶以後刻本

《卷施閣文甲集》十卷《乙集》十卷《詩集》廿卷附《鮚軒詩》八卷《更生齋文甲集》四卷《乙集》四卷《更生齋詩》十卷《詩餘》二卷，洪亮吉撰。王昶《湖海詩傳》：「洪亮吉，字稚存，陽湖人。乾隆五十五年殿試第二人及第，官編修。有《卷施閣集》。」《蒲褐山房詩話》：「稚存作文具體魏、晉，作詩五古仿康樂，次仿少陵，七古仿太白。嘔心鏤肺，總不欲拾前人牙慧。至于經史注疏、《説文》地理，靡不參稽鉤貫，蓋非僅以詞章名世者。」畢沅《吴會英才集》：「洪稚存奇思獨創，遠出常情。五古歌行傑立一世，早年與仲則齊名江左，號爲『洪黄』。後沉研經術，著書盈篋。與季逑論學相長，人又稱『孫洪』云。」按，先生以嘉慶四年上成親王書言事，王以聞上，大怒，嚴旨遣戍伊犁。五年四月京師亢旱，上念其以直言獲罪，立予釋回。是日甘霖大霈，蓋至戍所未及百日也。其「更生」名齋者以此。先生工于駢文，根柢漢、魏，平生不喜浮屠

氏之學，故文字中所用皆經史小學訓詁，不涉雜家異氏之書。其詩尤爲當時推重。袁枚《隨園詩話》七：「稚存詩學韓、杜，秀出班行。」沈濤《匏廬詩話》上：「洪稚存《醉翁亭》詩：『一成坯，再成英，一再曲折山以名。注川曰谿，注谿曰谷，谿行谷行水聲複。』與宋晁補之《酬李唐臣贈山水短軸》詩『大山宫，小山霍，欲識山高觀石脚。大波爲瀾，小波爲淪，欲識山深觀水津』句法相似，皆用《爾雅》。稚存此篇全奪胎廬陵集中《贈沈遵》詩。」張維屏《聽松廬詩話》：「先生未達以前，名山勝遊，詩多奇警。及登上第持使節，所爲詩轉遜于前。至萬里荷戈，身歷奇險，又復奇氣噴溢。信乎山川能助人也。」此皆一時公論，知先生于唐、宋大家終日寢饋于其中，不覺有時相似。而其詩境之奇闢，出之于身歷，筆又足以達之，洵極才人學人之能事矣。孫、黄兩家似尚未有以過之。

戴簡恪公遺集八卷 道光甲辰龐鍾璐刻本

《戴簡恪公遺集》八卷，戴敦元撰。《國史》本傳：「戴敦元，浙江開化人。乾隆五十八年進士，改庶吉士，嘉慶元年散館改主事，分禮部。二年選刑部主事，八年升員外郎。十年丁母憂，十三年服闋，補原官。十四年升郎中。十六年丁父憂，十九年服闋，補原官。二十三年京察一等，記名以道府用，七月授廣東高廉兵備道。道光元年升江西按察使。二年正月升山西布政使，十月調湖南布政使，護理巡撫。三年二月升刑部左侍郎，十一年八月署户部右侍郎，兼管錢法堂事務。十二年正月署刑部尚書，二月實授。十四年因病請假。卒，諭賜祭葬，予謚簡恪。」吴振棫《杭郡詩輯續》四十五《寄寓》下：「戴敦元字士旋，號金溪，開化人。乾隆癸丑進士，歷官刑部尚書，贈太子太保，謚簡恪。有《漚塵集》。」又云：「金溪幼有神童之目，成進士由禮部改調刑部，洊升郎中。觀察粤中，歷江臬，晉楚藩，入爲刑部侍郎，進尚書，薨于位。中間奉諱南旋敷文書院，與郡之錢孝廉師曾、倪秀才稻孫、李布衣堂、王丹生槐及吴興嚴修能元照結吟社于秋鴻館。服官之日則一意政事，斷絶詩酒，决獄明允，朝野欽服。所著有《兩漢郡國道邑表》、《唐宋州郡表》、《天文算學》等書。」潘諮撰《别傳》云：「公平生惟喜讀書，姿稟殊絶，日成誦書可高七八寸。彭文勤公元瑞視學浙江，君年十歲，郡縣以神童舉試。公呼至案前，問讀書幾何，書一字引音義旁通者問之。君乞筆注所出書，多在所引外，驗書皆實。故名早稱於大人長者。其一生綽然得自行其志趣者，亦名有以先之也。居京師部事畢，歸坐一室。窺其室，積塵漠漠，坐臥處皆亂書，無完軸者。」陳康祺《郎潛紀聞》：「戴簡恪公官司寇日，朝士呼爲『破敗書廚』，以公萬卷羅胸，而粗服敝車，外觀極寒儉也。」按，公自幼姿稟殊絶，讀破萬卷，偶然託之吟咏，書卷之氣盎然。平生廉潔性成，卒之日家無餘財，用無餘粟，庀其産不及百金。自少至老，不計得失，亦竟無得失。遇人脱略，人信其簡樸無有訾謗之者。雖爲達官，鄉居無車馬僕從，每遇公宴，雨則張蓋著屐，隻身而往，宴畢，門啓呼戴大人輿僕，公索蓋持之而去。至今浙中者老道其遺事，真有令人失笑者，而公初不自知也。嗚呼！如公者今日豈可得哉？

煙霞萬古樓詩選二卷詩録一卷 咸豐元年徐渭仁刻本

《煙霞萬古樓詩選》二卷《詩録》一卷，王曇撰。吴振棫《國朝杭郡詩續輯》四十五：「王良士，原名曇，字仲瞿，號蠡舟，又號昭明閣外史，嘉興人。乾隆五十九年甲寅舉人。仲瞿素負狂名，言論舉動皆不欲與衆人同。楚、蜀教匪亂時，自詫能爲掌心雷，可以滅寇，吴白華總憲薦之。吴因以罷去。嘗過東阿西楚霸王墓，遍召市倡，彈琵琶，唱古怨歌，釃酒墓下，痛飲吟詩而去。其豪誕多類此。暮年挈其妻寓武林門外之王庵，顑顑以終。」按，張維屏《國朝詩人徵略續編》引《弇榆山房筆談》云：「吴白華先生省欽，王仲瞿座師也。先生官總憲，薦仲瞿精五雷法，可制邪教，仲瞿以詩却之，有『百里雄雷驚孝若，六州生鐵鑄顔回』之句。」沈濤《匏廬詩話》下：「嘉興王仲瞿孝廉曇，少以任俠破家。詩文有奇氣，又能爲公孫大娘技，好談兵法。時川、楚教匪不靖，其座主吴白華總憲疏薦孝廉能平賊，措詞失當，幾陷不測。仁廟寛慈，謂書生庸妄，飭地方官管束而已。後屢上春官不售，行益不羈，落魄以死。詩稿藏陳雲伯處。金石千聲，雲霞萬色，流鈴擲火，誕幻靡涯。今録其稍平易者，皆極抑塞磊落之致。」若此則仲瞿未嘗累舉主，實舉主累仲瞿也。《杭郡詩續輯》所言不盡可據。又張維屏《松軒隨筆》云：「吴白華侍郎曾館于和珅家，仲瞿三上書於白華，請參和珅。」三書今載集中，觀之猶覺氣挾風霜，力排山嶽。然則白華後以黨附和珅落職。若聽仲瞿之言，猶〔一〕可以爲晚。蓋乃進退失據，反藉薦仲瞿掌雷法欲輕脱其罪，而以此累及仲瞿，是可哀已。郭麐《靈芬館詩話續〔二〕》六：「王仲瞿孝廉，本名曇，後改名良士。恃才放縱，議論俶詭。有達官以讕言上聞者，遂頓挫不振。然其奇氣逸才，自是桑悦、徐渭一流人。水心論陳同甫曰：『若同甫終身不偶，則爲狼疾人也。』傷哉！言乎仲瞿，卒以是不第，又喪其佳耦，奔走就食於東諸侯間，侘傺以没，可哀也。其子人樹，小名善才，幼極穎秀，恆隨父東西，不克盡心于學，爲詩時有佳語，嘗見一册，皆清雋不俗，充以學力，未見其止耳。」又錢泳《履園叢話・夢幻》載仲瞿一異事云：「秀水王仲瞿曇，乾隆甲寅科舉人，載籍極博，落拓不羈。嘉慶丙子七月與余同遊雲臺山，因其病，促之歸杭州寓館。丁丑八月初一日果死。死月餘，有錢唐馮霈田者，仲瞿弟子也，夢仲瞿著古衣冠，自稱西華山神，前原欲在世間大興佛法，因聲色之業太重，降爲岷山山神，過五十年始復位。惟欲報一仇，必致荼毒生靈，則終古墮落，然此仇必報也。醒時猶記憶此夢，亦奇。」余謂仲瞿生平畸行奇躅，爲人傳播，驚駭世俗，故身後尚有人述其夢幻之事，以爲神異者。梅溪不過録以資談助，未信其實事也。如《乾嘉詩壇點將録》小傳稱其一日無疾卒，後嗣爭産，不殮，俄而尸蹶起，怫然曰：「汝等嗜財如此，致同室操戈，何不念仁親爲寶乎？」遂出門棄家爲汗漫遊，不知所終。此同一誣罔之談，豈足據爲口實。夫仲瞿之死，梅溪親見之而親記之，年月具在，何曾有此怪誕不經之事？況仲瞿一子尚能傳其家學，身外並無遺産，又何爭之有哉？仲瞿尚有文集六卷，爲嘉慶丙子錢梅溪泳所刊。又有殘稿存詩一卷，張公束鳴珂于光緒庚子補刊。余並收藏，皆初印精本也。文集前有徐紫珊渭仁識語，謂「刷印無多，即遭火厄，以故流傳絶少」云云。前有「上海徐紫珊收藏書畫金石書籍印」十四字朱文篆書方印，知其重爲祕笈云。

〔一〕 疑「猶」下奪「未」字。

〔二〕 「續」字原奪。

二娛小廬詩鈔五卷補遺一卷詞鈔二卷 嘉慶壬申刻本

《二娛小廬詩鈔》五卷《補遺》一卷《詞鈔》二卷，尤維熊撰。石韞玉《蘇州府志》一百二《文苑》七：「尤世楠，字文叔，元和人。工五言詩，尤長於制藝，嘉慶元年舉孝廉方正。子維熊乾隆五十四年選貢，官雲南蒙自知縣。能詩，著有《二娛詩鈔》。」彭兆蓀《尤君墓表》：「君諱維熊，字祖望，長洲人也。夙湔義方，長擅才筆，奇章秀句，風飛川涌。以乾隆己酉拔貢生授淮安訓導，秩滿膺薦，簡發雲南知縣，攝宰蒙自。移疾歸，丁艱。越五年而君卒。時嘉慶十四年四月也，年四十有八。君詞翰之外，兼長幹局，屢爲節府延典箋奏。在官未一年，鄭阿之譽洽于萬口。怛化之日，僅舉詩詞屬爲點定。今陳大令鴻壽爲刊于溧陽，陳序云其詩詞于行役羈旅、登臨憑弔之作爲尤工。」按，沈濤《匏廬詩話》中：「長洲尤二娛廣文維熊《端江花船詞》：『心字香熏心字衣，爐灰撥盡焰微微。歡來一似收香鳥，守定羅襦總不飛。』若使阮翁見之，當不數彭少宰《嶺南竹枝》。」郭麐《樂餘叢話》三：「二娛詩如單椒秀澤，不屑附麗少坡、陀漫、衍之。」觀二家所評，皆就廣文時之作而論。其後宦遊滇徼，跋涉舟車，沈鬱激昂，頗得江山之助，其體又一變矣。乾嘉詩人如二娛者，其亦詩壇健將哉！

鑑止水齋集二十卷 嘉慶二十四年廣州刻本

《鑑止水齋集》二十卷，許宗彦撰。王昶《湖海詩傳》：「許宗彦，字積卿，號周生，德清人。嘉慶四年進士，官兵部主事。」《蒲褐山房詩話》：「周生年少就傅，穎悟非常，讀書目數行下。稍長遂博通典墳，自經史詩詞而外，小學、算術、醫方、梵夾，靡不涉獵，尤深於古文。本之於宋之南豐、明之遵巖，理實而氣空，學充而辭達。同時與戴金溪敦元均以神童稱，而金溪樸學專工注疏，至于兼擅詞章，其所不逮也。嘗從其尊人方伯遍歷滇黔東粵山水之勝，故瀏覽之作亦多超越。」阮元爲之傳云：「君九歲能讀經史，善屬文。青浦王公愛其才，作《積卿字説》，載《春融堂集》。十歲即不從師，經史文章皆自習之。乾隆丙午舉于鄉。嘉慶己未成進士，授兵部主事，嘗曰：『讀書人第一須使此心正大光明，澄清如止水。』故名所居曰鑑止水齋。所著有《鑑止水齋集》十二卷、《詩集》八卷。集多説經之文，其學説能持漢、宋之平。其他禮論、治論諸篇，稽古證今，通達政禮，文雖不多，然皆獨具神識，未經人道，異乎俗儒之連篇累牘無裨于世者。以嘉慶二十三年十二月二十二日卒于杭州，年五十有一。」按，兵部説經鏗鏗，文已採入阮元所編《皇清經解》。至其詩則多清婉之致，絶不類考據家言。符葆森《寄心盦詩話》云：「趙甌北之『萬山圍路夢難歸』，汪少海之『亂山圍夢到家遲』，及許周生之『好風吹夢繞蒼山』，皆説夢之極真者，不獨語妙也。」梁紹壬《兩般秋雨盦隨筆》三：「周生先生病中嘗語余曰：『夜來得句，頗切近狀：「厭聞家事常如客，愛看名山悔不僧。」』後閲《鑑止水齋集》無此二句，蓋得句而未成篇者。先生殁前三日〔二〕自撰挽聯云：『月白風清其有意，斗量車載已無名。』是能了然于去來者矣。」又按，兵部嘉慶己未會榜，得人之盛，論者以爲如鴻博科。是科大興朱文正珪充正總裁，副之者長沙劉文恪權之、滿洲文寧及儀徵阮文達元。朱文正曰：「是科經學則有張惠言等，小學則有王引之等，詞章則有吳鼒等，兼者其許宗彥乎！」其爲當時巨人推重如此。今集一至八詩，九卷詞，十至二十皆文。精金良玉勝于以多爲貴者。兵部斯集真可以不朽矣。

〔一〕「日」原誤作「目」。

頤道堂詩選二十五卷詩鈔十九卷詩外集六卷文鈔九卷 道光癸未家刻本

《頤道堂詩選》二十五卷《詩鈔》十九卷《詩外集》六卷《文鈔》九卷，陳文述撰。王昶《湖海詩傳》：「陳文述，字雲伯，錢唐人。嘉慶五年舉人。」符葆森《正雅集》：「陳文述，字雋甫，一字雲伯，號退庵，錢唐人。嘉慶庚申舉人，歷署江蘇、安徽知縣。著有《頤道堂集》。」按，先生原名文杰，阮元《詁經精舍題名碑記》尚署「文杰」也。又《定香亭筆談》一：「試杭州時，新製團扇適成紈素，畫筆頗極雅麗，嘗以仿宋畫院製團扇命題詩，佳者許以扇贈。錢唐陳雲伯文杰詩最佳，即以扇與之，人稱爲『陳團扇』。杭州向無團扇，因是盛行焉。」又云：「杭州諸生之詩，當以陳雲伯文杰爲第一，其才力有餘于詩之外，故爲人所不能。其詩舒和雅健，自然名貴，於七言歌行尤得初唐風範。同時能詩者有陳曼生鴻壽，其才略亞于雲伯，而峭拔秀逸過之。陳瀛芝甫又亞于曼生。余嘗稱爲武林三陳。雲伯弟文湛亦能詩，曼生弟觳曾善屬文。」又《筆談》採先生詩最多，集名《緑鳳樓》，蓋少作也。先生鴻文艷藻，傾動一時。吳文溥《南野草堂筆記》云：「雲伯詩工，體物綺思壯采，作繞梁三日音。嘗爲阮司農賦《仿宋畫院式團扇》、《招勇將軍寶刀歌》，以此得名。揚州張子貞贈句：『兒女深情《團扇》詠，英雄本色《寶刀》篇。』」同時蕭子山掄跋《碧城仙館詩》云：「雲伯少好爲詩，步趨吴祭酒而能揮霍古今，多多益善。所作七言古長篇如臨風舒錦，五色紛披，觀者莫不歎爲奇麗。年三十餘游京師，與楊芳粲齊名，一時謂之『楊陳』。所刻《碧城仙館》爭相傳誦。及以縣令需次吴中十餘年，斂華就實，一變向來鏤金錯采之習，而歸諸雅正。」郭麐《靈芬館詩話》亦云：「雲伯句錘字練，宏朗高華，出入玉溪、飛卿之間，而參以六朝初唐元、白諸體。《碧城仙館》一集，幾于家繡弓衣，人歌遠上。或病其多涉艷情，有張平子『風雲氣少』之恨，然如《長城》一百韻、《秦良玉屯兵處》及《塞上》諸篇，又豈致堯輩所能兼有哉？」據諸家評論，其于大令詩無間言矣。梁紹壬《兩般秋雨盦隨筆》三云：「陳雲伯大令《碧城仙館詩》是其少作，皆香奩側艷之詞，後刻《頤道堂集》，大半刪去。猶記其《無題》二句云：『七二鴛鴦同命鳥，一雙蝴蝶可憐蟲。』余幼時酷愛誦之，似甚惜其不應刪去。」余謂大令詩本以藻艷擅長，而作詩之多亦近今第一。此外尚有《秣陵集》六卷、《西泠懷古集》十卷、《西泠閨詠》十六卷、《西泠仙詠》三卷，大抵才思横溢，錦繡紛披，擬之《頤道堂》所選之詩，雖華實不同，究不如未刪改以前得見本來面目也。先生官蘇時閲童試卷，激賞先族祖調笙公廷琯文，既題七律一首于試卷見贈，即以女妻之。其後先生無嗣，晚景抑鬱以殁。調笙公有詩追感云：「温嶠何妨第二流，按此大令贈公原句。贈言期許愧難酬。一從拔宅仙翁去，婿水人今亦白頭。」蓋大令身後眷屬無人，故以仙人唐公房拔宅留婿事相况。又阮公所贈團扇，大令即以爲妝奩，後公裝成册子，江浙名人皆有題詠。余曾于閶門張姓人家見之，願以百金贖歸，不允。詢之故老，云調笙公於粵亂平後，自滬歸，與張同居，且有瓜葛，公殁後爲張竊去，且并其他所藏書畫亦乾歿。今公後人式微，張姓之子頗無賴，兩姓尚有來往，無如何也。嗟乎！大令文采風流，照耀一世。歷官復有惠政，口碑在人，乃竟若敖餒而并婿鄉亦零落不振。天道無知，文人無後，真定例耶？

香蘇山館古體詩鈔十七卷今體詩鈔十九卷 嘉慶二十三年刻本

《香蘇山館古體詩鈔》十七卷《今體詩鈔》十九卷，吴嵩梁撰。王昶《湖海詩傳》：「吴嵩梁，字子山，號蘭雪，東鄉人。嘉慶五年舉人，候補國子監博士。有《香蘇山館詩集》。」《蒲褐山房詩話》：「西江自明以來稱詩者衆，而無卓然傑出號大家者。予嘗以語蘭雪，蘭雪深以爲然。今自蔣苕生後二十餘年，蘭雪繼之。予兩至南昌，故才人多在門下，如雲衣、照南、修之、三吴咸以詩名當世，而蘭雪實爲巨擘。其詩如天風海濤蒼蒼浪浪〔一〕，足以推倒一世豪傑。每閲數年，輒來三泖漁莊省視，故録其詩較多。」符葆森《寄心盦詩話》：「吾師姚石甫先生稱蘭雪詩爲哀艷。遂有詆爲浮華累道者，而吾師以爲《國風》、《離騷》之遺。然蘭雪詩實沿六朝，而規格則似唐之温、李，其清婉處又與長慶爲近，而下匹梅村。是集所收多清空矯健一派。」按，博士詩才清艷，脱盡西江習氣。王文治序其詩云：「才湧如潮，情艷於月。音節之妙，可被管絃。」在國子監時，琉球國遣官生入監讀書，吴以博士教之，頗聰穎。還國過山東，蔣别駕第護送之，贈蔣詩，有詩草，即今傳海國「筆花何止屬江郎」之句。後吴候補中書，嘗作詩云：「鳳凰未識池邊樹，桃李先栽海外花。」語詳姚元之《竹葉亭雜記》五。《記》又云：琉球人「以得蘭雪詩爲珍寶，嘗得詩，藉子弟寄禮物謝之，刀、扇、雪酒、花布、蕉布、銅壺、護壽、煙八種。護壽，紙也」。梁紹壬《兩般秋雨盦隨筆》二：「西江吴蘭雪中翰嵩梁工詩，高麗使臣得其所著詩，稱爲『詩佛』，而築一龕以供之。種萬梅樹云。」當時名達四裔，而終于博士一官。文憎命達，自古已然。然自弱冠入都，公卿倒屣。晚遊江海，袁隨園枚、阮芸臺中丞元均以握手奉交爲快。兼工詞令。郭麐《靈芬館詩話》十一：「吾友吴蘭雪嵩梁，詩筆清華，一時罕儷。聞其工爲詞，然未之見。樂蓮裳《耳食録》中見其『簾外桃花紅奈何，春風吹又多』之句，《金荃》之亞也。」西江靈秀之氣，代毓詩人如博士者，其亦應時名世者歟！

〔一〕「天風海濤蒼蒼浪浪」原誤作「天氣蒼蒼海濤浪浪」，據嘉慶八年三泖漁莊刻本《湖海詩傳》改。

青芝山館詩二十二卷駢文二卷　嘉慶二十二年刻本

《青芝山館詩》二十二卷《駢文》二卷，樂鈞撰。王昶《湖海詩傳》：「樂鈞字蓮裳，臨川人。嘉慶五年舉人。」張維屏《國朝詩人徵略》：「樂鈞，字元淑，號蓮裳，臨川人。嘉慶五年舉人。有《青芝山館集》。」《聽松廬文鈔》：「蓮裳初名宫譜，少日喜爲奇麗之文，曾撰《耳食録》一書。壯歲韻語益工，兼工駢體。既登賢書，屢試不第，橐筆江湖，爲諸侯客，鬱鬱不得志，竟侘傺以殁。才士偃蹇，自古歎之。然其詩文足以傳世，珠光劍氣，詎受塵埋？以之位置于蓉裳、芙初之間，允堪伯仲。」又《聽松廬詩話》：「江西詩家蔣苕生後，當推樂蓮裳、吴蘭雪。兩人同舉孝廉，同爲翁覃溪先生弟子，同以才名遨遊王侯公卿間。蓮裳久居幕〔二〕府，蘭雪久客京師。晚歲詩名吴盛于樂，然合兩集觀之，香蘇應酬投贈，外心較多，不如青芝多内心也。」又沈濤《匏廬詩話》下：「蓮裳孝廉《歷下雜詩》云：『海棠已見委蒼苔，急爲紅梨冒雨來。春色春情都絶世，可憐牆角背人開。』後二語爲天下失路才人同聲一哭。」按，此詩即所謂有内心者也。蘭雪、蓮裳二家之詩，才情艷麗，純乎六朝金粉之遺，于江西詩派脱化淨盡，不似蔣苕生、陳兹甫諸家尚不能不濡染鄉學也。然以蓮裳較蘭雪，其間亦微有異同：蘭雪艷餘於骨，蓮裳文生于情，故其時有詆蘭雪浮華累道者。雖國風、騷賦不能以此腐論相繩，然在同流品評則固有所分辨矣。

〔一〕「幕」原形訛作「慕」，據文意改。

心知堂詩稿十八卷 道光六年刻本

《心知堂詩稿》十八卷，汪仲洋撰。符葆森《正雅集》：「仲洋，字少海，號海門，四川成都人。嘉慶六年辛酉科舉人，官鄞縣知縣。有《心知堂詩稿》。」按，《詩壇點將録》「操刀鬼」列其人。一本作「汪淮字小海」，誤也。前序及題詞如姚椿、錢栻、楊芳燦、嚴學淦、畢華珍、查揆、李鼎元、陳文述，皆《點將録》中人，固知當時聲氣滿江湖，詩名遍吴、越。乾、嘉時蜀才號爲極盛，如張船山太守問陶，李墨莊太史鼎元、李鳧塘太史驥元兄弟，皆爲一時眉目，少海在三家之中獨以才氣盛。姚椿序稱：「張翰林〔二〕問陶之詩奇險捷出，不主故常，其極主于能道人意中事而止。汪子沈縋奥鑿，句鏤字鍛，又善用事相佐證。翰林純以天勝，汪子兼盡學力，以故翰林之渾成、汪子之刻削皆爲予所心服。」按，此論殊爲未允。張、汪二人同爲天姿高敏之人，張詩意態清新，吐詞別雅，每一詩成，使人讀之有味外味，此其所長也。「奇險」「渾成」之語擬之實爲不倫。汪詩則才思縱横，筆力强健，長篇近律一揮而就，讀之淋漓盡致，而選詞鍊句，波瀾老成。全集並無沈縋奥鑿之詞，亦無刻削之處。可知文士爲友人作詩文等序，大氐自逞議論，全不考其人之學問，浮誇溢譽，使後人無從定其是非，亦爲人作序者之通病也。是集余翻閲再四，頗洞悉其淺深，若如姚序云云，實皮毛之論矣。

〔一〕「林」原訛作「枚」，據道光七年刻本《心知堂詩稿》卷首姚椿序改。

種榆仙館詩鈔二卷　道光甲辰趙氏刻本

《種榆仙館詩鈔》二卷，陳鴻壽撰。吴振棫《杭郡詩輯續》三十：「陳鴻壽，字子恭，號曼生，錢唐人。嘉慶六年辛酉拔貢，官江南海防河務同知。著有《種榆仙館詩集》。曼生好交遊，自其貧時，四方知名之士皆踵門納交，仕宦後，士益爭往歸之。生平于學多通解，自以爲無過人者，遂恥自名。于篆隸行草書懸然有天得，世爭寶弆之。爲詩不事苦吟，自然暢朗。阮相國撫浙時，方籌海，隨相國輕車往返，走檄飛書，百函立就。暇與諸名士刻燭賦詩，才麗以壯，不可及也。令溧陽時，倣龔、時兩家法爲茗器，撰爲銘詞，書而鐫之，一時有『曼壺』之稱。其風趣不減前明陳三㰤子也。」郭麐《靈芬館詩話》五：「浙江兩陳，余與曼生最初相識，後又交于雲伯。曼生才藝可了十人，詩宗太白、長吉，灑然而來，不屑屑于字句而標致自佳。嘗以手稿一卷寄余，後乃悔其少作，以爲不足傳，而亦不樂與時流爭名。尊前酒邊，間一染翰，差取快意而已。」又六云：「曼生爲溧陽令，余歲一訪之，下榻于其桑連理館。署外古桑一株，與牆外桑連枝直接，故以此名。壬申歲溧陽有嘉禾百餘莖，穗垂八九，每穗皆有百餘顆。邑人結紅闌以護之，且乞聞于上官。曼生不允，乃止。余爲《連理桑歌》，并及此瑞禾云。」按，司馬詩遠不如雲伯之多，而工書善畫，尺縑寸楮，至今人爭寶藏之。其手製茗壺，尤爲世所珍貴。多材多藝，亦一傳人，固不必一家兄弟同以詩名也。阮亨《瀛舟筆談》七：「陳曼生于畫精鑒別，持論以神韻爲主，故其興到自寫山水花木，皆洒然出塵。最喜奚鐵生畫，嘗以晚年作偕方蘭坻、王椒畦合爲一卷，家兄爲作《種榆仙館三畫記》。」錢泳《履園叢話・畫學》：「陳曼生以選拔得縣令，官至海防司馬，引疾歸。花卉宗王酉室，山水近李檀園。嘗官宜興，用時大彬法自製砂壺百枚，各題銘款，人稱之曰『曼壺』。于是競相效法，幾遍海内。」余謂曼生詩文、書畫、印章無所不精，不意竟傳于曼壺，亦奇也。今世傳曼壺百無一真，而書畫尚少贋蹟。余舊藏楹帖書畫條幅頗多，玩之殊有別趣，日久散失，不復縈諸魂夢。惟書籍則願子孫永守耳。

海雲堂詩鈔十四卷補遺一卷詞鈔二卷文鈔一卷 嘉慶丁丑刻本

《海雲堂詩鈔》十四卷《補遺》一卷《詞鈔》二卷《文鈔》一卷，嚴學淦撰。按，學淦字麗生，丹徒人。嘉慶九年甲子科順天鄉試舉人，丙戌大挑一等，分發湖南候補知縣。父士鋐，字震叔，號筠亭，乾隆丁酉拔貢，出謝金圃侍郎墉之門。朝考二等，以知縣分發四川，歷官至川東道，擢河南按察使，事具《文鈔・筠亭府君行述》。陳文述《詩鈔序》云：「尊甫筠亭先生觀察川東，君以貴公子往來兵戈戎馬間，作將軍揖客，有傅修期上馬殺賊，下馬作露布之風。其經歷有大過乎古人者，以是發爲歌詠，宜其大過古人，而非今人之所及也。嘉慶甲子、乙丑間，與君以鄉試客京師，時老輩如吳穀人、楊蓉裳、法梧門、張船山，同人則姚春木、吳蘭雪、蔡浣霞、周箌雲、楊浣香、吳巢松、汪竹素、竹海、查梅史、許青士均在京師，壇坫角立。余以奇才目君，人無間言。君於詩，古人喜青蓮、昌谷，繼出入韓、孟，沈鬱處又近少陵。近人則喜黄仲則，謂其跳蕩非古人所有，恆喜學之。兼取胡稚威，謂其堅凝不可及。若其本原史傳，自抒偉論，以卓越之識發飛揚之氣，則又非仲則、稚威所可限也。余在京師，孫古雲爲余刊《碧城仙館詩》，人以『紫鳳』目余，余以『白鷹』方君，謂其風骨遒上也。蓉裳評箌雲詩曰『香象渡河』，評君詩曰『金翅掣海』，則以上下千古之識盡其才，以江山萬里之助暢其才也。然則才人之詩未有如麗生者也。」據陳序，推重其詩可謂至矣，然不免過於溢美。麗生才情富麗，奇氣鬱盤，天姿既高，於古人未必深造，若其於仲則、稚威二人之長處則實并有兼包。其近體與雲伯在伯仲之間，而風格高騫則又是其勝處。斯固一時作手也。沈濤《匏廬詩話》下：「雲伯盛稱丹徒嚴麗生上舍學淦詩，大概如七寶樓臺，以富麗取勝耳。閲之未能終卷。雲伯爲誦其《柳枝詞》云：『拋却江南唤奈何，今宵桭觸綺愁多。一絲澹入春人影，知是眉痕是眼波。』又《斷句》云：『淒清夜雨度中宵，滴損冰荷蠟淚消。寒到緑天人影瘦，春愁不剪似巴蕉。』余不覺絶倒，曰：『未免有情，哀感頑艷矣。』」詞亦具有功力，但穠藻紛披，少委宛纏綿之致耳。文則紀事之作足證當時軼聞。蓋其時川楚用兵，身在行間，見聞較確。如《綏定叛兵紀略》、《四川松藩鎮總兵馬良柱傳》、《札克塔爾神道碑》及《筠亭府君行略》，於川事紀述甚詳，有裨掌故。餘多駢偶，足與查梅史、彭甘亭抗衡。由於萬軸羅胸，足以供其驅策也。

篔谷詩鈔二十卷文鈔十二卷 道光乙未刻本

《篔谷詩鈔》二十卷，《文鈔》十二卷，查揆撰。吴振棫《杭郡詩輯續》三十：「查揆，又名初揆，字伯葵，號梅史，海寧人。嘉慶九年甲子舉人，官直隸薊州知州。有《菽原堂初集》。梅史爲人在通介之間，雖極困窮，恥事干謁。數往來湖上，不妄與人交。又嘗渡錢唐而東之甬上，之括蒼，旅食四方，無知之者。嘗與屠太守倬、胡學博元杲、范秀才階、殳參軍三慶讀書清平山之拂塵庵，月夜攜酒山頂，聽海門濤聲滚滚上富春去。引滿者再，自誦其舊作：『不能爲宰相，會作良醫耳。』今日之『良醫』毋乃縣令，是其聲淵淵振金石。既領鄉薦，遂試吏安慶。後任直隸饒陽，擢州牧，卒于官。其已刊之詩有《菽原堂初集》八卷。」阮亨《瀛舟筆談》十：「查梅史揆，又名初揆，詩文皆擅勝場。詩主滄浪，持論以如鹽著水，味在無味。雖極鎔鍊，要歸自然。刻有《菽原堂詩文初集》十卷。文皆駢體，以氣韻勝，不以塗澤爲工。集初刊成，京師人爭傳之，法梧門先生自都中移書稱賞。先是，錢竹汀宫詹以博學高文領袖後輩，於梅史有『二百年無此作』之嘆。前輩愛才，宏奬之盛心可爲感激，亦梅史之才有以致之也。甲子科舉于鄉，嘗與屠琴隖太守倬、胡秋白學博元杲偕同人讀書於清平山麓之拂塵庵，以文史相劘切，所居之室曰小擅欒，奚鐵生岡爲作圖，梅史爲之序，秋白爲之題。」郭麐《靈芬館詩話》五：「海昌查梅史揆，錢唐胡秋白元杲、屠琴隖倬、范小湖崇階、殳積堂三慶同讀書于清平山之拂塵庵，與余先後定交。余時爲雲臺先生校定《兩浙輶軒録》及《筆談》諸書，寓于孩兒巷〔一〕輒相過從。弦詩頌酒，雜以諧謔，極朋友文字之樂。無何，查君入都，屠君入翰林，殳君出遊，余亦歸里中，惟小湖主秋白家，課其兒子，得長相見。秋白、琴隖皆有清平山讀書第一、第二圖，余皆有詩。今諸君皆落落散布，合并之期未識何時。俯仰一時，不勝慨然。」又云：「梅史遊西湖最久，華秋槎丈瑞璜時寓北山之德生庵，梅史過從甚密，而性傲睨，不可一世。又聞余有狂名，余每過華寓，即偶值亦掉頭而去。後館于梁山舟侍講家，與余寓孩兒巷相接，因投刺往詣，接席披襟，歡然如舊相識，始悔前此之過自矜嚴也。梅史詩不專一家，主于詞副其意，氣舉其詞，高華沈著，惟旨所向。五、七古不唐不宋，出自心裁，無無爲而作者。」按，梅史初刻《菽原堂初集》十卷，爲嘉慶八年刻本，諸家所稱引皆初集中詩也。此《篔谷詩文鈔》三十二卷，乃其通籍後三十年著作，因并删汰其前所刊者，手纂此編。同人集貲付梓，有方廷瑚序，言之甚詳。時道光乙未，距伯葵歿一年矣。文皆駢偶體，取精于六朝，結體于初唐，學富才豐，不愧作手。然在梅史則信手拈來皆成珠玉，未嘗如其作詩之專好也。

〔一〕「巷」原誤作「卷」，下引文有「余寓孩兒巷相接」句，據改。

天真閣集三十二卷 嘉慶間刻本

《天真閣集》三十二卷，孫原湘撰。李兆洛《養一齋文集·孫吉士墓誌銘》：「君諱原湘，字子瀟，又字長真，家常熟，後縣析爲昭文，遂爲昭文人。考鎬，朝議大夫，山西潞安府知府。君生而穎異，方三四歲時即知讀詩，口詠指畫，若能通曉，蓋天賦也。成童後，嘗從朝議君官于朝。朝議自奉天治中擢潞安府，君所歷若山海關、醫巫閭、瀋陽繡嶺、木葉嶺及太行、王屋、黃河名山大川，風物奇險，皆以歌詠發之。年才弱冠，名滿都下矣。中式乾隆乙卯恩科江南鄉試，嘉慶十年乙丑進士，改庶吉士。歸得怔忡疾，遂不出。其論詩之旨，以爲一人有一人之性情，無性情不可言詩，若徒以格律體裁規模唐、宋者，則失己之本來面目，而真性情亡矣。有真性情，然後涵泳於經史百家以爲立言根柢，自然獨闢町畦，足爲一代正聲。自古大家名家何嘗不以學力勝，要之必從性情中來也。此言出而專注性情，以爲詩可無學而能者，足關其喙矣。以道光九年卒，年七十。所爲詩已刻者三十卷，續集及古文駢體三十二卷未刻。」按，今本三十二卷，蓋續補二卷。吉士詩性情學問兼而有之。蓋其自少至老，無日不在苦吟之中，又值其時歸愚、隨園兩派互相訾謷日久，而隨園性靈之説終戰勝于歸愚，故吉士以根柢濟性情之論救之，其爲詩亦硜硜然不離此旨，在嘉、道詩人中洵可謂中流砥柱矣。

尚絅堂詩集五十二卷詞二卷駢體文二卷 道光六年家刻本

《尚絅堂詩集》五十二卷《詞》二卷《駢體文》二卷，劉嗣綰撰。張維屏《國朝詩人徵略》：「劉嗣綰，字醇甫，號芙初，江南陽湖人。嘉慶十三年會試第一，官翰林院編修。有《尚絅堂集》。」梁紹壬《兩般秋雨盦隨筆》二：「陽湖劉芙初先生嗣綰，以名孝廉困頓場屋，春官十上，始得掄元。授職編修，而一階未展，歿于京師。著《尚絅堂詩》五十二卷。」法式善序其集云：「禮闈榜發，醇甫舉首，朝野慶得人，於時醇甫年四十餘矣。會疾，書字不能工，選翰林，重宿望也。醇甫詩出筆秀麗，少作明艷之篇居多，肄業太學以後則沈博矣，放浪江湖以後則排奡矣。兹則清遒俊邁，以快厲之筆，達幽隱之思，如水銀瀉地、天馬行空矣。

醇甫與寶齋副憲齒相若，才相並。寶齋擢上第，衡文四方，而醇甫以相門子青衫孑孑於隘巷〔一〕菰蘆，三黜于有司而後遇，可謂窮矣。雖然其遇窮矣，而其心未窮；其心窮矣，而其詩未窮也。」郭麐《靈芬館詩話》十：「芙初太史居京師，落落寡合，性本疏嬾，又不屑與邈然少年相諧際，昔人所謂門庭蕭寂，居然有名士風流者也。睽離十年，久不相見，近于友人扇頭見自書數絶句，其《題行脚看山圖》云：『酒帘十里不分明，鐙火闌珊始出城。不是馬蹄偏款段，自家行路太遲生。』其寄託微婉可想。」按，是集分四十三集，每集各有小序，就其事考之，無異于自撰年譜也。全集六千餘首，據其自序云擇其可觀者存十之六七，然則生平所作詩將過萬首，可謂多矣。阮亨《瀛舟筆談》九：「劉芙初太史嗣綰詩才明敏，碩學通明，自都中還，薄遊淮海、浙西，人爭識之。其《廣陵詠古小樂府》尤精警，可匹西涯。」袁潔《蠡莊詩話》五：「常州劉芙初太史嗣綰，才華發越，爲詩清新俊逸，兼庾、鮑之長。」符葆森《寄心盦詩話》：「芙初先生以名孝廉困頓場屋，掄元時將及五十矣。少年詩以穠艷纏綿爲主，頗近温、韓，中年詩境别是一格。去客揚州，題襟館觴詠最多。」梁章鉅《浪迹叢談》一：「過陽湖訪劉芙初同年宅，不見其後人，求《尚絅堂集》亦不可得。憶在京師與芙初結宣南詩社，芙初本驚才絶艷，而近作大不如前。同人比之江郎才盡。芙初以病出京，家居尤貧瘁，晚患風痺，聞每飯尚煩其母太夫人手哺之。才人末路，至此甚可傷也。」嗟乎！如梁所言則天之厄之者至矣。然能厄之以境，不能厄之以名。同年一榜，列朝籍至通顯者皆泯滅無聞，而惟長洲陶鳧鄉侍郎樑、桐城姚石甫按察瑩、錢唐屠琴隖吉士太守倬、仁和錢東生講學林與先生三數人有詩文集傳誦在人，則名永矣，何必以當時所遇之境論得失哉！　至梁云才盡之説亦不盡然，今晚年詩具載集中，可以復按。或者梁偶見其率爾之作，遽一概抹殺之耳。

〔一〕「巷」原訛作「卷」，據道光六年刻本《尚絅堂集》卷首法式善叙改。

是程堂詩集十四卷　嘉慶十九年自刻本

《是程堂詩集》十四卷，屠倬撰。吴振棫《杭郡詩輯續》：「屠倬，字孟昭，號琴隖，又號潛園，錢唐人。嘉慶十三年戊辰進士，由庶吉士改江蘇儀徵知縣，擢九江袁州知府。有《是程堂集》十八卷。琴隖鄉舉後讀書清平山中，與一時名流以詩文相鏃厲，由是名譽寖盛。通籍出宰真州，禽梟徒，勸樹桑，教紡織，有古循吏風。道光初大臣交薦，遂有二千石之命，而其時卻埽養痾已數載矣。迹其生平，豪情壯氣不可一世，又有交遊聲氣之廣，朝廷特達之知，乃竟鬱伊侘傺，齎志以終。人生不如意之遭不必在户限外也。其爲詩如快馬入陣，靈禽弄音，一洗質悶填綴之習。工詞，有《耶溪漁隱詞》。工畫山水，受法于蒙泉外史，而得其秀潤。」按，先生早歲即以詩名。阮亨《瀛舟筆談》十：「屠琴隖太守倬，弱冠登第，賦才卓犖，兼工書畫篆刻。嘗以詩就正余兄，兄題其首簡云：『稿中諸詩，皆有宗法；精思雋句，頗自不凡。年力甚富，所願進而不已，烏知其所至極耶？』」按，琴隖之詩，自抒性靈，不專派别，有《是程堂集》。繼入詞館，今爲名翰林矣。蓋其以詩呈文達就正在未通籍以前，文達譽之如此，固知其必有成就。其晚年學益日深，詩格爲之一變。郭祥伯麐稱其詩氣伉以爽，音大而宏，不名一家之學，而發揚蹈厲有幽并烈士、河朔少年之風，是可知其進境矣。

吴侍讀全集二十三卷 道光丁亥家刻本

《吴侍讀全集》廿三卷，吴慈鶴撰。張維屏《國朝詩人徵略》：「吴慈鶴，字韻皋，號巢松，江南吴縣人。嘉慶十四年進士，官翰林院侍講。有《蘭鯨集》、《鳳巢山樵求是録》。」韓崶撰《墓誌銘》：「吴慈鶴，字韻皋，嘉慶己巳進士，選庶吉士，授編修，充雲南副考官，提督河南學政，遷侍講，調山東學政，轉侍讀，卒。君于書無所不讀，詩文雄深瑰特。殁後梁方伯章鉅刻其遺著。」馮桂芬《蘇州府志》引。《聽松廬文鈔》：「太史弱冠時尊甫曇繡先生官廣東糧道，蘇臺庾嶺，南北往來。既而隨官濟南，中更憂患，《蘭鯨》一集，已見老成。迨成進士，入詞垣，掞藻木天，載筆史局。使車所至，山水爲緣。碧雞金馬，助其奇思；嵩嶽河流，增其壯采。中年篇什，所詣益精，不以才力掩其性靈，故足貴焉。」按，侍讀于嘉慶丙寅自刻有《岺華居士蘭鯨録》八卷，此全集爲其孫嘉椿編校，于道光丁亥刻成。其助之貲者則茝林方伯也。侍讀詩自名家，而衡文尤推具眼。婁謙《北埜閑鈔》三云：「嘉慶己卯科吴巢松太史慈鶴副林少穆先生則徐典試雲南，取中楊國翰、戴絅孫、池生春及副車李于陽四人，皆雲南之能詩者。先是劉司馬大紳主講五華書院，取門弟子能詩者，楊、戴、池、李而外復有戴淳，録其詩梓之，題曰《滇南五子詩》。是科榜發皆中式，惟淳以事不與試，一時稱爲佳話。太史因賦詩誌其事云：『五鳳齊飛一鳳閒，自尋玄圃啄琅玕。在邁在軸各有志，雲外雲中隨所安。爲我冬烘展光采，羡君秋思足林巒。苦吟合讓陳無己，慚愧蘇門一例看。』楊、戴、池三人先後成進士，池入翰林，戊子科典試陝甘，今奉旨在南書房行走。巢松太史由編修屢晉侍講，督學河南，調山東，殁於任，惜不及見之。少穆先生今官江蘇巡撫，此誠當時佳話，足備詞林典故也。池工賦得體，《館閣詩選録》其八韻詩最多，想見平日詩學甚深，故如磁石之引鍼，見賞于侍讀也。」

秋樹讀書樓遺集十六卷 道光丙申家刻本

《秋樹讀書樓遺集》十六卷，史善長撰。王撰《湖海詩傳》：「史善長，字誦芬，號赤崖，吴江人。諸生。有《秋樹讀書樓集》。」《蒲褐山房詩話》：「誦芬從其尊人客遊秦隴，其詩鏗鏘激楚，殊有北地之風。既而從秋帆制軍於湖廣，苗民未靖，楚寇旋興，誦芬目覩焚突之慘，故形之篇什者，雖一哭三太息，不是過也。其詩體本杜陵，而練詞琢句得之謝康樂、鮑明遠者居多。」按，吴江爲蘇郡劇邑，國朝以來詩人輩出，秀甲東吴。先族祖横山公主持吴中壇坫三十年，詩弟子數百人，以沈歸愚尚書爲巨擘。于是長洲一派，天下推爲正宗。然以久去江鄉，除一門從子如元禮、學山、分干二三公外，已畦衣鉢，傳者寥寥。自徐電發崛起于詞科，吴漢槎流聲于塞外，吴江詩派益爲海内詩人所共推宗。其後李玉洲太史爲吴郡詩會主盟，與歸愚尚書迭執牛耳。流風所被，而金文簡及其介弟韻言國子，壎篪唱和，朝野同聲。而王載揚、趙艮甫、郭頻伽、袁甘林、袁篴生之流繼武騷壇，韻事流傳，百年未泯。惟赤崖客遊秦楚，不習鄉風，一生槖筆戎間，雖非天寶亂離之年，頗有杜陵呻吟之苦。故其爲詩與之相近，亦身世之遭遇不期然而然也。與赤崖同時有稱者尚有吾家改吟先生樹枚，窮老工詩，極高淡之至，蓋不失横山公家法云。

靈芬館詩初集四卷二集十卷三集四卷四集十二卷續集九卷蘅夢詞二卷浮眉樓詞二卷懺餘綺語二卷 嘉慶至道光先後刻本

《靈芬館詩初集》四卷《二集》十卷《三集》四卷《四集》十二卷《續集》九卷《蘅夢詞》二卷《浮眉樓詞》二卷《懺餘綺語》二卷，郭麐撰。王昶《湖海詩傳》：「郭麐，字祥伯，吳江人。諸生，有《近遊》、《探梅》、《會吟》、《移家》諸集。」馮桂芬《蘇州志》一百七《吳江人物》：「郭麐，字祥伯，號頻伽，蘆墟人。生而右眉全白，丰標秀異。年十六補諸生，三十後絶意進取，專力詩古文詞。其於詩自漢、魏以迄元、明，沿流討源，尤能縱才力所至，森森自振其風格，蜕然出塵埃之表。家貧客遊，文采照燿江淮間。性通爽豪雋，好飲酣，嬉譏駡，時露兀傲不平之氣。少遊桐城姚鼐之門，鼐許爲通雋豪士。卒年六十五。弟鳳字丹叔，與麐白首相倡和。」吴錫麒《有正味齋日記·還京日記》上：「嚴曆亭司馬守田招飲，晤郭頻伽秀才麐，玉立一峯，珠霏萬首。以其右眉霜潔，人呼爲郭白眉云。」《蒲褐山房詩話》：「祥伯詩初學李長吉、沈下賢，稍變而入于蘇、黄。予題行卷云：『攬其詞旨，哀怨爲宗，玩厥風華，清新是尚，如見衛叔寶、許元度一流人物。不患其過清而寒，過瘦而枯，過新而纖，如姬傳儀部所云也。』」按，此就早作而論，晚年詩工力既深，時多變化。阮元《定香亭筆談》二：「頻伽纏綿悱惻人也，詩文皆極幽秀生峭之致，詞尤雋永。謝蘊山方伯謂與蘭雪相伯仲。」又云：「郭君頻伽臞而清，如鶴如玉，白一眉，與余相識於定香亭上。其爲詩也，自抒其情與事，而靈氣入骨，奇香悦魄，不屑屑求肖於流派，殆深于騷者乎！」此則可概頻伽詩之全體。蓋阮公撫浙時頻伽時往來于幕中，故知之深也。若其名士傲慢之氣有時亦受責于人。《隨園詩話・補遺》七云：「郭頻伽秀才寄小照求詩，憐余衰老，代作二首來教余書之。余欣然從命，并札謝云：『使老人握管，未必如此之佳。』渠又以此例求姚姬傳先生，姚怒其無禮，擲還其圖，移書嗔責。余道此事與岳武穆破楊幺歸，送禮與韓、張二王，一喜一嗔，人心不同，亦正相似。劉霞裳曰：『二先生皆是也。無姚公，人不知前輩之尊；無隨園，人不知前輩之大。』」又梁紹壬《兩般秋雨盦隨筆〔一〕》一：「吴江郭頻伽麐，飲于友人處，有某太史在坐，少年甲第，意氣淩人，頻伽語氣之間多所狎侮。太史曰：『頻伽先生有何開罪？奚落下官。』頻伽曰：『公讀書中祕，言當雅馴，奈何以稗史之談挂諸齒頰。』太史曰：『《晉書・百官志》朝士七品以下不得稱臣，但稱下官，《南》、《北史》亦然。某承乏翰林，官止七品，稱下官，禮也。先生獨未之前聞乎？』頻伽慚，不能答。」即此二事出于頻伽，殊不足怪，獨怪世之文士才不敵頻伽，而兀傲淩人，不自度量。惜乎不遇姬傳先生及某太史其人，一小示薄儆也。

〔一〕「筆」字原奪。

通藝閣詩鈔八卷文鈔八卷

《通藝閣詩鈔》八卷《文鈔》八卷，姚椿撰。王昶《湖海詩傳》：「姚椿，字春木，華亭人。監生。有《望雲集》。」符葆森《正雅集》一：「字子壽，江蘇婁縣人。諸生。著有《通藝閣詩録》。」《蒲褐山房詩話》：「春木無所師承，而才情宏放，正如天馬淩空，不宜羈靮。由是而充之，則所謂『詞源倒傾三峽水，筆陣横掃千人軍』者，足以繼吾鄉趙升之、張策時而起也。自蜀還吴，正值潢池寇警，直書所見，有杜、白新樂府之風。余嘗勸其知古知今，積爲經濟，毋以尋章摘句，搜癖矜奇，至『獨角麟類萬牛毛』也。」符葆森《寄心盦詩話》：「子壽先生得放翁詩外有事之旨，由劍南而入浣花，庶幾可企毛丈生甫。與余嘗言先生之詩可以振衰挽靡，其下筆慘澹經營，不遺餘力。」郭麐《靈芬館詩話續》五：「松江姚春木椿，天下士也。年未四十即棄去舉業，敞門掃軌，以著述爲事。余與相識二十年，中間契闊不相聞，已卯春來吴門，下榻于古雲百一山房，時甘亭亦在焉。古雲以書見招，亟往就之。執手道舊，各爲憮然。以三年中詩見示，因得讀一過。五古自選體以及宋賢靡不沿溯而自樹風骨，七古出入李、杜、韓、蘇之間，較昔時所見不啻逕庭。其中如《大龍湫》、《靈巖》、《送毛生甫赴閩》、《劉松年十八學士圖》、《望黄山諸峯》詩，頓挫瀏漓，直入唐賢之室矣。篇長不及備録。」按，春木詩諸家論之審矣。其文亦有風力，與郭頻伽同受業姚姬傳先生之門。《靈芬館詩話》五：「春木别後見寄一律云：『郭生落落異人羣，天馬行空脱紲紛。責我一言真至當，期君千載有斯文。皦心未敢欺他日，索解終須待子雲。同是醉翁門下士，相逢餘礎惜斜曛。』春木亦姬傳先生弟子，故落句云爾，深媿老而慵惰，不克副所期也。」余見春木所選《國朝文録》一書，頗近考據一派，不盡桐城之傳。若其自爲文則淵乎懿乎，粹然儒家言也。

鐵如意庵詩稿六卷　道光丙戌刻本

《鐵如意庵詩稿》六卷，袁鴻撰。石韞玉《蘇州府志》一百七《袁棠傳》附云：「弟鴻官福建永春州知州，亦能詩。棠字甘林，號湘湄，嘉慶元年舉孝廉方正。」袁枚《隨園詩話·補遺》十：「余過同里與從子湘湄、笛生談詩，其二子皆髫年倚膝，而聽若解領者。余問能詩否，其長者陶甡呈其《咏秋海棠》，云：『初過涼雨拓窗紗，緑葉淒淒映晚霞。秋夜月明如水好，上堦先照海棠花。』其弟陶容《舟行》云：『遠望青山似白雲，忽聞岸上有人聲。夜深那有人來到，卻見扳罾一盞燈。』」按，笛生《鐵如意庵稿》中詩多類此，是其家學相承，皆隨園一派。棠有《春水池塘集》，體格亦相近。棠之父景輅，字質中，諸生，遊沈德潛、陳祖范之門，所輯《松陵詩徵》三十卷，余有其書。一門三世，皆有詩人，亦近今所罕有也。

介祉詩鈔四卷 鈔本

《介祉詩鈔》四卷《補遺》一卷，王陸禔撰。袁枚《隨園詩話》稱：「常熟王陸禔，字介祉，瘦長骨立，兩眸瑩然。家貧母老，又遭馮敬通之厄，客死長沙，年三十二。其詩清麗。」云云。今此集前有枚序云：「吾不識漢管公明作何狀，至于攬鏡自照，傷不永年，其言卒驗。今有人焉，曰虞山王陸禔，字介祉，貌癯而修，如枯藤將弛，兩瞳子幾脱于眶，欲墜地碎。其詩悼往紀今，能曲折以神赴。家貧，母夫人七十。前年將之楚，過余道别，自戚其貌，對鏡戲曰：『而小子其窮哉。』乃别去。長沙某聘爲記室，未半年而病，遽僦舟歸，未半塗死。嗚呼！貌之徵何其速也。昔公明年四十，介祉僅三十四，然則今之天更酷于漢之天矣。殁後其弟次岳自虞山來，以詩屬余校定。嗚呼！此則人所爲，而不聽命于天者矣。」據序云云，介祉與隨園來往甚密，集中詩稱盧雅雨、杭堇圃爲夫子，則實受業于二人之門者。又與余棕亭、嚴冬友、沈沃田諸人文讌追隨，故其詩戛戛生新，力足與詞壇耆英相角逐。集中近體七律、七絶多本《香奩》，綺語柔情，讀之令人迴腸蕩氣，王次回《疑雨集》未能擅美于前也。餘則病臥旅行，愁怨之時多，歡娱之時少，降年不永，亦賦命使然。隨園序謂其以名之嬴，補壽之縮，古人如王子安、李長吉，皆可作一例觀矣。

松壺畫贅二卷　光緒庚辰吳縣潘氏刻本

《松壺畫贅》二卷，錢杜撰。程祖慶《練川名人畫像・寓賢》：「錢先生，名杜，字叔美，號松壺，仁和人。候選主事。畫、詩、書俱極超妙。以貴公子落魂浪遊，足蹟幾遍天下。曾客吾邑，至南翔，則見於先生作《怡園圖序》。圖爲祖慶八世祖中憲公遺像也。道光甲辰卒于揚州，年八十二。著有《松壺畫憶》及《畫贅》。」按，松壺先生爲嶼沙方伯之少公子。方伯揚歷中外，久負詩名，松壺訓出過庭，早承家學。工書善畫，故題畫之作尤其擅長，《畫贅》二卷皆其所爲詩。後附《刻畫憶》二卷，則所見古人名畫題跋也。郭麐《靈芬館詩話》七云：「題畫之作別是一種筆墨。或超然高寄，霞想雲思；或記物興懷，山心水夢。故工詩者未必知畫，能畫者又未必工詩。求如雲林、石田諸先生，蓋亦寥寥矣。余所交知惟鐵生最工此體，後又得錢叔美《松壺畫贅》，與鐵生可謂異曲同工，不僅詩中有畫也。」蓋松壺於詩學功力本深，常以讀畫寄邱壑之情，復以遠遊獲江山之助，以視雲林、石田偶然寫意者，其格律有其過之。以雲林、石田但知畫中趣，不知畫外趣也。是集初刻於金陵，隨園再刻于南陽，三刻于武林。庚寅夏，程序伯庭鷺即隨園補五十餘首，重刻于吳門，版均散佚。道光庚戌，序伯得其自定稿本再刻之，即此本所自出也。此爲徐花農侍郎琪手書精刻，吴縣潘文勤祖蔭滂喜齋藏版也。

小謨觴館詩集八卷續二卷文集四卷續二卷 嘉慶十一年韓江官舍刻本

《小謨觴館詩集》八卷《續》二卷《文集》四卷《續》二卷，彭兆蓀撰。張維屏《國朝詩人徵略》：「彭兆蓀，字湘涵，號甘亭，江南鎮洋人。諸生。有《小謨觴館詩集》、《文集》。」按，集分爲六，一《樓煩集》，隨宦山西寧武時作，起辛丑迄丁未；一《南鴻集》，隨侍南還時作，起丁未迄庚戌；一《傭書集》，丁艱後客京口、楚州時作，起乙卯迄戊午；一《觀濤集》，客邗江時作，起甲子迄丙寅；其《續集》二卷，則丁卯至丙子十年之作也。郭麐《靈芬館詩話》六：「彭君甘亭，負夙成之譽，從宦樓煩，長楸走馬，單騎射生，擊劍讀書，意氣横出，故其詩有三河少年、扶風豪士之概。既而遭憂厄塞，斥田償逋，落拓名場，馳驅道路，遂多幽憂之音。迨至學道日深，浮華刊落，伐毛洗髓，斂氣歸神，視前所作如出兩手。余爲其《小謨觴館詩序》言之甚詳。甘亭亦以爲知言也。」又《爨餘叢話》三：「甘亭詩如慶喜多聞，晚證無學，結集三乘，自合佛恉。」按，甘亭詩宗老杜，沈鬱處多，至其造意練詞，尤爲慘淡經營之至。余嘗藏其《遊山詩》卷，係手寫楷書紅格本，上有舒立人、沈學子、尤二娱評點，以較今集中詩，多有改竄。然往往近于笨滯，轉不如原本之佳。則知其用功甚深，愛好之心與惜名之心無一時或懈，其改處之佳不佳又當别論矣。

雙樹生詩草一卷 咸豐元年徐渭仁刻《春暉堂叢書》本

《雙樹生詩草》一卷，林鎬撰。徐渭仁序云：「雙樹生林鎬，字遠峯，福建龍巖人，雙樹生其自號也。

客李味莊觀察幕〔一〕中，性豪舉使酒，好詩文。虬髯戟張，有磨盾横槊之概。時觀察方有事於乙部，東南名宿咸來止止，供張之具，文讌之盛，幾同平津東閣。觀察卒于任，雙樹生依吴玉松侍御於山塘渌水橋，後遂不復相見。改七薌云袁浦已刻其遺詩，余至今未見也。篋中有其詩一册，皆在上海時作，經吴穀人、洪北江、孫淵如、王惕甫諸先生塗改，朱墨爛然。或謂之東坡、放翁、玉溪、長吉，大抵沈鬱礧砢，追蹤李、杜。諸詩出之酒酣耳熱，興會淋漓，當倉山壇坫之時，不爲籠罩，可謂特立。惜乎其詩僅此也。塵埃野馬，山房之賓客都化神仙，末坐之孺子忽焉皓首，俯仰今昔，重可嘅已，因録出刻之。彼山澤之士，若雙樹生之沈淪而不章者，不知凡幾。安得有陳起之流集《江湖詩》，他日或有傳耶？」按集中五、七古直學李、杜，七律則近玉溪，亦兼有似東坡、放翁者。集中所録近體不多，其擅長皆在古體。卷帙寥寥，可云精詣。袁枚《隨園詩話・補遺〔二〕》六：「庚戌冬，余有感于相士壽終七六之言，戲作生挽詩，招同人和之。不料壬子春竟有傳余已故者，信至蘇州，徐朗齋孝廉邀王西林、林遠峯諸人爲位以哭。見挽云：『名滿人間六十年，忽聞騎鶴上青天。騷壇痛失袁臨汝，仙界爭迎葛稚川。著作自垂青史後，彭殤早悟黑頭先。望風不敢吞聲哭，但祝遲郎繼後賢。』余讀之笑曰：『昔范蜀公誤哭東坡，有淚無詩，今諸君誤哭隨園，有詩無淚。然而，淚盡數行，詩垂千古矣。』」此與前《詩話》九載：「興化鄭板橋宰山東，與余從未識面，有誤傳余死者，板橋大哭，以足蹋地。余聞而感焉，故贈詩云：『聞死誤抛千點淚，論才不覺九州寬。』」兩事同一聲氣相感，故不覺悲從中來。然其風誼之高，固可想見矣。

〔一〕「幕」原作「慕」，形近而訛，據《春暉堂叢書》本《雙樹生詩草》徐序改。

〔二〕「遺」原誤作「遣」。

白香亭詩一卷 咸豐十年刻本

武岡鄧丈彌之輔綸《白香〔二〕亭詩》一卷，刻于咸豐十年。據王湘綺丈闓運爲撰《墓誌》云光緒十九年卒，年六十有六，上推至咸豐十年，時年三十有三歲。所爲詩逼近建安、黄初，同時王丈亦橅擬六朝，其風格遠不逮也。丈以道光己酉拔貢，内貲爲中書，隨宦江西。咸豐軍興，佐其父守城有功，旋罷黜。王丈撰墓誌云其以詠《蘋果》詩媿某翰林，蜚語爲某學使劾奏，撤軍還官，後以道員改官浙江，杭州失守，以身未殉城落職，自是決意遂初，不復作仕宦想矣。丈少年盛負才名，性頗狂簡。其賦《蘋果》詩七律一首云：「珍樹亭亭出帝畿，上林嘉實有光輝。金盤自拜承霄露，冰窖還收酷暑威。南土移來香漸減，北船亂後見應稀。逐臣最病相如渴，不及文園薦省闈。」誦至「南土」二句，拍案自負曰：「雖老杜復生，亦未必勝此。」一時意氣淩人。同坐有江西梅中丞啓照，時方爲孝廉，懾其焰，聞之默然，通籍後由翰林擢御史，以江西軍事劾罷之。墓誌云「某學使劾奏」者，爲梅諱也。梅後撫浙，頗有政聲，而局量褊小，不能容人，是亦江西臘雞之性也。丈晚年時來省會，余曾進謁，粹然盎然，非復所聞少年時故態。蓋飽經憂患，閱歷已深，蕭瑟暮年，學養兼到也。詩卷無多，皆精金良玉。吾湘詩人學湘綺者多，學鄧丈者少。陽春白雪，自非下里巴人所能附和者矣。時在光緒丙午三月清明，後學葉德輝記。

〔一〕「白香」底本作「香白」，倒文。

白香亭詩二卷和陶詩一卷

鄧文白香先生詩學建安，深入堂奧。其胸懷冲淡，則于《和陶詩》見之，真與淵明同爲一流人物矣。集中近體僅和奉新許仙屏河帥《曾文正忠襄二公祠成修祀敬述》八首，殆薄視此格，不屑爲之耶？王壬秋丈闓運撰先生《墓誌銘》云從宦南昌，咸豐軍興，「南昌危急，佐父城守，因將一軍捍禦東南。以賦《蘋果》詩媿某翰林，蜚語爲提學劾奏，撤軍還官」。世傳「南土移來香漸減，北船亂後見應稀」之句是也。然其詩不載集中，世兄幼彌大令嘗爲余誦其全章云：「珍樹亭亭出帝畿，上林嘉實有光輝。金盤自拜承霄露，冰窖還收酷暑威。南土移來香漸〔一〕減，北船亂後見應稀。逐臣最病相如渴，不及文園薦省闈。」殊有唐人「紫禁朱櫻出上闌」二首風格。惜乎先生不恆爲此體也。先生詩品在王丈壬秋先生之上，王丈名滿天下，而先生聲聞不出湖湘。陽春白雪，和者日寡，先生之詩殆猶是也。

〔一〕「漸」原作「慚」，形近而訛。據前引改。

湘雨樓詩二卷　子仲卣刻本

雨珊先生以父執爲羣紀之交，家世鄉居。然於端午、中秋、新年外，寓會城曾文正祠浩園之日居多。日則冠蓋逢迎，夜則孤檠誦讀。耄而好學，同輩所不及也。其時長沙王閣學葵園先生方爲壇坫主盟，余與先生及安化黄敬輿太守亦洛鐘相應，文酒遊讌，無役不從，見則言笑詼諧，機鋒角勝。賓朋與倡優雜坐，幾于座無車公不樂也。先生向以詞名家，即席賦詩，本所希有，偶然興到之作，直登浣花之堂。介弟潛園尚書文達公方據要津，臣門如市，先生乃獨蕭然物外，日與吾輩蜷伏里閈，以詩詞相倡酬。今距先生之没已二十年，追念昔遊文采風流，固宛然在目也。仲卣世兄搜輯其詩，付之繡梓，奉讀一過，覺其詩與文達公同一學杜，而有得皮得骨之分，先生殆得其骨者也。諸老先徂，世亂未已，嗟余老朽，苟活人間。嘆人壽之幾何，悵百年之易過，每一掩卷低吟，不覺益增人琴之痛矣。丙寅秋分。

郘園讀書志卷十五

集部 總集

文選六臣注六十卷 元茶陵陳仁子古迂書院刻本

《文選》李善注，宋蘇子瞻極稱之，故後世皆推爲注書之法。然世行毛晉汲古閣本，《四庫全書總目》雖以其本著録，《提要》摘其第二十五卷陸雲《答兄機》詩注中有「向曰」一條、「濟曰」一條，又《答張士然》詩注中有「翰曰」、「銑曰」、「向曰」、「濟曰」各一條，謂因六臣之本削去五臣，獨留善注，故刊除不盡，未必真見單行本，其言是也。然自毛晉本行，而六臣注原本轉因之而晦。明時翻刻皆六臣本，至今三四百年。李注有胡克家翻雕宋本，無翻刻六臣本者。余從子嵎父藏有明嘉靖己酉袁褧重槧宋崇寧五年廣都縣北門裴宅六臣注本，即《四庫全書總目》著録之本。余所藏則此元茶陵本，每半葉十行，行十八字，小字雙行，字數同。前載諸儒議論，題「大德己亥冬茶陵古迂陳仁子書」，末有長方木牌記「茶陵東山陳氏古迂書院刊行」十二字。目録標題爲「增補六臣註文選目録」九字，次行「梁昭明太子蕭統撰」，三行「唐李善、呂周翰、劉良、張銑、李延濟、吕向註」，四行「茶陵前進士陳仁子校補」。正卷大題「註文選卷第一」，次行、三行同目録，無「陳仁子校補」一行。白口本，版心下有刻工姓名。六臣注以善爲首，所謂校補者，但載五臣本異同，仁子並未增注也。元人刻書尚有家法，明人則必妄以己意增竄矣。

文選李善注六十卷　明成化二十三年唐藩重刻元張伯顏池州路本

此明成化二十三年唐藩重刻元張伯顏池州路《文選》六十卷，每半葉十行，行二十二字，行字與元版十行行二十字者不同。版心大黑口則同。又元板張伯顏官銜全行直下，此則分刻兩行。孫星衍《平津館鑒藏書籍記》載有元本，其書後歸縣人袁漱六太守臥雪廬，係元本殘半，配以此本。元印爲黄色細筋紙，明印則白棉紙。近人瞿鏞《鐵琴銅劍樓藏書目録》云："「《文選》善注，宋淳熙辛丑尤延之刻本外，即推張本爲善。汲古閣本多脱誤，如《左太冲吴都賦》『趫材悍壯』注『引胡非子』，『胡』誤改『韓』，不知胡非子爲墨子弟子，此本不訛。又張平子《思玄賦》脱『爛漫麗靡，藐以迭逿』二句并注；陸士衡《答賈長淵詩》脱『魯侯戾止，袞服委蛇』二句并注；曹子建《箜篌引》脱『百年忽我遺，生存華屋處』二句；鮑明遠《放歌行》脱『今君有何疾，臨路獨遲迴』二句；曹子建《求通親親表》脱『有不蒙施之物』一句；枚叔《七發》脱自『太子有悦色』至『然而有起色矣』二段并注，有數百字之多。此本皆不闕，雖翻本亦足珍也。有余璉序，唐藩希古序，唐世子跋。」陸心源《皕宋樓藏書志》亦有之，其《儀顧堂續跋》云："「張刻仍尤本之舊，此刻又仍張刻之舊，在《文選》諸刻中不失爲善本。」是此本之佳處，已經藏書家論定，今特録而識之，以爲讀

《文選》者之導師。此本得自張姓書估，去京平銀七十兩，當時誤以爲元本，以唐藩一序一跋皆失去，無從辨證也。壬寅伏日曝書，跋于觀古堂。

又一部 汲古閣本，汪由敦校録何焯評校

何焯評校書最多，載所著《義門讀書記》。其中《文選》占五卷，蓋一生精力尤萃于是書也。然爲好事者傳録，核與《讀書記》詳略不同。此汪文端由敦過録之本，前昭明太子序下有硃筆字一行云：「乾隆四年己未四月之望。」下有「謹堂」二字朱文篆書方印。序後録何焯跋。卷三末焯跋云：「《兩都賦》丁卯元日所閱也，《兩京賦》至今辛未六月廿七日始寓目焉。學殖荒落，爲可戒矣。識之卷末，俾子弟鑒予之無勇。」文端跋云：「按，先生自訟之辭，可不必録，以予性易作輟存之自警，或爲多事所牽，亦當時存此意，無令不潰於成，則輔予者多矣。己未四月十八日謹堂記。」閲此二跋，可見前輩好學之勤，其刻苦自勵爲不可及。據《國史》本傳，公雍正二年進士，改庶吉士，散館授編修。乾隆九年十二月調刑部尚書。十二年十一月協辦大學士。十二月大學士張廷玉致仕將歸，乞皇上一言爲配享太廟券，謝恩不親至，傳旨令廷玉明白回奏，命寫諭旨。由敦奏言：「張廷玉蒙聖恩曲全，若明發諭旨，則張廷玉罪無可逭。」諭曰：「軍機重地，顧師生而不顧公義。汪由敦著革去協辦事務，留尚書任贖罪。」十五年三月開復。二十一年十一月授吏部尚書。二十三年卒，謚文端。乾隆四年已官内閣學士，而手不釋卷，勤學孜孜。以視他人一入富貴之場，馳逐聲華，棄詩書如敝屣，其度量越人遠矣。錢陳羣爲公撰《墓誌銘》云公卒年六十

有七，則過録此書時年四十有八。木天清暇，固自蕭閑。然全書皆蠅頭小楷密書，無一筆草率之處，想見一代名臣碩輔，其精神福澤必有大過人者。余家藏前賢評校手蹟之書甚多，端楷精妙均不及此，每一展卷，令人神清氣爽，心目爲開。買王得羊，又何必義門真蹟始足珍貴耶？

玉臺新詠十卷 明崇禎癸酉趙宧光仿宋刻本

《玉臺新詠》，《四庫》著録爲明人趙宧光所傳宋嘉定乙亥永嘉陳玉父本。《提要》于紀容舒《玉臺新詠考異》下云：「明代以來刻本不一，非惟字句異同，即所載諸詩亦復參差不一。萬曆中張嗣修本多所增竄，茅國縉本又并其次第亂之，而原書之本真已失。惟寒山趙宧光所傳宋嘉定乙亥永嘉陳玉父本最爲近古，近時馮舒據以校正，差爲清整。然舒所校有宋刻本誤而堅執以爲不誤者，如張衡《同聲歌》訛『恐慓』爲『恐瞟』，『莞蒻』爲『苑蒻』之類，亦以古字假借曲爲之説，既牽强而難通。」今按，此本「恐慓」正訛「恐瞟」，「莞蒻」正訛「苑蒻」，是《四庫》校修諸人及馮氏所見同是此本。《欽定天禄琳琅》載有宋本二，《續編》載有宋本二、元本一。元本下云「與前宋版同」，知元本乃繙宋本也。錢遵王《讀書敏求記》載有宋本，云是趙寒山物，近人丁中丞日昌《持静齋書目》所載宋本行字與此本同。明時繙刻、仿刻版本極多，馮校本序稱世所行本有四：「一爲五雲溪館[一]活字本，一爲華允剛蘭雪堂活字本，一爲華亭楊元鑰本，一爲歸安茅氏重刻本[二]。活字本不知的出何時，後有嘉定乙亥永嘉陳玉父序，小爲樸雅，譌謬層出矣。茅[三]氏本刻于正德甲戌，大率是楊本之祖。楊本出萬曆中，則又以華本意儳者。茅本一本華本，誤踰三寫。」又馮班跋云：「宋刻行款參差不一，趙氏已整齊一番矣。宋刻是麻沙本，故不佳，舊趙靈均物，今歸錢遵王。」以上二馮所稱衆本，考國朝以來諸家藏書目，《天祿琳琅》于宋、元本外有明重刻宋本，張金吾《愛日精廬藏書志》有影寫宋本，孫星衍《祠堂書目》、瞿鏞《鐵琴銅劍樓》、朱侍郎學勤《結一廬書目》、陸心源《皕宋樓藏書志》皆有明仿宋本。日本森立之《經籍訪古志》云明嘉靖有繙雕宋本，又云崇禎癸酉趙靈均刻本。此即可見明時有兩繙本。諸家所藏雖未寓目，可揣其爲此本嫡傳，亦可見宋、元以來所傳祇此一本，故羣相仿刻、重刻耳。至《提要》所云張本多所增竄，茅本亂其次第，以及《皕宋樓書目》又載明巾箱本易其行款者，證以馮校所稱活字本、重刻活字本，皆有陳玉父序。華氏活字本、五雲溪活字本余曾見之，皆有陳玉父序。足見諸本同出一源，宋刻于陳玉父本外固無別本也。馮云不知的出何時，殆未合諸本細考。森立之所稱嘉靖本即嘉靖中徐學謨海曙樓本，刻在趙靈均本以前，仿宋古雅可愛。而趙本獨負重名，則以趙本傳世獨多耳。然趙刻因宋本參差不一，而整齊一番，轉失宋本真面，不知宋本佳處正在不必整齊也。馮跋又云宋刻是麻沙本，其說亦不足信。余見宋時麻沙本未有如此之精妙者。書中如殷、玄、弦、絃、泫、匡、筐、敬、驚、鏡、竟、慎、貞諸字缺筆無一處漏略，可知其校勘之精，其他佳處已有諸家論載，二馮僅見一斑，宜其不知鑒別矣。光緒三十有二年丙午歲閏四月朔，麗廔主人葉德輝記。

〔一〕「館」字原奪，據《山右叢書初編》本《萬卷精華樓藏書記》引馮氏跋語補。

〔二〕「本」字原奪，據《萬卷精華樓藏書記》引馮跋補。

〔三〕「茅」字，《萬卷精華樓藏書記》引馮跋作「華」字，葉氏引文有誤。下茅元禎刻本條再引此語仍作「茅」字，語意不通，曲爲之解，不知引文有誤。又所見諸引馮氏此語者皆示引馮跋，葉氏獨引馮序，不知所據。

又一部 同上刻本

凡明仿宋刻書之可貴者，貴其存宋版舊式也。宋版書之可貴者，貴其多通人所校，不輕妄改古本也。如此《玉臺新詠》仿宋本，並宋諱亦缺筆，則其校勘之細，摹仿之精，已可概見。錢謙益《有學集》有此書跋，云：「此書宋刻本出自寒山趙氏，本孝穆在梁時所撰，卷中『簡文』稱『皇太子』，『元帝』稱『湘東王』。可以考見今流俗本爲俗子矯亂，又妄增詩二百首。賴此本少存孝穆舊觀，良可寶也。凡古書一經庸人手，紕繆百出，便應付蠟車、覆醬瓿，不獨此集也。」牧翁推重宋刻，絳雲火後，其藏書盡以畀族子曾，此書亦在其內。曾有《讀書敏求記》，引牧翁語，三致意焉。曾《記》又于左克明《樂府》下云：「焦仲卿詩『新婦初來時』下添『小姑始扶床，今日被驅逐』二句，初觀之亦不覺其繆，及再四尋繹，始知庸妄子以顧逋翁《棄婦》詩誤爲添補耳。逋翁詩云：『及至見君歸，君歸妾已老。』則扶床之小姑，何怪其長如我？此詩前云：『共事二三年，始爾未爲久。』安得三年未周，小姑長成即如許耶？此刻于至正年間，未改原詩之舊。近吳門刻左氏《樂府》反據譌本增入，并改『寡婦赴徬徨』爲『起徬徨』，文理違背。書之日就舛錯，將誰辨之，而誰正之乎？」按，此一則爲沈、潘兩刻本《讀書敏求記》所未載，惟阮刻有之，以阮刻希見，故仍著之。所稱吳門刻即汲古閣本也。但《汲古閣刻版考》究無其目，疑當時他氏所刻，版歸毛氏，故流傳之本封面有題汲古閣者，不然毛刻郭茂倩《樂府詩集》于《焦仲卿詩》何以亦無此二句？可見宋、元舊本《樂府》各處相同。明馮惟訥《古詩紀》、梅鼎祚《漢魏詩乘》、張之象《古詩類苑》有此二句，蓋已沿蘭雪堂本之誤。湘綺老人撰《八代詩選》録此詩，又沿明人之誤，皆不如錢氏讀書之得間，又未見錢氏此段記載也。余家藏明九行十八字左《樂府》亦未添此二句，然則明人刻書亦不盡如華氏之繆也。壬子五月望後一日。

又一部 明茅元禎重校刻本

《玉臺新詠》十卷，明茅元禎刻本。每半葉九行，行十八字。前徐陵序，後有「己卯季秋朔日錢唐袁大道書于心遠樓」字兩行；又新安吳世忠《刻玉臺新詠序》，後有「吳郡徐普書」五字。洪序稱「頃有方生敬明交梧埜鄭君受以鋟布」云云，序無年月，亦不知方、鄭爲何人。每卷大題後二行題「東海徐陵編」，下題「吳興茅元禎重校」。全書正楷，微有行體，與前書序之袁大道似出一手。版心下間有刻工姓名。馮舒校刻本序稱世所行本有四：「一爲五雲溪館活字本，一爲華允剛蘭雪堂活字本，一爲華亭楊元鑰本，一爲歸安茅氏重刻活字本。茅氏本刻于正德甲戌，大率是楊本之祖。」今此本題吳興茅元禎重校。吳興即歸安，馮所稱茅氏，蓋即元禎，則此是正德甲戌刻矣。惟書序之袁大道紀年爲己卯，己卯上距甲戌五年，或始工于甲戌，訖工于己卯歟？馮序又云：「楊本出萬曆中，則又以華本意儳者。茅本一本華亭，誤踰三寫。」茅本一本華亭，語不可解。華亭楊本既在萬曆時，安得爲茅氏所本？則此華亭必華本之筆誤。錢曾《讀書敏求記》左克明《古樂府》下辨《古詩爲焦仲卿妻作》中「昔我初來時，小姑如我長」俗本于「昔我初來時」下加「小姑始扶牀，今日被驅逐」二句，謂與前「共事二三年」情理不合。今此本有此二句，較趙刻陳玉父本無此二句者，彼誠爲善本矣。惟此本書刻精好，留爲插架之副墨，亦敝帚千金云。

六唐人集 明汲古閣刻本

《常建詩集》三卷，《韋蘇州集》十卷，《王仲初集》八卷，《鮑溶集》附《集外詩》六卷，《姚少監集》十卷，《韓内翰別集》一卷，明毛晉汲古閣刻六家唐人集也。《四庫全書總目》集部分别著録，《提要》所稱惟常建、姚少監兩家爲毛刻，《韋蘇州集》爲項〔一〕絪刻，《王仲初集》爲王介祉刻。王序稱虞山毛氏刊本校對亦未盡善，故館臣去彼取此。《鮑溶集》爲江南葉裕家鈔本，《韓内翰別集》亦爲鈔本。於《韋蘇州集》稱康熙中項絪以宋槧翻雕，字畫精好，遠勝毛氏所刻四家刻本。是館臣所見六家尚缺其二。如此初印全册殊不易得。封面題「六唐人集」四字一紙尚完好，新若未觸手者，知歷來收藏家固甚珍襲也。毛氏所刻《三唐人》、《四唐人》、《五唐人》、《六唐人》、《八唐人》、《三高僧》各集，惟《八唐人集》在山東故家，當時趙秋谷以二百金購其版去。光緒初元余偕計至京師，見廠肆尚有二三部似新印者，或其版尚在，今則久不見矣。《四唐人》中《唐英歌詩》一種最善，其版爲毛晉之孫某作薪煮茗，語詳鄭德楙《汲古閣刻版存亡考》。余從子康侯、定侯、東明曾得一部，余命以新照版法印行，庶世間共得讀此佳本也。因閲此集附記之。

〔一〕「項」原作「頊」，形近而訛，據《四庫全書總目》改。

九僧詩集一卷補遺一卷 影寫毛氏汲古閣鈔[一]本

晁公武《郡齋讀書志》：「《九僧詩集》一卷，皇朝僧希晝、保暹、文兆、行肇、簡長、惟鳳、惠崇、宇昭、懷古也。陳充爲序。凡一百十篇。歐公曰：『進士許洞因會九僧分題，出一紙，約曰：不得犯一字。其字乃山水、風雲、竹石、花草、雪霜、日星、禽鳥之類，於是諸僧皆閣筆。』此本出李夷中家，其詩可稱者甚多，惜乎歐公不盡見之。許洞之約，雖足困諸僧，然論詩者正不當爾。蓋詩多識於鳥獸草木之名，而《楚辭》亦寓意於飃風雲霓，如『池塘生春草』，『窗間列遠岫』，『天際識歸舟，雲中辨江樹』，『蟬噪林逾静，鳥鳴山更幽』，『庭草無人隨意緑』，『宫漏出花遲』，『楓落吴江冷』，『空梁落燕泥』，『微雲澹河漢，疏雨滴梧桐』，『殘星幾點雁横塞，長笛一聲人倚樓』，『雞聲茅店月，人迹板橋霜』之類，莫不犯之。若使此諸公與許洞分題，亦須閣筆，矧其下者哉？」

陳振孫《直齋書録解題》：「凡一百七首。景德初直昭文館陳充序，目之曰『琢玉工』，以對姚合『射雕手』。九人惟惠崇有別集。歐公《詩話》乃云其集已亡，惟記惠崇一人。今不復知有九僧，未知何也。」

余從常熟瞿氏鐵琴銅劍樓借得毛氏汲古閣鈔本《宋九僧詩》一卷，附毛氏《補遺》一卷，移録一本，藏之行笥。而頗有懷疑之處。自宋以來，博覽如歐陽文忠，其《六一詩話》云：「其集已亡，人多不知所謂九僧者矣。」又云：「少時人稱其一曰惠崇，餘八人忘其名字。」又云：「余略記其詩有云：『馬放降來地，雕盤戰後雲。』又云：『春生桂嶺外，人在海門西。』其佳句多類此。」今此本録惠崇詩十一首中無此二詩句，是歐公時所傳之本非此本矣。顧脩讀畫齋刻《南宋羣賢小集》後附增《廣聖宋高僧詩選前集》一卷，題錢唐陳起編，版心題「僧甲」二字，校以此本《九僧詩》，全與之合，豈毛氏得《羣賢小集》殘本而誤以爲《九僧詩》原本耶？竊疑《九僧詩》北宋即已散亡，至南宋陳起慕其名雜鈔九僧之詩，合爲一集，後人見其名字相合，遂從而假借焉，未可知也。或起編輯時曾見其原本，而自爲增竄，亦未可知也。毛氏收書頗出善價，當時有「三十六行生意，不如買書毛氏」之謡，其間抄書雜糅，借以博其高價，皆有理之事，《九僧詩》亦何莫不然？余雖抄存，而恐其疑誤後學，故指證其疑竇于此。

〔一〕「鈔」原訛作「刻」，據卷首目録改。

唐百家詩選二十卷 康熙癸未宋犖刻本

荆公此《選》，多取蒼老一格，意其時西崑盛行，欲矯其失，乃有此舉耶？所選諸詩，雖不能盡唐賢之妙，亦可謂自出手眼，非人云亦云者。乃自宋以來，如嚴滄浪已議其去取不滿人意。《邵氏聞見後録》則云：「荆公與宋次道同爲羣牧司判官，次道家多唐詩，荆公就其本擇善者籤帖其上，令吏鈔之。吏厭書字多，輒移所取長詩籤置所不取小詩上。荆公性忽略，不復更視。今世所謂《唐百家詩選》者，乃羣牧司吏定也。」周煇《清波雜記》亦云然。似皆爲荆公解嘲，足見當時訾議者必多。新城王文簡所著書如《漁洋詩話》、《香祖筆記》、《分甘餘話》詆之尤力，且謂荆公不近人情，于此可見。余謂嚴、王論詩，崇尚神韻，宜其與此鑿枘。若執其言以論此《選》，不免一偏之見。憶元遺山詩云：「陶謝風流到百家，半山老眼淨無花。北人不拾江西唾，未要曾郎借齒牙。」其推重可謂特具隻眼。《欽定四庫全書簡明目録》亦云：「所取未爲冗濫，必以惡安石之故，無一處不排擊之，亦門户之見也。」大哉言乎！可謂得千載是非之平矣。丁酉春正月上元後一日葉德輝識。

宋黄伯思《東觀餘論》云：「王公所選，蓋就宋氏所有之集而編之。適有百餘家，非謂唐人詩盡在此也。其李、杜、韓韓下當是『柳』字，原本脱。詩可取者甚衆，故别編爲《四家詩》。而楊氏謂不與此集，妄意以爲有微旨，何陋甚歟！」觀黄氏此論，乃知當時于李、杜大家别有選本行世，世人不見，妄生雌黄，真所謂癡人説夢矣。宋晁公武《郡齋讀書志》云：「《唐百家詩選》二十卷，宋敏求次道編。次道爲三司判官，嘗取其家藏唐人一百八家詩，選擇其佳者，凡一千二百四十六首爲一編。王介甫觀之，因再有所去取，且題曰：『欲觀唐詩者，觀此足矣。』世遂以爲介甫所纂。」此論與黄氏所云就宋氏原有之集而編之者正合，知此書並不出荆公之手。俗儒以人廢言，因荆公之故，羣相集矢。觀黄氏、晁氏二家之説，可以釋然矣。丁未上元日葉德輝閲又記。

文苑英華辨證十卷 明弘治丙寅華燧會通館活字印本

宋彭叔夏《文苑英華辨證》十卷，明錫山華燧會通館活字印本。十卷，通連一册，共九十葉。大題「會通館印正文苑英華辨證」，第二行題「卷第二」，均佔小字之二行。以下正文則雙行。每行十三字，半葉墨闌七行，字數實十四行。版心上有「歲在柔兆攝提格」七字，版心中有「英華卷四」四字，版心下有大字多少，小字多少數目字，其二葉以下均止有小字數目。蓋此爲會通館所印之《文苑英華纂要》、《辨證》二種之一。版心稱四卷者以前有《纂要》三卷，此其四卷也。其實每卷皆分子卷，通連正文、《纂要》八十四卷，此十卷也。會通館爲華燧印書館名，蘭雪堂則其從子印書堂名。當時華氏一家活字本風行海内，至今日收藏家珍若宋元。其實所據本有極〔一〕善者，亦有極劣者。世人耳食，往往見華氏本即以重值購之，亦太無識矣。此書亦不詳出何本，惟武英殿聚珍本、鮑氏《知不足齋叢書》本皆據此活字本重印重雕，似當時除此本外亦似無別本者。活字印書本易訛奪，當其同時所印之《纂要》，黄丕烈以宋刻校勘，謂「甲集中缺二十八葉，華氏即據缺失之本開雕，并削去第二十九葉首行『初賦』二字，以當十六卷之首葉，苟非宋本亦何從知其僞乎」云云，則是書排印之草率，略可概見。然世間舊本宋刻外更無第二本，宜乎爲藏書家所珍重矣。光緒丁未上巳日葉德輝記。

〔一〕「極」原作「楹」，形近而訛。

文苑英華纂要殘本十七卷 校宋鈔本

此黄蕘圃《士禮居藏書題跋記》所載宋本《文苑英華纂要》缺甲集之半，自卷一起至卷十七共三十三葉，又華序三葉之校宋鈔本也。黄氏得宋本缺此半册，因以華氏會通館活字印本鈔補之，又借汪閬源藝芸書舍所藏宋本以墨筆校正者也。黄藏宋本後歸常熟瞿氏鐵琴銅劍樓，此半册久藏縣人袁漱六太守臥雪廬，書面題字猶太守筆也。黄氏于藏書家别開生面，觀《題跋記》詳載刻本、鈔本原委，視錢遵王《讀書敏求記》十倍加詳。今京師士大夫、南北收藏家見有舊書爲黄氏收藏，或有印記一二方，或有題識數十字，無不爭相購買。比于高江村、孫退谷之書畫，翁正三、張未未之金石，物以人重耶？亦人爲世重耶？此雖殘册，當亦斷圭零玉之比矣。光緒三十三年太歲丁未四月芒種葉德輝記。

文苑英華纂要八十四卷辨證十卷 明錫山華燧會通館活字印本

《文苑英華纂要》八十四卷《文苑英華辨證》十卷，共并爲四卷，明錫山華燧會通館活字印本。華本最爲世重。此《纂要》八十四卷，《四庫全書總目》未收，阮文達編寧波范氏《天一閣書目》集部類載之，云「會通館刊本」，其前列進呈書目六百餘種亦無此書。文達既爲之編目，而所著《揅經室外集》、《四庫未收書目》亦未之及，此誠不可解之事也。黄丕烈《士禮居藏書題跋記》載宋刻《文苑英華纂要》不列卷數，云：「八册，絳雲、滄葦兩家藏皆如是。此時僅存七册，失其首卷。然就其所存者核之，言其分集則甲之半也，言其列卷則失一至十六也，言其排葉則失一至四十三也，言其裝册則失第一也。」又云：「今戊午夏孟獲見會通館印正本，雖止卷第二十五，然宋版所缺恰可補鈔。」又云：「所鈔補甲集中仍缺第(二)二十八葉，會通館活字本即據缺失之本開雕，並削去第二十九葉首行『初賦』二字，以當十六卷之首，苟非宋本，何從知其僞乎。均在第一册後。」又云：「《傳是樓書目》集部總集宋版高似孫《文苑華英摘句》與《文苑英華辨證》共十二册。又集部文史宋版彭叔夏《文苑英華辨證》十卷，與高似孫《文苑英華摘句》共十册云云。是徐氏所藏雖非《纂要》之名，而與《辨證》相合。又爲高似孫所撰。取此書趙序核之，無不合者。蓋趙云高公手鈔，必似孫也。」又云：「戊寅夏五借藝芸書舍藏宋本校此鈔本，行款全同，即非影宋，當是照宋録出矣。在第三册後。」又云：「此册亦校藝芸書舍宋本，賴以校正五十四、五、六葉，此鈔本小號錯寫也，八十七、八葉均失行款稍參差者。鈔不如刻益信，惟文字間有較宋本不甚漫滅者，當是所據本印略前也。在第四册後。」又云：「此丙集一至四十三内缺三、四葉，藝芸本同。五葉至十三葉藝芸爛版，此有。在第五册後。」又云：「此丙集四十四葉至八十三葉終，内缺六十九、七十，計二葉，鈔補七十葉。以前補缺者證之，當非不知而作者。藝芸本全脱，無可校補矣。此五十五、五十六葉可補彼缺。在第六册後。」又云：「此丁集一至三十二葉全，爛版較少。在第七册後。」又云：「戊寅夏因得活字本，遂動鈔補之興，託五柳主人往借藝芸書舍本校對一過。印本此較舊於彼，故殘毁處差少，即如此本三十三至七十，余〔二〕脱四十三、四十四、五十五、五十六，計四葉。五十九、六十尚有，藝芸本脱也。末趙彦後序，藝芸本亦脱，此尚完好。可見彼印較後矣。三十五、三十六，版本損傷多同，無可補。并記。在第八册前。」又云：「書友邵鍾琳攜書二種，其一七寸版蘇老泉先生《嘉祐集》十四卷，其一會通館活字本《文苑英華纂要》也。因其索值昂，未之留。《文苑英華纂要》但記余亦有殘本，及友書去，始知會通館活字本世但見有《辨證》，而《纂要》則未之見也。遂重取歸核之，與前所記悉合，惜止一本也。在第八册後。」按黄跋云云，而後知此《纂要》一書之可貴，更以知此華氏活字本之足貴。惟宋刻以天干分集成册，以黄跋推而知之，據所見甲集止半集，則甲集或分上下二册；丙集在第五册、第六册，則乙集爲第三册、第四册可知；丁集在第七册、第八册斷不能佔戊、己以下六干。蓋宋本祗以甲、乙、丙、丁四干分册，而傳是樓所謂十册、十二册，殆據《辨證》而計之也。惟黄跋云傳是樓所藏者爲《摘句》，撰人爲高似孫，而此華燧序稱「周益公直夜宣對，承命節序，弗克就緒，致政歸田，分類而成八十四卷，復註《辨證》十卷，所謂存什一於千百者。高緝古、彭叔夏贊助之功爲多」云云，是此《纂要》與《辨證》皆周必大撰，高似孫、彭叔夏各分校之。今本竟以《纂要》爲高撰，《辨證》爲彭撰，似不確也。是書雖近帖括，然藉以參校《文苑英華》一書，亦似不無小補。宋本既不可見，而此活字印本傳世亦希，諸家藏書目録載有《辨證》十卷者多，獨不知并《纂要》合印。余藏影寫活字本《纂要》，僅存前十七卷，蓋即黄跋所謂失其首卷得活字本鈔補之本，每卷有墨筆以宋本校過，亦即黄跋所謂借藝芸書舍宋本校鈔之本也。據校宋本行款，如「會通〔三〕館印正文苑英華纂要」一行上校云：「『文苑英華』，宋本止此四字。」標題卷第二、三大字上云：「無卷第一。」「混成發粹」出劉允濟《天賦》上云：「此爲第二行，每行十七字，小字側注出處。下同，皆不標『出』字。」謂活字印本出某人某文之「出」。版心「文苑英華」四字上云：「宋本版心標『文甲』二字。」於第六、七格「英英上德之容」出王起《披霧見青天賦》上云：「《天賦》一葉半葉止。」卷第二上云：「宋本每卷連不斷。又二，此記宋版卷數。宋本無『卷第』。下同。」此記宋本原式無「卷第」兩字，止有「二」字記數也。卷第九末句「守此虚淡終乎妙極」下云：「『妙極』二行後空十三行，二十七葉止，計脱二十八葉，共二十行。」卷第十「卷」字上用乙筆抹，上云：「此葉宋係二十七葉止，後空十三行，空第二十八葉，宋係卷十文也，脱失。其二十九葉起首行有『初賦』二字，側注方接『睿后』一句，此活字本卷第十首行『睿后之渥飾』句。活字本滅去脱葉，擅削側注，以『睿后』一句爲起，此其大謬矣。」據所校云云，則爲黄跋之校宋鈔本，毫無可疑。又墨筆每半葉各記其起止，鈔活字本三十三葉，又中三葉，後有又三二葉，實三十四葉。此所記起止至四十三葉半葉止，正黄跋所謂失一至四十三也。又三十三葉末云：「右卷一至卷十七從活字本補，宋本校。小注云：後空一行，四十三葉止。」尤與黄跋一一脗合。惜所謂宋本者，僅存甲册之半，而其全册不知猶在世間否耳。至原書分卷相連，則宋刻款式已如此。其分册黄跋稱八册，徐《目》總集類稱十二册，文史類又稱十册，皆并《纂要》、《辨證》二書計之。但黄云《纂要》，徐云《摘句》，同一宋刻，標題不同，此則不知何故。會通館印書，行格每半葉七行，行十四字。通卷除書名卷數作大字，餘實雙行，半葉十四行。華堅蘭雪堂活字印本諸書亦同。獨宋本此書則半葉十行，行十七字。在宋本中行格如此者亦希見。蓋宋刻書字倍於行乃其正例，多少一二字，亦常例。若一行較横格短三字者，僅有此書。通連分小卷，亦僅見此書也。丁巳小除夕。

〔一〕「第」原脱，據光緒十年滂喜齋刻本《士禮居藏書題跋記》補。

〔二〕「余」原訛作「全」，據光緒十年滂喜齋刻本《七禮居藏書題跋記》改。

〔三〕「會」下原脱「通」字。

唐文粹一百卷 元刻黑口本

《唐文粹》予所見明刻本最多，而宋元本絶少。案，宋時此書凡三刻：一寶元二年臨安進士孟琪刻本，每葉二十八行，每行二十五字。是爲北宋初刻本。近仁和許增刻本即據此本殘刻校刊。一宋鼓城劉氏刻本，合百卷爲五十卷，與《崇文總目》、《郡齋讀書志》所載卷數合，每葉二十六行，每行二十五字。是爲北宋再刻本。張金吾《愛日精廬藏書志》有此本殘刻。一紹興九年臨安府刻本，後列校監銜名，每葉三十行，每行二十五字。是爲南宋初刻本。瞿鏞《鐵琴銅劍樓書目》有元本，云從此本出。元人又據此本重雕，是爲元刻本。今此本是也。明時刻本以嘉靖甲申徐焴刻本爲最善。每葉二十八行，每行二十五字，即據北宋本重雕。瞿鏞《鐵琴銅劍樓書目》有之。日本森立之《經籍訪古志》載此本行款，亦云重刻宋本。嘉靖丁亥張大輪又據以再刻，後有木記云：「蘇州近本，視昔加善。」即指徐本而言。徐，蘇之婁江人也。孫星衍《平津館鑒藏書籍記》有此本，題「校正唐文粹」，云每葉二十八行，每行二十五字。嘉靖戊子有朱知烊刻本，每葉二十六行，每行二十一字。是爲晉府本。森立之《經籍訪古志》有此本。又有蘇州程氏家塾本、金明時大字本，均見許刻本序。鄧渼刻本、孫星衍《祠堂書目》有此本。陳仁錫刪本，展轉沿訛，不可究詰。故藏書家不得宋刻則降而思得元刻。第元刻亦不易得，國初如范氏天一閣、錢氏絳雲樓皆只明徐焴刻本，無元刻本也。見范、錢兩書目。錢《目》不注宋元版字者皆尋常刻本。此書陳景雲注稱徐本之善，知錢所藏爲徐焴刻也。近世儲藏家如朱氏結一廬、楊氏海源閣、陸氏皕宋樓亦然。楊《目》有元本《重校正唐文粹》，後有木記爲賈人挖去，其實乃明本，非元本也。此書凡題「重校正」字，皆在張大輪本以後。彼所謂重校正者，重校徐本耳。孫氏《平津館藏書記》載張本，有木記敍述自明。楊云木記爲賈人剜去，正與張本相合，其非元本灼然可知。黄丕烈《百宋一廛賦注》有南宋臨安府刻本，云每半葉十五行，每行二十六字不等。兵燹後不知猶在人間否。惟瞿氏《鐵琴銅劍樓書目》有元本，云仍宋刻之舊，書名無「唐」字云云，覈與此本一一相合。則此雖元刻，亦希見之物矣。丙申秋九月小盡，長沙葉德輝誌于都門瀏陽館寓齋。

又一部 明嘉靖甲申徐焴刻本

《唐文粹》一百卷，宋姚鉉纂。乾隆中吴門黄丕烈士禮居藏有宋紹興九年臨安府觀察推官林竧等重雕本，見所撰《百宋一廛賦注》及《百宋一廛書録》。今所存者惟元明本，據瞿氏《鐵琴銅劍樓藏書目録》、丁丙《善本書室藏書志》所著録者，一爲元刊本，一爲明嘉靖甲申徐焴家塾本，今此本是也。瞿云元刊本「每半葉十五行，行二十五字，吴中孫古雲家藏宋刻殘本，覈之悉同」。丁云元刊本「仍宋本之舊，每葉三十行，每行二十五字」。今明刻甚多，皆大字刻本。此雖小字而每半葉十四行，行二十五字，已非宋元本舊式，且宋元本大題作「文粹」不作「唐文粹」，蓋鉉書本續《文選》，非選唐文。不然，北宋初人選前朝人文，安有不標朝代之理。至《文鑑》、《文類》以本朝人選本朝人詩文，《文鑑》本名《皇朝文鑑》，《文類》本名《國朝文類》，上亦無「宋」、「元」字樣，此與姚氏之不稱唐者又自有别。後人不知，一律冠以朝代，殊失作者命名之意。此藏書宋元本之足貴也。此本題「重校正唐文粹」，行字精美，然是萬曆時印本，非嘉靖初印本。嘉靖本版心有刻工姓名，萬曆本無之。明時刻本甚多，精刻斷推此本。故宋元本外，藏書家均以此本著録。此萬曆中印本至清晰者，固可寶也。時在己未冬十一月長至，葉德輝記。

又一部 明嘉靖甲申徐焴刻本

《唐文粹》一百卷，宋姚鉉纂，以續《文選》者。本名《文粹》，後人重刻，冠以唐代名者，因宋有《文鑑》、元有《文類》，不得不別白言之也。《文粹》宋刻本有二：一本一百卷，寶元二年臨安進士孟琪所刻，而紹興九年臨安府觀察推官林旹所監雕。自元迄明所據以重刻者，皆此本。一本五十卷，目録二卷，文四十八卷。目録後有題識，無年月，末稱「彭城劉下空二字。謹白」，世鮮傳本。百卷本之宋刻，乾嘉時藏吳門黄蕘圃主事丕烈士禮居，見所自撰《百宋一廛賦注》及《百宋一廛書録》，然是紹興本，非寶元本。五十卷本之宋刻藏常熟張金吾愛日精廬，乃宋刻殘本，全書缺十六卷。張云：「分卷篇次俱與百卷本不同，詩文則有少無多。」按，張氏云云，疑當時據鉉纂初稿本付刊，而百卷者或後所增補定本也。故王堯臣等《崇文總目》載《文粹》只五十卷。晁公武《郡齋讀書志》載並同。惜百卷本有全書，又多翻刻，五十卷本僅存殘宋本，無翻刻也。近時南北藏書家志同，無宋本有元明本。明本以嘉靖甲申姑蘇太學生徐焴刻小字本爲最精。如常熟瞿氏鐵琴銅劍樓、仁和丁氏善本書室、歸安陸氏皕宋樓、江陰繆氏藝風堂皆著録。余已有明天順八年張永年刻本、弘治甲子胡韶刻本、嘉靖八年晉藩朱知烊刻本、萬曆戊午鄭漢刻本，未蓄此本。從子啓藩先得此本，爲萬曆間後印者，余爲之跋尾。復得此嘉靖初印本，已經書估改充宋本，卷中間有徐氏刻校姓名一行，一概挖補，僞刻「淳祐四年冬十一月東雅堂繡梓」印記，加印各卷之末。其前明人汪偉序末葉尾行本題「嘉靖甲申冬十一月弋陽汪器偉之序」，亦改刻半葉，題「淳祐四年冬十一月東雅〔一〕堂繡梓」，而序中所云胡侯爲續宗，徐生即刻書之徐焴，彼皆不知其非宋人，又不知東雅堂爲明吴中徐氏，即刻東雅堂《韓詩》者。坊估不通，至爲可笑。今重裝，一仍其舊，而著其僞于此。庶後之讀者知防僞之道，而古書不至日淪于浩劫云。時壬戌七夕，葉德輝識。

〔一〕「雅」原誤作「雄」，今正。

又一部 明嘉靖八年晉藩朱知烊刻本

余家所藏《唐文粹》、《宋文鑑》、《元文類》明刻本極多，而此三書皆有晉藩刻本。此本則晉藩嘉靖八年所刻。每半葉十三行，行二十一字。行款與《宋文鑑》同，但《文鑑》爲黑口版，此爲白口本耳。《文鑑》刻于嘉靖七年，後有八年世宗覆晉藩書，則刻成亦同時矣。前序有「養德書院之印」六字朱文篆書大長方印，蓋藩府所藏初次印本。明時藩王就國，皆好刻書，而晉藩刻書尤夥。余所藏尚有嘉靖四年重刊元池州路張伯顔校本《文選》，十三年重刊安國桂坡館《初學記》，大抵刻工太速，故校勘不精。近日藏書家以明嘉靖本爲有明一代刻本之天閑，若如晉藩所刻諸書，雖在嘉靖初元，亦餼羊之告朔而已。

又一部 明萬曆戊午鄭漢刻本

《重校正唐文粹》一百卷，明萬曆戊午建武鄧渼刻本。每半葉十行，行二十字。字畫横輕直重，爲世所稱宋體字之正式。筆法方整，萬曆刻本之絶佳者。明嘉靖、萬曆相距未百年，而嘉靖時刻書久爲世重，萬曆則等於自鄶以下，若無譏焉。由於主校刊之人不知審定耳。如此書及萬曆壬午趙用賢所刻《管子》、《韓非子》，何嘗不爲藏書家所珍尚乎？此本諸家書目罕載，孫星衍《祠堂書目》有之，可見印本流傳之希少。鄧渼先一年丁巳曾刻宋程大昌《演繁露》，繕刻均極精好，紙料亦同。余并藏之，可云兩美必合矣。

大宋文鑑一百五十卷 明正德戊寅慎獨齋刻本

《宋文鑑》一書本名《皇朝文鑑》，宋端平元年刻本今藏常熟瞿氏鐵琴銅劍樓，世間有一無二之孤本也。余家所藏皆明時刻本，一爲弘治甲子胡韶刻本，一爲嘉靖七年晉藩養德書院刻本，一即此慎獨齋刻本。此本每半葉十二行，行二十五字。末卷後有長方木牌記「皇明正德戊寅慎獨齋刊」十字。後有弘治甲子胡韶刻書序，是從弘治本出矣。明書估劉洪慎獨齋刻書最多，五十年前藏書家不甚以爲貴重，今舊刻日覺希見，不得已而求其次，于是慎獨齋所刻書幾乎一躍而入宋、元之室。而此《大宋文鑑》一書，爲自來藏書志目所未著録。物以稀爲貴，安得以其爲明坊本而等夷視之。因重爲綫裝，記其版本行字于此。

又一部 明嘉靖七年晉藩刻本

此明嘉靖七年晉藩刻《宋文鑑》一百五十卷，孫星衍《祠堂書目》著録，《平津館鑒藏書籍記》明版類記云：「前目録三卷，末有嘉靖七年晉藩養德書院識。錢少詹《日記鈔》所見明嘉靖五年晉府至道堂刊本，前有周必大奉敕〔一〕撰序及呂祖謙進書箚子、謝賜絹除直秘閣表，此本無之。前有天順八年商輅序，亦係後人據别本鈔補，非此本所有。黑口版，每葉二十六行，行二十一字。」按，孫、錢所見皆此本也。此本前有周必大序，吕祖謙進書劄子，後有嘉靖七年養德書院識，與孫《記》同。而前失去嘉靖五年至道堂重刊序。近人丁丙《善本書室藏書志》載此本，前後序識皆全，并有嘉靖八年璽書一，蓋其書刻成于八年，序則始事時所作。邵懿辰《批注四庫全書簡明目録》竟分五年至道堂、七年養德書院爲兩次刻，殆亦未加細考耳。

〔一〕「敕」原誤作「救」，今改正。

崇古文訣三十五卷 明吴邦楨、邦杰校刻本

《新刊迂齋先生標註崇古文訣》三十五卷，卷一大題後次行先秦文下題「松陵後學吴邦楨杰校正」。白口本，白魚尾下「文訣卷幾」。每半葉九行，行十九字。《四庫全書總目》集部總集類著録爲内府藏本。考内府所藏見《天禄琳琅書目續編》者，一載元版類，爲麻沙袖珍本；一載明版類，爲明刻大字本。標題均與此同。陳振孫《直齋書録解題》有《樓昉迂齋古文標註》五卷，元馬端臨《文獻通考·經籍考》集部文史類同。《四庫總目提要》云疑傳寫者誤脱「三十」二字，是也。書有圈句，旁批字下，間有釋音。黄丕烈《士禮居藏書題跋記》有宋刻殘本二，《百宋一廛賦注》云《迂齋先生標註崇古文訣》，大題與宋、元、明兩本同，知明本從元本出，元本從宋本出，標題不改，則一切圈句、旁批、釋音必仍舊矣。前序下有「聽雨樓查有圻珍賞圖書」十字白文篆書方印，「澹遠堂圖書」五字白文篆書方印。

唐人萬首絶句一百一卷 明嘉靖辛丑陳敬學仿宋刻本

宋洪邁《唐人萬首絶句》，陳振孫《直齋書録解題》云一百卷，與邁自序合。此爲嘉靖辛丑陳敬學仿宋

刻本，作一百一卷，蓋據宋嘉定癸未汪綱重刻本翻雕，與明范欽《天一閣書目》及乾隆時内府《天禄琳琅書目》所載合，張金吾《愛日精廬藏書志》所云析六言另爲一卷者也。天禄本即《四庫》著録本，《提要》云九十一卷，下注内府藏本，《簡明目録》云佚其九卷者。應云佚十卷。然《天禄目》載有二部，不知《四庫》校録時何以不舉其全者，是可怪也。《天禄目》據邁自序，謂百卷本爲邁自定，一百一卷本爲汪綱重刻所分。又據嘉定辛亥吴愘跋「後三十年獲繼往躅之語」，繼邁守越。辨辛亥爲辛巳之訛，皆精確不易之論。明萬曆丙午又有趙宧光刻四十卷本，即錢曾《讀書敏求記》一百三卷本下云：「趙宧光所刊，統而一之。聖經所以有好自用之戒也。」别有錢曾《也是園書目》詩文集總内載卷數同。伍刻粤雅堂本錢曾《述古堂書目》詩集内作一百四卷，「四」字恐爲「三」字之訛也。此本經黄習遠竄補，已失洪氏面目。近日陸心源《皕宋樓藏書志》所載即此本，以原刻不可得聊以充數已耳。此書世間既少傳本，陳刻尤罕見，往時藏書家自《讀書敏求記》、《愛日精廬藏書志》、朱學勤《結一廬藏書目》有其書外，雖乾嘉時富于收藏如孫星衍《祠堂書目》、倪模江《上雲林閣書目》、陳揆《稽瑞樓書目》皆無其書。即咸、同以來海内四大藏書家常熟之瞿鏞《鐵琴銅劍樓書目》、浙江丁丙《善本書室藏書志》、陸心源《皕宋樓藏書志》、山左楊彦合《楹書隅録》收藏宋、元、明三朝舊槧極多，亦無此書之目。近如繆藝風老人積五十年搜求之勤劬，其《藝風堂藏書記》、《續》均所不載，可知此書存世甚少。汪士鍾《藝芸書目》僅有殘宋本三十六卷。無論宋刻從不經見，即明陳氏此刻世亦不之見也。即四十卷之坊刻，亦僅于陸《志》見之，他目未之有也。王文簡《古夫于亭雜録》謂是書：「踳謬淆亂，如何遜、沈警乃梁、陳間人，概行采入。何警句『江暗雨欲來，浪白風初起』改作絶句。至唐人小説如《東陽夜怪録》諸詩皆載之，敬去文、盧侍馬之類亦載之，更爲不根。而四唐之詩，略無詮次，有一人之作分屬數卷者，尤難檢閲。蓋當日祇欲取盈萬首，都無持擇故也。余每病之，歸田後選數百首別爲一集，而後差觀改矣。」按，是書純以博採見長，雖小有訛誤，不足掩其大體。若如文簡專以標舉神韻爲宗，則搜求唐人集足以自成一家言，又何必取材於是書耶？乙卯夏正春正十日記。

又一部四十卷 明萬曆丁未趙宧光刻本

此《唐人萬首絶句》四十卷，本宋洪邁編，原書一百一卷。此明趙宧光重編，萬曆丁未刻本。每半葉十行，行十八字。前有重編凡例及目録四卷，標題「宋洪魏公進萬首唐人絶句卷之幾」，次行「明吳郡趙宧光凡夫刊定」，三行「靈巖黃習遠伯傳竄補」，所謂刊定、竄補，已非原書之舊。明人刻書不遵舊本，動以己意增删，刻一書而書亡，不如不刻猶爲有待也。洪氏選詩本出足數，陳振孫《直齋書録解題》謂其多採宋人詩，如李九齡、郭震、滕白、王岩、王初之屬。其尤不深考者爲梁何遜。劉克莊《後村詩話》則謂其但取唐人文集、雜説類鈔成書，非必有所去取，其不能精審，勢之必然，無怪後人之排詆。然洪氏疏誤自是其一家之言，宧光刊誤拾遺，于唐人似有功，于洪書則無補。與其有此精力舍其田而耘人之田，則何如仿周益公《文苑英華辨證》之例，别爲一書，尚不失爲洪氏諍友。此與其所作《説文長箋》同一竄亂古書而不自知其舛謬。顧氏炎武謂其好行小慧，不學面牆，其言信非過甚。惟洪書一日不廢，此書亦不可不並存。

西施非東家效顰而美不彰，良玉非碔砆雜陳而光不發。其書傳本頗少，故録而存之，亦前人藏書附存別本之例也。

中晚唐詩　明龔賢刊本，行本三十二家，秘本三十一家

此龔半千賢所刻《中晚唐詩》，分行本、秘本二集，行本凡三十二家，秘本凡三十一家。不記刊刻年月，楊衡詩後有賢跋亦未云刻于何時。國朝人書目載近刻者如孫氏星衍《祠堂書目》、倪模《江上雲林閣書目》、丁日昌《持静齋書目》均未著録。惟周亮工《讀畫録》云：「半千酷嗜中晚唐詩，蒐羅百餘家，中多人未見本，曾刻廿家于廣陵，惜乎無力全梓，至今珍什笥中。古人慧命所繫，真中晚之功臣也。」于是始知半千初將刻百餘家，卒以力薄所刻止此。亮工所見猶今本三分之一，其中各家詩《欽定全唐詩》均已采入，而在當時則誠不絶如線矣。世但知半千畫爲世珍貴，豈知其風雅好事，有毛晉汲古之風耶？原書中晚錯出，余重爲排定。秘本前缺鮑溶、張祐、趙嘏、曹唐、徐寅五家，則無從購補矣。光緒乙巳菊節。

古文苑九卷　嘉慶戊寅孫星衍仿宋刊本

《古文苑》九卷，末有淳熙六年韓元吉刻是書云：「孫巨源得于佛寺經龕中，唐人所藏，莫知誰氏録。」余疑即巨源從各家集本及隋、唐人類書録出，託之唐人，非有所本也。巨源名洙，孫錫之子，官至翰林學士，《宋史》有傳。偶閱洪邁《夷堅甲志》四載有「孫巨源官職」一則云：「孫洙，字巨源，年十四隨父錫官京東，嘗至登州謁東海廟。密禱於神，欲知它日科第及爵位所至。夜夢有告之者曰：『汝當一舉成

名，位在雜學士上。』既覺，頗喜。然年尚幼，未知『雜學士』何等官，問諸人，人曰：『吉夢也，子必且爲龍圖閣學士。』從擢第入朝，歷清近，眷注隆異。數以夢語人。元豐二年拜翰林學士，賓客皆賀，孫愀然曰：『曩固相告矣。翰苑班冠雜學士，吾其止是乎？今日之命宜弔不宜慶也。』纔閱月，省故人城外，於坐上得疾。神宗連遣太醫診視，幸其瘉且以爲執政。後果瘉，上喜，使謂曰：『何日可入朝，即大用矣。』省吏聞之，絡繹展謁，冠蓋填門不絕。孫私語家人：『我指日至二府，神言豈欺我哉？』臨當朝，顧左右曰：『我病久，恐不堪跪起，爲我設茵褥，且肄習之。』方再拜，病復作，不能興。遽扶視之，已絕矣。孫公在時，嘗一日鎖院，宣召者至其家，則已出，數十輩蹤跡之，得於李端愿太尉家。時李新納妾能琵琶，孫飲不肯去，而迫於宣命不敢留，遂入院草三制罷，復作長短句寄恨恨之意。遲明遣示李，其詞曰：『樓頭尚有三通鼓〔一〕，何須抵死催人去。上馬苦匆匆，琵琶曲未終。回頭凝望處，那更廉纖雨。漫道玉爲堂，玉堂今夜長。』或以爲孫將亡時所作，非也。李益謙相之説〔二〕。相之，孫公曾外孫也。」又甲志十一載「李邦直夢」一則云：「孫巨源、李邦直少時同習制科，熙寧中守海州，李爲通判，倅廳與郡圃接。孫季女嘗遊圃中，李望見，目送之。後每出，聞其聲，輒下車便旋。邦直妻韓夫人於牖中窺見，屢矣，詰其故，李以實告。一夕，夢至圃，見孫女，踵之，不可及。亟追之，躡其鞋，且以花插其首。不覺驚寤，以語韓夫人。韓大慟曰：『簪花者，言定之象，鞋者諧也。君將娶孫氏，吾死無日矣。』李曰：『思慮之極，故入於夢，寧有是？』未幾，韓果卒。李徐令媒者請於孫公，孫怒曰：『吾與李同硯席交，年相若，豈吾季女偶耶？』李不敢復言。

已而孫還朝，爲翰林學士，得疾將死，客見之，孫以女未出適爲言。客曰：『今日士大夫之賢，無出李邦直，何不以歸之？』曰：『奈年不相匹。』客曰：『但得所歸，安暇它問？』未及綢繆，而孫亡，其家竟以女嫁之，後封魯郡夫人。邦直作巨源墓誌曰：『三女，長適李公彦，二在室。』蓋作誌時未爲婿也。邦直行狀，晁無咎所作，實再娶孫氏云。張行父幼安說。」此二事皆足以資談助，亦巨源逸聞。今録附于此書之後，其他具詳《宋史》本傳，故不贅云。己酉元夕郋園。

〔一〕「鼓」底本奪，據孫洙原詞補。

〔二〕「李益謙相之説」，底本「相」訛作「桐」，又「説」下衍一「曰」字，據《夷堅志》改。

古文苑章樵註二十一卷　明成化壬寅張世用刻本

《古文苑章樵註》二十一卷，明成化壬寅福建巡按淮南張世用發建陽書肆刊行者，前有張琳序，大黑口本。每半葉十行，行十八字。《四庫全書總目》總集類《提要》所稱即此本也。原書有宋淳熙六年韓元吉刻本，分九卷。陳振孫《直齋書録解題》云：「不知何人集，皆漢以來遺文，史傳及《文選》所無者。世傳孫洙巨源於佛寺經龕中得之，唐人所藏，韓無咎類次爲九卷，刻之婺州。」余向以爲即孫洙僞記，蓋從唐、宋人類書中輯出，故少完篇。今《藝文類聚》、《初學記》可覆按也。考晁公武《郡齋讀書志》有《雜文章》一卷，云：「孫巨源得之於秘閣，載宋玉等賦、頌五十八篇。景迂生元豐甲子以李公擇本校正。」今《古文苑》，首《石鼓文》，下即載宋玉賦，凡文二百六十餘首，蓋即由《雜文章》推廣成之。彼託于出秘閣，此託于出佛龕，其隱身之術一也。章注，成化刻本之前有宋、元本，見《天禄琳琅書目續編》恐不足據。成化以後有弘治己未奉新縣知縣王嶽刻，即繙雕此本，爲白口版。又有萬曆壬辰祝粲玉刻本，半葉八行，行十八字。余有其書。此爲從子嶠甫所藏，字畫尚未漫漶，白紙潔淨，展卷如新，明本中刻最先者，莫善于此本矣。

三蘇文粹七十卷　明仿宋刻本

《三蘇文粹》，凡蘇洵文十一卷，蘇軾文三十二卷，蘇轍文二十七卷，共七十卷，無編輯人姓名，明翻宋刻本。每半葉十九行，行二十六字。《四庫全書總目》總集存目，列明人編輯詩文總集後，殆以爲出自明人所爲耳。余按，瞿鏞《鐵琴銅劍樓藏書目録》載有宋刊本，七十卷，云目録後有圖記云：「婺州東陽胡蒼王宅桂堂刊行。」行字正與此本同，蓋即此本所從出者。南宋末年，蘇文大盛，此所選者專備場屋之用，故皆議論之文，與陳亮所編《歐陽文粹》、無名人所編汪藻《浮溪文粹》殆不可同日語矣。

元文類七十卷目録三卷　明嘉靖丁酉晉藩刻本

《元文類》七十卷《目録》三卷，明嘉靖丁酉晉藩刻本。每半葉十行，行十九字。先是晉藩端王朱知烊先後刻成《文選》、《文粹》、《文鑑》諸書，於嘉靖十二年薨，惟《元文類》未成，嗣王簡王新㙉繼之。重刊序所謂虚益堂賢王也。故版式行字皆與《文粹》、《文鑑》不同。《天禄琳琅續編》明版類載有此本，云晉藩刻有《明文衡》。今獨罕見，異日倘或遇之，則四朝之文可以知其大概矣。

兩漢策要十二卷　乾隆五十六年張朝樂刻本

《兩漢策要》十二卷，原缺第三卷。據景祐阮逸序知爲陶叔獻所編，凡十卷。第六卷、第十二卷有續添字樣，據大定王大鈞序知爲常彦修之孫所編。按，晁公武《郡齋讀書志》載叔獻《漢唐策要》十卷，而無此書。《宋史·藝文志》亦未著録。自明毛氏汲古閣收得元本，其目録定爲元鈔，又稱或云趙松雪書。乾隆五十六年張朝樂始據以付刊。翁覃溪、梁山舟有跋，但目爲趙體書，迄無確證。要其書法秀勁流轉，實松雪嫡傳。刻手亦絲毫不失神理，至可寶也。錢竹汀《日記》稱其行楷甚工，或云趙松雪所書。錢警石《曝書雜記》云：「翁、梁諸跋，皆以手迹摹刻，恍如名人法帖，不獨全文爲元人精鈔可愛。」劉喜海批錢竹汀《日記》亦稱其摹刻精美。知此書爲前賢鑒賞，早有定評。所存漢人封章亦多，可較《漢書》之異。曩從友人齋中見石印縮本，知元本必不易得。年事將定，忽有估人持此求售，遂得購之。手自裝飾，并爲六厚册。後有得者，珍貴過于錢、劉，亦書林之佳話已。光緒二十五年己亥小除夕葉德輝誌。

元人十種詩集二十卷 明崇禎戊寅毛晉汲古閣刻本

右《元遺山詩》二十卷，《薩天錫詩》三卷《集外詩》一卷，《金臺集》二卷，《玉山草堂集》二卷《集外詩》一卷，《喻囈集》一卷，《翠寒集》一卷，《雲林集》六卷《集外詩》一卷，《南村詩集》四卷，《句曲外史集》三卷《補遺》三卷《集外詩》一卷，《霞外集》一卷，都五十卷。此雖毛刻，然如此十種全者，得之頗難。《遺山詩》，金元好問撰；《薩天錫詩》，元薩都拉撰；《金臺集》，元納新撰；原作迺賢。《玉山草堂集》，元顧瑛撰；《喻囈集》，元宋无撰，《翠寒集》亦宋无撰；《雲林集》，元倪瓚撰；《南村集》，元陶宗儀撰；《句曲外史集》，元張羽撰；《霞外詩》，元馬臻撰。今按，《四庫全書總目》集部别集類著録者，《遺山集》四十卷《附録》一卷，此二十卷入《存目》。薩改題《雁門集》，即此本。《金臺集》亦二卷本，江蘇巡撫採進本，當即此本。《玉山草堂集》爲《玉山璞稿》，一卷，兩淮馬裕家藏本，非此本。《翠寒集》爲其子振刻本，《唫嘯集》入《存目》，爲内府藏本。倪集著録《清閟閣集》十二卷，此六卷入《存目》，爲明潘瓚校刻本。《句曲外史集》亦此本。《霞外詩集》據《提要》云亦此本，而誤稱十卷。惟無《南村詩集》，豈當時十種全者不經見，故未採進耶？遺山爲金人，入元不仕，今乃以爲元集之首，毋乃未審。此本前有崇禎戊寅徐𤊹序。𤊹字興公，閩中藏書家。序稱藏有元集五十家，必有顧嗣立選元詩所佚者，惜未刻而傳之，亦恨事也。收藏有「顧氏敦淳珍藏」四白二朱文「珍藏」二字朱文，居中。篆書方印，「臣印錫麒」四字白文篆書方印，「家藏北宋印經」白文篆書方印。在目録前又一大方印，上正書九行，云：「昔司馬温公藏書甚富，所讀之書終身如新。今人讀書恒隨手拋置，甚非古人遺意也。夫佳書難得易失，稍一殘缺，修補甚難。每見一書，或有損壞，輒憤惋浩歎不已。數年以來蒐羅略備，卷帙頗精，伏望觀是書者倍宜珍護。即後之藏是書者，亦當諒愚意之拳拳也。謏聞齋主人記。」凡一百七字，此印在徐𤊹序後。錫麒，字竹泉，「謏聞齋」亦其印記。丁丙《善本書室藏書目録》時有其收藏之書，但未詳其籍里事迹耳。

玉峯詩纂六卷 明隆慶壬申刻本

《玉峯詩纂》六卷，卷一大題後次行云：「南京太僕寺卿周復俊編，光禄寺署正孟紹曾校刊。」所選詩始晉二陸，終明人，皆崑山人。玉峯，崑山别名也。《四庫全書總目》總集類存目《提要》以爲志乘之餘書，不足道。惟歷經名家賞鑒，朱印纍纍，皆有可考。前序闌匡上有「秀水朱氏潛采堂圖書」九字朱文篆長方印，則朱竹垞曝書亭收藏也。序下有「檇李項藥師藏」六字朱文篆書長方印，「萬卷堂藏書記」六字朱文篆書方印，則嘉興項篤壽也。《嘉興府志·循吏傳》：「篤壽，字子長，嘉靖壬戌進士，官至廣東參議。」其季弟即元汴，世所稱天籟閣項子京也。詳朱彝尊《曝書亭集·萬歲通天帖跋》。又有「光禄大夫」四字白文篆書方印，亦其印記也。元汴好收藏書畫，篤壽好收藏書籍，一門風雅，名炫藝林，洵禾中佳話也。

箋註唐賢絶句三體詩法二十卷 明繙元版本

此余傳録何小山、袁漱六兩先生評校《唐賢三體詩》二十卷。何以宋本校，袁以磧砂本校。原本皆用朱筆，以二人字蹟不同，易于辨别，今出余一手，故何校仍用朱筆，袁校改用藍筆。兩人圈點好尚不同，皆足見其詩力之深，校勘之細。往時科舉取士，隨時隨地皆有此澤古之人，今則無此用功者矣。原校乃元版，余以明繙元版録之。兩本訛文並多，皆據以互相改正。世人耳食宋、元，正可不必也。小山名煌，其印文曰「何仲子」，長洲人，義門先生之介弟。校書本有家學，談詩亦得深微。引據諸書，駁正注文，亦非博洽多聞，不能驟辦。袁氏據砂磧本改校異文甚多，又注明原卷次第，卷一分七卷，卷二分六卷，卷三分七卷。惟未詳其行字，是可惜耳。磧砂本寺名，寺僧魁天紀與作注之圓至至交，當時爲之乞序于方回，刻版置寺中，故是書時有「磧砂唐詩」之目。《天一閣書目》、《天禄琳琅續編》有明刻本，與此卷數同。瞿鏞鐵琴銅劍樓有元本，陸心源皕宋樓目則一元本、一明本。蓋此書在元明兩朝，三家村授徒課本，頗自風行，故流傳至今，尚非稀見。據何跋云嘉靖以前兒童皆能倒誦，自王、李盛，幾無有舉其名者。可知風氣所尚，亦莫之爲而爲。王文簡《居易録》譏其惟録格詩，氣格卑下，信非過甚之辭。然視明前後七子貌襲盛唐，流爲空調，又不如此之别具手眼，濬發靈思，初學讀之易尋詩徑。世以比劉克莊《千家詩選》、方回《瀛奎律髓》，此則校勝一籌矣。時乙卯夏四月既望葉德輝識。

秦漢功令尚刀筆，《漢書·藝文志》引蕭何草律法曰：「太史試學童，能諷書九千字以上，乃得爲吏。又以八體課之，最者以爲尚書、御史、史書令史，故其時《倉頡》、《凡將》、《急就》、《元尚》諸篇盛行于世。今所傳《急就章》爲七字句，《凡將》引見《文選·蜀都賦》注，引「黄潤纖美宜制襌」一句。又《藝文類聚》樂部四，箜篌下引「鐘磬竽笙筑坎侯」一句。亦七字句。蓋如今村塾書之包舉雜字也。六朝士大夫尚筆札，故有《兔園》册子一類書。《五代史·劉岳傳》譏馮道遺下《兔園》册子云：「鄉校俚儒教田夫牧子之所誦也。」晁公武《郡齋讀書志》云：「《兔園策》十卷，隋虞世南撰。纂古今事爲四十八門，皆偶麗之語。至五代，盛行于民間，以授學童，故有『遺下《兔園》册子』之誚。」此亦可見六朝至唐末五代之風俗矣。兩宋士大夫尚詞科，初有《神童詩》，因元符間汪文莊洙九歲能詩，有詩傳世，人以其詩銓補成集，以之訓蒙。語詳朱國禎《湧幢小品》。南宋以後民間風行。劉克莊所選《千家詩》、周弼《三體唐詩》，元及明初尚然。明時太監讀《千家詩》、《神童詩》，劉若愚《酌中志》載其事。宫廷如此，村塾當亦相同。余幼時初讀《千家詩》，上闌附《神童詩》。所謂千家，不足百數，蓋即從千家選出者。後讀《唐詩三百首》，不著編者姓名，惟云蘅塘退士所選，五七古、近、絶句皆初、盛、中唐之菁華，勝于《千家》、《三體》百倍。每當夕陽西下，八九村童齊聲高唱，如聞太平歌。此景此情，恍如昨日。滄桑以後，四郊絃誦之聲寂焉無聞，無論唐、宋人詩，束之高閣，即往日人人能讀之《千字文》、《百家姓》、《三字經》諸書亦有不能舉其名，如小山所云者。噫！可慨已。」

欽定四書文四十一卷　乾隆元年刻本

《四書文》四十一卷，乾隆元年内閣學士方苞奉敕編。凡明文四集，國朝文一集。明文分化治、正嘉、隆萬、啓禎而四，國朝别爲一集。方苞爲桐城派古文開山之人，本深于時文之學，所選皆本高宗「清真雅正」之旨，足爲一代楷模。余幼習制科文，家大人語業師以此文爲程式。其時風行《管韞山稿》，即乾隆中管御史世銘所作時文也。管世銘之文出于方苞，故苞不獨爲古文壇坫主盟，即時文亦主持百年風氣也。先是咸同之交，崇尚「王允體」，王爲華亭王廣心，尤爲長洲尤侗。以騈儷之句爲時文，一時掇巍科者接踵而起。然僅一兩科，主起者相戒不録，録亦殿後。故一轉移間羣趨于《管稿》。今相國南皮張宫保，于光緒初元任湖北學政，所選《江漢炳靈》，專尚才氣，明用後世史事。其時《管稿》之幟甚盛，士人不敢輕于效顰。迨甲午以後，合省漸效其體，獺祭書名篇目，撏扯子書僻文，于所謂代聖賢立言之旨，渺不相涉。士習詭遇，繆種流傳。外患既乘，論者遂歸咎制科之無用，于是始改策論試士。未兩科，彊臣袁世凱、劉坤一，今相國張公合辭奏廢科舉，截至己酉科多選優拔貢止，以後即以學堂出身。自時文之興，始元延祐取士，迄于今六七百年，一旦廢除，而邪説詖辭，日益滋蔓。取士無良法，又胡爲專責時文之陋哉？此余幼習之書，浮屠不忘空桑，故重取而識之。光〔一〕緒戊申三月十八日德輝。

〔一〕「光」原作「先」，形近而訛。

風雅翼十四卷 明嘉靖壬子顧存仁刻本

右元劉履編《選詩補註》八卷《選詩補遺》二卷《選詩續編》四卷，即《四庫全書總目》集部總集類著録之《風雅翼》也。前有嘉靖壬子吴郡顧存仁書于東白齋中一序，《補遺》卷下後有木圖記云：「是編刻于嘉靖甲辰，訖工今歲壬子。刻李潮叔姪，書龔氏白谷，技盡吴下，可與兹編並傳。而白谷文士，卷帙謄寫非其業也。遂至數年始克完局。嗚呼！難哉。東白齋識。」凡五行字。白口版，版心下有「養吾堂」三字。每半葉十行，行十九字。書法趙體歐筆，刻鏤精工，宜其自負技盡吴下。但不總題「風雅翼」之名，不知何故。考阮元編《明范氏天一閣書目》、王聞遠《孝慈堂書目》以及近人陸心源《皕宋樓藏書志》、丁丙《善本書室藏書志》均與此同。惟陸《志》所載有嘉靖四年王大化序，嘉靖丙戌胡纘序，在此刻本之前，亦無「風雅翼」之名。從子巘甫云曾見明刻小版本，是題「風雅翼」者。前後無序跋，似是嘉靖以前舊刻，書估堅稱元版，索值甚貴，故未購得。余按，莫友芝《知見傳本書目》載有嘉靖壬子刊，版式甚狹小，與是本刻成于壬子同在一年，或即巘甫所見本。因無序跋，不能定其果爲一年刻歟。刻工李潮，嘉靖甲午徐焴刻《唐文粹》亦有其名，蓋當時吴中刻書多出其手。是殆宋唐仲友之蔣輝，近孫星衍之劉文奎一流。一技之長，得與後之文人目論神交，誠幸事也。序前有「璜川吴氏收藏圖書」八字朱文篆書方印，乃木瀆吴泰來、吴志忠父子藏書。志忠刻有《璜川吴氏經學叢書》，其自序緣起略云：「璜川者，吾曾祖容齋先生自題其書屋之名也。曾祖於雍正年守吉安，歸田後居瀆川遂初園，架上萬卷皆秘笈也。所以題書屋曰『璜川』者，以我曾祖生於新安之璜源，隨我高祖鄉賢公僑居松江之上海，老而自松遷蘇，以故里題其讀書處，懷舊之思也。」又有「施伯子元孝印」六字朱文篆書小長方印，又有「吴下名家」四字白文篆書方印，「玉華子藏書印」六字白文篆書中長方印。百餘年間收藏者皆蘇人，景仰前賢，益當珍其手澤矣。

麟溪集二十二卷　明成化十一年家刻本

此《麟溪集》二十二卷，明鄭太和編。明黑口本。太和，浦江人，世所稱義門鄭氏者也。此書裒集一時名人投贈表揚詩文之屬，成于元至正十年，至明成化十一年太和孫名璽者刊行之。前天順間有刻本，版燬于火，至是重刊。詳璽識。集分十干十二支二十二卷，又《別篇》上、下二卷。《四庫全書總目》總集類存目者即此本。每半葉十一行，行二十字。麟溪爲宋婺州東二十八里地名，鄭氏所居，今金華府金華縣治也。集中所録詩文多有本人集中未載者。或者以其出于應酬，未曾留稿，然遺聞逸事，關于郡縣志乘者頗多。乾隆癸巳，朱琰編《金華詩録》竟未援引及之，則是集傳本之稀，概可知矣。

午夢堂全集十種　明刻本

此十種原刻於崇禎九年，但無《鴛鴦夢》一種耳。乾隆戊寅五世姪孫恆椿刻八種，爲《鸝吹》、《香雪吟》、《伊人思》、《愁言》、《鴛鴦夢》、《返生香》、《窈聞》、《窈續》，其中《香雪吟》即附《鸝吹》後之《梅花百首》，《窈續》即《窈聞續編》，皆在此十種内。據彼所云則此十種實十二種矣。若合《鴛鴦夢》計之當爲十三種，不知恆春序何以稱舊刻爲十二種，而自刻六種反析爲八種，且删去者爲《靈護》、《百旻》、《續些》、《怨》四種。《怨》者《秦齋怨〔二〕》，天寥公悼亡詩也。又此十種有《屺雁哀》恆椿未刻序，亦不云删，豈未見此種耶？余擬合刻全集，增入《自撰年譜》、《續年譜》、《甲行日注》、《湖隱外史》諸書，以成一家之書。得此亦略可助校勘也。丙辰立秋德輝記。

〔二〕「秦齋怨」底本作「秦簫怨」，據中華書局一九九八年整理本《午夢堂》改。

湖湘校士録八卷 明萬曆甲寅巡按錢春刻本

此明萬曆甲寅湖廣巡按錢春所編《校士録》，於各府縣取録前列之廩、增、附生所試時文詳加評隲，其文體清暢，確是場屋中本色，較之隆、萬諸大家之文固有不逮，然却非天、崇兩朝諸作者餖飣子書佛經，沾染習氣者可以企及。是亦可覘風尚矣。此時湖廣全省凡十五府四州，武昌、漢陽、黄州、承天、德安、鄖陽、襄陽、荆州、岳州、長沙、寶慶、衡州、郴州、桂陽州、澧州、靖州，州縣少于府。是時文風湖南已最盛，迨雍正元年分闈，亦勢之不得不爾也。全省之中，著書傳世者僅陳士元一人。士元撰述等身，有《歸雲别集》、《外集》等行世，學問淵博，考訂精詳。置之乾、嘉諸儒席中似亦不遑多讓。乃士元以外更無二人，則成就之難，洵有披沙揀金之慨矣。此類試卷，自明以來風行坊肆間者，何啻千百，而存者僅此。且紙色墨印若新未觸手者，然意亦前人好事者所秘藏，而未經村學究塗抹者歟？戊午九月三候，葉德輝識于上海旅寓。

皇明詩選十三卷　明崇禎癸未刻本

《皇明詩選》十三卷，明陳子龍、李雯、宋徵輿三人同選也。據前凡例云此書始於庚辰，成於癸未，閱名家文集四百一十六部，名家詩選三十七部，收採亦云博矣。而所選僅此，則其鑒別之嚴，選擇之精，似在諸家選本之上。然每人祇存一、二首，獨前後七子所選較多。蓋三人之詩皆崇尚格調，于七子習染已深，故所選亦於此途爲近。此集後即附三人詩，名《雲間三子新詩合稿》，人各三卷，共九卷。託其門人夏完淳編，本思附驥以傳，而不知適形其見之淺也。陳、夏二公皆于明末殉難，大節凛然。李、宋再仕我清，實足爲二公之玷。今李之《蓼齋集》、宋之《林屋文稿》、《詩稿》皆有刻本，不甚流傳。陳、夏二公遺稿以死難散亡，經後人裒輯成編，反與河山並壽。詩以人重，詎不信歟？

古詩歸十五卷唐詩歸三十六卷

《詩歸》五十一卷，凡古詩十五卷，唐詩三十六卷，明鍾惺、譚友夏同編。鍾自著有《隱秀軒集》三十二卷，譚自著有《譚友夏集》二十三卷。鍾、譚詩源出公安三袁。三袁尚清巧之詞，力攻七子浮響空腔之病，至鍾、譚而纖詭幽渺，以摘取一二新隽之字標舉其宗旨，自以爲玄妙無窮。于是無知者奉爲神明，風靡一世。所選任意删割改竄，自欺欺人。錢牧翁《列朝詩集》詆二人之詩爲「詩妖」，爲「鬼語」。朱竹垞《明詩綜》謂其「流毒天下，爲亡國之音」。顧亭林《日知録》目爲小人之無忌憚，其亦惡之甚矣。乃朱文恪國祚，竹垞之祖。排斥于前，陳松圓攻之于後，而當時閩、楚、吳、越沿習成風。閩人如蔡復一，吳人如張澤、華淑等甘爲應聲之蟲，人挾膩顔之帖，陵夷至于今日，尚有主張之者。曩聞會稽李蒓客部郎慈銘服膺鍾、譚之詩，選其五七古詩，時時諷誦。又習聞王丈湘綺、鄧丈保之言學詩宜從唐人入門，不知唐人法門則爲明七子，而唐詩選本則莫善於《唐詩歸》，以其滌蕩俗塵，可以引人入勝。湘綺固高談漢、魏者，而亦附和推重楚人之見耶？抑灼見鍾、譚詩之佳處爲吾輩所不及知耶？嗟乎！習俗移人，賢者不免。而牧翁自言「伯敬爲余同年進士，又介友夏以交于余，余深爲護惜，而虚心評隲，往復良久，不得已而昌言擊排。何、李以矜氣出之，鍾、譚以昏氣出之」云云，斯誠平心之論哉。夫牧翁、松圓，攻七子者也，公安、竟陵亦攻七子者也。一則志存復古，欲矯詩人剽竊摹擬之習，使之反樸歸真。一則刻意求新，全以不讀書爲性靈，盡天下之人使之爲摩登伽女之淫咒。其貌同，其心不同也。《明詩綜》又云：「桐鄉錢翔麟仲遠友于友夏，恆言《詩歸》本非鍾、譚二子評選，乃竟陵諸生某假託爲之。鍾初見之，怒，將言于學使，除其名，既而家傳户習，遂不復言」云。《四庫全書總目》總集存目，《提要》駁之，謂彝尊曲爲之詞，非也。余謂鍾、譚方以新詩籠罩天下，《詩歸》乃其所選秘本，如王漁洋《聲調譜》之類，諸生竊而刻之，所以竟觸其怒。後既爲時傳播，故亦置之。竹垞言必有因，特傳聞稍異耳。若如李、王、鄧三君好尚之奇，則所謂好惡拂人之性也。豈定論哉！豈定論哉！辛丑季夏伏日。

郘園讀書志卷十六

集部 總集

三家宫詞三卷二家宫詞二卷 明毛氏緑君亭刻本

幼時從家藏《全唐詩》中録出王建、花蕊兩家宫詞，爲士女書聚頭小扇。亦知有毛晉刻《三家宫詞》、《二家宫詞》，坊間既無繙刻，故家亦難借鈔，求之舊書店中，亦久不獲。一日偶于冷攤獲此二册，破爛不堪，幸未損紙裂字，因覓裱褙以糊襯裝，紙墨一新，如服返魂丹矣。此本毛刻《詩詞雜俎》中之二種，他日當求其全册藏之。丁亥十月五日記。

十家宫詞十二卷 康熙二十八年朱氏曝書亭刻本

朱彝尊刻《十家宫詞》乃據上元倪闇公家藏宋本精雕，計分三册：上册卷一唐王建，卷二蜀花蕊夫人，卷三王珪，卷四宋白；中册卷一後晉和凝，卷二宋張公庠，卷三珪之子仲修，卷四周彦質；下册卷一、二、三宣和御製，卷四胡偉集句。蓋原止八家，據陳振孫《直齋書録解題》有《三家宫詞》，王建、花蕊、王珪也。又有《五家宫詞》，和凝、宋白、張公庠、周彦質也。大約分卷尚從宋本之舊。下册兩家則朱所增益也。其書本山東布政使胡循齋所刻，以版歸朱，朱乃於康熙二十八年序而印行之。當時印行不多，故張宗橚《漁洋詩話》十五「秀水朱竹垞檢討」條附識云：「倪刻宋本《十家詞》亦不多覯，嵩庵先生曾贈予一册，凡四卷。」其時乾隆初葉，距刻書時不及七十年，而僅得一册，余生二百年後，乃得其全，謂非幸快之事哉！曩余藏毛晉緑君亭刻《二家宫詞》、《三家宫詞》兩種，恨不得並蓄之。不意十年之久，無意獲此《十家》，詞客有靈，固應識我矣。光緒丁酉春正八日購之廠甸記。

明末四百家遺民詩 國初刻本，無年月

《卓氏四百家遺民詩》，《四庫》不著録，初疑煌煌巨册，不應缺遺，後檢《四庫銷燬書目》，乃知其爲禁書。康熙、雍正、乾隆三朝，《明史》、詩文之獄，瓜蔓株連。自開《四庫》以來，凡明末遺書稍有指斥，懸爲厲禁。此集以遺民之故，久如孔經之藏複壁，《心史》之沉井中，一旦流傳世間，謂非諸老先在天之靈有以維持呵護，待時而顯乎？每卷之前諸家姓名皆有小傳。元遺山《中州集》已開其端，錢牧翁《列朝詩集》遂沿其例。蓋非此不足以知人論世，亦非此不足以藉詩存人，宜其萬丈光芒至今不能磨滅也。宣統三年辛亥三月大盡日記。

列朝詩集乾集二卷甲集前編十一卷甲集三十二卷乙集八卷丙集十六卷丁集十六卷閏集六卷 明崇禎癸未汲古閣刻本

錢牧翁《列朝詩集》首列乾集，爲有明一代帝王、宗藩之詩；次分甲、乙、丙、丁四集，則列朝諸人詩

也；終之以閏集，則閨秀、釋道、仙鬼、無名氏及雜歌謡也。自序以詩繫人，仿元遺山《中州集》而作。王文簡《古夫于亭雜録》云：「牧翁撰《列朝詩集》大旨在尊李西涯，貶李空同、李滄溟。又因空同而及大復，因滄溟而及弇州。索垢指瘢，不遺餘力。所録空同集詩亦多泯其傑作。黄省曾，吴人，以其北學于空同，則擯之。于朱凌谿應登、顧東橋璘輩亦然。余竊非之，偶著其略如此。」紀文達撰《四庫全書提要》于朱彝尊《明詩綜》下謂牧翁顛倒是非，混淆黑白，其排擊前後七子爲門户恩怨之私。沈歸愚《明詩別裁集序》亦謂其于青邱、茶陵外，若北地、信陽、濟南、婁東掩其所長；録其所短，概爲指斥，不必大匠國工，始知其誣謗。《明詩綜》泯門户之見，存是非之公，比之牧齋，用心判別。自是耳食其説者，目不睹《列朝詩集》之全，隨聲附和。牧翁亦以失身二姓，爲士林所輕，其書自毛晉汲古閣鏤版後，傳本甚稀。乾隆時修《四庫全書》，復在禁燬之目。世間所傳有明選本之詩，惟《明詩綜》膾炙人口。其于牧翁選詩之旨，曾未究其所以然。余自偕計至觀政，往來京師十餘年，求其書不可得。今年五月，吾友粟谷青户部掞爲余于厰肆訪購一册，攜歸湘中，盡晝夜之力讀之，始知前人譏彈不盡得實。如前後七子摹擬剽賊，謬爲大言，以二李爲甚。牧翁指駁，蓋恐其疑誤後人。今滄溟、空同之集尚存，可以取證。特國朝詩學家沿尚格調，與前後七子針芥相投，驟聞牧翁之言，不免失所依傍，故百口一舌，謂《明詩綜》優于此書。其實《明詩綜》乃鄉愿之所爲，《列朝詩》乃選家之詩史耳。明人于李茶陵、張江陵二公議論是非，大都出于私怨。牧翁于二公推重甚至，是觸天下之私疑。平心論之，李茶陵周旋瑾閹，扶持善類，罷相以後，囊橐蕭然，至以賣文嚮字，消閒度日，其孤忠亮節豈可僞爲者？江陵救時之相，爲人所不敢爲，至今修《明史》諸臣文集流傳，無不稱其相業。牧翁選詩時正是非未定之日，乃獨主持公議，盡掃蚍蜉，非具三長之史才烏能有此卓識耶？至其于文林藝苑布衣山林之士，尤恐事蹟不克詳盡，使其人淹没無傳，故殷然提倡表揚，不啻若自其口出，是其宅心忠厚，亦何讓于彝尊？况明季竟陵鍾、譚創爲纖詭一派，所選《詩歸》一書，傾動海内，靡然從風，後世言詩者目爲亡國詩妖，誠非過論。牧翁于敬伯爲同年進士，絶無迴護之辭。此豈顛倒是非、混淆黑白之所爲耶？今人但見《明詩綜》一書户誦家弦，譽多貶少，並不知牧翁所選爲丹爲青，百吠相隨，使此翁含冤于地下。歸愚學究奉漁洋爲神明，其《别裁序》云云，殆無足輕重，文簡、文達，一代名人，而亦持此偏見之論，則非余所知也。嗚呼！讀書誠難事哉。光緒三十二年丙午歲嘉平月廿六日，時立春已四日，麗廔主人葉德輝題記。

此書半葉十五行，行二十八字。全仿元遺山《中州集》原版之式。惟七言絶句或數首相連者擠短一字，是亦考版本者所當知也。

元詩選首集一卷一集六十八卷二集二十六卷三集十六卷 康熙癸酉顧氏刻本

顧嗣立《元百家詩集》雖爲國初刻本，近時殊不易得。余向藏一部，僅三分之一，爲萍鄉文芸閣學士廷式舊藏。後陸續從舊書店物色，十餘年始得配全，然缺十餘家，又無席刻《癸集補遺》。久之，得席刻《補遺》，仍非完璧也。此部全者，覓之玉泉街尹家書鋪，并其插架《癸集》購之，于是此書竟有二部，可謂心滿意足。事已，因憶厲鶚《樊榭山房詩續集》中有和女士陳坤維賣《元人百家詩》七律一首，云《桑弢甫水部買得〈元人百家詩〉，後有小牋黏陳氏坤維詩。蓋故家才婦以貧鬻書者，惜不知其里居顛末爾。讀之有感，次韻一首，并徵好事者和焉》：「姓字深閨豈易知？偶傳紙尾賣書詩。難追寫韻仙家事，應共牽蘿絶代悲。彤管更添高士傳，墨卿別注有情癡。迴腸似共緗湘往，惆悵令人展卷時。」原作云：「典及琴書事可知，又從案上檢元詩。先人手澤飄零盡，世族生涯落魄悲。此去雞林求易得，他年鄴架借應癡。亦知長別無由見，珍重寒閨伴我時。」自注：「丁巳又九月九日，廚下乏米，手檢《元人百家詩》付賣，以供饘粥之事。手不忍釋，因賦一律媵之。陳氏坤維題。」其書後歸之方雲泉胡敬，《崇雅堂詩鈔》八亦次韻和之，云：「深閨昔許姓名知，難割情緣架上詩。書散陳留應已久，畫餘清照不勝悲。百年遺稿人何在？千里尋蹤我亦癡。珍重數行題卷尾，拈毫追想繡停時。」據此則是書在嘉慶時猶在江浙間，今不知存亡矣。此等賢媛，好書成癖，其姓名宜附書以傳，固不必深考其里居顛末。然余因此見此書之珍貴，在乾、嘉太平之世久已爲人寶藏。今更百有餘年，世變日新，古書日少，遠西各國方且求吾國古書法器，載船而歸，吾國當軸諸人乃悻悻然裁書局，興學堂，號爲更新之治。此吾所不解者也。噫，此書在昔時爲瓌寶，在今日爲土苴。然在吾國視爲土苴，在他族反視此爲瓌寶。天旋地轉，一日求此舊書，豈易得耶？光緒戊申七月初三日記。

顧選是集初集百家，《四庫》著録并存目九十三家。二集四十九家，三集則止三家。同時朱彝尊潛采堂、曹溶静惕堂兩家書目所載元人小集多與《四庫》同，顧《選》有者兩家亦未有，有者僅三數家。《提要》云：「此書網羅宏富，爲有元一代詩集巨觀。」洵定論也。石韞玉《蘇州府志・文苑》引《長洲舊志》云：「嗣立，字俠君，考功郎予咸子。康熙己卯舉順天鄉試，以修書議叙内閣中書。壬辰欽賜進士，選庶吉士，逾年散館，當補外，不就而歸。嗣立博學洽聞，尤工於詩。所居秀野草堂，疏水鑿山，環植草木，常集四方名士觴詠其中。所選元人詩初、二、三集，注昌黎、飛卿二家詩，詩林韻護，皆盛行于世。」袁枚《隨園詩話・補遺》云：「顧俠君選《元百家詩》，夢有古衣冠者數百人拜而謝焉。杭州嚴曙聲烺贈詩云：『但見三吴書版盛，不知十載選樓忙。』」想見當時文采風流，數十年猶傳爲佳話也。嗣立之父予咸，以順治十七年吴縣金聖嘆哭廟案牽連被禍，幾覆其家，卒邀赦免。而其子猶富甲一邑，詩書之澤，流衍孔長。迄今景仰高山，不禁神往于華林茂苑間也。七夕再記。是日爲内子忌日。

又一部 同上刻本

顧嗣立《元詩選初集》并附凡一百十六家，《二集》并附一百七家，《三集》并附一百十七家。每集分十干，無《癸集》，蓋當時三集皆刻至《壬集》而止，其《癸集》則後來席世臣掃葉山房所補刻，別本單行，不在此内也。是書近年極罕見，友人好藏書者詢之多無此書。獨萍鄉文道羲閣學藏有殘册，不及三分之一。余亦從舊書攤得殘册約有三分之二，文書散出，余幸收之。兩殘册去重複尚短《初集》十餘家。書友周蓮渠適收殘本，此十家恰在内，因得配成全書。于是吾家《元詩選》遂有兩部。緣其一册全者得之玉泉街尹家書籍鋪，此又配全，遂爲麗廔增一副本矣。李文藻《南澗文集·琉璃廠買書記》言：「内城隆福寺，遇會期，多有買書者，謂之趕廟。散帙滿地，往往不全而價低。朱少卿豫堂日使子弟物色之，積數十年，蓄數十萬卷，皆由不全而至於全。蓋不全者多是人家奴婢竊去之物，其全固在，日日待之而自至矣。吾友周書昌遇不全者亦好買之。」按，南澗是説，固爲好藏書者快心。然奴婢竊散，又在京師日久，固易配合。若此日久散失，糊壁覆瓿，事不可知，而竟陸續配全，以成完璧，此尤難之極難者。書此告吾子孫，幸勿因其有二部而忽視之，至再散失，則吾數年覓配之苦心庶不負矣。壬子小滿後十天記。

明詩綜一百卷 康熙四十四年刻本

《四庫全書提要》論《明詩綜》云：「錢謙益《列朝詩集》逞其恩怨，顛倒是非，黑白渾淆，無復公論。彝尊因衆情之弗協，乃編纂此書，以糾其謬，於舊人私憎私愛之説多所匡正。六七十年以來，謙益之書久已澌滅無遺，而此獨爲詩家所傳誦，亦人心秉彝之公，有不知其然而然者矣。」按，此書於有明一代詩家搜羅宏富，自序謂或因詩以存人，或因人以存詩，故於斷帙殘篇不能不加採録，蕪辭累句不能割愛删夷。余無錢選《列朝詩》，不敢論其得失，惟錢書所以澌滅之故則有二因：一因錢書爲毛晉汲古閣刻版，至晉孫輩以其版鬻於常熟邵氏書估，印行不多，旋版爲火燬，而《明詩綜》版至今猶存。卷帙既多，翻刻不易，燬者種絶，存者益行。一因修《四庫全書》時錢書在禁燬之内，偶有存者，各直省督撫不敢進呈，民間收藏亦多畏禍私棄。館臣以目所未見之故，遽謂澌滅無遺，實不足爲定論。他日儻獲錢書讀之，則是是非非，余將有以辨別之矣。是書得之長沙共賞書坊，惜是新書，非初印也。丙戌九月展重陽日葉德輝記于元尚齋。

篋衍集十二卷 康熙丁丑蔣國祥刻本

《禁書總目·軍機處奏准抽燬書目》載《篋衍集》云：「查此集係翰林檢討陳維崧輯，以國初諸家之詩分體編次，所選頗爲精萃，内除錢謙益、屈大均等詩篇俱應抽燬外，其餘各家尚無干礙，應請毋庸全燬。」此本錢、屈諸人姓名詩篇均未抽去，尚是原本，殊可寶貴。甲寅春仲德輝記。

金文最一百二十卷 精鈔墨格本

此張月霄金吾所編《金文最》一百二十卷，向無刻本，近廣州始刊出。此原稿精鈔本也。月霄，名金吾，字慎旃，月霄其别號。祖仁濟，父先基，皆邑諸生。月霄年二十二補博士弟子員，即棄去，篤志儲藏。與同里陳子準善，彙收羣籍，合之舊得八萬餘卷，闢詒經堂、詩史閣、求舊書莊〔一〕以藏之。從季父海鵬校刊羣書，考據精當。嘗以列朝文苑惟金源氏多散佚，蒐輯十二年乃成《金文最》百二十卷。又采宋、元來經説八十餘種，手定《詒經堂續經解》千四百三十六卷以補《通志堂經解》之闕。又撰《愛日精廬藏書志》四十卷，其别著《釋冕》、《釋弁》、《釋鼂》、《廣釋名》、《兩漢五經博士考》、《十七史引經考》、《白虎通注》總二百餘卷，詳黄廷鑑《第六絃溪文鈔·張月霄傳》。今按，《愛日精廬藏書志》所收金人集傳鈔無刻本者多，月霄博觀而約取之餘，則採自《金史》、《大金集禮》、《大金弔伐録》、《三朝北盟會編》，山經地志，各省通志、府縣志，金石碑版，雜家小説醫書，以及二氏之藏，外國之紀，皆於目録暨篇末注明出處，例至善也。

惜其《詒經堂經解》以卷帙太繁，久而散失，安得見其目録，按目求之，以待好事者續成其志，則其功在六經，又不僅闡幽發潛，夜夢古衣冠人羅拜床下也已。

〔一〕「莊」原訛作「裝」，《四部叢刊》本《揅經室續集》載《虞山張氏詒經堂記》：「是詒經堂、詩史閣、求舊書莊諸地，皆羅列古今人，使後共見之地也。」是求舊書莊是張金吾藏書地之一，據改。

唐宋三婦人集三卷 嘉慶庚午松江沈氏刻本

《唐宋三婦人集》，一《唐女郎魚玄機詩》，仿南宋陳道人書棚本；一《唐女郎薛濤詩集》，仿明萬曆己酉池墨堂本；一宋《楊太后宫詞》，仿影宋鈔本。三書皆吳門黄丕烈士禮居所藏，嘉慶庚午松江古倪沈氏所刻。沈氏爲松江富室，有古心翁名虞揚字元昆者，有三子曰忠、曰恕、曰慈，忠、恕皆縣學生。古倪園者，即翁亭墅也。王芑孫《惕甫未定稿》中有《古心翁小傳》，稱其田以萬數，皆近揚州二三縣。芑孫與之交好，故此書封面皆芑孫手書，又鈐「惕甫經眼」長方印記。槧刻精妙，摹仿藏書諸印尤工。《魚玄機集》宋本用蝴蝶裝式，題跋甚多，本黄氏士禮居舊藏，後歸長沙黄荷汀觀察芳，甲午售之長沙周姓。余曾借原本影摹刻版，而未能摹其印。先余影刻者爲元和江建霞太史標，乃從沈本繙雕，未見原本也。近又有徐氏《隨盦叢書》刻本，亦據影寫本重刊。四本之中沈氏與余皆用原刻，沈本並摹各印，余則并題跋刻之。《薛濤詩》除明本外止有此刻本，《楊后宫詞》尚有汲古閣《五家宫詞》本，字句微有異同，蓋傳鈔各别也。惟《魚玄機》乃女冠，薛濤則官伎，今乃與楊后並稱「三婦人」，毋乃題目未正。芑孫通人，下筆時豈未之致思耶?

心儀集六卷停雲集二卷 道光壬辰刻本

《心儀集》六卷《停雲集》二卷,歷下謝問山焜所編輯。大半嘉、道間人之作,亦無大名家在内。余從冷書攤頭購得,中有朱筆圈識,間附評論,下注「樨箕」,此吾壬辰同年陶華峯大令别字,殆其所閲過者。大令以庶常散館,改部得降,捐知縣,選湖南沅江知縣,一年棄去。平生酷嗜吟咏,詩力最深,觀所評點可以知其大略矣。宣統二年庚戌四月初三日長沙葉德輝題記。

文心雕龍十卷 康熙三十四年刻本

《文心雕龍》世無宋刻,自明以來《隱秀篇》脱去一葉,自「始正而末奇」句起,至「朔風動秋草」「朔」字止,共四百零字。何義門學士焯始據元刻阮華山本校補,讀者始得其全。北平黄叔琳注此書,又據何校補入,何校所闕之字,則據别本補之。今坊行紀文達昀評點朱墨套印本,即以黄注爲藍本。然紀謂阮本四百餘字祇論詩不論文,與全書不類,疑爲明人僞作。後又檢《永樂大典》校訂,亦無此篇脱文,因益信阮本之不可據。余謂凡書作僞,必有隙罅可尋,紀評所指已足抉其僞迹,何況有《永樂大典》可證乎?此本爲康熙三十四年武林書坊抱青閣刻楊升庵評點本,兼刻明張墉、洪吉臣二家合注,黄叔琳注亦引及之。注中援據各本訂譌補闕,一一注明原書、原文,在明人注書最有根柢。其《隱秀篇》亦闕四百餘字。楊升庵慎博極羣書,又盡讀明文淵閣四部書,其中豈無一二善本與阮本合者爲其所見?何待何義門時始得見之？固知義門爲明人所欺，今人又爲義門所欺耳。坊刻本余向不取，而在康熙中葉民康物阜之時，其校刻之精實遠勝于今日，故特爲標出之。後有讀者幸毋忽視焉。壬寅夏六月二旬之四日麗廔主人葉德輝記。

葉先生詩話三卷 影鈔元陳仁子刻本

《葉先生詩話》三卷，影寫元陳仁子刊本。半葉十行，行十七字。標題「葉先生詩話卷上」，下列「石林葉夢得少藴述」一行，又「古迂陳仁子同備校正」一行，中、下卷同。余鈔自常熟鐵琴銅劍樓，其原本亦出影鈔，非刻本也。明以來刻有錫山華珵重刻宋左圭《百川學海》本，常熟毛晉《津逮秘書》本，乾隆中何文焕刻《歷代詩話》本，均作三卷。毛刻卷中「王荆公編《百家唐詩選》」一條與上「姑蘇城外寒山寺」一條誤合爲一，卷下「七言雖於氣象雄渾」一條與上「詩語固忌用巧太過」一條亦誤合爲一。族祖調笙公校刻此書已經釐正。按之此本，此二條并未誤合。而《百川學海》其前一條亦誤合，後一條則不誤。是此本不獨勝于毛刻，而亦勝于左本也。陳仁子，茶陵人，大德己亥三年。刻有《六臣注文選》，前題「茶陵東山古迂書院」，又刻《文選補遺》，目録後有「茶陵東山書院刊行」木記，蓋即一人也。此書世鮮傳本，余昔年校刊少保公遺書，以吴楚遥隔不及借校，今年鈔得，當摹刊以傳之。

石林詩話校記 明黑口本，與毛晉汲古閣刻本異同校于《百川學海》本上

明刻黑口本。半葉十行，行二十字。乃總刻詩話中之一種。首行標題云：「詩話卷九」，下旁注

云：「即石林。」次行「葉少蘊」三字。以毛氏汲古閣刻本相校，字句多相同，似即毛本所從出。版心上下皆黑口，中有「詩話卷九」四字，不知共有若干種，此其中之第九卷也。

卷上：「趙清獻公」條，「以清德伏一世」，毛本、黑口本「伏」作「服」。「劉貢父天資滑稽」條，「荆公後當國」，黑口本「後」作「復」；「元豐末爲京東」，毛本、黑口本「京東」作「東京」，或謂毛本、黑口本無此二字；「又有續謝師厚善謔譯」，黑口本作「又有續陳謝師厚善謔譯」。「歐陽文忠公」條，「今浙人食河豚」，黑口本「浙」誤「逝」；「至深春其類稍流入於江」，毛本、黑口本「深春」作「春深」，「類」誤「數」。「姑蘇州學之南」條，「傍有小山高下曲折」，黑口本「有」下有「一」字，「下」下無「曲」字，毛本無「一」字，亦無「曲」字。「王荆公晚年詩律尤精嚴」條，「細攷之若經隱括權衡者」，毛本、黑口本「經」誤「輕」；「後數月復取本追改云」，黑口本「月」下有「日」字；疑誤衍。「今集中兩本並存」，毛本、黑口「今」上有「只」字。「蔡天啓云」條，「頃以語薛肇明」，黑口本此六字雙行夾注。「歐陽文忠公詩」條，「遂失于快直」，毛本、黑口本作「遂失真」。「許昌西湖」條，「緣城而下」，毛本、黑口本「下」誤「不」；「過寒新木便生煙」，毛本、黑口本「木」作「水」。「杜正獻公」條，「而以得其所爲爲幸」，毛本、黑口本作「而以得其爲爲所幸」。「元豐初虜人來議地界」條，「韓丞相汝玉」，毛本、黑口本「汝玉」作「名縝」；「遣兵爲般家追送之」，毛本、黑口本作「遣兵馬搬家追送之」。「神宗皇帝天性儉約」條，「慈聖輦至」，毛本、黑口本「聖」作「壽」。「元豐間蘇子瞻條，「且以醜言詆時相」，毛本、黑口本「醜」作「危」。「蜀人石翼」條，毛本、黑口本「石」並誤「君」。「江干初雪圖」條，「韓師樸相」，黑口本「樸」誤「朴」，下「樸」字同；「諸公之名宦」，黑口本「宦」誤「官」。「韓持國雖剛果特立」條，「絶出流輩」，黑口本「出」作「其」。「詩之用事」條，「忽驚歲在己辰年」，毛本、黑口本「在」誤「月」；「亦或預爲儲畜」，黑口本「畜」作「蓄」；「或言亦是平時所謂」，毛本、黑口本「謂」作「得」；「故不覺耳」，黑口本「耳」作「爾」。「世言社日治酒」條，「有月給内庫酒」，黑口本「月」誤「日」。「頃見晁無咎」條，「春波一眼去鳧寒」，黑口本「眼」作「頃」。「王荆公詩」條，「不顧榮宦尊」，毛本、黑口本「宦」誤「官」；「澗谷永不緩」，黑口本「緩」作「諼」；是。「山梁冀無累」，毛本、黑口本作「山川景梁冀」。非。

卷中：「楊大年」條，「眼見愚民盜一抔」，黑口本「抔」作「坏」，下並同。「李鷹陽翟人」條，「以觀多士」，毛本、黑口本「觀」作「魁」。「劉季孫平之子」條，「四海共知霜鬢滿」，毛本、黑口本作「霜滿鬢」；「蓋記此也」，黑口本無「也」字。「古詩有離合體」條，「始於孔北海」，「黑口本」無此句；「余讀類文」，黑口本作「文類」；「吕公饑釣」，毛本、黑口本「饑」作「飢」；「闔口渭旁」，毛本、黑口本「渭」作「謂」；「每章四句」，黑口本無「章」字。「王荆公少以意氣自許」條，「雖工拙有定限」，毛本、黑口本「有」作「之」；「雖此公」，毛本、黑口本無「此」字；「而遽至也」，黑口本「至」下有「此」字。「杜牧詩」條，「遇赦牽復知虔州」，黑口本「牽」作「幸」；毛本、黑口本「虔」作「處」。「詩人以一字爲工」條，「模放用之」，黑口本「放」作「故」；「言中其節」，毛本、黑口本作「言其中節」。「讀古人詩」條，「莫彼我爲辦耳」，毛本、黑口本「辦」作「辨」。「慶曆八年」條，「王則叛貝州」，毛本、黑口本「貝州」作「真定」。「元豐間嘗久旱不雨」條，「良弼爲霖辜宿望」，毛本、黑口本作「良弼爲辜霖雨望」； 「押綱」，毛本、黑口本「押」作「神」。「荊公詩用法甚嚴」條，「嘗有人面稱公」，毛本、黑口本「面稱公」作「向公稱」； 「但嫌尸祝擾庚桑」，黑口本「尸」作「户」； 「蓋以十日數之也」，毛本、黑口本「日」作「千」。「舊中書南廳壁間」條，「舊」字毛本、黑口本並誤「焦」； 「抱甕區區老此身」，毛本、黑口本「此」作「自」。「張景修字敏叔」條，「神宗已升遐亦命矣」，毛本、黑口本亦下有「云」字。「常侍制秩」條，「秩已來」，毛本、黑口本「來」作「衰」。是。「余居吳下」條，「籧蒢風急滯扁舟」，黑口本「籧」作「蘧」。「元祐初駕幸太學」條，「映月深衣不亂行」，毛本、黑口本「衣」誤作「花」。「高麗自太宗後」條，「祈生中國」，黑口本「生」誤作「主」； 「移身忽到中華裏」，毛本、黑口本「裏」作「地」； 「可惜中宵漏滴殘」，毛本、黑口本「宵」作「霄」； 「不過月許月即遣發」，黑口本「許」作「計」； 是。「及上池」，毛本、黑口本作「及上已」； 「此唐古物」，毛本、黑口本「唐」作「實」； 「自書一詩相示」，黑口本「示」作「別」。「池塘生春草」條，「而思苦言難」，毛本、黑口本「言難」作「難言」。「唐詩僧」條，「拾掇摸俲」，毛本、黑口本「俲」作「傚」。「姑蘇城外寒山寺」條、「王荊公編百家詩選」條，毛本、黑口本兩條相連爲一條。「京師職事官」條，「幸尚書省迴嘗特臨幸」，毛本、黑口本無「迴嘗特臨幸」五字。「俞紫芝字秀老」條，「其一有云客夢超然世」，毛本、黑口本作「其一云有客夢超俗」。

卷下：「姑蘇南園」條，「最爲上」，毛本、黑口本「上」作「工」。「至和嘉祐間」條〔二〕，「未幾詩傳」，毛本、黑口本「詩」誤「時」； 「因造爲醜語」，毛本、黑口本「醜」誤「配」。「張先郎中」條，「識者皆爲恨云」，毛本、黑口本「皆」下有「以」字。「音〔二〕魏間詩」條，「夫不終朝而雨六合者」，毛本、黑口本「夫」作「天」。「詩語固忌用巧太過」條，「魚常上浮」，毛本「上」誤作「一」，黑口本不誤，刻板「上」字之半「卜」字爛缺，存下「一」横畫，毛遂誤以爲「一」，可見毛本從此本出。「七言難於氣象雄渾」條，毛本、黑口本連上「詩語固忌用巧太過」爲一條；「語遠而大體也」，毛本、黑口本「大體」作「體大」。「元豐既行官制」條，「既以董正治官」，黑口本「董正」二字擠一格寫，蓋先脱後補改者；「不得不正其名分於始」，毛本、黑口本「名」誤作「方」。「舊説徐敬業敗」條，「則世哀之」，黑口本「哀」誤「衰」；「惟破題」，毛本、黑口本無「破」字；「門聽浙江潮」，毛本、黑口本「浙」作「淛」。「晉魏間人詩」條，「如侍宴從軍之類」，毛本、黑口本「侍」誤「待」；「載其百詩一編」，毛本、黑口本「百」下有「一」字；是。「何足概其心哉」，毛本、黑口本「概」作「累」。「稽康幽憤詩」條，「而委折於司馬氏」，毛本、黑口本「折」作「身」；「獨非混中乎」，黑口本併格寫作獨非裩中乎；「概以爲稽阮」，毛本、黑口本「概」誤作「蓋」。「王介字中甫」條，「與王荆公遊甚款」，毛本、黑口本「款」下有「曲」字；「草廬三顧動幽蟄」，毛本、黑口本「動」作「勤」。「韓魏公初鎮定武時」條，「天下爲任」，毛本、黑口本「爲」下有「已」字；「御事不憚勤勞」，毛本、黑口本「御」作「遇」。

〔一〕「條」字原奪，據文意補。

〔二〕「音」當係「晉」之訛。

石林詩話三卷 鈔本

此《百川學海》中之一種，余正校刊《詩話》，從江陰繆小山先生所藏華氏活字本鈔之，行格版式均仍活字版之舊。考宋本《百川學海》每半葉十四行，每行二十八字。明弘治辛酉錢福序刻本重編分十帙，以十干紀帙數，每半葉十二行，每行二十字，余所據刻者也。此本亦半葉十二行，每行二十字，其字句與錢本同。如卷一第一條「趙清獻公以清德伏一世」云云，毛晉刻《津逮秘書》本、何文煥《歷代詩話》本、宋胡仔《漁隱叢話》「伏」均作「服」，惟此與錢本作「伏」。如此類者不可枚舉，疑必同據宋本重刻，惜不得宋本以證之。華氏活字本印書極多，余所見皆在弘治時代，與錢氏同時，而自來藏書家目録皆不知華氏有此書，亦可異已。余刊《石林遺書》，借校、借鈔皆得先生之助。先生固今之有心人也。宣統元年四月佛生前四日葉德輝記。

書首朱筆字一行及書中朱筆校改誤字，繆先生所書也。空白處補以朱筆字則余書也。同日又記。

批本隨園詩話

是書出，隨園先生底藴洩盡矣。古來名士如畫餅充饑，原不能事事繩之以正誼。況隨園先生文采風流，照耀當世，兼之少年科第，生際盛明，文藻江山，恰有斯人承之其際，故能憑藉詩文之力廣通聲氣，羅致束脩，亦境地使之然也。先生平生樂善愛才，宏奬後進。士之得其延譽者，大而成名，細而謀食。縞紵盈於海内，車轄投於井中，百年以來，再無一人繼起，則雖小德出入，固有不可厚非者矣。純廟倦勤，和珅秉國，今之仰望以爲名臣巨卿、端人正士者，當時無一不出其門。勢之所趨，如明張文忠之結交馮保，李文正之周旋劉瑾，欲得行其志，有不得不委曲從人者。特闊達愛士如畢制軍，寬厚容物如尹文端，滑稽玩世如紀文達，仕宦速化如阮文達，人不之覺耳。求如錢南園通政之侃侃立朝，不避權貴，有幾人哉！是書于同時諸人行徑直言不諱，其情形皆得自目覩，如照膽之鏡，燃渚之犀。本其偶爾閒評，不料竟爾流播，誠同時諸人之不幸矣。

隨園瑣記二卷

《隨園瑣記》二卷，袁祖志撰。隨園先生一代文宗，生值國家全盛之時，少年科第，文采傾動一時。雖早歲投簪，而聲氣廣通，不免蹈充隱之誚。其時蔣苕生、趙甌北、孫淵如諸君皆其提奬之人，終不無私議。其後苕生作傳奇，藉陳眉公以相諷況。甌北戲作檄文聲討，幾乎不留餘地。淵如因辨論考據之學，書翰往來，語多不遜。觀先生答書，亦有前賢畏後生之意矣。然耆年碩學，主壇坫五十年，兼之一家福壽團圞，極人生之五福，而園林清禄，尤爲古今文士所罕能兼全，此則列史以來第一人，誠不知幾生修到，始有此遭遇也！是書爲先生文孫翔甫先生所記録，承平盛事，歷歷如在目前。爲之子孫者，身歷滄桑，自有無窮之感喟。而在讀者如覽《洛陽名園記》，天地逆旅興廢，亦屬尋常。況先生存日嘗云身後得保此園三十年「如願已足」，乃已過五十年始遭粤匪之劫，是先生在天之靈可以無憾矣。翔甫賢子孫時存恢復園林之志，顧力有未逮。則編撰斯《記》以留當日之真形，斯固有非他人所詳悉者。蘭亭已矣，梓澤邱墟，豈非古今同一慨歎哉。

修辭鑑衡二卷 影寫元至順四年刻本

元王構《修辭鑑衡》二卷，《四庫全書提要》集部詩文評類著録本云：「上卷佚其第五葉，序文僅存末葉，中亦時多缺字。」黄丕烈《士禮居藏書題跋記》有舊鈔本，無缺葉。其書後歸湖州陸氏皕宋樓，陸氏後人盡以藏書售于日本，今不可復見矣。此影寫元至順四年集慶路學刻本，全書無缺葉，末葉損破缺九字，上卷原缺八處，凡九字，下卷原缺亦八處，凡十一字，多可取原引書補之。至其中訛誤亦正不少，如上卷一葉「累舉數事」，「數」誤「教」；未改。五葉「詩取平淡」，「淡」誤「談」；未改。九葉「謂之頸聯」，「頸」誤「景」；未改。十葉「圓荷浮小葉」，「荷」誤「何」；已改。十一葉「牽率排比處」，「率」誤「牽」；已改。十三葉「待伴」，「待」誤「持」；已改。十八葉「山虚鐘響徹」，「鐘」誤「鍾」；未改。二十一葉「蒹葭詩」，「蒹」誤「兼」；未改。二十八葉「翰林供奉」，「奉」誤「拳」；已改。二十九葉「及云退朝花底散」，「云」誤「矣」；未改。三十葉「吴楚東南坼」，「坼」誤「拆」；未改。此字「坼」、「拆」皆不能定。三十三葉「郊島孰貧」，「孰」誤「熟」。已改。下卷四葉「豐不餘一言」，「豐」誤「豊」；已改。五葉「簡易如天地」，「天」下脱「地」字；未補。六葉「漢高祖紀詔令」，「詔」誤「紹」；已改。十一葉「韋氏子弟」，「弟」誤「第」；已改。十二葉「終爲人之臣僕」，「僕」誤「樸」；已改。十六葉「文章蓋自建安以來」，「自」誤「此」；未改。十七葉「此亦倒法也亦倒法也」，二「倒」字均誤作「例」。已改。凡十九處，亦可取原引書改之。此可見初刻是書亦甚草草也。《提要》云書中所引《詩文發源》、《詩憲》、《蒲氏漫齋録》今皆亡佚不傳，賴此書存其一二，又世傳吕氏《童蒙訓》非其全帙〔一〕，此書所采凡三十一條，皆今本所未載。然則此書非僅論詩論文，沾溉後學，而宋人不傳之書亦藉以存留，是固不可不亟爲傳録者也。浙中天一閣書散出，余從坊友楊來青閣借鈔之，凡半月而鈔畢。時丙辰十二月小除夕也。此半月中，十日嚴寒冰雪，墨池凍合，以鑪火炙硯，筆又堅腹，惟末後五日天氣晴和，差不窘手耳。故老云此二十年來未見之光景，以余驗之，殆亦北京近四五年所未有。然卒能寫畢，字畫間不見有凍墨痕，亦可知余鈔書之樂矣。郋園葉德輝記。

〔一〕「帙」原作「佚」，據文意改。

文斷二册　明刻本

此《文斷》二册，《四庫全書總目》詩文評類存目，無卷數。《提要》云不著撰人名氏，皆採掇前文論文之語鈔録而成。余按，阮元編《天一閣書目》集部類有《文斷》一卷，云明洪武庚申唐之淳著，又載之淳自序。《四庫》云不著撰人名氏者，殆未見序而云然。此册前後亦無序跋，共計九十九葉，實一卷也。字體極精，猶是明刻中善本。作者援引亦甚該洽，在明人書中可謂有體要者矣。光緒廿二年丙申歲新正廿八日，麗廔主人葉德輝記。

清真詞二卷補遺一卷　光緒庚子鄭文焯校刻本

此《清真詞》二卷《補遺》一卷，光緒庚子鄭文焯校刻本。鏤版精工，酷似宋巾箱善本。每半葉九行，行十七字。以世傳汲古閣刻《六十家詞》中《片玉詞》毛晉多所竄改，因據明影元鈔本及宋、元人各家詞選如《花庵詞選》、《陽春白雪》、《樂府雅詞》、《草堂詩餘》暨其他書所引，擇善而從，爲之訂正。校語拈二字、三字或全句附本詞後，不似前人刻書校録異同注本句之下，以致隔斷語氣，誠善法也。明影元鈔本爲桂林王幼霞侍御鵬運所藏，于光緒丙申模印行世，然原本究屬鈔本，不免傳寫之訛，經此番考訂，庶爲完璧。文焯，字叔問，號小坡，晚號大鶴山人。光緒乙亥舉人，英蘭坡尚書桂之子。本姓鄭，山東駐防漢軍，去姓，以名稱，文焯仍復姓。久居蘇撫幕，不樂仕進，工於填詞。當光緒中葉海内以詞名家者三人，桂林王侍御、長沙張雨珊觀察祖同及文焯也。于時吾縣王湘綺檢討闓運、仁和朱古微侍郎祖謀皆擅長，一爲老宿，一爲達官，時論罕及之。今海内亦惟存此三人矣。此吾同年友武陵陳伯弢大令鋭所贈。大令亦於此功力甚深，尤服膺文焯云。光緒戊申八月中秋德輝記。

余于丙辰還蘇，詢叔問蹤跡，知在上海鬻畫。戊午於舊書肆中遇之，始訂交焉。自是過從頗密，旋於九月聞其凶耗。身後遺宅待鬻，所藏書籍金石拓本盡爲估人販去。其遺集版亦售歸蘇城某書肆，余爲之序，彙印行世。文章憎命，其傳不傳聽之後世矣。辛酉二月春分德輝再記。

辛稼軒長短句十二卷 厲樊榭先生手書本

《辛稼軒詞》宋時有二本。陳振孫《直齋書録解題》著録爲四卷本，又云信州本十二卷，視長沙本爲多。然則《直齋》著録之四卷本，當是長沙本。明毛晉汲古閣刻《宋六十家詞》中有《辛稼軒長短句》四卷，後跋不言出自何本，而目録注原本十二卷，則是信州本矣。《宋史·藝文志》云十二卷，必據信州本入載。

明嘉靖丙申〔一〕王詔所刊，及近時桂林王氏四印齋重刊元大德信州書院本，皆此本也。黄丕烈《士禮居題跋記》有元本十二卷，今歸聊城楊氏海源閣，桂林王氏假以重刊。王跋謂毛氏汲古閣本之四卷，即十二卷之合并，是固然矣。特未考原目，當時已注明耳。士禮居又有校元本，即以信州本校于王詔本之上。其本亦歸聊城楊氏。黄跋云：「卷十《爲人慶八十席上戲作》有云：『人間八十最風流，長貼在兒兒額上。』校者云：下『兒』字當作『孫』。顧澗薲以爲『兒兒』或是『奴家』之稱，二語之意，以『八』字作『眉』字解，如此則改『兒』爲『孫』，豈不可笑？」今按，毛晉、王詔兩刻皆已改「兒」爲「孫」，可見通人難遇，古今同慨。此本八卷爲厲樊榭徵君鄂手鈔真蹟，卷數校毛本爲多，較信州本爲少，而詞則無所缺佚，「兒兒」未改「兒孫」，知所據必是善本。全謝山撰《徵君墓碣》稱其詞深入南宋諸家之勝，王述庵《蒲褐山房詩話》稱其詞直接碧山、玉田。今觀此册，知徵君用力之勤，嗜書之篤。宜其與朱竹垞並爲浙西一代詞宗，豈僅書法古拙，足供清玩已哉？光緒丙午夏六月初又〔二〕日葉德輝識。

〔一〕「申」原作「甲」，形近而訛。

〔二〕疑「又」字訛。

玉笥山人詞集一卷　明文端容女史手鈔本

右《玉笥山人詞集》，下注云：「一名《花外集》。」前有「玉磬山房」白文長印。玉磬山房者，明文衡山徵明齋名也。先生書畫墨蹟多用此印。則是明鈔本矣。後有「鮑氏正本」四字朱文印，「知不足齋」四字白文印，則又鮑刻叢書所自出矣。又首葉有「石研齋秦氏」五〔一〕字朱文印，尾葉有「秦伯敦父」四字、「秦印恩復」四字兩白文印，則又展轉藏於江都秦氏矣。首葉又有「金石録十卷人家」七字朱文印。按，韓泰華小亭《無事爲福齋隨筆》云：「《金石録》，阮文達有宋槧十卷，余得之，刻『金石録十卷人家』小印。」則此又爲錢唐韓氏物，自後則不知轉徙幾人，至廠肆而乃爲余得也。鮑刻標題云「花外集」，小注「一名碧山樂府」，與此不同。其結銜稱「玉笥山人王沂孫」，此本作「山陰王沂孫碧山父著」，亦迥然各別。鮑刻《天香·詠龍涎香》「汎遠槎風」，此本「汎」作「訊」。《露華·詠碧》「桃風霜峭」，此本「峭」作「悄」。《聲聲慢·咏催雪》「風聲從臾」，此本作「慫恿」；「羔酒鎔脂」此本「鎔」作「溶」。《高陽台·咏紙被》「笑他欠此清緣」，此本作「情緣」。《無悶·詠雪意》「悵短景無多」，此〔二〕本「悵」作「恨」。《綺羅香·詠紅葉》「冷枚留醉舞」，此本「留」作「流」。《齊天樂》第二首《詠蟬》「悄猒猒晝眠驚起」，此本「起」作「睡」。第五首《四明別友》「離情幾番悽婉」，此本作「悽惋」；「算何如趁取涼生」，此本作「趁耳」。《一萼紅》第三首《丙午春赤城山中題花光卷》「半枝空色」，此本作「寒色」；「冰粟微消」，此本作「冰肌」；「未許訝東南倦客」，此本作「未須訝」；「又重看」，此本作「又重見」。第四首《詠紅梅》「金尊易注」，此本「注」作「泣」。《三株媚》第一首《次周公謹故京送別韻》「綵袖烏紗」，此本作「絲袖」；「斷歌幽婉」，此本作「幽怨」。第二首《詠櫻桃》「紅纓懸翠葆」，注云「別本作『紅櫻』」，此本正作「紅櫻」；「貯滿筠籠」，注云「別本作『贈滿筠籠』」，此本正作「贈」。《慶清明·詠榴花》「枝頭色比舞裙同」，此本「舞」作「似」。《高陽台》第一首「殘萼梅酸」，此本作

「萼淺梅酸」。《掃花游》第三首《詠緑陰》「念昔日采香今更何許」，此本「今」作「人」；「正好微曛院宇」，此本「曛」作「薰」。《八六子》「漸薄潤侵衣不斷」，此本「潤」作「潤」；「謾淡却蛾眉晨妝慵掃」，此本作「謾忘却」，又「蛾眉晨妝慵掃」六字空白；「繡屏鸞破」，注「《詞譜》『繡屏』作『綃屏』」，此本正作「綃屏」。《望梅》，小注云「一名《解連環》」，此本只題「望梅」，無「一名」注。《晝間人寂》注「『梅苑晝間』作『晝闌』」，此本正作「晝闌」。《踏莎行·題草窗詞卷》「斷歌人聽知音少」，注云「別本『人聽』作『重恨』」，此本正作「重恨」；「幾番幽夢欲回時舊家池館生青草」，注云「別本作『沈沈幽夢小池荒依依芳意閒窗悄』」，此本正與別本合；「風月交遊」，此本作「風日空留」；「離恨滿江南」，此本作「遺恨」；「相思一夜蘋花老」，此本作「蕢花」。凡若此者，多以此本爲優，而鮑本爲絀。如《天香》「訊遠槎風」與「夢深薇露」對語也，若如鮑刻作「汎遠作風」，不獨格律不合，語亦木强矣。《八六子》「漸薄潤侵衣不斷」，《玉篇》：「潤，水盈皃。」本詞首句云：「掃芳林，幾番風雨。」故下句以水盈承接。鮑刻以習見之「薄潤」字易之，失詞旨矣。此皆鮑刻之臆爲竄易，不可據也。至二本篇第之異，鮑本自十九葉以下《補遺》有《醉蓬萊》、《法曲獻仙音》、《醉落魄》、《長亭怨》、《西江月》、《踏莎行》、《淡柳黄》七首，注云見《絶妙好詞》。有《望梅》一首，注云見《花草粹編》。有《金盞子》、《更漏子》各一首，《錦堂春》兩首，《如夢令》、《青房並蒂蓮》各一首，注云見《陽春白雪》。而此本原有《踏莎行》、《望梅》二首，不知鮑刻何以攙入《補遺》。其《西江月》、《法曲獻仙音》、《醉蓬萊》、《長亭怨》四首，此本亦補録書之上方。《慶宫春》一首，鮑刻文全，此本有題無詞，而上方亦一并采録。而《西江月》後有《一斛珠》一首，則又鮑刻所無。豈鮑氏刻此書時頗有出入耶？若此本旁注「一本作某」者，臚載頗多，往往與鮑刻引一本者不合。且較鮑刻所引亦加詳審，其字跡蓋石研齋主人筆，他人亦無此博洽也。近桂林王氏重刊鮑本，雜引戈順卿校勘，列於逐句之下，亦不及此校之賅備云。光緒壬辰九月二十一日長沙葉德輝跋。

錢遵王《讀書敏求記》卷一《金石録》三十卷云：「昔者吾友馮硯祥有不全宋槧本，刻一圖記曰『金石録十卷人家』，長牋短札，帖尾書頭，每每用之，亦藝林中美談也。」按，此事在韓小亭以前，此書卷首印記蓋馮氏舊藏耳。乙巳立秋德輝再記。

此明文淑手鈔本也。文淑，字端容，爲衡山之曾女孫。祖嘉，字休承，衡山仲子，世稱文水道人。父從簡，字彦可，又號枕煙老人。三世皆以書畫名。後適趙宧光凡夫子靈均爲婦。事蹟見錢牧翁《列朝詩集》小傳。《初學集》及魯駿《畫人姓氏録》、姜紹書《無聲詩史》以爲衡山孫女者，誤也。曩讀孫慶曾《藏書紀要》論鈔録本，盛稱文待詔、文三橋、趙凡夫鈔本之精，恒以未得一見爲恨。壬辰三月寓都門，從廠肆購得此本，去價銀四金，喜其字蹟有待詔家風。又見首有「玉磬山房」印，固知其爲文鈔本，驚喜出望外，然不知爲端容手鈔物也。近見文淑墨竹一幀，傍題款字與此絶似，再三比證，乃知此本即出端容手鈔。諦視筆致，字秀而腕弱，亦確是女郎手筆。然則此書又文鈔中之無上品矣。據「玉磬山房」印，是未適趙時在閨中之作。一門韻事，照燿詞林，而又佳耦天成，同以書畫名海内，且同以藏書名海内，方之易安之於德父，有蘭閨唱隨之樂，無流離顛沛之苦。女子遭遇固亦有幸有不幸耶。甲午嘉平臘八日麗廔主人再跋。

喬葉貞蕤絶世姿，生來嬌小愛臨池。衡山山水三橋印，鼎足蘭閨一卷詞。「喬葉貞蕤」，端容印文也，又有「蘭閨」二字朱文印，見書畫真蹟。

玉磬山房小宛堂，兩家卷軸列琳琅。絳雲一炬雲煙散，從此寒山富秘藏。趙凡夫珍藏印文曰「小宛堂」，此書又經絳雲樓藏過。

鉅集都推鮑本精，一經改竄欠分明。不從星宿探源過，誰信黄河澈底清。鮑本知不足齋本即從此出，書中改竄處最多。

朱印纍纍押角多，興衰閲盡似恆河。何年更別郋園去，一卷《黄庭》寫換鵝。

乙未季春月展上巳日檢閲此書，復題四絶句于後。麗廔漫記。

〔一〕「五」原作「六」字。

〔二〕「此」下原衍一「此」字。

山中白雲詞八卷　乾隆元年趙昱印曹氏刻本

宋張炎《山中白雲詞》八卷，曹氏重刻龔翔麟本。版心下原有「城書室」三字。此即原版，而無此三字，蓋版展轉易主，久已剜去也。今版又歸熟熟〔一〕坊估鮑氏知不足齋。余取曹刻初印本較之，却無差異。惟廠甸書友有曲阜孔昭任家鈔本，係據龔本迻鈔，而前有厲鶚、趙信三人序，而無杜詔一序。乃知龔版乾隆中尚在趙昱家，不知趙印何以亦復稀見。此本雖出曹氏重刻，取校孔鈔本，實同出一源。蓋亦至難得者。惟曹氏原印後附《樂府指迷》，此本已失，殆于癸之後有所散佚歟？厲序考炎世系至詳，趙信序則于佚事佚詩頗有搜採，是皆足補此本諸序之缺，故屬鈔胥録存卷〔二〕首云。光緒庚寅閏花朝記。

〔一〕「熟熟」疑爲「常熟」之訛。

〔二〕「卷」原訛作「兵」。

又一部 乾隆辛未揚州汪氏刻本

《山中白雲》，余所藏者乾隆時仁和趙氏印上海曹刻，版心有「城書室」三字，版歸趙氏，遂去此三字。繼有桂林王氏四印齋刻《雙白詞》本，因與《姜白石詞》合刻，謂之「雙白」。版心總題曰「雙白」，而以「白雲」、「白石」旁注，殊爲臆造。且所據此詞本係傳鈔不全者，後得曹本，續刻名曰《補遺》，并失原卷之舊次，非善本也。此爲乾隆辛未揚州汪氏據龔、曹兩刻校刻本，行字精神爽朗，視兩刻過之。自來藏書珍尚宋、元舊鈔，似此精刻，對之使明目怡神，是亦何讓天水舊槧耶？光緒乙未仲春春分前一日記。

又一部 雍正四年〔一〕上海曹氏刻本

《山中白雲詞》，康熙中有錢唐龔翔麟刻本，源出朱竹垞太史彝尊曝書亭鈔本，即明初陶南村所傳三百餘闋之足本也。其書印行不多，故世罕傳本。雍正四年上海曹炳曾據以重刊，版心下有「城書室」三字，即此本也。乾隆時其版售之仁和趙氏，去版心「城書室」三字印行，亦不多見。光緒庚寅余獲之京師廠肆，印已在後，行字間有損缺。乾隆辛未揚州汪中曾據龔、曹兩本校刻，行字甚精，而亦少見。故近日桂林王氏四印齋刻《雙白詞》乃先得節鈔本，後得曹刻本，始刻全。其書之難遇有如此者。此爲曹刻初印，卷四前七葉火燬其半，余據趙氏印本影鈔補之。全書有圈點，以牙刻印之，較之朱墨塗抹，尚不刺目。雖無佳人黥面之恨，然壽陽點額，不如虢國掃眉之傾城絶世也。壬子小滿記。

〔一〕「年」原誤作「道」。

湘雨樓詞三卷步清真詞一卷湘絃離恨譜一卷 子仲卣刻本

填詞而不辨字之陰陽以求協乎律吕，此祇謂之長短句，不得謂之詞也。近日吾湘詞人以余所交者如巴陵杜仲丹孝廉貴墀、龍陽易實父觀察順鼎同年、武陵陳伯弢大令鋭，皆其首屈一指者也。三子行輩稍後。其先老宿則王湘綺侍讀闓運、張雨珊觀察祖同。二老于詞用力至深，侍讀力追北宋，觀察則學白石、白雲，以視三子者固高出一頭。然侍讀尚不如觀察審音定律之精密也。仲丹學者，實父才人。出其緒餘，不媿作手。伯弢詩詞傳侍讀衣鉢，而詞則拔幟立幟，脱屣師門。海内詞家如桂林王幼霞侍御鵬運、漢軍鄭小坡孝廉文焯、仁和朱古微侍郎祖謀，共相推許于伯弢者甚至。然亦不如觀察之精微高絜，秀出一時。余不工詞，觀察每過余齋，借檢《欽定詞譜》、《御撰歷代詩餘》等書，一字推敲，至數易其稿而未定。今詞中所缺字是也。余偶有商榷，從善如流。嘗謂余：「惜不愛填詞，填詞必是高手。」又嘗謂：「余不通小學，不能考定字音。子固深于小學者，一入門則得捷徑，勝于他人黑夜行路也。」余固心知其意，雅不願爲此瑣瑣者。一日送山陰俞廙軒中丞廉三解組去官，公餞于濯錦坊賈傅祠，同人皆以詩文相贈，觀察出《大江東去》詞一首見示，曰：「子試閲之，此詞以何句爲余得意處？」余曰：「詞中以『賈傅祠前聞太息，此意蒼生能説』二句爲最佳，是得意處否？」觀察大笑曰：「此清冷處，人或不措意，子獨知之。余向謂子如填詞，必超出時流。同時作者皆當退避三舍，即此可斷也。」觀察歸道山已廿年，世兄仲卣大令刻其詞稿，以一册見貽。讀集中諸詞，多太平遊讌贈答友朋之作。忽經世變，使觀察猶健在，則視白石、白雲遭遇相似，其詞必更有進者，豈僅學得其神髓已乎！乙丑暮春清明後一日。

詞源二卷　嘉慶庚午秦恩復刻本

宋張炎撰《詞源》二卷，上卷詳論律吕聲調之原委，凡十四目。下卷論填詞之法，凡十五目。元明以來藏書家均未著録。明陳繼儒《秘笈》刻半卷，誤爲《樂府指迷》，又以陸輔之《詞旨》爲《樂府指迷》下卷，承訛襲謬，致本書淹没不傳。故乾隆時纂修《四庫全書》，外間無人採進。嘉慶中阮文達元撫浙時，得元人舊鈔本影寫進呈，語詳《揅經室外集》。此秦恩復嘉慶庚午所刻，即其本也。後道光戊子秦氏得戈順卿載校本，再改元體字付刻。後跋謂前刻鹵莽，幾誤古人，以誤後學，因重付梓人云云。今後刻本行而前刻本幾晦，余求之，屢年不獲。忽于舊書肆中遇之，因購歸插架，暇時擬取兩刻互校，以定其得失云。己酉伏末日德輝記。

草堂詩餘四卷　明汲古閣刻本

此書爲上海顧子汝以家藏宋本重刻，毛晉汲古閣又重刻之。原刻前嘉靖庚戌何良俊序起首一行云「顧子汝所刻《草堂詩餘》成，問序於東海何良俊，何良俊曰」，凡二十二字，而後下接「夫詩餘者」句。又末後一段「要皆不出此編矣」下有云：「顧子上海名家，家富詩書，代傳禮樂。尊公東川先生博物洽聞，著稱朝列。諸子清修好學，綽有門風。故伯叔並以能書，供奉清朝。仲季將漸以賢科起矣。是編乃其家藏宋刻本，比世所行本多七十餘調，是不可以不傳。今聖天子建中興之治，文章之盛，幾與兩漢同風。獨聲律之學識者不無歉焉。然則是編於聲律家其可少哉？他日天翊昌運，篤生異人，爲聖天子制功成之樂。」凡一百四十三字。下接「上探元聲」句。今毛本全行删去，而於「探元聲」句上增「有心者」三字，幾不知原刻出自顧氏。毛氏刻書謬妄，其不足取信如此。又原刻每卷首行題「類編草堂詩餘」，下列「武陵逸史編次」、「開雲山農校正」二行，毛刻删去「類編」二字，下列二行云「武陵逸史編」、「隱湖小隱訂」。隱湖即毛晉别號。竄改前人之序，没其校刊之功，又竄取人之姓名易以己之别名，殊爲好名之過。且原刻各詞後多列宋人説部詩話，如《苕溪漁隱叢話》、《温叟詩話》、《雪浪齋日記》、《玉林詞選》即《花庵詞選》。等書，取證本事。雖出顧氏增注，究不可没其苦心。今毛刻一概删除，亦殊可惜。惟其於各詞一依宋刻，未嘗如刻他書之妄肆紛更。是雖非顧刻之廬山，尚不失舊本之原例。是固不可末殺其校勘之功矣。光緒乙巳小暑後二日題記。

吴山三婦合評還魂記二册 明刻精印本

此吴儀一《吴山三婦人所評還魂記》真蹟，全書字細如髮如絲，不可細辨。眉頭下脚空白行間，無一處無字迹。其書爲明刻初印本，書中圖繪極精。前清遠道人序，後有「拙娱田舍」四字白文方印，「林間外學」四字白文方印記。目下有「看書眼如月」五字朱文長方印。末後有「程大家名瓊英字莊叔」九字朱文方印，又有「閨友號曰二可夫人」八字朱文方印。卷上大題下有朱筆小字二行，一行云「黄山陳同次令評點」，一行云「古蕩錢宜在中參評」。下有「女士陳莊」四字白文小方印，「小字端叔」四字朱文小方印。第二齣標目下有「程瓊」二字白文方印，「轉華」二字朱文方印。第三齣標目下有「水面風回」四字白文長方印。第四齣印同。第五齣、第六齣標目下有「閨門秀才」四字朱文方印，「大心衆生」四字白文方印。第七齣標目下有「半生旅客」四字朱文方印，「吳鰥叟」三字白文方印。第八齣標目下有「偏庵」二字朱文方印。第十齣標目下有「弱翁」二字白文方印。卷下大題下有小字二行，一行云「清溪談則守中評點」，一行云「古蕩錢宜在中參評」。下有二印，同卷上。第三十二齣標目下有「此意最佳君不會」七字朱文長方印。第五十五齣標目下有「吳人」二字朱文聯珠方印，「鰥叟」二字朱文聯珠方印，均屬小印；有「玉句詞客」三白一朱方印，「三讓王孫」三白一朱方印，亦屬小印。卷尾有「玉句詞客」四字朱文方印，「三讓王孫」四字朱文方印，兩印均大一寸六分，皆吳山印記也。陳、談、錢，則其三婦也。書面有墨筆題字曰「慈淑留評」，下注小字曰「女蕙百拜記」。此則兩閨秀母女所記。書中朱筆出自三婦墨筆，或有出此女士者，而字蹟却無可分辨。記目、書眉上有朱筆小字一則云：「録批《牡丹亭》陳婦遺句，俾零膏賸馥，集香奩者猶得採摭焉：『也曾枯坐閲金經，不斷無形爲有形。及到懸崖方撒手，如何煩惱轉嬰寧。』『屧子裁羅二寸餘，帶兒折半裏猶疏。情知難向黃泉走，好借天風得步虛。』『家近西湖性愛山，欲遊娘却罵癡頑。湖光山色常如此，人到幽扃更不還。』『簇蝶臨花繡作衣，年年不著待于歸。那知著向泉臺去，花不生香蝶不飛。』『盡檢箱奩付妹奴，獨看明鏡意遲留。算來此物須爲殉，恐向人間復照愁。』『爺娘莫爲女傷情，姊妹仍悲墓草生。何似女身猶未嫁，一棺寒雨傍先塋。』『看儂神欲與形離，小婢情多亦淚垂。金珥一雙留作念，五年無日不相隨。』『口角渦斜痰滿咽，涓涓情淚濕紅纏。傷心趙嫂牽衿語，多半啼痕是隔年。』『昔時閒論牡丹亭，殘夢今知未易醒。自在一靈花月下，不須留影費丹青。』」按，此爲陳婦絶命詞，悽愴哀痛，是亦有才而薄命者。書中三婦人評點，論文者多，注典者少。惟每齣末集唐詩句載明撰人，爲後來刻本所據。三婦惟錢婦標明「錢曰」。記目尾書眉又有朱筆小字一則云：「三婦所評，亦癡亦黠，亦玄亦禪。爲孤冢埋香，戢身女手之卷。徒令後來人呼陳姊、談姊，魂魄亦能識樹邊錢某同是斷腸人否也。」此與錢録陳婦遺句之筆究不知出自何人，然皆有心人，亦傷心人也。吳儀一、陳同、談則、錢宜事蹟載吳振棫《杭郡詩續輯》及孫以瑩《湖墅詩鈔》，今附於後，以備參證焉。宣統三年八月念五日，記於長沙怡園寓舍之麗廔。時鄂中新軍變，據武昌之第七日。四郊多壘，絃誦依然，書生結習，真足爲若輩揶〔二〕揄矣。編甿葉德輝。

此書朱印纍纍，皆吳山印記。其書確爲本人舊藏，朝夕披閲之本。然考三婦中之陳同，爲吳山元聘室，何得於未適吳山之前先評吳山之書？談則爲元配，錢宜爲繼室。以錢參評，談則原評，却合情理。以錢參評，陳同原書，則似相隔。且其書上卷爲陳同評點，下卷爲談則評點，各分一卷。若似三婦相處一室者，而一閲上卷，一閲下卷。又似分派者，然亦無此評書之法。竊疑吳山好事，因前二婦故去，搜其遺篋，得此一書，而屬人過録藏本之上，或即錢氏爲之亦未可知。然其印有「吳鰥叟」之稱，則是錢宜亦久不在室，紅顔薄命，有同慨焉。坊間又有《吳山三婦評點西厢記》，更不知何以聚評於一書，豈亦如是書之裝點乎？手澤脂香，殊有芬芳悱惻之感。披讀一過，不忍釋手。同日又記。

吳儀一，字瑹符，更字抒鳬，又字吳山，別字吳人。錢唐布衣，有《吳山草堂詩集》十六卷。吳山母張氏，妊十五月而生於錢唐之松盛里，五月能言。有術者曰：「是子足心有文，左龍右虎，言早恐不壽。」因手摩其兩足，不復言。九歲遍《十三經》。毛稚黄爲之語曰：「吳氏四郎，視短心長。」以吳山行四，短視，故云。稍長，游三邊十嶽，足迹殆遍。然念母老，數千里外，歲必歸省。後葬其母於青芝塢，墓左築苫庵居之，號芝塢居士。生平於書靡不讀。高蠱上之，志名益重。所撰有《夢園別録》四百餘種，今已散佚。三婦皆能文，有合評湯若士《還魂記》行世。阮亭先生詩云：「稗畦樂府紫珊詩，還有吳山絶妙詞。此是西泠三子者，老夫無日不相思。」今吳山《草堂集》不可見，得所録《納涼》二詩，則梁學士所藏卷子内倡和之作，《鳳梅》一首，《牆頭雜鈔》附刻者。《杭郡詩續輯》二。

談則，字守中，適吳吳山。錢宜，字在中，吳吳山繼室。守中稱陳次令爲陳姊。嘗有詩題云：「陳姊彌留時斷句口授妹書者，歿九年後竹紙斜裂，止存後半第一章，首句僅『北風吹夢』四字，末句『却如殘醉欲醒時』七字，今補之」，云：『北風吹夢欲何之，簾幙重重只自垂。一縷病魂消未得，却如殘醉欲醒時。』[一]錢宜亦補爲一絶云：「北風吹夢斷還吹，一枕餘寒心自知。添得五更消渴甚，却如殘醉欲醒時。」《湖墅詩鈔》，陶元藻《全浙詩話》五十一引。

陳同，字次令，錢唐人。吴吴山元聘室。次令與姑同名，故稱同。吴山三婦人之一也。未婚而没。臨終詩三首：「簇蝶團花繡作衣，年年不着待于歸。那知著向泉臺去，花不生香蝶不飛。」「耶孃莫爲女傷情，姊嫁仍悲墓草生。何似女身離火宅，一棺寒雨傍先塋。」「昔年閒論《牡丹亭》，殘夢今知未易醒。自在一靈花月下，不須留影費丹青。」同上。

談則，字守中，吴儀一室。詩一首：「陳姊彌留時斷句口授妹書者，殁九年後竹紙斜裂，止存後半第一章，首句『北風吹夢』四字，末句『却如一殘醉欲醒時』七字，今補之：『北風吹夢欲何知，簾幙重重衹自垂。一縷病魂消未得，却如殘醉欲醒時。』」

錢宜，字在中，□□人。吴儀一繼室。詩一首，《補陳姊絶句》：「北風吹夢斷還吹，一枕餘寒心自知。添得五更消渴甚，却如殘醉欲醒時。」以上均《杭郡詩續輯》四十一。

〔一〕「挪」似爲「揶」之誤。

還魂記二卷　明萬曆間臧在晋[二]校刻本

明刻臧晋叔改訂湯若士《還魂記》二卷，校玉茗堂原刻，删併存三十五折，皆於上闌標明。蓋當時此曲盛行，伶人苦其繁，而晋叔改訂者也。晋叔刻有《元人百種曲》，改北曲爲南曲，頗爲識者所譏。兹則本以南曲改之，尚能得其精要。前有萬曆戊子清遠道人序，即若士别號。序文似于四夢中先刻此一種。臧訂于「虜諜」等折早已删之，不待乾隆時進呈本始然。或謂此折爲金主完顔亮入寇事，有所忌諱。而在前明則無所諱，而亦删之者。蓋此折本爲正脚消停地步，故以閒文間之。凡作曲皆有此安排處，删本不過圖速完局耳。臧刻《元曲百種》在萬曆乙卯，後于此二十八年。一生結習，始終其事。金元院本，明人雜曲，賴其一線之傳，不可謂其于此道無功也。偶成絶句十六首，并書于後。宣統三年辛亥上巳後一日，麗廔主人葉德輝記。

何處天生杜麗娘，爲雲爲雨事荒唐。憑空造出鴛鴦簿，一闋詞終一斷腸。

人生那有夢醒時，夢裏成婚却更奇。抛下生花一枝筆，牡丹亭下血如絲。

不能講性只言情，情到真時死亦生。此是媧皇補天事，何關名士悦傾城。周亮工《因樹屋書影》八云：「湯義仍《牡丹亭》劇初出，一前輩勸之曰：『以子之才，何不講學？』義仍曰：『我固未嘗不講也。公所講性，我所講情。』頗見機鋒。」

如此姻緣事果真，誓心都作夢中人。不須月下尋紅線，祇向泥犂一轉輪。

春香亦是女崑崙，尚有紅娘體格存。祇恐春光虚擲去，一心心繫後花園。《西廂記》之紅娘，《還魂記》之春香，《義妖傳》之青兒，忠于所事，余以爲伊尹、周公一流人物，可以託孤寄命者。

臧生改譜訂宫商，頭白毛生刻木忙。爭似吴山三婦女，深閨夜夜集三唐。《還魂記》刻本極多，余藏玉茗堂原刻《四夢傳奇》本，毛晉汲古閣刻《六十種曲》本，清暉閣評點刻本，及此本。惟吴儀一三婦人評本，于每折集唐詩句均注出人名，較他刻爲有依據。

吴本曾藏臥雪園，蠅頭蚊脚字如蝨。玉臺脂粉香猶涴，風雨誰招燕燕魂。吴儀一三婦人評點原本，曾藏吾縣袁漱六太守芳瑛臥雪園，書壳破損，爲脂粉汚涴。上題「慈淑留覽」四字，似閨中人筆蹟。書中朱墨評點，字細如髮，筆弱如蠶，塗寫盈行，多不可辨。惟每折中集唐詩句以朱筆補注人名，覺極清朗。評語無甚精華，故傳鈔本大多删消。

明月春風玉女祠，簫聲潮影夢痕知。緑楊城郭清于畫，那有荒墳鬼唱詩。杜、柳事本託子虚，今揚州郭外有杜麗娘墓，殆好事者抔土爲之。流言不實，大都可笑如此。

院本流傳入管絃，太平無事日中天。删除虜諜消烽燧，已在前明萬曆年。乾隆四十六年進呈本中删「虜諜」一折，以其有金主完顔亮入寇事也。其實臧本即無此折，進呈時何不録用其本，可見當時諸臣識曲者少。

秀才終作狀元郎，雜曲篇篇總濫觴。看畫寫真成習套，春燈夢裏韋家娘。

傳奇心事鬼神通，幻作靈籤語自工。試問同宗湯太守，可尋快婿似乘龍。戴璐《藤陰雜記》五云：「同年湯萼棠將選知府，求籤得『君是山中萬户侯，那知騎馬勝騎牛。今朝馬上看山色，始信騎牛得自由。』及選，得南安。同年飲餞看演《杜寶勸農》，正吟此絶。杜乃南安太守也，後終南安守。」

探花同讌曲江春，脚色人人賜出身。一霎俳優文格變，科名佳話説庚辰。錢泳《履園叢話》二十一云：「乾隆庚辰一科進士，大半英年。京師好事者以其年貌各派《牡丹亭》全本脚色，真堪發笑。如狀元畢秋帆爲花神，榜眼諸重光爲陳最良，探花王夢樓爲冥判，童梧岡侍郎爲柳夢梅，宋小巖編修爲杜麗娘，曹竹墟尚書爲春香。同年中每呼宋爲小姐，曹爲春香，兩公應聲以爲常也。更有奇者，派南康謝中丞啓昆爲石道姑，漢陽蕭侍郎芝爲農夫，見二公者無不失笑。」

玉茗才高祇曲師，論文尚覺隔藩籬。如何評抹弇州集，撼樹蚍蜉不自知。錢謙益《初學集》三十一：「湯義仍先生文集序云：『義仍官留都，王弇州艷其名，先往造門。義仍不與相見，盡出其所評抹《弇州集》散置几上，弇州信手繙閱，掩卷而去。弇州没，義仍之名益高，海内訾謷王李者，無不望走臨川。義仍自守泊如也。』」又《列朝詩集》丁集十二：「若士于王元美文賦，標其用事出處及增減漢史唐詩字面，流傳白下，使元美知之。元美曰：『湯生標塗吾文，異時當有標塗湯生者。』」余謂此猶元美謙詞，若士擅長在曲，詩文多失之流蕩，不足供人標塗。余藏有《玉茗堂詩文全集》，可覆按也。

亦有虚名負史才，平生雜纂稿成堆。無憀拉入參軍坐，遲與中男付劫灰。錢謙益《有學集》四十六《跋東都事略》云：「若士繙閱《宋史》，朱墨塗乙，如老學究兔園册子。某傳宜删，某傳宜補，某人宜合某傳，某某宜附某傳，皆注目録之下，釐然可觀。若士没，次子叔寧曰：『此先人未成之書，須手自刊定。』不肯出示，識者恨之。今聞舊本在茗上潘昭度家。」又《列朝詩集》云義仍次子開義：「好講學，取義仍所成《紫簫記》殘本及詞曲未行者，悉焚棄之。」王士禎《香祖筆記》十二云：「予最愛湯若士先生絶句『清遠樓中一覺眠，兩鳩風燕乍晴天。年來愛作團圞語，不見中男在眼前。』不減子由彭城《逍遥堂》絶句也。與觀羣怨，當于此等處求之。」余按，《玉茗堂集》中如此佳什，正復無多。

如花美眷紅顔老，似水流年白日過。我亦尋春傷歲晚，艷情還比玉溪多。

遺趾誰尋玉茗堂，豕圈雞塒半荒凉。惆思舊宅重新日，不見虞山陸上綱。《列朝詩集》二：「義仍所居玉茗堂，文史狼籍，賓朋雜坐，雞塒豕圈接迹庭户，蕭閒詠歌，俯仰自得。」王士禎《居易録》二十四云：「湯若士先生玉茗堂，亂後久燬兵火，門人常熟陸軌次通判撫州捐俸重新之。落成日，遍召太守以下諸同官及郡中士大夫集堂中，令所攜吴伶合樂演《牡丹亭傳奇》，竟夕而罷。自賦二詩紀事，一時江西傳之，多屬和者。」

續成七絶四句

如市臣門如水心，臧湯交誼薄黄金。吕家改本饒人割，寄語宜伶莫浪吟。臧晋叔與義仍本自交好，《玉茗堂詩集》四有送其謫官歸湖上七古，首四句云：「君門如水亦如市，直爲風騷能滿紙。長卿曾誤宋東鄰，晋叔劇憐周小史。」觀此，則義仍固引爲同調也。又《玉茗堂尺牘》云[二]《與宜伶羅章二》云：「章二等安否？近來生理如何？《牡丹亭記》要依我原本，其吕家改的，切不可從。雖是增減一二字，以便俗唱，與我原做的意趣大不同了。往人家搬演，俱宜守分。莫因人家愛我的戲，便過求他酒食錢物。如今世事總難認真，而況戲乎！若認真，便酒食錢物也不可久。我生平只爲認真，所以做官做家都不起耳。」又《與甘義麓》云：「弟之愛宜伶學二夢，道學也。性無善無惡，情有之。因情成夢，因夢成戲。戲有極善極惡，總于伶無與。伶因錢學夢耳，弟以爲似道。憐之以付仁兄慧心者。」又《玉茗堂詩集》十八《九日遣宜伶赴甘參知永新》一首云：「菊花杯酒勸須頻，御史齊年兄弟親。莫向南山輕一曲，千金曾是永新人。」按，此甘參知即義麓也。又《見改竄牡丹詞者失笑》一首云：「醉漢瓊筵風味殊，通仙鐵笛海雲孤。總饒割就時人景，却媿王維舊雪圖。」

紫簫聲斷紫釵留，新製襴衣趁醉遊。卻讓麗人工小唱，西湖煙月勝揚州。明沈德符《野獲編》二十五「填詞有他意」條云：「湯義仍之《紫簫》，亦指當時秉國首揆。纔成其半，即爲人所議。因改爲《紫釵》。」據此則《紫釵》即是《紫簫》。《列朝詩集》云《紫簫》殘本爲其次子開遠焚棄，殆傳聞有異歟。又《玉茗堂詩集》十七《作紫襴戲衣二首》云：「試剪輕綃作舞衣，也教煩艷到寒微。當歌正值春殘醉，醉後魂隨煙月飛。」「無分更衣金紫羅，仗人穿趁踏潮歌。俳場得似官場好，燈下紅香不較多。」又《越舸以吳伶來期之元夕漫成二首》云：「人日期君君有人，石牀清泚注宜春。今宵又踏春陽雪，傍解吳歈記燭巡。」「白頭情事故鄉留，殘雪春燈宜夜遊。處處吹簫有明月，相看何必在揚州。」又《尺牘》六《與錢簡棲書》末云：「貞父内徵過家，兄須一詣西子湖頭，便取四夢善本，歌以麗人，如醉玉茗堂中也。」

一夜紅氍四百錢，令人長作柘枝顛。縱然未協中原韻，如此才情劇可憐。《玉茗堂詩集》十七《唱二夢》一首云：「半學懷歌小梵天，宜伶相絆酒中禪。纏頭不用通明錦，一夜紅氍四百錢。」又《野獲編》二十五「填詞名手」條云：「《牡丹亭》一出，家傳户誦，幾令《西廂》減價。惟不諳曲譜，用韻多任意處，乃才情自足不朽也。」又「雜劇」條云：「《牡丹亭》真是一種奇文，未知于王實甫、施君美如何？恐斷非近時諸賢所辦也。」

前輩都將金董推，百年餘韻在春臺。夢園宿草蘭香歇，誰勸當筵酒一杯。李斗《揚州畫舫録》五云董揄標「能言史事，知音律，《牡丹亭記》柳夢梅，手未曾一出袍袖」。又云：「金德輝演《牡丹亭·尋夢》，如春蠶欲死。」此真得戲中三昧者。吾亡友徐耕餘大令治平精崑曲，酷好四夢，故别號夢園。唐生詠蘭從之遊，扮杜麗娘，色藝冠一時。每登場，大令自吹笙笛佐之。今夢園已死，唐生亦不唱渭城矣。追思往昔，慨然久之。唐生舊隸春臺班，故云。按《揚州畫舫録》，當時亦有亂彈春臺班。

〔一〕「在晉」疑「晉叔」之訛。

〔二〕《與宜伶羅章二》見于《玉茗堂尺牘》卷六，疑「云」字係「六」之訛。

瓶笙館修簫譜一卷 武林汪氏刻本

吾家調笙先生《鷗陂漁話》云：「宋于庭翔鳳言：嘉慶戊辰己巳間，鐵雲禮闈報罷，留滯京華。時婁東畢子筠華珍方客禮親王邸，二君皆精音律，取古人逸事，撰爲雜劇。禮王亦知音，重二君之才。王邸舊有吳中樂部，每一折成，輒付伶工按譜嫻習數日，即邀二君顧曲。盛筵一席，侑以潤筆十金。亦一代名藩佳話也。後來武林汪氏所刻鐵雲《瓶笙館修簫譜》，即在都門所撰，有《通德擁髻》、《文君當壚》、《博望訪星》、《吳剛修月》四目。」按，此本即汪氏刻本，余從舊書攤得之。字體古秀，刻手精工。晴窗展閲，如翫古帖。恨無佳伶爲我淺斛低唱，以消永日耳。丁巳春三月小盡日，葉德輝記。

圭塘倡和詩一卷

《圭塘倡和集》爲項城致樞政時田居賓僚倡和之作。二十年秉政，以勢利奔走一世之人才，梁園風雅，安有餘韻可尋思耶？集中《登樓》一首末二句本作「憑軒看北斗，轉覺夕陽低」，大有宋太祖「趕却殘星趕却月」之概。辛亥革命，此其見端。今此本改爲「開軒平北斗，翻覺太行低」語，雖不凡，失其奸雄氣概矣。丙辰四月大盡日，得之蘇城玄妙觀書攤。

郘園讀書志後序

昔漢劉向校書，每一書成録上，前必冠以序録。大抵敷陳作者之宗恉，及一己校勘之意見，此即後世官私書目「解題」「提要」之緣始也。宋王堯臣等修《崇文總目》，每書之下具有論說，敍釋一書之得失。鄭樵作《通志》，謂其文繁無用，紹興中遂從其議去之，今存者百不一二。鄭樵一言之失，遂令文獻無徵，是可惜也。私家之書，今惟晁公武《郡齋讀書志》、陳振孫《直齋書録解題》，其例首載作者姓名、籍貫、仕履及著書大略，非今日題跋之類也。自宋、元舊槧日見其稀，於是讀者輒有題記，以識心藏。若明王世貞《四部稿》、《續稿》，國朝錢謙益《初學集》、《有學集》，朱彝尊《曝書亭集》，其中題跋古書之作，在本集内自占一門，然猶未有專書也。有之自錢曾《讀書敏求記》始，《四庫全書總目存目提要》稱其「述授受之源流，究繕刻之同異，見聞既博，辨别尤精」云云，是於前人所謂「解題」「提要」之中别樹一幟。流傳至於乾、嘉，則有孫星衍《平津館鑒藏書籍記》、黄丕烈《士禮居藏書題跋記》，其鑒賞之精審，又駕錢氏而上之。同時張金吾《愛日精廬藏書志》專載宋、元、明鈔舊本，每書詳録前人序跋及收藏家印記圖書。近時陸心源《皕宋樓藏書志》從之。此不獨與自來官私書目體例不同，其亦異乎錢氏以下諸書之恉矣。雖然宋、元舊本愈久而愈不傳，然則今日之士無宋、元本即不讀書乎？ 是不然矣。 昔瞿中溶《古泉山館題跋記》專載仿宋、元精刻諸書，錢儀吉《曝書雜記》每得一書不論刻本新舊，必有記述，論其得失源流，版行以來翻雕數四，海内藏書家藉以爲時刻之考鏡。 而張文襄《書目答問》且列之於儒家考訂書，此洪亮吉所謂考訂家之藏書。 既足方軌晁、陳，亦與孫、黄之書並行不背。 天下事後之視今，猶乎今之視昔。 更閱三百年後，宋、元消滅，則此仿雕善本必將代興，此可以理斷者也。 大伯父吏部君幼秉先祖父之訓，不讀無用之書。 收藏四十年，於宋、元、明鈔外，尤好收國朝諸儒家塾精校精刊之本。 興之所至，每有題跋夾於卷中。 尚農、習齋兩從兄先後鈔呈，請授梓人，因命啓崟爲之詮次。 其中近刻多而宋、元少者，大伯父恆言各家藏書題跋、日記于宋、元佳處已詳盡靡遺，雖有收藏，無庸置論，惟明刊近刻他人所不措意者，宜亟亟爲之表彰，此亦他日續修《四庫全書》之藍本也。 湘中自咸、同以來，豪門大宗，以武功顯赫其有二三，詩書舊族於括帖外毫無見聞。 惟縣人袁漱六太守臥雪廬以藏書名，而子孫不知寶藏，三四十年或散鬻或持以干請贈人，今無一册之留貽，良可浩歎。 長沙王益吾閣學以著書傾海内，每從大伯父借瓻還瓻，使者無一日之間絶。 辛亥喪亂之後，人琴俱亡。 回憶追隨大伯父親炙諸名賢時，此景此情已如隔世。 然則是編之刻，不幾前塵之夢影哉！ 時在戊午立秋二候，從子啓崟謹序。

郋園讀書志跋

吾家自二世祖北宋少卿公參、三世祖道卿公清臣以詞館起家，其後世以文章治事，顯著當代。十七世祖和靖山長伯昂公爲元故臣，明祖屢徵不起。子孫承其家教，不以入仕爲榮。明文莊公菉竹堂《書目》、《碑目》，石君公樸學齋鈔書、校書，並見重藝林。洎先曾祖、先祖兩世皆好藏書，其先秦三代古籍，以及漢、魏、六朝、隋、唐、兩宋、元、明、國朝之最精要者，無不備具。先世父文選君幼承家學，寢饋于中四十餘年。中間宦遊京師，更從廠肆搜求四部之書，尤臻美富。啓勳四五齡時就外傅，歸視櫃中書，輒心好之。年逾志學，世父遂以簿録版本之學見勗。余小子朝夕追隨，粗窺崖略，遂日與書棚賈客周旋。時值國事紛更，湘中舊家之藏多不能保守。辛酉夏，縣人王理安孝廉啓原之書亦多散出，啓勳時有所獲，歸呈世父鑒定，皆當日欲收不得之書也。辛、壬、癸、甲間，世父避亂邑之朱亭，曾手定《觀古堂書目》四卷，大兄尚農以活字印行。自後續有所得，及啓勳兄弟所收約數百種，詳注舊目行間，正擬彙編重刊，逢亂中止，稿存家中。世父平時每得一書，必綴一跋。啓勳兄弟所得亦必呈請審定題尾，積年既久，成十六卷，名曰《郋園讀書志》，較《書目》爲多且詳焉。有清乾、嘉之際，人文號稱極盛。當時海宇晏安，士大夫尋盟壇坫，其詩文專集超軼宋、元。大興舒鐵雲孝廉位、錢塘陳雲伯大令文述曾撰《詩壇點將録》一書。閲時既久，諸人專集世鮮流傳。獨世父窮年搜訪，所缺不過十之一二，欲待其全彙輯爲《詩壇點將録詩徵》，乃先將已得之集考諸人履貫事跡，作爲小傳，復徵引諸家詩話，詳其出處交際。不獨昔人孤詣可免沈淪，而一朝詩派儒風，皆得有所考鏡。因詩選未成，故附于《讀書志》之後云。若夫辨版刻之時代，訂鈔校之精粗，考卷數之多寡，别新舊之異同，以及藏書印記，先輩佚聞，莫不精審確鑿，直欲接蹟晁、陳，駕王堯臣《崇文總目》、馬貴與《經籍考》而上之，以視錢遵王之收販骨董，黄蕘圃之專重宋、元，更自有别也。蓋世父博極羣書，貫通經史，特出其緒餘隨時題識，將以爲承學之士導其先河。平時尤留心先祖輩詩文各集，世鮮傳本者，亟爲付刊。嘗訓啓勳兄弟曰：「晉丁顗有言：『吾聚書多矣，必有好學者爲吾子孫。』宋黄庭堅有言：『士大夫家不可令讀書種子斷絶，有才氣者出便名世矣。』」啓勳謹承訓誨，未敢稍有遺忘。今春世父被難，家藏典籍遂多散亡，斯固吾家之閔凶，抑亦東南文獻之奇厄矣。遺書未讀，手澤如新，奉簡涕零，思慕何極！幸此書以活字排印數百部，刻期竣事，異日當再付手民以廣流傳。世亂如斯，秦火胡灰，都非意外，倘他日書盡亡而目僅存，亦聊作前塵之夢影已耳。丁卯秋月從子啓勳定侯更字曰更生謹跋。

大伯父吏部君早歲通籍，不樂仕進，日以搜訪舊刻書爲事，專力于考據之學。嘗訓啓發曰：「版本之學，爲考據之先河，一字千金，何可尠視？ 昔賢嘗以一字聚訟紛紜，故予每得一書，必廣求衆本考其異同，蓋不如是不足以言考據也。」吾家自宋少保石林公以來，代有聞人，或以科名顯貴，或以著述流傳。先祖于咸豐之間，避赤寇之亂，徙居長沙。先世本略有楹書，至大伯父益擴而充之，遂日益富。每得一書，必綴一跋，或校其文字異同，或述其版刻原委，無不纖細畢詳。國變以後，湘垣烽火頻仍，大伯父避亂闔門，深慮藏書不保，貽書從兄弟，屬將書跋次第鈔出，意謂藏書不幸不保，尚可留一影目。戊午以後，續有收入，益以予兄弟、從兄弟所得，跋文益多，遂手編定爲《讀書志》。略分十六卷，凡十六册。中有四册專爲考論乾、嘉以來詩壇諸家詩集而作者也。大伯父嘗言：「吾于詩學素乏研求，然如《乾嘉詩壇點將録》中諸家之詩，又無不爲吾所心服，數十年之心力，始得聚其全帙。常欲略加抉選，附鈔各家評語，以爲《乾嘉詩壇點將録詩徵》，稿目雖已粗定，竟未及成書也。」丁卯春三月，大伯父遇難，藏書散失甚多。予兄弟避亂申江，攜大伯父手稿于行笥中，故交門友見者，無不慫恿付之梓民，以免湮失。予兄弟亦以此《讀書志》爲大伯父一生精力所聚，亡失是懼，遂共付活字印行。啓發不敏，得受學大伯父，物識目録之學，因與兄弟、從兄弟共任校寫之役，凡四閲月而蕆事。書成略記數語，亦聊副大伯父藏書之深意云耳。丙寅春正上元日從子啓發東明謹跋。

書名作者綜合索引

一、本索引依據《郘園讀書志》所列書名、著者，按照四角號碼檢字法排列。

二、各書名稱一律按照本書所列原目著録，如書名前冠以“新刊”、“影宋”等字樣者，均仍其舊。

三、各書彙刻習見者子目不另出條目，如《十三經》之類，只列“十三經”一條。附録之續集、後集、外集及補遺、年譜等，均附録正集之後，不另出條目。

四、一書因版本不同重出者，文中多標“又一部”，不另列條目。